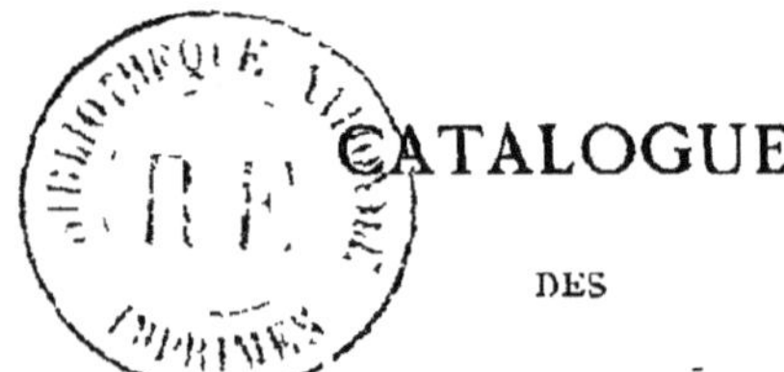

CATALOGUE

DES

CAMÉES ANTIQUES

ET MODERNES

DE LA BIBLIOTHÈQUE NATIONALE

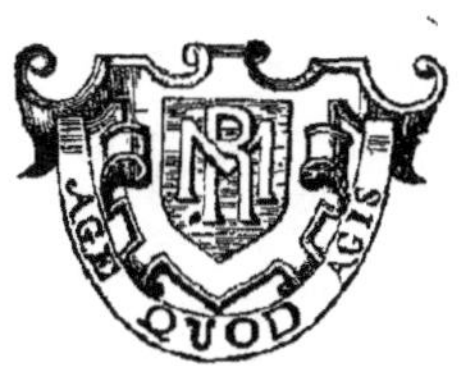

LE PUY-EN-VELAY

IMPRIMERIE RÉGIS MARCHESSOU

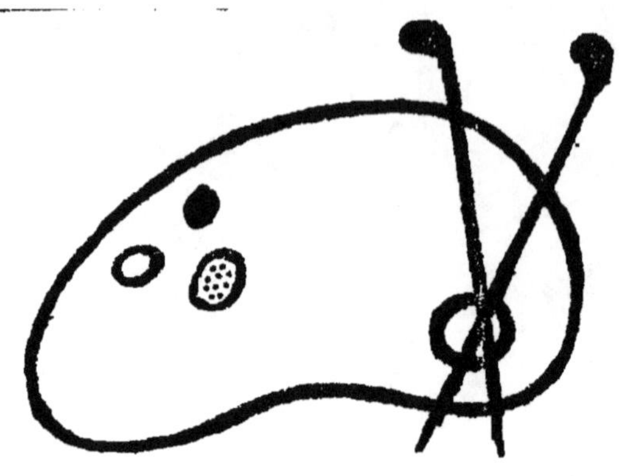

FONDATION EUGÈNE PIOT

CATALOGUE
DES
CAMÉES ANTIQUES
ET MODERNES
DE LA BIBLIOTHÈQUE NATIONALE

Publié sous les auspices de l'Académie des Inscriptions et Belles-Lettres

PAR

M. ERNEST BABELON

CONSERVATEUR DU DÉPARTEMENT DES MÉDAILLES ET ANTIQUES

OUVRAGE ACCOMPAGNÉ D'UN ALBUM DE 76 PLANCHES

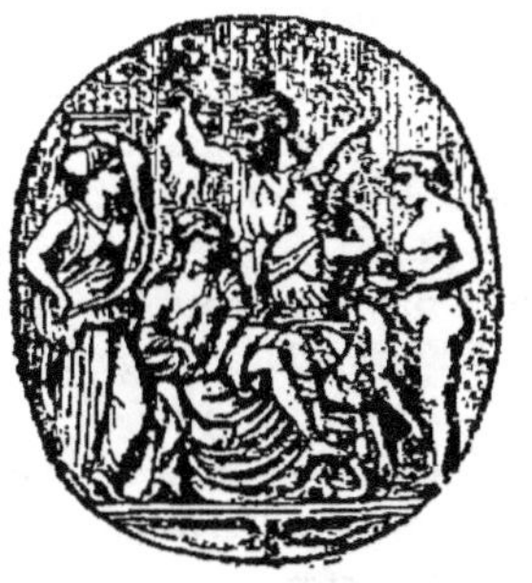

PARIS
ERNEST LEROUX, ÉDITEUR
28, RUE BONAPARTE, 28

1897

INTRODUCTION

CHAPITRE PREMIER

LA GRAVURE DES CAMÉES

DÉFINITIONS, MATIERE ET TECHNIQUE

I. *Définitions.*

L'art de graver les pierres fines, soit en creux, soit en relief, s'appelle *la glyptique* (de γλύπτω, je grave). La gravure en relief produit *les camées;* la gravure en creux produit *les intailles* ou cachets. Chez les Grecs, le terme de γλυφή avait un sens plus étendu que notre mot *glyptique*, car il signifiait la gravure ou même la ciselure dans tous les genres, aussi bien sur métal ou sur bois que sur pierres fines ; on distinguait, quelle que fût la matière, la gravure en relief ou *anaglyptique* (ἀναγλυφή [1]) de la gravure en creux ou *diaglyptique* (διαγλυφή [2]). L'art spécial de produire, à l'aide du touret, des images en creux ou en bosse sur les pierres fines ou demi-fines, s'appelait λιθογλυφία [3], δακτυλιογλυφία [4], et l'artiste, λιθογλύφος [5], λιθογλύπτης [6], δακτυλιογλύφος [7]. On ne confondait ce genre de travail ni avec la spécialité du lapidaire, c'est-à-dire du tailleur ou du polisseur de gemmes,

1. Strabon, XVII, 1, 28.
2. Oribase, 124 et 125 (éd. Ang. Mai, 1831).
3. Manéthon, IV, 130 (éd. Axtius et Rigler).
4. Platon, I, *Alcib.*, 128, c.
5. Lucien, *Somn.*, 18.
6. Saint Jean Chrysost., I, 552 (éd. Montfaucon).
7. Diog. Laert., I, 57; VIII, 1; Galien, XII, p. 205 k; Suidas, v° Πυθαγόρας.

qui recevait la désignation de λιθουργική, λιθοτριδική [1], ni avec celle du joaillier chargé de monter et d'enchâsser les gemmes, ce qui constituait la λιθοκόλλησις [2]. Les dénominations de δακτυλιουργός, δακτυλιόποιος, paraissent aussi s'appliquer au joaillier plutôt qu'au graveur [3]. Au surplus, il arrivait souvent, dans l'antiquité comme à l'époque de la Renaissance, qu'un même artiste exerçât tous ces métiers et fût à la fois lapidaire, orfèvre et graveur.

A Rome, le graveur de camées et d'intailles est appelé : *gemmarum scalptor* ou *sculptor* [4], *gemmarius sculptor* [5], *gemmarum insignitor* [6], *sigillarius* [7], *signarius* [8], *cavator* [9]. Comme en Grèce, on le distinguait du *gemmarum politor* [10], le lapidaire ou polisseur, et du *compositor gemmarum* [11], *inclusor gemmarum* [12] ou *gemmarius* proprement dit, le joaillier [13].

Étant donnée la nature du présent *Catalogue*, nous nous occuperons ici, exclusivement, autant que faire se peut, de la gravure des pierres fines en relief, c'est-à-dire des *camées*.

Chez les Grecs, les camées étaient englobés dans la désignation générale de λίθοι; parfois on les appelait τύποι, ou τύποι ἐγγεγλυμμένοι, termes qui comprenaient aussi bien les reliefs sur d'autres matières que sur les pierres fines [14]; la même absence de précision était laissée, à Rome, au mot *gemma* qui signifie aussi bien un camée qu'une intaille, un cabochon, ou une gemme à l'état naturel; quant

1. Suidas, s. v°, d'après un fragment de Lysias. Cf. O. Muller, *Handbuch der Archaeologie*, § 314, 1, p. 440, et Hugo Blümner, *Technologie und Terminologie der Gewerbe und Künste bei Griechen und Römern*, t. III, p. 281, note 4.

2. Du mot λιθοκόλλα, *ciment*. Dioscor., V, 164.

3. Pollux, VII, 108 et 179.

4. Plin., *Nat. Hist.*, XX, 134; XXIX, 132; XXXVII, 60, 63.

5. Inscription, dans le *C. I. L.*, VI, 9436.

6. S. August., *Civ. Dei*, XXI, 4.

7. Inscription, dans Gruter, 638.

8. Inscription, dans Muratori, 963, 4.

9. Inscription, dans Gruter, 622, 1; Orelli-Henzen, 4155; *C. I. L.*, VI, 9239.

10. Firmicus Maternus, IV, 7.

11. Plin., *Nat. Hist.*, XXXVII, 80.

12. S. Hieron., V, *in Jerem.* 24.

13. Sur la profession de graveur en pierres fines dans l'antiquité grecque et romaine, consulter surtout : Lessing, *Sämmtliche Schriften*, t. VIII (Lettres archéologiques), pp. 91 et suiv. (édit. in-8°, Berlin, 1838-1839); A. F. von Veltheim, *Etwas über Memnons-Bildsaüle, Neros Smaragd, Toreutik und die Kunst der Alten in Stein und Glas zu schneiden*, pp. 35 et suiv. (Helmstdät, 1793, in-8°); Heinrich Brunn, *Geschichte der griech. Kunstler*, t. II, pp. 441 et suiv.; L. Stephani, *Ueber einige angeb. Steinschneider der Alterthums*, dans les *Mémoires de l'Académie de Saint-Pétersbourg*, VI° série, sect. polit. hist. et phil., VIII (1855), pp. 216 et suiv.; J. Marquardt, *La vie privée des Romains*, trad. V. Henry, t. II, p. 366; Hugo Blümner, *Technologie und Terminologie der Gewerbe und Künste bei Griechen und Römern*, t. III, p. 280.

14. Du verbe ἐγγλύφω, *graver sur* (αἱμασιῇ ἐγγεγλυμμένῃ τύποισι, *mur de pierres couvert de figures gravées, de sculptures*. Hérod., II, 138; cf. Hérod., II, 124). Les *cabochons* ou les *intailles* enchâssés dans les chatons des bagues sont appelés : λίθος, ψῆφος, δακτυλικὴ ψῆφος, σφραγίς, λίθινη σφραγίς, etc.

aux mots *ectypæ scalpturæ, ectypæ imagines,* ils pouvaient désigner des œuvres en relief, exécutées en marbre, bronze ou terre cuite, aussi bien que dans les variétés du quartz. On les trouve spécialement appliqués aux camées dans de rares passages des auteurs latins. Pline, voulant désigner certaines pierres fines plus particulièrement propres à la gravure des camées, dit : *gemmæ quæ ad ectypas scalpturas aptantur* [1]. Sénèque, parlant d'un camée du préteur Paulus, qui représentait la figure de Tibère, s'exprime ainsi : *imaginem Tiberii Caesaris ectypam et eminente gemmâ* [2].

Pour ce qui est du terme moderne de *camée,* son origine étymologique est-elle bien déterminée? Ce mot, nous disent les dictionnaires contemporains, est emprunté de l'italien *cameo,* qui a la même origine que l'ancien mot français *camaïeu*. Mais ce mot *camaïeu*, d'où vient-il?

On le rencontre fréquemment en français, à partir du XIIIe siècle, avec les orthographes les plus variées : *camaheu, camahieu, camahu, gamahut, camoyu, camahiu, chamayeu, chamah, chamahou, camahier, camaieul, camayeul, kameuz, camaut, camoyu, camaeu, catmahieu, camayeu, camaïeu,* etc.; dans les textes latins, on a : *camahutus, camahotus, camahelus, camaholus, camaynus, camaeus.* Nous nous dispenserons de rapporter ici les hypothèses proposées par nombre d'érudits, dès le XVIe siècle, pour expliquer par le grec, le latin, l'hébreu ou l'arabe, ce mot dont le sens n'a jamais varié et qui a toujours signifié *une gemme gravée en relief,* et peut-être, par exception ou abus, au moyen âge, une gemme gravée en creux [3]. On admet généralement aujourd'hui que le mot *camahieu* est emprunté d'une *forme hypothétique* du bas latin *camateum*, tirée du grec καματεύειν, *travailler,* le bas grec κάματον signifiant *œuvre, travail, chose faite à la main* [4]. Mais nous opposerons à cette conjecture que, de toutes les œuvres d'art, le camée est peut-être celle où la main de l'homme a la moindre part, puisque c'est une machine, le touret, qui opère la gravure : une sculpture, un tableau, une miniature, un bijou ciselé sont bien plus directement une « chose faite à la main »; de plus, jamais, dans la haute ou la basse grécité, le mot très répandu de κάματον, qui signifie un travail quelconque, n'a été employé pour désigner un camée; quant au mot latin *camateum,* il n'existe pas. Aussi, je dirais volontiers avec Ménage : « Je confesse ingénuement que je ne sais pas d'où vient *camaieu* », si je ne me sentais enclin, malgré de bons philologues, à rattacher le mot *camahieu, camayeul, camaholus,* au terme grec κειμήλιον, qui signifie proprement *un joyau.* Pour les Grecs de Constantinople, les camées étaient les joyaux par excellence ; la chambre où l'on conservait les κειμήλια s'appelait κειμηλιάρχιον et le préposé à la garde des joyaux impériaux, qui comprenaient surtout des camées, était le κειμηλιάρχος. Ne serait-ce point le grand pillage des κειμήλια des palais et des églises de Constantinople, lors de la Croisade de 1204, qui a rendu cette expression populaire parmi

1. Plin., *Nat. Hist.,* XXXVII, 173.
2. Sen., *De beneficiis,* III, 26, 1.
3. J. Guiffrey, *Inventaire de Jean, duc de Berry,* t. I, Introd., p. CXXI.
4. Voyez le *Dictionnaire* de Littré et celui de MM. Hatzfeld, Darmesteter et Thomas, *s. v°.*

les Croisés ? Ceux-ci l'auront défigurée en la rapportant en Occident avec le fruit de leurs rapines [1].

II. *Caractères généraux des gemmes propres à la gravure.*

Toutes les pierres que les Anciens désignaient sous les noms de λίθοι τίμιοι, λίθοι πολυτελεῖς, ou de *gemmæ,* ne sont pas également propres à la gravure en creux ou en relief [2]. Le diamant et les corindons, c'est-à-dire les *pierres précieuses,* ne sont pas du domaine de la glyptique ; créées par la nature pour être taillées, nullement pour être gravées, ces gemmes appartiennent au lapidaire et au joaillier et non au lithoglyphe. Sans doute, nous devons sourire lorsque Pline, qui les

1. La principale objection qu'on peut nous faire, c'est que la syllabe *ca* du mot *camahieu* ne saurait venir de la syllabe κει de κειμήλιον ; mais nous répondrons qu'il nous manque probablement une forme intermédiaire, soit dans le bas grec du commencement du XIIIe siècle, soit dans l'un des dialectes parlés par les Croisés de l'an 1204. Le *vénitien* du moyen âge, par exemple, avait des particularités qui autorisent notre hypothèse, et le role joué en Orient par les Vénitiens, à cette époque, nous porterait à croire que c'est par l'intermédiaire de leur langage que le mot κειμήλιον a été défiguré et s'est répandu en Occident. C'est en cherchant dans les dialectes vénitien ou lombard qu'on a des chances, suivant nous, de trouver la confirmation d'une étymologie que nous avons adoptée en nous plaçant au point de vue rationnel plutôt que philologique. Voici, à titre de curiosité et de renseignement bibliographique, l'énumération d'un certain nombre d'ouvrages où a été traitée la question de l'origine du mot *camée :* Nicolaus Guibertus, *Assertio de vasis murrhinis,* ch. x (Francfort, 1597, in-8°); Saumaise, *ad Solinum,* p. 562 (in-fol., 1629); Gaffarel, *Curiosites inouïes sur la sculpture talismanique des Persans,* p. 74 (Paris, 1629, in-8°) ; Octave Ferrari, *Origines linguæ italicæ,* v° *Camaglio* (Padoue, in-fol., 1676); Ménage, *Dictionn. étymol. de la langue françoise,* v° *Camaieu* (1750); Du Cange, *Gloss. med. et inf. latin.,* v° *Camaeus ;* Lessing, *Sämmtliche Schriften,* 27° lettre archéol., t. VIII, p. 158 (Berlin, 1838-1839, in-8°); Camille Léonard, *Speculum lapidum,* pp. 127 et suiv. (Hambourg, 1717, in-12); Gessner, *De omni rerum fossilium genere,* p. 52 (Turin, 1765, in-8°) ; A. F. von Veltheim, *Etwas über Memnons-Bildsäule, Neros Smaragd, Toreutik und die Kunst der Alten in Stein und Glas zu schneiden,* p. 15 ; Millin, *Dictionn. des Beaux-Arts,* t. I, p. 181 (v° *Camée*) et *Introduction à l'étude des pierres gravées,* p. 37, note ; L. de Laborde, *Notice des émaux du Louvre,* 2° part., *Documents et glossaire,* v° *Camahieu* ; C. W. King, *Antique gems and rings,* pp. 18 et 284 ; Middleton, *The engraved gems of classical times,* p. 59 ; Chabouillet, dans la *Revue archéologique,* 9° année, 1853, p. 764 ; J. Leturcq, *Notice sur Jacques Guay,* pp. 75 et suiv. ; J. Reinaud, *Monuments musulmans du duc de Blacas,* t. I, p. 28 ; Lacurne Sainte-Palaye, *Dictionn. hist. de l'ancien langage français,* v° *Camahieu ;* Littré, *Dictionn.,* v° *Camée* ; Fred. Godefroy, *Dictionn. de l'ancienne langue française,* t. VIII, Complément, v° *Camahieu* ; Hatzfeld, Darmesteter et Thomas, *Dictionn.,* v° *Camée* et *Camaieu.*

2. J'ai énuméré, dans l'article *Gemmæ* du *Dictionn. des antiquités gr. et romaines* de Daremberg et Saglio, toutes les gemmes connues des Anciens, avec l'usage qu'ils en faisaient et les propriétés qu'ils leur attribuaient. Isidore de Séville donne l'étymologie suivante du mot *gemma : gemmæ vocatæ quod instar gummi transluceant* (Isid. Hisp. *Etymol.,* XVI, 6, 2).

qualifie de chefs-d'œuvre de la nature, prétend qu'il était interdit de les graver et que d'aucuns taxaient de sacrilège le burin qui aurait essayé de les entamer (*violari etiam signis quasdam gemmas nefas ducentes* [1]) : ce qui a empêché les Anciens de graver le diamant, le saphir, le rubis, la topaze, l'émeraude et les autres corindons, c'est leur extrême dureté (*duritia inexpugnabilis, inenarrabilis*) [2], qui a donné son nom au diamant, la pierre indomptable (*adamas* de ἀ δαμάζω), bien plutôt que le superstitieux respect de leur beauté irradiante [3]. Depuis la découverte de la taille du diamant par Louis de Berquen, de Bruges, en 1476, quelques artistes modernes se sont essayé à graver des portraits sur pierres précieuses. Ambrogio Caradossa grava, en 1500, un diamant qu'il offrit au pape Jules II [4]; Clemente Birago, qui vivait à la cour de Philippe II, au milieu du XVIe siècle, intailla sur diamant le portrait de l'infant don Carlos [5]. Vers le même temps, Jacopo da Trezzo [6], puis, au XVIIIe siècle, Carlo Costanzi et Natter [7], et à l'époque contemporaine, des diamantaires d'Amsterdam, ont aussi gravé quelques diamants ou corindons [8]. Mais, ce sont là des cas exceptionnels, des curiosités, ou, si l'on nous permet cette expression, de véritables tours de force, dont les auteurs, si habiles qu'ils se soient montrés, ne sont récompensés ni par le résultat atteint ni par l'appréciation du public : les difficultés du travail sont de nature à compromettre le talent artistique du graveur ; les feux de la gemme nuisent à l'effet de son œuvre ; la gemme enfin, étant diminuée de volume, perd sans compensation une partie de sa valeur vénale.

Mais au-dessous des pierres précieuses, la nature offre au lithoglyphe des pierres siliceuses ou argileuses et des oxydes métalliques qui sont susceptibles de recevoir un beau poli et de subir un travail de fine gravure, sans se désagréger et sans imposer à l'artiste un effort quasi surhumain. C'est là le champ véritable de la glyptique, qui comprend toute la gamme des pierres fines et demi-fines, translucides ou opaques, depuis les plus belles variétés de l'agate jusqu'à la pierre lithographique. Suivant les convenances de son sujet, l'artiste choisit, recherchant de préférence les gemmes aux tons chauds et aux couleurs chatoyantes, afin de rehausser, en quelque sorte, l'œuvre de son outil par la beauté de la matière. S'agit-il d'un camée, il se procure, souvent à grands frais et après de longues recherches chez les minéralogistes, une agate à plusieurs teintes

1. Plin., *Nat. Hist.*, XXXVII, 1.
2. Plin., *Nat. Hist.*, XXXVII, 57 (*duritia inenarrabilis, indomita vis*). Sénèque dit de même : *quorumdam lapidum inexpugnabilis ferro duritia est* (Sen., *De constantia sap.* III, 5).
3. E. Babelon, art. *Gemmæ*, dans le *Dictionn. des antiquités gr. et romaines* de Daremberg et Saglio, p. 1461.
4. Tomaso Garzoni, *Piazza universale*, p. 550.
5. J. Mariette, *Traité des pierres gravées*, t. I, p. 91.
6. Busching, *Steinschneidekunst* (1779, in-8°), p. 91 ; J. Mariette, *op. cit.*, t. I, p. 91.
7. J. Mariette, *op. cit.*, t. I, pp. 90 et 141 ; Laurent Natter, *Traité de la méthode antique de graver en pierres fines*, préf., p. XV-XVI.
8. Sur la gravure du diamant, voyez *Gazette des Beaux-Arts*, t. XXIII, 1867, pp. 294 et suiv.

superposées, pour tirer parti de cette polychromie naturelle dans la composition de son sujet; s'il grave en creux une intaille, ses préférences se porteront, au contraire, sur une gemme d'une seule couleur, translucide et, comme on dit en joaillerie, de la plus belle eau (*gemmæ ardentes, gemmæ exquisiti fulgoris* [1]), afin que son travail soit souligné par l'harmonieuse délicatesse des tons et des nuances. Considérez, par exemple, les plus beaux des camées de notre *Album* de planches : ce que nous en admirons, ce n'est pas seulement, comme en sculpture, le mérite artistique : ce sont aussi ces couches multicolores, ici fermes et éclatantes, là atténuées, mourantes, qui donnent à la composition l'élégance d'une miniature due au pinceau du plus habile coloriste. Voyez, d'autre part, une belle intaille sur une améthyste ou une cornaline sans défaut, telles que l'*Achille citharède* de Pamphile ou le *Cachet de Michel Ange* [2]; présentez-les à la lumière, en les regardant par transparence, et vous serez émerveillé à la fois de la splendeur de la gemme, comme disaient les Anciens, et des proportions sculpturales, amples et gracieuses que revêt le sujet.

Les variétés du quartz qui, comme dureté et comme éclat, viennent immédiatement après les corindons, sont les gemmes les plus recherchées par les lithoglyphes. Au point de vue de la glyptique, nous partagerons ces pierres siliceuses en trois grandes familles : les quartz hyalins (de ὕαλος, *verre*), ainsi nommés à cause de leur transparence vitreuse; les quartz semi-translucides et les quartz compacts. Ces deux dernières classes comprennent des gemmes polychromes ou monochromes. Dans la revue sommaire qui va suivre, nous avons pris à tâche d'énumérer seulement les quartz et les autres matières minérales ou animales sur lesquelles des camées ont été gravés, en insistant particulièrement sur les espèces mentionnées au cours de notre Catalogue.

III. *Les quartz hyalins.*

Le *cristal de roche.* Lorsqu'il est limpide et incolore, le quartz prend le nom de cristal de roche (κρύσταλλος, ὕαλος, *crystallus*) [3]. Les Anciens, au témoignage de Pline, le croyaient formé d'eau de pluie et d'un peu de neige : « c'est pour cela, dit-il, qu'il ne saurait contenir la chaleur et qu'on ne l'emploie que pour boire frais. » On le trouvait communément dans les Alpes, en Espagne, à Cypre, en Carie, dans l'Inde. Pline ajoute, d'après Juba, que dans une île de la mer Rouge on en recueillit un bloc d'une coudée de long, et que Livie en avait dédié dans le

1. Plin., *Nat. Hist.*, XXXIII, 22; XXXVII, 91. Pline prétend que pour embellir les gemmes on doit les faire cuire dans du miel de Corse. *Nat. Hist.*, XXXVII, 195.

2. E. Babelon, *Le Cabinet des Antiques*, p. 205, pl. LVI, fig. 13; p. 87 et pl. XXIX, fig. 1.

3. Théophr., *De lapid.*, 30; Diod. Sic., II, 52; *Anthol. gr.*, n°s 753 et 754; Plin., *Nat. Hist.*, XXXVII, 23 et suiv.; Solin, *Polyhist.*, 16; Isid. Hisp., *Etymol.*, XVI, 13, 1; cf. C. W. King, *The natural history of gems*, pp. 104 et suiv. (Londres, 1870, in-12); Hugo Blümner, *Technologie und Terminologie der Gewerbe und Kunste*, t. III, p. 249.

temple de Jupiter Capitolin un morceau pesant 150 livres. Le cristal de roche a été gravé dès la plus haute antiquité, en creux, en relief, en ronde bosse; des intailles de l'époque mycénienne, des cylindres chaldéo-assyriens sont en cette matière. Les Grecs et les Romains en ont fabriqué des boules à rafraîchir les mains [1], des statuettes, des vases de toutes formes (*cristallini calices, scyphi, pocula*, etc.), ornés de sujets en relief et très appréciés des amateurs de l'époque impériale. Deux coupes (*calices*) de cristal, que Néron, dans un accès de colère, brisa pour ne laisser à personne après lui l'honneur de s'en servir, étaient décorées de sujets empruntés à Homère [2]. Notre *Catalogue* renferme quelques monuments antiques en cristal de roche (nos 198, 207, 329, 330).

Au moyen âge, les Occidentaux, aussi bien que les Byzantins, les Persans (*Catalogue*, no 399) et les Arabes, ont su graver le cristal de roche. Nous ne saurions citer de camée sûrement gravé à l'époque mérovingienne en Occident, mais on connaît des boules et même des boucles de ceinturons, en cristal de roche, qu'on a recueillies dans des tombeaux de cette période sur les bords du Rhin, en Normandie et jusque dans la Charente [3] : si ces monuments, unis et sans motifs décoratifs, rentrent plutôt dans le domaine de la joaillerie et de la taille des gemmes que dans celui de la gravure proprement dite, ils attestent néanmoins qu'on n'a jamais cessé de travailler le cristal en Occident; ils contribuent à expliquer le grand mouvement de renaissance de la gravure en pierres fines qui se manifeste sous les successeurs de Charlemagne et durant lequel le cristal de roche fut intaillé avec tant d'habileté technique [4]. Aux XIIe et XIIIe siècles, Paris avait une puissante corporation de cristalliers [5]. Les musées possèdent des aiguières et des coupes de cristal qui témoignent de l'habileté des Arabes, dès le Xe siècle, dans la taille et la gravure du cristal de roche [6].

1. Properce, II, 24, 12; IV, 3, 52. Cf. King, *Antique gems and rings*, p. 373.
2. Plin., *Nat. Hist.*, XXXVII, 29.
3. Une de ces boules en cristal de roche est conservée au Cabinet des Médailles, avec les armes et objets d'orfèvrerie trouvés avec elle dans le tombeau de Childéric Ier (l'abbé Cochet, *Le tombeau de Childéric Ier*, pp. 299 et suiv.). Cet auteur énumère un certain nombre d'autres boules du même genre; l'armature métallique dont quelques-unes sont encore environnées a permis d'affirmer qu'elles étaient suspendues sur la poitrine à titre d'ornement décoratif, comme la *bulla* des Romains. On en verra aussi plusieurs dans L. Lindenschmidt, *Die Alterthümer unserer heidnischen Vorzeit*, t. II, Heft XII, pl. VI, fig. 6 et 12; Bryan Faussett et Roach Smith, *Inventorium sepulcrale*, p. XXVII et 42. De belles boucles de ceinturons en cristal de roche, avec ardillon métallique, sont conservées au Musée de Mayence (L. Lindenschmidt, *op. cit.*, t. III, Heft X, pl. 6, nos 1, 2 et 3). M. Ph. Delamain en a trouvé une récemment dans une tombe du cimetière mérovingien de Herpes, Charente (*Bulletin de la Société des antiquaires de France*, séance du 23 décembre 1896).
4. E. Babelon, *La glyptique à l'époque mérovingienne et carolingienne*, dans les *Comptes rendus de l'Académie des inscriptions et belles-lettres*, 1895 (IVe sér., t. XXIII), pp. 398 et suiv.
5. R. de Lespinasse, *Les métiers et corporations de la ville de Paris*, t. II, pp. 81-82.
6. Ch. Schefer, dans l'*Album archéologique des Musées de province*, publié sous la direction de M. R. de Lasteyrie, t. I, 1890, pp. 26 et suiv.; nous rappellerons seulement le

La Renaissance, enfin, a prodigué, surtout à Milan et à Venise, les Christs et objets religieux, les coupes, aiguières, chandeliers, lustres, girandoles, en cristal de roche naturel, et la Galerie d'Apollon, au Musée du Louvre, nous en offre de merveilleux spécimens : des artistes tels que Valerio Vicentino et Giovanni del Castel Bolognese, étaient des cristalliers célèbres [1] (voy. aussi notre *Catalogue*, nº 939). Les produits artificiels des verreries de Murano ont eu une grande vogue dans les derniers siècles sous le nom usurpé de cristal de Venise : en glyptique ils ont détrôné le cristal de roche.

L'améthyste. Le quartz teinté en violet par l'infiltration, dans sa substance, de l'oxyde de manganèse, forme l'*améthyste occidentale*, appelée le plus souvent simplement *améthyste* (ἀμέθυσος, ἀμέθυστος), bien que cette dernière dénomination ait l'inconvénient d'établir une confusion entre ce quartz violet et le corindon de même couleur. Le quartz améthyste n'est pas très rare en Europe. Pline estime surtout celui de l'Inde et méprise celui de Cypre et de Thasos [2]. Les Anciens ont fréquemment gravé en creux l'améthyste dont l'éclat et la limpidité sont vantés par nombre d'auteurs : la considérant comme un remède contre l'ivresse, ils y gravaient surtout des sujets bachiques [3]. Il y a des camées et des figurines de ronde bosse en cette matière (*Catalogue*, nºˢ 14, 15, 204, 205, 295, 332, etc.). Certaines variétés de l'améthyste, telles que nos nºˢ 15, 295, 332, tiennent le milieu entre l'améthyste pure et le cristal de roche ou la calcédoine. Dans l'antiquité, on appelait *amethyson*, une gemme violacée qui se rapprochait de la nuance du rubis balais ou du grenat syrian [4].

L'émeraude (*smaragdus*), dont le nom est dérivé du terme sémitique ברקת (*baraqt*) [5], désigne, en glyptique, le quartz vert hyalin, qu'en joaillerie on appelle *prime d'émeraude* ou fausse émeraude. Pline, qui énumère douze variétés d'émeraudes, donne le premier rang de beauté à celle de Scythie ; celle de Cypre, de nuance cuivrée, s'appelait *chalcosmaragdus* (la dioptase ?). Il y a d'assez nombreuses intailles, mais très peu de camées en prime d'émeraude (*Catalogue*,

célèbre vase en cristal de roche du Trésor de Saint-Marc de Venise, qui porte sur la panse, gravé en relief, le nom du calife El-Aziz-Billah, qui régnait en Égypte vers la fin du xᵉ siècle (Ach. Deville, *Histoire de l'art de la verrerie dans l'antiquité*, p. 75); Stanley Lane Poole, *The art of the Saracens in Egypt* (Londres, 1886, in-8º), p. 207.

1. C. W. King, *Natural history of gems*, p. 116.

2. Plin., *Nat. Hist.*, XXXVII, 121.

3. Voyez notamment deux épigrammes de l'*Anthologie grecque*, nºˢ 748 et 752.

4. Théophr., *De lapid.*, 30 et suiv. ; Plin., *Nat. Hist.*, XXXVII, 121 et suiv. ; Isid. Hisp., *Etymol.*, XVI, 9, 5. Cf. C. W. King, *Natural history of gems*, pp. 27 et suiv. ; H. Blümner, *Technologie*, t. III, p. 251 ; E. Babelon, art. *Gemmæ*, dans le *Dictionn. des antiq. gr. et rom.* de Daremberg et Saglio, p. 1462.

5. Heinrich Lewy, *Die semitischen Fremdwörter*, p. 57 ; l'émeraude figure parmi les gemmes du pectoral du grand prêtre Aaron (Exode, XXVIII, 17 ; Ch. de Linas, *Les origines de l'orfevrerie cloisonnée*, t. I, p. 38). — Théophr., *De lapid.*, 4, 8, 23 et suiv. ; Diod. Sic., II, 52 ; Pline, XXXVII, 62 et suiv., et 172 ; Isid. Hisp., XVI, 7 à 3 ; Lessing, *Sämmtliche Schriften*, t. VIII, p. 77.

n°s 412 et 1029). Néron regardait les jeux du cirque à travers une émeraude [1]; à Tyr, dans le temple d'Hercule, on voyait une colonne d'une seule émeraude; en Égypte, des obélisques et une statue colossale de Sérapis étaient taillés aussi dans un seul bloc [2]. Mais il est évident qu'ici Pline ne saurait viser la prime d'émeraude; il s'agit sans doute de jaspe vert ou de fluor.

L'*escarboucle* ou *grenat* (ἄνθραξ, *carbunculus, scarbunculus*) est le quartz hyalin coloré en rouge sang ou en rose [3]; on l'appelle parfois improprement *rubis*, à cause de sa nuance qui se rapproche de celle de cette pierre précieuse. On distinguait, dans l'antiquité, le grenat indien ou *lychnites*, le grenat du pays des Garamantes ou des Syrtes (*syrtitis*), celui de Carthage (*carbunculus Carchedonius*), celui d'Éthiopie. Quand il est rouge foncé (vin de Mâcon), le grenat prend le nom d'*almandine* (*carbunculus Alabandicus*), parce qu'on le tirait en abondance des rochers voisins d'Orthosia et qu'on le travaillait à Alabanda [4]; le grenat *surian* ou *syrian* (et non *syrien*) est ainsi désigné du nom de la ville de Surian ou Syrian, la capitale du Pégu. Les grenats les plus estimés étaient ceux qui tiennent de l'améthyste (*amethystizontæ*); le grenat appelé *rubis balais* en est une variété. Le *rubis spinelle* est, au contraire, un grenat rouge-violacé : c'est lui, vraisemblablement, que les auteurs anciens désignent parfois sous le nom d'*anthracitis* [5].

Les lapidaires, les livres de magie et les Inventaires du moyen âge et des derniers siècles mentionnent souvent ces différentes espèces de grenats ou faux rubis, enchâssés à l'état de cabochons ou de gemmes gravées en creux, dans les produits de l'orfèvrerie et de la bijouterie. Il y a aussi des camées antiques et modernes en grenat (*Catalogue*, n°s 73, 109, 396, 429, 520, 792, 928, 989, 990, etc.).

L'*hyacinthe* ou *jacinthe*, appelée aussi *lyncurium* (λυγγούριον) est rouge-orangé; elle passait chez les Anciens, pour être l'urine du lynx pétrifiée; Théophraste la définit : une gemme plus jaune et plus pâle que l'anthrax ou le grenat [6]. Elle se rapproche de la couleur de l'ambre; voilà pourquoi Démostrate, d'après Pline, donnait le nom de lyncurion à l'ambre lui-même [7]. L'Inde et l'Éthiopie four-

1. Plin., *Nat. Hist.*, XXXVII, 64; cf. A. F. von Veltheim, *Etwas über Memnons Bildsaule, Neros Smaragd*, etc., p. 17; H. Blümner, *Technologie*, t. III, pp. 313 et suiv.

2. Pline, *Nat. Hist.*, XXXVII, 74 et suiv.; Solin, *Polyhist.*, 16. Cf. W. Frœhner, *La verrerie antique*, p. 11.

3. Théophr., *De lapid.*, 8, 18 et 30. Cf. Hugo Blümner, *Technologie*, t. III, pp. 234 et 245; E. Babelon, art. *Gemmæ*, dans le *Dict. des antiq. gr. et rom.* de Daremberg et Saglio, p. 1467.

4. Plin., *Nat. Hist.*, XXXVII, 92; Isid. Hisp., *Etymol.*, XVI, 14, 1; Lessing, *Sämmtliche Schriften*, t. VIII, p. 174 (Berlin, 1838).

5. Théophr., *De lapid.*, 8, 18, 30, 33; Philostr., *Vita Apoll. Tyan.*, II, 14; Diod. Sic., II, 52; Pline, *Nat. Hist.*, XXXVII, 91 et suiv. et 189; Solin, *Polyhist.*, 29, 38; Strabon, XVII, 3, 9 et 19; Ps. Plut., *De Fluv.*, I, 2; Isid. Hisp., *Etymol.*, XVI, 14. Cf. Ch. Tissot, *Géogr. comp. de la prov. d'Afrique*, t. I, p. 268; King, *Natural history of gems*, pp. 14 et suiv.; Michel Psellus, *De lapid.*, 80 (p. 897, éd. Migne).

6. Théophr., *De lapid.*, 28; Ovid., *Metam.*, XV, 413; Plin., *Nat. Hist.*, XXXVII, 125 et suiv.

7. W. Frœhner, *La verrerie antique*, p. 5

nissaient aux Anciens de belles hyacinthes, sur lesquelles ils ont parfois gravé des camées (*Catalogue*, n° 299), de même que les modernes (*Catalogue*, nos 575, 920 et 991)[1]. L'ambre, comme l'hyacinthe, a été travaillé en relief et en ronde bosse (*Catalogue*, n° 196).

La *chrysolithe* ou fausse topaze (τοπάζιος, χρυσόλιθος), appelée autrefois *péridot*, est le quartz hyalin coloré en jaune[2]. Pline vante beaucoup cette gemme, très employée dans la joaillerie et la glyptique (*Catalogue*, n° 396). Les plus belles chrysolithes venaient de l'Inde; celles de l'Arabie, du Pont, de l'Espagne étaient inférieures. Arsinoé, femme de Ptolémée Philadelphe, avait sa statue, haute de quatre coudées, d'une seule topaze[3]. On distinguait la topaze *cymophane*, les topazes *chryselectræ*, dont la nuance se rapproche de celle de l'ambre ou du safran; les *leucochrysæ*, qui ont une teinte blanchâtre comme la *goutte d'eau du Brésil* des joailliers modernes; les *melichrysæ*, dont la couleur se rapproche de celle du miel; il y avait aussi la topaze qui est couleur poireau et celle qui est couleur d'or. La collection Arundel renfermait un beau portrait du roi d'Espagne, Philippe II, sur une topaze gravée en demi-ronde bosse par Jacopo da Trezzo[4].

L'*aigue-marine* ou *béryl* (βηρύλλος, *beryllus*) est le quartz hyalin coloré vert-de-mer[5]. Suivant qu'elle est plus ou moins claire, foncée ou azurée, on a considéré l'aigue-marine comme une variété de la topaze (*chrysobéryl*), de l'émeraude, de l'hyacinthe, du cristal de roche. L'Inde fournissait aux Anciens les plus beaux béryls. Cette gemme a été très fréquemment employée en glyptique, mais surtout pour la gravure en creux; on la trouve souvent citée dans les Inventaires du moyen âge au nombre des cabochons enchâsses dans l'orfèvrerie.

IV. *Les quartz semi-translucides.*

On groupe sous le terme générique d'*agate* (ἀχάτης), toutes les variétés du quartz qui ont une demi-translucidité comparable à celle de la corne ou de la

1. Théophr., *De lapid.*, 27 et 31; Plin., *Nat. Hist.*, VIII, 137; XXXVII, 52 et suiv.; Solin, *Polyhist.*, 2; Isid. Hisp., *Etymol.*, XVI, 8, 8; Köhler, *Gesammelte Schriften*, t. IV, pp. 93 et 106; F. de Mély, dans la *Revue archéol.*, 3e sér., t. XII, 1888, p. 326; W. Frœhner, *La verrerie antique*, p. 5; M. Schmidt, dans la *Zeitschrift für vergleich. Sprachforschung*, t. IX, p. 399; King, *Natural history of gems*, pp. 160 et suiv.; Blümner, *Technologie*, t. III, p. 252.

2. Orph., *De lapid.*, 277 (ὑαλοειδέες τόπαζοι); Plin., *Nat. Hist.*, XXXVII, 107 et suiv.; Isid. Hisp., *Etym.*, XVI, 7, 9. Cf. King, *Natural history of gems*, pp. 93 et 312; H. Blümner, *Technologie*, t. III, pp. 236 et 247.

3. Diod. Sic., II, 52; Pline, *Nat. Hist.*, XXXVII, 90, 91, 101, 126, 127, 172; Isid. Hisp., *Etymol.*, XVI, 15, 2.

4. *Arundel gems*, n° 366; King, *Natural history of gems*, p. 97.

5. Diod. Sic., II, 52; Plin., *Nat. Hist.*, XXXVII, 76 et 77; Solin, *Polyhist.*, 53; Isid. Hisp., *Etymol.*, XVI, 7, 5 et 6; King, *Natural history of gems*, pp. 50 et suiv.; Blümner, *Technologie*, t. III, pp. 236 et 243.

nacre (λίθοι διαφανεῖς)[1]. Les agates sont les gemmes sur lesquelles ont été gravés, dans tous les temps, les camées les plus beaux et les plus nombreux. Elles se rencontrent dans la nature à l'état concrétionné, sous forme de rognons ovoïdes formés par les sédiments de la matière siliceuse. Les Orientaux et les Grecs les recueillaient dans les fleuves et les torrents de la Crète, de Cypre, de Rhodes, de Lesbos, de la Thrace, de la Phrygie, de la Perse, de l'Inde, de l'Égypte. Quant aux Romains, outre ces mêmes provenances, ils avaient surtout à leur portée le cours du fleuve Achates (le Drillo), en Sicile, qui a donné son nom à la gemme[2]. Denys le Périégète dit à ce sujet :

> Cernitur egregius lapis hic, cui nomen achates :
> Hoc dederat fluvius, cujus generatur ad undas ;
> Hanc simulacra vides venis ostendere gemmam[3].

Au point de vue de la glyptique, les agates se partagent en deux séries : celles qui ont, dans leur structure interne, plusieurs couches superposées et diversement colorées ; celles qui sont monochromes, comme les quartz hyalins.

Les agates polychromes forment les différentes variétés de l'onyx.

L'onyx vulgaire (ὄνυξ, ὀνύχιον, ὀνυχίτης), qui doit son nom à sa couleur et à sa demi-translucidité qui sont celles de l'ongle humain, est commun et se rapproche de l'albâtre calcaire ; voilà pourquoi Pline lui donne le nom d'*alabastrites*[4]. Il en cite des variétés qui avaient, chez les sculpteurs plutôt qu'auprès des graveurs, une certaine réputation à cause de leurs nuances : il y a, dit-il, l'onyx flamboyant, noir, corné, veiné, qui réunit l'éclat de la chrysolithe, de la cornaline, du jaspe et parfois de l'améthyste et de l'escarboucle ; les plus belles variétés viennent de l'Inde et de l'Arabie[5]. Les graveurs de camées apprécient surtout les onyx, plus rares, à couches colorées diversement. Quelquefois ces stratifications sont planes et en zônes parallèles ; d'autres fois, elles sont ondulées, ridées ou même orbiculaires, comme les enveloppes de l'œil.

La plus recherchée et la plus belle de ces variétées, pour la gravure des camées, est la *sardonyx* (*sardonyx*, *sardonyches*, σαρδόνυξ, ὄνυξ Σαρδῷος), dont les couches sont principalement, comme son nom l'indique, le blanc de l'ongle humain et le

1. Théophr., *De lapid.*, 31 ; Plin., *Nat. Hist.*, XXXVII, 139 à 142 ; Solin, *Polyhist.*, 5 ; Isid. Hisp., *Etymol.*, XVI, 11, 1. Cf. Hugo Blumner, *Technologie*, t. III, p. 259 ; E. Babelon, art. *Gemmæ*, dans le *Dictionn. des antiq. gr. et rom.* de Daremberg et Saglio, p. 1461.

2. Theophr., *De lapid.*, 31 (ὁ ἀχάτης ὁ ἀπὸ τοῦ Ἀχάτου ποταμοῦ τοῦ ἐν Σικελίᾳ) ; Plin., XXXVII, 139 (*achates... reperta primum in Sicilia juxta flumen ejusdem nominis*) ; Sil. Ital., XIV, 229. Certains auteurs ont voulu trouver au nom de l'agate une racine sémitique (Heinrich Lewy, *Die semitischen Fremdwörter*, p. 56).

3. *Prisciani Periegesis*, 502 à 504.

4. Plin., *Nat. Hist.*, XXXVII, 143 ; Isid. Hisp., *Etymol.*, XVI, 5, 7 ; A. F. von Veltheim, *Etwas über die Onyxgebirge des Ctesias*, Helmstädt, 1797, in-8° ; King, *Natural history of gems*, pp. 213 et suiv. ; H. Blümner, *Technologie*, t. III, p. 264.

5. Théophr., *De lapid.*, 6 et 31 ; Plin., *Nat. Hist.*, XXXVI, 59 à 61 ; XXXVII, 90 et suiv. et 143 ; Isid. Hisp., XVI, 8, 3 ; Kœhler, *Gesamm. Schriften*, t. IV, pp. 106, 148, 226.

rouge incarnat ou brun de la sarde [1]. Les plus beaux et les plus grands camées antiques ou modernes sont en sardonyx à trois couches principales : bleu foncé ou brun, blanc laiteux et roux fauve : *sardonycha verum lineisque ter cinctum*, dit Martial [2], et Isidore de Séville ajoute plus explicitement : *subterius nigro, medio candido, superius minio* [3]. Parfois, les sardonyx ont quatre couches (*Catalogue*, nos 85, 178, 230, 237, 246, 534) ou même jusqu'à cinq ou six couches, alternant comme il suit : brune, blanche, rousse (*Catalogue*, nos 11, 78, 264, 272, 282). On donne souvent le nom de *nicolo* (de l'italien *onicolo*, petit onyx), aux agates qui ont une couche bleuâtre entre deux couches noires ou brunes (*Catalogue*, nos 768, 1017).

Les barbares, dit Pline, appelaient *ophicardelon* ou *ophiocardelos*, l'agate qui présentait deux couches blanches séparées par une couche noire [4] ; la variété *veientana*, recueillie près de Véies, avait une bordure blanche [5]; la *leucopœcilos* avait une couche blanche et une couche dorée [6]; l'*aegyptilla* était sillonnée de veines rouges et noires, ou bleues et noires [7]. Il serait téméraire de proposer de reconnaître ces variétés parmi les gemmes de notre *Catalogue*; nous signalerons seulement quelques spécimens d'agates tachetées (*Catalogue*, nos 415, 496, 559), rubanées (nos 380, 385, 386, 419, 421, 981), veinées (422), rayées (962, 981), auxquelles ces noms antiques seraient susceptibles de convenir.

Les agates à couches orbiculaires fournissaient aux Anciens les variétés suivantes : l'*ægophthalmos* ou œil de bouc [8], le *leucophthalmos* ou œil de chat (*Beli oculus*) [9], le *triophthalmos* [10], la *zmilampis* ou *zmilaces* [11] (*Catalogue*, nos 381, 382, 383, 620).

Les agates arborisées ou mousseuses renferment dans leur cristallisation des dessins naturels, pareils à la mousse ou à de petits arbrisseaux qui sont dus généralement à des infiltrations de fer, de manganèse ou de bitume (*Catalogue*, nos 1043, 1044, 1045, 1046). Les Anciens croyaient y reconnaître des figures

1. *Sardonyches olim, ut ex nomine ipso apparet, intelligebatur candore in sarda, hoc est, velut carnibus ungue hominis imposito, et utroque translucida* (Plin., *Nat. Hist.*, XXXVII, 86 à 89) ; Solin, *Polyhist.*, 34; Isid. Hisp., *Etymol.*, XVI, 8, 4; Kœhler, *Gesammelte Schriften*, t. IV, pp. 114 et suiv., 150, 197 et 227; H. Blümner, *Technologie*, t. III, p. 267.

2. Martial, *Epigr.*, IV, 61, 6.

3. Isid. Hispal., *Etymol.*, LXIV, 8.

4. Plin., *Nat. Hist.*, XXXVII, 177.

5. Plin., *Nat. Hist.*, XXXVII, 184; Solin, *Polyhist.*, 2 ; Isid. Hisp., *Etymol.*, XVI, 11, 5.

6. Plin., *Nat. Hist.*, XXXVII, 171.

7. Plin., *Nat. Hist.*, XXXVII, 148 ; Isid. Hisp., *Etymol.*, XVI, 11, 3.

8. Plin., *Nat. Hist.*, XXXVII, 187; Isid. Hisp., *Etymol.*, XVI, 15, 19.

9. Plin., *Nat. Hist.*, XXXVII, 149 et 171 ; Isid. Hisp., *Etymol.*, XVI, 10, 9; H. Blümner, *Technologie*, t. III, p. 253.

10. Plin., *Nat. Hist.*, XXXVII, 186.

11. Plin., *Nat. Hist.*, XXXVII, 185; Solin, 38; Isid., XVI, 15, 14; F. de Mély, dans la *Revue archéol.*, 3e sér., t. XII, 1888, p. 324 ; King, *Natural history of gems*, p. 319.

(*monstrificæ lapides*) [1], et Pyrrhus, au dire de Pline, avait pour anneau une agate arborisée qui représentait naturellement Apollon et les Muses [2]. Ces dernières variétés ne sont pas très rares en glyptique, et elles ont pris une place importante dans les *Lapidaires* et les livres de magie, surtout au moyen âge.

La *calcédoine* (*chalcedonius lapis*) est un quartz assez commun, d'un blanc mat cendré, nébuleux, qu'on appelle parfois agate blonde, agate blanche, agate cendrée (*Catalogue*, nos 9, 10, 26, 297, 298, etc.); elle est quelquefois légèrement bleuâtre : dans ce dernier cas, on la nomme *calcédoine saphirine* (*Catalogue*, nos 241 et 295). Les Anciens tiraient leurs belles agates-calcédoines de la Perse, de l'Égypte et du pays des Nasamons en Libye. Carthage en faisait un grand commerce; le plus ordinairement on en fabriquait des coupes, des vases à boire [3]; on gravait en relief sur la calcédoine, des sujets décoratifs qui n'exigeaient qu'une exécution sommaire, tels que les phalères qui servaient de décorations militaires (*Catalogue*, nos 170 et suiv.). C'est pour ce motif que Pline dit que la calcédoine vulgaire était peu propre à la gravure. Pourtant, il en est une variété qui a deux couches, l'une translucide et l'autre blanc de nuage ou cendrée, sur laquelle l'antiquité a gravé de nombreux et parfois de beaux camées (*Catalogue*, nos 58, 63, 77, 80, 81, etc.). Suivant les nuances qu'offre ce quartz à deux couches, on le désigne un peu arbitrairement sous les noms de calcédoine à deux couches (*Catalogue*, nos 47, 55, 58, 63, 77, 427, 449, 573, etc.); d'agate-onyx à deux couches, quand les nuances ont moins de translucidité (nos 94, 97, 125, 224, 255, 290, etc.); ou même de sardonyx à deux couches (nos 57, 60, 98, 100).

La *sardoine* ou *sarde* (σάρδιος, σάρδιον, *sarda*, *sardius*) n'est qu'une variété de la calcédoine dont la couleur varie du rouge orange au rouge brun; elle a aussi parfois deux couches, l'une rougeâtre et l'autre blanche (*Catalogue*, nos 29, 30, 56, 61, 400, 413, 537, etc.).

Quand la sarde est d'une belle nuance rouge-cerise, elle prend le nom de *cornaline* ou celui de *corniole*, d'origine italienne [4]. La cornaline est semi-translucide et d'un grain très fin; on en a fait quelquefois des camées (*Catalogue*, nos 113, 192, 197, 201, 228, 248, 293, 793, 521, etc.), mais elle a été surtout utilisée dans la gravure des intailles servant de cachets, parce que, dit Pline, seule de toutes les gemmes, elle n'enlève pas la cire quand on appose le sceau, et le naturaliste romain ajoute : *nec fuit alia gemma apud antiquos usu frequentior*. On recueillait de belles cornalines dans les environs de Sardes (d'où le nom de *sarde*,

1. Plin., *Nat. Hist.*, XXXVII, 192.
2. Plin., *Nat. Hist.*, XXXVII, 5 et 184; Solin, 38; Isid., XVI, 6; Blümner, *Technologie*, p. 261.
3. Strabon, XVII, 3, 11 et 19; Pline, *Nat. Hist.*, XXXVII, 104; Isid. Hisp., *Etymol.*, XVI, 14, 5; cf. Tissot, *Géog. comp. de la province d'Afrique*, t. I, p. 269; King, *Natural history of gems*, pp. 82 et suiv.; H. Blümner, *Technologie*, t. III, p. 256.
4. Orph., *De lapid.*, 608; Théophr., *De lapid.*, 8 et 23; Plin., *Nat. Hist.*, XXXVII, 105 et suiv.; Solin, *Polyhist.*, 12; Isid. Hisp., *Etymol.*, XVI, 8, 2; Kœhler, *Gesammelte Schriften*, t. IV, pp. 86, 164 et 225; King, *The natural history of gems*, p. 278; Blümner, *Technologie*, t. III, pp. 257 et 262.

sardoine), ainsi qu'en Arménie, en Arabie, en Égypte, dans l'Inde et dans certains districts montagneux de la Grèce.

On doit vraisemblablement considérer comme des variétés d'agates monochromes et semi-translucides : le *cacholong* qui est d'un blanc mat, opaque; l'*opale* (ὀπάλλιον, *opalus*) [1], qui réunit, dit Pline, « le feu de l'escarboucle, l'éclat purpurin de l'améthyste et le vert marin de l'émeraude » : notre portrait de Louis XIII, n° 791, est sur une opale remarquable. Une des variétés de l'opale est désignée en glyptique sous le nom de calcédoine opalisée (*Catalogue*, n°s 756 et 757).

V. *Les quartz compacts.*

En glyptique, le *jaspe* (ἴασπις) occupe le premier rang parmi les quartz mats et compacts ; c'est une des gemmes les plus communes, surtout parmi les intailles [2]. Les principales variétés du jaspe sont les suivantes : le *caillou d'Égypte* ou jaspe jaune-brun (*Catalogue*, n°s 343, 424, 458, 515) ; le jaspe lydien ou pierre de touche (βάσανος, *lydius lapis*), qui est noir foncé (*Catalogue*, n° 219) ; le *plasma*, qui est vert poireau (*Catalogue*, n°s 334, 341, 417) ; le jaspe sanguin ou *héliotrope*, qui, chez les Byzantins et à l'époque de la Renaissance, était recherché, à cause de ses taches rouges, pour la gravure des sujets où le sang devait jouer un rôle, comme la *Crucifixion*, la *Mater dolorosa*, saint Sébastien ou d'autres martyrs (*Catalogue*, n°s 333, 339, 408, 409, 416, 557, 715, etc.). Un bon nombre de ces camées avaient des vertus prophylactiques et servaient d'amulettes. On distinguait encore le jaspe rubané, c'est-à-dire à plusieurs couches : la variété qu'on nommait *eupetalos* présente quatre nuances superposées : l'azur, le feu, le vermillon et la pomme [3]. Le jaspe de l'Inde, dit Pline, ressemble à l'émeraude, celui de Cypre est dur et vert foncé; celui de Perse et des bords de la mer Caspienne est bleu céleste [4].

Le *lapis-lazuli* était appelé par les anciens σάπφειρος, *sapphirus* [5], mais il ne saurait être confondu avec la pierre précieuse de ce nom. C'est une gemme opaque, d'un bleu intense, que fournit surtout l'Égypte. Quand le lapis-lazuli est

1. Orph., *De lapid.*, 279; Plin., *Nat. Hist.*, XXXVII, 80 et suiv., 129 et 130 ; Solin, *Polyhist.*, 34 ; Isid. Hisp., *Etymol.*, XVI, 10, 2 ; 12, 3 ; King, *Natural history of gems*, p. 239.

2. King, *Natural history of gems*, p. 137 ; Blümner, *Technologie*, t. III, pp. 254 et 272 ; E. Babelon, art. *Gemmæ*, dans le *Dict. des ant. gr. et rom.*, de Daremberg et Saglio, p. 1465.

3. Plin., *Nat. Hist.*, XXXVII, 105 et 161. Certaines variétés du jaspe sont translucides, d'après Pline : *viret et sæpe tralucet jaspis*.

4. Théophr., *De lapid.*, 23, 27, 35 ; Plin., *Nat. Hist.*, XXXVII, 115 et suiv.; Isid. Hisp., *Etymol.*, XVI, 7, 8. Voyez sur les jaspes, les épigrammes de l'*Anthologie grecque*, n°s 746, 747 et 750, et Orph., *De lapid.*, 264 et suiv.

5. Ce nom est d'origine sémitique. Ch. de Linas, *Les origines de l'orfèvrerie cloisonnée* t. I, p. 38; H. Lewy, *Die semitischen Fremdwörter*, p. 56.

parsemé de points ou d'étoiles d'or, il prend le nom de *lazulite* : c'est le *cyanus* (κυανός) des Anciens [1]. A toutes les époques on a gravé en creux ou en relief le lapis-lazuli (saphir) et la lazulite (*cyanus*) : on en a fait non seulement des camées et des intailles, mais des coupes, des tabatières, des cubes de fines mosaïques et toute espèce d'ouvrages artistiques (*Catalogue,* n°s 288, 448, 450, 519, 667, 965, 1009, etc.).

Il en est de même de la *turquoise,* gemme commune, opaque, d'un bleu clair ou verdâtre. D'après certains auteurs, la *callaïs* des Anciens (καλλαινός λίθος) n'en serait qu'une variété [2].

La prase (*prasius,* πράσιος) ou le *plasma* est un quartz opaque, vert d'herbe, appelé abusivement parfois, émeraude ou *prime d'émeraude* comme le quartz hyalin de même couleur. Les Anciens la faisaient venir de l'Inde; Pline en distingue trois espèces, parmi lesquelles la plus estimée est la *chrysoprase,* de nuance vert-poireau tirant sur l'or. Elle est aussi employée en gravure et pour les mêmes usages que la turquoise ou le lapis-lazuli [3]. L'*héliotrope* (*heliotropium*) en est une variété, avec des veines sanguines [4]. Le girasol (*Catalogue,* n° 972), l'aventurine et leurs variétés (*aster, asteritis, sandaster, astrobolion,* etc.) n'ont guère été employées en glyptique [5]. Nous en dirons autant de toute la série des quartz qu'on désigne en joaillerie sous les noms d'agates grossières ou de silex, tels que le silex pyromaque ou la *pierre à fusil,* le silex corné ou *pierre de corne;* le silex molaire ou *pierre meulière;* la stéatite appelée *pierre de lard,* à cause de son onctuosité au toucher; la *serpentine* qui paraît appelée *pierre de Mélusine* dans certains textes du moyen âge, à cause de son aspect grisâtre et tacheté comme la peau du serpent [6]; on l'appelle aussi *pierre ollaire,* parce qu'on en fabrique des vases, des marmites (*ollæ*); le jade, *nephriticus lapis* (*Catalogue,* n° 374); les silex à deux couches que roulent la Durance et quelques torrents alpins (*Catalogue,* n°s 72, 506, 553, 932). De toute cette série, la serpentine, la stéatite, la pierre lithographique sont les gemmes qui ont été le plus souvent gravées en relief, surtout chez les Byzantins, puis en

1. Théophr., *De lapid.*, 8, 23, 31, 37, 39, 55; Pline, *Nat. Hist.*, XXXVII, 119; Solin, 16; Isid., XVI, 9, 2, 7; W. Helbig, *Das homerische Epos*, p. 131; F. de Mély, dans la *Revue archéol.*, 3e sér., t. XII, 1888, p. 328; Blümner, *Technologie*, p. 274.

2. Plin., *Nat. Hist.*, XXXVII, 110 à 112 et 151; Solin, *Polyhist.*, 21; Isid. Hisp., *Etymol.*, XVI, 7, 10; S. Reinach, *Le Mirage oriental*, p. 18 (extr. de l'*Anthropologie*, 1893); King, *Natural history of gems*, pp. 57 et suiv.; Blümner, *Technologie*, t. III, p. 248.

3. Plin., *Nat. Hist.*, XXXVII, 113 et 114; Solin, *Polyhist.*, 53; Isid. Hisp., *Etymol.*, XVI, 7, 4 et 7; XVI, 14, 8; H. Blümner, *Technologie*, t. III, pp. 253 et 271.

4. Plin., *Nat. Hist.*, XXXVII, 165; Solin, 28; Isid., XVI, 7, 12; Tissot, *Géogr. comp. de la prov. d'Afrique*, t. I, p. 269; Blümner, *Technologie*, t. III, p. 272; King, *Nat. hist. of gems*, p. 133.

5. E. Babelon, art. *Gemmae*, dans le *Dictionn. des ant. gr. et rom.* de Daremberg et Saglio, p. 1462.

6. E. Babelon, dans le *Bulletin de la Société des Antiquaires de France*, séance du 20 janvier 1897. Voyez aussi *Histoire de Mélusine, tirée des Chroniques du Poitou* [par le sieur Nodot?] (Paris, 1798, in-18), pp. 97 et 270. On sait que la fée Mélusine avait la faculté de se transformer en serpent.

Allemagne, au moyen âge, et dans les derniers siècles. On en a fabriqué au ciselet et au burin, surtout des volets de petits diptyques, des plaques d'applique pour coffrets de luxe, des médaillons : à Byzance on a exécuté sur ces matières de purs chefs-d'œuvre [1].

VI. *Substances métalliques, bitumineuses et animales.*

Outre les nombreuses variétés du quartz et des calcaires quartzeux que nous venons d'énumérer, les graveurs de camées se sont aussi attaqués à des substances naturelles formées d'oxydes métalliques ou de matières animales.

L'hématite (*hæmatitis*, de αἷμα, *sang*), qui ressemble extérieurement au jaspe noir ou pierre de touche, est la matière de nombreuses intailles et de quelques camées (*Catalogue*, n°s 219 et 362). Cet oxyde de fer, noir ou rougeâtre, dont on fabrique des crayons et des brunissoirs, se laisse facilement entamer par l'outil du graveur. Les Anciens lui attribuaient des vertus magiques : de là est venu qu'on l'a souvent employé, comme le jaspe et la cornaline, pour la gravure des amulettes. Pline en cite plusieurs variétés [2].

D'autres oxydes métalliques, tels que la *malachite* (μολοχάς, *molochitis*), qui a la couleur de la mauve (μολόχη) [3], et la *chalcites* qui a la couleur du cuivre [4], ont servi à faire d'excellents cachets en intaille, mais on ne les a guère gravés en camées.

Parmi les substances bitumineuses qui ont été gravées, nous citerons le *jais* ou *jayet* (*gagates*) et l'*ambre jaune* (ἤλεκτρον, *succinum*) appelé aussi parfois *lyncurion* [5] : de tout temps on en a fabriqué des statuettes et des bijoux (*Catalogue*, n° 196).

On a gravé enfin, en relief ou en creux, certains résidus de sécrétions animales, telles que le *corail* (λιθόδενδρον, κουράλλιον, *corallium*, *curalium*, *gorgonia*. — *Catalogue*, n°s 103, 190, 200, 615) [6].

1. Voyez un certain nombre d'exemples remarquables reproduits dans le livre récent de M. G. Schlumberger, *L'Épopée byzantine à la fin du xe siècle* (Paris, 1897, gr. in-8°).

2. Plin., *Nat. Hist.*, XXXVI, 144 à 151 ; XXXVII, 169 ; Ch. Tissot, *Géogr. comp. de la prov. d'Afrique*, t. I, p. 268 ; Blümner, *Technologie*, t. III, p. 277 ; King, *Natural history of gems*, p. 11 ; F. de Mély, dans la *Revue archéol.*, 3e sér., t. XII, 1888, p. 322, et dans la *Revue des Études grecques*, t. V, 1892, p. 334 ; E. Babelon, art. *Gemmæ*, dans le *Dict. des Antiq. gr. et rom.*, de Daremberg et Saglio, p. 1464.

3. Plin., *Nat. Hist.*, XXXVII, 114.

4. Plin., *Nat. Hist.*, XXXVII, 191.

5. Théophr., *De lapid.*, 29 ; Plin., *Nat. Hist.*, XXXVII, 31 ; Solin, 21 ; Isid., XVI, 8, 6 ; Ch. de Linas, *Les Origines de l'orfèvrerie cloisonnée*, t. I, pp. 138 à 161 ; E. Babelon, *Du Commerce des Arabes dans le nord de l'Europe avant les Croisades*, pp. 5 et suiv. ; S. Reinach, *Le Mirage oriental*, p. 32.

6. Jannettaz, Vanderheym, Fontenay et Coutance, *Diamant et pierres précieuses*, pp. 245 et suiv.

La perle (*margarita*) qui avait une place si importante dans la joaillerie, à l'époque romaine, était considérée comme une gemme par les Anciens; Isidore de Séville la qualifie même : *prima candidarum gemmarum* [1]. Notre Catalogue renferme (nos 1041 et 1042) des perles agglomérées ou nacres de perles qui figurent grossièrement des têtes humaines en camées. Il s'y trouve aussi de beaux spécimens de coquillages gravés en camées (nos 387, 388, 389, 401, 432, 486 à 491, 543, 787, etc.) : tous proviennent de la garniture extérieure de coffrets, de poignées et de fourreaux de dagues, de couteaux ou d'autres armes, de meubles ou d'ustensiles de prix. On peut reconnaître, dans ces substances, l'huître perlière, le nautile-chambré, les vénus, les chames et d'autres espèces à valves consistantes.

VII. *Pâtes de verre et camées artificiels.*

De bonne heure on fabriqua de fausses pierres gravées, camées ou intailles, avec la pâte de verre plus ou moins opaque et diversement colorée (λίθος χυτή, λιθινὸν χυτόν, *vitrum annulare*). Les Anciens savaient, aussi bien que les industriels du moyen âge et ceux de nos jours, produire par le procédé de la fusion ces empreintes qu'un œil exercé pouvait à peine distinguer des véritables gemmes [2]. C'était, chez les Grecs, le procédé auquel avaient recours les citoyens peu fortunés pour se procurer des cachets à bon marché (σφραγῖδες ὑάλιναι) [3]. Les faussaires même utilisèrent cette invention pour copier par surmoulage les véritables cachets et en abuser; c'est pour prévenir ces contrefaçons que Solon édicta une loi interdisant aux lithoglyphes de retenir chez eux la copie des gemmes qu'ils auraient été chargés de graver pour des particuliers [4]. Au temps d'Aristophane, on employa, dans le même but, les θριπήδεστα σφραγίδα [5] (*cachets en bois vermoulu*), imaginés, dit l'auteur comique, par les maris jaloux pour que leurs femmes ne pussent en tirer une empreinte.

Pline nous apprend qu'il existait, au sujet de ces *gemmæ vitreæ* ou *fictitiæ*, de véritables traités didactiques et que c'était chose très difficile de distinguer les pierres fines d'avec leurs imitations artificielles [6]. Au moyen âge, Albert le Grand et saint Thomas d'Aquin signalent la même industrie [7]. Il nous est parvenu non seulement des camées et des intailles en pâtes vitreuses, mais aussi des coupes et

1. Plin., *Nat. Hist.*, XXXVII, 204 et suiv.; Isid. Hisp., *Etymol.*, XVI, 10, 1 ; Jannettaz, Vanderheym, Fontenay et Coutance, *op. cit.*, pp. 509 et suiv. ; Ch. de Linas, *Les origines de l'orfèvrerie cloisonnée*, t. I, p. 167.
2. W. Frœhner, *La verrerie antique*, p. 45.
3. Bœckh, *C. I. Gr.*, t. I, p. 233, n° 150, B, 34 et p. 237, § 50.
4. Herod., I, 30; II, 177 ; Diog. Laërt., I, 57. Cf. S. Murray, dans l'Introduction au *Catalogue of engraved gems in the British Museum*, p. 6; H. Middleton, *The engraved gems of classical times*, p. 22.
5. Aristoph., *Thesmoph.*, 427.
6. Plin., *Nat. Hist.*, XXXVI, 194; XXXVII, 98, 117, 128, etc.; Isid. Hisp., XVI, 16.
7. E. Babelon, *La gravure en pierres fines*, pp. 234-235.

des vases de toutes formes, et il faut souvent, comme au temps de Pline, une analyse attentive pour réussir à distinguer cette matière industrielle des quarts naturels. C'est ainsi, par exemple, que le célèbre vase de la cathédrale de Gênes, le *sacro Catino,* a passé, jusqu'au commencement de ce siècle, pour être taillé dans un bloc d'émeraude, tandis qu'il n'est qu'un admirable verre opaque [1]. La suprême perfection du genre consistait à appliquer l'une sur l'autre deux couches de verre, de nuances différentes, de façon à imiter les stratifications de l'agate. La couche supérieure offrant ainsi tous les éléments d'un décor en relief était gravée et affouillée à la façon des camées [2]. Notre *Catalogue* offre de nombreux exemples de faux camées de ce genre : l'un d'eux, même, présente l'avantage de pouvoir être comparé à son modèle (les nos 52 et 53).

Nous avons aussi de beaux fragments de vases produits par les mêmes procédés (*Catalogue,* nos 369, 370, 371, 372); mais les exemples les plus célèbres de cette industrie sont le vase Portland au Musée britannique et le vase de la Vendange au Musée de Naples. Tous deux sont en pâte de verre bleu foncé avec décor de figures blanches, comme nos nos 369 et 370. Autour de la panse du vase Portland se déroule, en relief d'un blanc laiteux, une scène qui paraît représenter le mariage de Thétis et de Pélée; sur le vase de la Vendange, ce sont des scènes bachiques au milieu de ceps de vigne gracieusement enroulés. L'industrie moderne n'a rien produit de plus achevé [3].

Un autre procédé pour imiter les camées à plusieurs couches, était ce qu'on appelle aujourd'hui *le filage du verre.* Notre *Catalogue* renferme, sous le no 187, un fragment d'une statuette de bélier produite par cette industrie qui paraît avoir été très florissante en Égypte. Les collections publiques et privées en possèdent d'assez nombreux spécimens [4]; à titre d'exemple, nous citerons seulement le faux camée de ce genre encastré sur la face principale de la célèbre châsse conservée dans le trésor de l'abbaye de Saint-Maurice-d'Agaune. M. de Mély reconstitue comme il suit l'opération technique :

« L'artiste a commencé par étendre sur la petite plaque de verre noir qui lui servait de fond, une couche de verre opalin, fondu à la lampe, indiquant avec de grossiers reliefs la forme de la tête, moins le nez, la bouche et le menton, il a ensuite préparé les cheveux et les plis grossiers du vêtement. Sur cette première

1. Millin, *Le sacro Catino,* dans le *Magasin encyclopédique,* année 1807; W. Frœhner, *La verrerie antique,* p. 48.

2. W. Frœhner, *La verrerie,* pp. 84 et 94. Dans l'antiquité, d'ailleurs, la gravure sur verre était traitée par des procédés techniques analogues à ceux de la gravure des gemmes. (V. Frœhner, *op. cit.,* pp. 94 et suiv.; R. Mowat, dans la *Revue archéologique,* n. s., t. XLIV, 1882, pp. 280 et suiv.; J. Marquardt, *La vie privée des Romains,* trad. V. Henry, t. II, pp. 415 et suiv.; Hugo Blümner, *Technologie,* t. IV, pp. 379 et suiv.).

3. W. Frœhner, *La verrerie,* pp. 84 et suiv.; A. Deville, *Hist. de la verrerie dans l'antiquité,* pl. X, LXXXVI et LXXXVII; *A Catalogue of engraved gems in the British Museum,* no 2312, p. 225; E. Babelon, *La gravure en pierres fines,* p. 147.

4. A. Deville, *Hist. de la verrerie dans l'antiquité,* pl. CXI; W. Frœhner, *La verrerie,* p. 104.

opération, il a dirigé le feu de sa lampe qui a glacé le verre opalin seulement, laissant en place tous les reliefs, mais en ramollissant inégalement par des intensités de chaleur volontaires ces détails de second plan. Soudant alors un filet de verre au front, il a, d'un fil, dessiné le nez et la bouche, figuré l'œil d'un point, d'un autre point marqué le menton, tracé les cheveux du chignon dont les détails sont moins flous que ceux du sommet de la tête. Un nouveau coup de lampe, moins violent que le premier, a de nouveau soudé, aplati et parfondu toutes ces parties nouvelles, mais en leur laissant déjà un certain relief; enfin, d'un filet de verre soudé au sommet du front, il a tracé le contour d'une coiffure, qu'un léger coup de feu a fixé, sans modifier la forme du boudin du filet [1]. »

Un troisième procédé pour imiter les camées d'agates à plusieurs couches, consistait à superposer les unes aux autres des couches monochromes et à les faire adhérer entre elles au moyen de la colle ou d'un autre enduit. « On fait, dit Pline, des sardoines artificielles, en collant trois pierreries, et l'on ne peut distinguer la fraude tant on choisit habilement le noir, le blanc, le vermillon, chacun dans des pierres d'élite... Nulle espèce de fraude ne rapporte davantage au faussaire [2]. » Notre *Catalogue* renferme (n°s 15, 112, 518, 554, etc.) de faux camées produits par ce procédé de supercherie, pratiqué aussi bien dans les temps modernes que par les contemporains de Pline le Naturaliste.

VIII. *Les vases murrhins.*

Qu'était la *murrha* (μοῤῥία, μυῤῥίτης λίθος) qui servait à la fabrication des célèbres *vases murrhins* (*murrhina*, *vasa* ou *pocula murrhina*, *pocula murrhæa*, *pocula myrræ*), si prisés des Anciens, et en particulier des Romains de l'époque impériale ? A Dieu ne plaise que j'aborde ici la discussion des opinions si nombreuses qui, depuis trois siècles, ont été émises sur cette question, et l'ont peut-être plutôt embrouillée qu'éclaircie ! Mais il me semble nécessaire de rapporter le passage de Pline, qui a été la base essentielle de tant de controverses. Après nous avoir informé que Pompée, le premier, fit connaître à Rome les vases murrhins et qu'à la suite de son triomphe sur Mithridate, il en déposa six dans le temple de Jupiter Capitolin, Pline ajoute :

« C'est l'Orient qui nous envoie les *murrhina*. On les y trouve dans plusieurs régions peu connues, principalement dans le royaume des Parthes, surtout en Carmanie. On pense que cette substance se condense sous terre par l'effet de la chaleur. Jamais les morceaux n'en excèdent les proportions de petits abaques, et rarement ils dépassent l'épaisseur des parois d'un verre à boire ordinaire. L'éclat en est tempéré, et, à dire vrai, ils sont plutôt luisants qu'éclatants; mais on y

1. F. de Mély, *Visite aux trésors de Saint-Maurice-d'Agaune et de Sion*, dans le *Bulletin archéol. du Comité des travaux historiques*, 1890, pp. 380 et suiv.

2. Plin., *Nat. Hist.*, XXXVII, 197; Isid. Hisp., *Etymol.*, XVI, 8, 4; cf. H. Blümner, *Technologie*, t. III, p. 268.

estime particulièrement la variété des couleurs à cause des veines qui, sur leur contour, offrent les nuances du pourpre, du blanc et d'une troisième couleur de feu, puis semblent se fondre par transition, comme si la pourpre blanchissait ou que le lait devînt rouge. Des amateurs prisent surtout les extrémités et certains reflets, comme dans l'arc-en-ciel ; d'autres aiment les parties opaques ; pour eux, la transparence ou la pâleur est un défaut. On estime encore les grains, les verrues qui ne font pas saillie, mais qui sont sessiles, comme parfois celles du corps humain. L'odeur que le murrhin exhale est aussi appréciée [1]. »

Nombre d'archéologues et de minéralogistes, commentant ce passage, se sont tour à tour évertués à démontrer que les vases murrhins étaient en pâte de verre, en onyx, en sardoine, en spath-fluor, en benjoin, en coquillage, en opale, en albâtre, en ambre, en écaille, en jade, en porcelaine de Chine. Outre le témoignage de Pline, on invoque, pour soutenir ces opinions contradictoires, des vers de Properce et de Martial, une phrase d'Arrien, un mot de Pausanias et quelques autres textes peu explicites. Je crois, pour ma part, que ces dissentiments entre savants proviennent de ce qu'on a négligé de tenir suffisamment compte de la distinction essentielle sur laquelle nous allons insister.

En dégageant les témoignages anciens des fables manifestes dont ils sont émaillés, il est hors de doute qu'on désignait sous le nom de *vases murrhins* deux espèces de vases : les *murrhins* proprement dits, fabriqués à l'aide d'une substance produite par la nature, et ce que nous appellerons les *faux murrhins* qui étaient fabriqués en pâte de verre, par les verriers, à l'imitation des premiers et qui leur ressemblaient. Dans l'usage courant, comme dans les textes, le terme de *murrhina* s'applique tantôt aux uns, tantôt aux autres, de même que nous donnons le nom de *cristal* à la fois au cristal de roche et aux plus limpides produits de nos usines de *cristallerie*.

C'est probablement des murrhins artificiels que parle Arrien, quand il dit qu'on en fabriquait, ainsi que des vases de verre, à Thèbes, dans la Haute-Égypte (*vasa vitrea et murrhina in urbe Diospoli elaborata*) ; c'est à cette espèce de vases artificiels aussi que Pline fait allusion, en parlant d'Alexandrie : *fit et album et murrhinum imitatum.* Properce parle de vases murrhins cuits au four, chez les Parthes :

Murrhaeaque in Parthis pocula cocta focis.

Dans le Digeste même, on a relevé cette phrase : *murrhina autem vasa in gemmis*

1. « Oriens myrrhina mittit. Inveniuntur ibi pluribus locis nec insignibus, maxime Parthici regni, præcipua tamen in Carmania. Humorem sub terra putant calore densari. Amplitudine nunquam parvos excedunt abacos, crassitudine raro quanta dicta sunt potoria. Splendor est iis sine viribus nitorque verius quam splendor; sed in pretio varietas colorum subinde circumagentibus se maculis in purpuram candoremque et tertium ex utroque, ignescente veluti per transitum coloris purpura aut rubescente lacteo. Sunt qui maxime in iis laudent extremitates et quosdam colorum repercussus quales in cœlesti arcu spectantur imi; alii pingues placent, — tralucere quicquam aut pallere vitium est — itemque sales verrucæque non eminentes sed ut in corpore etiam plerumque sessiles. Aliqua et in odore commendatio est » (Plin., *Nat. Hist.*, XXXVII, 8).

non esse Cassius ait; d'où il résulte que si Cassius pensait que les vases murrhins n'étaient pas des gemmes, tout le monde ne partageait pas son avis.

Si l'on tient compte de la distinction que nous venons d'indiquer et si l'on établit deux espèces de vases murrhins, on verra que les contradictions des auteurs ne sont qu'apparentes, et nul doute qu'on explique sans grande difficulté tous les textes anciens, les uns se rapportant à des vases en une pâte de verre qui imite la sardonyx, et les autres, à des vases fabriqués en une matière naturelle que nous pensons être une des variétés de la sardonyx elle-même. A moins de déclarer qu'aucun vase murrhin de l'antiquité ne nous est parvenu, même mutilé, ce qui serait une hypothèse inadmissible, nous ne pouvons hésiter, en passant en revue les vitrines de nos musées, à reconnaître les vases murrhins, soit dans les vases de sardonyx, soit dans les vases en pâte de verre qui imitent la sardonyx. Rappelez-vous les qualités que Pline reconnaît aux vases murrhins en général : translucidité, éclat tempéré, plutôt luisants qu'éclatants, veines stratifiées offrant les nuances de la pourpre, du blanc, du feu, atténuations qui marient et confondent ces couleurs, pâleur, reflets de l'arc-en-ciel, taches opaques : tous ces caractères se rencontrent dans les deux catégories de monuments que nous proposons d'englober sous la dénomination de vases murrhins. D'aucuns de ces vases avaient une contenance pouvant atteindre jusqu'à trois setiers (environ 1 litre 1/2)[1]. La coupe de Ptolémée *Catalogue*, n° 368), nous offre le plus beau spécimen connu des vases murrhins, en sardonyx naturelle; l'aiguière de Saint-Maurice-d'Agaune, la tasse Farnèse au musée de Naples, le vase de Brunswick en sont aussi de remarquables exemples, à côté desquels prennent place d'autres vases de moindre importance que le moyen âge a parfois enrichi de riches montures d'orfèvrerie (*Catalogue*, nos 373 et 374).

Si Pline paraît distinguer la matière de ces monuments, de celle dans laquelle on gravait les beaux camées de son temps, c'est sans doute parce qu'il n'y retrouvait plus la stratification régulière des couches utilisées dans la composition du camée : il croyait à une autre substance, tandis qu'en réalité il s'agit simplement de blocs de sardonyx dont la nuance est différente et n'offre pas la même superposition de couches plates, peu épaisses, diversement et régulièrement colorées.

Comme dans l'antiquité, les générations modernes n'ont eu qu'une voix pour célébrer la beauté de vases tels que notre coupe de Ptolémée. Outre le travail de l'artiste qui paraît, ici, s'être, comme à plaisir, joué des difficultés techniques, on ne se lasse point d'admirer les chatoiements diaprés de la gemme, sa limpidité, sa transparence, ses tons doux ou éclatants, qui passent du brun foncé ou clair aux nuances rouges, jaunâtres, laiteuses, grises, cendrées, rappelant, par place, la couleur de la corne ou de l'ongle (*murrheus onyx*, dit Properce). De telles coupes, d'un luxe si ruineux, débris de l'Orient que s'arrachaient les Romains opulents, sont bien, à nos yeux, l'expression de ces civilisations décadentes de

1. Plin., *Nat. Hist.*, XXXVII, 18.

l'Asie de Mithridate, de l'Égypte des Lagides et de l'empire romain, amoureuses par-dessus tout de la richesse fastueuse plutôt que du beau simple et sévère [1].

IX. *La technique.*

Les pierres fines ne se rencontrant, dans la nature, qu'à l'état amorphe ou cristallisé, doivent subir un premier travail d'ébauchage, de taille et de polissage, avant d'être mises entre les mains du graveur : c'est l'œuvre du lapidaire (λιθοτριβίκος, λιθουργίκος, *gemmarum politor*).

Actuellement, la taille et le polissage des agates forment l'industrie principale de la petite ville d'Oberstein, dans le duché d'Oldenbourg, sur les bords de la Nahe, au pied de montagnes qui fournissaient autrefois de beaux quartz en abondance. Bien que ces carrières soient à peu près abandonnées, de nos jours on continue à envoyer à Oberstein, à cause du prix peu élevé de la main-d'œuvre, la plupart des agates ramassées dans tous pays, jusqu'en Amérique.

Plusieurs moulins, bâtis au pied du bourg, sur la rivière, servent uniquement à façonner les agates en plaques, en mortiers, en brunissoirs, en coffrets, en pendeloques et en toutes les formes de bijoux ou d'ustensiles pour lesquels le touret et la bouterolle du graveur n'ont pas besoin d'intervenir. « Ces moulins, dit M. R. Jagneaux [2], sont formés par un arbre portant trois ou quatre meules de grès rouge très dur; l'arbre est mis en mouvement par une roue dentée qui engrène dans une lanterne, et qu'une autre roue hydraulique, mue par les eaux de la Nahe, fait tourner avec beaucoup de vitesse. L'ouvrier est couché, il a le ventre et l'estomac soutenus par un siège de forme convenable; deux piquets enfoncés dans

1. Nous donnons ici l'indication seulement des principaux ouvrages où a été traitée la question des vases murrhins de l'antiquité : Nicolas Guibert, *Assertio de vasis murrhinis* (Francfort, 1597, in-8°); Biscari, *Ragionamento de' vasi murrini* (1787, in-4°); Larcher, dans les *Mémoires de l'Acad. des Inscriptions et Belles-Lettres*, t. XLIII, pp. 228 et suiv.; A. F. von Veltheim, *Ueber die vasa murrina*, Helmstaedt, 1791, in-8°; Mongez, *Compte rendu des travaux de l'Institut*, 15 prairial an V, et *Mémoires de l'Institut national*, an VII, t. II, *Littérat.*, p. 133; Le Blond, *Mémoires de l'Acad. des Inscript. et Belles-Lettres*, t. XLIII, pp. 217 et suiv.; J. Hager, *Description des médailles chinoises du Cabinet des medailles de France* (1805, in-4°), pp. 150 et suiv.; Millin, *Introd. à l'étude des pierres gravées*, 2° édit., 1797, p. 28; Bossi, dans le *Magasin encyclopédique* de juillet 1808; Lanjuinais, dans le *Magasin encyclopédique* d'août 1808, pp. 110 et suiv.; Rozière, dans la *Description de l'Égypte. Antiquités, Mémoires*, t. VI (1822), pp. 227 et s.; Beudant, *Traité élémentaire de minéralogie*, p. 718; Regnault, *Cours élémentaire de chimie*, t. II, § 576; Achille Deville, *Histoire de l'art de la verrerie dans l'antiquité*, pp. 11 à 14; C. W. King, *The natural history of gems*, p. 179; Ch. de Linas, *Les origines de l'orfèvrerie cloisonnée*, t. III, p. 60; H. Blümner, *Technologie und Terminologie der Gewerbe und Künste bei Griechen und Römern*, t. III, p. 276; Middleton, *The engraved gems of classical times*, p. 141, note; E. Babelon, *La gravure en pierres fines*, p. 136.

2. R. Jagneaux, *Traité de minéralogie*, p. 271; cf. Jannetaz, Vanderheym, Fontenay et Coutance, *Diamant et pierres précieuses*, p. 150.

le sol lui permettent d'appuyer ses pieds et de donner toute la pression qu'il juge nécessaire pour la confection de sa pierre, laquelle est cimentée au bout d'un manche. Il maintient l'agate contre la meule qui tourne devant lui de haut en bas, avec la pression voulue, sans une trop grande fatigue. Derrière les meules, se trouvent des cylindres de bois blanc, qui sont mis en mouvement par des courroies; ils sont enduits de terre à polir de Ringenbach et servent à terminer et à polir les ouvrages taillés par les grandes meules. »

Si nous pénétrons à présent dans l'atelier d'un graveur en pierres fines, ce qui nous frappe au premier coup d'œil, c'est l'extrême simplicité de l'appareil du travail, la modestie de l'outillage. Un établi, grand comme une machine à coudre et en ayant à peu près l'aspect, à cause de la pédale, du touret ou appareil moteur et des rouages qui y sont adaptés ; une douzaine de drilles, de fraises ou de petits forets d'acier; quelques morceaux déjà dégrossis par le lapidaire, de la matière à ouvrer, c'est-à-dire des fragments de gemmes à surface polie, dont les plus petits ont la grosseur d'une fève, les plus grands, celle d'un presse-papier; quatre ou cinq godets minuscules remplis de poudre de diamant, d'émeri, de tripoli, d'huile d'olive, voilà le bilan d'un art qui a su produire des chefs-d'œuvre, et dont les procédés n'ont guère varié, depuis les civilisations les plus reculées jusqu'à nos jours. Nos artistes contemporains se servent des mêmes instruments que ceux que les témoignages anciens mettent entre les mains de Pyrgotèle et de Dioscoride, de Valerio Vicentino et de Jacques Guay. Si ces maîtres illustres revenaient à la vie, ils ne trouveraient rien de changé dans ce qui a constitué l'essence de leur noble profession, et ils pourraient s'asseoir sans étonnement devant l'établi de leurs arrière-neveux. Les procédés mécaniques de la gravure en pierres fines, tels que nous pouvons les reconstituer, soit par l'examen direct des monuments, soit par le témoignage de quelques auteurs grecs comme Théophraste, soit enfin par la description que Pline nous en a laissée, sont les mêmes que ceux que nous trouvons exposés dans les traités didactiques de Mariette et de Natter, sous Louis XV, de Louis Pichler, au commencement de ce siècle, et enfin de M. Émile Soldi à l'époque contemporaine [1].

1. Les ouvrages modernes qu'on peut consulter sur la technique de la gravure en pierres fines sont les suivants : P.-J. Mariette, *Traité des pierres gravées*, t. I, p. 195 (Paris, 1750, in-folio) ; Laurent Natter, *Traité de la méthode antique de graver en pierres fines, comparée avec la méthode moderne* (Londres, 1754, in-folio); Caylus, dans les *Mémoires de l'Acad. des Inscriptions*, t. XXXII, pp. 764 et suiv. ;Ramus, *Von geschnittenen Steinen und der Kunst selbige zu gravieren* (Copenhague, 1800) ; Corsi, *Sulle pietre antiche*, pp. 47 et suiv.; O. Muller, *Handbuch der Archaeologie*, § 314, p. 440; Krause, *Pyrgoteles*, §§ 212 et suiv.; Lessing, *Sämmtliche Schriften*, t. VIII, pp. 93 et suiv. (édit. de Berlin, 1838) ; C. W. King, *Antique gems and rings*, t. I, pp. 20 et suiv. (Londres, 1872, in-8°) ; Em. Soldi, dans la *Revue archéologique*, n. s., t. XXVIII, 1874, pp. 147 et suiv. ; J. Menant, *Recherches sur la glyptique orientale*, t. I, Introd., pp. 6 et suiv. ; H. Middleton, *The engraved gems of classical times*, pp. 103 et suiv.; E. Babelon, *La gravure en pierres fines*, pp. 22 et suiv.; Hugo Blümner, *Technologie und Terminologie*, t. III, pp. 279 et suiv.; H. Bouffier, *Die Kameeschneidekunst für Dilettanten* (Leipzig, 1893, in-8°).

Le graveur de l'antiquité se sert, pour entamer les pierres fines ou demi-fines, d'instruments délicats qui sont mis en action par un tour à pédale ou par un archet. Ces instruments sont des tiges de différentes formes, en fer mousse ou recuit (*ferrum retusum*), qui peuvent se ramener à deux types essentiels : la bouterolle ou trépan (τρύπανον) et la scie ou molette (*terebra*). L'extrémité du trépan est tranchante comme un foret de serrurier ou un ciseau de menuisier; elle est plus ou moins large suivant les nécessités du travail : parmi les forets antiques conservés dans les musées, il en est dans lesquels on a voulu reconnaître des trépans de lithoglyphes [1]. La molette ou la scie est une sorte de tête de clou ou de calotte soudée à l'extrémité d'une tige métallique; les bords de cette calotte peuvent être plus ou moins étroits ou allongés; ils sont taillés en dents de scie, d'où le nom donné à l'outil.

Ces instruments étaient adaptés à un mécanisme qui leur imprimait un mouvement rapide de rotation, soit à l'aide d'un tour à pédale (τόρνος, *tornus*, *rotula*), soit plus simplement au moyen d'un archet. Un scarabée grec du ve siècle, conservé au Musée britannique, représente, gravé en creux, un artiste qui pourrait bien être un lithoglyphe à son établi. Courbé sur son ouvrage, il fait mouvoir avec son archet un foret très ténu, pour percer ou graver un objet que notre œil ne saurait distinguer à cause de son extrême petitesse [2].

Tout en manœuvrant ses outils, et en les appuyant sur la gemme, l'artiste les tenait constamment imbibés d'égrisée (la poudre de diamant) ou, plus ordinairement, d'émeri détrempé dans l'huile. Le nom de *naxium* (ναξία λίθος) était donné à cette dernière substance à cause de son origine, que ce fût l'île de Naxos ou la ville d'Axos (Naxos) en Crète. Cypre et l'Arménie fournissaient aussi ce corindon en abondance [3]. On l'appelait encore ἀκόνη, *cos*, *cotes*, *smyris* (σμύρις, σμυρίτης λίθος), suivant ses variétés ou sa provenance [4]. Outre cette substance presque aussi dure que le diamant, le lithoglyphe se servait de poudre d'ostracite (*ostracias*, *ostracitis*) produite par la pulvérisation de l'os que la seiche a sur le dos [5], ou encore de tripoli que l'on considérait comme une variété inférieure de l'émeri. C'est la vitesse vertigineuse imprimée à la bouterolle ou à la molette par l'archet ou la poulie (*fervor terebrarum*) qui usait lentement la gemme au gré de l'artiste.

Pline sait que, dans bien des cas, il faut avoir recours au diamant pour attaquer

1. H. Middleton, *The engraved gems of classical times*, p. 105.

2. Middleton, *The engraved gems*, p. 105; *A catalogue of engraved gems in the British Museum*, pl. E, n° 305; E. Babelon, art. *Gemmæ* dans le *Dictionn. des Antiquités gr. et rom.* de Daremberg et Saglio, p. 1469, fig. 3483.

3. Plin., *Nat. Hist.*, XXXVI, 54 ; Suidas, s. v° Ναξία λίθος.

4. Théophr., *De lapid.*, 44; Plin., XXXVI, 54 et 164; XXXVII, 109 ; Dioscor., V, 165 et 167 ; Galen., XII, pp. 205 k et 206; Hesych., s. v° σμιρίς; Isid. Hisp., *Etymol.*, XVI, 4, 27 (*smyris, lapis asper et indomitus, et omnia atterens, ex quo lapide gemmæ teruntur*). Cf. H. Blümner, *Technologie*, t. III, pp. 198 et 286.

5. Plin., *Nat. Hist.*, XXXVII, 151 et 177; Dioscor., V, 156; Isid. Hisp., *Etymol.*, XVI, 4, 20 et 25 ; XVI, 15, 16; Blümner, *Technologie*, t. III, p. 296; Jannettaz, Vanderheym, Fontenay et Coutance, *Diamant et pierres précieuses*, pp. 116 et suiv.

les pierres fines. Il disserte sur les moyens de pulvériser la pierre indomptable qui brise l'enclume et le marteau et qu'on ne peut vaincre, dit-il, qu'en l'arrosant avec du sang de bouc encore tiède et suivant des rites dont les dieux eux-mêmes avaient dû confier la formule aux mortels. On parvenait pourtant à se procurer de la poussière et des éclats de diamant. Ces éclats (*crustae*) étaient incrustés dans des tiges en fer recuit, qu'on manœuvrait comme les bouterolles et les molettes : c'est ainsi que les lithoglyphes de l'antiquité parvenaient à creuser les gemmes les plus dures, et parfois jusqu'aux corindons [1].

Pour les parties planes et convexes, on se servait de la lime imbibée d'émeri [2] : un graveur en pierres fines du VIe siècle avant notre ère, Théodoros de Samos, avait fondu en bronze sa propre statue qui le représentait tenant à la main cet outil et un scarabée sur lequel il avait gravé un quadrige. C'est encore à cet instrument que fait allusion Mécènes dans une épître à Horace :

> Nec quos Thynica lima perpolivit
> Anellos, neque jaspios lapillos [3].

Le polissage final (σμήχειν, λεαίνειν, *polire*) [4], après la gravure achevée, se faisait, pour les parties convexes et les bords, au moyen d'une roue mise en mouvement par le touret et dont la circonférence était enduite d'émeri ou d'égrisée; pour les parties creuses, on se servait de petites drilles de buis ou d'autre bois dur, trempées dans le même mortier, et pour finir, seulement dans le tripoli.

Au XVIIIe siècle, deux hommes d'expérience, Mariette et Natter, écrivirent des traités de la gravure en pierres fines, et les procédés qu'ils exposent sont intéressants à rapprocher de ceux des Anciens. Natter était lui-même un graveur de grand mérite ; quant à Mariette, il raconte la manière de graver les pierres fines, telle qu'il l'a vu pratiquer par Jacques Guay, le plus habile des artistes dans ce genre dont s'honore le XVIIIe siècle.

L'artiste, disent en substance Mariette et Natter, après avoir modelé en cire, sur une plaque d'ardoise, la figure ou le sujet qu'il veut graver, choisit une pierre fine qui a été préalablement taillée et polie par un lapidaire. Sous son établi est fixée une roue que met en mouvement une pédale sur laquelle le graveur assis pose le pied. La roue est munie d'une courroie s'engageant sur une autre roue plus petite qui fait partie de la machine appelée *touret*. Le touret est placé sur

1. Plin., *Nat. Hist.*, XXXVII, 200 : *tanta differentia est ut aliæ ferro scalpi non possint, aliæ non nisi retuso, verum omnes adamante : plurimum vero in his terebrarum proficit fervor*. Sur le diamant dans l'antiquité, voyez, outre Pline : Théophr., *De lapid.*, 19 et suiv.; Solin, *Polyhist.*, 53 ; Pausan., VIII, 18, 6; Isid. Hisp., *Etymol.*, XVI, 13, 2; cf. Pinder, *De adamante*, Berlin, 1829, in-8°; Hugo Blümner, *Technologie und Terminologie der Gewerbe*, t. III, pp. 229 et suiv.; Jannettaz, Vanderheym, Fontenay et Coutance, *Diamant et pierres précieuses*, pp. 178 et suiv. Cf. ci-dessus, p. v.

2. Plin., *Nat. Hist.*, XXXVI, 193; XXXVII, 109.

3. Isid. Hisp., *Etymol.*, XIX, 32, 6; H. Blümner, *Technologie*, t. III, p. 288, note 3.

4. Mich. Psellus, *De lapid.*, 91 (p. 900, éd. Migne).

l'établi et muni d'un socle solidement fixé, de manière à éviter toute chance de vacillation. Il consiste essentiellement en une petite roue d'acier dont l'essieu, prolongé en canon, est destiné à maintenir les outils avec lesquels on doit graver; à cet effet, il est percé, dans toute sa longueur, comme une calonnière, et les outils sont affermis dans ce canal par des vis de pression.

Tous les instruments dont se servent Natter et Guay sont en fer doux, non trempé, ou en cuivre jaune. Ce sont des scies et des bouterolles de tout calibre, le bouton terminal allant, par gradation, depuis le diamètre d'une pièce de 50 centimes ou la grosseur d'un pois jusqu'à celle de la plus petite tête d'épingle; comme dans l'antiquité, ils ont aussi des tiges de fer ou de cuivre sur lesquelles une pointe de diamant est incrustée.

Dès qu'il a esquissé sur la gemme le sujet qu'il veut graver, l'artiste, continue Mariette, prend de la main gauche la pierre qui, pour être maniée avec plus de facilité, est montée sur la tête d'une petite poignée de bois où elle a été cimentée avec du mastic. Il la présente contre l'outil qu'il arrose constamment, de la main droite, avec de l'huile d'olive dans laquelle est délayée de la poudre de diamant. La poudre qui n'est que grossièrement écrasée, sert pour les ébauches; elle mange, elle dévore; mais s'agit-il d'opérer plus délicatement, on ne peut se servir que de poussière très fine. Le graveur appuie la pierre contre le tranchant de la scie; il dégrossit; puis, son œuvre commençant à prendre forme, il travaille avec plus de ménagements, employant successivement les outils qu'il estime être les plus convenables; il peut même, pour les pierres les plus tendres et pour la gravure sur verre, avoir recours à la meule, au touret de plomb ou d'étain et au polissoir.

Le polissage d'une œuvre dont la gravure est achevée se fait à l'aide d'une brosse enduite d'émeri, de rouge à polir, de tripoli et de petits outils en étain et en buis, qui ont la forme des bouterolles et qu'on monte successivement sur le touret; on les insinue dans toutes les cavités, avec de la pâte d'émeri et de tripoli. La poudre de diamant, l'émeri et même le tripoli mordent les pierres fines par le frottement, non point comme la lime ronge le fer, mais comme la goutte d'eau creuse le rocher. Il faut aussi longtemps pour graver un camée que pour bâtir une cathédrale; aussi Natter a-t-il pu, sans hyperbole, écrire que la glyptique était « l'art le plus pénible et le plus rebutant de tous [1] ». Aujourd'hui encore, pour donner à un bloc de jade tout son poli et tout son eclat, les Chinois ne reculent pas devant cinq ou six cents journées de main d'œuvre [2]. Les esclaves qui ont gravé pour d'opulents maîtres le Grand Camée de la Sainte-Chapelle ou la Coupe de Ptolémée ont donné des exemples plus étonnants encore de patience presque surhumaine.

1. Laurent Natter, *Traité de la méthode antique de graver en pierres fines*, p. XI.
2. M. Paléologue, *L'art chinois*, p. 156.

CHAPITRE II

LES CAMÉES ANTIQUES DE LA COLLECTION

I. *Les origines du camée.*

Aucun peuple n'a pratiqué la gravure des pierres fines avec plus de profusion que les Égyptiens. Depuis le temps des premières dynasties pharaoniques jusque sous la domination des Romains, tout habitant de la vallée du Nil, homme ou femme, porte à son cou, à son doigt ou suspendues dans quelque partie de son vêtement, des gemmes taillées ou gravées, les unes en creux, les autres en relief ou en ronde bosse, auxquelles il attribue un caractère talismanique et qui sont, pour lui, à la fois des ornements et des amulettes. Aussi les produits de la glyptique égyptienne, dans nos musées, sont-ils extrêmement abondants; c'est par myriades qu'on a ramassé, dans le sable des nécropoles, des symboles ou des figures taillés dans toutes les varietés du quartz et même des calcaires et des oxydes métalliques susceptibles d'être gravés. Statuettes de lions, de chats, d'hippopotames, de crocodiles, d'aigles, d'ibis, de serpents, de cynocéphales, de grenouilles, d'éperviers; images de divinités, principalement Neit, Sekhet, Nephtys, Isis, Horus, Phtah, Anubis, Harpocrate; symboles, tels que la croix ansée, le lotus, la boucle de ceinture qui, en cornaline, représente le sang d'Isis effaçant les péchés de celui qui la porte; l'œil mystique ou *ouza* qui, lié au poignet, protège contre les serpents et le mauvais œil; il y a aussi des cœurs, des doigts, des colonnettes, des équerres, des chevets, des âmes à visages humains, en cornaline, hématite, feldspath, schiste, turquoise, lapis-lazuli [1].

Au milieu de ce petit monde de merveilles, l'emblème talismanique de beaucoup le plus répandu est le scarabée (*khopirrou*). Chaque Égyptien portait sur lui son scarabée, symbole de l'immortalité ou des devenirs successifs dans l'autre vie. En dehors du sujet gravé en creux sur la base et qui servait de cachet, le corps et la carapace de l'animal sont traités à la façon des camées, c'est-à-dire gravés en relief, et souvent avec une habileté et un art remarquables. On en voit couramment dans lesquels tous les détails du corps de l'insecte, les petites arêtes des pattes,

1. G. Maspero, *L'archéologie égyptienne*, p. 234.

en dents de scie, les rayures des élytres et du corselet, les nodosités de la tête, sont traités avec un souci du détail et de l'exactitude, une science anatomique qui en font de vrais bijoux dignes d'être contemplés à la loupe. Nous ne saurions mieux faire que de reproduire ce qu'a écrit M. Maspero au sujet de cette intéressante classe de monuments. « Il y a, dit-il, des scarabées de toute matière et de toute grandeur, à tête d'épervier, de bélier, d'homme, de taureau, les uns fouillés aussi curieusement sur le ventre que sur le dos, les autres plats et unis par dessous; d'autres enfin, qui retiennent à peine le vague contour de l'insecte et qu'on appelle scarabéoïdes. Ils sont percés, dans le sens de la longueur, d'un trou par lequel on passait une mince tige de bois, un fil de bronze ou d'argent, une cordelette pour les suspendre..... Plusieurs scarabées d'obsidienne et de cristal remontent à la VIe dynastie. D'autres, assez grossiers et sans écriture, sont en améthyste, en émeraude et même en grenat; ils appartiennent aux commencements du premier empire thébain. A partir de la XVIIIe dynastie, on les compte par milliers, et le travail en est d'un fini proportionné au plus ou moins de dureté de la pierre [1]. »

C'est dans ces multiples produits de la glyptique pharaonique qu'il faut chercher l'origine du camée, si tant est qu'on ne doive pas déjà ranger parmi les camées monochromes ces scarabées et ces amulettes égyptiennes.

A la vérité, la glyptique de la Chaldée et de l'Assyrie n'est guère moins féconde que celle des bords du Nil, mais elle nous offre peu d'objets en relief [2]; elle produit, presque exclusivement, des cachets ou des sceaux dont la forme est cylindrique ou conoïde, avec des sujets en creux, intaillés sur le pourtour ou sur la base. Si, dans l'ornementation et le luxe privé, les pierres fines ou demi-fines jouent un rôle essentiel ; si nous voyons la tiare, le costume, les armes, le char même et tous les ustensiles à l'usage des potentats de Ninive et de Babylone, constellés d'étincelantes pierreries, il ne paraît pas que ces gemmes, recherchées à cause de leur éclat chatoyant, aient été ornées de sujets gravés en relief : c'étaient de simples cabochons, dont les contours étaient polis, arrondis, taillés, percés, de manière à être encastrés dans des alvéoles, cousus sur l'étoffe, enlacés dans les mailles du tissu, appropriés, en un mot, à l'usage décoratif auquel on les destinait.

L'un de ces usages, qu'il convient de signaler particulièrement et que la Chaldée eut en commun, non seulement avec l'Égypte, mais avec l'antiquité classique tout entière, consistait à enchâsser des onyx en cabochon dans les yeux des statues. Souvent, on choisissait des onyx à couches orbiculaires comme les

1. G. Maspero, *L'archéologie égyptienne*, p. 237.

2. M. Émile Soldi cite deux camées assyriens dont il ne précise pas la date. « Dans l'une de ces pierres, dit-il, la couche supérieure d'onyx a été dégagée de l'inférieure, pour porter une inscription en creux; sur l'autre, les yeux et le cou d'un serpent sont rendus à l'aide de trois tons différents de la pierre. M. Oppert voit le commencement du camée dans ces pierres circulaires dont une partie s'élève en couleurs différentes. » (*Revue archéologique*, n. s., t. XXVIII, 1874, p. 154.)

gemmes décrites dans notre *Catalogue*, sous les n°s 381 et suiv., afin d'imiter la coloration des différentes enveloppes de l'œil naturel. La gemme était convexe, ovoïde, polie et sensiblement aplatie, mais sans aucun ornement. Parfois, pourtant, on gravait sur le pourtour une inscription votive. L'exemple le plus curieux que nous puissions citer de cette coutume, est un cabochon conservé au musée de Florence; sur le pourtour de cet œil d'agate on lit, en caractères cunéiformes, le nom de Nabuchodonosor avec une dédicace au dieu Marduk. A une époque moderne, tandis qu'on qualifiait encore l'écriture cunéiforme d' « anciens caractères persans », un faussaire a gravé en relief, au centre de la gemme, la tête casquée d'un guerrier oriental : cette tête, qui a passé pour celle de Nabuchodonosor à cause de l'inscription qui l'entoure, est l'œuvre d'un ouvrier moderne, mais l'inscription est d'une authenticité indiscutable [1].

Autant que les Chaldéo-Assyriens, les Perses achéménides, qui leur succèdent dans la domination de l'Asie, se montrent amoureux de la parure, des bijoux et des pierreries. Le roi de Perse, tout comme Nabuchodonosor ou Assurbanipal, est couvert de bagues, de colliers, de bracelets; sa tiare est ornée de perles et de cabochons aux mille couleurs; sa tunique, finement brodée, est constellée de gemmes. Dans son palais, il déploie un luxe d'ameublement qui, transmis aux Parthes et aux Sassanides, émerveillera les Romains et les Byzantins : coupes d'or enrichies de cristaux, de pierres précieuses, de verres de couleur, dont la coupe de Chosroès II nous donne quelque idée (*Catalogue*, n° 379); meubles incrustés de cabochons, au milieu de plaques d'or, d'argent ou d'ivoire historiées. Mais dans tout ce luxe décoratif, s'il se rencontre quelquefois des gemmes avec ornements en relief, ces ornements ne sont guère que des lignes géométriques, des fleurons, des rosaces, nullement des figures d'hommes ou d'animaux.

Les Phéniciens, les Juifs et les autres populations de la côte de Syrie héritèrent du même goût pour les vêtements constellés de pierreries et pour l'orfèvrerie gemmée. Le pectoral du grand prêtre Aaron était orné de douze pierres fines en cabochon, de couleurs variées, sur chacune desquelles, Béséléel, de la tribu de Juda, — le plus ancien graveur en pierres fines connu, — avait gravé le nom d'une des douze tribus d'Israel [2]. Écoutez aussi les paroles du prophète Ézéchiel, s'adressant au roi de Tyr :

« Tu es couvert de toutes sortes de pierres précieuses,
« De rubis, d'émeraude, de diamant,
« D'hyacinte, d'onyx, de jaspe,
« De saphir, d'escarboucle, de sardoine et d'or;
« Les tourets et les drilles des lapidaires sont à ton service [3]. »

Mais les œuvres de ces lapidaires de Tyr, de Sidon, de Gebal ou d'Arvad ne

1. Voyez, au sujet de cette gemme, une notice de M. J. Menant, dans la *Revue archéologique*, IIIe série, t. IV, 1885, p. 79.
2. Voir surtout Ch. de Linas, *Les origines de l'orfèvrerie cloisonnée*, t. I, pp. 38 et suiv.
3. Ézéchiel, XXVIII, 13 ; cf. G. Perrot et Ch. Chipiez, *Hist. de l'art dans l'antiquité*, t. III, p. 632.

sont guère que des cabochons, billes, grains de colliers, ou bien des pastiches des cylindres et des cachets conoïdes de la Chaldée et de la Perse, des imitations plus ou moins serviles ou éloignées du scarabée de l'Égypte. En dehors de la carapace de ce petit animal, on ne pourrait guère citer de gemme gravée en relief qui soit issue des officines pourtant si florissantes des cités phéniciennes.

Il faut en dire autant de la glyptique cypriote. Là aussi, on n'a guère connu que l'intaille et le cabochon. Pline raconte que, dans des temps reculés, il y avait sur le tombeau d'un roi de Cypre, nommé Hermias, un lion en marbre, dont les yeux étaient deux émeraudes si resplendissantes que leur éclat pénétrait jusqu'au fond de la mer, en sorte que les thons épouvantés s'enfuyaient loin de cette plage. Les pêcheurs, avisés, changèrent les yeux de la statue, et les poissons, dès lors, revinrent en foule dans ces parages [1]. On trouve à Cypre des imitations du cylindre et du cachet conoïde asiatiques, côte à côte avec les scarabées imités de ceux de l'Égypte. Mais c'est seulement dans cette dernière classe de monuments que l'on peut constater l'application de la gravure en relief.

Ainsi, c'est au scarabée égyptien que nous devons en revenir pour trouver la véritable et primitive origine du camée. Toutefois, le scarabée pharaonique n'est un camée que par le procédé technique de travail qu'exige sa fabrication, car, de quelque habileté qu'aient fait preuve les artistes égyptiens, dans la gravure de toutes les variétés du quartz, en relief ou en ronde bosse, il est curieux de constater qu'ils n'ont jamais su exécuter un camée proprement dit, c'est-à-dire, tirer parti des couches superposées d'une agate, pour produire les variétés de tons, d'effets et de nuances que comporte un sujet polychrome : cette découverte était réservée au génie hellénique.

Les plus anciens des monuments en pierres dures, recueillis à Hissarlik, à Rhodes, à Thera, et dans toutes les contrées grecques, ressemblent à ceux de l'époque préhistorique de tous pays. Ce sont des armes et des outils en obsidienne, silex, jadéite, néphrite, diorite, schiste, trachyte, porphyre, etc. ; de petites haches-amulettes en cornaline, en améthyste, en jade, percées d'un trou pour être suspendues au cou ; des balles, des fusaioles, sans autre ornement que des cercles incisés [2]. Au point de vue de la glyptique, de tels objets ne peuvent être considérés que comme le prolongement des gemmes muettes de l'âge de pierre.

A leur tour, les débris des civilisations troyenne, mycénienne, crétoise, recueillis en Troade, dans le Péloponnèse et dans plusieurs des îles de l'Archipel, fournissent un grand nombre de gemmes gravées, sans qu'aucune d'elles puisse être classée parmi les camées. Leur forme est tantôt ronde et aplatie, tantôt allongée

1. Plin., *Nat. Hist.*, XXXVII, 66 ; Ælian., *De nat. animal.*, XV, 8.

2. Schliemann, *Ilios*, trad. de Mme Egger, pp. 299 et 517 ; Milchhoefer, *Die Anfænge der Kunst in Griechenland :* chap. III, *Die aelteste Cultur* ; Al. Dumont et Chaplain, *Les Céramiques de la Grèce propre,* t. I, p. 14 ; M. Collignon, *Hist. de la sculpt. grecque*, t. I, pp. 3 et suiv. ; Perrot et Chipiez, *Hist. de l'art dans l'antiquité,* t. VI, pp. 115 et suiv., pp. 207 et 838.

et légèrement convexe, comme des noyaux de pêche, et la matière est l'agate, le cristal de roche, la calcédoine, la cornaline, l'améthyste, le jaspe, la stéatite, l'hématite [1]. Ces formes lenticulaires et glandulaires rappellent les petits cailloux roulés par les torrents ou les flots de l'Océan, et longtemps les Grecs se serviront de billes analogues ou ψῆφοι, en guise de bulletins de vote, dans leurs assemblées délibérantes [2]. Mais aucune de ces gemmes n'est décorée d'un sujet en relief : sans exception, ce sont des intailles qui servaient de cachets et d'amulettes décoratives, car elles sont percées pour être enfilées dans des colliers, ou amincies sur les bords pour être enchâssées dans des chatons de bagues. Si l'on est, à juste titre, parfois étonné de la perfection de la gravure et de la variété des sujets, n'y a-t-il pas lieu d'être également surpris de constater que d'aussi habiles artistes n'aient pas eu l'idée de copier en relief, sur une gemme, l'empreinte même de leurs intailles ?

Les rapports de la Grèce avec l'Égypte, Cypre et l'Orient, durant la période homérique, puis à la suite des invasions doriennes, introduisirent le scarabée sur les bords de la mer Égée, tandis que les Phéniciens le faisaient connaître aux Étrusques. Les pierres gravées qu'on a recueillies en si grand nombre dans les nécropoles de l'Étrurie ou des pays helléniques et qu'on peut dater d'avant les guerres médiques sont exclusivement des scarabées et des scarabéoïdes [3]. Comme en Égypte, ces gemmes servaient à la fois d'ornement et de cachet. Le musée du Louvre, par exemple, possède un magnifique collier étrusque formé de quatorze scarabées en cornaline enchâssés dans des bâtes d'or [4]. Longtemps, chez les Grecs, le scarabée, qu'ils appelaient κάνθαρος, resta un ornement personnel en même temps qu'il servait de cachet ; un auteur dramatique athénien du IVe siècle, Antiphanes, dans sa *Béotie*, mentionnée par Athénée, décrit encore le κάνθαρος dans la parure de la femme : ὅτι δὲ καὶ γυναικεῖον κοσμάριον ἐστι κάνθαρος [5].

Ainsi, chez les Étrusques et chez les Grecs, la forme et l'usage du scarabée se présentent comme le prolongement de la tradition égyptienne : on n'y surprend aucun souvenir des intailles lenticulaires des temps mycéniens. Mais si l'artiste grec a ainsi appris des Égyptiens et des Orientaux à graver en relief, dans un cube de cornaline, de cristal ou de jaspe, la carapace d'un scarabée, il ne se borne pas à copier en creux, sur le plat de son cachet, des signes hiéroglyphiques ou des symboles des religions de l'Orient qu'il ne comprend pas. Il a vite une tendance à s'affranchir de son modèle et à l'interpréter avec liberté; il s'essaye dans des compositions de son invention. D'interprètes, les Grecs deviennent des novateurs;

1. Voyez en particulier : *A Catalogue of engraved gems in the British Museum*, rédigé par A. H. Smith, pl. A; Ad. Furtwaengler, *Beschreibung der geschnittenen Steine im Antiquarium* zu Berlin, pp. 1 et suiv.
2. Hérodote, VI, 109.
3. Furtwaengler, *Beschreibung der geschnittenen Steine im Antiquarium* zu Berlin, p. 20.
4. J. Martha, *L'Art étrusque,* chromo à la pl. I, fig. 4; E. Babelon, art. *Gemmae*, dans le *Dict. des antiq.* de Daremberg et Saglio, p. 1484, fig. 3539.
5. Athen., *Deipnosoph.*, XI, 48, *ad finem.*

dans le trésor de Curium comme dans les tombeaux de Kertch, par exemple, les cylindres imités de ceux de l'Assyrie et les scarabées égyptiens ou égyptisants se trouvaient mélangés avec des scarabéoïdes de style grec, intaillés de sujets grecs[1]. Ce sont d'abord simplement des animaux : chevaux, taureaux, hippocampes, aigles, colombes, ibis [2]; puis, sur des scarabées d'un art plus avancé, apparaissent des types empruntés à la mythologie hellénique : Némésis, Niké, les travaux d'Héraclès, les aventures d'Ulysse, Echidna et le dragon, le rapt de Proserpine par Hadès, Borée enlevant Orithye[3].

De là à modifier la forme extérieure du scarabée, à remplacer par un autre type cet insecte dont le sens symbolique échappait aux Grecs, il n'y avait qu'un pas. En effet, avec le temps, la glyptique grecque achève de se dépouiller de ce vêtement d'emprunt qu'elle doit à l'Orient. La carapace du scarabée égyptien se modifie, s'altère, se transforme : on en arrive à lui substituer d'autres figures, aussi en relief : masque de Silène ou de Gorgone, tête de nègre, lion couché, qui rappellent seulement par le galbe général, la forme scarabéoïdale traditionnelle. Cette fois enfin, la gravure en relief atteint au camée : c'est le camée monochrome.

Les n°s 192 et 197 de notre *Catalogue* sont des exemples de cette progressive transformation. L'un, qui est vraisemblablement d'origine égyptienne (n° 197), a la forme d'un hippopotame couché, gravé en ronde bosse; sur le plat ou la base servant de cachet, on voit un autre hippopotame gravé en creux. Le second (n° 192) a l'aspect d'un lion couché, substitué au scarabée ; sur la base est intaillé un lion passant. A Kertch on a trouvé un cachet en cornaline, encore muni de sa monture, sur le plat duquel un guerrier est gravé en creux, tandis que le dos est un lion couché, en ronde bosse[4]. Le musée de Berlin possède aussi un certain nombre de gemmes archaïques gravées en relief : le scarabée y est remplacé par un mufle de lion ou de panthère, un lion couché, une tête de bœuf, un chien couché, ou même des figures informes et grossières[5]. Au Musée britannique, on voit sur plusieurs cornalines, à la place du scarabée, un masque de Gorgone, une Harpye, une tête de nègre, une tête de Satyre[6]. Les nécropoles de l'Étrurie qui ont livré en si grande abondance les scarabées gravés, ont fourni, en même temps, quelques gemmes scarabéoïdes où le dos de l'insecte est remplacé par une autre figure. Le musée de Florence a acquis, en 1885, un beau fragment de camée de ce genre, trouvé à Chiusi : il représente Éos ou Thétis, vue à mi-corps.

1. *Antiquités du Bosphore Cimmérien*, éd. S. Reinach, pl. XVI; Louis P. de Cesnola, *Cyprus*, pl. XXXI et suiv.

2. Imhoof-Blumer et O. Keller, *Tier und Pflanzenbilder auf Münzen und Gemmen*, pl. XIV et suiv.; Louis P. de Cesnola, *Cyprus*, pl. XXXVIII.

3. L. P. de Cesnola, *Cyprus*, pl. XXXIX.

4. *Antiquités du Bosphore cimmérien*, éd. S. Reinach, pl. XVI, fig. 11 et 12; E. Babelon, *La gravure en pierres fines*, p. 114.

5. Furtwaengler, *Beschreibung der geschnittenen Steine im Antiquarium*, n°s 54 et 55, (l'auteur place ces gemmes à l'époque mycénienne) et n°s 65, 129, 132, etc.

6. *A catalogue of engraved gems in the British Museum*, n°s 244 à 247 et 479.

Un autre camée en onyx, avec une figure presque semblable, a été recueilli dans une tombe d'Orvieto : il offre cette particularité que la figure d'Éos a été gravée en relief sur la carapace même d'un scarabée, et l'on distingue encore nettement, au second plan, la tête et les contours du corps de l'insecte [1]. Enfin, dans la suite des intailles antiques du Cabinet des Médailles, se trouvent classées quelques pierres scarabéoïdes dont le dos est une tête de nègre ou une tête de Gorgone.

Les débuts de cette lente transformation, qui dura du VIIe au IVe siècle, sont contemporains du temps où les graveurs de coins monétaires, qui ont tant d'affinité avec les lithoglyphes, font leur apparition et se multiplient dans le monde hellénique. Au VIe siècle, les progrès de la glyptique dans la voie de l'affranchissement s'accentuent, en même temps que ceux des types monétaires et de toutes les autres branches de l'art. Les scarabées ou scarabéoïdes commencent à porter, sur le plat, des inscriptions grecques à côté du sujet gravé : témoin le scarabée célèbre, sur lequel on lit, au-dessus d'un dauphin, en caractères archaïques : Θερσίος ἠμὶ σᾶμα, μή με ἄνοιγε (*Je suis le cachet de Thersis, défense de me briser*) [2]; témoin encore le scarabée en agate, trouvé à Égine en 1829, qui porte l'inscription : Κρεοντίδα ἔμι (sous-entendu σῆμα ou σφραγίς) [3]. On constate, par ces deux exemples, que les Grecs des VIIe et VIe siècles suivent la mode orientale de graver sur la gemme le nom de l'individu auquel elle sert de sceau. Mais ils ne tardent pas à inaugurer un usage ignoré des Asiatiques et des Egyptiens : les artistes grecs signent leurs œuvres et inscrivent leur nom à côté du type dans lequel ils ont pris à tâche de déployer tout leur talent. Un scarabéoïde en stéatite, du Musée britannique, que nous citions tout à l'heure, et où la carapace de l'insecte est remplacée par une tête de Satyre en relief, porte en lettres très archaïques l'inscription : Συρίης ἐποίεσε, à côté d'un personnage qui joue de la lyre [4]. Ce Syriès, dont le nom a une forme ionienne, est peut-être un des graveurs en pierres fines qui florissaient alors à Samos, à l'ombre de la grande école de sculpteurs et de toreuticiens qui illustre, dans l'histoire de l'art, le nom de l'île de Polycrate et de Pythagore.

Nous savons, en effet, par les sources littéraires, que Mnesarchos, le père du philosophe Pythagore, exerçait la profession de δακτυλιογλύφος, *graveur de cachets* [5].

1. *Notizie degli scavi di antichita*, 1885, p. 97; Korte, dans l'*Archaeolog. Zeitung*, 1877, pl. XI, n° 3; E. Babelon, *La gravure en pierres fines*, p. 113.

2. O. Rossbach, dans l'*Archaeolog. Zeitung*, 1883, p. 337 et pl. XVI, fig. 19; E. Babelon, *La gravure en pierres fines*, p. 97, fig. 69.

3. *Bullettino dell' Instit. di corrisp. arch. di Roma*, 1840, p. 140; L. Stephani, dans Köhler, *Gesammelte Schriften*, t. III, p. 228.

4. W. Frœhner, *Mélanges épigraphiques*, pp. 14-15; British Museum, *Catalogue of engraved gems*, n° 479; S. Murray, *Handbook of greek Archaeology*, p. 152; Furtwaengler dans le *Jahrbuch d. deut. arch. Instituts*, t. III, 1888, pp. 195-197; E. Babelon, *La gravure en pierres fines*, p. 99, fig. 71.

5. Hérod. IV, 95; Pausan., II, 13, 2; Plut., *Plac. phil.*, I, 3, 14; Cf. H. Brunn, *Geschichte der griech. Kunstler*, t. I, p. 116, et t. II, p. 467; S. Murray, dans le *Catalogue of engraved Gems* du Musée Britannique, *Introd.*, p. 7.

Il vivait encore au commencement de la tyrannie de Polycrate, de sorte que son activité artistique se place au moment du plein épanouissement de l'école samienne, au milieu du VIe siècle. C'est le temps de la prospérité de Naucratis et des autres colonies que les Grecs avaient fondées sur les bouches du Nil. Aussi, l'un des artistes de Samos les plus en renom, Théodoros, fils de Téléclès, était allé en Égypte apprendre à couler le bronze et, sans doute, à graver les pierres fines, car il était à la fois fondeur et lithoglyphe renommé. C'est lui qui grava pour Polycrate un cachet monté en or (σφρηγὶς χρυσόδετος) auquel une anecdote restée populaire est attachée [1]. Theodoros coula en bronze sa propre statue qui le représentait tenant une lime et un scarabée plus petit qu'une mouche, sur lequel il avait réussi à graver un quadrige d'une étonnante perfection [2]. Il ne nous est point parvenu d'œuvres signées de Mnesarchos et de Theodoros.

Ainsi, le peu que nous savons de la carrière des artistes samiens nous les montre allant étudier les secrets de leur profession dans les écoles des bords du Nil. Un témoignage littéraire auquel nous avons déjà fait allusion, apporte une confirmation indirecte à cette constatation : c'est l'histoire de Solon qui, étant allé visiter l'Égypte sous Amasis (vers 600 avant J.-C.), édicta, une fois rentré en Grèce, une loi pour réprimer la falsification des cachets en pierres fines [3]. Cette mesure prohibitive était vraisemblablement inspirée par ce que le législateur athénien avait observé en Égypte.

Le scarabée grec dérive donc directement de celui de l'Égypte, par sa forme, sa technique, son emploi comme ornement ou comme cachet, les règlements mêmes qui en régissent l'usage; en outre, et nous allons achever de le démontrer, le scarabée n'est que la forme primitive et embryonnaire du camée proprement dit.

Le n° 178 du présent *Catalogue* est encore un scarabée, mais il offre deux particularités remarquables. Il a été gravé, non dans une cornaline ou un quartz monochrome, mais dans une sardonyx à quatre couches, et, en outre, sur la base, c'est-à-dire sur la partie destinée, suivant la tradition, à recevoir une gravure en creux qui pût servir de cachet, on voit, au contraire, en relief, un sphinx accroupi, de style encore archaïque, qui se détache en blanc sur un fond rouge-brun. C'est le camée proprement dit; l'artiste a intentionnellement tiré parti de deux des couches de la gemme; il a voulu que le sphinx se détachât en blanc sur le fond d'une autre nuance, comme les figures d'un tableau s'enlèvent sur l'arrière-plan. Nous croyons qu'on peut placer cette œuvre intéressante au commencement du Ve siècle : c'est le plus ancien de nos camées à plusieurs couches. Il nous permet de constater qu'à cette époque, la glyptique grecque, influencée par

1. Hérod., I, 51; III, 41; Pausanias, III, 12, 8; Athen., XII, 515; H. Brunn, *Geschichte d. griech. Kunstler*, t. II, p. 467; S. Murray, dans l'*Introd.* au *Catal. of engraved Gems*, p. 7; M. Collignon, *Hist. de la sculpt. grecque*, t. I, pp. 156 et suiv.

2. Pline, *Nat. Hist.*, XXXIV, 83; O. Benndorf, dans la *Zeitschrift für Œsterreich. Gymnas.*, 1873, p. 401; Loeschcke, *Archaeol. Miscellen*, 1880, pp. 1 et suiv.; M. Collignon, *Hist. de la Sculpt. grecque*, t. I, p. 160.

3. Voy. ci-dessus, p. XVII.

la routine ou une tradition surannée, ne s'était pas encore complètement affranchie du scarabée qu'elle s'obstinait à maintenir, plus ou moins sporadiquement, comme une formule nécessaire.

A cette époque que distingue encore un reste d'archaïsme, se rattachent notre n° 16 qui représente une tête de femme, Héra ou Hébé, de profil, et notre n° 119 où figure l'enlèvement de Coré par Hadès. Ces deux camées, dont la monture est moderne, étaient peut-être des scarabéoïdes, mais la partie convexe qui devait être gravée en carapace, a été rognée et arrangée de telle sorte que nous ne saurions en juger. Il en est autrement du merveilleux camée décrit sous le n° 145 et que nous proposerons de classer au commencement du IVe siècle. Sans qu'on en puisse douter, cette gemme était primitivement un scarabée ou un scarabéoïde comme le n° 178 dont nous venons de parler. Examinez-en la tranche, et vous distinguerez encore les traces du trou qui la perforait de part en part. A une époque indéterminée, elle a malheureusement subi l'action d'un feu violent qui a obligé un restaurateur moderne à scier la carapace du scarabée. Mais, en dépit de cette barbare opération et du polissage qui l'a suivie, la préexistence de la forme scarabéoïdale est certaine : nous sommes en présence d'un camée à deux couches et le sujet a été, comme celui de tout à l'heure, gravé en relief sur le plat du scarabée.

Substituer ainsi un relief à l'image en creux de la base des scarabées, était une innovation grave, une véritable révolution, car elle dénaturait le côté pratique et utilitaire du scarabée qui est de servir de cachet. L'image en relief ne pouvait plus être appropriée à cette fonction : elle devenait un simple motif d'ornement destiné à être vu et apprécié pour sa valeur artistique. Il va de soi, comme conséquence, que la tige de la gemme étant désormais remplacée dans son rôle décoratif, n'avait plus besoin d'un travail de gravure ; on la négligea et c'est ainsi que la carapace du scarabée n'ayant plus de raison d'être, disparut définitivement et sans retour. Le camée, devenu un pur ornement, est, dès lors, gravé dans des onyx à plusieurs couches et embâté dans un chaton de bague ou bien dans une sertissure destinée à le suspendre à un collier, à en faire l'agrafe d'un manteau ; on enchâsse aussi les camées dans les produits de l'orfèvrerie, sur les coffrets de luxe, les armes, les ustensiles de toute nature ; on les recherchera bientôt avec avidité, comme l'indispensable complément du luxe individuel.

II. *Les camées chez les Grecs.*

La période de splendeur qui s'ouvre pour la Grèce aussitôt que l'invasion de Xerxès est refoulée, fait époque dans l'histoire de la glyptique aussi bien que dans celle des arts plus illustres où Polyclète et Phidias vont bientôt formuler les lois immuables de l'esthétique. Dans son humble sphère, la gravure en pierres fines, cette figure de second plan, participe à cette transformation presque soudaine d'un peuple affranchi de tout danger extérieur et plein de confiance dans son génie : elle reflète les progrès de la sculpture dont elle est la fidèle servante. Non seulement la forme des gemmes se transforme comme nous l'avons démontré, mais on les choisit plus grandes et de nuances plus riches ; le lithoglyphe s'enhardit ; il ne craint pas de s'attaquer à des agates multicolores, qui lui offrent un champ plus vaste, de manière à graver de véritables bas-reliefs en miniature ; il ose enfin multiplier les personnages et traduire les épisodes les plus compliqués de la mythologie. Bref, les dimensions et la forme des gemmes, le style et le choix des sujets, tout se transforme. Les figures achèvent de se dépouiller de la raideur archaïque qu'elles avaient naguère encore ; comme dans la sculpture sur marbre, c'est désormais la grâce et la noblesse dans l'expression, la souplesse dans les mouvements, la majesté dans l'attitude qui les caractérisent. Les sculpteurs comme Critios, Nésiotès, Calamis, Pythagore voient, à leurs côtés, des graveurs copier sur des gemmes et populariser leurs chefs-d'œuvre de marbre ou de bronze. Les amateurs encouragent ces derniers dans cette voie et leur font des commandes ; le goût des beaux camées à couches multicolores se propage au fur et à mesure que s'accroissent le luxe et l'opulence. Bientôt tout le monde les recherche, pour posséder une copie réduite et inaltérable des plus belles œuvres de la sculpture; on en fait des bijoux d'écrin, des motifs distingués pour chatons de bagues, des pièces de milieu pour colliers, des appliques pour tous les objets qu'on juge dignes d'être rehaussés par l'éclat des pierreries.

L'usage des bagues d'or avec un camée ou une intaille au chaton, chez les Grecs des ve et ive siècles, est déjà répandu à ce point que d'aucuns, parmi les raffinés, poussent le luxe jusqu'à porter plusieurs bagues dans chaque doigt, et le terme singulier de σφραγιδονυχαργοκομῆται (paresseux qui ne s'occupent que de leurs bagues et de la toilette de leurs ongles) est inventé par Aristophane pour ridiculiser et stigmatiser les plus efféminés de ses contemporains [1]. Les dédicaces antérieures au siècle d'Alexandre, retrouvées au Parthénon, ne mentionnent pas seulement des intailles parmi les objets consacrés à Athéna par les particuliers ; il s'y rencontre aussi des camées. A côté des σφραγῖδες λίθιναι, des σφραγῖδες ὑάλιναι, qu'on gardait précieusement enfermés dans des écrins rehaussés de couleurs variées (ἐν κιβωτίῳ ποικίλῳ [2]), ou qui servaient à cacheter les lettres, les amphores de vin ou d'huile et les appartements secrets, ces inscriptions et quelques textes littéraires nous attestent qu'il était aussi fait usage de camées dans la parure. C'est évidemment d'un camée qu'il s'agit, par exemple, dans l'inscription votive du Parthénon qui mentionne *un onyx de grandes dimensions*, portant gravé un ægagre ithyphallique (ὄνυξ μέγας τραγελάφου πριαπίζοντος [3]). Aristophane fait dire à l'un de ses personnages : « Orfèvre, le pendant du collier que tu as fabriqué pour ma femme, est tombé de sa sertissure d'or, le soir, pendant qu'elle dansait.....

1. Aristoph., *Nub.*, 331 ; cf. *Eccles.*, 632.

2. Boeckh, *Die Staatshaushaltung der Athener*, t. II, p. 263 (édit. de Berlin, 1851) ; cf. *C. I. Gr.*, t. I, nº 150, pp. 233 et 237.

3. Bœckh, *C. I. Gr.*, t. I, nº 150, § 37 et p. 237.

Viens le remonter [1] » : on ne saurait affirmer, ici, qu'il s'agisse d'un camée plutôt que d'un simple cabochon. Quoi qu'il en soit, il est hors de doute que les Grecs des ve et ive siècles, tout autant que les Orientaux, mais avec plus de goût et de sobriété, recherchent les ornements incrustés de cabochons, les camées, les vases en pierres fines, les coupes gemmées. Polémon, dans son livre perdu sur les peintres, racontait qu'à Athènes, un certain Hippæos avait fabriqué pour les noces de Pirithous une œnochoé et une coupe en pierre fine dont les bords étaient cerclés d'or [2]. Le trône d'or du Zeus Olympien de Phidias était un travail de toreutique et de marqueterie avec des incrustations de gemmes, d'ivoire et d'ébène [3]; les yeux de l'Athéna Parthénos étaient des gemmes en cabochon [4]. Les musées renferment des statues et des objets d'orfèvrerie antérieurs à l'époque macédonienne où des incrustations de gemmes se voient encore dans l'orbite des yeux et sur les vêtements. On donnait aux têtes de Méduse un aspect plus terrifiant par des yeux incrustés de gemmes flamboyantes (λιθογλήνοιο Μεδούσης [5]). Comment douter, après tous ces témoignages, que les camées aient joué un rôle prépondérant dans cette recherche des gemmes et leur application à tous les éléments du luxe privé ou public ?

Au surplus, notre *Catalogue* renferme un certain nombre de camées qui remontent jusqu'aux ve et ive siècles. Outre ceux que nous avons déjà mentionnés, nous signalerons particulièrement, ici, le n° 84, remarquable buste d'athlète, peut-être inspiré des statues d'athlètes qui ont immortalisé le génie de Polyclète dans l'histoire de la sculpture. Un camée non moins beau est le n° 147 qui représente Dédale attachant des ailes aux épaules d'Icare : malheureusement, ce n'est plus qu'un fragment. Un peu postérieur peut-être est le n° 148, que nous avons intitulé *La rencontre à la fontaine* et dans lequel on proposait autrefois de reconnaître la légende des chevaux de Pélops. Quel que soit le mythe interprété par le graveur sur cette agate dont les nuances laiteuses sont d'une infinie douceur, nul ne saurait méconnaître l'art exquis de cette œuvre exécutée avec une habileté technique qui ne sera jamais dépassée. Signalons encore le camée bien inférieur (n° 136) où l'on voit Socrate conduit auprès de Diotime par la muse Polymnie ; l'Apollon lyricine (n° 39), reproduction d'une œuvre sculpturale souvent copiée dans l'antiquité; le bige de Séléné ou d'Éos (n°s 37 et 38) ; l'admirable buste d'Athéna (n° 17) qui nous paraît une libre interprétation de la Parthénos de Phidias; la Héra (n° 11), un des plus beaux camées de la collection, inspiré, à coup sûr, de la statue que Polyclète avait exécutée pour le temple d'Argos. Plus d'un parmi les nombreux

1. Aristophane, *Aves*, vers 670.
2. Οἰνοχόην καὶ κυπέλλον λίθινα χρυσῷ τὰ χείλη. Athénée, XI, 48 ; Ch. de Linas, *Les origines de l'orfèvrerie cloisonnée*, t. I, p. 162.
3. Pausanias, V, 11 ; M. Collignon, *Phidias*, p. 109 ; le même, *Histoire de la sculpture grecque*, t. I, p. 529.
4. Platon, *Hippias major*, éd. Didot, t. I, p. 745 ; Ch. de Linas, *op. cit.*, t. I, p. 164 ; Middleton, *The engraved Gems*, p. 130 ; M. Collignon, *op. cit.*, t. I, p. 547.
5. Nonnus, *Dionys.*, 47, 592 : la même épithète est donnée à Niobé : Nonnus, *Dionys.*, 48, 456.

Satyres gravés sur les camées et les intailles que nous a légués l'antiquité grecque et romaine, est dérivé du Marsyas de Myron. Ne pouvons-nous y comprendre le Satyre décrit sous le nº 94, bien que cette gravure ne paraisse pas antérieure au premier siècle de notre ère ? Les vaches si populaires qu'avaient exécutées le sculpteur d'Éleuthères auraient-elles inspiré le lithoglyphe à qui nous devons notre numéro 185 ? M. Furtwaengler n'a-t-il pas retrouvé, enfin, sur un camée du musée de Berlin, le type d'Éros en Hermès, qui fait son apparition dans l'histoire de l'art à l'époque de Phidias [1] ?

C'est surtout, nous devons l'avouer, sur les intailles plutôt que sur les camées que l'on peut signaler en toute sécurité des répliques fidèles des œuvres sculpturales. L'Apollon de Canachos se reconnaît aisément sur une intaille du Musée britannique [2]; l'Athéna Lemnia de Phidias a été signalée sur une cornaline de la collection de Luynes et sur d'autres gemmes en creux [3]. Le Discobole, les athlètes et les Satyres de Myron, l'Apoxyomenos, le Doryphore et le Diadumène de Polyclète forment le type de nombreuses gravures en creux ; l'Amazone du même maître ne nous est même bien connue dans tous les détails de son maintien que par une petite intaille du Cabinet des médailles [4]. Nul n'ignore, enfin, tout le parti que les historiens de l'art grec ont tiré de la célèbre intaille d'Aspasios, au musée de Vienne, pour la reconstitution du buste de l'Athéna Parthénos de Phidias [5].

L'obligation où se trouvait le graveur des camées de tenir compte de la diversité des couches de la gemme pour produire des effets de costume, de pose, d'attributs ou de second plan, le contraignait à supprimer ou à modifier des détails, des attitudes, des accessoires qui, dans le modèle sculptural, sont caractéristiques et l'individualisent. Dans la gravure du camée, l'artiste est étroitement le prisonnier de la matière sur laquelle il opère, plus encore par la nécessité de tirer parti de la polychromie naturelle de la gemme que par la difficulté technique du travail. Dans la gravure de l'intaille, l'un de ces deux écueils, au moins, est évité : voilà pourquoi les reproductions des chefs-d'œuvre de la sculpture grecque sur les intailles sont, en général, plus exactes et plus conformes aux modèles que celles que nous donnent les camées.

Tandis que l'on connaît de remarquables intailles qui portent les noms des graveurs Athénadès, Phrygillos, Dexamenos, Pergamos, Olympios, Onatas, qui florissaient à la fin du ve siècle ou dans le cours du ive [6], il n'est aucun camée

1. A. Furtwaengler, *Meisterwerke der griechischen Plastik*, p. 101.

2. *Catalogue of engraved Gems*, nº 720.

3. A. Furtwaengler, *Meisterwerke der griechischen Plastik*, p. 8, et *Revue archéologique*, t. I de 1896, p. 1.

4. Max Collignon, *Histoire de la sculpture grecque*, t. I, p. 505, fig. 258.

5. Max Collignon. *op. cit.*, t. I, p. 542.

6. Sur les œuvres authentiques signées du nom de ces artistes, voyez le travail critique de M. A. Furtwaengler, *Studien über die Gemmen mit Künstlerinschriften*, dans le *Jahrbuch des kaiserlich deutschen archaeologischen Instituts*, t. III. 1888, et t. IV, 1889 ; voyez aussi E. Babelon, art. *Gemmae*, dans le *Dictionn. des Antiq. gr. et rom.* de Daremberg et Saglio, pp. 1474 et suiv.

de cette période sur lequel on ait signalé un nom d'artiste ; et, d'ailleurs, empressons-nous d'ajouter que dans l'incomparable suite des camées antiques de notre *Catalogue*, il ne s'en trouve pas un seul qui porte une signature authentique.

Le siècle de Scopas, de Praxitèle, de Lysippe et d'Apelle est illustré, en glyptique, par un artiste dont l'antiquité toute entière célèbre la gloire, mais dont il ne nous est parvenu aucune œuvre signée, soit en creux, soit en relief : c'est Pyrgotèle. Pline, après beaucoup d'autres, le proclame le plus habile des graveurs de tous les temps, et puisqu'il le place au même rang que les sculpteurs et le peintre dont je viens de prononcer les noms, il est permis de croire qu'il les égalait en mérite [1]. Alexandre ordonna qu'aucun autre que Pyrgotèle n'aurait le droit de reproduire ses traits sur une gemme, privilège qu'il avait aussi accordé à Lysippe et à Apelle dans leurs arts respectifs [2].

Parmi les camées et les intailles de nos musées qui représentent la tête d'Alexandre, s'en trouve-t-il qu'on puisse attribuer à Pyrgotèle, ou qui soient des copies ou des imitations de ses œuvres ? Dans notre *Catalogue*, la tête d'Alexandre paraît sur plusieurs camées qui, au point de vue artistique, ne seraient pas indignes de Pyrgotèle (n°s 220 à 226). Sur les n°s 222 à 225, Alexandre a les cornes d'Ammon, comme sur les tétradrachmes de Lysimaque ; sur le n° 221, la tête du héros macédonien est coiffée d'un casque ceint d'une couronne de laurier : c'est un portrait idéalisé qui se rapproche du type classique des monnaies où Alexandre est en Hercule, coiffé de la dépouille du lion Néméen. Un autre camée (n° 220) entouré d'une riche monture du XVIIIe siècle, nous offre en très haut relief un buste avec le casque corinthien : c'est le type même de l'Athéna des statères d'or d'Alexandre, dont les traits sont ainsi rapprochés intentionnellement de ceux de la déesse guerrière.

Pyrgotèle a dû graver plusieurs portraits différents d'Alexandre : est-ce à dire pour cela que les gemmes remarquables que nous venons de signaler, soient sorties des mains de cet artiste ou soient des copies de ses camées ? Il serait téméraire même de le conjecturer, puisqu'aucun indice ne nous met sur la voie. Une réflexion pourtant s'impose : jusqu'au IVe siècle de notre ère, on ne cessa d'attacher une idée talismanique aux portraits d'Alexandre répandus à profusion dans tout l'empire romain : hommes et femmes les portaient comme amulettes, et l'on a continué à placer l'effigie traditionnelle du conquérant macédonien sur des médaillons tels que ceux du Trésor de Tarse ou, plus tard encore, sur des médaillons contorniates. Est-il donc absurde de supposer que les types créés par Pyrgotèle, si célèbres encore au temps de Pline, aient dû être ainsi reproduits et propagés, de préférence à d'autres moins dignes de la faveur populaire ? Il ne nous est resté, non plus, aucune gemme signée de Cronios et d'Apollonidès qui

1. Plin., *Nat. Hist.*, XXXVII, 8, 125 ; cf. Krause, *Pyrgoteles oder die edlen Steine der Alten* (Halle, 1856, in-8°) ; H. Brunn, *Geschichte der griech. Kunstler*, t. II, p. 628.
2. Plin., *Nat. Hist.*, VII, 125 ; XXXVII, 8 ; H. Brunn, *op. cit.*, t. II, p. 469.

s'étaient acquis, à l'époque hellénistique, une grande renommée de lithoglyphes [1]. Cependant, est-il rationnel d'admettre que ces artistes aient négligé de signer leurs camées ou leurs intailles, alors que d'autres graveurs contemporains, moins connus qu'eux-mêmes par les sources littéraires, nous ont laissé des œuvres signées?

Le Musée britannique possède, avec la signature d'Athénion un camée qui représente Eumène II (197-159) dans un bige dirigé par Athéna : c'est vraisemblablement une allusion au triomphe du roi de Pergame sur Prusias de Bithynie ou sur Persée de Macédoine [2]. Au musée de Naples, la signature ΑΘΗΝΙΩΝ est en relief, à l'exergue d'un camée qui représente Zeus dans un quadrige, foudroyant les géants anguipèdes, type inspiré du célèbre bas-relief de l'Autel des Géants, de Pergame [3]. Athénion personnifie donc en glyptique l'école de Pergame; les deux camées signés qui nous restent de lui, attestent qu'il était digne de figurer à la cour des Attalides, à côté de sculpteurs tels qu'Isigonos, Phyromachos, Stratonicos et Antigonos; comme eux, semble-t-il, il traite de préférence les sujets qui célèbrent la gloire des rois pergaméniens ou les épisodes mythologiques qui y font une allusion symbolique; comme les sculptures de Pergame, les camées d'Athénion portent l'empreinte d'un style fougueux, servi par une habileté technique que nous retrouvons dans certains de nos camées non signés, par exemple : les nos 54 (Vénus emportée sur les flots par deux hippocampes), 66 (Laïs au bain); 79 (Bacchus et Ariadne dans un bige de Centaures) et peut-être aussi dans le célèbre taureau cornupète n° 184, qui est un merveilleux chef-d'œuvre, aussi bien par la matière que par l'exécution.

La signature ΠΡΩΤΑΡΧΟΣ ΕΠΟΕΙ est gravée sur un camée du musée de Florence qui représente un Éros jouant de la lyre, à cheval sur un lion. Le nom du même artiste se lit sur un autre camée dont le sujet est Aphrodite et Éros [4]. Boethos, qui paraît aussi avoir vécu dans la période hellénistique, a signé ΒΟΗΘΟΥ un camée de la collection Beverley qui représente Philoctète pansant la blessure de son pied [5]. D'autres artistes, que l'on peut, avec vraisemblance, placer dans les trois siècles qui précèdent l'ère chrétienne, ont gravé leurs noms sur des intailles; ce sont : Pheidias, Lycomédès, Philon, Onesas, Seleucos,

1. H. Brunn, *Geschichte der griech. Kunstler*, t. II, pp. 567 et 602; Furtwaengler, dans le *Jahrbuch der deut. arch. Instituts*, t. IV, 1889, pp. 74-75.

2. Brit. Mus. *Catal.*, n° 1654; Furtwaengler, dans le *Jahrbuch* cité, t. IV, 1889, p. 85; le même, *Beschreibung der geschnittenen Steine*, n° 11142.

3. H. Brunn, *op. cit.*, t. II, p. 478; Furtwaengler, dans le *Jahrbuch* cité, t. III, 1888, pp. 113-114, 215-216, et t. IV, 1889, pp. 84-86; E. Babelon, *La gravure en pierres fines*, p. 131.

4. Furtwaengler, dans le *Jahrbuch* cité, t. III, 1888, p. 218, et t. IV, 1889, p. 73; S. Murray, *Handbook of greek archaeology*, p. 172; H. Brunn, *op. cit.*, t. II, p. 626 (on lisait autrefois Πλώταρχος).

5. H. Brunn, *op. cit.*, t. II, p. 478; Furtwaengler, dans le *Jahrbuch* cité, t. III, 1888, pp. 216-218.

Anaxilas, Scopas, Nicandros [1], mais on ne peut encore actuellement leur assigner la paternité d'aucun camée.

Nos n°s 115 (Amphitrite sur un taureau marin) et 182 (Griffon) peuvent se rapporter, par leur style, aussi bien à l'époque hellénistique qu'au premier siècle de l'empire romain, mais les noms de graveurs qu'on y lit, ont été ajoutés à l'époque moderne, sans doute au XVIe siècle, époque où tous les amateurs étaient jaloux de posséder des œuvres auxquelles une signature semblait donner une garantie d'authenticité. Le faussaire qui a inscrit sur notre n° 182 le nom de [ΧΑΡ]ΜΙΔΙΟΥ aurait-il songé à Charmidès, le père de Phidias? Quant à *Glycon*, sur le n° 115, si la signature était authentique, il faudrait ajouter ce nom à la liste des artistes grecs connus seulement par leurs œuvres [2].

La sculpture et la peinture continuent, comme dans la période précédente, à fournir aux graveurs de gemmes, le thème principal de leurs compositions. C'est ainsi que sur des intailles du Musée britannique, nous reconnaissons l'Apollon Sauroctone de Praxitèle et le Bonus Eventus d'Euphranor [3]; un camée de Naples est inspiré du fameux groupe d'Apollonios et Tauriscos, connu vulgairement sous le nom de *Taureau Farnèse* [4]; un camée remarquable, entré depuis quelques jours seulement au Cabinet des Médailles, trop tard pour figurer dans le présent Catalogue, est une reproduction de l'Aphrodite de Cnide, de Praxitèle; notre n° 66, *Laïs sortant du bain*, est une excellente copie d'une Vénus accroupie dont le type a été créé dans la sculpture à l'époque hellénistique [5].

L'iconographie prend, dans la glyptique comme sur les monnaies, une importance et un développement ignorés jusque là. Notre Catalogue renferme de beaux portraits anonymes de l'époque hellénistique; on en connaît en camées ou en intailles signés des graveurs Pheidias, Lycomède, Philon, Anaxilas, Nicandros [6]. A l'imitation d'Alexandre, ses lieutenants aiment à se faire portraiturer sur les gemmes aussi bien que sur les médailles, avec les attributs des divinités sous la protection desquelles ils se plaçaient ou dont ils se proclamaient les enfants. C'est peut-être la tête de Séleucus I Nicator, avec le casque d'Achille, qu'on doit reconnaître sur notre beau camée n° 227. Remarquez aussi, sur notre n° 228, le buste de Persée, le dernier roi de Macédoine, revêtu de l'égide et coiffé de l'antique *causia* macédonienne. Nos n°s 229 à 231 représentent enfin des rois ou des reines de la période hellénistique, plus ou moins parés d'attributs divins. Mais aucune de nos plus belles gemmes de cette époque, même le n° 226, (Alexandre et Minerve) qui est malheureusement fragmenté, n'approche du

1. E. Babelon, *La gravure en pierres fines*, pp. 130 et suiv.; Furtwaengler, dans le *Jahrbuch* cité, t. III, 1888, pp. 206 et suiv.

2. Furtwaengler, dans le *Jahrbuch* cité, t. IV, 1889, p. 72.

3. *Catalogue of engraved gems in the British Museum*, n°s 722 et 929, 930.

4. M. Collignon, *Hist. de la sculpture grecque*, t. II, p. 533.

5. M. Collignon, *op. cit.*, t. II, p. 584. L'auteur du prototype de la Vénus accroupie serait Dédalsès et non Dédale; il vivait vers l'an 250 av. J.-C. (Th. Reinach, dans les *Comptes rendus des séances de l'Acad. des Inscript. et Belles-Lettres*, 5 mars 1897.)

6. Furtwaengler, dans le *Jahrbuch* cité, t. III, pp. 206 et suiv.

célèbre *Camée Gonzaga*, aujourd'hui au Musée de l'Ermitage de Saint Pétersbourg, par suite d'une libéralité de l'impératrice Joséphine à l'empereur Alexandre Ier, en 1814. Ce chef-d'œuvre incomparable représente, semble-t-il, les bustes conjugués d'Alexandre Bala, roi de Syrie, et de sa femme Cléopâtre Thea, plutôt que ceux de Ptolémée Philadelphe et d'Arsinoé [1].

De nombreux témoignages littéraires établissent que l'engouement pour les camées, les vases d'agate, l'orfèvrerie gemmée, les étoffes toutes scintillantes de cabochons, n'était pas moins vif chez les Grecs contemporains d'Alexandre et de ses successeurs que chez les Orientaux d'autrefois. C'était alors une mode parmi les musiciens, les acteurs et les personnes avides de réclame, de paraître en public avec des vêtements constellés de pierreries. Les joueurs de flûte Dionysodore, Nicomaque, Ismenias, étaient renommés pour le faste de leur costume gemmé. Un jour, Isménias proposa à un roi d'une des villes de Cypre, cent statères d'or pour une émeraude sur laquelle était gravée la nymphe Amymone. En vain le prince cypriote, trouvant ce prix trop élevé, proposa-t-il, en vendeur équitable, de le diminuer de deux pièces d'or : le musicien amateur de gemmes ne voulut pas bénéficier de ce désintéressement, ni consentir à payer la pierre moins que son estimation première, pour ne pas paraître déprécier la valeur du joyau [2].

Mais rien ne nous fait saisir sur le vif ce luxe des pierreries, mieux que la description qu'Athénée nous a conservée, d'après Callixène de Rhodes, de la fameuse pompe dionysiaque organisée par Ptolémée II Philadelphe à Alexandrie. Nous y voyons énumérées des quantités prodigieuses de coupes et de vases d'or tout flamboyants de gemmes ; des vases d'agate pareils à notre Canthare bachique n° 368, ce qui explique qu'on ait voulu l'attribuer lui-même à Ptolémée Philadelphe. Pour la table du roi, tous les vases sont en or incrusté de gemmes (πάντα χρύσα τε ἦν καὶ διαλίθα) : dans la procession bachique, on voit défiler, parmi des richesses qui dénotent une opulence inouïe dans les annales de l'humanité, un cratère colossal en argent, dont la panse était ornée d'une zone de gemmes enchâssées dans des alvéoles d'or (διὰ μέσου ἐστεφάνωτο χρυσῷ διαλίθῳ) ; des trépieds d'or et d'argent avaient la même décoration (χρυσωματοθήκη χρυσῆ διάλιθος). Venait ensuite le lit de Sémélé avec des couvertures garnies de fils d'or et étoilées de gemmes (χιτῶνας διαχρύσους καὶ λιθοκολλήτους) ; parmi les trois mille couronnes d'or portées dans cet éblouissant défilé, l'une, de 8 coudées de diamètre, était constellée de gemmes (λιθοις πολυτελέσι). Enfin, à la proue du vaisseau où se tenait Ptolémée, on avait installé un sanctuaire de Dionysos dont les parois étaient des feuilles d'or avec des gemmes incrustées [3].

1. On a cru généralement y reconnaître Ptolémée II Philadelphe et Arsinoé ; la nouvelle attribution que nous avons adoptée, a été proposée par M. Jean Six, *De Gorgone*, p. 73 (Amsterdam, 1885, in-4°). Cf. Visconti, *Iconogr. grecque*, pl. XLVI, 27 ; *Trésor de numism.*, *Rois grecs*, pl. LXXXIV; E. Babelon, dans le *Dictionn. des antiq. gr. et rom.* de Daremberg et Saglio, v° *Gemmæ*, p. 1476.

2. Plin., *Nat. Hist.*, XXXVII, 6.

3. Athen., *Deipnosoph.*, V, 25 et s.; 37 et s. (pp. 435 et s.; 451 et s., éd. Kaibel). Cf. Ch. de Linas, *Les origines de l'orfèvrerie cloisonnée*, t. I, p. 164.

Ce féerique étalage d'orfèvrerie gemmée, de camées et de vases de sardonyx, où la richesse de la matière l'emportait, malgré tout, sur le bon goût et sur la réelle et sévère beauté, nous montre les rois d'Égypte jaloux de posséder la plus riche gazophylacie du monde. Tous les princes de cettte époque rivalisent de luxe à ce point de vue. Attale II, roi de Pergame (159-138), a une dactyliothèque et entretient des graveurs à sa cour, comme les rois de Syrie ou d'Égypte [1]. Les particuliers mêmes ont, sinon leur trésor, du moins leur écrin de gemmes : dans un seul tombeau de femme, à Kertch, on a recueilli jusqu'à huit bagues de dimensions telles qu'elles n'ont guère pu être portées au doigt : c'était un luxe d'écrin [2]. Dans un autre tombeau de femme, probablement de l'époque romaine, se trouvait un superbe flacon à parfums, en or, constellé de grenats syrians en cabochon [3]. Clitarque, cité par Strabon, mentionne des tables, des coupes, des sièges de bronze incrustés de pierreries, telles qu'émeraudes, béryls, escarboucles de l'Inde, que les riches citoyens recherchent et se disputent avidement [4]. Mais après Ptolémée Philadelphe, aucun prince de l'Orient hellénique ne poussa aussi loin que Mithridate la passion et la recherche des camées, des intailles, des vases d'agate, des coupes d'or incrustées de pierreries. Il avait plusieurs gazophylacies dans lesquelles étaient enfermés ses trésors artistiques en ce genre. L'une d'elles était à Sinoria [5]; une autre, à Taulara. Le fastueux roi de Pont avait fait exécuter par un lithoglyphe son portrait sur une pierre gravée en intaille dont il fit cadeau au rhéteur athénien Aristion [6].

Les gemmes en camées, en intailles, en vases ornés de figures, étaient la grande passion de ce demi-barbare, frotté d'hellénisme, et les Romains, dit-on, demeurèrent stupéfaits d'admiration, quand ils réussirent à mettre la main sur tous ces trésors. L'inventaire de la seule gazophylacie de Taulara leur prit trente jours. On y compta : « deux mille tases d'onyx (λίθου ὀνυχιτίδος) avec des montures en or, une profusion de coupes, de vases à rafraîchir, de rhytons ; puis, des lits, des sièges, des brides, des poitrails et caparaçons de chevaux, étincelants d'or et de gemmes enchâssées » [7]. Lors du triomphe de Lucullus, à Rome, on vit défiler une longue suite de brancards chargés de ces immenses trésors [8]. Pour le triomphe de Pompée, les procès-verbaux officiels énumèrent « un échiquier de trois pieds sur quatre, avec ses pièces, le tout en pierres précieuses, une lune d'or pesant 30 livres, trois lits de festin, neuf abaques chargés de vases d'or et de pierreries, trois statues en or de Minerve, Mars et Apollon, trente-trois couronnes de perles

1. Middleton, *The engraved gems of classical times*, p. 33.

2. *Annali dell' Instit. di corrisp. arch. di Roma*, t. XII, 1840, pp. 14 et suiv.

3. Ch. de Linas, *Les origines de l'orfèvrerie cloisonnée*, t. I, pp. 122-123 et pl. IV, fig. 5. Cf. *Antiquités du Bosphore cimmérien*, t. I, pl. XXIV, 25, et éd. Sal. Reinach, p. 72.

4. ..λιθοκόλλητα τὰ πλεῖστα σμαράγδοις καὶ βηρύλλοις καὶ ἄνθραξιν Ἰνδικοῖς. Strabon, XV, 1, 69; Clitarchi, *Fragm.*, p. 81, éd. Didot.

5. Théod. Reinach, *Mithridate Eupator*, p. 283.

6. Posidonius, *Fragm.* 41 ; Théod. Reinach, *op. cit.*, p. 286.

7. Appien, *Bell. Mithrid.*, 115 ; Strabon, XII, 3, 31 ; Dion Cassius, XXXVI, 16.

8. Plut., *Lucullus*, 37.

une montagne carrée, en or massif, sur laquelle étaient ciselés des cerfs, des lions, des fruits, le tout entouré d'une vigne d'or, enfin une grotte des Muses, en perles, surmontée d'une horloge [1] ». Il y avait aussi des flacons, des vases murrhins, genre de vaisselle qu'on n'avait encore jamais vu à Rome, enfin les curiosités les plus riches et les plus précieuses, que Mithridate avait colligées ou pillées un peu partout en Orient, avec la passion d'un amateur sans scrupules : telles que la chlamyde d'Alexandre et le lit de Darius [2]. Mithridate avait donné au gymnase des Eupatoristes d'Athènes, un cratère en bronze qu'on admire aujourd'hui au musée du Capitole. Ce vase, d'un style et d'une exécution admirables, nous donne une idée du goût et de l'opulence du roi de Pont. Puisque, devons-nous ajouter, le cratère des Eupatoristes en bronze est parvenu jusqu'à nous, il n'y a rien d'absurde à croire qu'un certain nombre des camées, des vases murrhins, des coupes de sardonyx de Mithridate soient encore actuellement sous les vitrines de nos musées. Malheureusement, on n'a, à cet égard, aucune preuve historique, et c'est faire une conjecture sans fondement que d'appeler *Coupe de Ptolémée* ou *de Mithridate* les plus remarquables d'entre eux.

III. *Les camées chez les Romains.*

Les Romains connurent de toute antiquité, comme leurs voisins les Étrusques et les Sabins, les anneaux métalliques au chaton desquels se trouvait enchâssée une gemme intaillée d'un sujet en creux, servant de cachet [3]. Mais la recherche des gemmes gravées en relief et appelées exclusivement à concourir au luxe privé ne paraît s'être réellement propagée en Italie que dans le cours du siècle qui précède notre ère. P. Æmilius Scaurus, beau-fils de Sylla, fut le premier, à Rome, qui eut une dactyliothèque, c'est-à-dire un écrin de bagues et de camées [4]. Après lui, Pompée mit cette mode en honneur; il fit déposer sa collection, composée des vases précieux, des camées et des joyaux de Mithridate, dans le temple de Jupiter Capitolin [5].

Grâce à ces exemples, la glyptique conquit soudain, à Rome, une popularité et prit un développement qui, jusque là, était resté le monopole de l'Orient hellénisé. On fit venir à grands frais d'Égypte, de Grèce, d'Asie Mineure, de l'Arabie, de l'Inde même [6], des agates à plusieurs couches et des artistes pour les

1. Appien, *Bell. Mithrid.*, 117; Plin., *Nat. Hist.*, XXXVII, 13-14.
2. Voyez Th. Reinach, *Mithridate Eupator*, pp. 287-288.
3. E. Babelon, *La gravure en pierres fines*, pp. 142 et suiv.; voyez surtout le mémoire de M. Max. Deloche, *Le port des anneaux dans l'antiquité romaine*, inséré dans le t. XXXV, 2e partie, des *Mémoires de l'Acad. des Inscript. et Belles-Lettres* (1896).
4. Plin., *Nat. Hist.*, XXXVII, 11.
5. Pline, *Nat. Hist.*, XXXVII, 11, d'après Varron; Manilius, V, 10. Cf. Th. Reinach, *Mithridate Eupator*, p. 286.
6. *Gemmiferi amnes sunt Acesinus et Ganges* (Plin., *Nat. Hist.*, XXXVII, 200).

graver. Tout riche citoyen voulut avoir sa dactyliothèque [1], son agrafe de manteau ornée d'un camée dû à l'artiste grec le plus en vogue; la mode fut, pour les femmes, de porter un ou plusieurs colliers (*gemmosa monilia*), avec des camées en pendeloques au milieu d'intailles, de cabochons, de monnaies, de larmes d'or ou de fines verroteries (*Catalogue*, n°s 367 et 166). Comme en Orient, on incrustait les camées dans les parois des vases précieux, sur les flancs des coffrets, des meubles, des ustensiles et des produits variés de l'orfèvrerie et de l'industrie de luxe. Aujourd'hui, presque tous les camées antiques des collections publiques sont dépouillés de leur sertissure primitive, qui fut l'objet de la cupidité de ceux entre les mains desquels passèrent tour à tour ces précieux bijoux. Cependant, dans notre Catalogue, la tête de Méduse n° 166 a encore sa monture qui en fait un pendant de cou, et le magnifique collier de Nasium (*Catalogue*, n° 367) a, comme ornements principaux, deux camées sertis dans des bâtes en or très ouvragées. Le beau bijou trouvé à Tirlemont, en 1892, est formé d'un camée qui a pour sujet une ravissante tête d'Octave, avec un entourage en or qui faisait de lui l'agrafe d'un riche manteau [2]. Les catacombes de Rome ont aussi livré, pour les premiers siècles du christianisme, un assez grand nombre de camées qui servaient d'ornements ou de fibules aux vêtements avec lesquels les premiers chrétiens furent ensevelis [3].

Au surplus, nous le savons par des textes nombreux, les empereurs romains portaient des gemmes comme ornements de leurs insignes impériaux et de leur costume de cérémonie. Claude a des émeraudes et des sardoines; Caligula, Élagabale, Sévère Alexandre, Carin, Dioclétien ont, sur leurs chaussures, des pierres d'une valeur inestimable [4]. Lollia Paulina, femme de Caligula, porte des pierreries sur ses vêtements, dans ses cheveux, à son col, à ses oreilles, à ses doigts, pour quarante millions de sesterces [5]. Virgile attribue aux Troyens des bijoux gemmés [6] et Ovide donne au Soleil un char et une lyre incrustés de pierreries [7]. Les histrions de Néron en sont couverts, comme jadis les musiciens grecs [8]. Une parure de dame romaine, conservée au musée de Lyon, comprend, parmi d'autres bijoux, jusqu'à six colliers composés de perles et de pierres fines telles qu'émeraudes, grenats, améthystes, saphirs, malachite, corail, enchâssées dans l'or [9]. S'il y manque des camées, du moins ces cabochons, ces prismes, ces cylindres nous montrent la place occupée par les camées dans des colliers plus riches encore.

1. Max. Deloche, *op. cit.*, pp. 44-45.
2. A. de Loë, *Exploration des tumulus de Tirlemont*, pl. III (Bruxelles, 1895, in-8°).
3. J.-B. de Rossi, *Roma sotterranea*, t. III, pp. 580-582.
4. Plin., *Nat. Hist.*, IX, 114; Lamprid., *Heliogab.*, 23, 4; *Sev. Alex.*, 4, 2; Vopisc., *Carin*, 17, 1; Hübner, *Ornamenta muliebria*, dans l'*Hermes*, t. I, 1866, p. 354; W. Meyer, dans les *Abhandl. Münch. Akad.*, Philol. Classe, XV, 1879, p. 23.
5. Suet., *Caligula*, 25; Plin., *Nat. Hist.*, IX, 117; Marquardt, *La vie privée des Romains*, trad. V. Henry, t. II, p. 365.
6. Virgile, *Énéide*, I, 653 et suiv.
7. Ovide, *Metam.*, X, 2, 2.
8. Plin., *Nat. Hist.*, XXXVII, 6.
9. Commarmond, *Descript. de l'écrin d'une dame romaine*, 1844, in-4°.

Les harnachements des chevaux, les boucliers, les casques, les baudriers, les fourreaux d'épées, les sceptres, les chars sont incrustés de gemmes. Caligula donne à son cheval Imitatus un collier de pierreries; il fait construire des galères *gemmatis puppibus* [1]; les coffrets, les instruments de musique sont décorés de camées et de cabochons (*densi radiant testudine totâ Sardonyches*); les sceptres impériaux et consulaires sont surmontés d'aigles ou de bustes en sardonyx (*Catalogue*, n°s 9, 10, 309, 310). On va jusqu'à incruster de pierres précieuses les parois des appartements, comme le palais de Cléopâtre ou celui du Soleil [2]. Telle était la passion des Romains pour les gemmes gravées que le sénateur Nonius préféra l'exil plutôt que de céder à Marc Antoine une belle bague où était enchâssée une opale estimée vingt mille sesterces [3]. On paye de tels bijoux un prix très élevé : *censu opimo digitos onerabant*, dit Pline [4]. Comme les Orientaux et les Grecs efféminés du temps d'Aristophane, les élégants de Rome chargent d'anneaux tous leurs doigts et même ils en mettent plusieurs au même doigt. « Nous fouillons, dit le même auteur, les entrailles de la terre pour en tirer les gemmes; que de mains sont fatiguées pour faire briller une seule phalange ! » Martial dit à son tour : *sardonychas, smaragdos, adamantas, jaspidas uno versat in articulo Stella* [5]. Juvénal stigmatise, avec sa verve impitoyable, les jeunes voluptueux de son temps, tellement efféminés que leurs bagues leur paraissent trop lourdes pendant l'été : ils en portent de plus ou moins légères, suivant les saisons [6]. Martial, enfin, tourne en ridicule cette manie des anneaux, et ces hommes qui, dit-il, n'ont pas seulement un écrin pour ranger les bagues dont le prix les a ruinés [7]. Le chaton de ces bagues n'était pas toujours une intaille, c'était souvent aussi des cabochons ou de petits camées comme notre n° 323, qui a encore conservé sa monture antique en or; cet anneau est trop petit pour avoir pu servir à une personne adulte : il s'agit d'un joyau d'écrin, ou d'une bague d'enfant.

Les vases gemmés, les coupes et les bassins de sardonyx n'étaient pas négligés dans cette véritable débauche de pierreries. Cicéron énumère complaisamment les vases incrustés de pierres fines que Verrès s'était indûment appropriés en Sicile [8]. Le trop fameux propréteur avait poussé la passion des gemmes jusqu'à la plus cynique indélicatesse. Un jour, entre autres, émerveillé à la vue des vases d'or gemmés qu'un jeune prince syrien, Antiochus, passant par la Sicile, portait à Rome en ex-voto au temple de Jupiter Capitolin, Verrès les lui emprunta, sous

1. Suet., *Calig.*, 37, 52, 55; Plin., *Nat. Hist.*, XXXVII, 6.
2. Lucain, *Phars.*, X, 119 à 122; Ovide, *Metam.*, X, 2, 2.
3. Plin., *Nat. Hist.*, XXXVII, 81.
4. Plin., *Nat. Hist.*, XXXIII, 1; voyez aussi Pétrone, *Satir.*, 67.
5. Martial, V, 11; XI, 50; cf. Sénèque, *Natur. quaest.*, VII, 31; Clem. Alex., *Paedag.*, III, 11, 57, p. 287; Tertull., *De cultu feminarum*, dans Migne, *Patrol.*, t. I, col. 1314; M. Deloche, *Le port des anneaux dans l'antiquité romaine*, p. 90.
6. Juvénal, *Sat.*, I, 5, 28; 7, 89.
7. Martial, XI, 50.
8. Cic., *Verrès*, IV, 27.

prétexte de les montrer aux ciseleurs qui travaillaient pour lui, puis il se garda bien de les rendre dès qu'ils furent en sa possession; les détails descriptifs que donne Cicéron, sont à retenir : *pocula ex auro, quæ ut mos est regius et maxime in Syria, gemmis distincta clarissimis*. L'un des bassins, à manche d'or, que s'appropria Verrès, était creusé dans une seule gemme, comme notre coupe de Ptolémée : *erat vas vinarium ex una gemma pergrandi, trulla excavata manubrio aureo...* [1] Cicéron ajoute enfin, dans un autre passage : *nego in Sicilia tota.... fuisse.... ullam gemmam aut margaritam... quin (Verres) conquisierit* [2]. Pline, à son tour, fait allusion à la fabrication de ces vases, si active de son temps : *turba gemmarum potamus et smaragdis teximus calices* [3]. Si notre Coupe de Ptolémée et la Tasse Farnèse, du Musée de Naples [4], ont été exécutées à l'époque hellénistique, on ne saurait faire remonter plus haut que l'Empire romain, ni l'aiguière du trésor de Saint-Maurice en Valais, sur la panse de laquelle est gravé assez lourdement un tableau qui représente Achille à Scyros, au milieu des filles de Lycomède [5]; ni le vase dit *de Brunswick* ou *de Mantoue*, sur lequel figure un épisode des mystères d'Éleusis [6]. Romain aussi est notre *cymbium* ou *scapha*, en forme de barque (*Catalogue*, n° 373), que le moyen âge a environné d'une riche monture : de telles gondoles servaient, paraît-il, surtout aux libations de la fin des repas [7]. Les vases appelés *diatreta*, généralement en pâte de verre plutôt qu'en agate, étaient travaillés de telle sorte que les dessins en réseau qui en décoraient le pourtour formaient comme une broderie ajourée et paraissant détachée du fond [8].

Ce sont des vases de ce genre, des coupes chatoyantes (*calices allassontes*) de toutes formes, en agate, en pâte vitreuse, en or gemmé, qu'on offre à Hadrien au cours de son voyage en Égypte, comme les plus précieux des cadeaux [9]. Une dame, qui pourtant n'était pas riche, paraît-il, va jusqu'à payer 150,000 sesterces une *trulla* de cristal qu'elle convoitait [10]. Il y avait, parmi les affranchis de la maison impériale, un *præpositus ab auro gemmato*, et les riches avaient chez eux des esclaves chargés du même office [11]. Comme les *gemmata potoria* étaient par-

1. Cic., *Verr.*, IV, 27.
2. Cic., *Verr.*, IV, 1.
3. Plin., *Nat. Hist.*, XXXIII, 5.
4. B. Quaranta, *Museo Borbonico*, t. XII, 47; Fr. Lenormant et Robiou, *Chefs-d'œuvre de l'art antique*, 1re série, t. II, pl. XXX-XXXI et p. 22 ; G. Lafaye, *Hist. du culte des divinités d'Alexandrie*, p. 316; Eug. Müntz, *Hist. de l'art pendant la Renaissance*, t. I, p. 696; E. Babelon, *La gravure en pierres fines*, pp. 140-141.
5. Ed. Aubert, *Le trésor de Saint-Maurice d'Agaune*, pl. XVI à XVIII.
6. King, *Natural history of gems*, p. 225.
7. Athénée, *Deipnos.*, XI, 63, p. 481; Macrob., *Saturn.*, V, 21; Plin., *Nat. Hist.*, XXXVII, 34.
8. Martial, XII, 70; Ulp., *Dig.*, IX, 2, 27; W. Frœhner, *La verrerie antique*, pp. 87 et suiv.
9. Vopiscus, *Saturnin*, 8.
10. Plin., *Nat. Hist.*, XXXVII, 29.
11. *C. I. L.*, t. VI, nos 8734-8736; Marquardt, *La vie privée des Romains*, t. II, p. 366.

fois fabriqués de telle sorte que les camées, intailles ou cabochons, sertis au rabattu, eussent pu assez facilement être détachés avec l'ongle, on prenait des précautions contre les voleurs ou même les indélicatesses des convives. Il y avait dans la salle à manger, dit Juvénal, un gardien

Qui numeret gemmas, unguesque observet acutos [1].

Les camées étaient gardés dans des écrins d'ivoire (*loculis eburnis*), d'où on ne les sortait qu'aux jours de fête et dans les grandes cérémonies.

Ainsi, chez les Romains de l'époque impériale, posséder des gemmes en bagues, en fibules, ou bien enchâssées dans l'or et appliquées à l'état de camées, d'intailles et de cabochons, sur tout ce qui est susceptible de recevoir de tels ornements, était considéré comme la marque d'une grande richesse : les poètes mêmes considèrent l'orfèvrerie gemmée comme le dernier mot du luxe et de l'opulence [2].

Les faussaires profitèrent habilement de cette folle passion, et non contents de fabriquer des vases imités de la véritable sardonyx ou des faux murrhins (*Catalogue*, n°s 369, 370, 371, 372), ils firent de faux camées en pâte de verre (*Catalogue*, n°s 53, 74, etc.), qu'ils essayaient parfois de glisser au milieu des véritables gemmes. Un industriel de ce genre avait ainsi réussi à vendre des pierres fausses à l'impératrice Salonine; celle-ci plus tard reconnut la fraude et voulut faire châtier le coupable, mais Gallien, en bon prince, jugea à propos de le punir seulement par la peur. Il ordonna qu'il fût exposé dans l'amphithéâtre comme pour être dévoré par un lion ; puis, sur ses ordres secrets, on ne lança contre le marchand qu'un chapon. La foule se mit à rire et l'empereur de s'écrier : « Il a trompé et on le trompe [3] ! »

De même qu'aujourd'hui nous voyons des amateurs généreux et désintéressés, faire des cadeaux aux musées publics, les Romains donnaient ou léguaient leurs collections d'objets d'art aux Trésors de leurs temples. Jules César avait une dactyliothèque qu'il offrit au temple de Vénus Genetrix [4]; Marcellus consacra la sienne dans le sanctuaire d'Apollon Palatin [5]. D'autres réalisaient et vendaient leur collection pour payer leurs dettes : au dire de Capitolin, Hadrien avait, sans doute au cours de ses voyages en Orient, formé une collection de gemmes et de vases murrhins qui fut vendue par Marc Aurèle pour payer les frais de son expédition contre les Marcomans [6].

Nous n'avons pas à énumérer ici les camées de l'époque romaine qui figurent dans notre Catalogue et qui attestent la véracité des traditions historiques que nous venons de rappeler. La collection impériale de Vienne est la plus riche après celle-ci ; il y a aussi de remarquables spécimens de la glyptique romaine dans les

1. Juvénal, *Sat.*, V, 41.
2. Plin., *Nat. Hist.*, XXXVII, 29.
3. Trebell. Pollion, *Gallien*, 12.
4. Plin., *Nat. Hist.*, XXXVII, 5.
5. Plin., *loc. cit.*
6. Capitolin, *M. Anton. philos.*, XVII.

musées de Naples, de Florence, de Londres, de Saint-Pétersbourg, de Dresde, de Berlin, ainsi que dans plusieurs Trésors d'églises et dans des collections privées. Tous ces monuments permettent de déterminer les évolutions de l'art et d'en suivre pas à pas la marche décroissante, depuis les merveilles contemporaines d'Auguste jusqu'aux œuvres vulgaires du IIIe siècle. La décadence se manifeste dès que la Grèce cesse de fournir à Rome des artistes capables de perpétuer les traditions des anciennes écoles, car, — il importe de le remarquer, — le luxe des camées et de l'orfèvrerie gemmée a toujours été, pour Rome, un luxe d'emprunt : elle le devait à la Grèce et à l'Orient. Jusqu'au IIIe siècle, la glyptique et l'incrustation des gemmes demeura une spécialité des Orientaux, et surtout des Grecs d'Égypte, de Cypre, de Cyrène et de quelques villes d'Asie-Mineure. Les artistes qui travaillaient à Rome pour satisfaire les goûts et les caprices des maîtres du monde, étaient originaires de ces contrées, et toujours ils ont signé leurs œuvres en grec.

Le plus illustre d'entre ces lithoglyphes est Dioscoride, dont le nom domine le siècle d'Auguste, comme Pyrgotèle personnifie celui d'Alexandre. Mais plus heureux que son émule en renommée, Dioscoride nous a laissé des pierres gravées qui portent son nom, et nous n'en sommes pas réduits à l'admirer seulement de confiance, d'après la réputation que les Anciens lui ont faite. Pline et Suétone le signalent comme un maître hors de pair, dont le chef-d'œuvre fut un portrait d'Auguste [1]. Ce portrait ne nous est pas parvenu, ou plutôt, parmi les gemmes qui reproduisent les traits d'Auguste, aucune ne porte la signature de cet artiste (*Catalogue*, nos 232 à 241 [2]).

La signature authentique de Dioscoride se trouve sur un certain nombre d'intailles parmi lesquelles un portrait de Cicéron, au Cabinet des Médailles [3], et sur un camée du musée de Berlin qui représente Hercule domptant Cerbère [4]. D'aucuns pensent que c'est à Dioscoride que l'on doit le Grand Camée de France (*Catalogue*, no 264) ainsi que celui de Vienne et les œuvres les plus remarquables du commencement de l'empire ; mais il nous semble téméraire de prendre, comme

1. Plin., *Nat. Hist.*, XXXVII, 8 ; Suet., *Aug.*, 50 ; H. Brunn, *Geschichte der griech. Kunstler*, t. II, pp. 448 et suiv. ; Furtwaengler, dans le *Jahrb. d. deut. arch. Instituts*, t. III, 1888, pp. 218 à 224 et 297 à 304.

2. Plusieurs gemmes, parmi lesquelles il faut citer le camée de la collection Ludovisi, à Rome, avec la tête d'Auguste, portent la signature ΔΙΟϹΚΟΥΡΙΔΟΥ, gravée par un faussaire moderne. Nous avons pris à tâche de ne citer que des œuvres et des signatures que nous croyons pouvoir considérer comme authentiques. Le nombre des gemmes sur lesquelles des graveurs modernes ont inscrit des noms d'artistes de l'antiquité est extrêmement considérable ; le crédit que ces pierres fausses ont trouvé auprès des collectionneurs des derniers siècles a fait prendre rang dans les musées à la plupart d'entre elles.

3. E. Babelon, *La gravure en pierres fines*, p. 160.

4. Beger, *Thesaurus Brandenburgicus*, p. 195 ; Kœhler, *Gesammelte Schriften*, t. III, p. 287, *Anmerk.* 23 ; Brunn, *Gesch. der griech. Kunstler*, t. II, p. 491 ; Furtwaengler, dans le *Jahrbuch* de 1888, pp. 106-110 ; E. Babelon, *La gravure en pierres fines*, p. 159 ; Furtwaengler, *Beschreibung der geschnittenen Steine*, no 11062.

point de départ, les gemmes signées de ce grand artiste pour lui attribuer des camées anonymes en prétendant reconnaître sa manière et son style [1].

Dioscoride eut trois fils qui s'illustrèrent comme lui dans la glyptique : Eutychès, Herophilos et Hyllos. Le premier, Eutychès, a gravé en creux un cristal de roche qui porte l'inscription explicite : ΕΥΤΥΧΗϹ ΔΙΟϹΚΟΥΡΙΔΟΥ ΑΙΓΕΑΙΟϹ ΕΠ(οιει). Nous apprenons par là qu'Eutychès était fils de Dioscoride et originaire d'Aegae, en Cilicie, patrie probable de Dioscoride lui-même [2].

Herophilos a gravé la tête de Tibère sur un camée du musée de Vienne, avec l'inscription : ΗΡΟΦΙΛΟϹ ΔΙΟϹΚΟΥΡ(ιδου) [3].

Quant à Hyllus, on a de lui plusieurs camées et intailles. Nous n'énumérerons ici que les camées ; l'un, au musée de Berlin [4], est signé ΥΛΛΟϹ ΔΙΟϹΚΟΥΡΙΔΟΥ ΕΠΟΙΕΙ ; il représente le buste d'un jeune Satyre riant, les cheveux en désordre, type qui a une certaine analogie avec les camées n°s 92 et 93 de notre Catalogue. Un autre camée avec la signature ΥΛΛΟΥ, représente Thésée debout, s'appuyant sur sa massue [5].

Nous ne connaissons que des intailles de Solon et de Félix qui furent les contemporains et les dignes émules de Dioscoride et traitèrent comme lui, en creux, l'enlèvement du Palladium, que nous avons en relief (*Catalogue*, n°s 145, 146) [6].

Aspasios s'est illustré principalement par la belle intaille du musée de Vienne, copie du buste de l'Athéna Parthénos de Phidias. Agathopus, Sosos, Polyclète, Apollonios, Agathangelos, Gnaios (Cnaeus), Gaios (Caius), Loukios (Lucius), Teucros, Anteros, ne sont connus que par quelques intailles qui paraissent authentiquement signées [7]. Pamphilos et Evodos sont surtout célèbres par les deux belles intailles du Cabinet des Médailles qui portent leurs noms : l'Achille citharède et Julie, fille de Titus [8].

Un camée du musée de l'Ermitage, signé ΡΟΥΦΟϹ ΕΠΟΕΙ, représente une Victoire conduisant un quadrige : ce sujet est la copie d'un tableau du peintre Nicomachos signalé par Pline et qui fut rapportée de Grèce par L. Munatius Plancus pour être placé au Capitole [9].

1. Voyez à ce sujet R. von Schneider, dans les *Verhandlungen der 42ten Philologenversammlung in Vien*, p. 298.
2. H. Brunn, *op. cit.*, t. II, pp. 499 et suiv.; Furtwaengler, dans le *Jarhbuch*, t. III, 1888, p. 304.
3. H. Brunn, *op. cit.*, t. II, pp. 505-507; Furtwaengler, dans le *Jahrbuch*, 1888, p. 305.
4. Stephani, dans Kœhler, *Gesammelte Schriften*, t. III, p. 310 ; H. Brunn, *Gesch. der griech. Kunstler*, t. II, pp. 507 à 513 ; Furtwaengler, dans le *Jahrbuch* de 1888, pp. 110-113 ; E. Babelon, *La gravure en pierres fines*, p. 165 ; Furtwaengler, *Beschreibung der geschnittenen Steine*, n° 11063.
5. Furtwaengler, dans le *Jahrbuch*, t. III, 1888, pp. 129-131 ; E. Babelon, *La gravure en pierres fines*, p. 165.
6. Furtwaengler, *loc. cit.*, t. IV, 1889, p. 87.
7. Sur tous ces artistes et la critique des gemmes signées de leur nom, voyez surtout les études de M. A. Furtwaengler, dans le *Jahrbuch* cité, t. III et IV (1888 et 1889).
8. E. Babelon, *Le Cabinet des Antiques*, pp. 104 et 205.
9. Furtwaengler, dans le *Jahrbuch* cité, t. IV, pp. 60 à 62.

Le graveur Alexas dont le nom est sur un fragment de camée du Musée britannique [1], représentant un hippocampe armé d'un aviron, est le père de deux lithoglyphes comme lui, Aulus et Quintus, dont on connaît des gemmes signées. Parmi les œuvres d'Aulus, nous remarquons un camée publié par Bracci au siècle dernier et égaré aujourd'hui [2] : le sujet est un Éros, les pieds enchaînés; condamné au travail comme un esclave, il pleure, la tête dans ses mains qui reposent sur le manche de sa houe; comparez la pâte de verre de notre Catalogue, nº 60. Citons encore une sardonyx du musée de Florence, avec un guerrier à cheval et, dans le champ, la signature ΑΥΛΟΥ, qui paraît authentique.

Le graveur Epitynchanus, à qui l'on doit plusieurs intailles signées, ainsi qu'un camée du Musée britannique [3], représentant Germanicus, est peut-être l'affranchi de ce nom mentionné dans une inscription du *columbarium* de Livie et qualifié *aurifex* [4]. Le nom du graveur Philémon est inscrit sur un camée du musée de Vienne qui nous montre Thésée devant la porte du labyrinthe où il vient de tuer le Minotaure [5]. Scylax a signé un Hercule Musagète en relief (collection de M. le baron Roger de Sivry) [6]. Un camée du musée de Naples, qui a appartenu à Laurent de Médicis, porte la signature CΩCTPATOY ; il représente Éros ou Niké dans un bige au galop, pareil à nos nos 37 et 38 [7]. Enfin, la signature ΔΙΟΔΟΤΟΥ, réputée antique, accompagne une tête de Méduse sur un camée de la collection de M. Pauvert de La Chapelle [8].

Je ne connais pas d'autres signatures de camées qui puissent raisonnablement être considérées comme authentiques. Quant aux signatures fausses, c'est-à-dire ajoutées par des modernes, depuis le xve siècle, sur des gemmes antiques, elles abondent dans les collections. Nous avons déjà signalé (p. XLI) celles de notre Catalogue ...ΜΙΔΙΟΥ et ΓΛΥΚΩΝ (nos 182 et 115); il faut y joindre la signature CATOPNEINOY sur notre nº 260 (Antonia), bien que M. Furtwaengler la regarde comme authentique [9].

Tous les artistes que nous avons passés en revue ont vécu dans une période à peu près comprise entre l'an 60 avant notre ère et l'an 120 après Jésus-Christ, au plus tard. A partir de cette dernière date, il n'y a plus, en glyptique, d'œuvre signée, et comme l'art lui-même fait brusquement une chute lamentable, on pourrait croire que les graveurs ont eu conscience de leur infériorité par rapport à leurs devanciers, et qu'ils se sont volontairement réfugiés dans l'oubli d'où ils

1. *Catalogue of engraved gems in the British Museum*, nº 629.
2. Bracci, *Memorie degli antichi incisori*, pl. XXXIII.
3. *Catalogue of engraved gems*, nº 1589.
4. E. Babelon, *Le Cabinet des Antiques*, p. 16; Furtwaengler, dans le *Jahrbuch* cité, 1888, t. III, p. 319.
5. Furtwaengler, dans le *Jahrbuch* cité, 1888, t. III, p. 324.
6. Furtwaengler, *op. cit.*, t. IV, p. 49.
7. Furtwaengler, *op. cit.*, t. IV, p. 62.
8. Furtwaengler, *loc. cit.*, t. IV, p. 63.
9. Furtwaengler, *loc. cit.*, t. III, p. 318.

n'étaient pas dignes de sortir. Les derniers camées qui méritent d'être remarqués sont ceux de la famille des Sévères (*Catalogue*, nos 300, 301, etc.).

Les troubles politiques du IIIe siècle ont eu, sur la glyptique comme sur les autres branches de l'art, une influence néfaste. La gravure en relief ne nous offre plus guère, dorénavant, que ces lourds et vulgaires masques de Méduse en calcédoine, taillés en camée, qui servaient de décorations militaires et dont la poitrine des légionnaires est parfois constellée [1]. Notre Catalogue en renferme un certain nombre (nos 167 et suiv.).

Mais bientôt s'ouvre le siècle de Constantin, qui se signale par une véritable renaissance de la glyptique. Les camées de cette époque sont nombreux, et d'aucuns atteignent des dimensions qui rappellent leurs aînés du temps d'Auguste. Le style lui-même, bien qu'empreint de rudesse et reflétant les caractères de l'art du IVe siècle, est encore agréable. Nous y retrouvons enfin des bustes d'onyx en ronde bosse, comme le Ier siècle en a produit de si remarquables. Le plus intéressant, à coup sûr, est le buste impérial qui, après avoir éte un sceptre romain, est devenu l'insigne du Chantre de la Sainte-Chapelle (*Catalogue*, no 309). De la même époque sont les camées représentant la déesse Rome (*Catalogue*, no 128) et celui où est figurée une scène qui paraît être le triomphe de Licinius en 313 (*Catalogue*, no 308). Le style de ces dernières œuvres est lourd et sans grâce; mais, malgré tout, elles ont encore un réel intérêt artistique.

Descendons un demi siècle, et nous constaterons que la Renaissance constantinienne n'a eté qu'un relèvement momentané et sans lendemain; la glyptique retombe plus bas qu'elle n'est jamais descendue, et bientôt, à l'époque barbare, on pourra presque douter de son existence en Italie aussi bien que dans le reste de l'Europe occidentale.

IV. *Les camées chez les Byzantins et les Parthes.*

Lorsque Constantin, en 328 ou 329, eut transféré à Constantinople le siège de l'empire, la plupart des œuvres d'art dont Rome s'était, depuis des siècles, enrichie en dépouillant la Grèce, reprirent le chemin de l'Orient et contribuèrent a l'embellissement de la nouvelle capitale. Tel fut, en particulier, le sort de la dactyliothèque impériale, de tous ces camées, vases murrhins et intailles qui constituaient, en quelque sorte, ce que nous appellerions aujourd'hui les joyaux de la Couronne. Les collections de gemmes gravées, de beaux vases en pierres fines, de coupes d'or et d'argent incrustées de pierreries, que les généraux de la République, comme Scaurus et Pompée, puis les Césars, avaient accumulées dans le temple de Jupiter Capitolin, enrichirent les trésors des églises de Constantinople. Comme nombre d'autres monuments, les merveilles de la glyptique païenne reçurent une nouvelle appellation adaptée aux exigences de la foi chré-

1. A. de Longpérier, *Œuvres* publiées par G. Schlumberger, t. II, pp. 177 et 246.

tienne; on leur donna une sorte de baptême. Pour les faire concourir à l'éclat du nouveau culte, il fallut les dépouiller de leur tradition séculaire et tâcher de reconnaître des scènes bibliques ou évangéliques là où l'on avait représenté des épisodes de la mythologie païenne ou de l'histoire profane. C'est ainsi que notre Grand Camée (*Catalogue*, n° 264), le Grand Camée de Vienne, le bâton cantoral de la Sainte-Chapelle (*Catalogue*, n° 309) et beaucoup d'autres monuments romains du même genre, furent investis d'un rôle chrétien et entourés de montures ornées de symboles religieux, qui étaient elles-mêmes des œuvres remarquables de l'orfèvrerie byzantine; c'est comme reliques du christianisme qu'on les garda dans les Trésors des églises, qu'ils furent portés solennellement dans les processions et les pompes religieuses et offerts à la vénération des fidèles.

Nous pourrions citer de nombreux exemples de ces adaptations chrétiennes sur lesquelles, d'ailleurs, comme on peut le constater au cours de notre Catalogue, renchérit encore le moyen âge occidental. Il faut lire, dans le Livre des *Cérémonies* de Constantin Porphyrogénète, le détail des pompes officielles de la cour, où l'on reconnaît l'empereur, les évêques, les grands dignitaires de tous ordres, portant, dans les processions, les réceptions d'ambassadeurs étrangers ou toute autre occasion solennelle, les dépouilles de la glyptique romaine comme insignes de leur dignité et de leur rang. Il faut relever, comme l'a fait le comte Riant [1], chez les auteurs byzantins et dans les documents du moyen âge relatifs aux Croisades, l'énumération des richesses vraiment féeriques, enlevées non seulement à Rome, mais dans toutes les villes de l'Orient, en Sicile, en Crète, à Rhodes, aussi bien qu'à Athènes, à Antioche, à Smyrne, à Césarée, et qui, sous Constantin et ses successeurs, vinrent s'amonceler dans les murs de Byzance. Saccagées par les Croisés, en 1204, elles devaient une seconde fois émigrer en Occident, pour orner nos églises, en attendant que leurs dernieres épaves vinssent échouer sous les vitrines de nos musées.

Mais les Byzantins ne se contentèrent pas de se parer des dépouilles de Rome. Ayant sous les yeux les modèles du haut empire, leurs artistes, si industrieux et si merveilleusement doués pour les arts mineurs, ne pouvaient manquer de s'essayer dans la gravure en pierres fines : ils s'y adonnèrent avec succès. Sachons leur un gré infini d'avoir perpétué en plein moyen âge les traditions artistiques que, de leur côté, les Occidentaux avaient laissées péricliter et s'évanouir à demi dans leurs mains.

Il faut convenir, en effet, qu'en Orient, la glyptique ne s'était jamais complètement perdue, même aux plus mauvais jours de la décadence impériale. D'assez nombreux camées-amulettes, avec inscriptions grecques, qu'on doit placer du IVe au VIe siècle de notre ère, ont pour patrie originaire sinon Byzance, du moins Alexandrie, Antioche ou quelque autre grand centre industriel de cette époque.

1. Comte Riant, *Exuviæ sacræ Constantinopolitanæ*, t. I, *Introduction;* le même, *Les dépouilles religieuses de Constantinople,* dans les *Mémoires de la Société des Antiquaires de France*, t. XXXVI, pp. 170 et suiv.

Un des plus remarquables de ces camées est une prime d'émeraude du musée de Vienne, qui répésente deux fois Harpocrate assis sur une fleur de lotus; dans le champ, on lit un souhait de prospérité pour le porteur de l'amulette [1]. Ce camée se rapproche d'une manière frappante de ceux qui figurent dans notre Catalogue, sous les nos 140 à 144, et qui ont, comme lui, été gravés à Alexandrie, à une époque déjà avancée de l'empire romain.

Nos camées-amulettes sans figures, mais simplement avec des légendes amoureuses ou votives, sont des bas temps et rattachent la période romaine à la période byzantine proprement dite (*Catalogue*, nos 346 et suiv.).

Une douzaine de camées chrétiens, qui figurent dans notre Catalogue (nos 332 et suiv.), sont, à leur tour, comme le trait d'union qui relie l'antiquité au moyen âge. Par la technique, ils sont le prolongement de la glyptique du siècle de Constantin; par les sujets et l'agencement des figures, ils procèdent tout à fait des conceptions iconographiques et artistiques du haut moyen âge. Le plus remarquable de tous est notre belle sardonyx qui représente les saints Georges et Démétrius, sous l'égide du Christ bénissant (*Catalogue*, no 342). Ce petit tableau, qui rappelle, par plus d'un côté, les miniatures des manuscrits du xe siècle, est d'une simplicité et d'une élégance remarquables.

Moins intéressants par le style, nos autres camées byzantins sont de même, et sans exception, des motifs religieux, tels que le Christ avec le nimbe crucigère, bénissant et tenant le livre des Évangiles, des Archanges, saint Jean l'Évangéliste, l'Annonciation de la Vierge. L'un de ces derniers (*Catalogue*, no 338), avec une intaille au revers, paraît avoir appartenu à Anne Comnène.

A ces produits de la glyptique, se rattachent ceux d'un art aussi très cultivé à Byzance, qui consistait à sculpter sur des pierres tendres, telles que la stéatite, le schiste, la pierre lithographique et d'autres matières d'une seule nuance, des volets de diptyques ou de triptyques, des appliques de coffrets, des médaillons, parmi lesquels il en est qui dénotent une merveilleuse habileté d'exécution. Ces plaquettes, auxquelles nous avons déjà fait allusion [2], exécutées sur une matière facile à travailler, remplaçaient les grandes agates des Romains et étaient appropriées au même usage décoratif. Mais elles ne rentrent plus dans le domaine de la glyptique parce que le procédé de fabrication est tout différent: c'est, à proprement parler, de la sculpture exécutée au ciselet et au burin. Outre les beaux spécimens de cet art qui illustrent le livre récent de M. Schlumberger [3], nous signalerons deux admirables petits volets en stéatite, qui viennent d'entrer au musée du Louvre et sur lesquels sont sculptés en relief les portraits de saint Jean Chrysostome et de saint Démétrius [4].

A Constantinople, comme à Rome jadis, le goût des beaux vases murrhins allait

1. Eckhel, *Choix de pierres gravées*, p. 60; J. Arneth, *op. cit.*, pl. XVI, 10.
2. Voyez ci-dessus, pp. xv-xvi.
3. G. Schlumberger, *L'Épopée byzantine à la fin du xe siècle* (gr. in-8°, 1897).
4. Em. Molinier, dans le *Bulletin de la Soc. des Antiquaires de France*, séance du 2 décembre 1896.

de pair avec la recherche des camées et des intailles. Des reliques de l'art byzantin, dans ce genre, qui sont parvenues jusqu'à nous, la plupart sont renfermées dans le richissime Trésor de l'église de Saint-Marc, à Venise. Les touristes y admirent, entre autres, un reliquaire en agate, de la forme d'un calice, sur lequel est inscrit le nom de Basile le Bâtard, le fameux partisan de Nicéphore Phocas [1]. Une autre coupe d'agate a une monture en argent au nom de Sisinnios, patrice et logothete général de l'empire. Le même Trésor, enfin, possède un calice de sardoine, taillé à côtes, avec une monture en argent doré portant le nom de l'empereur Romain (I ou II). Ce beau spécimen de l'orfèvrerie byzantine du xe siècle est habillé d'une large bordure comprenant quinze médaillons d'émail cloisonne, avec les images du Christ, de la Vierge et de saints de l'Église d'Orient [2]. Plusieurs de nos plus beaux camées paraissent avoir été rapportés de Constantinople en France à la suite de l'immense pillage de 1204 (*Catalogue*, nos 233, 266, etc.). Il faut y joindre d'autres monuments dispersés un peu partout, en Espagne, à Monza, à Trèves et dans d'autres Trésors d'églises ; il en est, malheureusement, dont on n'a plus que le souvenir, tel que le fameux *Numisma Caroli* conservé à l'abbaye de Corbie jusqu'à la Révolution [3], et les deux grands bassins de cristal, la gloire de la cathédrale de Beauvais, qui furent aussi détruits en 1793. Ces deux coupes byzantines sont ainsi décrites par dom Grenier : « Il y a aussi au Trésor de l'église de Beauvais... deux anciens bassins, l'un de crystal et l'autre d'une pierre translucide, le premier bordé d'argent sur lequel sont escrits ces mots en lettres capitales grecques : + ΛΑΒΕΤΕ ΦΑΓΕΤΕ ΤΟVΤΟ ΕCΤΙΝ ΤΟ CΩΜΑ ΜΟV ΤΟ VΠΕΡ VΜΩΝ ΚΛΟΜΕΝΟΝ ΕΙC ΑΦΕCΙΝ ΑΜΑΡΤΙΩΝ ... Aux quatre coings de ce bassin, sont les images de Notre-Seigneur, de la Vierge, sa mère, et de deux anges. Et sont ces deux plats présentez les bons jours à ceux qui veullent communier [4]. »

Les Parthes, voisins des Romains et des Byzantins, et leurs ennemis héréditaires, furent leurs dignes émules dans la culture des arts, et ils les surpassèrent même dans la recherche raffinée du luxe et de la parure, dans le goût passionné des gemmes et des joyaux, des vases en or et en argent incrustés de camées et de pierres aux étincelantes couleurs. Héritiers des Achéménides, ils sont, comme eux, couverts de vêtements de soie brôchée d'or, avec des agrafes et des boutons en camées ; comme eux, ils ont des tiares, des écharpes, des colliers, des bracelets, des chaussures constellées de gemmes gravées ou en cabochon. C'est toujours le luxe asiatique devenu proverbial : *Parthus gemmis luxurians*, dit Claudien.

Un grand bouleversement politique et social sépare les Arsacides des Perses

1. G. Schlumberger, *Nicéphore Phocas*, p. 291.
2. G. Schlumberger, *Nicéphore Phocas*, pp. 21 et 253.
3. E. Babelon, *Le Cabinet des Antiques*, Introduction, p. III.
4. Dom Grenier, *Collection de Picardie* au Dép. des Mss. de la Bibliothèque nationale, vol. CLXII, folio 52 ; voyez aussi un autre dessin en couleurs fait pour Gaignières dans le Ms. fr. 20070, f° 22. — Cf. A. L'Oisel, *Mémoires des pays, villes, comtés... de Beauvais* (1617), p. 62.

Achéménides : c'est la conquête de l'Orient par Alexandre et l'hellénisation de toute l'Asie jusqu'aux bords de l'Indus. Tout en continuant les traditions de la Perse de Darius, les œuvres d'art portent l'empreinte manifeste de cette révolution : par l'inspiration elles se réclament de la Grèce, comme les dynasties qui règnent en Syrie, en Perse, en Bactriane; mais elles conservent dans l'exécution un caractère de rudesse qui trahit la main d'un artiste oriental. Avec le temps, l'influence de l'hellénisme s'amoindrit et tend à s'effacer : l'art des Sassanides est moins grec et plus asiatique que l'art des Arsacides. Il puise à une autre source d'inspiration, et procède d'idées nouvelles : les types divins qu'il enfante, dans la glyptique comme dans la numismatique, sont empruntés non plus à l'Olympe hellénique, mais à l'Avesta ; c'est Ahura-Mazda, le pyrée, le taureau Nandi. La conception des formes, l'exécution technique rappellent les Perses Achéménides, pourtant si lointains, plutôt que les Arsacides auxquels les Sassanides se sont directement substitués.

Du IIIe au Ve siècle de notre ère, les produits de la glyptique sassanide peuvent soutenir la comparaison avec ce que l'Orient asiatique a jamais produit de plus achevé dans ce genre. Rome elle-même, puis Constantinople, ne sauraient, pour cette période, mettre en ligne de plus beaux camées, de plus fines intailles, des œuvres d'orfèvrerie plus remarquables que les produits des ateliers de Suse et de Ctésiphon.

Un curieux camée sassanide, entré tout récemment au Cabinet des Médailles, est notre n° 365 *bis*, qui représente un ours dévorant un taureau; outre la curiosité du sujet, ce qui fait l'intérêt de ce petit monument, c'est que le groupe rappelle le lion dévorant le taureau, type familier à l'art gréco-oriental, reproduit sur le camée n° 193 ; il est, en outre, intéressant de constater que la partie postérieure du taureau est d'une analogie caractéristique avec le taureau du camée n° 359. Ce dernier, où figure un prince sassanide domptant le taureau Nandi, est d'un travail si délicat et si achevé que l'œuvre serait célèbre si elle nous était parvenue dans son intégrité.

Les regrets qu'inspirent les mutilations qu'elle a subies sont en partie mitigés par l'acquisition, récente aussi, du merveilleux camée où l'on voit le roi Sapor Ier, faisant prisonnier l'empereur romain Valérien, sur le champ de bataille (*Catalogue*, n° 360). Nous avons tous appris, dans notre enfance, les circonstances de ce dramatique événement de l'année 260, qui eut un si prodigieux retentissement, aussi bien à Rome que dans le monde oriental. La captivité de Valérien fut pour les Parthes la revanche éclatante de défaites nombreuses, et Sapor célébra son triomphe en condamnant l'infortuné César à lui servir de marchepied pour monter à cheval, et en faisant graver sur les rochers de différentes localités de la Perse les épisodes successifs de sa victoire. Rien donc de surprenant à ce que ce prince ait chargé le plus habile des graveurs de sa cour de reproduire, sur une matière inaltérable, un exploit dont il s'enorgueillissait à si juste titre. Nous avons ainsi sous les yeux un des chefs-d'œuvre de la glyptique asiatique au milieu du IIIe siècle de notre ère. Au point de vue de l'art, certains détails caractérisent la tradition orientale qui remonte jusqu'aux Assyriens; voyez, par exemple, le cheval de Sapor qui s'élance pour passer à la droite de celui de Valérien, et cependant c'est le bras gauche de Valérien que saisit Sapor de sa main puissante; par une convention contraire à la nature des choses, et qui, pourtant, ne nuit pas à l'effet harmonieux de la composition, la main gauche de l'empereur se trouve à portée de la main droite du roi. Les formes trapues données aux chevaux; leurs jambes allongées, les bourrelets qui en soulignent les articulations, voilà encore des indices qui révèlent à la fois une conception et une exécution étrangères à l'Occident.

La coupe de Chosroès II (*Catalogue*, n° 379), désignée pendant tout le moyen âge sous le nom de *Tasse de Salomon*, et qu'on dit avoir été apportée par les ambassadeurs d'Haroun-al-Raschid à Charlemagne, est, au milieu de nous, le témoin le plus éloquent du goût passionné des Perses pour les vases gemmés, les camées, les verroteries. Le médaillon central, en cristal de roche, qui représente, gravé en relief, le roi Chosroès II sur son trône, est d'un style dur et sec qui atteste qu'à la fin du VIe siècle de notre ère, la glyptique sassanide était déjà en pleine décadence. Malgré l'intérêt exceptionnel d'un semblable monument, la merveille des merveilles de l'art sassanide, il est aisé d'y signaler des symptômes manifestes de déchéance artistique. Depuis Ardeschir et Sapor, la gravure en pierres fines est allée de chute en chute à chaque génération, et si la glyptique sassanide, au VIe siècle, a encore conservé l'habileté des procédés techniques et le tour de main, elle a perdu le souffle de l'inspiration : les plus belles des œuvres qu'elle enfante procèdent du métier et de l'industrie routinière.

Nous avons néanmoins rattaché, dans notre Catalogue, à cet ancien art persan un magnifique camée moderne (*Catalogue*, n° 366) qui représente le Grand Mogol Châh-Djihan tuant un lion pour sauver la vie à un Hindou. Quel que soit l'épisode réel ou fictif auquel cette scène fasse illusion, il n'est pas douteux que nous soyions en présence d'une réminiscence du mythe grec d'Hercule et du lion néméen. Mais ce qu'on doit admirer surtout, c'est l'habileté du lithoglyphe persan qui a gravé ce beau camée pour le sultan de Delhi, vers le milieu du XVIIe siècle : les traditions de l'art antique se seraient-elles conservées jusqu'à l'époque moderne, sur les bords du Gange, mieux que sur les rives du Bosphore[1]?

1. Voyez Em. Senart, dans le *Journal asiatique*, 8e série, t. XIII (1879), p. 371.

CHAPITRE III

LES CAMÉES MODERNES DE LA COLLECTION

I. *La glyptique au moyen âge.*

Comme tous les autres arts, la glyptique était tombée dans une décadence profonde, en Occident, vers le temps de la chute de l'empire romain. Tous les monuments contemporains, païens ou chrétiens, en font foi. Dès la fin du IVe siècle, on cesse de graver en relief les belles sardonyx multicolores, et quant aux intailles, elles ne nous offrent plus, sur la cornaline ou le cristal de roche, que des sujets vulgaires, grossièrement imités des types anciens, tels que la Fortune, l'Abondance, la Victoire, des quadrupèdes, des insectes, des oiseaux, des poissons, des couronnes, des palmes, des monogrammes. Les sujets chrétiens eux-mêmes sont loin de présenter l'intérêt archéologique qu'ils avaient à l'époque constantinienne [1]. A la place de types variés tels que le Bon Pasteur, la barque de saint Pierre, l'agneau, l'ancre, la colombe, le poisson (*Catalogue*, nos 205 et 207), dans lesquels on se plaît à reconnaître encore certaines qualités de style et un véritable effort artistique, ce ne sont plus guère que des pastiches des types monétaires contemporains ; puis, au Ve siècle, on ne trouve, sur les intailles, que des monogrammes analogues à ceux qui figurent sur certaines monnaies mérovingiennes et ostrogothes. L'usage qui s'introduit, dès le commencement de la période barbare, d'inscrire le nom du possesseur d'un anneau, sur la sertissure métallique de la gemme, est une preuve palpable de l'impuissance technique du

1. Voir les gemmes chrétiennes réunies dans L. Perret, *Catacombes de Rome*, t. IV, pl. XVI ; Chabouillet, *Catalogue*, nos 2165 et suiv. ; E. Le Blant, dans le *Bulletin archéol. de l'Atheneum français*, 1856, pp. 9 et suiv., et pl. I ; le même, *Les inscriptions chrétiennes de la Gaule*, t. I, p. 156, note ; p. 370, no 9 ; pp. 420 à 422 ; le même, dans la *Revue archéol.*, 1883, I, p. 300, et pl. XII, fig. 1 et 4 ; C. Roach Smith, *Notes on the antiquities of Trèves, Mayence, Wiesbaden*, etc. (Londres, 1851), p. 58 ; J.-B. de Rossi, *Bulletin d'archéol., chrét.*, éd. franç., 1870, p. 77 et pl. IV, fig. 13 ; l'abbé Martigny, *Dictionn. des antiq. chrét.*, pp. 648, 655, 751 ; F. X. Kraus, *Real Encyclop. d. christ. Alterthums*, vo *Steine* ; le P. Garrucci, *Storia della arte cristiana*, t. VI, pp. 477 et 478.

lithoglyphe, car, à l'époque romaine, les noms des propriétaires des cachets étaient gravés sur la gemme elle-même [1].

Parmi les intailles qui figurent au chaton des bagues mérovingiennes parvenues en assez grand nombre jusqu'à nous [2], il ne s'en trouve guère qu'en bonne critique on puisse considérer comme gravées dans le cours des VIIe et VIIIe siècles; presque toujours ce sont des gemmes des temps antérieurs, recueillies par des orfèvres de l'époque franque et munies par eux d'une sertissure métallique. Il en est pourtant quelques-unes que la période mérovingienne peut revendiquer à juste titre. Nous citerons en particulier une intaille sur cornaline, récemment donnée au Cabinet des médailles par M. le docteur E. Poncet, de Lyon, et qui représente deux personnages debout, tenant entre eux une croix haussée sur un long pied. Il y a, entre cette représentation et le type de certaines monnaies mérovingiennes du milieu du VIIe siècle [3], ainsi que le fameux bas-relief du musée de Narbonne qui date du même temps [4], une telle analogie de conception artistique, de technique et de style, qu'il est impossible de ne pas conclure à la contemporanéité de l'intaille et de ces monuments bien datés. D'autres sujets, insignifiants par leur simplicité ou leur rudesse, ou méconnaissables à cause de leur barbarie, auraient aussi quelque chance de pouvoir être revendiqués par cette période. C'est dans cette catégorie que nous proposerons de faire rentrer deux têtes de Minerve de notre Catalogue (n°s 29 et 30) : l'extrême barbarie de leur style autorise à les considérer comme des représentants attardés et dégénérés de la glyptique romaine.

Dans l'une des sépultures mérovingiennes découvertes à Charnay (Côte-d'Or), se trouvait une remarquable fibule, aujourd'hui au musée de Saint-Germain, qui se compose essentiellement d'une croix en mosaïque cloisonnée, au centre de laquelle est serti un camée. C'est un onyx à trois couches, représentant une tête humaine de profil, à cheveux longs et lisses, rejetés sur le cou et retenus par un bandeau. La grossièreté du travail est telle qu'on ne saurait même dire

1. Quand saint Avit, vers 520, à Vienne, c'est-à-dire dans une des contrées où s'étaient le mieux conservées les traditions romaines, donne des instructions pour la fabrication de son anneau épiscopal, il ordonne que la gemme du chaton, une prime d'émeraude (*vernans lapis*), porte seulement en gravure le monogramme de son nom; le nom entier de l'évêque doit être inscrit au pourtour, c'est-à-dire sur le cadre en or dans lequel la pierre est enchâssée. C'est ainsi que nous croyons pouvoir interpréter le passage suivant de la lettre de saint Avit à saint Apollinaire, évêque de Valence : « Si quaeras quid inculpendum sigillo, signum monogrammatis mei per gyrum scripti nominis legatur indicio. » S. Avit, *Epist.*, LXXVIII, éd. Migne, *Patrol. lat.*, t. LIX, p. 280. Cf. Ed. Le Blant, *Les inscriptions chrétiennes de la Gaule*, t. II, p. 50; Max. Deloche, dans la *Revue archéol.*, 1884, I, p. 145. Le chaton de l'anneau épiscopal de saint Avit devait être monté sur un double pivot, de façon à tourner sur lui-même, comme les anneaux mérovingiens publiés par M. Deloche, dans la *Revue archéol.*, 1884, I, p. 141, et 1886, II, p. 313.

2. Le recueil le plus considérable est celui que M. Deloche a publié dans la *Revue archéologique* à partir de 1884. La collection du baron Jérome Pichon qu'on doit disperser prochainement, aux enchères (1897), en renferme aussi plusieurs.

3. M. Prou, *Catalogue des monnaies mérovingiennes* de la Bibliothèque nationale, pl. VII, fig. 24 et pl. X, fig 9.

4. M. Prou, *La Gaule mérovingienne*, p. 15.

s'il s'agit d'une tête d'homme ou d'une tête de femme [1]. Si nous sommes en présence d'un camée contemporain du bijou, on ne peut, comme pour les Minerves de notre Catalogue, que reconnaître en lui le vivant témoignage d'un art qui se meurt et s'éteint dans la décrépitude et l'impuissance.

Les boules en cristal de roche que les chefs barbares, comme le roi Childéric Ier, suspendaient sur leur poitrine, les boucles de ceinturon, aussi en cristal de roche, qui figuraient dans les armures de luxe, et dont nous avons déjà parlé [2], attestent pourtant que certaines écoles, installées vraisemblablement dans des villes de la région rhénane et de la Belgique, avaient conservé le secret de tailler, sinon de graver le cristal. Ces anneaux et ces boules, sans autres ornements que les cercles intaillés sur leur surface pour fixer leur armature métallique, remplissaient, sur la poitrine des barbares, le rôle décoratif dévolu aux camées dans les temps antiques. Ce sont, avec les quelques intailles ou camées que nous venons de passer en revue, les seuls monuments de glyptique qui forment le lot des temps mérovingiens [3]. Il faut convenir qu'il y a loin de ces ouvrages, simples ou grossiers, à la gravure en relief d'une agate à plusieurs couches.

Par une conséquence toute naturelle, tandis que la glyptique était presque abandonnée, on voyait se développer à côté d'elle un art destiné à la détrôner, à la remplacer, parce que ses produits étaient d'une exécution technique plus facile, tout en répondant, pour des barbares, aux mêmes usages décoratifs : c'est la gravure sur verre, particulièrement florissante sur les bords du Rhin. Incapables, ou à peu près, d'intailler un sujet sur l'onyx ou le cristal, les artistes des bas temps romains et de l'époque franque se bornent à reproduire des figures en creux ou en relief, en verre moulé, clair ou opaque; ou bien ils gravent sur le verre, à la meule ou au touret, des scènes païennes ou chrétiennes, qui, en d'autres temps, eussent pris place sur l'agate, le jaspe ou le cristal. On connaît les noms de plusieurs verriers de cette période semi-barbare qui a procuré à nos musées, en si énorme quantité, des perles en pâte vitreuse, des cabochons, des verroteries, de faux camées, de fausses intailles [4]. Il faut signaler surtout les coupes en verre gravé, dont la technique, la décoration, les sujets rappellent les vases en agate ou en cristal de roche qu'elles ont pour but d'imiter et de

1. Henri Baudot, *Mémoire sur les sépultures des Barbares de l'époque mérovingienne découvertes en Bourgogne et particulièrement à Charnay*, dans les *Mémoires de la Commission archéologique de la Côte-d'Or*, t. V, 1857-1860, p. 167, et pl. XII, fig. 1.

2. Voyez ci-dessus, *Introduction*, p. VII.

3. J'ai donné ailleurs les raisons qui me font considérer comme une intaille byzantine et non wisigothe l'émeraude gravée de la couronne du roi Swinthila (621-631), conservée au musée de Madrid (trésor de Guarrazar). Cette intaille, qui représente l'Annonciation de la Vierge, a été sertie dans un bijou wisigoth, mais elle a été apportée d'Italie ou d'Orient en Espagne (E. Babelon, *La glyptique à l'époque mérovingienne et carolingienne*, pp. 9 et suiv.).

4. Voyez la liste des noms de verriers donnée par M. W. Frœhner, *La verrerie antique*, pp. 123 et suiv.

remplacer. Les cimetières des bords du Rhin, de Trèves et de Cologne notamment, en ont fourni un nombre assez imposant pour que J. B. de Rossi parle d'une « famille rhénane de verres chrétiens » et des « officines de verreries rhénanes qui travaillaient beaucoup pour les chrétiens [1] ».

M. W. Frœhner insiste, à son tour, sur l'abondance de ces verres gravés dans les sépultures de la même région; remarquant que ces verres sont décorés de sujets mythologiques ou chrétiens, et accompagnés d'inscriptions tantôt latines tantôt grecques, ce savant émet l'hypothèse de l'existence de certaines relations artistiques entre les pays rhénans et l'Orient [2]. La coupe trouvée à Cologne, qui représente Prométhée créant l'homme, celles de Trèves et de Boulogne-sur-Mer où figure le sacrifice d'Abraham, celles d'Abbeville, de Vermand, de Podgoritza, sur lesquelles sont gravées diverses scènes bibliques ou chrétiennes, tels sont les plus célèbres de cette intéressante série de monuments. Nous devions les rappeler ici à cause de l'analogie de leur forme et des sujets qui les décorent, avec les intailles en cristal de roche, dont nous allons parler tout à l'heure. Reconnaissons en eux les preuves de l'impuissance où étaient les graveurs de la basse époque romaine et des temps barbares, à s'attaquer aux différentes variétés de l'agate : l'art du graveur sur verre se développe et prend la place de l'art du lithoglyphe, dont il est, à notre point de vue, la continuation et la contrefaçon [3].

Au milieu du IXe siècle, sous les successeurs de Charlemagne, nous assistons soudain à une véritable renaissance de la glyptique, ou, plus strictement, de la gravure en creux du cristal de roche. J'ai cherché, dans un autre travail, à mettre en relief cette renaissance qui avait été niée à tort par certains critiques [4]. Nous possédons aujourd'hui un assez grand nombre de cristaux gravés en creux à cette époque, et ayant pour la plupart servi de sceaux aux princes carolingiens. Les

1. J.-B. de Rossi, *Bulletin d'archéol. chrét.*, éd. franç., 1873, pp. 152 et 160.

2. W. Frœhner, *La verrerie antique*, p. 95.

3. Sur les verres gravés des IVe, Ve et VIe siècles, on peut consulter surtout : J.-B. de Rossi, *Bulletin d'arch. chrét.*, éd. franç., 1864, pp. 81 et suiv.; 1872, p. 182; 1873, p. 152; 1874, p. 173; 1877, p. 86; 1878, p. 156; Héron de Villefosse, dans la *Revue archéologique*, 1874, I, p. 281; R. Mowat, dans le même recueil, 1882, I, pp. 280 à 300; W. Frœhner, *La verrerie antique*, pp. 94 à 101; Ed. Le Blant, *Nouveau recueil des inscriptions chrétiennes de la Gaule* (1892), pp. 53, 58, 68, 105, 106.

4. E. Babelon, *La glyptique à l'époque mérovingienne et carolingienne*, dans les *Comptes rendus de l'Académie des Inscriptions et Belles-Lettres*, 1895 (IVe série, t. XXIII, pp. 398 et suiv.). On peut consulter sur la même question, principalement : Jules Labarte, *Dissertation sur l'abandon de la glyptique en Occident au moyen âge et sur l'époque de la renaissance de cet art*, Paris, veuve Morel, 1871, in-4°. Cette dissertation est réimprimée dans l'ouvrage du même auteur, *Histoire des arts industriels au moyen âge* (2e éd., 1872-1875), t. I, pp. 197 à 213; L. de Laborde, *Notice des émaux du Musée du Louvre*, 2e partie, *Documents et glossaire*, v° *Camahieu du moyen âge*, pp. 189 et suiv.; Chabouillet, dans la *Revue archéologique*, 1855, 2e partie, pp. 550 et suiv.; Alf. Darcel, dans la *Gazette des Beaux-Arts*, t. XIX, 1865, p. 130; G. Demay, *Inventaire des sceaux de l'Artois et de la Picardie*, préface, pp. V et XXIII; Victor Gay, *Glossaire archéologique du moyen âge*, v° *Camahieu*; Lecoy de La Marche, *Les Sceaux*, pp. 27 et suiv.; A. Giry, *Manuel de diplomatique*, p. 633.

plus importants de ces monuments sont des types iconographiques qui nous donnent les effigies conventionnelles des rois ou des empereurs, rapprochées de celles des Césars romains [1]; des sujets religieux tels que la Crucifixion et le Baptême du Christ. Une mention spéciale doit être faite du grand disque de cristal, de l'abbaye de Waulsort-sur-Meuse, aujourd'hui au Musée britannique, sur lequel sont gravés divers épisodes de l'histoire de la chaste Suzanne ; il rappelle par sa forme et sa technique la gravure de plusieurs des coupes de verre que nous citions plus haut [2]. Tous ces monuments, je l'ai démontré, sont bien, quoi qu'en ait dit Jules Labarte et son école, de travail *occidental* et non byzantin. Tout le prouve : d'abord la mention qu'on lit sur celui qui représente l'histoire de Suzanne : *Lotharius rex fieri jussit;* les légendes des sceaux de Lothaire II, roi de Lotharingie, et de Charles le Gros, gravées directement sur la gemme et de la main du même artiste qui a exécuté les portraits impériaux qu'elles entourent ; la langue des inscriptions, qui est le latin et non le grec ; la forme des lettres qui n'ont rien de byzantin : aucun trait, dans ces caractères, d'une belle écriture majuscule, ne trahit une main qui aurait été plus habituée à tracer des caractères grecs; le costume des personnages, l'analogie des compositions avec les miniatures des manuscrits carolingiens, le lieu de provenance, enfin, de ces intailles, dont aucune n'est d'origine orientale ou byzantine.

Il y a plus : un passage des lettres de Servat Loup, abbé de Ferrières, qu'a bien voulu me signaler M. Arthur Giry, montre la gravure des pierres fines en pleine activité au milieu du IXe siècle. Loup de Ferrières écrit, vers 850, à Charles le Chauve, pour lui annoncer qu'il lui envoie des gemmes gravées et polies par son orfèvre ; il prie même le prince de donner son avis sur la gravure, parce que l'artiste serait honoré de recevoir les félicitations royales : « ... *misi praeterea celsitudini vestrae gemmas quas dudum opifex noster exculpendas et poliendas acceperat : quarum formam atque nitorem si approbaveritis, memorato artifici gratulabor* [3]. »

D'où est venue cette renaissance carolingienne, et sous quelle influence s'est-elle manifestée ? Il importe, pour répondre à cette question, de rappeler encore l'école rhénane des verriers des IVe, Ve et VIe siècles qui, suivant l'expression de M. de Rossi, ont tant travaillé pour les chrétiens. Ces verriers avaient-ils laissé dans le pays des Francs Austrasiens des traditions artistiques qui sommeillèrent jusqu'au jour où le souffle puissant de Charlemagne vint les ranimer? Ces ver-

1. E. Babelon, *La glyptique à l'époque mérovingienne*, etc., pp. 23 et suiv.

2. N° 1295 du *Catalogue* de la collection Bernal, Londres, 1857 ; cf. A. Darcel, dans la *Gazette des Beaux-Arts*, t. XIX, 1865, p. 130 ; J. Labarte, *Histoire des arts industriels*, t. I, pp. 199 et suiv.; A. Bequet, dans les *Annales de la Société archéologique de Namur*, t. XVIII, 1re livr. 1889 ; E. Babelon, *La gravure en pierres fines*, p. 231 ; le même, *La glyptique à l'époque meroving.*, etc., pp. 15-16. Aux monuments que j'ai cités dans ce dernier travail, il faut ajouter un cristal de roche de la collection Wasset, conservée à l'École des Beaux-Arts : cette intaille carolingienne représente saint Paul debout.

3. *B. S. Lupi Ferrariensis epistolæ*, epist. XCVI (Patrologie Migne, t. CXIX, p 571); lettre LXXXVII de l'édition Desdevises du Desert, pp. 161-162.

riers continuèrent-ils d'entretenir avec les Byzantins des rapports artistiques qui réchauffaient leur zèle, stimulaient leur ambition d'imiter ou même d'égaler les modèles qui leur parvenaient de l'Orient? Tout cela est vraisemblable. Les historiens contemporains nous donnent des détails abondants sur les relations suivies que les princes carolingiens entretenaient avec la cour de Byzance. Les présents apportés par les ambassadeurs orientaux, ceux, en particulier, qu'offrirent à Lothaire les envoyés de l'impératrice Théodora; les artistes grecs qu'amena à la cour de Germanie la reine Théophanie, fille de Romain II et femme d'Othon II: voilà des faits qui pourraient bien avoir eu quelque influence sur l'épanouissement artistique de l'école rhénane [1]. Non seulement les princes carolingiens attiraient à leur cour les artistes de Constantinople, mais l'émigration de ces derniers en Occident fut encore favorisée par les persécutions des empereurs iconoclastes qui forcèrent nombre d'artistes à prendre le chemin de l'exil.

En outre, les relations commerciales de l'occident de l'Europe avec les pays musulmans, étaient plus fréquentes qu'on ne le croit généralement [2], et elles ont certainement apporté dans l'empire carolingien des produits de la verrerie et de la glyptique arabes si florissantes en Syrie et en Égypte [3]. Ces gemmes, gravées à Alexandrie, au Caire, à Tyr ou à Damas, ont, aussi bien que les gemmes byzantines, servi de modèles aux artistes normands de la Sicile, et aux artistes des bords du Rhin et de la Moselle.

D'où il suit que, dans les épaves de la gravure sur cristal de roche qui sont antérieures au XIIe siècle, nous devons faire trois catégories, autant que l'état actuel de la critique le permet: les gemmes de travail byzantin, les gemmes de travail arabe, enfin, les gemmes de travail occidental, mais qui ont certainement subi l'influence arabe ou byzantine.

L'aiguière du Trésor de Saint-Marc, à Venise, qui porte gravé en relief sur le cristal, le nom du khalife fatimite El-Aziz-Billah, est bien d'origine arabe et elle a été fabriquée au Caire vers la fin du Xe siècle [4]. A. de Longpérier en a rapproché avec raison une autre aiguière en cristal de roche, aujourd'hui au musée du Louvre [5]; celle-ci a la même forme, des ornements à peu près semblables, et tout près du col une inscription arabe de même style. Il semble donc que l'aiguière du Louvre soit aussi d'origine musulmane. Mais quand on y regarde de près, on constate que la gravure des ornements est d'un travail plus tranché, plus incisif; les contours sont moins arrondis, moins purs; dans l'inscription arabe il se trouve un mot que les orientalistes déclarent indéchiffrable (*Bénédiction et* [mot incertain] *à son possesseur*). On sait enfin que cette buire fut donnée au XIIe siècle par

1. J. Labarte, *op. cit.*, t. I, pp. 52 et 81; t. II, p. 370; t. III, p. 103.
2. E. Babelon, *Du commerce des Arabes dans le nord de l'Europe avant les Croisades*, pp. 10 et suiv.
3. J. Labarte, *Hist. des arts industriels*, t. III, pp. 368 et suiv.; Gerspach, *L'Art de la verrerie*, pp. 80 et suiv., et p. 180; Stanley Lane Poole, *The art of the Saracens in Egypt*, pp. 206 et suiv.; cf. ci-dessus, p. VII.
4. Voyez ci-dessus p. VII, note 6.
5. A. de Longpérier, *Œuvres* publiées par G. Schlumberger, t. I, p. 453.

Roger, roi de Sicile, au comte de Champagne, Thibaud, et que celui-ci l'offrit à Suger qui la déposa dans le Trésor de l'abbaye de Saint-Denis [1]. De sorte qu'il devient probable, eu égard à toutes ces considérations, que l'aiguière du Louvre est un travail d'imitation et qu'elle a été gravée en Sicile par un artiste au service des princes Normands.

Continuons notre enquête. Des fouilles pratiquées à Conques, il y a peu d'années, par M. l'abbé Bouillet, ont amené la découverte du tombeau de sainte Foy dans lequel se trouvait, entre autres objets, un grand fragment d'un vase en cristal de roche dont la panse est décorée d'enroulements, de losanges et d'élégants fleurons en relief. Quand on compare ce fragment à l'aiguière du Louvre dont nous venons de parler, il est impossible de n'être pas frappé de la similitude de la technique et des ornements. Ici encore, nous devons conclure que nous sommes en présence d'un travail d'imitation exécuté en Occident d'après un modèle oriental.

Un remarquable calice du musée du Louvre [2] en cristal de roche, se compose de deux parties rapprochées par une monture métallique; la coupe proprement dite et le pied. Le pied est sûrement de travail oriental; il suffit, pour s'en assurer, de comparer les gazelles qui y sont gravées en relief avec la gazelle qui orne l'anse de l'aiguière du Trésor de Saint-Marc au nom du khalife El-Aziz-Billah. Mais la coupe même, ornée d'enroulements élégants, avec des globules et des étoiles gravés en creux, est d'un autre style et ne paraît pas orientale. Il est donc probable qu'un cristallier à la solde de Suger a été chargé de l'exécuter pour l'adapter au pied venu de Syrie ou d'Égypte.

Il est, d'autre part, des monuments dont la provenance byzantine ne peut faire aucun doute. Par exemple, le Trésor de Saint-Marc, à Venise, possède un grand calice en cristal de roche dont l'origine byzantine est bien déterminée [3]. Il est moins sûr que la soucoupe de serpentine qui, du Trésor de Saint-Denis, est passée au musée du Louvre, soit de travail arabe plutôt que byzantin : le style des dauphins qui la décorent nous ferait plutôt pencher du côté de cette dernière hypothèse [4]. La précieuse aiguière d'Aliénor, en cristal de roche, que Suger fit sertir dans une riche monture, est-elle de travail occidental, byzantin ou arabe? c'est ce qui nous paraît bien difficile à déterminer [5]. Oserons-nous être plus affirmatif en ce qui concerne quelques autres monuments du même temps, tels qu'un reliquaire en cristal de roche, conservé à Quedlimbourg (Saxe) [6], un pommeau de dague de

1. Barbet de Jouy, *Les gemmes et joyaux de la couronne*, pl. IX.
2. Barbet de Jouy, *Les gemmes et joyaux de la couronne*, pl. IV.
3. G. Schlumberger, *Nicéphore Phocas*, p. 253.
4. Darcel et Molinier, *Notice des émaux et de l'orfèvrerie*. Supplément, p. 554, D, 927. On verra dans notre *Catalogue*, p. 206, que cette soucoupe a été, pendant quelque temps, annexée comme patène à la coupe de Ptolémée transformée en calice.
5. Darcel et Molinier, *op. cit.*, p. 556, D, 931; Barbet de Jouy, *Les gemmes et joyaux de la couronne*, pl. V (la description de l'ouvrage renvoie par erreur à la planche VII).
6. Victor Gay, *Glossaire archéologique*, t. I, p. 498 (vº *Cristal*).

la collection Victor Gay [1] et enfin un étui appartenant à M. L. Carrand [2]? Ces trois précieux objets sont décorés d'enroulements gravés en relief, comme les vases d'imitation orientale que nous venons d'énumérer.

Ces hésitations et ces incertitudes ne font qu'affirmer avec plus de force et d'évidence, l'influence arabe et byzantine sur la glyptique carolingienne. On pourrait peut-être retrouver quelque écho de cette action directe dans le traité didactique *De coloribus et artibus Romanorum,* attribué à Heraclius [3]. L'auteur, qui écrivait au xe siècle, en Italie, pays où l'influence byzantine était alors prépondérante, décrit longuement la fabrication du verre et des pâtes de verre; il a même un chapitre sur la manière de tailler le cristal de roche et un autre intitulé : *Quomodo sculpuntur preciosi lapides, poliunturque et splendificantur.* Mais, en le lisant, on se rend compte aisément que cette description est plus littéraire que pratique et que l'auteur s'inspire des textes antiques qu'il a sous les yeux, surtout de Pline le Naturaliste. Il déplore amèrement, d'ailleurs, la disparition du génie artistique des Romains :

> Jam decus ingenii quod plebs romana probatur
> Decidit, ut periit sapientum cura senatum [4].

Si l'on peut, en effet, sans crainte d'être contredit, affirmer que la glyptique était tombée, comme tous les autres arts, dans une décadence profonde au milieu des révolutions dont les diverses parties de l'empire démembré des Carolingiens furent le théâtre ensanglanté, il serait exagéré de prétendre qu'elle avait disparu tout à fait. Certains indices autorisent à croire que les pays rhénans conservaient, comme le feu sous la cendre, les secrets de la gravure du cristal, et que cet art n'attendait, pour se revivifier, que l'aurore de temps plus tranquilles.

C'est à la deuxième moitié du xe siècle que nous proposerons d'attribuer un très remarquable sceau en agate, conservé au musée de Lyon, et dont M. Dissard a bien voulu me communiquer une empreinte [5]. Ce sceau ecclésiastique, de forme ovale, représente un évêque ou un abbé assis, de face, sur un trône, tenant d'une main un livre ouvert et de l'autre une crosse en *tau;* il est imberbe, tonsuré, et la chasuble descend en pointe jusqu'à ses pieds. Ce monument curieux doit se classer à l'époque où l'on faisait encore usage de sceaux en cristal de roche, en

1. Victor Gay, *Glossaire, loc. cit.*
2. Victor Gay, *loc. cit.*
3. Albert Ilg, *Heraclius von den Farben und Künsten der Römer* (Wien, 1873, in-8°); Arthur Giry, *Notice sur un traité du moyen âge intitulé : De coloribus et artibus Romanorum,* dans le XXXVe fasc. de la *Bibliothèque de l'École des Hautes-Études* (Mélanges V. Duruy), pp. 209 à 227.
4. Heraclius, éd. Alb. Ilg, p. 3; Eug. Müntz, *Hist. de l'art pendant la Renaissance,* t. I, p. 219.
5. « Les premiers sceaux épiscopaux se montrent vers le milieu du xe siècle, mais ce ne fut pas avant la fin du siècle suivant que l'usage en fut général » (A. Giry, *Manuel de Diplomatique,* p. 809). Le même savant dit ailleurs (p. 636) que, déjà pour le xe siècle, on a de nombreux sceaux épiscopaux.

ivoire et en autres matières dures, à côté des sceaux en cuivre qui devaient bientôt, dès le XIe siècle, se substituer universellement aux sceaux en une autre matière.

Dans les premières années du XIe siècle, Foulques, moine de l'abbaye de Saint-Hubert en Belgique, passait pour très habile dans l'art de tailler, sinon de graver les pierres fines (*in incisionibus lapidum*) [1]. Saint Bernward, évêque de Hildesheim, mort en 1022, avait exécuté de ses mains deux calices en agate-onyx, montés en or; il en avait fait un autre en verre, ce qui nous montre la gravure des gemmes et celle du verre pratiquées par les mêmes artistes [2]. Un érudit, mort depuis peu d'années, qui avait consacré sa vie à l'étude des arts mineurs au moyen âge, Victor Gay, a publié une pierre gravée de sa collection, sous cette rubrique : « Intaille occidentale du XIe siècle, appartenant à l'auteur [3]. » Cette gemme représente saint Pierre, de face, vêtu des ornements pontificaux et tenant la clef du Paradis.

De l'ensemble des faits qui précèdent, il est permis de conclure que les pays rhénans et flamands étaient demeurés, encore au XIe siècle, les gardiens fidèles des traditions artistiques de la glyptique carolingienne aussi bien que de l'art de la verrerie.

Aussi, est-ce de la Lorraine que Suger, au commencement du XIIe siècle, fait venir, sinon des verriers et des graveurs de gemmes, du moins toute une pléiade d'orfèvres qu'il charge d'enchâsser, dans des montures d'or ou d'argent doré, les gemmes et les beaux vases en pierres fines dont il voulait enrichir le Trésor de l'abbaye de Saint-Denis (*Catalogue*, nos 373 et 374) [4].

Un autre argument à l'appui de notre théorie, c'est le *Traité* que le moine Théophile, qui vivait en Germanie, écrivit, vers le milieu du XIIe siècle, sur les divers arts pratiqués de son temps [5]. A l'encontre d'Héraclius, Théophile décrit les procédés techniques réellement appliqués autour de lui, sinon par lui-même, tout en se réclamant des Grecs, c'est-à-dire des Byzantins, qui sont ainsi proclamés les maîtres des artistes rhénans. Il indique (II, 13) la manière de sertir des vases en pierres fines dans des montures métalliques, ainsi que le procédé pour enchâsser des pierres précieuses sur les croix, les ais des livres liturgiques, le bord des vêtements (II, 28; III, 52, 53, etc.). Il n'est malheureusement question

1. *Fulconem, praecentorem post eum, in illuminationibus capitalium litterarum et incisionibus lignorum et lapidum peritum* (*Cantatorium sancti Huberti*, ou Histoire de l'abbaye de Saint-Hubert depuis environ 687 jusqu'à 1106, dans les *Monuments pour servir à l'histoire des provinces de Namur, de Hainaut et de Luxembourg*, publiés par le baron de Reiffenberg, t. VII, p. 246 (Bruxelles, 1847, in-4°).

2. Tangmarus, *Vita sancti Bernwardi*, dans Leibnitz, *Script. rer. Brunsw.*, p. 522 (Hanovre, 1707); J. Labarte, *Hist. des arts industriels*, t. III, p. 416; Gerspach, *L'art de la verrerie*, p. 128.

3. Victor Gay, *Glossaire archéologique*, t. I, p. 258.

4. *Œuvres de Suger*, éd Lecoy de La Marche, p. 196 (*plures aurifabros Lotharingos*); cf. Darcel et Molinier, *Notice des Émaux*, etc., pp. 554 et suiv.

5. *Théophile, prêtre et moine. Essai sur divers arts* (*Diversarum artium schedula*) publié par Ch. de L'Escalopier (Paris, 1843, in-4°); au sujet du moine Théophile, voy. aussi A. Giry, dans la *Notice* citée, *Bibl. de l'École des Hautes-Études*, t. XXXV, pp. 224 et suiv.

de la gravure des gemmes que dans une allusion trop discrète qui nous apprend simplement qu'elle allait de pair avec la sculpture de l'ivoire (*gemmarum ossiumve scalptura*) [1]. C'est à peine si nous osons citer encore le passage suivant qui n'est qu'une interpolation postérieure : *Si nodos facere volueris ex christallo qui baculis episcoporum vel caudæ labris possunt imponi, hoc modo perforabis eos...* [2].

Au XIIIe siècle, nous voyons constituée, à Paris, peut-être depuis longtemps déjà, une corporation de lapidaires ou cristalliers dont les statuts sont insérés dans le *Livre des Métiers* d'Étienne Boileau. Leur profession consiste dans la taille du cristal de roche naturel et des autres pierres fines, jusqu'aux rubis et aux émeraudes. Ils en font des joyaux, des coupes, des flacons et ils y gravent des sujets en relief ou en creux. Ils tiennent à honneur de se distinguer des *pierriers de voirre* ou *voirriniers,* c'est-à-dire des verriers, qui fondent, teignent le verre et les pâtes de verre, et fabriquent des pierres précieuses artificielles [3].

Il est fréquemment question, dans les documents du moyen âge, de « pierres de voirre, vouarre vers, esmeraudes de vouarre, rubis de vouarre, vairre teint en manière d'agathe, etc. ». Il paraît que l'on pouvait facilement se laisser tromper par la ressemblance de ces pâtes avec les véritables gemmes : « Aulcunes foys, dit l'ouvrage intitulé *le Propriétaire des choses*, les faulces pierres sont si semblables aux vreyes, que ceux qui myeulx si cognoissent y sont bien souvent déceulx [4]. » Comme dans l'antiquité, les faux camées en pâte de verre servaient aux mêmes usages que les véritables camées en pierres fines. C'est ce que nous prouve, entre autres, ce passage du Registre de la corporation des orfèvres de Paris, en 1381 : « Un marchant forain, nommé Balthasar, avoit un porte-paix fait de dehors du pais, ou quel avoit plusieurs pierres comme camaieux et autres pierres ; ou quel porte-paix ledit Balthasar fit mettre un camaieu de verre par un orfèvre [5]. »

C'est surtout à cause des confusions que pouvaient amener ces pâtes vitreuses que les cristalliers de Paris introduisirent des changements dans les règlements de leur corporation, dès 1331. Deux siècles et demi plus tard, en 1584, de nou-

1. Théophile, éd. L'Escalopier, p. 8.

2. Théophile, dans l'édition anglaise de Robert Hendrie (Londres, 1847, in-8°), p. 386 (liv. III, ch. XCIV); le passage est cité aussi dans V. Gay, *Glossaire*, v° *Cristal*, pp. 498-499.

3. R. de Lespinasse, *Les métiers et corporations de la ville de Paris*, t. II, pp. 81-82. Le Livre des Métiers d'Étienne Boileau contient, sous le titre XXX, les statuts de la corporation des cristalliers de Paris, sous cette rubrique : « Cist titres parole des Cristaliers et des Perriers de pierres natureus. » En marge on lit une mention qui nous apprend que : « L'an 1293, furent establiz *gardes du mestier*, Loranz Clers et ... de Haye. Le Jeudi devant la Pentecôte 1314, ce fut Guillaume Le Perrier... Le vendredi après la Saint Denis 1306, furent Hugue Le Perrier, et Sansson Le Perrier *maistres du mestier*. » Ces prud'hommes étaient à la nomination du prévôt de Paris. Les statuts défendent d'imiter le cristal et les autres pierres précieuses avec du verre (R. de Lespinasse et Bonnardot. *Le livre des Métiers d'Étienne Boileau*, pp. 61-63).

4. L. de Laborde, *Notice des émaux*, etc. *Glossaire*, p. 442.

5. *Registre de la corporation des Orfèvres de Paris*, n° 36, dans G. Fagniez, *Études sur l'industrie et la classe industrielle à Paris aux* XIIIe *et* XIVe *siècles*, p. 305.

veaux statuts portent que « les cristalliers s'appelleront désormais lapidaires, tailleurs, graveurs en camées et pierres fines ».

Le Livre de la taille, en 1292, mentionne à Paris, 18 cristalliers, 13 pierriers et 14 voirriers [1]. Ce n'est donc pas sans étonnement que nous constatons que les musées publics ne possèdent qu'un nombre bien restreint des œuvres des cristalliers des XIIIe et XIVe siècles. Que sont-elles devenues? Sans doute, les révolutions et les guerres en ont détruit la majeure partie, mais il est à présumer aussi qu'un bon nombre d'entre elles ont été jusqu'ici méconnues et qu'elles attendent, dans des Trésors d'églises ou des collections privées, l'examen critique de quelque fin connaisseur. C'est une intaille due à ces artistes qu'on doit reconnaître dans une belle améthyste qui, de la collection Crignon de Montigny, est passée dans celle de M. le baron Roger de Sivry [2]; elle représente un buste royal, de face, que son style paraît autoriser à placer vers le temps de saint Louis ou de Philippe le Bel. M. Victor Gay considère comme un camée italien du XIIIe siècle, une gemme de sa collection sur laquelle est gravé en relief un ange, vu de profil, et tenant un livre; derrière lui, la main divine émerge d'un nuage [3].

C'est vers la même époque, vraisemblablement, que furent gravés plusieurs des camées de notre Catalogue. L'un, notre n° 988, représente un personnage inconnu, peut-être un saint, les cheveux bouclés sur les joues et sur le cou, à la mode du XIIIe siècle; un autre, plus intéressant encore, est notre n° 393, où l'on voit Noé buvant le vin dans une coupe, sous un cep de vigne dont il cueille en même temps une grappe. Ce sujet chretien ne saurait remonter à l'antiquité, et, d'autre part, on a constaté sa présence dans l'Inventaire du roi Charles V, en 1380, époque où on avait déjà oublié le sens du sujet figuré. Un troisième camée qui est aussi de travail occidental et nous paraît remonter au moins jusqu'au XIIIe siècle, est notre n° 407, sur lequel on a voulu voir Jésus-Christ enseignant sa doctrine.

Quoi qu'on pense de la place chronologique que nous proposons d'assigner à ces curieux spécimens de la glyptique du moyen âge, il est hors de doute qu'ils sont antérieurs au XIVe siècle. Dès le XIIIe siècle, d'ailleurs, les Inventaires ne nous permettent pas d'hésiter à reconnaître, dans leurs naïves descriptions, des produits de la glyptique contemporaine, au milieu des objets d'orfèvrerie ou des gemmes de provenance antique.

Par exemple, l'Inventaire des joyaux du pape Boniface VIII, en 1295 [4], ceux du roi Charles V [5] et de son frère Jean duc de Berry [6], pour ne citer que les

1. R. de Lespinasse, *Les métiers et corporations de la ville de Paris*, XIVe-XVIIIe siècle, t. II, p. 81, note 4. Voir à la p. 81 et suiv., les règlements de la corporation des cristalliers, à partir du XIVe siècle.

2. W. Frœhner, *Catalogue de vente de la collection Crignon de Montigny* (1887), n° 665; E. Babelon, *La gravure en pierres fines*, p. 236, fig. 170.

3. V. Gay. *Glossaire archéologique*, t. I, p. 258, fig. D.

4. Eug. Muntz, dans la *Revue archéologique*, 1878, II, p. 205.

5. J. Labarte, *Inventaire du mobilier du roi Charles V*, passim.

6. J. Guiffrey, *Les Inventaires de Jean, duc de Berry* (1401-1416), passim.

documents les plus considérables et les plus riches, énumèrent des camées à sujets chrétiens, qui ne peuvent remonter jusqu'à l'époque romaine, et que l'art byzantin ne saurait guère revendiquer en bloc. Ils représentent *l'Annonciation Nostre Dame, l'Ymage de Nostre Dame tenant son Enfant, l'Ymage de Nostre Seigneur, le Cruciffiement Nostre Seigneur,* etc., ou bien ce sont des fleurs de lis, des écussons, des têtes royales, des chevaliers [1]. Dans l'Inventaire du duc de Berry, il y a « un camahieu en un annel d'or, fait à la semblance du visage de Monseigneur »; un autre « annel d'or ouquel est le visage de Monseigneur le duc contrefait d'une pierre de camahieu » [2].

De même, les vases, coupes, aiguières, ampoules, nefs, bassins, gobelets, hanaps en agate ou cristal de roche, sont sans nombre dans les Inventaires du roi Jean, du duc d'Anjou, de Charles V, du duc de Berry, des ducs de Bourgogne. Sans doute une bonne partie d'entre eux, comme dans les Trésors d'églises, sont antiques ou orientaux, mais il s'en trouve aussi que peuvent revendiquer les cristalliers du XIVe siècle. « Et, en effet, reconnaît lui-même J. Labarte, les comptes d'Étienne de la Fontaine, argentier du roi Jean, pour l'année 1352, nous apprennent que dès cette époque on savait, en France, tailler et creuser le cristal de roche. Le trône que le roi s'était fait faire, figure dans ce compte pour la somme fort importante de 774 écus d'or. Plusieurs artistes avaient concouru à son exécution : Jehan Lebraellier, orfèvre du roi, avait été l'ordonnateur de l'œuvre; Guillaume Chastaingue, peintre, y avait peint quatre sujets des jugements de Salomon, des figures, des prophètes et les armoiries de France; enfin on y trouvait « douze cristaux, dont il y avait cinq creux pour les bastons, six « plaz et un ront plaz pour le moyeu, qui furent faits par la main de Pierre « Cloet [3] ».

Sans nous attarder aux citations littéraires que nous pourrions multiplier à profusion, tant elles abondent dans les Inventaires qui attestent ainsi la fécondité de la glyptique en Occident aux XIIIe et XIVe siècles, nous nous bornerons à attirer l'attention sur quelques monuments originaux qui nous sont parvenus.

Aux Archives nationales on conserve un mandement de Charles V, sur lequel est plaquée une empreinte de cire faite à l'aide d'une intaille sertie dans une monture de métal. Sur cette bordure sont gravés les mots : SCEL SECRET, et l'empreinte de la gemme nous montre une tête royale de face qui paraît bien être celle du roi lui-même [4]. C'est peut-être jusqu'à cette époque que remonte une précieuse bague en or, du musée du Louvre, dont le chaton est un saphir gravé d'un écusson aux armes des Lusignan : une sirène de face. Sur la monture, on lit, en caractères gothiques du XVe siècle, la devise : *Celle que jeme, m'ymmera* [5].

1. Voyez de nombreuses citations notamment dans L. de Laborde, *Glossaire des émaux*, v° *Camahieu*, et dans V. Gay, *Glossaire archéologique*, v° *Camahieu*.
2. J. Guiffrey, *Les Inventaires de Jean, duc de Berry*, t. I, Introd., pp. CV et CXVII.
3. J. Labarte, *Histoire des arts industriels*, t. I, p. 216.
4. Douet d'Arcq, *Collection de sceaux*, t. I, p. 275, n° 67 ; E. Babelon, *La gravure en pierres fines*, p. 237.
5. Darcel et Molinier, *Notice des émaux*, etc. D. 738.

La bague attribuée à Jean, duc de Berry, qui fait partie de la collection du baron J. Pichon, a aussi pour chaton un saphir gravé qui représente un personnage assis sur un trône. La même collection renferme quelques autres intailles qu'on attribue également au XIVe siècle et à la première moitié du XVe.

Notre camée n° 395 (Moïse et le serpent d'airain) est d'un style qui permet de le classer au XIVe siècle. C'est un peu plus tard, c'est-à-dire seulement dans le cours du XVe siècle, que nous avons rangé un certain nombre d'autres camées, les uns sur coquilles, les autres sur pierres fines : nos 387 (Dieu le Père, bénissant. Coquille); 390 (Adam et Ève dans le Paradis. Coquille); 401 (Josaphat. Coquille); 406 (Christ de Pitié); 431 (saint Jérôme agenouillé au pied de la croix). Ces deux derniers remontent peut-être à la fin du XIVe siècle; au contraire, les coquilles nos 387, 390, 401, me paraissent plutôt du XVe siècle avancé. Il en est de même du beau camée n° 402 qui représente le Parallèle de l'Ancien et du Nouveau Testament, et du n° 567, où nous avons un sujet païen : le Temps et une Parque, assis côte à côte avec le Génie du Destin. Ce type nous fait toucher aux allégories si grandement en faveur chez les artistes de la Renaissance.

II. *Destination et rôle des camées au moyen âge.*

S'ils laissèrent s'éteindre dans leurs mains trop rudes le flambeau des arts, les Barbares tombèrent dans une admiration naïve à la vue de ces agates irisées, de ces coupes d'or et d'argent constellées de gemmes, de ces vases murrhins décorés de reliefs chatoyants, merveilles enfantées par le génie de ces Romains qu'ils avaient subjugués. Ils les recueillirent curieusement, comme des talismans, comme les joyaux les plus riches dont on pût se parer, les ex-voto les plus agréables à Dieu et à ses saints. Au surplus, ils n'eurent qu'à continuer la tradition romaine pour leur attribuer le rôle d'ornements personnels ou d'amulettes ou pour les faire concourir à la décoration des produits de l'orfèvrerie. Saint Éloi et ses émules n'innovent rien en enchâssant les intailles, les cabochons, les camées grecs et romains, au chaton de leurs bagues, sur les parois de leurs calices, de leurs patènes, de leurs croix, sur les ais de leurs missels ou de leurs évangéliaires. Et puis, l'exemple séduisant des empereurs byzantins n'était-il pas là, avec tout son prestige? Voilà pourquoi des Barbares comme le roi goth Amalaric († 530) ont des joyaux, des vases et des coffrets enrichis de pierres précieuses [1]; pourquoi le Franc Childebert donne à l'église Saint-Germain-des-Prés une croix d'or enrichie de gemmes; pourquoi Brunehaut, lors de son mariage avec Sigebert, en 566, offre à l'église Saint-Étienne d'Auxerre un calice en agate (*ex lapide onychino*), monté en or, sur lequel était gravée l'histoire d'Énée, avec une légende explicative en lettres grecques [2]; pourquoi enfin, parmi

1. Greg. Tur., *Hist. Franc.*, lib. III, 10; J. Labarte, *Hist. des arts industriels,* t. I, p. 239, et t. III, p. 425.

2. *Histor. episcop. Autissiod.*, dans Labbe, *Nova biblioth. mss. libr.*, t. I, p. 425; cf. J. Labarte, *op. cit.*, t. I, pp. 214 et 241.

les riches présents que fait la reine des Lombards, Théodelinde († 625), à l'église de Monza, figure une coupe de calcédoine avec une monture en vermeil rehaussée de pierreries, et un évangéliaire dont les ais sont encore aujourd'hui ornés de camées romains [1]. Comme les temples païens d'autrefois, les églises reçoivent en cadeau les œuvres de la glyptique, transformées en pieux ex-voto, et utilisées par les orfèvres chrétiens dans la décoration des croix, des châsses, des reliquaires, des vases sacrés, des vêtements sacerdotaux, des couvertures des manuscrits liturgiques.

Louis le Débonnaire, suivant une tradition fort ancienne, aurait donné au Trésor de l'église Saint-Castor, de Coblence, un évangéliaire sur la couverture duquel était encastré notre camée nº 128. Le trésor que le comte Évrard, gendre de ce prince, distribue à ses enfants, par son testament de l'an 827, renferme, entre autres richesses, des coupes en onyx et une châsse en cristal [2]. Le comte Heccard, fils de Hildebrand, de l'illustre race de Nibelung, a aussi rédigé, en 875, un testament dans lequel il énumère des améthystes et des aigues marines qui lui servent de cachets; on reconnaît sur ces gemmes : Hercule tuant le lion de Némée (*sigillum de amatixo ubi homo est sculptus qui leonem interficit*), un aigle (*sigillum de amatixo ubi aquila sculpta est*), un serpent (*sigillum de berillo ubi serpens sculptus est*) [3]. Plus que jamais, les libéralités princières accumulent dans les trésors des églises les dépouilles de la glyptique romaine : la belle tête d'Auguste de notre Catalogue (nº 234) est entourée d'une monture qui peut remonter jusqu'aux temps carolingiens, au moins dans ses parties essentielles. Il en est de même de la monture de la célèbre intaille d'Evodus, qui représente Julie, fille de Titus, et qui, jusqu'à la Révolution, a formé, à Saint-Denis, le couronnement d'un reliquaire désigné sous le nom d'Oratoire de Charlemagne [4].

Mais le moyen âge ne se contente pas de faire servir les dépouilles de la glyptique des Romains et des Grecs, à la magnificence du culte chrétien ; comme les Byzantins, il leur administre le baptême. Les rituels des églises contiennent des oraisons particulières pour purifier les vases païens, couverts des emblèmes de la mythologie gréco-romaine, qu'on veut remettre en usage (*vascula arte fabricata gentilium*) [5]. C'est ainsi que par scrupule religieux, par calcul et par intérêt, plus encore, peut-être, que par ignorance, le sens archeologique des monuments se trouve dénaturé ; on leur appliqua une appellation de fantaisie qui leur a fait prendre rang dans le symbolisme chrétien. Chaque camée fut censé une relique de l'Ancien ou du Nouveau Testament ; les scènes antiques les plus connues et les plus faciles à interpréter, les tableaux les plus réalistes même trouvèrent leur commentaire dans les Livres Saints.

1. J. Labarte, *Hist. des arts industriels*, t. I, pp. 214, 281, 310, et pl. XXVIII.
2. *Testamentum Everardi*, ap. Mireus, *Opera diplomat.*, t. I, p. 19.
3. A. de Charmasse, *Autun et ses monuments*, p. CXXIV.
4. E. Babelon, *Le Cabinet des Antiques*, p. 104.
5. Rituel de Rouen : *Oratio super vasa in loco antiquo reperta*, dans Aug. Le Prévost, *Mémoire sur la collection des vases antiques trouvés à Berthouville*, p. 2.

Non contents de travestir le sens des monuments, les gens du moyen âge ne purent se résoudre à admettre que le paganisme eut donné le jour à des œuvres aussi remarquables que celles qu'ils recherchaient avec tant d'avidité. Il fallait à tout prix leur trouver une origine chrétienne; de même que l'on fit remonter à Noé la fondation de Rome, et que Virgile, Auguste et la Sibylle prirent rang dans les légendes relatives à l'établissement du christianisme, tous les objets d'orfèvrerie exécutés avec un art si achevé que les plus habiles se reconnaissaient impuissants à l'égaler, vases précieux ornés de gemmes, bibelots ouvragés, aiguières ou hanaps aux formes étranges, vaisselle d'or et d'argent, furent réputés l'œuvre du grand orfèvre saint Éloi, et surtout celle du roi Salomon, devenu le type de la Sapience et de l'habileté technique [1]. La légende du voyage de Charlemagne à Constantinople et aux Lieux Saints, qui s'accrédita dès le xe siècle, vint à merveille favoriser cette tendance générale des esprits : il fut bientôt de règle d'admettre que Charlemagne avait rapporté de son pèlerinage la plupart des gemmes, joyaux et reliques dont on ignorait la véritable origine [2]. Un des plus curieux exemples de ces fausses attributions de provenance concerne le reliquaire de Corbie désigné sous le nom de *Numisma Caroli*, qui fut détruit à la Révolution. C'était un disque lenticulaire de cristal, « recouvert d'un côté d'un filigrane d'or, et de l'autre, d'une grande médaille romaine; un vide, pratiqué au centre du cristal, contenait une statuette de la Vierge, taillée dans le bois de la vraie Croix » [3]. Ce joyau, comme l'a établi le comte Riant, fut rapporté à Corbie par Robert de Clari, à la suite de la croisade de 1204, et il provenait du pillage de Constantinople par les croisés. N'importe ! on racontait, peu d'années après la croisade, que cette relique avait été donnée aux moines de Corbie par Charles le Chauve, et l'effigie de la médaille romaine devenait le portrait de Charlemagne.

C'est pour des motifs de même nature qu'il serait imprudent d'adopter sans d'expresses réserves la tradition de Saint-Denis relative à plusieurs des plus importants monuments de notre Catalogue, par exemple, la coupe de Chosroès appelée la Tasse de Salomon (*Catalogue*, n° 379), qu'elle fait remonter jusqu'à l'ambassade d'Haroun al Raschid à Charlemagne. On ne doit, sans doute, pas accorder plus de créance à l'ancienne tradition qui prétend que la Coupe de Ptolémée (*Catalogue*, n° 368) fut offerte à l'abbaye de Saint-Denis par Charles le Chauve ou Charles le Simple; nous devons constater seulement que cette croyance était déjà répandue au temps de Suger qui fit graver sur le pied de ce précieux vase une inscription relatant cette donation.

Nous nous bornerons aussi à enregistrer avec le même scepticisme la tradition concernant notre Germanicus (*Catalogue*, n° 265) que les moines de Saint-Evre de

1. Sur l'Œuvre Salemon (*opus Salomonis*), voyez A. de Longpérier, *Œuvres*, publiées par G. Schlumberger, t. I, pp. 445 et suiv.

2. Édouard Aubert, *Trésor de l'abbaye de Saint-Maurice-d'Agaune*, p. 160.

3. Comte Riant, *Les dépouilles de Constantinople*, dans les *Mémoires de la Société des Antiquaires de France*, t. XXXVI, p. 170; Cocquelin, *Historia Corbiensis*, p. 13.

Toul, disaient avoir été rapporté d'Orient par le cardinal Humbert en 1049. La grande et belle aiguière de sardonyx désignée sous le nom de *Vase de Mantoue* ou *de Brunswick,* était considerée comme un des vases du temple de Salomon. Le *Sacro Catino* de Gênes, qui passe pour avoir été pris en 1100 par les croisés, dans la grande mosquée de Césarée, avait été offert, croyait-on, « à Salomon par la reine de Saba et avait figuré sur la table de la Cène : il était offert à ce titre à la vénération des fidèles [1] ». L'aiguière célèbre de l'abbaye de Saint-Maurice-en-Valais est encore désignée sous le nom de *Vase de saint Martin* parce qu'on croyait qu'elle avait servi à l'apôtre de la Gaule [2].

Les attributions chrétiennes dont se trouvent affublés les camées et les intailles antiques, fourmillent dans tous les Inventaires du moyen âge : les cavaliers y sont désignés sous le nom de saint Georges ; Hercule étouffant le lion s'appelle David ; Persée avec la tête de Gorgone, c'est David vainqueur de Goliath; les Vénus ou les Lédas, sont des Vierges Marie ; les Amours ou les Victoires, des Anges ; les têtes de Gorgone ou de Méduse deviennent des saintes Faces, des Véroniques. Au monastère de Durham, en Angleterre, on conserve encore un camée antique représentant une tête de Jupiter Fulgurator, autour de laquelle a été gravée l'inscription : *Caput sancti Oswaldi* [3]. Sur la coupe de Chosroès, on croyait reconnaître Salomon sur son trône. Notre beau Jupiter de Chartres (*Catalogue*, n° 1) passa pour un saint Jean l'Évangéliste à cause de l'aigle qui est à ses pieds. Notre Vénus de Saint-Nicolas-de-Port (*Catalogue*, n° 42) fut vénérée comme une image de la Vierge. C'est pour donner une attribution religieuse à notre buste de Constantin (*Catalogue*, n° 309) qu'on grava sur sa poitrine une croix à la place de la tête de Méduse qui devait s'y trouver primitivement. En commentant notre camée n° 27, qui représente la dispute d'Athéna et de Poseidon, nous avons fait ressortir jusqu'où pouvait aller parfois les modifications et les travestissements que les artistes du moyen âge faisaient subir à certains monuments païens pour les faire concorder avec la description d'une scène biblique ou évangélique. Rappelons enfin que le Grand Camée de la Sainte-Chapelle (*Catalogue*, n° 264) fut offert par Baudouin II, empereur de Constantinople, à saint Louis, comme un précieux monument chrétien représentant le triomphe de Joseph, fils de Jacob, à la cour de Pharaon, et que, pour l'adapter à cette pieuse destination, les Grecs l'avaient serti dans une riche monture d'orfèvrerie où figuraient les quatre Évangélistes.

D'ailleurs, un bon nombre de ces attributions chrétiennes arrivèrent, comme cette dernière, toutes faites aux Occidentaux, qui n'eurent pas la peine de les imaginer; ainsi que nous l'avons démontré plus haut, les Byzantins s'en étaient chargés avant eux [4]. Notre camée n° 233, qui porte la légende grecque Ἐκ τῶν

1. Ch. Schefer dans l'*Album archeologique des musées de province,* dirigé par M. de Lasteyrie, t. I, p. 26.

2. Édouard Aubert, *Trésor de Saint-Maurice-d'Agaune*, p. 156.

3. F. X. Kraus, *Real encyclop. d. christ. Alterthums,* t. II, v° *Steine*, p. 787.

4. Voyez ci-dessus, p. LIII.

ἁγίων μαρτύρων, avait déjà reçu son appellation chrétienne en Orient. De même, une intaille du Cabinet des Médailles qui représente Caracalla et a décoré la couverture de l'Évangeliaire de la Sainte-Chapelle, fut transformée par les Byzantins en saint Pierre, comme le prouve la légende grecque Ο ΠΕΤΡΟϹ, gravée dans le champ [1]. M. Gustave de Rothschild possède un grand et beau camée romain de l'époque constantinienne, où l'on voit, côte à côte, deux bustes impériaux en très haut relief; cette gemme a encore la monture byzantine dont on la sertit lorsqu'elle fut déposée dans le trésor de l'église de Constantinople, placée sous le vocable de saint Serge et saint Bacchus; on voulut que ce camée représentât les deux patrons de l'église, et, pour lui donner cette destination, on grava, sur la gemme, à côté des bustes, les inscriptions Ο ΑΓΙΟϹ ϹΕΡΓΙΟϹ et Ο ΑΓΙΟϹ ΒΑΚΧΙΟϹ.

Les ambassadeurs que les souverains musulmans, aussi bien que les empereurs de Constantinople, envoyèrent en Occident, même après le démembrement de l'empire carolingien, et avant le XIIe siècle, se présentaient les mains pleines de ces joyaux que nos pères tenaient pour d'autant plus précieux qu'à la beauté de la matière et du travail paraissaient s'ajouter les souvenirs les plus vénérables de leur foi. Et puis, outre les ambassades officielles, c'étaient les voyages des pèlerins, précurseurs des croisades, ainsi que les relations commerciales avec l'Orient qui déversaient en Occident le trop-plein des richesses de Constantinople, de la Syrie ou de l'Égypte.

De la vient qu'avant le grand mouvement artistique dont Suger est le promoteur, nous voyons nombre d'églises s'enrichir des produits de la glyptique antique, aussi bien qu'à l'époque mérovingienne et carolingienne. Pour citer quelques exemples, c'est Burchard, comte de Melun, qui, dans les premières années du XIe siècle, offre un vase précieux en aigue marine à l'église Saint-Maur-des-Fossés [2]; c'est l'empereur Henri II († 1025) qui, vers le même temps, donne à l'église Saint-Viton de Verdun, un calice en onyx, orné d'une monture en or [3]; c'est le calice et la patène de saint Dominique de Silos, fondateur du monastère de ce nom en 1041 : sur cette patène sont enchâssés un camée et une intaille antiques, avec des cabochons [4]. Ce sont, enfin, plusieurs des reliquaires de l'abbaye de Saint-Maurice en Valais [5].

Le Trésor de Saint-Denis, lui aussi, possédait déjà, au commencement du XIIe siècle, un nombre considérable de coupes en agate, de livres, de reliquaires et

1. E. Babelon, *Le Cabinet des Antiques*, p. 138. Un monogramme grec, qui se décompose en Ἁγία μήτηρ Θεοῦ Χριστοῦ, se voit sur un des saphirs de la monture de la *Julia Titi* d'Evodus. D'où il résulte que ce furent aussi les Byzantins qui voulurent faire de cette intaille célèbre le portrait de la Vierge (E. Babelon, *Le Cabinet des Antiques*, p. 105).

2. *Vita Burchardi*, dans Duchesne, *Hist. franc. script.*, t. IV, p. 122; cf. J. Labarte, *Hist. des arts industriels*, t. I, p. 214.

3. Bertarius, *Gesta episc. Virdun.*, dans Pertz, *Mon. German. histor.*, t. VI, p. 49; cf. J. Labarte, *op. cit.*, t. III, p. 416.

4. Dom Marius Férotin, *Hist. de l'abbaye de Silos*, p. 40 et pl. IV et V.

5. Ed. Aubert, *Trésor de Saint-Maurice d'Agaune*, pp. 162, 167, 179.

d'ustensiles incrustés de pierreries. Mais l'abbé Suger contribua, plus que tout autre, à accroître encore les richesses de cet incomparable Trésor dont quelques épaves sont venues échouer, à l'époque de la Révolution, au Cabinet des Médailles, ainsi qu'au musée du Louvre [1]. On prend plaisir à lire, dans le chapitre *De son administration*, le récit que fait Suger lui-même de l'ardeur avec laquelle il poursuit jusqu'en Sicile, les camées, les coupes de sardonyx et les autres produits de la glyptique antique, byzantine et orientale. Non seulement il provoque les libéralités de Roger II, roi de Sicile, ou de Thibaut, comte de Champagne, mais il fait appel aux artistes les plus en vogue de son temps, dans tous les pays, surtout en Lorraine, pour leur faire fabriquer de riches montures destinées à ces coupes, des reliquaires, des croix, des couvertures de livres et autres objets liturgiques dans lesquels des camées ou des intailles sont enchâssés [2]. Un des camées antiques que Suger fit ainsi entourer d'une monture d'orfèvrerie, se trouve aujourd'hui dans la cathédrale d'Aoste [3]. On trouvera dans notre Catalogue, à la suite de la description de la Coupe de Ptolémée (nº 368) et des gondoles de sardonyx nºs 373 et 374, l'histoire de ces vases gemmés dont le grand ministre de Louis VI et de Louis VII avait enrichi le Trésor de son abbaye.

Longue serait la liste des princes, barons et prélats qui, dans le cours des XIIe et XIIIe siècles, suivirent son exemple. Il s'était, d'ailleurs, produit un événement qui, à lui seul, enrichit en un jour les Trésors des églises d'Occident plus que ne l'avaient fait de longs siècles de pieux désintéressement : c'est la croisade de 1204.

Déjà, nous avons rappelé le pillage de Constantinople par les croisés, qui se ruèrent avec une avidité sans nom sur toutes les richesses et objets d'art accumulés dans les églises et les palais de la capitale de l'Empire. Villehardouin, qui assistait à ce brigandage et qui reçut sa part du butin, dit que dans le palais de Bucoléon, il y avait un tel trésor qu'il ne sait comment en donner l'idée : « Il y en avait tant, dit-il, que c'était sans fin ni mesure [4]. » Et au palais de Blaquerne, « le butin fut si grand que nul ne vous en saurait dire le compte, d'or et d'argent, de vaisselle et de pierres précieuses, de satins et de draps de soie, et d'habillements de vair et de gris et d'hermine, et de tous les riches biens qui jamais furent trouvés sur terre [5]. » Ainsi gorgés de richesses, les mains pleines de gemmes, de vases précieux et de bijoux, les Latins rentrèrent dans leurs foyers, et c'est à partir du XIIIe siècle que les Trésors des églises devinrent si riches que leur préservation nécessita la rédaction d'inventaires détaillés.

Saint-Denis, la Sainte-Chapelle, Conques, Bourges, Monza, Trèves, Aix-la-Chapelle, Chartres, Toulouse, Saint-Maurice d'Agaune, Venise et Rome, pour ne citer que les églises aux richesses légendaires, dont d'importantes épaves sont

1. Darcel et Molinier, *Notice des émaux et de l'orfèvrerie*, nºs D. 931, D. 932, D. 933 ; J. Labarte, *Hist. des arts industriels*, t. III, pp. 97 et 410.
2. J. Labarte, *op. cit.*, t. I, pp. 205 et 215.
3. *Gazette des Beaux-Arts*, t. XXII (1880, 2e part.), p. 80.
4. *Geoffroy de Ville-Hardouin*, éd. Natalis de Wailly, p. 147 (§ 249).
5. *Geoffroy de Ville-Hardouin*, éd. N. de Wailly, p. 147 (§ 250).

encore sous nos yeux, constituent ou développent considérablement leurs trésors avec les pilleries des Croisés. C'est à la suite de la croisade de 1204, nous l'avons déjà dit, que le *Numisma Caroli* fut rapporté à Corbie par Robert de Clari [1]; le bassin en cristal de roche avec une inscription grecque sur la monture, qui faisait partie du trésor de la Cathédrale de Beauvais [2], est sans doute venu en Occident dans les mêmes circonstances, et il est vraisemblable que, parmi les camées de notre Catalogue auxquels on attribue une origine antérieure au XIIe siècle, il s'en trouve que la croisade de 1204 revendiquerait à bon droit. Nous savons déjà comment, sous saint Louis, le Grand Camée (*Catalogue*, n° 264) et le buste de Constantin ou Bâton Cantoral (*Catalogue*, n° 309) entrèrent à la Sainte-Chapelle.

Les cinquante années qui viennent de s'écouler, ont vu publier les Inventaires et éclore de belles monographies de ces somptueux trésors d'églises, le lieu d'asile des produits de la glyptique grecque et romaine. Pour nous en tenir à quelques exemples, nous citerons la croix reliquaire du trésor de Gran (Hongrie) [3]; la croix du Paraclet à Amiens [4]; la statue de la Vierge, en bois, conservée dans l'église de Beaulieu (Corrèze) [5]; le fameux onyx de Schaffouse, grand camée romain, au type de la Paix debout, qui aurait, dit-on, fait partie du trésor de Charles le Téméraire. Son imposante monture se compose de perles, de rubis, de turquoises, de lions et de griffons en or; une inscription en émail atteste qu'elle a été exécutée au XIIIe siècle par les soins de Louis de Frobourg [6]. Rappelons aussi plusieurs des châsses ou reliquaires du Trésor de Saint-Maurice en Valais; la châsse des rois Mages, à Cologne; la châsse de sainte Geneviève à Paris, dont notre Catalogue renferme un certain nombre de débris (*Catalogue*, nos 421, 476, 486 à 491) et qui, surtout à partir du XIIe siècle, ne cessa, dans le cours des âges, d'être enrichie de pierreries et d'autres ornements apportés par de pieux pèlerins [7]; la châsse de la *Sainte Chemise* à Chartres, sur laquelle, en 1379, le roi Charles V fixa notre Jupiter n° 1, non sans l'avoir fait sertir dans la riche monture qui nous a conservé le souvenir de la libéralité royale. Notre camée n° 42 était l'un des principaux ornements du reliquaire en vermeil que le roi René et sa femme, Jeanne de Laval, offrirent, en 1471, à l'église de Saint-Nicolas-de-Port, près Nancy. Bref, il n'est pas une église ayant conservé des restes de son ancien Trésor, qui ne possède encore aujourd'hui une ou plusieurs gemmes antiques utilisées dans la décoration de quelque objet liturgique.

Gardons-nous, d'autre part, d'oublier que ce n'était pas seulement les objets du culte religieux qu'on décorait de camées et de pierres gravées : le luxe privé

1. Voyez ci-dessus, p. LXXII.
2. Voyez ci-dessus, p. LV.
3. E. Molinier, dans la *Gazette archéologique*, t. XII, 1887, p. 245.
4. G. Durand, dans la *Gazette archéologique*, t. X, 1885, p. 301.
5. R. de Lasteyrie, dans le *Bulletin de la Société des Antiquaires de France*, 1879, p. 282; cf. 1880, pp. 143-144; Rupin, dans le *Bulletin de la Société hist. et archéol. de la Corrèze*, t. II, pp. 231 et suiv.
6. J. J. Oeri, *Der Onyx von Schaffhausen* (in-fol°, 1882).
7. Germain Bapst, dans la *Revue archeologique*, 1886, II, p. 180.

n'avait également jamais cessé de s'en parer, et il suffit de parcourir les Inventaires des XIIIe, XIVe et XVe siècles, pour y relever la mention, maintes fois répétée, d'armes, coffrets, livres, bagues, ustensiles de table ou de toilette, joyaux et vaisselle, incrustés de gemmes antiques [1]. Dans les Inventaires du duc de Berry, dit M. J. Guiffrey, « la liste des joyaux d'un usage profane, dits joyaux pour le corps de Monseigneur le Duc, abonde en détails curieux sur le costume du temps. Chapeaux ornés de perles ou de pierres précieuses, ceintures garnies d'or, couronnes et colliers d'or, toutes ces parures donnent une idée saisissante du luxe inouï de la cour de France, peu d'années avant le désastre d'Azincourt. Les fermails ou fermaillets d'or, rehaussés de pierres précieuses, sont de la plus grande richesse... [2]. Il y a même des camées jusque sur le casque des chevaliers, comme il s'en trouvera sur les chaperons à l'époque de la Renaissance :

Et li hiaume de convoitise
Où il ot maint pierre assise
Safirs, rubis et camahiers
(An 1280. Renart le Nouvel) [3].

Les chancelleries royales, celles des prélats, des barons, des monastères, nous offrent aussi, jusqu'au XVIe siècle, de nombreux exemples de gemmes antiques employées comme sceaux, contre-sceaux ou cachets [4]. Mais à de très rares exceptions près, ce sont exclusivement des intailles [5], de sorte que nous n'avons pas à y insister dans cette Introduction.

Outre les empreintes en cire, plaquées sur le parchemin ou appendues aux actes publics ou privés, il nous est parvenu, comme pour la période mérovingienne, des bagues au chaton desquelles est enchâssée une intaille qui a servi de matrice. Nous ne citerons que deux exemples : l'anneau trouvé dans le tombeau d'Adhémar, évêque d'Angoulême (1070 à 1101), dont le chaton est une agate romaine intaillée d'un dauphin enlacé autour d'un trident [6]; et l'anneau d'Ulger, évêque d'Angers (1125-1149), récemment découvert aussi dans son tombeau [7]. Au chaton de ce dernier est enchâssée une intaille antique représentant une fourmi. L'originalité de la bague épiscopale d'Ulger consiste dans son caractère magique; sur la monture du chaton ainsi que sur le jonc de l'ànneau, on lit de longues formules cabalistiques qu'on peut être étonné de trouver au doigt d'un évêque [8].

1. J. Labarte, *Hist. des arts industriels*, t. I, p. 215.

2. J. Guiffrey, *Les Inventaires de Jean, duc de Berry*, t. I. Introd., p. CIV.

3. Cité dans V. Gay, *Glossaire archéol.*, v° *Camahieu.*

4. Voy. surtout G. Demay, *Inventaire des sceaux de l'Artois et de la Picardie*, préface, pp. III et suiv.; J. Labarte, *Hist. des arts industriels*, t. I, p. 209.

5. Charles le Chauve a employé comme sceau un camée antique, dont l'empreinte nous a été conservée. Lecoy de La Marche, *Les sceaux*, p. 23.

6. J.-B. de Rossi, *Bullet. d'archéol. chrét.*, éd. franc., 1870, p. 62.

7. *Bulletin archéologique du Comité des travaux historiques*, année 1896, p. XCIV (communication de M. l'abbé Urseau).

8. Voyez d'autres anneaux avec des formules magiques du même genre, dans Caylus,

Nous avons signalé plus haut, le rôle d'amulette donné à un grand nombre de gemmes dans l'antiquité et chez les Byzantins (voyez en particulier notre camée n° 287 et ci-dessus, p. LIII) : nous ne le rappellerons ici que pour signaler la persistance de ce rôle talismanique des camées et des intailles à travers tout le moyen âge. Par une anomalie singulière, le moyen âge, qui ne sut guère s'approprier les procédés techniques de la gravure en pierres fines que lui léguait l'antiquité, recueillit avidement, et sans en rien perdre, ce qu'il aurait pu, sans inconvénient, laisser tomber en désuétude : c'est ce caractère magique et surnaturel des camées et des intailles. La tradition populaire surnagea au milieu de la tempête du ve siècle et, avec elle, les livres ou une partie des livres dans lesquels les empiriques de l'antiquité avaient consigné les prétendues vertus des pierres précieuses. Le christianisme s'empara de cette tradition, transformant bon nombre de pierres gravées en objets de dévotion, autorisant le port des amulettes et des talismans chrétiens. Les populations se pressent en foule dans les sanctuaires les plus vénérés pour y toucher de leurs lèvres ou de leurs mains les gemmes antiques, investies d'une puissance miraculeuse et devenues des panacées infaillibles contre toutes les maladies physiques ou morales.

M. Edmond Le Blant a fait ressortir le caractère talismanique de notre Jupiter n° 1, donné par le roi Charles V a l'église de Chartres; on croyait que les inscriptions extraites de l'Évangile de saint Jean, qui sont gravées sur la monture, avaient une vertu prophylactique. Il en fut de même, entre autres, de notre Vénus n° 42 et de notre n° 27 qui représente la dispute d'Athéna et de Poseidon, accompagnée d'un verset de la Genèse.

Mais à côté de ces pratiques encouragées ou tolérées par la religion, il y en avait d'autres qui ne relevaient que de la magie, de l'astrologie et de la sorcellerie, et qui, en dépit des infiltrations chrétiennes qu'on y distingue, dérivent en droite ligne de l'antiquité païenne. Les pierres gnostiques surtout, à cause des traditions qui s'y rattachent, des étranges figures et des inscriptions cabalistiques dont elles sont couvertes, sont les plus réputées. On continue à les porter au cou, sur la poitrine, au bras ou montées en bague; on leur demande la guérison de tous les maux : parfois un simple attouchement accompagné de la récitation d'une formule sacramentelle opère le miracle; d'autres fois, le mal ne disparaît qu'à la suite d'opérations théurgiques dont le secret diabolique est expliqué dans des livres spéciaux, les *Traités des pierres*. Une preuve, entre mille, de la persistance des pratiques du paganisme gréco-romain ou oriental au moyen âge, est fournie par une incantation rapportée par Pline : Φεύγετε, κανθαρίδες, λύκος ἄγριος ὔμμε διώκει. M. Ed. Le Blant l'a signalée, avec une légère variante, d'abord dans le livre de Marcellus Empiricus, puis au VIe siècle, chez Alexandre de Tralles, et enfin sur une pierre gravée, qui représente, d'un côté, Persée tenant la harpe et la tête de Méduse, et porte, de l'autre, la formule en question, à peine modifiée. Or, ce type de Persée, qui passait au moyen âge pour David tenant la tête du geant

Recueil d'antiquités, t. VI, pl. CXXX, et dans C. W. King, *Early christian numismatics and other antiquitarian tracts*, pp. 210 et suiv. (Londres, 1873, in-8°).

Goliath, est signalé pour ses vertus prophylactiques dans un traité de magie intitulé : *Imagines seu sigilla Salomonis*, qui était encore consulté au XVIIe siècle [1]. Une grande intaille de l'époque romaine a pour type Hercule qui étouffe le lion néméen et, autour, l'inscription : Ἀναχώρει, χολή · τὸ θεῖόν σε διώκει, *retire-toi, bile; la divinité te chasse* [2]. C'était, pour le moyen âge, David terrassant le lion, et on attendait de ce sujet aussi bien que de la formule qui l'entoure, les effets les plus miraculeux. Souvent aussi, on forge des formules sacramentelles empruntées à l'Évangile, à l'Apocalypse, aux écrits des Pères de l'Église : sur un petit camée du musée de Madrid, on lit le verset de saint Jean où il est dit que les membres du Christ en croix ne furent pas brisés : *Os non comminuetis ex eo* [3]. » Notre camée byzantin (*Catalogue*, n° 333), où l'on voit le Christ nimbé tenant l'Évangile et bénissant, est serti dans une monture occidentale, en argent portant l'inscription : SORTILEGIS VIRES ET FLUXUM TOLLO CRUORIS. Et, remarquons-le bien, ces remèdes empiriques trouvent crédit non pas seulement chez le peuple ignorant et crédule, mais dans les classes élevées de la société. Les auteurs les plus graves, tels que Gerbert, Avicenne, Thomas de Cantimpré, Albert le Grand surtout, et même saint Thomas d'Aquin ont écrit sur les gemmes et leurs propriétés curatives, tant fut répandue et profonde l'influence des *Lapidaires*, ces chefs-d'œuvre de la déraison humaine [4].

La grande préoccupation que nous avons signalée chez les gens du moyen âge, de distinguer les pierres vraies d'avec leurs imitations en pâte de verre, est venue surtout de ce qu'ils attribuaient aux gemmes des vertus magiques, des propriétés extraordinaires dont les pâtes vitreuses étaient naturellement dépourvues. Ce souci, qui se fait jour dans les *Lapidaires*, éclate en particulier au XIIe siècle en tête du poème de Gautier d'Arras sur l'empereur Heraclius dont le nom était rapproché de celui qu'on donnait à la pierre de touche (ἡρακλεία λίθος). D'après ce conte, l'empereur de Rome fait apporter sur le marché toutes les pierres que possèdent les bourgeois de la ville, et demande à l'enfant Héracle de se prononcer sur leur authenticité. L'enfant les déclare toutes fausses, sauf une seule de peu d'apparence et à laquelle on n'attachait aucune propriété théurgique. L'empereur furieux ordonne de jeter l'enfant dans le Tibre, en lui attachant la pierre au cou; mais celle-ci fait miraculeusement surnager l'enfant et le sauve; la science du jeune Héracle est alors universellement reconnue et proclamée, ainsi que les vertus de sa gemme [5].

1. Edm. Le Blant, *Revue archéologique*, 3e série t. XIX, 1892, pp. 55 et suiv.
2. Ch. Lenormant, dans la *Revue archéologique*, 1846, t. III, p. 510.
3. Edm. Le Blant, *Revue archéol.*, 3e série, t. XIX, 1892, p. 56. La collection de feu le baron J. Pichon, renferme plusieurs bagues sur lesquelles sont aussi gravées des formules empruntées à des versets des Psaumes ou des Évangiles, auxquels on attribuait une vertu prophylactique.
4. Voyez pour les développements, E. Babelon, *La gravure en pierres fines*, pp. 177 à 183, et 220 à 227.
5. A. Giry, *Notice sur un traité du moyen âge*, dans le XXXVe fasc. de la Biblioth. de l'École des Hautes-Études, p. 221.

La plupart des camées religieux des XIVe et XVe siècles, décrits dans notre Catalogue sous les n°s 387 et suivants, avaient un caractère talismanique. D'aucuns, d'ailleurs, proviennent de châsses sur les parois desquelles ils étaient sertis et qui furent brisées à l'époque de la Révolution. Mentionnons, parmi ceux dont le rôle d'amulette nous paraît le mieux déterminé, les n°s 395 (*Moïse et le serpent d'airain*); 398 (*le Jugement de Salomon*); 425 (*la Sibylle montrant à Auguste une apparition de la Vierge*); le curieux fragment sur coquille (*Catalogue*, n° 579), qui se rapporte à la légende de la fille d'Auguste, femme de Virgile; l'œil humain (*Catalogue*, n° 620). Je ne serais pas éloigné aussi de croire que le camée sur jaspe sanguin (*Catalogue*, n° 970) qui a, d'un côté, le buste de Cromwell, et de l'autre celui de Henri IV en caricature, ne soit un tardif spécimen du rôle magique qu'on faisait jouer à certaines gemmes encore au commencement du XVIIe siècle.

III. *Les camées pendant la Renaissance.*

Si notre Catalogue est d'une grande pauvreté en monuments de la glyptique du moyen âge, il est, au contraire, d'une richesse remarquable en camées de la Renaissance italienne, française et même allemande. Malheureusement, aucun d'eux n'est signé : les artistes de cette période, comme ceux de l'antiquité, gravaient rarement leur nom sur leurs œuvres, si bien qu'il est exceptionnel qu'on puisse attribuer avec certitude, à tel ou tel artiste, voire même à telle ou telle école, quelqu'une de ces gemmes anonymes.

Ce sont des documents d'archives du XVe siècle, qui permettent d'établir que la gravure en pierres fines continuait, à cette époque, à être en honneur en France, comme au temps de Charles V et du duc de Berry. Par exemple, l'Inventaire du trésor de Charles le Téméraire († 1477) renferme la description d'un riche bouclier dont l'ombilic est décoré d'un camée moderne : « Ung bouclier de fer garny d'or et au milieu ung camahieu d'un lyon entre trois fusilz. » Les trois fusils, emblème adopté par le duc de Bourgogne, Philippe le Bon († 1467), démontrent que le camée décrit avait été gravé pour ce prince [1].

Faut-il voir un graveur en pierres fines ou un simple marchand de camées dans ce Jehan Barbedor, signalé en 1494 dans le passage suivant des Comptes royaux : « A Jehan Barbedor, marchant géolier demourant à Paris..., pour ung camaieul pesans trois onces et demye d'or, auquel y a 3 grands camayeulx, dont l'un est une face de Nostre-Dame, le segond saint Michiel, et le tiers la portréture de la face du feu roy Loys (XI) derrenier décédé [2]. » Quelle que soit la profession de Barbedor, il est évident que les camées qu'il vend au Roi ne sauraient remonter à l'antiquité puisque les motifs en sont chrétiens.

Une opinion, qui ne manque pas de vraisemblance, prétend que le roi René

1. L. de Laborde, *Glossaire des Émaux*, p. 191.
2. L. de Laborde, *Glossaire des Émaux*, p. 191.

d'Anjou († 1480) lui-même, s'exerça à la gravure sur pierres fines. Des camées exécutés de son temps ornaient un beau reliquaire de Saint-Nicolas-de-Port, près de Nancy, et l'on a quelques raisons de croire que René les avait gravés ou, tout au moins, en avait donné le dessin ou le modèle. Ce qui est bien certain, c'est que le bon roi, protecteur si ardent des lettres et des arts, grava des médailles, genre de travail qui allait presque toujours de pair avec la glyptique. Ce prince a dû d'autant moins négliger la glyptique que très souvent les personnages de ses compositions picturales ont leurs vêtements ornés de camées. Dans son tableau du *Buisson ardent*, à la cathédrale d'Aix, un camée où figure le Christ bénissant, brille sur le casque de saint Maurice; la fibule du manteau de l'archange saint Michel est un camée représentant Adam et Ève; l'Enfant Jésus, enfin, tient à la main un camée à l'effigie de sa Mère [1]. N'est-il pas démontré par là que le roi René, comme Charles V et le duc de Berry, affectionnait particulièrement les pierres gravées? Et comme il joignait à ses goûts d'amateur les talents d'un artiste, n'est-il pas naturel de penser qu'il s'essaya en ce genre d'ouvrage comme dans tous les autres? L'inventaire du château de Pau, en 1561, renferme la mention d'un camée avec son portrait : « Une agathe où est enlevé le roy René de Cécyle, et douze petis esmerauldes alentour [2]. » Dans l'Inventaire des Joyaux de la couronne de France, rédigé en 1560, on trouve également un camée représentant le roi René : « 396. Ung autre camahieu d'ung roy René de Cecille, avec une perle ronde pendante, enrichie de quatre autres petites perles, deux rubiz, deux esmerauldes et ung petit diamant, estimé XL [3]. »

Nous sommes portés à faire remonter jusqu'à l'époque du roi René, c'est-à-dire à la periode antérieure aux expéditions de Charles VIII et de Louis XII en Italie, quelques-uns des camées de notre Catalogue, tels que les n°s 387 (Dieu le Père, bénissant); 390 (Adam et Ève, dans le Paradis); 431 (saint Jérôme), camée qui peut-être même appartient au XIVe siècle; et le n° 432 (saint Hubert à la chasse). C'est à ce même art français du XVe siècle que se rattache la fameuse intaille du Musée du Louvre connue sous la fausse dénomination de *Bague de saint Louis* [4] : il s'agit d'un saphir taillé en table, sur lequel est gravée la figure d'un roi en pied, debout, nimbé, couronné et portant un sceptre. Sur le pourtour de l'anneau d'or, des fleurs de lis sont gravées en creux et remplies d'émail noir; auprès de la tête du Roi, les lettres S. L.; l'inscription : C'EST LE SINET DU ROI SAINT LOUIS, est tracée à l'intérieur de l'anneau. On a cru longtemps que cette bague et le saphir gravé remontaient à Philippe le Bel, et Labarte a

1. Voyez Bretagne, dans les *Mémoires de la Société d'archéol. lorraine*, 3e sér., t. I (1873), pp. 364-365.

2. Victor Gay, *Glossaire*, v° *Camahieu*, p. 259.

3. *Inventaire des Joyaux de la couronne de France en 1560*, dans la *Revue universelle des Arts*, t. IV, 1856-1857, p. 453.

4. Labarte, *Hist. des arts industriels*, t. III, pp. 204 à 207; Barbet de Jouy, *Gemmes et joyaux de la couronne*, pl. XI; Darcel et Molinier, *Notice des émaux et de l'orfèvrerie du Musée du Louvre*, Supplément, D. 947, p. 573.

même voulu voir dans la gravure un travail byzantin. Mais, il faut bien le reconnaître, le type de la figure royale et l'inscription en lettres niellées ne sauraient être antérieurs à la fin du xve siècle.

La glyptique n'était donc pas abandonnée en France au xve siècle. Néanmoins, elle demeurait, comme par le passé, un art peu accessible et peu répandu, moins à cause des difficultés techniques et de l'insuffisance de l'outillage que par suite du nombre restreint des amateurs et des protecteurs.

Il en fut de même en Italie jusqu'au jour où le mouvement de renaissance littéraire provoqué par Pétrarque eut son contre-coup dans les arts ; on commença dès lors à comprendre l'antiquité, à en interroger les restes pour leur demander compte, à eux-mêmes, de leur origine et de leur passé ; à les recueillir non plus seulement à titre de bijoux aptes à servir à la décoration de meubles ou de reliquaires, mais comme des produits authentiques des civilisations païennes. Le premier, dès 1335, un citoyen de Trévise, Olivier Forza, mérita le nom d'antiquaire : il ne tarda pas à avoir des imitateurs [1]. Bientôt, rois, princes et seigneurs veulent posséder leur galerie de camées, d'intailles, de marbres et de bronzes, qui sont, à la fois, des reliques du paganisme et des modèles pour les artistes contemporains.

Le Florentin Benedetto Peruzzi, *singolare intagliatore di pietre*, connu surtout pour avoir contrefait le sceau de Charles de Durazzo en 1379 [2], est le premier de cette pléiade d'incomparables artistes qui, en Italie, deux siècles durant, vont, en imitant l'antique, porter la glyptique à un degré de perfection que les planches de notre Catalogue permettent d'apprécier mieux que tout commentaire.

Dès la première moitié du xve siècle, de riches et puissants Mécènes encouragent ces artistes et leur font copier ou imiter les gemmes antiques qu'on recherche avec passion. Au premier rang de ces protecteurs, sans lesquels l'art languit et meurt, figure le pape Martin V (1417-1431); à côté de lui, nous voyons, à Ferrare, Lionel d'Este (1407-1450) [3]; à Venise, Pierre et Benoît Dandolo; à Gênes, Andreolo Giustiniani ; à Florence, Niccolo Niccoli, le Pogge, Cosme l'Ancien, Pierre Ier de Médicis [4] ; à Rome, le cardinal Pierre Barbo fait de son palais de Saint-Marc un véritable musée dans lequel les camées occupent une grande place. « Fidèle à ses habitudes de luxe, le cardinal de Saint-Marc avait disposé ses camées dans des cadres en argent doré, ornés de ses armes et d'inscriptions métriques dans lesquelles le nom de saint Pierre figurait, par une singulière association d'idées, à côté de celui de Bacchus. On compte 67 de ces cadres;

1. Sur la tradition antique au moyen âge, voyez surtout les remarquables études de M. Eug. Müntz, dans le *Journal des savants*, octobre 1887 et janvier-mars 1888; le même, *Hist. de l'art pendant la Renaissance*, t. I, pp. 205 et suiv.

2. Cicognara, *Storia della scultura*, t. II, p. 391 ; King, *Antique Gems and rings*, t. I, p. 412; Eug. Müntz, *Hist. de l'art*, t. I, p. 695.

3. Eug. Muntz, *Hist. de l'Art*, t. I, p. 143.

4. Eug. Müntz, *Les collections des Medicis au* xve *siecle*, pp. 3, 16, 35, 38, etc.

23 d'entre eux renferment chacun un camée; 40 chacun 5 camées; 1 enfin 4 camées; soit au total 227 pièces [1]. »

Devenu pape sous le nom de Paul II (1464-1471), le cardinal Barbo se montra aussi passionné pour les œuvres de la glyptique qu'il l'avait été avant de ceindre son front de la tiare. « C'est par milliers de ducats, dit encore M. Eug. Müntz, que se chiffrent chaque année ses acquisitions de pierres précieuses [2]. » Dans son Inventaire, on compte par douzaines les aiguières et les coupes en cristal de roche, en sardonyx, en calcédoine [3]. On y rencontre surtout des camées, la plupart modernes; car, non content de rechercher les gemmes de l'antiquité, Paul II déploye aussi son zèle à encourager les artistes.

Au milieu du xve siècle, le premier que nous rencontrons parmi les graveurs en pierres fines n'est autre que Donatello. Il paraît, au témoignage de Philarète, qu'il grava des pierres fines. Ce qui est certain, c'est qu'il aimait beaucoup cet art et qu'il reproduisit en grandes dimensions, dans la cour du palais des Médicis, huit pierres gravées antiques qui devinrent ainsi d'admirables médaillons de marbre. Après Donatello, on cite comme graveurs en pierres fines, Antonio de Pise, qui florissait à Foligno en 1461 [4], et Pietro di Neri de' Razanti, qui travaillait à Florence en 1477 [5]. A la cour de Paul II, nous trouvons Giuliano di Scipione Amici, et Gaspare de' Tozoli, ce dernier peut-être seulement comme marchand, plutôt que comme graveur de gemmes [6]. Paul II, malgré les louables efforts tentés avant lui, peut donc être considéré comme le restaurateur de la glyptique en Italie et le digne précurseur de Laurent le Magnifique [7]. Au surplus, on sait que la plupart de ses gemmes allèrent, après sa mort, enrichir le musée des Médicis.

La liste serait longue des collections particulières formées à Rome depuis Paul II (1464-1471) jusqu'à Paul III (1534-1549), et qui, presque toutes, renfermaient des camées commandés par ces Mécènes aux artistes contemporains. M. Eug. Müntz cite les musées des cardinaux Scarampi, Piccolomini, Grimani, de Médicis, de Gonzague, d'Estouteville; ceux des Colonna, des Maffei, des Orsini, des Savelli, des Cesarini, des Massimi, des della Valle, des Foscari, des Mellini, des Pallavicini, des Caffarelli [8].

Aucun sacrifice d'argent n'était épargné par ces riches personnages italiens du

1. Eug. Müntz, *Les Arts à la cour des papes*, t. II, p. 140; le même, *Hist. de l'Art pendant la Renaissance*, t. I, pp. 99 et 255.

2. Eug. Müntz, *Les Arts à la cour des papes*, t. II, p. 109.

3. Eug. Müntz, *Les Arts à la cour des papes*, t. II, p. 149.

4. Eug. Muntz, dans la *Revue archéologique*, 1878, t. II, p. 157.

5. Eug. Muntz, *Histoire de l'Art pendant la Renaissance*, t. I, pp. 241 et 258; le même, *Les Arts à la cour des papes*, t. I, p. 6 et t. II, pp. 113 et suiv.

6. Eug. Muntz, dans la *Revue archéologique*, 1878, t. II, p. 157.

7. Vasari, *Le Vite*, éd. Lemonnier, t. IX, p. 236.

8. Eug. Müntz, dans la *Revue archéologique*. n. s., t. XLIII, 1882, p. 29; le même, *Hist. de l'Art*, t. I, p. 87; t. II, p. 282; Eug. Piot, *Le Cabinet de l'amateur*, t. IV, pp. 375-380 (collection du cardinal François de Gonzague).

xve siècle pour acquérir des gemmes, parfois sans autre préoccupation que celle de se créer une galerie antique, un musée; parfois aussi, les entourant de cadres dignes d'elles, pour les faire concourir à la décoration de tout ce qu'ils possédaient de plus somptueux, les porter en bagues, en pendants de cou, en agrafes, en enseignes de chaperons. Ghiberti enchâsse des gemmes sur la tiare du pape Eugène IV; il exécute des montures qui sont des merveilles d'orfèvrerie pour les camées de Jean de Médicis, frère du grand Cosme. « J'ai monté en or, nous dit-il lui-même, entre autres, une cornaline de la grosseur d'une coquille de noix, sur laquelle quelque grand maître de l'antiquité avait gravé trois figures (le supplice de Marsyas); je fis un dragon dont les ailes étaient à demi éployées [1]... »

Le plus grand, l'incomparable protecteur, au xve siècle, est Laurent de Médicis (1448-1492) [2], dont un admirable camée nous donne peut-être les traits (*Catalogue*, n° 952). Sa collection de gemmes antiques et modernes, dont le principal joyau était la *Tasse Farnèse* que nous avons rapprochée de notre Coupe de Ptolémée [3], se trouve aujourd'hui dispersée dans les musées de Florence, de Naples et au Cabinet des Médailles; les camées et les intailles se reconnaissent à l'inscription LAVR· MED. que le fastueux Mécène fit graver sur la plupart d'entre eux [4].

Les Inventaires de la Renaissance contiennent la description de nombreuses gemmes à sujets chrétiens gravés par les artistes que Paul II, Laurent et d'autres princes italiens entretenaient à leur cour. Par exemple, dans celui du palais de Saint-Marc, à Rome, rédigé en 1457, nous trouvons mentionné un grand camée figurant l'histoire de Jacob avec sa femme et onze de ses enfants; Joseph est absent et ses frères portent sa robe à leur père. Sur un autre camée, c'est le Christ avec les apôtres Pierre et André, saint Jean-Baptiste et l'agneau pascal. Il en est aussi avec les images de saint Marc, de saint Théodore, de sainte Catherine, avec la Crucifixion [5]. Dans l'Inventaire de la maison d'Este qui porte la date de 1494, on lit la description d'un camée représentant saint Christophe. Enfin, les galeries de nos musées sont là pour attester que les sujets chrétiens n'ont pas été abandonnés par les graveurs en pierres fines de la Renaissance italienne : notre Catalogue en renferme un bon nombre (n°s 387 et suiv.), parmi lesquels nous mentionnerons, à cause de leur style ou de l'intérêt du sujet, les n°s 391 (Adam et Ève dans le Paradis); 398 (le Jugement de Salomon); 405 (l'Adoration des Mages); 408 et 409 (Bustes de Jésus-Christ), sur jaspe sanguin avec

1. Eug. Müntz, *Hist. de l'Art*, t. I, p. 541.

2. Eug. Müntz, *op. cit.*, t. I, p. 56.

3. Voyez ci-dessus, notre *Introduction*, p. XLVII. La *Tasse Farnèse* est décrite dans l'Inventaire de Laurent de Médicis (Eug. Müntz, *Les Collections des Médicis au* xve *siècle*, p. 66; le même, *Les Précurseurs de la Renaissance*, pp. 182-184.

4. Notre *Catalogue* ne comprend aucun camée portant cette inscription; voyez néanmoins le commentaire de notre n° 41 (Apollon et Marsyas); pour les intailles du Cabinet des Médailles avec LAVR· MED., voyez Chabouillet, *Catalogue*, n° 2299.

5. Voyez les exemples cités d'après l'Inventaire, dans V. Gay, *Glossaire archéol.*, v° *Camahieu*, p. 257.

des gouttes de sang, camées talismaniques. Le n° 424, qui représente la Sainte Vierge entre saint Jean-Baptiste et saint Marc, est un intéressant travail vénitien du XVIe siècle, qui rappelle l'art byzantin par son style et la disposition des légendes. Citons encore parmi nos camées italiens des XVe et XVIe siècles, à sujets religieux, les nos 426 (Hérodiade) et 427 (sainte Marie-Madeleine).

Cependant, malgré ces exemples, il n'en est pas moins vrai qu'à partir de Paul II et de Laurent de Médicis, les sujets païens jouissent de la préférence chez les amateurs. L'engouement pour la Grèce et Rome l'emporte sur la tradition du moyen âge en glyptique comme dans les autres branches de l'art. Amateurs et graveurs veulent des gemmes imitées de l'antique aussi bien par le choix du sujet que par la perfection du travail.

Ce sont souvent des représentations mythologiques (*Catalogue*, nos 435 et suiv.) : Jupiter, Mars, Apollon et Marsyas, Vénus et l'Amour, Hercule et Omphale, Bacchus et son cortège, Hermaphrodite, des nymphes, des satyres, Lucrèce, Diomède et le Palladium, Horatius Coclès sur le pont Sublicius, le sacrifice d'Iphigénie; tantôt des sujets iconographiques (*Catalogue*, nos 665 et suiv.) : les effigies d'Alexandre, de Cléopâtre, des douze Césars, copiées sur des gemmes ou des médailles antiques. Toutes ces compositions n'ont guère d'intérêt puisque nous ignorons le nom de leurs auteurs; mais elles sont parfois entourées de montures qui sont des chefs-d'œuvre d'orfèvrerie et d'émaillerie.

Les sujets allégoriques et de fantaisie (*Catalogue*, nos 593 et suiv.) ont plus d'attrait pour nous. On peut être étonné de trouver, dans cette dernière série, un aussi grand nombre de portraits de nègres et de négresses (nos 593 à 611); la même remarque a été faite souvent au sujet de la peinture, en constatant la fréquente présence de nègres dans les tableaux de la Renaissance italienne. Ce n'est pas exclusivement par goût ni par pur amour des contrastes que les artistes ont ainsi affectionné les types nègres. A côté des fous, les princes des XVe et XVIe siècles avaient l'habitude d'entretenir à leur cour, « quelques-uns de ces Arabes ou de ces Turcs, à la mine étrange, à la prestance imposante, qui venaient trafiquer dans les ports de Provence ou d'Italie »[1]. Le roi René avait, dans son entourage, plusieurs de ces personnages qu'on utilisait parfois comme interprètes : le nommé Falcon était le nègre favori de ce prince, qui avait aussi une négresse du nom de Cresselle. Ce sont des personnages de ce genre dont nos camées reproduisent les traits. Quelquefois aussi, sans doute, il arrive que ces types font allusion aux rois Mages, ce qu'on peut soupçonner quand ils ont la tête ceinte d'une couronne royale (*Catalogue*, nos 593, 594, 595), à moins qu'il s'agisse de nègres couronnés rois par ironie dans une fête de la cour. Quoi qu'il en soit, les gemmes qui avaient une couche noire ou brune se détachant sur un fond blanc ou bleuâtre, se prêtaient à merveille à la gravure de ces têtes où les caractères ethnographiques sont parfois rendus dans la perfection.

L'iconographie des personnages contemporains est amplement représentée dans notre Catalogue, soit pour la France (nos 780 et suiv.), soit pour l'Italie (nos 948 et

1. A. Lecoy de La Marche, *Le roi René*, t. II, p. 151.

suiv.), l'Allemagne et les autres pays de l'Europe. Pour l'Italie surtout, il semble que tout pape, prince, prélat ou riche seigneur tint à honneur de faire exécuter son portrait sur camée par quelqu'un des artistes de son temps les plus en renom.

Telle est, d'ailleurs, la faveur dont jouit la glyptique, que ses produits sont copiés et imités partout, par les sculpteurs, les peintres, les médailleurs, les enlumineurs de manuscrits. Un manuscrit enluminé par Attavante nous offre la reproduction de l'intaille de Laurent de Médicis, *Apollon et Marsyas*, aujourd'hui au musée de Naples et dont une réplique est conservée au Cabinet des médailles [1]; la même gemme est copiée au revers d'une médaille de Nicolas Schlifer, par Boldu, ainsi que sur diverses plaquettes de bronze et des medaillons en marbre. L'*Enlèvement du Palladium*, gemme inspirée de celle de Dioscoride, a servi de modèle à Donatello pour un médaillon de la cour du palais des Médicis; on retrouve le même motif sur une médaille de Niccolo Fiorentino et sur plusieurs plaquettes [2]. Il n'est pas rare, d'ailleurs, de rencontrer le même sujet à la fois sur des plaquettes de bronze et sur des camées (voyez notre *Catalogue*, n°s 398, 406, 425, 471, 496, 583, 585, 612, etc.).

La fin du xve siècle en Italie est l'époque où, grâce à l'impulsion donnée par Laurent le Magnifique, on compte à la fois le plus grand nombre de Mécènes et d'artistes. Pierre II de Médicis suivit noblement les traces de son père; l'histoire des Médicis, d'ailleurs, est étroitement liée à l'histoire de l'art pendant la Renaissance, et leur nom est synonyme de protection éclairée des arts. Les autres princes italiens imitent leur exemple. Auprès de Ferdinand d'Aragon, roi de Naples, nous rencontrons Andrea di Masnage en 1487, et Battisto Taglia, de Gênes, qui, chargé, en 1488, de graver le sceau du roi des Deux-Siciles, est qualifié « maestro di fare cammei » [3].

Dans le dernier tiers du xve siècle, deux artistes surtout se dégagent de la foule et concentrent tous les regards : c'est Domenico de' Cammei et Giovanni delle Corniole.

Domenico Compagni, surnommé de' Cammei, avait son atelier à Milan [4]; son chef-d'œuvre fut un portrait de Ludovic Sforza, le More, qu'il avait gravé en creux sur un rubis balais [5]. Un des plus admirables camées de cette époque qui pourtant prodigue les chefs-d'œuvre, est le n° 951 de notre Catalogue, auquel nous avons attribué le nom de Ludovic le More ou de Louis de Saluces : serait-ce un travail de Domenico de' Cammei?

Giovanni delle Corniole (1495-1555), dont le surnom, comme celui de Domenico, atteste la spécialité, fut le protégé favori de Laurent le Magnifique [6]; il tra-

1. Eug. Müntz, *Hist. de l'Art*, t. I, pp. 269-270; cf. notre *Catalogue*, n°s 40 et 41.
2. Eug. Müntz, *Hist. de l'Art*, t. I, p. 257; cf. t. I, p. 87.
3. Eug. Muntz, *Hist. de l'Art*, t. I, pp. 116, 198 et 695.
4. J. Mariette, *Traité des pierres gravées*, t. I, p. 115, Eug. Müntz, *Hist. de l'Art*, t. II, p. 307; King, *Antique Gems*, t. I, p. 414.
5. D'Agincourt, *Sculpture*, pl. XLVIII, 91, 82; J. Arneth, *Die Cinque-Cento Cameen*, p. 17.
6. Eug. Müntz, *Hist. de l'Art*, t. I, p. 70; t. II, p. 821.

vaillait à Florence et l'on admirait surtout son portrait de Savonarole, sur une cornaline aujourd'hui dans la Galerie des Offices. Giovanni delle Corniole, qu'il ne faut pas confondre avec son contemporain et son émule Prospero delle Corniole, eut pour principal élève Domenico di Polo, qui grava à la fois des médailles et des pierres fines [1]. Son contemporain, Giovanni Bernardi, de Castelbolognese (1495-1555), cumulait aussi les deux professions, dans lesquelles il s'appliqua surtout à imiter les Anciens [2]. Alfonse, duc de Ferrare, lui commanda sur cristal de roche l'attaque du fort de la Bastie, où ce prince avait été blessé. Paul Jove fit venir à Rome Giovanni de Castelbolognese et il le recommanda aux cardinaux Hippolyte de Médicis et Jean Salviati, qui devinrent ses protecteurs et le présentèrent à Clément VII, pour lequel il grava des gemmes et des médailles. Après la mort du cardinal Hippolyte de Médicis, Giovanni entra au service du cardinal Alexandre Farnèse. On cite parmi ses œuvres les plus remarquables : la chute de Phaéton ; Titius dévoré par un vautour ; un Bacchus et son cortège ; un combat d'Amazones ; des scènes de la vie du Christ, en particulier la résurrection de Lazare ; le portrait de Marguerite d'Autriche, fille de Charles-Quint.

L'artiste qui, aux yeux des historiens de l'art, personnifie l'apogée de la gravure en pierres fines dans la première moitié du XVIe siècle, est Valerio Belli, de Vicence, plus connu sous le nom de Valerio Vicentini († 1546) [3].

S'attachant surtout à copier des gemmes antiques ou à graver d'après les dessins des plus illustres maîtres, il n'eut peut-être pas une originalité bien grande ; mais ce qui fit sa réputation, c'est son habileté technique, son tour de main, en même temps que son extraordinaire fécondité et les belles coupes de cristal qui sont sorties de son atelier ou de ceux de ses nombreux élèves. Le pape Clément VII lui fit exécuter une cassette en cristal de roche, pour laquelle il lui paya deux mille écus d'or. Il grava aussi pour ce pontife des sujets inspirés de l'Écriture sainte ; Clément VII fit cadeau de ces ouvrages très admirés à François Ier, lors de l'entrevue qu'il eut avec ce prince, à Marseille, pour le mariage de sa nièce Catherine de Médicis, en 1533 : il est vraisemblable que plusieurs des camées de notre Catalogue sont entrés dans la collection royale par cette voie. Le pape Paul III (1534-1549) continua à Valerio la protection éclairée dont cet artiste avait joui à la cour de Clément VII, et telle était la réputation de Valerio Vicentini que tous les autres graveurs de son temps tenaient à avoir des empreintes de ses gemmes et de ses médailles, afin de s'en servir comme de modèles. Le Cabinet de Vienne possède plusieurs œuvres de Valerio Vicentini, notamment un Jupiter foudroyant les géants, imitation du camée d'Athénion. Dans la Galerie des Uffizi, à Florence, on admire le coffret en cristal de roche, décoré de scènes de la Passion.

1. J. Mariette, *Traité*, t. I, pp. 114 et 127 ; J. Arneth, *Die Cinque-Cento Cameen*, p. 17 ; King, *Antique Gems*, t. I, p. 423.

2. J. Mariette, *Traité*, t. I, p. 118 ; King, *Antique Gems*, t, I, p. 417.

3. Vasari, *Le Vite*, éd. Milanesi, t. V, pp. 379 et suiv. ; Casabianca, *Di Valerio Vicentino, intagliatore di cristallo* (Venise, 1864, in-8°) ; King, *Antique Gems*, t. I, pp. 413 et 421 ; A. Bertolotti, *Le arti minori alla corte di Mantova*, pp. 4, 154, 196.

qu'il grava pour Clément VII, et auquel, paraît-il, sa fille collabora [1]. Valerio Vicentini a signé VALE ou VA. VI. F. Mais, comme la plupart de ses contemporains, il produit surtout des œuvres anonymes que nous ne saurions plus reconnaître aujourd'hui [2]. Est-ce à Valerio que nous sommes redevables de ce beau portrait du pape Paul III (Alexandre Farnèse), son protecteur (*Catalogue*, nº 950)? A qui devons-nous également le buste de Victoria Colonna (*Catalogue*, nº 948), de Léon X (nº 949), et toute cette suite de portraits d'Alfonse II de Ferrare et de sa femme Lucrèce de Médicis (nºs 953 à 962)? Comment choisir au milieu de cette pléiade d'artistes qui tous pourraient revendiquer à bon droit la paternité de ces belles œuvres?

Si, au XVIe siècle, chaque ville de l'Italie a ses écoles de sculpteurs, de peintres, d'architectes, de médailleurs, elle a aussi ses ateliers de graveurs en pierres fines. La glyptique n'est pas la plus mal partagée dans ce concours d'artistes, dans cet engouement universel d'un peuple follement épris des arts. Une femme, Properzia de' Rossi, morte en 1533, se signale dans la gravure des gemmes, comme la fille de Valerio Vicentini [3]. A Vérone, nous rencontrons Galeazzo Mondella et Niccolo Avanzi ou Davanzo : ce dernier, qui travailla aussi à Rome, grava sur un lapis-lazuli une célèbre Nativité du Christ que voulut à tout prix posséder Isabelle de Gonzague, duchesse d'Urbin [4]. Mais sa plus grande gloire est peut-être d'avoir été le maître de Matteo dal Nassaro, que nous retrouverons bientôt à la cour de François Ier.

Giov. Giacomo Caraglio, qui naquit aussi à Vérone, fut appelé à la cour de Sigismond Ier, roi de Pologne; il y était déjà en 1539; nous l'y trouvons encore en 1569, et telle est l'admiration qu'on professe pour son talent de graveur dans cette cour du Nord, que pour le retenir on le comble de richesses et de présents; en connaît de lui le portrait en intaille de la reine Bona Sforza [5].

Pescia, en Toscane, fut la patrie d'un des plus fins graveurs du pontificat de Léon X (1513-1522), Pier Maria da Pescia; il vécut à Rome, sous la protection de cet illustre pape, en même temps que Raphael et Michel-Ange [6]. C'est à lui que l'on doit une intaille célèbre du Cabinet des Médailles, qu'une tradition, peut-être apocryphe, désigne comme ayant servi de cachet à Michel-Ange, l'intime ami de notre artiste [7].

1. Gori, *Dactyl. Smith.*, t. II, p. 247; Mariette, *Traité*, t. I, p. 126; J. Leturcq, *Notice sur Jacques Guay*, p. 83.

2. Le musée du Louvre a acquis, en 1893, une plaque circulaire en porphyre gravé, *La Paix mettant le feu à un trophée d'armes*, attribuée à Valerio Vicentini. Em. Molinier, *Bull. de la Soc. des Antiquaires*, 1893, p. 88; Müntz, *Hist. de l'Art*, t. III, p. 711, note.

3. King, *Antique Gems*, t. I, p. 427; J. Leturcq, *Notice sur Jacques Guay*, p. 83.

4. J. Mariette, *Traité*, t. I, p. 121; Eug. Müntz, *Hist. de l'Art*, t. II, p. 295; King, *Antique Gems*, t. I, p. 416.

5. J. Mariette, *Traité des pierres gravées*, t. I, p. 123.

6. J. Mariette, *Traité des pierres gravées*, t. I, p. 115; Eug. Müntz, *Hist. de l'Art*, t. II, p. 225; t. III, p. 711; King, *Antique Gems*, t. I, p. 416.

7. E. Babelon, *Le Cabinet des Antiques*, pp. 87 à 90.

Michelino, l'émule de Pier-Maria, était avec lui à la cour de Léon X, qui avait fait de Rome le rendez-vous des artistes dans tous les genres [1]. Louis Anichini de Ferrare, avait installé son atelier à Venise, et il gravait aussi bien les médailles que les gemmes [2]. Ambrogio Foppa, surnommé le Caradosso, né à Milan, s'établit à Rome, et, au rapport de Benvenuto Cellini, il excellait à la fois comme orfèvre, médailleur et graveur en pierres fines [3]. Il eut pour élève Francesco Francia, de Bologne (1450-1518). Citons encore deux autres graveurs bolonais, Matteo de' Benedetti († 1523) et Marco Attio Moretti [4]. Alessandro Cesati (non Cesari), médailleur et graveur en pierres fines, imitait si bien les Anciens qu'on l'avait surnommé *il Grechetto* [5]. Il travailla longtemps à Rome et grava sur une cornaline la tête du roi de France Henri II [6].

A Parme, travaillait Le Marmita [7]; son fils, Louis Marmita, protégé par le cardinal Jean Salviati, avait gravé en camée une tête de Socrate très admirée [8]. Antonio Dordoni, de Bussetto, près de Parme († 1584), et Antonio Masnago, de Milan, furent aussi d'excellents lithoglyphes.

La constante préoccupation de tous ces artistes et de tous ces Mécenes, c'est, pour les uns, de graver aussi bien que le faisaient les Anciens, de les surpasser même en traitant des sujets pareils; pour les autres, de posséder des gemmes antiques ou, à leur défaut, des gemmes modernes si bien imitées qu'elles pussent passer pour antiques. Ce double rêve fut réalisé avec une perfection dont aucune autre époque n'a jamais approché.

Tel était, en effet, le génie d'imitation de ces artistes de la Renaissance italienne, que bien souvent il nous est impossible de distinguer leurs ouvrages de ceux que l'antiquité nous a légués. Par surcroît d'embarras pour nous, un grand nombre d'entre eux se sont fait une célébrité, non seulement comme imitateurs de l'antique, mais comme particulièrement habiles à retoucher et à retravailler les gemmes antiques. Nous avons, à maintes reprises, signalé ces retouches dans notre Catalogue (nos 2, 3, 18, 20, 27, 31, 41, etc.). Parfois, les artistes de la Renaissance se sont amusés à graver sur les gemmes antiques des noms de graveurs anciens

1. J. Mariette, *Traité des pierres gravées*, t. I, p. 115; King, *Antique Gems*, t. I, p. 416.

2. J. Mariette, *Traité des pierres gravées*, t. I, pp. 117 et 127; Eug. Müntz, *Hist. de l'Art*, t. II, p. 272; King, t. I, p. 423; A. Bertolotti, *Le arte minori alla corte di Mantova*, pp. 25 et suiv. (Milan 1889).

3. J. Mariette, *Traité*, t. I, p. 116.

4. J. Mariette, *Traité*, t. I, p. 115; King, *Antique Gems*, t. I, p. 417.

5. Ou peut-être parce qu'il avait Cypre pour patrie (A. Armand, *les Médailleurs italiens*, t. I, p. 171; Müntz, *Hist. de l'Art*, t. II, p. 292; t. III, p. 712; J. Mariette, *Traité des pierres gravées*, t. I. p. 128; King, *Antique Gems*, t. I, p. 423).

6. Il faut peut-être attribuer à Alessandro Cesati quelques-unes des pierres qui sont signées ΑΛΕΞΑ, et que leur style moderne ne permet pas de faire remonter à l'artiste grec Alexas. On connaît aussi quelques gemmes avec la signature ΕΛΛΗΝ, qui, loin d'être, comme d'aucuns l'ont cru, le nom d'un artiste de l'antiquité, n'est que la traduction du surnom *il Grecho* ou *Grechetto*.

7. J. Mariette, *Traité*, t. I, p. 126.

8. King, *Antique Gems*, t. I, p. 423.

auxquels ils croyaient pouvoir attribuer ces œuvres (*Catalogue*, nos 115, *Glycon;* 182,... *midiou;* 260, *Saturninus*). Ils sont même allés plus loin : sur leurs propres œuvres, ils ont souvent inscrit, à la place de leur nom, celui d'artistes de l'antiquité, de sorte que, dans ce dernier cas, tout est moderne, l'œuvre et la signature. De tels procédés, qui jettent la perturbation dans la critique des pierres gravées, ont été pratiqués couramment, non seulement aux xve et xvie siècles, mais dans les temps plus rapprochés de nous, et nous en rencontrons des exemples jusque dans ce siècle.

Cette déplorable manie de la contrefaçon n'a jamais empêché les amateurs d'autrefois, qui ne se plaçaient pas au même point de vue que nous, de collectionner, aussi bien que les antiques, les gemmes qu'on gravait sous leurs yeux, ou grâce à leurs encouragements, car chacun d'eux tenait à avoir une imitation ou une reproduction des gemmes qu'il ne pouvait posséder en original. Aux xve et xvie siècles, ce n'étaient pas seulement des papes fastueux comme Léon X, ou des princes puissants comme François Ier et Charles-Quint, Henri II, Philippe II, Rodolphe II, qui collectionnaient les gemmes et stimulaient les artistes, c'étaient parfois de modestes particuliers comme Fulvio Orsini (1529-1600), le bibliothécaire et le protégé des Farnèse et de Grégoire XIII. Sans jouir d'énormes revenus, Fulvio Orsini avait réussi à rassembler plus de 400 camées ou pierres gravées dont le catalogue nous a été conservé [1]. Il est le type du collectionneur italien de la fin du xve siècle, comme Peiresc le sera, en Provence, au commencement du xviie siècle.

En France, nul n'ignore les faveurs et les largesses que François Ier prodigua à l'un des plus habiles graveurs de l'Italie, Matteo dal Nassaro, de Vérone. Matteo, dont l'une des premières œuvres fut une *Descente de croix* sur un jaspe sanguin, où les taches rouges exprimaient le sang des plaies du Christ, comme dans le *Christ en croix*, du Musée du Louvre, vit ses débuts encouragés par Isabelle d'Este; puis il vint en France et présenta quelques-unes de ses œuvres à François Ier, qui, transporté d'enthousiasme, le retint à sa cour et lui fit une pension [2].

Matteo travaillait pour le roi de France, dès 1515. Il émerveilla la cour avec un camée sur agate, représentant la tête de Déjanire : telle avait été son habileté à tirer parti des différentes couches de la gemme, qu' « une veine rouge qui traversait accidentellement la pierre avait été adaptée si à propos sur le revers de la peau de lion, que cette peau semblait fraîchement écorchée [3] ». François Ier plaça ce joyau dans son écrin et commanda à Matteo un grand oratoire orné d'une quantité de pierres gravées ; tout le monde voulait avoir des empreintes de ses ouvrages sur cristal de roche, et l'on prisait surtout un groupe de Vénus et l'Amour, d'une pureté idéale de dessin, de matière et de gravure.

1. P. de Nolhac, *Les collections d'antiquités de Fulvio Orsini*, dans les *Mélanges de l'École de Rome*, 1884, pp. 139 et suiv.

2. J. Mariette, *Traité*, t. I, pp. 120 et suiv. ; King, *Antique Gems*, t. I, p. 419.

3. J. Mariette, *Traite*, t. I, p. 120.

Après la bataille de Pavie, en 1525, et la captivité de François Ier, Matteo retourna en Italie, mais le roi de France, ayant bientôt recouvré sa liberté, le rappelait dès l'année suivante; le Véronais reprit le chemin de Paris, et il figure dans les comptes des menus plaisirs du Roi, en 1529. Il travaillait non seulement pour le Roi, mais pour les gentilshommes de son entourage. « Or il advint, raconte M. de La Tour, qu'un seigneur, après avoir commandé un camée, n'offrit à l'artiste, au moment de la livraison, qu'un prix jugé misérable par celui-ci. Matteo, humilié, veut faire cadeau du camée ; le seigneur refuse, et notre Matteo, furieux, brise la pierre à coups de marteau [1]. »

Graveur en médailles aussi bien qu'en pierres fines, Matteo dal Nassaro exécuta, entre autres, la médaille commémorative de la bataille de Marignan. Notre beau camée n° 780 n'est que la copie d'un autre type monétaire créé par Matteo : celui de la médaille commémorative de la victoire de Cérisoles (1541); ce camée aussi a dû être exécuté par Matteo ou, sous sa direction, par l'un de ses élèves.

En 1531, Matteo avait installé sur la Seine « une taillerie de pierres dures, la première qui fut créée en France, celle du bateau-moulin de la Gourdayne... Ce bateau était appelé moulin, parce que sa machinerie était mise en mouvement par des roues hydrauliques semblables à celles des moulins ordinaires. Il était amarré sur le bras droit de la Seine, dans le voisinage du logis royal des Etuves, où François Ier avait installé son protégé Matteo... » La dernière mention qui soit faite de Matteo dans les comptes de François Ier est datée de 1538. L'artiste véronais mourut en 1547 ou 1548, peu de mois après son royal protecteur [2]. Des élèves que Matteo dal Nassaro avait formés, et qui travaillèrent sous sa direction, perpétuèrent après lui l'art de la gravure en pierres fines dans notre pays. L'un d'eux s'appelait Guillaume Hoison : un compte des menus plaisirs du Roi, de 1530, fait mention d'une somme de 448 livres, payée à Guillaume Hoison, lapidaire à Paris, « pour une Notre-Dame d'agathe garnie de neuf grosses perles, d'ung saphir et de deux rubis... et ung poignart ayant le manche de cristal et garny par la guesne de trois camayeux [3] ».

En 1541, le livre des dépenses de Marguerite d'Angoulême porte la rubrique suivante : « A Jehan Vinderne, tailleur de camayeulx, pour avoir taillé une grande amatiste de 7 poulces de haut (par ordre de la reine), 150 livres [4]. »

Henri II sut, comme son père, se montrer généreux envers les artistes; il en fit venir de l'Italie et acheta leurs œuvres. Catherine de Médicis, arrivant à la cour de France, ne manqua pas d'apporter une riche collection de camées. Le milanais Giovanni Antonio de'Rossi grava pour cette princesse plusieurs gemmes qui sont peut-être dans notre Catalogue. L'œuvre par excellence de cet artiste était le

1. H. de La Tour, *Matteo dal Nassaro*, dans la *Revue numismatique*, 1893, p. 524.

2. Voyez un camée représentant Noé et les animaux au sortir de l'arche, attribué à Matteo dal Nassaro, dans J. Arneth, *Die Cinque-Cento Cameen*, p. 42 et pl. I, n° 27. Voyez aussi une intaille du Cabinet des Médailles, dans Chabouillet, *Catalogue des camées*, etc. n° 2482.

3. J. Labarte, *Hist. des arts industriels*, t. III, p. 211.

4. V. Gay, *Gloss. archéol.*, v° *Camahieu*, p. 258.

plus grand camée qu'on eût jamais vu : il avait sept pouces de diamètre et représentait Cosme Ier et Éléonore de Tolède, sa femme, avec leurs enfants [1]. On ne sait ce qu'est devenue cette pierre, qui n'était probablement qu'un bas-relief de marbre fin, de schiste ou d'albâtre, ou peut-être une simple pâte vitreuse comme le camée Carpegna, au musée du Louvre, qui représente le triomphe de Bacchus et de Cérès sur un char traîné par des centaures [2].

Les frères Sarrachi se firent un nom par leurs intailles, coupes, gondoles en cristal, montées en or; ils travaillèrent surtout pour l'empereur Maximilien II et le duc Albert III de Bavière [3].

Annibale Fontana, mort à Milan en 1587, à l'âge de quarante-sept ans, fit pour Guillaume II, duc de Baviere, une cassette en cristal, qui lui fut payée six mille ecus [4]. Citons encore : Jacopo Tagliacarné, de Gênes [5]; Severo, de Ravenne; Giuliano Taverna et Francesco Tortorino, de Milan [6]. Une mention aussi pour Filippo Santa-Croce, dit *Pippo*, qui exerçait son art non seulement sur des gemmes, mais sur des noyaux de prunes ou même de cerises. Il n'était d'abord qu'un simple berger qui s'amusait à sculpter de ces petits bibelots rustiques, lorsque le comte Filippino Doria, l'ayant rencontré dans le duché d'Urbin, l'emmena avec lui à Rome, puis à Gênes, où le Pippo put, à l'abri du besoin, développer les talents dont la nature l'avait doué. Ses nombreux enfants, les *Pippi*, suivirent la carrière de leur père et furent aussi des graveurs de talent à la fin du XVIe siècle [7].

Les Milanais Jacopo da Trezzo et Clemente Birago furent les protégés du roi d'Espagne Philippe II. Birago est célèbre surtout pour avoir gravé sur un diamant le portrait de l'infant don Carlos [8], et Jacopo da Trezzo s'illustra par le tabernacle en pierres fines qu'il exécuta pour le maître-autel de la chapelle de l'Escurial [9]. Il grava aussi des camées, des intailles, des coupes et d'autres bijoux en jaspe et en onyx : on lui attribue un camée de la collection impériale de Vienne, représentant Charles-Quint, Isabelle et leur fils Philippe [10], et une belle topaze du Cabinet des Médailles qui nous donne les effigies de Philippe II et son fils don Carlos [11]. Serait-il aussi l'auteur de notre beau camée n° 977 qui représente Charles-Quint et Ferdinand Ier?

Des élèves de Jacopo, Gasparo et Girolamo Misseroni, exécutèrent comme lui,

1. J. Mariette, *Traité*, t I, p. 129; King, *Antique Gems*, t. I, p. 425.
2. Millin, *Galerie mythologique*, t. I, p. 70, n° 275 et pl. XLVIII.
3. J. Labarte, *Hist des arts industriels*, t. III, p. 214-217; J. Arneth, *Die Cinque-Cento Cameen*, pp. 19-20.
4. J. Mariette, *Traité*, t. I, p. 131; King, *Antique Gems*, t. I, p. 427.
5. King, *Antique Gems*, t. I, p. 416, Eug. Müntz, *Hist. de l'Art*, t. II, p. 821; son véritable nom était Pier Maria Serbaldi.
6. J. Mariette, *Traite*, t. I, p, 131; King, *Antique Gems*, t. I, p. 416.
7. J. Mariette, *Traité*, t. I, p. 132; King, t. I, p. 427.
8. J. Mariette, *Traité*, t. I, p. 130, et ci-dessus notre *Introduction*, p. v.
9. J. Mariette, *Traité*, t. I, pp. 129 et 151; King, *Antique Gems*, t. I, p. 426.
10. J. Arneth, *Die Cinque-Cento Cameen*, pl. I, n° 7 et p. 37.
11. Chabouillet, *Catalogue*, n° 2489.

surtout des vases en cristal et en lapis-lazuli. La famille nombreuse des Misseroni entra au service de la cour d'Autriche où nous la retrouverons au XVIIe siècle. Un autre Italien, Alessandro Masnago, fils d'Antonio, trouva aussi une protection puissante à la cour de Rodolphe II, à la fin du XVIe siècle. Parmi les camées que Rodolphe fit exécuter à Alessandro, on cite : Jupiter foudroyant les Titans; Psyché; Proserpine enlevée par Pluton; une Madone avec l'Enfant Jésus [1].

C'est principalement par ces artistes que l'influence de la glyptique italienne gagna l'Allemagne : il y eut bientôt une école de graveurs allemands. Notre Moïse n° 397 est de style allemand du XVIe siècle, comme l'inscription le prouve, et nous pouvons en dire autant du Moïse n° 396, bien caractérisé par son style. Le n° 402, qui représente le Parallèle de l'Ancien et du Nouveau Testament, est aussi un travail allemand, ce que permet d'établir le rapprochement de cette belle gravure avec des estampes qui décorent des Bibles luthériennes du XVIe siècle. Le n° 406, un Christ de Pitié, est plutôt un travail flamand ou hollandais. Quelques portraits, les n°s 981 (Louis de Requesens), 983 et 984 (Nicolas Ier de Salm-Neubourg) se rattachent aussi aux mêmes écoles.

Si longue et monotone que soit cette énumération rapide des graveurs en pierres fines de la Renaissance italienne, elle est bien loin d'être complète. Il faudrait citer, d'ailleurs, presque tous les artistes, dans les genres les plus divers, car tous, sculpteurs, médailleurs, orfèvres, abordèrent la gravure des gemmes. Benvenuto Cellini (1500-1570), par exemple, ne se contenta pas d'exécuter des merveilles d'orfèvrerie et d'émaillerie dans la monture des camées et des intailles qu'on lui confiait dans ce but; il s'essaya aussi dans la glyptique. Une magnifique pièce du musée de Vienne, en or émaillé, représentant Léda et le cygne, œuvre de Benvenuto, est en partie un travail de glyptique, puisque la tête et le torse de la nymphe sont en pierre fine [2]. Benvenuto raconte lui-même qu'il exécuta beaucoup de montures de camées antiques, et qu'en 1538 il travaillait à Rome aux parures d'or et de pierres fines de Francesco Sforza. On lui attribue par tradition la merveilleuse monture en émail d'un des camées antiques les plus disgracieux de notre Catalogue (n° 249), et l'on a songé aussi à lui imputer la paternité de la belle monture architecturale de notre n° 97, ainsi que la monture d'un très grand vase de cristal taillé par Valerio Vicentini et aujourd'hui au musée de Berlin [3]. Comme travail de glyptique, Benvenuto aurait, dit-on, gravé, entre autres, une petite écrevisse en cornaline, et huit têtes d'animaux divers, en onyx, de la grandeur d'une noisette.

Un autre orfèvre, Leone Leoni, d'Arezzo, grava aussi quelques gemmes. En 1550, notamment, il sculpta pour Charles-Quint un camée au sujet duquel il écrit ce qui suit au cardinal de Granvelle, évêque d'Arras : « Ces mois derniers, voyant une pierre fantastique, je conçus un caprice, et je me dis à moi-même que

1. J. Arneth, *Die Cinque-Cento Cameen*, p. 29. Voyez un autre camée attribué au même artiste, dans J. Arneth, *op. cit.*, p. 41 et pl. I, n° 24.

2. Eug. Plon, *Benvenuto Cellini*, pp. 140 et suiv.

3. J. Labarte, *Hist. des arts industriels*, t. III, p. 218; cf. E. Plon, *op. cit.*, p. 249.

si la chose réussissait, ce serait la plus belle fantaisie qui m'aurait traversé l'esprit. J'ai donc gravé au droit l'empereur et son fils, ainsi que le fit autrefois un sculpteur pour César et Auguste. Au revers, j'ai représenté l'impératrice tant aimée de l'empereur. Cette œuvre m'a si bien satisfait, qu'en vérité, je le crois, jamais je n'en ai fait ni vu une autre qui l'égale, soit en raison de la difficulté du travail artistique, soit en raison de la rareté de la pierre... » Leone Leoni demande à l'évêque d'Arras de présenter le camée à l'empereur et de lui faire ressortir le mérite de l'œuvre qui avait exigé « deux mois de fatigue [1] ». Le type du camée décrit dans cette lettre a été reproduit sur une médaille.

Pompeo Leoni, fils de Leone et orfèvre comme lui, a gravé en particulier une figure assise de la Concorde; elle est en argent sur un champ d'agate translucide [2].

Toutes les grandes collections de camées et d'intailles, à Paris, à Naples, à Florence, à Vienne, à Saint-Pétersbourg, à Berlin, à Londres, à Munich, à Dresde, renferment des œuvres de ces artistes italiens des XVe et XVIe siècles [3]. Parmi celles que possède le musée du Louvre, on remarque une statuette du Christ à la colonne; le Christ est en jaspe et les taches rouges qui ressortent sur le fond vert de la gemme ont été utilisées par l'artiste pour figurer le sang du Sauveur; la colonne est en cristal de roche. Il faut citer aussi, dans la Galerie d'Apollon, les bustes des douze Césars. La draperie des épaules est en argent, les têtes sont en pierres dures. Naples, Florence, Vienne, possèdent des bustes du même genre.

On ne sait à quels artistes attribuer ces œuvres non signées, qui révèlent, de la part de leurs auteurs, une habileté technique consommée, alliée à la connaissance intime des chefs-d'œuvre grecs et romains. En France, après François Ier et Henri II, ce fut surtout Catherine de Médicis qui enrichit les résidences royales des œuvres de la glyptique italienne. Charles IX hérita du goût des antiquités à la fois des rois ses prédécesseurs et de sa mère Catherine de Médicis et, sans les malheurs de son temps, il eût porté la collection royale à un degré de splendeur inconnu jusque-là. Sous son règne et, plus tard, sous Henri IV, trois graveurs en pierres fines, sont honorés de la faveur et de la protection royales: Olivier Codoré, Julien de Fontenay et Guillaume Dupré.

Longtemps on a cru que le nom de Codoré ou Coldoré n'était que le pseudonyme ou le sobriquet de Julien de Fontenay [4]. Mais, naguère, un document émané de la chancellerie du roi Charles IX a permis d'établir entre les deux graveurs contemporains une distinction formelle. Codoré vécut jusque sous le règne de Louis XIII [5].

Julien de Fontenay figure comme graveur en pierres fines sur l'état de la maison

1. E. Plon, *Leone Leoni et Pompeo Leoni*, pp. 69, 251 et 263.
2. E. Plon, *Leone Leoni*, p. 321; J. Arneth, *Die Cinque-Cento Cameen*, p. 95.
3. J. Labarte, *Hist. des arts industriels*, t. III, p. 217.
4. J. Mariette, *Traité*, t. I, p. 136; J. Labarte, *Hist. des arts industriels*, t. III, pp. 211-212.
5. Ph. de Chenevières, dans les *Archives de l'art français*, Documents, t. III, p. 39; Chabouillet, dans le *Bulletin de la Société de l'art français*, juillet 1875, p. 38.

du Roi en 1590. On le trouve ensuite nommé dans des lettres patentes de Henri IV, du 22 décembre 1608, portant privilèges en faveur des artistes logés sous la grande galerie du Louvre. Henri IV, qui le qualifie son « valet de chambre et graveur en pierres précieuses », porta, en 1611, ses gages à cent livres. Julien de Fontenay fut appelé en Angleterre par la reine Elisabeth pour graver le portrait de cette princesse : nos camées nos 967, 968 et 969, seraient-ils des œuvres de cet artiste?

Enfin, Guillaume Dupré, qui, comme medailleur, atteignit une si grande célébrité, cultiva aussi l'art de la glyptique. M. Chabouillet, qui l'a démontré [1], cite quelques intailles signées de ses initiales.

La collection royale n'ayant pas eté dispersée depuis Henri IV, il est hors de doute que la plupart des camées et intailles du Cabinet des Medailles, qui furent gravés par ordre du Roi à la fin du XVIe ou au commencement du XVIIe siècle, sont des œuvres de Codoré, de J. de Fontenay ou de G. Dupré. Mais comment attribuer à l'un ou à l'autre de ces maîtres éminents ces gemmes nombreuses, parmi lesquelles il s'en trouve qui méritent d'être considérées comme les chefs-d'œuvre de la glyptique française? Seuls, des règlements de comptes ou d'autres documents d'archives, qu'on trouvera peut-être un jour, permettraient de dire à quels artistes français de la fin du XVIe siècle, nous devons, par exemple, les bracelets de notre Catalogue, nos 624 et 625, les beaux portraits de Henri IV et de Marie de Médicis (*Catalogue*, nos 781 et suiv.), un certain nombre des effigies des empereurs romains tels que les douze Césars acquis par Louis XIV en 1687 (*Catalogue*, nos 725 à 736); ou enfin, ces médiocres restitutions sur coquilles des portraits des rois de France, depuis Pharamond jusqu'à Henri IV ou Louis XIII (*Catalogue*, nos 796 à 918).

IV. *Les camées depuis le* XVIIe *siècle jusqu'à nos jours.*

Après la mort de Henri IV, la glyptique cessa, pour un temps, d'être encouragée en France, et quelques camées d'un style assez banal, à l'effigie de Louis XIII (nos 791 à 795), d'Anne d'Autriche (nos 919 à 922), du cardinal de Richelieu (no 941), de Louis XIV jeune (nos 923 et 924) et de Mazarin (no 942), sont à peu près les seules œuvres qui représentent, dans notre Catalogue, cette période de semi-abandon.

C'est plutôt, semble-t-il, à la cour d'Autriche, que les rares graveurs, héritiers des maîtres de la Renaissance, paraissent s'être assuré un dernier refuge. Misseroni qui, nous l'avons vu, avait quitté l'Italie appelé à la cour de Rodolphe II, se fixa définitivement à Vienne, et ses enfants y vécurent, continuant les traditions de leur père : nous y trouvons Ambroise, Octave et Denis Miseron au

1. Chabouillet, *Guillaume Dupré, graveur en pierres fines* (in-8°, 1875); supplément en 1880. (Extrait du *Bulletin de la Société de l'art français*).

commencement du XVIIe siècle. Plus tard, Ferdinand-Eusèbe Miseron, fils de Denis, anobli et devenu seigneur de Lisom, fut confirmé dans les privilèges de ses ancêtres, comme graveur de la cour, par l'empereur Léopold Ier [1].

Un autre italien, Alessandro Masnago, fils du graveur milanais Antonio Masnago, également attiré à la cour d'Autriche par Rodolphe II, grava de nombreux camées et intailles, qui sont encore aujourd'hui dans la collection impériale de Vienne [2]. Vers le même temps, nous rencontrons, en Allemagne, Lucas Kilian, surnommé pompeusement « le Pyrgotèle allemand », Christophe Schwargen († 1600); Georges Hœfler; Daniel Engelhard [3]; Gaspard Lehmann, qui inventa des machines pour graver le verre dit cristal de Bohême [4]; Georges Schweiger, de Nuremberg, qui grava, en 1643, un beau portrait de Ferdinand III [5]; on cite aussi de lui divers sujets religieux; une de ses principales œuvres fut vendue 60,000 florins en Russie [6].

En Italie, d'assez nombreux artistes se montrent fort inférieurs à ceux du XVIe siècle. Ce sont, entre les plus remarquables : Perriciuoli, à Sienne; Chiavenni et Vaghi, à Modène; Carrione, à Milan; Adoni, à Rome; Castrucci, Giaffieri, Monicca, Gasparini, Gabriele Saracco [7], Calabresi [8]. Un Français, Suson Rey, alla s'établir à Rome, où il acquit une certaine réputation : on vantait beaucoup son portrait de Carlo Albani, le frère du pape Clément XI [8].

A Ferrare, la famille Sirletti attirait les regards de tous les amateurs de pierres gravées. Son représentant le plus illustre, Flavio Sirletti, appelé par le pape, vint s'installer à Rome, où il mourut le 15 août 1737. « On ne connaît, dit Mariette, presque aucun graveur moderne qui l'égale pour la finesse de la touche, ni dont le travail approche davantage de celui des Grecs. » Il a reproduit sur pierres fines les plus belles des statues antiques de Rome, quelquefois en modifiant leurs attributs à sa guise : l'Hercule Farnèse, l'Apollon du Belvédère, le Bacchus sur une panthère de la galerie Justinienne, dont il fit un Mercure, le Caracalla du palais Farnèse, le Laocoon, qui passe pour son chef-d'œuvre. Il grava aussi de nombreux portraits. Comme la plupart des modernes, il inscrit sur ses œuvres son nom en lettres grecques, pour imiter les Anciens : Φ·Σ ou simplement ΦΛΑΒΙΟΥ [9]. Les deux fils de Flavio exercèrent à Rome la même profession que leur père; ils s'appelaient Francesco et Raimondo; l'aîné signe ΦΡΑΓΚ·ΣΙΡΛΗΤΟΣ.

Borgognone et Stefano Mochi sont signalés comme graveur florentins dans le

1. J. Mariette, *Traité*, t. I, p. 134.
2. J. Arneth, *Die Cinque-Cento Cameen*, pp. 29-30.
3. J. Mariette, *Traité*, t. I, p. 117.
4. J. Mariette, *Traité*, t. I, p. 134.
5. J. Arneth, dans les *Sitzungsberichte der philos.-hist. Classe d. Akad. der Wissenschaften zu Vien*, t. XI, 1853, p. 641.
6. J. Arneth, *Die Cinque-Cento Cameen*, p. 80.
7. A. Bertolotti, *Le arte minori alla corte di Mantova*, pp. 78, 88, 200, 208 (Milan, 1889).
8. C. W. King, *Antique Gems*, t. I, p. 428.
9. J. Mariette, *Traité*, t. I, pp. 140-141; King, *op. cit.*, t. 432.

dernier tiers du XVIIe siècle [1]. Domenico Landi, de Lucques, travaillait à Rome au commencement du XVIIIe; on lui doit les bustes affrontés de Trajan et de Plotine (comparez notre *Catalogue*, n° 740); de Marciane et de Matidie; de la famille des Sévères; et surtout un buste d'Auguste [2]. Giovanni Costanzi et son fils Carlo Costanzi sont alors les graveurs romains les plus en vogue [3]. Le second, Carlo, né à Naples en 1703, grava quelques diamants qui témoignent d'une grande habileté technique [4]. Ses chefs-d'œuvre sont le portrait en camée du cardinal Georges Spinola; le portrait de l'impératrice Marie-Thérèse sur un très grand saphir oriental; enfin, celui du pape Benoît XIV, sur une belle émeraude qui lui coûta deux ans et demi d'un travail assidu. Les pierres gravées par cet habile artiste, dit Mariette, sont répandues dans toute l'Europe, « et l'on prétend que personne entre les modernes n'a aussi bien gravé que lui la tête d'Antinoüs, ce qui est cause qu'on la lui a fait répéter une infinité de fois. Ses copies en ont souvent imposé même à des connaisseurs, qui prétendaient être fort clairvoyants; et tel est l'effet qu'a produit cette belle copie de la Méduse, dont l'original, admirablement gravé par Solon, est dans le cabinet de Strozzi [5], et qui fut exécutée, en 1729, pour M. le cardinal de Polignac. Combien de gens y ont été trompés, au premier coup-d'œil? »

Dans le cours du XVIIIe siècle, les graveurs italiens sont si nombreux que les noms les plus saillants seuls peuvent retenir notre attention : à Florence, L.-M. Weber, A. Santini, M. Aschari, G. Cavini, A. Ricci [6]; à Livourne, Girolamo Rossi; à Venise, F.-M. Fabii et Masini; à Naples, F. Ghinghi et Antoine Pichler. Ce dernier, né en 1700, à Brixen, dans le Tyrol, s'installa à Naples en 1730 et fut la souche d'une famille illustre dans l'histoire de la gravure en pierres fines; il excellait à graver des Vénus et des Amours; il signe A·Π., initiales de son nom en grec [7]. Un graveur florentin, Felice Barnabe, a signé des ouvrages de son seul prénom ΦΕΛΙΞ, et ses œuvres ont souvent été confondues avec celles du graveur grec de ce nom qui vivait dans le Ier siècle de notre ère.

Francesco Borghigiani, né à Florence en 1727, commença sa réputation avec une belle tête d'Alexandre. Il était à Rome en 1751, où il exécuta sur camées les portraits de Socrate, de Tibère, de Faustine. Sa fille Anna, qui grava comme lui, signe ses œuvres ΑΝΝΑ ΒΟΡΓΙΓΙΑΝΟϹ ΕΠΟΙΕΙ [8].

Antoine Passaglia, à la fois graveur et lieutenant dans la garde du pape, dans

1. King, *op. cit.*, t. I, p. 430.
2. J. Mariette, *Traité*, t. I, pp. 143 et 152; King, *op. cit.*, t. I, p. 434.
3. J. Mariette, *Traité*, t. I, pp. 141 et 152; King, *Antique Gems*, t. I, p. 433.
4. Voyez ci-dessus, p. v.
5. Aujourd'hui au Musée britannique. Murray et Smith, *Catal. of engraved Gems*, n° 1256.
6. King, *Antique Gems*, t. I, pp. 434-435.
7. J. Mariette, *Traité*, t. I, p. 152; J. Arneth, *Die Cinque-Cento Cameen*, p. 93; J. Leturcq, *Notice sur Jacques Guay*, p. 81.
8. J. Leturcq, *Notice sur Jacques Guay*, p. 83.

la seconde moitié du XVIIIe siècle, signe ΠΑΖΑΛΙΑΣ [1] ou PA, comme sur notre portrait de Necker (*Catalogue*, n° 945). Rega, de Naples, et Berini florissaient dans le même temps [2].

A la fin du XVIIIe siècle et au commencement de celui-ci, les graveurs italiens qui jouissent de la faveur du public sont : à Rome, Santarelli, dont nous avons un camée (*Catalogue*, n° 1040), Capperoni, Cerbara et Giuseppe Girometti, auquel nous devons un joli buste du Printemps (*Catalogue*, n° 618). G. Girometti travailla pour les papes Pie VII, Léon XII et Pie VIII ; pour le cardinal Consalvi, le sculpteur Canova, le poète tragique Niccolini [3]; après lui, son fils Pietro Girometti suivit noblement ses traces. A Naples, nous trouvons la signora Teresa Talani [4] et Jean Pichler, fils d'Antoine Pichler. Antoine, que nous avons vu venir du Tyrol pour s'installer à Naples en 1730, avait eu deux fils, l'un, d'un premier lit, Jean Pichler, et l'autre, d'un second lit, Louis Pichler, beaucoup plus jeune, qui devint l'élève de son frère. Jean Pichler, le plus illustre de la famille, mérita d'avoir un biographe [5]; il signe ΠΙΧΛΕΡ, et ses œuvres sont aussi excellentes que nombreuses; en dehors des portraits de contemporains, il travailla généralement d'après l'antique, et il doit compter parmi les graveurs en pierres fines qui réussirent le mieux à se rapprocher du style et de la technique des œuvres gréco-romaines. D'une fécondité extraordinaire, il n'avait pas quatorze ans lorsqu'il mit, pour la première fois, la main au touret; il exécuta deux de ses plus belles œuvres : *Hercule étouffant le lion* et *Hercule domptant le taureau,* lorsqu'il avait dix-sept ans à peine. Il paraît, au dire de son biographe, que n'ayant aucune préoccupation mercantile, il se laissa longtemps naïvement exploiter par un marchand d'antiquités de Rome, « qui lui portait chaque jour des sardonyx, des cornalines, des agates et d'autres pierres orientales qu'il lui faisait graver pour un prix très borné. Pichler répétait le plus souvent les sujets qui trouvent le plus de débit; ces pierres passaient pour antiques, ce qui occasionnait souvent des disputes entre les propriétaires, qui taxaient réciproquement leurs pierres de copies, tandis que réellement elles étaient toutes originales, mais modernes. Pichler disait avoir répété plus de douze fois le sujet de Léandre à la nage, avec une tour dans le fond, à laquelle Héro attache un fanal, ainsi que celui d'Achille traînant le corps d'Hector autour des murs de Troie ».

Pichler copia un grand nombre de statues des musées de Rome ou même d'autres villes; il imita la plupart des gemmes antiques les plus célèbres. Bien qu'il ne puisse passer pour un vulgaire faussaire, il est bon cependant de retenir cet

1. King, *op. cit.,* t. I, p. 438.
2. King, *op. cit.*, t. I, p. 442.
3. King, *Antique Gems,* t. I, p. 444.
4. Millin, *Introd. à l'étude des pierres gravées,* éd. de 1826, p. 213 ; le même, *Dictionn. des Beaux-Arts*, voy. *Glyptique,* t. I, p. 718.
5. Dans *le Magasin encyclopédique*, t. III (1797), pp. 472 et suiv. Voir aussi sur Jean Pichler : Millin, *Introd. à l'étude des pierres gravées*, p. 212 ; *Dictionn. des Beaux-Arts,* t. I, p. 718; Mariette, *Traité*, t. I, p. 152 ; Gori, *Dactyl. Smith.*, t. II, p. 223; King, *op. cit.*, t. I, p. 440 ; J. Leturcq, *Jacques Guay*, p. 81.

aveu de son panégyriste : « Il a fait passer quelques-unes de ses intailles comme antiques, pour se moquer de quelque prétendu connaisseur et punir ceux qui avaient critiqué ses ouvrages; mais jamais il n'en a demandé un plus haut prix que pour un ouvrage qu'il aurait avoué moderne et de sa propre main. » Telle fut la réputation de Jean Pichler et la vogue de ses œuvres que des graveurs, ses contemporains, allèrent jusqu'à inscrire son nom sur des gemmes qui n'étaient pas de lui : on le traitait comme un antique. Il mourut à Rome en 1791.

Philippe-Christophe de Becker, né à Coblence en 1675, mort à Vienne le 8 mai 1743, est regardé par Mariette comme le meilleur graveur en pierres fines de l'Allemagne; on cite de lui surtout un portrait de l'empereur Charles VI († 1740); quand il signe ses ouvrages, c'est sous l'une de ces deux formes : P. C. B., ses initiales, ou D. BECKER [1].

Christophe Dorsch de Nuremberg (1676-1732), et ses deux filles, artistes médiocres, inondèrent l'Allemagne de leurs gravures : portraits de papes, d'empereurs, de rois de France et d'autres souverains ou personnages célèbres. Un grand nombre de ces œuvres formèrent le cabinet d'Ebermayer, qui les publia [2]. Marc Tuscher, aussi originaire de Nuremberg, travailla successivement à Rome, en Angleterre et en Danemark; il signe parfois en grec, simplement ΜΑΡΚΟϹ [3]. Jacques Abraham, de Berlin, grava sur cornaline une remarquable tête de Marie-Thérèse conservée dans la collection impériale de Vienne [4].

L'artiste qui jouit plus particulièrement de la protection de Marie-Thérèse est Louis Siriès, dont le musée de Vienne possède les ouvrages les plus importants. Siriès était un orfèvre français qui alla s'établir à Florence, où, en 1740, il devint directeur des travaux en pierres fines. Actif et fort habile, dès 1757 ses œuvres étaient si nombreuses qu'on en publiait le catalogue sous ce titre : « Catalogue des pierres gravées par Louis Siriès, orfèvre du roi de France, présentement directeur des ouvrages en pierres dures de la galerie de S. M. impériale à Florence (Florence, 1757, in-4°). » Ce catalogue comprend jusqu'à cent soixante-huit numéros. La reine Marie-Thérèse acheta tous ces camées et beaucoup d'autres encore. Le directeur du cabinet de Vienne, M. de France, en prenant possession de cette imposante collection, l'apprécie en ces termes : « Tous ces ouvrages en gravure en pierres dures sont de M. Louis Siriès, à Florence, âgé de soixante-dix ans, qui a trouvé l'art de graver en relief avec des fonds plats, dans une perfection qui surpasse celle de tous les anciens et modernes; qui mérite, pour le peu de temps qu'il a employé pour faire toutes ces pièces où il y a quelque mille figures entières, d'être regardé comme un phénomène du genre humain. Écrit à Vienne,

1. J. Mariette, *Traité*, t. I, pp. 146 et 152; J. Arneth, *Die Cinque-Cento Cameen*, p. 92; King, *op. cit.*, t. 1, p. 439.

2. Ebermayer. *Gemmarum thesaurus* (Nuremberg, folio, 1720; L. Natter, *Traité de la méthode*, Préface, p. XVII; J. Mariette, *Traité*, t. I, p. 145; Millin, *Dict. des Beaux-Arts*, t. I, p. 719; Gori, *Dact. Smith.*, t. II, p. 278; King, *Antique Gems*, t. I, p. 439; J. Leturcq, *Jacques Guay*, p. 83.

3. J. Mariette, *Traité*, t. I, p. 144; King, *Antique Gems*, t. I, p. 437.

4. Arneth, *Die Cinque-Cento Cameen*, p. 93.

en recevant le grand onyx du Trésor impérial, où j'ai fait graver par lui-même, en relief, toute l'auguste famille en portrait entier, qui consiste en leurs Majestés, quatre archiducs et huit archiduchesses (ainsi 14 portraits). A Vienne, 1756. » Le camée dont il est ici parlé représente l'empereur François Ier avec la reine Marie-Thérèse, entourés de toute la famille impériale d'Autriche. Au revers, on lit la signature de l'artiste : LVD· SIRIES SCALP· FLOR. C'est le plus grand des camées que Marie-Thérèse ait fait exécuter par Louis Siriès ; elle le lui paya 2,681 florins [1].

Louis Siriès signait parfois simplement de ses initiales L. S. Il exécuta non seulement des camées et des intailles, mais des coupes, de petits bibelots et en particulier des tabatières en lapis-lazuli très recherchées par les amateurs contemporains [2].

Jean-Laurent Natter, né à Biberach, en Souabe, en 1705, mort à Saint-Pétersbourg en 1763, remplit la charge de graveur de la monnaie d'Utrecht, et fut ainsi, comme tant d'autres, à la fois graveur en médailles et en pierres fines. Assez peu satisfait de son sort, d'humeur chagrine et voyageuse, il travailla successivement en Suisse, en Italie, à Venise, en Angleterre, en Danemark, en Suède, en Russie. La plupart des souverains et des plus puissants personnages de l'Europe, en particulier Christian VI, roi de Danemark, Guillaume IV, prince d'Orange, et le cardinal Alexandre Albani, lui demanderent leur portrait ou lui firent exécuter des travaux en pierre fine. Il signe tantôt L. NATTER, comme sur notre camée n° 980 qui représente Anne de Brunswick, princesse d'Orange ; tantôt il transcrit son nom en lettres grecques, NATTEP, ou même il le traduit en grec, ΥΔΡΟΥ, *serpent*, parce que le mot allemand *natter* signifie *serpent* [3].

Quel que fût son talent de graveur, nous sommes surtout redevables à Natter d'un *Traité de la méthode antique de graver en pierres fines comparée avec la méthode moderne* (Londres, 1754). Nous recueillons dans ce livre de précieuses confidences sur les sentiments qni animaient les graveurs en pierres fines des derniers siècles vis-à-vis des œuvres des graveurs grecs et romains. Ainsi, nous avons, maintes fois déjà, signalé la déplorable manie qu'eurent ces artistes de retoucher les pierres gravées antiques en y inscrivant un nom célèbre de graveur grec, ou bien en plaçant, sur leurs propres œuvres, un nom illustre dans les fastes de la glyptique gréco-romaine. Natter a pratiqué lui-même cette fâcheuse coutume, et, à propos du blâme que Mariette adresse judicieusement aux artistes à ce sujet, il se justifie comme il suit : « M. Mariette se fâche presque contre ceux qui mettent aujourd'hui des inscriptions grecques sur les pierres gravées. Mais il n'y a de blâmable que celui qui vend à dessein de telles gravures modernes

1. J. Arneth, *Die Cinque-Cento Cameen*, pp. 75-78 ; E. Babelon, *La gravure en pierres fines*, p. 291. M. de France avait lui-même une importante collection d'œuvres de Louis Siriès (*Musei Franciani descriptio*, Leipzig, 1781, 2 vol.).

2. King, *Antique Gems*, t. I, pp. 437-438.

3. Sur Natter, voir surtout : Mariette, *Traité*, t. I, p. 143 ; J. Leturcq, *Notice sur Jacques Guay*, p. 28 ; King, *op. cit.*, t. I, p. 435.

pour des antiques. A peine étais-je arrivé à Rome, que le chevalier Odam m'engagea à copier la Vénus de M. Vettori, à en faire une Danaé et à y mettre le nom d'*Aulus*. Je vendis ensuite cette pièce (que je regarde comme une bagatelle) à M. Shwanav, qui était alors gouverneur d'un jeune prince de Dieterichstein et qui paraissait faire grand cas de cet ouvrage qu'il savait être de ma façon. Je n'ai pas honte, non plus, d'avouer que je continue encore aujourd'hui à faire de telles copies, toutes les fois qu'on me les commande. Mais je défie toute la terre de me convaincre que j'en aie jamais vendu une seule comme antique... En parlant d'une copie que M. Costanzi a faite de la fameuse Méduse de Strozzi, Mariette loue fort les lettres grecques du nom de *Solonos*, qu'il y a gravées, mais qui sont très mal copiées, de même que plusieurs autres de ses copies où il a mis le faux nom de quelque graveur grec. J'ai aussi vu dernièrement à Dresde une tête de jeune Hercule de sa façon, avec le nom de *Gnaios*. »

Quand bien même on admettrait la sincérité et la bonne foi de Natter et de tous les artistes, il n'en est pas moins vrai que les gemmes fausses, — car nous ne pouvons les appeler autrement, au point de vue archéologique, — se sont répandues à profusion dans le monde des amateurs et ont donné lieu, apres eux, à des duperies sans fin. Les noms de Phrygillos, Pergamos, Olympios, Onatas, Pyrgotèle, Athénion, Cronios, Dioscoride, Solon, Aspasius, Agathopus, Pamphile, Eutychès, Hyllus, Aulus, Epitynchanus, Evodus, Tryphon et de tous les autres graveurs grecs et romains connus dans les trois derniers siècles, ont ainsi été profanés et prodigués sur des gemmes, les unes antiques, les autres modernes, qui s'étalent aujourd'hui dans toutes les collections publiques. Il faut lire dans les écrits des meilleurs juges en cette matière, tels que : Raoul Rochette, H. K. E. Kœhler, H. Brunn, Chabouillet, King, Furtwaengler, Murray et vingt autres savants contemporains, les embarras et les hésitations qu'on éprouve à se prononcer pour ou contre l'authenticité de la plupart des signatures qu'on relève sur les pierres fines. Nous ne saurions songer à entrer ici dans cet examen délicat, mais nous ne ferons aucune difficulté d'avouer que l'habileté avec laquelle ces œuvres ou ces signatures sont gravées nous jette dans une perplexité d'autant plus grande que les pierres gravées, à l'inverse des monnaies ou des autres monuments, n'ont jamais de patine, et qu'ainsi aucun caractère extérieur ne révèle, le cas échéant, leur modernité; observez, d'autre part, que les sujets gravés sont souvent des copies d'œuvres antiques, copies qui peuvent avoir été exécutées à n'importe quelle époque.

Les caractères paléographiques trahissent parfois la main du faussaire, comme sur la célèbre Méduse Strozzi, aujourd'hui au Musée britannique; la gemme, trouvée à Rome, au commencement du XVIIIe siècle, est antique [1], mais Natter ou l'un de ses émules y a gravé la signature ΣΟΛΟΝΟC, dont la modernité est révélée par la forme donnée aux caractères.

Parfois, le procédé du faussaire se trouve démasqué d'une manière assez inattendue. C'est ainsi qu'il existe au Musée britannique une cornaline représentant

1. Smith, *A Catalogue of engraved in the British Museum*, p. 148, n° 1256.

un sphinx que son style remarquable permet de classer au IVe siècle avant notre ère [1]; mais, dans le champ, on a inscrit, à l'époque de la Renaissance, la signature ΘΑΜΥΡΟΥ, dans le but d'attribuer l'œuvre à un artiste grec du nom de Thamyras. Un tel graveur n'a jamais existé. Le nom a été emprunté à une autre gemme antique qui se trouve aujourd'hui également au Musée britannique; seulement ici, étant données la grandeur et la grossièreté des lettres, nous sommes visiblement en présence du nom du possesseur de la gemme. C'est ce nom qui, pris pour une signature d'artiste, au XVIe siècle, a été reproduit sur une autre gemme. Nous connaissons à peu près une dizaine de pierres antiques ou modernes, sur lesquelles est gravée la signature ΑΛΛΙΟΝ ou ΑΛΛΙΩΝΟϹ. Or, ce prétendu graveur Allion n'a dû, semble-t-il, son existence imaginaire qu'à une erreur de lecture commise dans le courant du XVIe siècle. La galerie de Florence possède, en effet, une cornaline antique représentant le buste d'un athlète; dans le champ, se trouve en deux lignes le mot ΔΑΛΙΟΝ, qui offre tous les caractères de l'authenticité et n'est autre que le nom même de l'athlète. On a lu, par erreur, ΑΛΛΙΟΝ, et ce nom a été regardé comme une signature; mais on ne s'arrêta pas en si beau chemin, et le nom d'Allion, tantôt au nominatif, tantôt au génitif, fut gravé sur une quantité d'œuvres antiques ou modernes [2]. C'est enfin à des supercheries ou à des erreurs de même nature que des noms tels que Aetion, Masinos, Admon, Nicomachos, Neisos, Hellen, Heios, Miron, Ammonios, Hermaiscos, Epitonos, Carpos, Pharnacos, Alphaeos et nombre d'autres, ont pris rang, trop longtemps, parmi les graveurs de l'antiquité [3].

Gottfried Kraft, de Dantzig, fut le principal élève de Natter; connu à Rome sous le nom de *il Tedesco*, il se fit une certaine réputation vers 1760. Hug, de Neufchâtel, en Suisse, qui vivait vers le même temps, mérite aussi d'être cité [4].

L'Angleterre, après avoir été longtemps tributaire du continent et avoir appelé les artistes étrangers, en produisit quelques-uns à son tour. Charles-Christian Reisen, qui grava le portrait de Charles XII, roi de Suède, vint s'établir en Angleterre, où il mourut en 1725, non sans avoir fait quelques élèves, parmi lesquels, Claus et Smart, les émules de Thomas Simon [5]. Dans les œuvres les plus remarquables de ce dernier, on cite des portraits d'Olivier Cromwell et de lord Clarendon, premier ministre de Charles II [6]. Wray, de Salisbury, mort en 1770, signe ses gemmes en grec : ΟΥΡΑΙΟΣ. L'Écossais Seaton est signalé par Mariette comme le plus grand graveur de Londres de son temps [7]. L. Marchant

1. Smith, *Catal. of engraved gems*, n° 1346.
2. Voir notamment S. Reinach, *Pierres gravées*, pp. 158-159.
3. Voyez surtout A. Furtwaengler, *Studien über die Gemmen mit Kunstlerinschriften*, dans le *Jahrbuch des kais. deut. archaeol. Instituts*, 1888 et 1889.
4. L. Natter, *Traité de la méthode de graver en pierres fines*, p. XXXV. Sur tous ces artistes modernes, voyez surtout H. Bolzenthal, *Skizzen zur Kunstgeschichte der modern Medaillen-Arbeit* (1429-1840). Un vol. in-8°, Berlin, 1840.
5. Mariette, *Traité*, t. I, p. 147.
6. J. Leturcq, *Jacques Guay*, p. 4.
7. Mariette, *Traité*, t. I, p. 148.

(1755 à 1812) est né et a constamment travaillé en Angleterre; on a de lui de nombreuses gravures, signées tantôt MARCHANT [1], tantôt ΜΑΡΧΑΝΤ ΕΠΟΙΕΙ [2]. Citons encore les deux frères Charles et William Brown, et R. A. Burch, qui mourut en 1814 [3].

En France, le XVIIIe siècle, et en particulier l'époque de Mme de Pompadour, pourrait s'appeler la période de splendeur de la glyptique moderne. Tout d'abord, des artistes de second plan, tels que les deux Maurice, père et fils, et J.-B. Certain, qui fit une copie de la cornaline dite *cachet de Michel-Ange*, méritent à peine d'être tirés de l'oubli [4].

Il faut prononcer un jugement moins sévère sur François-Julien Barier, qui, né à Laval en 1680 et mort à Paris en 1746, obtint le titre de graveur ordinaire du Roi, en pierres fines. Il excellait, paraît-il, à graver des sujets microscopiques; ses portraits de Fontenelle et du marquis Rangoni le mirent hors de pair, et Voltaire le cite dans un quatrain adressé à une dame à qui il envoyait une bague avec son portrait :

> Barier grava ces traits destinés pour vos yeux ;
> Avec quelque plaisir daignez les reconnaître.
> Les vôtres dans mon cœur furent gravés bien mieux;
> Mais ce fut par un plus grand maître.

D'après Caylus, Barier aurait inventé, pour donner une couche blanche artificielle à une gemme quelconque, un procédé qui nous semble aujourd'hui puéril. « L'opération consiste, dit Caylus, à mettre une couche de tripoli bien égale sur une cornaline, et à l'exposer à un feu très doux, car s'il était fort, il ferait blanchir la cornaline. Ce feu doux établit si bien ce tripoli, que le touret ne l'emporte pas plus aisément que la cornaline ou l'agate que l'on veut graver. Ce travail, ainsi disposé, présente des figures rouges sur un fond blanc, que rien ne peut altérer. Cette opération donne une sorte d'agrément aux compositions et produit du moins une petite singularité. Je dois le secret de cette petite manœuvre à feu Barier, graveur du Roi, en pierre, qui l'avait retrouvé par hasard en cherchant autre chose, comme il arrive presque toujours et principalement en chimie [5]. »

Louis Chapat, auquel nous devons un Louis XV sur un silex grossier (*Catalogue*,

1. Chabouillet, *Catalogue*, n° 2517.
2. Millin, *Introd. à l'étude des pierres gravées*, p. 214; le même, *Dictionn. des Beaux-Arts*, t. I, v° *Glyptique*; King, *Antique Gems*, t. I, p. 446; Leturcq, *Jacques Guay*, p. 245, note 2. Raspe, dans le *Catalogue d'empreintes de Tassie*, publie 65 pierres gravées de Marchant.
3. Raspe, *Catalogue d'empreintes de Tassie*, t. II, p. 2; King, *Antique Gems*, t. I, p. 447; Leturcq, *Jacques Guay*, p. 247, note.
4. Mariette, *Traité*, t. I, p. 139.
5. Caylus, *Recueil d'antiquités*, t. VI, p. 298. Sur Barier, voir aussi : Mariette, *Traité*, t. I, p. 149; Gori, *Dactyl. Smith.*, t. II, p. 272; Millin, *Introd. à l'étude des pierres gravées*, p. 215; le même, *Dict. des Beaux-Arts*, v° *Glyptique*, p. 719; King, *Antique Gems*, t. I, p. 440.

nº 932), ne nous est pas autrement connu. Jean-Conrad Muller, né à Strasbourg où son père († 1733) exerçait la profession de graveur, vint s'établir à Paris, où il ne grava guère que des armoiries sur des cailloux du Rhin et d'autres pierres dures [1]. De tels ouvriers de commerce étaient loin de pouvoir soutenir la comparaison avec les artistes que nous avons énumérés pour l'Italie et l'Allemagne. Ils étaient loin surtout de faire présager le nom qui éclipse tous les autres, tant en France qu'à l'étranger, l'homme de génie qui incarne en lui seul l'apogée de la gravure en pierres fines au XVIIIe siècle, et se présente devant l'histoire comme le digne émule de Pyrgotèle, de Dioscoride, de Valerio Vicentini : j'ai nommé Jacques Guay.

Jacques Guay naquit à Marseille le 26 septembre 1711 [2]. Élève de François Boucher, il prit le goût de la glyptique en examinant la collection de Pierre Crozat († 1744), conseiller au Parlement, qui possédait jusqu'à 1,400 pierres gravées. Il alla en 1742 à Florence, pour étudier le riche cabinet du grand-duc; puis à Rome, où il commença à produire différentes œuvres d'après l'antique : une tête d'Octave, un Marc Aurèle, un Antinoüs, qui, à Paris, excita l'admiration de tous les connaisseurs sous le nom de *le Lantin* [3].

Rappelé de Rome à Paris, Guay exécuta des compositions plus importantes. Une charmante intaille sur une sardoine blonde, représentant le *Génie de la poésie*, d'après un dessin de Bouchardon; une autre intaille, aussi d'après un dessin de Bouchardon, figurant l'enlèvement de Déjanire, sont les œuvres qui assoient sa réputation.

Après le succès de ces débuts, Guay prit confiance en lui-même, et bientôt il fut remarqué par Mme de Pompadour, qui, non seulement le protégea et l'encouragea, mais voulut elle-même se faire son élève. « La marquise emmena Guay à Versailles, installa son touret dans ses propres appartements et lui commanda cette intéressante série de sujets qui nous ont transmis les principaux faits du règne de Louis XV et les galants intermèdes qui distrayaient l'ennui du Roi [4]. » Un recueil d'estampes à l'eau-forte, dues à Mme de Pompadour elle-même, nous a conservé les images des œuvres que Guay exécuta pour elle.

Une fois installé à Versailles et nommé graveur du Roi, Jacques Guay, à la demande de la marquise qui voulait flatter son royal amant, grava sur une cornaline le *Triomphe de Fontenoy* (11 mai 1745) d'après une médaille et sur le dessin de Bouchardon. C'est le premier sujet historique qu'ait traité notre artiste : on ignore ce que cette gemme est devenue. Viennent ensuite les pierres suivantes : la *Victoire de Lawfeldt* (2 juillet 1747), sur une sardoine, d'après la médaille et le dessin de Bouchardon [5]; les *Préliminaires de la paix* de 1748 [6]; la *Naissance du*

1. J. Mariette, *Traité*, t. I, p. 147.
2. Voyez son extrait de baptême, dans le *Bulletin de la Société de l'art français*, 2e année, 1876, p. 66.
3. J. Mariette, *Traité*, t. I, p. 150; J. Leturcq, *Notice sur Jacques Guay*, p. 23.
4. J.-F. Leturcq, *Jacques Guay*, p. 29.
5. Chabouillet, *Catalogue*, nº 2498.
6. Chabouillet, nº 2499.

duc de Bourgogne (1751), camée sur sardonyx (*Catalogue*, n° 659); les *Vœux de la France* pour le rétablissement de la santé du dauphin, intaille sur saphir [1]; les *Actions de grâce* pour le rétablissement du dauphin, en 1752 [2]; la *Mort du duc d'Aquitaine*, le 22 février 1734; l'*Alliance de la France et de l'Autriche*, camée (*Catalogue*, n° 660); la *Bataille de Lutzelberg*, le 10 octobre 1758, intaille sur cornaline; la *Statue de Louis XV*, érigée sur la place de la Concorde en 1763, camée (*Catalogue*, n° 662); *Apollon couronnant le génie de la peinture et de la sculpture*, en 1748, intaille exécutée en l'honneur de l'admission de Jacques Guay à l'Académie de peinture et de sculpture [3]; ce fut à l'occasion du même événement que Guay grava une autre gemme : *Minerve* (la marquise de Pompadour) *protégeant la gravure en pierres précieuses*, intaille sur calcédoine [4]. Citons encore, comme œuvre historique, une intaille sur cornaline, intitulée : *Génie militaire.* On possède une note manuscrite de Guay ainsi conçue : « Madame de Pompadour a beaucoup travaillé à cette pierre [5]. » La gemme est signée : POMPADOUR F, le sort de cette intaille est inconnu.

Jacques Guay fit de nombreux portraits sur pierres fines. Le plus remarquable, celui que nous considérons comme le chef-d'œuvre de la glyptique moderne, est le buste de Louis XV, sur une belle sardonyx à trois couches qui fut exposé au Salon de 1755 (*Catalogue*, n° 926). D'autres portraits de Louis XV en camées (*Catalogue*, nos 927, 928, 929, 930) et en intailles; un Henri IV (*Catalogue*, n° 788); des portraits de Mme de Pompadour; les bustes conjugués de Louis, dauphin de France, et de Marie-Josèphe de Saxe, camée qui figura au Salon de 1759 (*Catalogue*, n° 933); une *Marie-Antoinette*, beau camée qui appartient aujourd'hui à M. le baron Roger de Sivry; des portraits de Louis XVI et de personnages célèbres du XVIIIe siècle : le roi de Pologne, le prince de Saxe-Gotha, le cardinal de Rohan, la maréchale de Mirepoix, Crébillon le père, et jusqu'à Jacquot, le tambour-major du régiment du Roi, buste intaillé sur une sardoine brune, en 1753 [6]. Signalons enfin un délicieux cachet qui a servi à Mme de Pompadour ou à Louis XV, avec le portrait en camée de la marquise dissimulé dans un médaillon qu'un ressort délicat permet d'ouvrir (*Catalogue*, n° 944) [7].

A cette époque de mollesse et de volupté, Guay ne pouvait manquer, comme la plupart des artistes ses contemporains, de traiter les sujets légers et frivoles : son

1. Chabouillet, n° 2501.
2. Chabouillet, n° 2502.
3. Jacques Guay a exposé un certain nombre de ses ouvrages en glyptique dans les Salons des Expositions de 1747 à 1759. Voir, à ces dates, les *Livrets des anciennes Expositions*, publiés par M. J. Guiffrey (1868-1871). Avant 1747 aucun graveur en pierres fines n'avait encore exposé, parce qu'aucun n'avait encore fait partie de l'Académie de peinture et de sculpture. J. Leturcq, *Notice sur Jacques Guay*, p. 191.
4. Chabouillet, *Catalogue*, n° 2503.
5. J. Leturcq, *op. cit.*, pp. 41-42.
6. Chabouillet, n° 2500.
7. Voyez aussi le cachet de Madame de Pompadour sur une topaze à trois faces. Chabouillet, *Catalogue*, n° 2504.

habileté dans ce genre ne contribua pas peu à sa renommée à la cour [1]. Les plus gracieuses de ses compositions sur pierres fines ont pour titres : l'*Amour musicien*, l'*Amour et l'âme*, l'*Amour jardinier*, camée (*Catalogue*, n° 663), l'*Amour ayant désarmé les dieux présente la couronne à son héros* (Louis XV); *la Fidèle Amitie*, camée (*Catalogue*, n° 664), dont Mme de Pompadour exécuta elle-même une copie en intaille. Mais, comme l'écrit J. Leturcq, ce n'est ni le nombre ni le choix des sujets qui ont assuré à Guay la célébrité devant l'histoire, « c'est la manière dont il traite le portrait, et surtout le portrait historique. On peut dire, sans crainte d'exagération, qu'il atteignit, dans cette spécialité, le suprême degré, et qu'aucun artiste moderne, ni dans ses devanciers ni dans ses successeurs, n'a pu lutter avec lui et ne pourra l'égaler [2] ».

Mariette avait déjà rendu ce jugement sur Jacques Guay : « Il dessine et il modèle bien, et persuadé que de là dépend le succès de ses gravures, il étudie continuellement, afin de devenir encore meilleur dessinateur... Outre la ressemblance, qui est ordinairement parfaite dans ses portraits, on y trouve de la vie : celui de M. de Crébillon, le père, est parlant. Quelques enfans, quelques figures de femmes qu'il a représentées, sont remplies de grâces et ont la souplesse de la chair. Et quel est le graveur qui, depuis les Anciens, a jeté dans son travail autant d'esprit, que celui qu'il a mis sur une cornaline où il a exprimé en petit, sur le dessin de M. Bouchardon, le triomphe de Fontenoy [3]? »

Chose étrange, cet artiste si éminent, qu'on a surnommé le dernier des grands graveurs en pierres fines, était d'une rare ignorance, si l'on en juge par les notes manuscrites qu'il a laissées et que M. J. Leturcq a reproduites dans son livre; nous ne résisterons pas au plaisir de citer quelques échantillons de l'orthographe de cet illettré de génie :

Téte Dauctave gravée en creux dapre le marbre entique qui est au Capitolle à Rome.

Prêtre Egiptien. Guay a gravé en creux cette entique le Nont grec et mis pour mieux en imposer la figure et copiést dapré un barelief entique qui est à Rome. La pierre a partien à M. le Conte de Vance.

Les critiques diron ce quil leurs plera une Prefase et quelque chose. En voilà une.

Portrait de M. de Crébillon le Père Selebre Poiete.

Cette pierre est gravée en creux. Guay la faite pour sont morsaux de reseption de la Cademiee.

Les premières œuvres de Guay sont anonymes; plus tard, il signe GUAY F. ou simplement GUAY. Quand on compare entre elles les signatures de Guay, au point de vue paléographique, on y constate des différences telles, qu'on douterait de l'authenticité d'un certain nombre d'entre elles, si nous ne connaissions l'origine des gemmes. N'y a-t-il pas là de quoi faire réfléchir les critiques qui, dans l'examen des signatures d'artistes, prennent exclusivement pour critérium les caractères

1. J. Leturcq, *Notice sur Jacques Guay*, p. 54.
2. J. Leturcq, *Notice sur Jacques Guay*, p. 44.
3. J. Mariette, *Traité*, t. I, pp. 149-150.

paléographiques? « Il est curieux, dit J. Leturcq, de signaler une différence considérable, quant à l'exécution, entre les diverses signatures de Guay; quelques-unes sont formées de caractères d'une grande finesse et d'une grande perfection; d'autres, au contraire, sont faites avec des lettres qui ne sont pas sans quelque ressemblance avec l'écriture ordinaire de Guay, écriture qui, tout en étant très lisible, est loin d'offrir des modèles de calligraphie... Cela ne nous amènerait-il pas à conjecturer que Guay ne grava pas toujours lui-même les signatures et les inscriptions de ses pierres, et laissa ce soin à des mains moins artistes, mais plus habituées à ces sortes de travaux, comme nous voyons encore de nos jours les graveurs héraldiques et les graveurs de chiffres exceller à faire certains ouvrages dans lesquels l'art n'entre pour rien? C'est ainsi que nous voyons également les artistes graveurs sur bois, sur cuivre, sur acier, faire faire au bas de leurs planches, par des ouvriers spéciaux, les signatures, titres, inscriptions de sujets, dédicaces, etc., qui figurent au-dessous des estampes. Cette différence dans le travail des diverses signatures de Guay est très sensible, surtout si l'on compare les inscriptions fines et élégantes du portrait de Mme de Pompadour, qui a, à l'exergue : GUAY F. 1761, et autour du biseau : I·A·P· POMPADOUR·AN· Æ 39, — avec les écritures d'une simplicité naïve et sans prétention, des signatures et dates qui sont au bas d'un Louis XVI : G. F. 1785; et au bas de la Marie-Antoinette : GUAY F. 1787, et une fleur de lis après la date [1]. »

L'explication donnée par le consciencieux biographe de Guay est la seule qui soit plausible. Ne pourrait-on pas appliquer un raisonnement analogue à certaines signatures gravées sur des gemmes grecques et romaines, regardées peut-être avec trop de précipitation comme les œuvres de faussaires modernes?

On n'a pas de renseignements sur les dernières années de la vie de Jacques Guay : il mourut dans l'obscurité vers 1793 [2]. Sans doute, les événements politiques furent pour beaucoup dans l'état d'abandon et d'injuste oubli où il paraît être tombé sur la fin de sa carrière, mais il y eut aussi à cela une autre cause : c'est que Jacques Guay travailla presque isolément; il n'ouvrit pas d'école et ne forma aucun élève capable de soutenir, après lui, l'art qu'il avait su porter à un si haut degré de perfection. On cite bien un certain Michel qui aurait reçu des leçons de Guay; le précieux *Catalogue des empreintes de Tassie*, contient la description d'une prime d'émeraude signée *Michel*, qui représente le triomphe de Silène. Mais c'est là tout ce qu'on sait de ce graveur demeuré fort obscur [3].

Un artiste du talent du commencement de ce siècle, Mayer Simon, travailla aussi quelque temps sous les yeux de Guay; mais nous verrons que le disciple fut loin d'égaler le maître. Un autre élève, enfin, de Guay fut Mme de Pompadour elle-même. N'est-il pas intéressant de voir la célèbre marquise, si curieuse des choses

1. J. Leturcq, *Jacques Guay*, p. 23, note.
2. J. Leturcq, *Jacques Guay*, pp. 57-58.
3. La Chau et Le Blond, *Descr. des pierres gravées du Cab. d'Orléans*, t. II, p. 199; Raspe, *Catalogue des empreintes de Tassie* (Londres, 1791), t. I, p. 285, n° 4583; J. Leturcq, *Notice sur Jacques Guay*, p. 7, note.

de l'art, s'asseoir, dans l'intimité, devant l'établi de l'artiste dont elle avait su deviner le génie, et apprendre de lui à mettre le touret en mouvement et à manipuler la bouterolle et la tarière? On connaît quelques pierres gravées qui portent la signature de la marquise de Pompadour ; en voici la liste, sans que nous puissions deviner jusqu'à quel point Jacques Guay a laissé sa puissante protectrice se livrer à son initiative et à sa seule expérience.

1. Génie ailé de la musique. Signé : POMPADOUR F. 1752 (*Catalogue*, n° 661).

2. Deux têtes de fantaisie accolées. Camée signé : P. (au musée de Berlin) [1].

3. Buste de Louis XV. Camée signé POMPADOUR F. (ancienne collection Leturcq. — *Catalogue*, n° 931).

4. Génie militaire. Intaille signée : POMPADOUR F. (offerte au comte d'Argenson).

5. La fidèle amitié. Intaille signée : *Pompadour fecit* (donnée au prince de Soubise). C'est la copie du camée de notre Catalogue, n° 664.

Enfin, Mme de Pompadour aurait aussi gravé sur pierre fine le portrait de l'abbé de Bernis [2].

Bien que de louables tentatives aient été faites, dans le cours de ce siècle, pour empêcher la gravure en pierres fines de tomber au rang d'une petite industrie, on peut dire que le goût du grand public s'en est détaché. Nulle part on ne rencontre cet engouement que nous avons vu se manifester dans l'antiquité, à la Renaissance ou sous Louis XV, et comme il n'y a plus de Mécènes, les artistes s'en vont. Les graveurs, bien rares, qui ont su, depuis un siècle, s'élever à un rang digne du passé de leur profession et ne pas se faire simples pourvoyeurs d'un commerce populaire, n'ont guère été soutenus que par les encouragements officiels; ils n'ont pas réussi à réchauffer l'enthousiasme d'un public d'élite. Les causes de ce fâcheux abandon sont multiples. D'abord, à un art aussi délicat que la gravure en pierres fines, il faut, pour s'élever, autre chose que l'encouragement pécuniaire et banal d'un bureau ministériel : il demande surtout à être apprécié et passionnément recherché par de fins connaisseurs. Il lui faut un choix d'amis dévoués. La foule lui est indifférente ou même nuisible, car on pourrait démontrer que c'est surtout le goût populaire qui a perdu la glyptique. Il est si difficile de distinguer une pierre vraie d'avec une fausse, une gemme d'avec son imitation en pâte de verre, un original d'avec un surmoulé, que le public inexpert, n'y voyant pas de différence, porte naturellement ses préférences vers le meilleur marché, c'est-à-dire vers la fausse gemme, la pâte de verre, le surmoulé; il les estime et les apprécie tout autant que les originaux. Dès lors, les procédés chimiques et mécaniques de falsification se sont multipliés, perfectionnés, et nous avons vu, en Italie surtout, les vitrines des bijoutiers de second ordre se meubler de prétendus camées en pâte de verre, en corne fondue et en toutes sortes de matières fusibles que la

1. J.-F. Leturcq, *Jacques Guay*, pp. 80, 211 et 218. Le catalogue, trop sommaire pour cette partie, rédigé par M. A. Furtwaengler, ne permet pas d'identifier ce camée (A. Furtwaengler, *Beschreibung der geschnittenen Steine im Antiquarium*, p. 355).

2. J.-F. Leturcq, *Jacques Guay*, pp. 238-239.

chimie sait teinter, nuancer et rendre plus ou moins translucides ou opaques.

Quelques rares artistes, pourtant, ont su perpétuer jusqu'au milieu de nous les traditions du XVIIIe siècle. Au Salon de 1793, nous relevons deux noms seulement, Jouy et Baer [1]. Jouy, dont le livret ne détaille pas les œuvres exposées, avait été graveur en pierres fines de Monsieur, frère du Roi. Dès l'année 1774, à l'Exposition de l'Académie de Saint-Luc, il exposait cinq gravures sur pierres fines [2]. Quant à Baer, le livret de 1793 ne détaille pas non plus ses œuvres. Raspe [3] cite de cet artiste un portrait de Henri IV. Leturcq possédait aussi une cornaline gravée en creux sur les deux faces et signée BAER F. « Je crois, ajoute Leturcq, que si cet artiste est peu connu, il ne faut pas accuser la postérité d'ingratitude à son égard [4]. »

Moins médiocre peut-être fut Mayer Simon, l'élève de Guay. Mayer Simon, souvent désigné sous le nom de Simon de Paris, pour le distinguer de son frère, dont nous parlerons tout à l'heure, naquit à Bruxelles en 1746, et mourut à Paris, le 17 mars 1821. Arrière-petit-fils de Thomas Simon, que nous avons vu à l'œuvre plus haut, il appartenait à une famille d'excellents graveurs, et il bénéficia d'un commerce prolongé avec un homme de génie [5]. On lui doit plusieurs portraits de Louis XVI, du Premier Consul et de divers autres personnages; un camée signé SIMON F., qui représente Jupiter et Antiope, et une intaille sur améthyste où figure une nymphe qui s'amuse avec un terme de Priape. On cite aussi de lui des lions et un chat. Par un sentiment de piété filiale à l'égard de son ancien maître, Mayer Simon acheta une maison du Marais, à Paris, où Jacques Guay avait longtemps habité et installé son atelier. Cette même maison fut léguée, en 1821, par Mayer Simon à l'un de ses élèves, Henri Beck, et celui-ci l'a laissée enfin par testament à J.-F. Leturcq, de qui nous tenons ces renseignements [6].

Deux autres Simon ont leur place dans l'histoire de la glyptique au commencement de ce siècle : c'est le chevalier Jean-Henri Simon, frère de Mayer Simon, qui, fixé à Bruxelles, mourut en 1834, âgé de quatre-vingt-deux ans, et son fils Jean-Marie-Amable-Henri Simon qui naquit à Paris le 28 janvier 1788 et habita longtemps Bruxelles. On confond souvent ces différents membres de la même famille et il n'est pas toujours facile de distinguer leurs œuvres. Millin [7] cite les noms des Simon de Bruxelles ; il donne au père le titre de graveur du roi des Pays-Bas, et au fils celui de professeur de gravure sur pierres fines.

A l'Exposition de 1799, on voyait les gravures suivantes du chevalier Henri Simon, le père, logé alors au Palais-Égalité, nº 88 :

1. J. Leturcq, *Notice sur Jacques Guay*, pp. 192-193.
2. J. Guiffrey, *Collection des livrets des anciennes Expositions*, livret VII, p. 169, nos 252 à 255.
3. *Catalogue de Tassie*, p. 732, nº 13947.
4. J. Leturcq, *Notice sur Jacques Guay*, p. 192, note.
5. J. Leturcq, *Jacques Guay*, pp. 6-7.
6. J.-F. Leturcq, *Jacques Guay*, p. 6.
7. Millin, *Introd. à l'etude de l'archéologie*, nouv. éd. par B. de Roquefort, 1826, p. 214.

Tête de Démosthène, en relief sur une agate onyx (comparez le n° 314 de notre *Catalogue*);

Tête de femme en relief, sur agate onyx;

L'Amour navigateur, en relief sur une sardonyx;

Une grande cornaline en creux, représentant Apollon dans un char traîné par deux chevaux;

Une calcédoine, en relief, figurant les têtes d'Aspasie et de Périclès [1].

L'Exposition de 1800 s'honorait aussi de quelques autres œuvres du chevalier Simon, désigné comme professeur de l'École nationale de gravure, demeurant rue de l'Université, maison d'Aiguillon; il y avait notamment un portrait du Premier Consul, gravé sur une grande cornaline [2]. C'est probablement au chevalier Henri Simon qu'on doit un buste de l'empereur Joseph II, signé de la lettre initiale S. [3]. Le fils du chevalier Simon, Jean-Marie-Amable-Henri, reçut de nombreuses commandes officielles sous la Restauration et le règne de Louis-Philippe. Mais, si l'on en juge par celles de ses œuvres qui sont conservées au Cabinet des Médailles, il n'ajouta rien à la gloire artistique de sa famille [4].

Au Salon de 1800, figurait comme exposant, à côté du chevalier Simon, un artiste qui avait un réel talent, Romain-Vincent Jeuffroy : notre Catalogue renferme trois camées de lui (n°s 535, 935 et 947), et le Cabinet des Médailles possède, en outre, six intailles avec sa signature [5]; ses œuvres les plus intéressantes sont quelques sujets mythologiques et des portraits, notamment celui de Louis, dauphin, fils aîné de Louis XVI, qui mourut en 1789; celui du Premier Consul, en 1801 (*Catalogue*, n° 935), enfin, ceux de l'architecte Charles de Wailly et du chimiste Fourcroy (*Catalogue*, n° 947) [6].

Parmi les graveurs du temps de Napoléon, nous citerons encore : Tiollier qui fut en même temps graveur de gemmes et de coins monétaires; Domard; Sylvestre Brun; Antoine Desbœufs; Vatinelle, Lelièvre, élève de Taraval, à qui nous devons un portrait de Cambacérès (*Catalogue*, n° 946) [7], et A. Mastini, sans doute un Italien, qui grava notre buste de Napoléon (*Catalogue*, n° 936).

A l'étranger, la gravure en pierres fines n'a pas été, dans ce siècle, plus florissante qu'en France. Pourtant, Louis Pichler, le second fils d'Antoine [8], continua assez dignement les traditions de sa famille; il signe Λ· ΠΙΧΛΕΡ. Professeur à l'École des Beaux-Arts de Vienne, il reçut, en 1808, de l'empereur d'Autriche

1. *Collection des livrets des anciennes Expositions depuis 1673 jusqu'en 1800*, rééditée par M. J. Guiffrey (Paris, 1869 à 1871). XLIe vol., Salon de 1799, n° 626, pp. 86-87.

2. Même *Collection*, XLIIe vol. Salon de 1800, n° 646, p. 84.

3. J. Arneth, *Die Cinque-Cento Cameen*, p. 93.

4. Chabouillet, *Catalogue*, n°s 2519 à 2536.

5. Chabouillet, *Catalogue*, n°s 2511 à 2516.

6. Millin, *Introd. à l'étude des pierres gravées*, 1826, p. 217; le même, *Dictionn. des Beaux-Arts*, t. I, p. 719; Raspe, *Catalogue des empreintes de Tassie*, n°s 6842, 14140, 14168, 14219 et 14264; J. Leturcq, *Notice sur Jacques Guay*, p. 192.

7. J. Leturcq, *Jacques Guay*, pp. 192-193.

8. J. Leturcq, *Notice sur Jacques Guay*, p. 81, note; King, *Antique Gems*, t. I, p. 440.

François Ier, le titre de graveur de la cour; le pape Pie VII l'appela à Rome, et on lui doit un traité didactique sur ses procédés techniques de gravure [1].

A Vienne, la collection impériale renferme quelques œuvres d'artistes qui ont dû être les compagnons ou les élèves de Louis Pichler. Une intaille sur cornaline, avec la tête de l'empereur François Ier, est signée BOEHM. F.; un camée sur onyx, avec le portrait du même prince, porte la signature BELTRAMI. Enfin, une intaille représentant François-Joseph Ier est signée SCHARF · F. [2].

La liste est fort longue des graveurs qui ont travaillé en Angleterre au cours de ce siècle [3]; mais ce sont, presque tous, des ouvriers plutôt que des artistes, fabricants gagés d'armoiries, de cachets, de camées destinés à alimenter la vitrine des joailliers de Londres. Nous n'en citerons qu'un seul, c'est Pistrucci, qui, né à Rome en 1784, fut appelé à Londres pour graver les coins monétaires et les gemmes de la cour; il mourut à Windsor en 1855.

A l'Exposition universelle de 1867, on voyait, dans la section des États pontificaux, des camées importants par leur dimension, la beauté de la matière et même le soin apporté à leur gravure : l'artiste Pietro Girometti a su s'élever par de telles œuvres au-dessus de ses contemporains. Mais il a fait exception et non pas école. Aujourd'hui, la glyptique italienne est tombée aux mains de pauvres artisans qui travaillent, avec une rapidité de main-d'œuvre étonnante, la lave du Vésuve, certains coquillages ou des silex grossiers, à deux couches, comme ceux qu'on recueille dans le cours de la Durance ou d'autres torrents alpins.

La France et l'Allemagne se sont maintenues à un niveau plus relevé; sans vouloir entrer dans l'histoire de la gravure en pierres fines contemporaine, nous mentionnerons pourtant les camées remarquables de M. Bissinger et les coupes taillées de M. Gareau, qu'on admirait à l'Exposition universelle de 1878 [4]. C'est à un artiste mort dans l'été de 1895, Adolphe David, qu'on doit le plus grand camée des temps modernes : l'Apothéose de Napoléon Ier, sur une sardonyx de 0m 24 sur 0m 22. Ce camée, commencé vers 1865, n'a été achevé qu'en 1874 : il reproduit le plafond peint par Ingres en 1854, dans le Salon d'honneur de l'ancien Hôtel de Ville; ce monument est au musée du Louvre [5]. L'œuvre d'Adolphe David est représentée dans notre Catalogue par deux camées : l'un, no 485 (Vénus résistant à l'Amour), a figuré à l'Exposition universelle de 1867, et l'autre, no 443 (la nymphe Amalthée), à l'Exposition universelle de 1889.

1. F. Leturcq, *Jacques Guay*, p. 81, note.
2. J. Arneth, *Die Cinque-Cento Cameen*, pp. 67, 93 et 94.
3. C. W. King, *Antique Gems and rings*, t. I, pp. 445 et suiv.
4. Jannetaz, Vanderheym, Fontenay et Coutance, *Diamant et pierres précieuses*, p. 136.
5. E. Babelon, *La gravure en pierres fines*, p. 314.

CHAPITRE IV

ORIGINES ET FORMATION DE LA COLLECTION

I. *La collection royale avant 1660.*

Les monuments qui sont aujourd'hui conservés dans les musées et les autres collections publiques ou privées, pourraient, au point de vue de leur origine, se partager en deux grandes catégories : ceux que l'abandon volontaire, l'indifférence ou le hasard des révolutions ont fait disparaître pour de longs siècles et que les fouilles des antiquaires modernes ont ramenés à la lumière ; ceux qui, mieux favorisés de la fortune, n'ont jamais été perdus, qu'on n'a pas cessé de considérer comme précieux, et que les générations se sont transmis à travers les âges et malgré tous les bouleversements sociaux. Par ce qui précède, on se rend compte que la plupart des camées de la Bibliothèque nationale rentrent dans cette dernière classe : pour la plupart, ce ne sont pas, sauf exceptions, des fouilles heureuses, pratiquées dans des ruines ou des nécropoles qui les ont, soudain, exhumés des entrailles du sol. Ces bas-reliefs en pierres fines, de dimensions médiocres ou même exigues, faciles à transporter ou à dissimuler, et dont la destruction, contrairement à celle des bijoux d'or et d'argent, ne pouvait être lucrative, ont échappé aux actes de vandalisme dont les annales de tous les peuples et de tous les temps sont remplies. Leur éclat et leur rôle décoratif ont flatté les regards du plus barbare des soldats comme ceux du prince le plus raffiné ; ils seyaient à la poitrine du Germain farouche, aussi bien qu'au sein des matrones romaines ; ils s'appropriaient au culte chrétien comme aux bacchanales. Aussi, ils ont une histoire, et leurs pérégrinations successives, depuis l'écrin des princes orientaux, grecs ou romains, la dactyliothèque d'un Ptolémée Philadelphe ou d'un Mithridate, jusqu'aux vitrines du Cabinet des Médailles, en passant par les reliquaires du moyen âge, les dangers qu'ils ont courus, les noms dont on les a baptisés, les naïfs honneurs dont ils ont été parfois entourés, constitueraient, à coup sûr, un des plus curieux et des plus intéressants chapitres de l'histoire des arts.

Des témoignages innombrables nous ont montré les gens du moyen âge recherchant les pierres gravées et particulièrement les camées antiques avec une passion égale à celle des anciens Romains. Les églises, les monastères, les résidences royales ou princières avaient des *Trésors* dans lesquels figuraient de nombreux camées. Louis le Gros, Philippe-Auguste [1], saint Louis, Philippe le Bel possédaient de telles collections. Dans l'Inventaire du roi Charles V, rédigé en 1380, on compte 52 camées; dans celui de Charles VI, il y en a 101 [2]; ceux du duc d'Anjou et surtout du duc de Berry, frères de Charles V, en renferment un bien plus grand nombre Que sont devenus ces précieux monuments? Ils n'ont pu être détruits et, vraisemblablement, la plupart d'entre eux figurent sous nos vitrines. Ressaisir patiemment leur trace en remontant le cours des siècles, à l'aide des Inventaires de trésors ou de reliques, les reconnaître sous le nom d'emprunt ou le masque dont on les a affublés, dans la naïveté ou l'insuffisance d'un signalement qui équivaut, parfois, à un puéril travestissement, n'est pas une tâche aisée et ne saurait être l'œuvre d'un jour. Sans doute, dès la seconde moitié du XIIIe siècle, les *Inventaires* des Trésors d'églises et des garde-meubles des palais, — ces musées du moyen âge, — deviennent nombreux; mais ils nous sont d'un secours médiocre pour l'identification de nos camées, à cause surtout de l'insuffisance ou de l'étrangeté des descriptions.

Par exemple, l'Inventaire des camées du pape Boniface VIII (1295), publié par M. Eugène Müntz [3], leur consacre des mentions si sommaires qu'il est bien peu probable qu'on puisse jamais en tirer parti, à notre point de vue. De même, c'est à peine si dans l'Inventaire du trésor de la Sainte-Chapelle du Palais, rédigé sous Philippe de Valois, en 1341 (1340 vieux style) [4], il nous a été possible de reconnaître le signalement du Grand Camée (*Catalogue*, n° 264) et du Bâton cantoral (*Catalogue*, n° 309).

Néanmoins, au cours du présent Catalogue, nous nous sommes efforcé de recueillir, pour chaque camée, toutes les traditions historiques ou légendaires qui les concernent; c'est là que nous retraçons leurs périlleuses ou anecdotiques aventures : tel d'entre eux a des titres de noblesse qui remontent jusqu'à l'époque carolingienne, tel autre ne peut justifier authentiquement de son origine que jusqu'aux Croisades; un troisième, enfin, commence à être signalé seulement au XVe, au XVIe siècle, ou même plus tard encore. La publication de ce Catalogue illustré, ainsi que celle des Inventaires du moyen âge, permettra, sans doute, de reconstituer l'état civil de quelques-uns de ceux sur lesquels on ne sait rien encore. Quoi qu'il en soit, il ressort de là qu'il ne saurait y avoir ni unité ni ensemble dans ces origines lointaines de nos camées : la collection s'est formée

1. L'inventaire des gemmes et joyaux de Philippe-Auguste est conservé aux Archives nationales, JJ. 2 B, folio 3, r°.

2. Eug. Müntz, dans la *Revue archéologique*, nouv. sér., t. XXXVII, 1879, p. 45; le même, *Les Arts à la cour des Papes*, t. II, p. 160.

3. *Revue archéologique*, 1878, t. II, p. 205.

4. Douët d'Arcq, dans la *Revue archéologique*, 1848, t. V, p. 169; comte Riant, *Exuviae*, etc., t. I, p. CLXXX, et *Mémoires de la Société des Antiquaires de France*, t. XXXVI, p 185. Cet Inventaire de 1341 est aux Archives nationales, sous la cote J. 155, n° 14; un autre Inventaire, daté de 1346, est coté J. 155, n° 13.

seulement dans les derniers siècles, de la réunion d'une foule de monuments qui, jusque-là, avaient eu les destinées individuelles les plus diverses.

D'après l'Inventaire du riche mobilier que Charles V possédait au moment de sa mort, arrivée le 16 septembre 1380 [1], les trésors artistiques du Roi étaient répartis dans les diverses résidences royales : au Palais de Paris, au Louvre, à l'hôtel Saint-Paul, aux châteaux de Beauté-sur-Marne, de Melun, de Vincennes, de Saint-Germain-en-Laye. Sous le titre de *Joyaulx d'or d'église garnis de pierreries,* se trouve décrite une suite extraordinaire de monuments d'orfèvrerie dans lesquels des camées sont enchâssés. Plus loin, on inventorie un petit coffre et deux grands (nos 481, 556 et 683), que Charles V faisait porter partout où il allait résider et dont il avait les clefs sur lui : ces coffres renfermaient ses camées et ses intailles les plus précieux, ainsi que les signets avec lesquels il cachetait ses lettres [2].

Dans la description des camées, on constate qu'un certain nombre sont enchâssés dans des montures en or, parfois emaillées, ou forment le chaton de bagues d'or. D'aucuns ont pour sujet des scènes chrétiennes qui n'ont pu être gravées que chez les Byzantins ou par des artistes du moyen âge occidental. Par exemple:

2412. Item, ung camahieu où Nostre Seigneur est tenant un livre, bordé d'or.

2502. Item, ung camahieu noir beslong (oblong), où dedens est taillié l'ymage Nostre Dame ; pesant quatorze estellins.

3022. Item, ung camahieu sur champ blanc, qui pend à une double chesnette et y a ung hermite qui boit à une couppe soubz ung arbre.

Ce dernier (n° 3022) est vraisemblablement le *Noé buvant le vin sous un cep de vigne* de notre Catalogue (n° 393), bien que la description de celui-ci ne soit pas tout à fait concordante et qu'il soit entré au Cabinet des Médailles seulement en 1857.

La plupart des camées de Charles V ont des sujets grecs et romains que la naïveté de la description ne permet pas souvent d'identifier. Pourtant c'est le n° 184 de notre Catalogue (*Taureau cornupète*) qui paraît désigné sous cette appellation étrange : « 3013. Item, ung autre camahieu sur champ blanc, et a une vache noire dessus. »

Mais pouvons-nous proposer avec une entière assurance l'identification de notre n° 27 (*la Dispute d'Athéna et de Poseidon*) avec un camée représentant le même sujet et décrit ainsi dans l'Inventaire royal : «... ung grant camahieu ouquel il a ung homme, une femme et ung arbre ou mylieu » ? Qui oserait affirmer que cette description se rapporte à la scène que nous avons sous les yeux, quand nous trouvons, dans l'Inventaire du duc de Berry, un autre camée sur lequel était figuré un sujet analogue : « 53. Un tableau d'or roont, ouquel a un camahieu où il a la semblance d'un homme et d'une femme, et un arbre ou milieu et bestes dessoubz, garni entour de pierrerie, c'est assavoir de plusieurs balaisseaux (petits rubis balais), saphirs, esmeraudes et perles, que uns que

1. Jules Labarte, *Inventaire du mobilier de Charles V* (Paris, 1879, in-4°).
2. J. Labarte, *op. cit.*, Introd., p. XIV.

autres, pendant à une petite chaienne d'or où il a au bout un annelet ; lequel tableau Monseigneur achata à Paris, ou moys de Mars, l'an mil CCCC VII, d'un procureur de Parlement »[1] ?

Ainsi, les deux frères, le roi Charles V et le duc de Berry, possédaient chacun un camée représentant la dispute d'Athéna et de Poseidon ou Adam et Ève dans le Paradis : ceci est un exemple de plus pour démontrer que la circonspection la plus grande est commandée dans l'identification qu'on peut être amené à proposer entre des camées des collections actuelles et les descriptions si peu précises des Inventaires du moyen âge.

Les malheurs des règnes de Charles VI et de Charles VII dispersèrent la collection royale, et il est impossible de dire ce qu'il en restait lorsque les rois Charles VIII, Louis XII et François Ier entreprirent, en Italie, ces expéditions militaires dont le meilleur et plus clair résultat fut une nouvelle diffusion du goût des arts dans notre pays. Sous Louis XII et François Ier, les joyaux et meubles de la Couronne étaient assez nombreux pour que la Chambre des Comptes en revendiquât la conservation et la garde. Les rois contestèrent ce droit, et François Ier alla jusqu'à faire arracher du *Memorial* de la Chambre des Comptes, l'Inventaire de ses joyaux, qu'on y avait consigné[2].

Nous avons vu François Ier, collectionneur et amateur à la façon des princes italiens de son temps, protéger les artistes, les attirer à sa cour, conserver précieusement leurs œuvres[3]. Le camée n° 780 (*François Ier*), œuvre probable de Matteo dal Nassaro, est le seul de notre Catalogue qui paraisse n'avoir jamais quitté la collection royale depuis cette époque; tout le reste fut dispersé au temps des guerres de religion.

François Ier posséda même le Grand Camee qui est aujourd'hui la gloire de la collection impériale d'Autriche. On a reconstitué, naguère, l'histoire de ce célèbre monument que la légende prétendait avoir été offert à l'église Saint-Sernin de Toulouse par Charlemagne. M. de Mély a établi qu'il fut donné à Raymond de Saint-Gilles, comte de Toulouse, par l'empereur Alexis Comnène, et que le comte de Toulouse, à son tour, en fit cadeau à l'église Saint-Sernin. Le pape Paul II voulut l'acquérir des Toulousains en leur promettant de construire un pont en pierre sur la Garonne, et en outre 50,000 écus et divers privilèges. Les capitouls préférèrent garder leur joyau[4]. Mais en 1533, François Ier se le fit livrer, soit disant pour le montrer au pape Clément VII qu'il devait rencontrer à Marseille; puis, il oublia de le rendre : le camée de Saint-Sernin figure encore dans l'*Inventaire de Fontainebleau* dressé en 1560. Mais, suivant le proverbe, bien mal acquis ne profite jamais; le Cabinet du roi fut pillé par les ligueurs en 1589-1590;

1. Jules Guiffrey, *Les Inventaires de Jean, duc de Berry* (1401-1416), t. I, p. 27.
2. Arthur de Boislisle, *La Chambre des Comptes*, p. xxxv. *Memorial*, Déclaration du 24 août 1537 ; le cahier arraché se trouve aux Archives nationales, *Trésor des Chartes*, carton J 947, n° 4.
3. Ci-dessus, p. xc. Cf. Benv. Cellini, *Trattato sopra l'orificeria*, chap. III, p. 29.
4. Eug. Müntz, *Les Arts à la cour des Papes*, t. II, pp. 139 et 181.

le grand Camée s'y trouvait-il encore ou bien avait-il été donné, comme le veut une tradition, au couvent de Poissy dont le Trésor fut, à son tour, pillé par les Huguenots vers la même époque? Toujours est-il que c'est à la faveur de ces troubles que le grand Camée de Saint-Sernin prit le chemin de l'Autriche pour entrer dans la collection de l'empereur Rodolphe II, qui, en retour, donna sans doute quelque argent ou des soldats [1].

Dès le temps des malheurs politiques de François Ier, la collection royale dut subir quelque diminution, car le Roi lui-même, acculé aux expédients, dut porter au creuset ses bijoux d'or, malgré sa passion pour les objets d'art. En veut-on un exemple caractéristique? Le 28 juillet 1527, François Ier, étant allé visiter la Sainte-Chapelle, fait don au Trésor, de *son chef en or*, en souvenir de sa visite royale; mais, quelques années après, il est obligé de reprendre ce buste, œuvre d'orfèvrerie sans doute remarquable, pour le convertir en lingot et payer ses dépenses de guerre. Le trésorier de la Sainte-Chapelle écrivit en marge, sur le registre où il avait consigné le présent royal : « Default ledict chef, parce qu'il a esté prins et fondu pour les affaires du Roy [2]. »

Si François Ier fut ainsi forcé d'envoyer au creuset son propre buste qu'il avait libéralement offert au Trésor de la Sainte-Chapelle, à plus forte raison pouvons-nous conjecturer qu'un certain nombre des montures de ses camées, de ses coupes et joyaux de cristal ou d'agate, furent aussi détruites et converties en numéraire. Plus tard, Catherine de Médicis, Charles IX, Henri III et Louis XIV même, seront réduits à de pareilles extrémités qui rappellent les plus sombres jours du moyen âge où les Trésors des palais et des églises n'étaient, pour ainsi dire, qu'une caisse de réserve dans laquelle on puisait aux moments de calamité publique ou de détresse financière [3].

Les guerres de religion dispersèrent ou détruisirent aussi bien les collections de Henri II et de Catherine de Médicis, que celle de François Ier, et nous ne pouvons guère citer, dans notre Catalogue, comme remontant au temps de Henri II, que les nos 938 et 939 qui représentent Diane de Poitiers. Nous ne possédons pas même un camée reproduisant les traits de ce prince ou de sa femme, bien que nous sachions, par l'histoire, que Henri II se montra, comme son père, protecteur éclairé et dévoué des arts et des artistes [4], et que Catherine de Médicis rapporta de Florence, en venant en France, une quantité énorme d'objets d'art, de bijoux, de gemmes gravées et de coupes taillées dans l'agate ou le cristal, par les artistes à la solde des princes de sa famille [5]. Rien, à ce point de vue, ne peut nous faire toucher du doigt, ces dilapidations, d'une façon plus tristement réelle que l'Inven-

1. Pour les détails de cette aventure du grand Camée de Vienne, voyez F. de Mély, dans la *Gazette archéologique*, t. XI, 1886, p. 244 ; le même dans la *Société archéologique du Midi de la France*, 1894; R. von Schneider, *Verhandlungen der 42ten Philologenversammlung in Wien*, p. 298.

2. Voyez dans la *Revue archéologique*, t. V, p. 201, note.

3. Voy. ci-après, p. 4.

4. Léop. Delisle, *Le Cabinet des Manuscrits*, à la Bibliothèque nationale, t. I, p. 159.

5. Le P. du Molinet, dans le *Nouveau Mercure français*, mai 1719, pp. 46-47.

taire des joyaux de la Couronne, à l'avènement de Charles IX, en 1560. Ce document précieux, rédigé à la veille des guerres du protestantisme, étale à nos yeux éblouis, la richesse extraordinaire de la collection royale; mais en même temps il en ressort que, sous Henri IV, il ne restait presque plus rien de ces immenses trésors.

L'Inventaire de 1560 est intitulé : « Inventaire des vaisselles et joyaux d'or et argent doré, pierres, bagues et autres choses précieuses, trouvées au Cabinet du Roy à Fontainebleau, faict par nous, Jehan Babou, s[r] de la Bourdaizière et Tristan Rostain, s[r] de Brou, gentilzhommes ordinaires de la chambre dudit seigneur, Mes Florimond Robertet, son conseiller secretaire d'Estat et de ses commandemens et finances, et Nicolas le Gendre, s[r] de Villeroy, aussi son conseiller et secrétaire de ses finances, en vertu et suivant la commission dudit seigneur..... [1] ». Il comprend un nombre énorme de vases d'agathe et de *cacidoyne*, de *vaisseaux, escuelles,* tableaux, drageoirs, *mirouers,* sallières, burettes, chandeliers, pots, verres, *escriptoires,* et autres ustensiles ou bibelots en cristal de roche, en jaspe et autres pierres fines.

L'identification des camées de notre Catalogue avec ceux de l'Inventaire de 1560 est tout aussi délicate que pour l'Inventaire du mobilier de Charles V. Comment, par exemple, risquer une confrontation avec des descriptions du genre de celles-ci :

379. Un grant tableau d'agathe, taillée en camahieu anticque, feslée par la moitié, enchâssée en cuivre, que l'on dit estre venu de Jherusalem, estimé VI.

380. Un grand camahieu d'agathe cerclé d'or, avecques ung bord de vermeilles, de chascun costé, ayant ung mirouer au derrière et ung pendant d'une exagone de pointe d'amatiste, estimé LXX.

381. Ung autre grand camahieu d'agathe, enchâssé en argent doré, d'une femme qui tient une ydolle de Cérès, feslé par la moitié, estimé C.

382. Ung autre grand camahieu d'une Nostre-Dame revestue d'or et couronnée d'ung feuillaige d'or, avecques d'autres petitz camahieux de peu de valleur, estimé IIII[xx].

383. Ung autre grand camahieu anticque d'une teste d'Alexandre, cerclé seullement d'or, émaillé d'ung feuillage noir, rouge et vert, estimé C.

384. Ung autre grand camahieu d'une teste de Néron, cerclé d'or, émaillé de mesme que l'autre, estimé C.

385. Ung autre grant camahieu anticque d'une figure portée dans un charriot tire par quatre chevaulx conduictz par deux Victoires, estimé CL.

Même lorsque la description de l'Inventaire paraît se rapporter au type de quelqu'un de nos camées, il est difficile de conclure à l'identité. Ainsi notre n° 117 correspond également bien aux n°s 398 et 403 de l'Inventaire de 1560, ainsi libellés :

« 398. Ung autre petit camahieu d'une femme portée sur ung monstre marin, dont

1. Cet Inventaire a été publié par Paul Lacroix, dans la *Revue universelle des Arts,* t. III, 1856, pp. 334 et suiv. et t. IV, pp. 518 et suiv.

le bord est ung feuillaige émaillé de blanc et de rouge, estimé XXX. »

« 403. Ung autre camahieu d'une femme nue portée sur l'eau par ung monstre marin, enchâssé en or, estimé XXV. »

Mais comment choisir? ne s'agit-il pas d'un troisième camée ayant le même sujet? Et, en effet, dans l'Inventaire des camées du pape Paul II, par exemple, nous trouvons un camée ainsi décrit: « Item, una alia tabula argentea deaurata, cum unico cameo in medio, et est mulier sedens super monstrum seminuda, elevans pannum vento; monstrum vero est semiequus habens caudam piscis [1]. »

On comprendra ainsi la réserve prudente que nous avons observée à propos de notre camée nº 148 (*La rencontre à la fontaine*) et de la description suivante de l'Inventaire de 1560 : « 386. Ung autre camahieu antique d'ung qui abreuve troys chevaulz en ung puy, cerclé d'or, enrichy de petitz rubiz. »

De même, notre nº 149 (*Protésilas et Laodamie*) est-il celui-ci plutôt qu'un autre camée au même type : « 418. Ung autre camahieu antique d'une femme qui embrasse une teste, mis en or, émaillé de noir, estimé XXV [2]. »

A un autre point de vue, l'Inventaire de 1560 permet d'apprécier l'usage que le Roi faisait de sa collection et le parti pratique qu'il n'hésitait pas à en tirer, à l'occasion, sur l'avis favorable de la Chambre des Comptes qui avait mission « de protéger ces trésors, aussi bien contre les dilapidations de la Cour » que contre les convoitises extérieures [3]. Des notes marginales, ajoutées après la rédaction première, constatent que plusieurs des objets les plus précieux furent offerts en cadeaux à divers personnages, principalement à des princes étrangers. Par exemple, on lit, à côté de la description d'une coupe : « Ladite couppe a este prinse pour envoyer à madame de Savoye, le xe avril 1561. » Ailleurs, on lit de même : « A été prise ladite couppe, pour en faire présent à Monseigneur l'archiduc Ferdinand, en considération de ce qu'il fiança la princesse Elisabeth au nom de Sa Majesté. Faict à Paris, le xxiiie jour de Sept. 1570. »

Ainsi, des dons gracieux contribuèrent à appauvrir la collection royale, et nous verrons cette tradition persister jusqu'après la Révolution, de même que celle qui consistait à faire concourir au luxe du mobilier et du costume des princes, les camées et autres joyaux de la Couronne : c'était même là, dans le principe, leur véritable destination. En 1578, le roi Henri III fit extraire du Trésor royal divers objets précieux pour en enrichir le Trésor de la chapelle de l'Ordre du Saint-Esprit qu'il venait de fonder; nous y remarquons, entre autres, « un calice en cristal, à monture d'argent doré, enrichie de *camées* et de pierreries [4] ».

Quoi qu'il en soit, en 1570, le Trésor des joyaux de la Couronne, que Henri II et Catherine de Médicis avaient laissé à Charles IX et que ce dernier s'efforça encore d'enrichir, se trouvait presque intact [5]. Les épouvantables malheurs du

1. Eug. Müntz, dans la *Revue archéologique*, 1878, II, p. 191.
2. *Revue universelle des Arts*, t. IV (1856-1857), p. 454.
3. A. de Boislisle, *La Chambre des Comptes*, p. xxxv.
4. Em. Molinier, dans la *Gazette archéologique*, t. XII, 1887, p. 94.
5. Charles IX essaya de donner une organisation administrative au *Cabinet du Roi*.

règne de Henri III en amenèrent la dispersion : presque tout fut pillé, vendu ou envoyé au creuset. Nous avons raconté ce qui s'est passé alors pour le grand Camée du Musée de Vienne : ce n'est là qu'un exemple éloquent des désastres artistiques qu'entraînèrent les guerres civiles pour la France entière.

Après avoir mis fin aux horreurs de ces luttes intestines, Henri IV put donner un libre essor à son goût pour les arts, les antiquités et ce qu'on appelait alors les curiosités. Il appréciait particulièrement les camées; nous l'avons vu attirant les artistes graveurs à sa cour et leur faisant des commandes et des pensions. En 1602, il fit venir d'Aix en Provence, pour l'attacher à sa personne, le sieur Rascas de Bagarris qui possédait déjà un cabinet de curiosités. Depuis le séjour du roi René, la ville d'Aix était devenue comme une pépinière d'amateurs, parmi lesquels le plus illustre fut Fabri de Peiresc (1580-1637), qui posa les premières bases de la critique archéologique et eut la gloire d'arracher le masque de superstition dont le moyen âge avait affublé notre Grand Camée (*Catalogue*, n° 264). Quant à Pierre-Antoine de Rascas, sieur de Bagarris (né à Aix en 1562), ce fut le 2 mars 1602 qu'il reçut de Henri IV la mission de reconstituer le Cabinet des Médailles et Antiques dont la pensée première est l'honneur de Charles IX [1]. Le Roi nomma Bagarris son *ciméliarque*, et le chargea de réunir, dans une des salles du palais de Fontainebleau, les débris des richesses royales; Bagarris proposa même de faire abandon au Roi de sa propre collection qui comprenait, entre autres antiques, 957 gemmes gravées dont 200 camées [2].

Il fallait surtout se préoccuper d'accroître et d'enrichir le musée naissant. Les instructions données à cet égard par Henri IV à Bagarris, et rédigées, d'ailleurs, par ce dernier lui-même, sont contenues dans un document intitulé : « Abrége d'inventaire que le sieur de Bagarris a en main pour dresser un Cabinet à Sa Majesté, de toutes sortes d'antiquités, suivant le commandement donné audit sieur Bagarris par sadite Majesté, tant de bouche que par lettre du 22 mars 1602 [3]. »

Dans ces instructions, qui pourraient être considérées, si elles n'étaient trop succinctes, comme le premier Inventaire du Cabinet des Médailles, nous trouvons énumerées les médailles, *gemmes* et monuments divers que le Roi possédait déjà ou qu'il avait donné l'ordre d'acquérir. On y signale des cabinets entiers de divers particuliers, que Bagarris doit acheter en bloc, notamment celui du sieur Curion et celui de François du Périer. Nous avons raconté, dans notre *Introduction* au

en faisant réunir, en un musée, au Louvre, les antiques, gemmes et médailles recueillis par lui ou par ses prédécesseurs, et dispersés dans toutes les résidences royales, et en créant la charge de garde particulier de cette collection (voy. le *Mémoire historique* qui forme la préface du *Catalogue des livres de la Bibliothèque du Roi*, t. I, p. 739; Le Prince, *Essai historique sur la Bibliothèque du Roi*, éd. Louis Paris, p. 289).

1. Voir la notice biographique consacrée à Bagarris par M. Ph. Tamizey de Larroque, *Pierre Antoine de Rascas, sieur de Bagarris*, extrait des *Mémoires de l'Académie d'Aix*, 1887; et Edm. Bonnaffé, dans la *Revue de Marseille et de Provence*, janv.-févr. 1887, pp. 20 et suiv.

2. Tamizey de Larroque, *Rascas de Bagarris*, p. 110.

3. Ce document est publié par M. Tamizey de Larroque, *op. cit.*, pp. 74 et ss

Catalogue des Bronzes antiques, comment cette dernière collection entra au Cabinet du Roi [1] : elle fut acquise par les Etats de Provence qui en firent cadeau à Henri IV, grâce à l'intervention de Bagarris. Sur les 746 monuments que contenait le cabinet de Du Périer, il y avait un certain nombre de *pierres gravées*.

En outre, en 1608, Bagarris commença l'impression d'un curieux opuscule, demeuré inachevé, dans lequel il expose au Roi les projets nouveaux qu'il a formés et les résultats déjà acquis. Cet ouvrage, publié seulement en 1611, c'est-à-dire après la mort tragique du Roi, est sans nom d'auteur et porte ce titre singulier : *La nécessité de l'usage des Médailles dans les monnoyes* (Paris, chez Jean Berjon, 1611, in-4º) [2]. Il débute par les considérations suivantes :

« Le roy, suivant son inclination, laquelle ne le porte qu'à choses hautes, sur l'adviz qui luy feut donné par Messieurs d'Attichy, intendant des Finances, et de Beringhen, premier vallet de chambre de Sa Majesté, ayant daigné voir et visiter avec une patience extraordinaire, quelques petits Cabinez composez : tant de medailles antiques, grandes, moyennes et petites, d'or, d'argent et de cuivre, en chascune grandeur desquelles est contenue toute la suite des empereurs romains; et plusieurs differens revers de chascun; qu'aussi d'autres petites mais prétieuses antiquitez, qui ont accoustumé de suivre et accompagner lesdites médailles, comme l'espèce principale et plus auguste desdites antiquitez; quelles sont les petites figures, bustes ou testes de ronde bosse, *pierres fines gravées, camayeux*, etc. Comme entre autres, une teste de Notre Seigneur fort petite, antique et gravée en creux de trois cartiers : un tableau d'unes Bachanales à huict personnages [3], et dix figures d'autres choses, dans un bel éliotrope : un autre tableau d'une Botruologie, ou d'une vendenge à quinze personnages et trente cinq figures d'instrumens, vases, ou autres choses, dans un petit cachet d'une excellente cornaline, non plus grand qu'un petit ongle de la main [4]; une pharmaceutrie à trois figures, dans une sardoine parangon [5]; une teste de Marcellus nepveu d'Auguste, dans une cornaline singulière; une teste de Miltiades en cornaline; une teste de Solon restituée par l'excellent graveur d'Auguste, Dioscoride, dans une

1. E. Babelon et A. Blanchet, *Catalogue des Bronzes antiques de la Bibliothèque nationale*, Introd., pp. IV et suiv.

2. Le titre imprimé porte : *Paris, 1611*, mais sur le faux-titre on lit la mention: *Fontainebleau, 1608*. Tous les exemplaires de ce livre que j'ai vus, ne vont pas au-delà de la vingt-sixième page qui s'arrête brusquement, avec un texte inachevé. Le manuscrit original et complet se trouvait jadis dans la Bibliothèque du collège Louis-le-Grand, à Paris (voy. Th. de Murr, *Bibliothèque de peinture, de sculpture et de gravure*, t. II, p. 410; Lipsius, *Bibliotheca numaria*, p. 325). J'ai vainement fait rechercher ce manuscrit. (Voyez aussi à ce sujet, Tamizey de Larroque, *Rascas de Bagarris*, p. 20.)

3. C'est l'intaille que nous avons décrite et reproduite dans notre *Cabinet des Antiques*, p. 90 et pl. XXIX, 2.

4. Il s'agit ici de la célèbre cornaline dite *Cachet de Michel-Ange* (E. Babelon, *Le Cabinet des Antiques*, p. 87 et pl. XXIX, 1; le même, *La gravure en pierres fines*. p. 254).

5. En note : « ou magicienne en action de *cotytties* ou *cocyties* ou *stygiales* : sacrifices des femmes pour attirer les hommes à leur amour, qui continuent encore aujourd'hui. »

amétiste, escrite du nom dudit graveur[1] : toutes gravées en creux par des excellens maistres ; et plusieurs autres petites et prétieuses antiquitez qui sont dans lesditz Cabinez. Et par mesme moyen ayant sadite Majesté retenu, et encore de son propre mouvement appellé, employé et enfin estably leur possesseur en la charge d'iceux pour son service, sadite Majesté lui auroit faict l'honneur de luy proposer lors mesme plusieurs et diverses questions touchant le contenu ausditz Cabinez : surtout concernant les dites Médailles... »

S'ensuivent point par point les réponses que Bagarris fit au Roi pour lui démontrer la nécessité d'avoir une collection de médailles et d'antiques, un « cabinet qui comprend ordinairement avec lesdites médailles, toutes les autres sortes susdites des petites et prétieuses antiquitez qu'on tient au rang des joyeaux », et il propose de donner à ce cabinet le nom de *cimélie* et à celui que le Roi préposera à sa garde le titre de *ciméliarche* de Sa Majesté.

Bagarris rappelle (p. 18) qu'en 1560 on comptait en France plus de deux cents cabinets de ce genre, « qui feurent comptez et inventoriez, avec les noms de leurs possesseurs, dans la seule France, en l'année mille cinq cens soixante, dont il n'y avoit ny Roy, ny Reine, ny Prince, ny Seigneur qu'il n'y eut le sien. La plus part desquels auroient esté pillez et dissipez durant les troubles dudit dernier siècle ; et mesme la plus grand part de celuy tant recommandé de la feue reine Mère (Catherine de Médicis), qui feut aussi des premiers inventoriez. Auquel temps du siècle dernier, non seulement en France le grand Roy François, Henry Second, les autres rois suivans, les reines, leurs femmes et mères respectivement et plusieurs grands princes », mais encore les princes et seigneurs de l'Italie, surtout les Médicis. « Mais que c'auroit esté en France la feue reine mère Catherine de Médicis, laquelle auroit contribué plus de ses faveurs que tous les autres ensemble, à l'estude et recherche vertueuse desdictes médailles. Tesmoin ledit excellent Cabinet Royal qu'elle en dressa, tant en son propre nom pour sa mémoire que pour l'instruction des jeunes Roys ses enfans ; lequel à ces fins elle joignit avec l'autre sien Cabinet des livres anciens escriz à la main : par le moyen desquelz elle s'est acquise un los éternel plus que par toutes ses autres œuvres, lesquelles ordinairement sont oubliées et ignorées, après un siècle, par le public. »

Bagarris presse le Roi, « pour mesme fin, d'establir aussi, ou plus tost restablir, sur les vieux restes et fondemens qui sont rechapez, lesdicts cabinez royaux des medailles antiques, surtout de cuivre, et grandes, de toutes les sortes ; et aussi des autres prétieuses, bien que petites antiquitez susdictes, qui accompoignent ordinairement lesdites médailles... ».

Bagarris raconte ensuite (p. 20) que le Roi agréa sa proposition et le chargea

1. Il s'agit de la fameuse améthyste qui a longtemps passé pour représenter Mécène et qui est, au contraire, une tête de Cicéron (E. Babelon, *La gravure en pierres fines*, p. 160 ; le meme, *Le Cabinet des Antiques*, p. 208 et pl. LVI, 18). On voit, par la présence de cette gemme dans le Cabinet de Henri IV où elle a été apportée par Bagarris, qu'on ne saurait la regarder, avec M. Furtwaengler, comme un travail du XVIIe siècle (A. Furtwaengler, dans le *Jahrbuch des deut. arch. Instituts*, t. III, 1888, p. 136.)

de lui organiser un Cabinet, « de veiller aux occasions, ou bien de les faire naistre commodément ». Il y a trois espèces d'antiquités, suivant ces instructions de Henri IV : « La première est des marbres, *pierres fines ou prétieuses*, et d'autres matières dures et solides, lesquelles sont, les unes figurées, les autres escrittes, et les autres, quoy que rarement, l'un et l'autre ensemble; la seconde espèce est des livres, principalement vieux manuscripts, ou escrits à la main par les anciens mesmes; et la troisième et dernière espèce est des monoyes antiques, faictes exprez par les grands princes anciens pour leur gloire, et pour leur mémoire, lesquelles on appelle aujourd'huy Médailles. Tellement que Sa Majesté ayant desjà ses maisons pourveues des deux premiéres espèces desdits thrézors d'Antiquitez, c'est à dire des marbres et des vieux manuscripts, et des plus excellens de l'Univers, elle n'auroit pas voulu demeurer despourveue, en ses cabinets et maisons, de ladite seule troisiesme et dernière espèce desdites antiquitez, qui sont lesdites médailles et autres petites et pretieuses antiquitez, qui les accompagnent ordinairement...... Et, en dernier lieu, il auroit aussi pleu à sadicte Majesté d'assembler desdictes médailles, et autres petites et prétieuses antiquitez, afin particulièrement de restaurer ledict excellent Cabinet de Médailles que ladite feue reine Mère avoit si curieusement assemblé, dans la maison royalle de Fontainebleau, lequel s'est en partie evanouy, durant les derniers troubles de ce royaume. »

Le Roi déclare à Bagarris que, parmi les raisons qui le poussent à faire collection de médailles, *pierres gravées* et antiques, il s'arrête surtout aux considérations suivantes : l'ornement des résidences royales, l'éducation et l'instruction du dauphin, la nécessité d'offrir de bons modèles aux artistes contemporains. Bagarris est heureux de constater enfin qu'à tous ces désirs du Roi il avait déjà satisfait en partie lorsque Henri IV tomba sous le poignard de Ravaillac, en 1610.

Quelques mois à peine après la publication des vingt-six premières pages de cet opuscule, c'est-à-dire dès l'année 1612, Bagarris, auquel manquait désormais la protection d'un royal Mécène, reprenait le chemin de la Provence, en remportant avec lui sa propre collection de médailles, de gemmes et d'antiques [1]. Il en avait rédigé le Catalogue sous ce titre : « Curiositez pour la confirmation et l'ornement de l'histoire, tant grecque et romaine que des Barbares et Goths, consistant en anciennes monnoyes, médailles et pierres précieuses, tant gravées en creux, *que taillées en bas reliefs* [2]. » Le cabinet de Bagarris, un des plus remarquables du XVIIe siècle, vendu par sa veuve en 1660 à Toussaint Lauthier et à Henri de Loménie, vint se fondre, sous Louis XIV, par cette voie détournée dans le cabinet du Roi auquel il avait été un instant annexé [3].

Si Louis XIII ne s'occupa guère d'antiquités, reconnaissant qu'il « voit peu de

1. Le Prince, *Essai hist. sur la Bibliothèque du Roi*, éd. Louis Paris, p. 291.

2. Cette plaquette rarissime a été réimprimée par M. Tamizey de Larroque, dans sa brochure : *Pierre-Antoine de Rascas, sieur de Bagarris*, pp. 78 et suiv.

3. E. Babelon et A. Blanchet, *Catalogue des Bronzes antiques de la Bibliothèque nationale*, Introd., p. x.

cette antienne [1] », son frère Gaston, duc d'Orléans, se montra au contraire un collectionneur passionné, comme un grand nombre de ses contemporains [2]. En 1630, Gaston n'avait que vingt-deux ans lorsqu'il faisait déjà venir de Rome, cinquante-six caisses d'antiquités, par l'intermédiaire de Claude Vignon [3]. Vers 1638, le duc d'Orléans chargeait Raphael Trichet du Fresne de voyager à l'étranger pour lui recueillir des antiquites qu'il devait installer dans ses châteaux de Blois et du Luxembourg. Un touriste qui visita Blois, en 1639, raconte que le duc « a logé ses antiques de marbre, de bronze et autres, dans la galerie de l'aile droite, longue de trois cents pas [4] ».

Outre des médailles, des antiques et des curiosités de toute sorte, Gaston d'Orléans avait réuni une très remarquable collection de gemmes, camées et intailles, qu'il tenait en grande partie du président de Mesmes, lequel les avait acquis de Louis Chaduc, conseiller au présidial de Riom, qui lui-même les avait recueillis en Italie [5] : nous verrons bientôt ce qu'il est advenu de cet incomparable Cabinet.

Quant à la collection royale, si elle paraît avoir momentanément cessé de s'accroître, son vieux fonds était si riche qu'en 1644, lorsque l'intendance en fut donnée à Jean de Chaumont, seigneur de Boisgarnier, elle était encore une des plus remarquables qu'on pût visiter, « pour ses raretés et antiquités, outre ses *pierreries* [6] ».

II. *La collection des camées du Roi, depuis 1660 jusqu'à la Révolution.*

L'année 1660 est marquée par un événement qui fait époque dans l'histoire du Cabinet du Roi, parce qu'il porta la suite des camées à un degré de splendeur qui, aujourd'hui encore, lui assure le premier rang par rapport aux collections similaires des autres pays. C'est la mort de Gaston, duc d'Orléans, et l'acte généreux par lequel ce prince léguait au roi Louis XIV, son neveu, toutes les collections d'antiquités qu'il avait rassemblées au château de Blois et dans son palais du Luxembourg et dont il avait confié l'intendance à son bibliothécaire, Bénigne

1. Lettre de Louis XIII à son frère Gaston, dans la *Revue numismatique*, t. VII, 1842, p. 75; E. Babelon, *Le Cabinet des Antiques*, Introd., p. VII.

2. Voir surtout, pour l'histoire de ces collectionneurs, la correspondance de Peiresc publiée par M. Tamizey de Larroque, dans la *Collection des Documents inédits sur l'histoire de France*, 6 vol. in-4°.]

3. Lettre de Claude Vignon à Peiresc, en 1630, pour le prier de presser l'expédition de ses colis, dès qu'ils arriveront à Marseille (E Bonnaffé, *Dictionn. des Amateurs*, p. 236).

4. *Le voyage de France dressé pour l'instruction et commodité tant des Français que des estrangers.* Paris, chez Olivier de Varennes, 1639.

5. Marion du Mersan, *Hist. du Cabinet des Médailles*, p. 150.

6. Le P. Louis Jacob, *Traité des plus belles bibliothèques*, t. I, p. 474; E. Rathery, *Notice historique sur l'ancien Cabinet du Roi*, p. 5 (extrait du *Bulletin du Bibliophile*, 1858); Louis Paris, *Essai historique sur la Bibliothèque du Roi, par le Prince*, pp. 290 et 355.

Bruno (ou Bruneau), seigneur de Montmuzar et abbé commendataire de Saint-Cyprien de Poitiers. Ce fut seulement l'année suivante, au mois de novembre 1661, que Louis XIV accepta ce legs par lettres patentes que le Parlement n'enregistra que deux ans plus tard, a la date du 5 juin 1663. Dans ces lettres, le Roi proclame sa reconnaissance envers son oncle pour « le don qu'il nous a fait, et à cette Couronne, par l'un des articles de sondit testament, de toutes ses médailles d'or, d'argent et de cuivre, des pierres gravées, des antiques et autres raretez qui estoient à la garde du sieur Bruno, comme aussy de tous les livres de fleurs et d'oyseaux qu'il a fait portraire par Robert peintre, et tous les livres d'histoires et autres qui sont dans son Cabinet du palais d'Orléans (palais du Luxembourg) pour estre le tout, avec quelques boetes de cocquilles fort rares, mis dans nostre Cabinet du Louvre et servir à nostre divertissement [1] ».

Le Cabinet de Gaston d'Orléans, dit le P. du Molinet, « consistait en cinq choses, en agathes, en médailles, en coquilles, en figures de bronze et en livres d'oiseaux et de fleurs, peints au naturel par Robert. Voilà le fond et le commencement du riche Cabinet que Sa Majesté possède aujourd'hui et le plus considérable qui soit dans l'Europe [2] ». Ainsi improvisé collectionneur, le roi Louis XIV, conseillé par Colbert, sut se mettre à la hauteur des circonstances. Il réunit les collections de Gaston à celles qu'il possédait déjà, et il installa tout l'ensemble « dans une salle du Louvre, au-dessus de la salle des gardes », nous dit encore le P. du Molinet. Il laissa l'intendance de ce Musée ainsi constitué à l'abbé Bruneau, en lui donnant l'ordre d'en dresser sans retard un Inventaire détaillé.

C'est cet « Estat des pierres gravées en creux et de relief qui sont au Cabinet du Roy très chrestien, fait en l'année 1664, et qui sont entre les mains du sieur Bruno, abbé de Sainct Cyprien, intendant et garde dudit Cabinet », que nous publions en *Appendice* à la fin du présent volume. On y constate que la collection royale comprenait alors environ 180 camées et 300 intailles.

Nous nous sommes efforcé, au cours de notre Catalogue, d'identifier nos camées avec ceux qui se trouvent décrits dans l'Inventaire de 1664; malgré tout le soin que nous avons apporté à cette confrontation, les descriptions de l'abbé Bruneau offrent si peu de précision archéologique que nous n'avons pu retrouver avec certitude que soixante-quatre camées : ils sont indiqués à leur place, à la fois dans notre *Description* et dans le texte de l'Inventaire de 1664. Sans doute, en faisant des conjectures et en nous plaçant sur le terrain des probabilités, il eût été facile d'atteindre peut-être le nombre d'une centaine : nous avons préféré nous abstenir et ne proposer que les identifications qui nous ont semblé ne pouvoir être contestées.

Le Cabinet du Roi était resté installé au Louvre, toujours sous la garde de l'abbé Bruneau, lorsqu'en novembre 1666, ce dernier y fut assassiné par un

1. Chabouillet, dans les *Nouvelles archives de l'art français*, t. II, 1873, p. 263; cf. L. Delisle, *Le Cabinet des Manuscrits*, t. I, pp. 265 et suiv.

2. Le P. du Molinet, dans le *Mercure de France*, mai 1719.

voleur [1]. Cet événement donna à penser que la collection n'était pas suffisamment en sécurité au palais du Louvre, et on la transporta « en la rue Vivienne, auprès du logis de M. Colbert », où se trouvait déjà la Bibliothèque. Le successeur de Bruneau fut Pierre de Carcavi, l'ami et le correspondant de Pascal, de Fermat et de Huygens. Sous son impulsion active, le Cabinet du Roi s'accrut chaque jour de nouvelles richesses rapportées de l'étranger par les ambassadeurs ou les voyageurs [2]. Dans le même temps, le Roi faisait acheter, presque coup sur coup, les collections de médailles et antiques de H. A. de Loménie, comte de Brienne; de Huet, de Pierre Séguin, de Tardieu, d'Alexandre de Sève, de Le Charron, de Claude de Térouanne, de Lauthier d'Aix. Le Cabinet de Lauthier, acquis en 1670, comprenait des débris de la collection fameuse de Peiresc [3] et presque toutes les gemmes de Bagarris que la veuve de ce dernier avait vendues au père de Lauthier, en 1660, pour 2,000 livres. Il convient, d'entrer au sujet de cette dernière collection, dans quelques détails.

Après la mort de l'apothicaire-collectionneur (*curiosissimus pharmacopaeus Lauthierus, gemmarum strenuus indagator et possessor,* dit Ch. Patin), son second fils, le chevalier Lauthier, capitaine de vaisseau et maître d'hôtel de Madame Henriette d'Angleterre, eut, dans sa part de la succession de son père, le lot qui renfermait les pierres gravées. Dans un voyage qu'il fit en Angleterre à la suite de Madame Henriette, il fit voir ses pierres gravées à Charles II, qui eut d'abord quelque envie de les acquérir, mais qui bientôt n'y songea plus. A son retour, le chevalier Lauthier les confia à son frère aîné Louis Lauthier, avocat au conseil, qui les vendit au Cabinet du Roi [4].

Le catalogue sommaire de la collection de Toussaint Lauthier, qui avait été rédigé dès 1663, nous est parvenu et permet d'apprécier à la fois ce qu'était le Cabinet d'un grand collectionneur, au XVIIe siècle, et l'importance de l'acquisition faite par le Roi en 1670 : «... Pour les gravures, dit ce document, elles y sont au nombre de 869, et consistent en 210 onices, 83 camaiuls, et le restant en saphirs, grenats, cornioles, sardoines, presmes, ametistes, jaspes, agathes, jacinthes, topazes, berilles, gyrasol, turquoises et lapis-lazuli, le tout de considération, tant par la beauté naturelle des pierres, pour leur grandeur et notables rencontres de meslanges des couleurs, que pour la diversité des sujets qui y sont représentés et la qualité des ouvriers qui les ont taillés... [5] ».

1. Marion du Mersan, *Hist. du Cabinet des Médailles* (éd. de 1838), p. 150.

2. E. Babelon et J.-A. Blanchet, *Catalogue des Bronzes,* Introd., p. IX.

3. Baudelot de Dairval, *De l'utilité des voyages,* t. II, p. 689. Sur la collection de Toussaint Lauthier, voyez Edm. Bonnaffé, dans la *Gazette des Beaux-Arts,* mai 1878; sur celle de Peiresc, voir au Dép^{t} des Mss. de la Bibliothèque nationale, Ms. fr. 9534 et Ms. lat., nouv. acq. 2343.

4. Tamizey de Larroque, *Rascas de Bagarris,* p. 28; Edm. Bonnaffé, *Dictionn. des amateurs français au* XVIIe *siècle,* v^{o} *Lauthier.*

5. Tamizey de Larroque, *Pierre-Antoine de Rascas, sieur de Bagarris,* pp. 26-27. Le Catalogue du Cabinet de Lauthier a été publié sous ce titre : *Inventaire du Cabinet du sieur Toussaint Lauthier, d'Aix en Provence* (Aix, imprimé par Charles David, 1663,

Il ne nous a malheureusement pas été possible d'identifier un seul des *83 camaiuls* de Lauthier avec ceux de notre Catalogue. En revanche, nous savons que parmi les intailles se trouvaient le Cicéron (ancien Mécène) de Dioscoride, le triomphe de Silène et le Cachet de Michel-Ange, gemmes que Bagarris avait jadis présentées au roi Henri IV.

A l'époque où nous sommes parvenus, les *Comptes des Bâtiments du roi* renferment fréquemment la mention de paiements faits pour le compte du Roi aux lapidaires et ouvriers en pierres fines dont les ateliers étaient installés à la manufacture des Gobelins ; ces ouvriers travaillent les pierres fines, « à la manière de Florence », et plus de la moitié d'entre eux portent des noms italiens ; mais ce sont de simples joailliers qui ne paraissent pas avoir abordé la gravure et nous n'avons point à nous en occuper ici [1] Les seules mentions qui, dans ces Comptes, se rapportent à notre sujet sont les suivantes : « 6 avril 1672 : au sieur Carcavy, pour parfait payement de 6252 tt. 3 s. pour diverses dépenses et plusieurs agattes et pierres gravées qu'il a achetées, 2781 tt. 18 s. [2]. — Reçu dudit s^r de Bartillat, pour délivrer, scavoir : 1686 tt. au s^r abbé Bizot ; 484 tt. au s^r Rainssant, et 274 tt. au s^r Charenton, pour leur remboursement de plusieurs médailles d'or, d'argent et de bronze, pierres gravées et agathes qu'ils ont livré pour S. M., et 20 tt. 7 s. 4 d. pour taxations, 2464 tt. 7 s. 4 d. [3] ».

L'année 1674 fut marquée par une importante acquisition de camées : il s'agit de la collection du Procureur général, plus tard Président au Parlement, Achille de Harlay [4]. Voici l'Inventaire de cette collection, tel que nous le fournit le document original, malheureusement trop sommaire, conservé au Cabinet des Médailles : nous indiquons entre parenthèses les camées qu'il nous a été possible d'identifier et de reconnaître sous nos vitrines :

Mémoire des agathes acquises de M. le Procureur général en 1674.

Première bouette.

1. Grande agate onix de Sévère, sa femme et ses enfans. Moderne. (*Catalogue*, n° 300.)
2. Autre agate onix, femme à demi-cors. Moderne.
3. Autre agate onix, d'une femme à demi-cors. Antique.
4. Autre agate onix, d'une femme à demi-cors. Antique.
5. Agate onix du buste d'Henry-le-Grand. Moderne.
6. Agate blanc et brun, d'un jeune garcon à plus que demi-cors. Moderne.
7. Agate médiocre, noir et blanc, 2 fig. Antique.
8. Autre agate de mesme, 3 fig. Antique.

in-4°) ; cet opuscule est excessivement rare ; un exemplaire se trouve au Département des Mss. de la Bibliothèque nationale, Fonds fr. n° 9534.

1. J. Guiffrey, *Comptes des Bâtiments du roi*, t. I, pp. 289, 386, 445 à 447, 559, etc.
2. J. Guiffrey, *Comptes des Bâtiments du roi*, t. I, p. 503.
3. J. Guiffrey, *Comptes des Bâtiments du roi*, t. II, p. 870.
4. *Essai historique* de Le Prince, éd. Louis Paris, p. 296.

9. Autre agate de trois couleurs, un aigle et deux testes d'enfants. Antique. (*Catal.*, n° 286.)
10. Autre agate, blanchastre, d'un homme estranglant un chien. Moderne. (*Catal.*, n° 499.)
11. Autre agate, noir et blanc. Teste de Bachante. Antique. (*Catalogue*, n° 529.)

Deuxième bouette.

12. Deux grandes agathes onyx de deux empereurs. Modernes.
12. Trois autres agates onix médiocres, de différentes testes. Antiques.
14. Une agate de trois couleurs à deux testes. Antique.
15. Agate tasné et blanc, d'une teste d'empereur. Moderne.
16. Femme à demi-cors, d'agate d'Allemagne, rougeastre et blanc.
17. Lapis, avec la graveure de front d'une femme à demi-corps. (*Catalogue*, n° 1009.)
18. Agate des troi couleurs, la teste d'une Renommée. Antique.

Troisième bouette.

19. Agate. Teste de Domitien, blanche, fonds noir. Antique.
20. Teste de Pallas, de mesme. Antique.
21. Agate grisastre, figure d'homme assise. Antique.
22. Agate onix, sacrifice de Bacchus, plusieurs figures. Antique.
23. Autre agate médiocre, de plusieurs figures. Antique.
24. Autre agate, blanc et brun, quatre figures. Antique.
25. Autre agate brune. Bacchus dans un char à deux chevaux. Moderne. (*Catal.*, n° 515.)
26. Agate blanc et brun, char à deux chevaux. Moderne.
27. Agate onix, teste de femme voilée. Moderne.
28. Agate brune, femme à demi-cors. Moderne.
29. Deux grandes agates gravées en creux. Antiques.
30. Verus et Marc-Aurèle. Agate grise et blanche. Antique. (*Catalogue*, n° 294.)
31. Deux petits brasselets (*sic*), à chacun sept plaques de petites agates gravées de différents animaux. (*Catalogue*, n° 625.)

Quatrième bouette.

En forme de basguier, contenant 49 bagues d'or avec des pierres différentes, quelques-unes antiques et la pluspart modernes, les unes gravées en creux, les autres en rellief, et quelques-unes non gravées.

Le marquis de Nointel (1630? — 1685), diplomate doublé d'un curieux, ambassadeur à Constantinople, resta neuf ans en Orient où sa passion pour les antiquités l'entraîna à de folles dépenses qui causèrent sa disgrâce [1]. Un de nos camées que nous ne saurions malheureusement identifier, provoqua son rappel dans les circonstances suivantes :

En 1673, visitant les échelles du Levant, Nointel rencontra à Larnaca le consul Sauvent, possesseur d'un camée qu'il destinait à Colbert à qui il l'avait annoncé. Nointel se fit remettre le camée pour se donner le mérite intéressé de l'offrir lui-même au Roi par l'intermédiaire du ministre. Voici, en effet, ce que Nointel écrivait à Colbert, à la date du 6 juin 1675 : « ... Je vous supplie aussi très humblement

1. Edm. Bonnaffé, *Diction. des amateurs français au* XVIIe *siècle*, v° *Nointel*.

d'accepter un très beau camaieux, que j'ai eu à mon passage à Chipres, et dont j'ay bien envie d'hazarder l'envoy par une barque qui portera cette lettre ...[1] »

Le 7 septembre 1676, Nointel confirmait son envoi par cette nouvelle missive à Colbert : « ... J'ay pris la liberté de vous envoyer un camayeux et un manuscrit, par la raison que je les ay veu et entendu estimer, et je continuerois de vous faire tenir d'autres curiosités de cette nature et des médailles, quand il s'en présentera, si je n'estois pas retenu par la crainte que vous n'ayés pas receu les premières, ou du moins, qu'elles ne soient pas dignes de vous plaire [2]... »

Le camée fut donc envoyé à Colbert. Comment se fait-il que le comte de Saint-Priest prétende que Nointel le fit parvenir non point à Colbert, mais à M. de Pomponne, d'où l'irritation de Colbert? « M. de Nointel, écrit le comte de Saint-Priest, s'était mis à dos M. Colbert pour avoir eu le mauvais procédé de lui enlever une pierre gravée que ce ministre savait entre les mains du consul de France en Chypre et qu'il lui avait demandée. M. de Nointel sut s'en emparer et l'adressa à M. de Pomponne, qui en fit sa cour au Roi. Colbert, pour s'en venger, retarda le paiement des appointements de l'ambassadeur, ce qui le réduisit bientôt aux expédients. Dans son embarras, il saisit sur un vaisseau venant de France pour la valeur de la somme dont il avait besoin, et il en fournit la contre-valeur en lettres de change sur le trésor royal. Cela ne plut pas à la Cour [3]... »

Quoi qu'il en soit, il est vraisemblable que le camée, cause de tels orages diplomatiques, est encore sous nos vitrines; il eut été curieux de pouvoir le désigner.

Sur le désir de Louis XIV, en 1684, Louvois, surintendant des Bâtiments depuis la mort de Colbert, fit transférer le Cabinet des Médailles et Antiques au palais de Versailles, où on l'installa à côté des appartements royaux. Louis XIV, raconte le P. du Molinet, aimait à étudier et à passer en revue ses pierres gravées et ses médailles; pendant qu'on les rangeait, il venait là, tous les jours, au sortir de la messe, jusqu'au dîner, « témoignant qu'il y avait d'autant plus de satisfaction, qu'il y trouvait toujours quelque chose à apprendre [4] ».

En même temps, il donnait des ordres pour qu'on ne négligeât aucune occasion d'acquérir les médailles, camées, intailles et autres antiquités offrant quelque intérêt historique ou artistique [5]. Alors, fut acquise notre *Dispute d'Athéna et de Poseidon* (*Catalogue*, n° 27), ainsi que l'*Apothéose de Germanicus* (*Catalogue*, n° 265), que Louis XIV paya 7,000 livres aux moines de Toul; un professeur de Bâle, Fesch, parent du cardinal de ce nom, fit présent au Roi de la célèbre améthyste signée de Pamphile qui représente Apollon citharède [6]. Les gemmes de

1. Nointel à Colbert, 6 juin 1675. *Ministère des Aff. étrang.*, Corresp. Constantinople.

2. Nointel à Colbert. 7 sept. 1676, *Ministère des Aff. étrang.*, Corresp. de Constantinople. Je dois la communication de ces deux lettres à l'obligeance de M. Henri Omont.

3. *Memoires de l'ambassade de France en Turquie, par M. le comte de Saint-Priest*, publiés par M. Ch. Schefer (Paris, 1877, in-8°), p. 231.

4. Marion du Mersan, *Hist. du Cabinet des Médailles*, p. 153.

5. *Essai historique* de Le Prince, éd. Louis Paris, p. 296.

6. E. Babelon, *Le Cabinet des Antiques*, p. 105 et pl. LVI, fig. 13.

Hoursel et de Thomas Le Cointe vinrent aussi grossir la collection royale [1].

Les *Comptes des Bâtiments* nous apprennent que le Roi ne se contentait pas d'acquérir des camees : il avait entrepris de les faire entourer de riches montures en or émaillé ; nous relevons, en effet, dans ces comptes, à la date du 13 juillet 1687, les mentions suivantes :

« Reçu du sr du Metz : « Deluy, pour délivrer, sçavoir : 2610 tt. à Josias Belle, orfèvre, pour plusieurs bordures émaillé pour des agathes et autres ouvrages par luy faits pour S. M., et 1400 tt. au sr Bosc, pour quatre agathes et douze petits camayeux où sont les douze empereurs, qu'il a livrez pour le cabinet de S. M., a 33 tt. 8 s. 4 d. pour les taxations..... 4045 tt. 15 s. 10 d. [2] »

Ainsi, l'orfèvre Josias Belle est l'auteur d'un certain nombre des montures de nos camées, parmi celles qui remontent jusqu'à la fin du XVIIe siècle, telle que la belle monture du *Germanicus*, no 265. Quant aux douze petits camées achetés au sieur Bosc, ce sont nos nos 725 à 736, qui, jusqu'ici, passaient pour avoir servi de boutons au pourpoint de Henri IV.

A partir du 25 octobre 1689 jusqu'au commencement de l'année 1700, nous sommes aidé, dans la reconstitution des Annales de notre collection, par un *Journal des acquisitions*. Ce registre, très régulièrement tenu, renferme la mention d'un certain nombre de camées et d'intailles achetés par le Roi ou qui lui furent libéralement offerts. Nous allons relever ces accroissements, année par année, en renvoyant à notre Catalogue, chaque fois que la description du *Journal* permet une identification certaine.

15 janvier 1690. Deux jaspes d'Orient, sur l'un desquels est le buste du Christ en relief, et sur l'autre, celuy de la Vierge, faisant regard, et garnis d'or (*Catalogue*, nos 408 et 416). — Achetés par le Roy.

26 août 1690. Une agathe de deux couleurs, avec les testes de Commode et de Marcia, l'une sur l'autre, gravées en relief. Figure ovale dans une bordure d'or émaillé de bleu (*Catalogue*, no 761).

Une autre agathe blanche ovale, sur laquelle est gravée en relief un buste de dame romaine, dans une bordure à fond d'or.

Ces deux agathes ont été données au Roy par M. l'évesque de Pamiers.

4 octobre 1690. Une petite cornaline ovale, garnie d'or, sur laquelle est un Vulcain, gravé en creux.

Une petite prime d'émeraude ovale, garnie d'or, sur laquelle est gravée en creux un cavalier.

Données au Roy par Mlle de Scudéry.

28 octobre 1690. Une hiacinthe quarrée, garnie d'or, représentant en creux le buste de Henri quatre. — Donnée au Roi à son voyage de Fontainebleau.

Même jour. Une pierre octogone, non garnie, représentant naturellement un cavalier et deux oiseaux. — Donnée par Monseigneur.

15 novembre 1691. Une agathe ovale, de couleur grise, sur laquelle sont gravez en relief les bustes d'Hadrien et de Sabine, l'une sur l'autre ; non garnie.

1. Edm. Bonnaffé, *Diction. des amateurs français au* XVIIe *siècle*, vo *Le Cointe* et *Hoursel*.
2. J. Guiffrey, *Comptes des Bâtiments du Roi*, t. II, pp. 1091 et 1143.

Une autre petite agathe blanche, à fond gris, sur laquelle est gravée en relief une teste de Galba couronnée de laurier; non garnie.

Données par M. d'Argouges, intendant.

10 mai 1692. Un petit jaspe d'Orient, de figure ronde, encerclé d'or, sur lequel est gravé en creux le char du Soleil et, autour, les douze signes du Zodiaque en forme de talisman tenant à une petite chaine d'or. — Donné par Mlle de Scudéry.

10 août 1692. Une cornaline ovale garnie d'or, sur laquelle est gravée en creux une teste de Junon reine. — Donnée au Roy par M. le comte de Brionne.

Du mesme jour. Une agathe ovale de couleur grise, non garnie, sur laquelle est gravée en creux une teste de Julie, fille d'Auguste. — Donnée par Mlle de Scudéry.

10 janvier 1693. Une petite Moresque, gravée en relief, sur une agathe de deux couleurs, garnie d'or.

Une autre petite agathe non garnie, représentant en relief le buste de la Victoire (*Catalogue*, n° 565).

Données par M. l'évesque de Pamiers.

14 janvier 1693. Une agathe-onice de trois couleurs, avec le biseau, garnie d'or, sur laquelle est gravée en creux la Vierge tenant l'Enfant Jésus. 80 tt.

Un jaspe d'Orient, non garni, sur lequel est représenté en relief, saint Jean l'Evangéliste tenant un livre, avec cette inscription IΩ O ΘΕΟΛΟΓΟC. Ouvrage des premiers chrestiens, estimé 50 livres (*Catalogue*, n° 341).

Une sardoine ovale, non garnie, sur laquelle est gravé en creux le buste de Pyrrhus avec un casque, estimée 100 tt.

Une cornaline blanche, garnie d'un petit cercle d'or, représentant une teste d'Hadrien, gravée en creux, estimée 100 tt.

Une autre cornaline blanche représentant une teste de Pallas, en creux, avec un petit cercle d'or, estimée 100 tt.

Une agathe blanche, à fond brun, garnie à fond d'or émaillé, avec une perle, représentant en relief un buste de reine, estimée 600 tt. (*Catalogue*, n° 1000).

Une autre agathe blanche, à fond brun, garnie d'argent doré, sur laquelle est une Vénus en relief et l'Amour auprès d'elle, tenant un flambeau; achetée 40 tt. (*Catalogue*, n° 478).

Une cornaline rouge, garnie d'or, représentant Laocoon et ses enfants, gravez en creux; achetée 30 tt.

Les huit pierres gravées qui précèdent ont été achetées pour la somme de 560 livres, au sieur Beccasse, huissier.

20 janvier 1693. Une grande agathe ovale, d'une seule couleur, avec le biseau, garnie d'or, sur laquelle est gravée en relief une teste d'Henri IV coeffée d'une peau de lion, à la manière d'Hercule (*Catalogue*, n° 786). — Donnée au Roi par M. le chevalier de Béthune.

2 février 1693. Le Roi a donné à Madame la duchesse et à Madame la princesse de Conti, deux de ses cachets montés en moresques, l'un de Jules César et l'autre de Livie, coeffée en Vestale, qu'il faut décharger sur l'Inventaire.

8 février 1693. Une grande agathe blanche et tannée. à fond gris, sur laquelle est représentée en relief une teste de jeune homme coeffée d'une peau de lion, garnie de cuivre (*Catalogue*, n° 505). — Donnée au Roy par M. l'évesque de Pamiers.

18 mai 1693. Une petite agathe de quatre couleurs, montée en bague d'or, sur laquelle sont représentées trois testes en relief, l'une sur l'autre (*Catalogue*, n° 1023). — Donnée au Roy par M. Le Pelletier de Souzy.

14 mars 1694. Une petite cornaline rouge, garnie d'or, représentant en creux une figure debout ayant des ailes.

Une petite agathe grise, aussi garnie d'un petit cercle d'or, sur laquelle est gravée en creux une femme debout, tenant un serpent.

Données au Roy, par Mlle de Scudéry.

5 décembre 1694. Une agathe ovale tannée, à fond gris, représentant d'un costé en relief une Teste de femme avec une espèce de diadème, et de l'autre une Teste de Pallas ou d'Alexandre gravée en creux, garnie d'un petit cercle d'argent doré.

30 janvier 1695. Une petite cornaline ovale, garnie d'or, sur laquelle est gravé en creux le dieu Mars assis sur une cuirasse. — Donnée au Roy par Mlle de Scudéry.

19 février 1695. Une petite agathe onice, montée en cachet d'or, sur laquelle est gravée en creux une Victoire debout. — Donnée au Roy par Mlle de Scudéry.

Une agathe blanche représentant, en relief, Elizabeth de France appelée la Princesse de la Paix, accordée à Philippe II par le traité de Cambrésis. — Donnée au Roy par M. l'abbé de Camps.

Un grand girasol garni d'or, sur lequel est représenté, en relief, Charles second, Roy d'Angleterre, jeune (*Catalogue*, n° 972). — Donné au Roy par M. Moreau, premier valet de chambre de Mgr le duc de Bourgogne.

A la date du 20 août 1695, le *Journal* porte la mention suivante : « A esté mis dans la cassette du Roy un nouvel estat des Médailles et Agathes de Sa Majesté, dans lequel a esté compris tout ce qui a esté adjouté au Cabinet et dans la cassette, depuis le 10 aoust 1691, jusqu'à ce jour, suivant le présent Journal... A été donné à Mgr l'archevêque de Reims un pareil estat... » Il résulte de cette note que les médailles et agathes du Roi étaient déposées en deux endroits, les unes dans le Cabinet, et les autres dans la cassette du Roi. Mais la garde des deux groupes restait confiée à l'intendant du Cabinet qui était alors l'archevêque de Reims, au nom de son neveu, l'abbé de Louvois, trop jeune pour exercer ces fonctions. Depuis 1691, d'ailleurs, par un arrêt du Conseil rendu le 25 juillet, le roi Louis XIV s'était réservé de donner directement des ordres pour tout ce qui concernait son Cabinet de médailles et de pierres gravées [1].

18 janvier 1696. Une grande agathe de trois couleurs avec le biseau, représentant en relief les bustes de Trajan et de Plotine, ovale couché, garnie d'une petite bordure d'argent doré (*Catalogue*, n° 740). — Donnée par M. l'abbé de Camps.

20 janvier 1696. Une petite agathe blanche représentant en relief une teste d'Empereur romain, montée en bague d'or.

6 novembre 1696. Une agathe blanche ovale couchee, représentant Hercule et Omphale en relief avec une autre figure tenant un cheval. — Donnée au Roy par M. de Pontchartrain.

17 avril 1697. Une agathe ovale de deux couleurs avec le biseau, représentant un buste de femme en relief, couronnée de laurier, dans une petite bordure émaillée de rouge et de vert. (*Catalogue*, n° 985, Christine, reine de Suède.)

6 janvier 1698. Deux chrisolites ovales, l'une représentant en relief Drusus, frère de Tibère, et l'autre Antonia, sa femme, toutes deux garnies d'or.

1. Marion du Mersan, *Hist. du Cabinet des Médailles*, p. 156.

15 février 1698. Une agathe sur laquelle est gravée en creux une corne d'abondance montée en cachet d'or.

4 mars 1698. Une agate orientale de trois couleurs, avec le biseau, sur laquelle est représenté en relief une teste de Néron jeune, en Apollon, non garnie.

30 septembre 1698. Une agathe orientale blanche et tannée, garnie d'or, représentant en relief le buste de la reine Marie de Médicis. Achetée par ordre du Roy, 200 tt. (*Catalogue*, n° 790).

8 janvier 1699. Une teste de Sérapis avec le boisseau, agathe blanche en ronde bosse (*Catalogue*, n° 10).

Une agathe cornaline ovale, dans un petit cercle d'or, sur laquelle est gravée en creux une teste barbue, couronnée de pampres. — Donnée au Roy par M. l'abbé de Camps.

30 mars 1699. Une cornaline sur laquelle est gravée en creux le signe du Taureau, montée en bague d'or. — Donnée au Roy par M. le marquis de Villebreüil.

Même jour. Une teste de Louis XIII en relief, sur un grenat ovale, garni d'un petit cercle d'or. Achetée 200 livres (*Catalogue*, n° 793).

Une teste de feu Monsieur, duc d'Orléans, en relief, sur une agathe de trois couleurs, montée en bague d'or. 100 tt.

Ces deux camées ont été achetés ensemble aux sieurs Colin et Garnier, joailliers.

1er août 1699. Une petite cornaline montée en cachet d'or, représentant une teste de Diane gravée en creux.

Une autre petite pierre blanche et noire, ovale, non gravée, garnie d'un petit cercle d'or. — L'une et l'autre données au Roy par Mademoiselle de Scudéry.

4 novembre 1699. Une grande agathe ovale, de plusieurs couleurs, sur laquelle sont gravées en creux deux figures rompant des flèches, non garnie. — Donnée au Roy par M. de Champlay.

20 décembre 1699. Les bustes d'Henri IV et de Marie de Médicis, représentés en relief sur une pierre blanche à fond d'agathe noire, dans une bordure de vermeil émaillée de plusieurs couleurs, achetée 200 tt. (*Catalogue*, n° 789).

Le *Journal* s'arrête au commencement de l'année 1700 : il est permis de croire que les désastres de la fin du grand règne ne furent pas étrangers à cette interruption des acquisitions, car on sait que dans ces tristes conjonctures Louis XIV se vit réduit à envoyer au creuset sa vaisselle plate, ses bijoux et même un certain nombre des montures de ses pierres gravées. Une lettre de l'abbé de Louvois, garde du Cabinet, écrite le 13 octobre 1705, au contrôleur général, commence par cette phrase significative : « Quoique je sois très exact, Monsieur, à faire dans ces temps-ci le moins de dépenses qu'il est possible, pour la Bibliothèque du Roi et pour le Cabinet des Médailles de Sa Majesté, il y a cependant de certaines occasions où je ne crois pas pouvoir me dispenser de proposer des acquisitions utiles, curieuses et à bon compte [1]. »

Pour l'année 1708, nous possédons une sorte de rapport administratif intitulé : « Mémoire sur la valeur des médailles, inscriptions, pierres gravées et autres raretez aportées du Levant par le sieur Paul Lucas » ; un grand nombre des

1. L. Delisle, *Le Cabinet des manuscrits*, t. III, p. 369.

monuments recueillis par le célèbre voyageur avaient été saisis par des corsaires[1]; voici ce qui concerne les pierres gravées :

« Le premier article, consistant en 48 pierres gravées et 8 morceaux de primes d'émeraudes n'est pas venu. Le second, qui est une pierre de jaspe aussi gravée et représentant l'empereur Pescennius Niger, a esté mise, il y a environ quatre ans, au Cabinet du Roi, et ne vaut guères plus que le prix qu'y met le voyageur... 80 tt. Il en est de mesme du troisième article consistant en douze pierres gravées qui ne valent pas plus de... 150 tt. La tasse d'agathe orientale, avec sa soucoupe (*Catalogue*, nos 375 et 376), la patère de jade et le petit plat d'agathe blanche, dont il est fait mention au quatrième article, valent bien 1500 tt. » (Paul Lucas ne les estimait que 490 tt.)

Dans le registre de J.-F. Simon, qui succéda à Oudinet au commencement de l'année 1712 comme garde du Cabinet des Médailles, nous relevons la mention suivante : « Dépense du quartier de janvier 1712. Au sr du Guernier, orphevre, pour avoir enchâssé en or un jaspe gravé en creux représentant le triumvirat, et raccommodé la garniture d'une améthiste aussy gravée en creux, représentant une vestalle consultant l'oracle. Suivant l'ordre de Monsieur l'abbé de Louvois... 37 tt. » Vers la même époque, fut acquis notre no 42 (*Vénus se regardant dans un miroir*), qui décorait le reliquaire offert par le roi René à l'église de Saint-Nicolas-de-Port; cet important camée est peut-être le dernier qui entra au Cabinet du Roi sous le règne de Louis XIV.

En 1719, Gros de Boze succéda à Jean-François Simon, comme garde du Cabinet du Roi, et ce savant ne fut, sans doute, pas étranger à la mesure prise dès l'année suivante, par le duc d'Orléans, régent : on décida de procéder à un « récollement et inventaire général » de toutes les médailles et pierres gravées; un arrêt du Conseil du Roi fut rendu dans ce sens, le 27 mars 1720[2]. « L'inventaire et recollement des Médailles et Pierres gravées antiques et modernes », commencé le 18 novembre 1722, fut clos le 10 mars 1723.

En même temps, il fut décidé que les collections seraient rapportées de Versailles à la Bibliothèque du Roi à Paris. On prépara pour les installer à la Bibliothèque, au-dessus de l'arcade qui dominait la rue Colbert, un vaste salon qui subsista jusqu'en 1865, et dont les belles proportions et la magnifique decoration firent, jusqu'à la fin, l'admiration des artistes et des visiteurs : on y remarquait, entre autres, quatre *dessus de portes* peints par Boucher et six *trumeaux* par Vanloo et Natoire : ces tableaux représentaient Apollon et les Muses.

Le transfert à Paris fut commencé incontinent, comme il appert par la teneur même du procès-verbal, à la date du 17 avril 1720. «... En conséquence de laquelle résolution ledit sieur abbé Bignon ayant fait chercher deux chariots à Versailles, il y a fait charger, sans perte de temps, tous les susdits livres et médailles qui sont partis incontinent pour Paris, avec un ordre signé de sa main et une escorte

1. Dr E.-T. Hamy, *Les origines du musée d'ethnographie*, p. 16.

2. Le texte de cet arrêt est publié dans Marion du Mersan, *Hist. du Cabinet des Médailles*, p. 157.

de sergens. Après quoy, les clefs de l'appartement dudit feu sieur Simon ont esté remises au sieur de Boze qui en doit jouir en ladite qualité de commis à la garde du Cabinet de Sa Majesté. »

La suite du procès-verbal établit qu'une partie des medailles avec toutes les gemmes, resta à Versailles, parce qu'à Paris l'emplacement pour les installer n'etait pas encore prêt : « Et comme le transport des autres suites de médailles, d'agathes et autres pierres gravées, ne peut estre fait que quand on aura disposé à Paris un endroit sûr et convenable pour les y placer, lesdits sieurs commissaires sont convenus, etc... » En effet, l'aménagement et la décoration à laquelle nous avons fait allusion tout à l'heure, exigèrent un temps assez long, de telle sorte que l'ordonnance de transfert, datée de 1721, ne fut achevée d'être mise à exécution que dix-neuf ans plus tard, le 2 septembre 1741 [1]. Et encore, à cette dernière date, ce furent les médailles seules dont le transport à Paris fut terminé; les pierres gravées demeurèrent au palais de Versailles, confiées à la garde du comte d'Angiviller, surintendant des Bâtiments du Roi [2].

Le procès-verbal de l'Inventaire des pierres gravées, qui avait été dressé par Gros de Boze en 1722-1723, et dont le manuscrit est encore présentement au Cabinet des Médailles, débute par ce titre : « Catalogue des pierres gravées en creux et en relief, qui se sont trouvées dans un petit médailler sous le grand bureau du Cabinet des Médailles, à Versailles, 1723. » Puis, on lit sur la première page cet *Avertissement* : « Ces pierres gravées forment une espèce de suite avec celles du bureau de la petite gallerie de l'apartement du Roy, dont elles paroissent avoir esté séparées, comme beaucoup moins considérables par leur beauté, leur travail et leur antiquité. Il semble mesme qu'on les destinoit à des trocs et autres usages semblables, quand l'occasion se présentoit de faire par ce moyen quelqu'acquisition utile.

« Celles qui sont placées dans le bureau de la petite gallerie y occupent douze tablettes, dont les onze premieres contiennent 513 pièces numérotées, et la douzième qui ne renferme que des bagues et des cachets, en contient 287, ce qui fait en tout 800.

« Or, ces pierres gravées nouvellement découvertes commencent par le numéro 801 : elles forment donc une espèce de suite avec les 800 précédentes. Du numéro 801 elles vont jusqu'au numéro 970, mais ces numéros ne sont pas exactement continuez; il y en a d'interrompus et qui manquent à la suite, sans en pouvoir rendre d'autre raison que celle des trocs dont on a parlé, et dont il y a une tradition. Tels sont les cinq numéros suivans, qui sont les seuls qui manquent : 892, 893, 908, 947 et 967. »

Il résulte de là que cet Inventaire ne comprend que la portion jugée la moins

1. Marion du Mersan, *Hist. du Cabinet des Médailles*, p. 158.

2. Le comte La Billarderie d'Angiviller, surintendant des Bâtiments, manufactures et académies, mort en émigration en 1810. Il eut la gloire de fonder, sous le regne de Louis XVI, le musée de peinture du Louvre (L. Courajod, *Alexandre Lenoir, son journal*, t. I, Introd., p. XXVIII et suiv.).

importante de la collection royale. Cependant la lecture des descriptions prouve que le choix n'était pas aussi défectueux que Gros de Boze le laisse à entendre, et que la scission de la collection en deux parties, avait été quelque peu inspirée par le hasard ou plutôt par le manque de place, ainsi que l'atteste la note suivante annexée au procès-verbal :

« On n'avoit point fait d'Inventaire ni de vérification du Cabinet des Médailles, non plus que de la Bibliothèque de Sa Majesté, depuis 1684, qui est le temps où M. l'abbé de Louvois fut pourvu de la charge de bibliothécaire.

« L'année dernière, on finit l'Inventaire en forme de la Bibliothèque. On vient d'achever de même l'Inventaire du Cabinet qui a donné une peine infinie, moins par le nombre presque immense des pièces qui le composent, et qu'il a fallu examiner l'une après l'autre, pour s'assurer de leur existence, que par le désordre et le dérangement presque nécessaire où le tout s'est trouvé.

« Ce désordre a d'abord esté occasionné par le défaut de place ; les armoires estant assujéties aux contours du Cabinet, et nullement proportionnées aux différentes suites qu'elles doivent contenir : ainsi, il a fallu les transposer, les mesler les unes avec les autres, de manière que les plus nombreuses sont dispersées en trois ou quatre armoires diférentes, ce qui ne suffisant pas encore, a engagé, dans la suite, à mettre beaucoup de pièces, les unes sur les autres, ou à les placer pesle mesle entre les tiroirs et les tablettes.

« Ce désordre, au reste, n'a rien pris sur l'exactitude et la fidélité avec laquelle un si précieux dépost a esté conservé, car il ne s'y est rien trouvé manquer qui fût de quelque conséquence, et qui ne fût déjà comme marqué sur les anciens Inventaires, tandis qu'il s'est réellement trouvé beaucoup de choses nouvelles qui n'avoient pas esté enregistrées, et dont il a fallu faire les premiers Catalogues, mais, quelqu'attention que l'on ait eue à mettre chaque chose en ordre, il ne sera jamais possible de le faire, tant que l'on n'aura pas un emplacement suffisant, pour donner à chacune l'étendue, la disposition et la continuité qu'elle demande.

« Un coup d'œil ferait mieux sentir cette nécessité que tous les raisonnemens du monde. »

Bien que cette note concerne plus particulièrement les médailles que la série des gemmes, il nous a paru utile de la reproduire ici parce qu'elle explique qu'on ait fait exécuter, vers cette époque, les splendides médailliers qui forment, aujourd'hui encore, la plus belle partie du mobilier du Cabinet des Médailles et, d'autre part, qu'on ait décidé de réinstaller toutes les collections à Paris, intailles et camées compris, le régent pas plus que le jeune Roi ne paraissant avoir pour ces collections l'intérêt que Louis XIV leur avait toujours porté ainsi qu'à leur accroissement.

Hâtons-nous pourtant d'ajouter que le procès verbal officiel montre que Louis XV commençait à s'intéresser particulièrement à ses collections et à leur conservation. Quand l'Inventaire fut achevé, il voulut aller lui-même en opérer la vérification minutieuse, et le procès-verbal des trois visites qu'il fit coup sur coup dans ce but est assez curieux pour mériter d'être rapporté en partie :

«... Et le Lundi, huitième Mars mil sept cent vingt trois, une heure et demie de relevee, nous, messires Jean Frédéric Phelypeaux, chevalier, comte de Maurepas, conseiller, secretaire d'Estat et des Commandemens de Sa Majesté, ayant le département de sa Maison. Sur ce que le Roy nous auroit fait l'honneur de nous dire, dèz la semaine dernière, qu'il se rendroit lui-même cejourd'hui à la susdite heure, à son Cabinet des Antiques, pour en faire une revue générale, et pour examiner en particulier les articles qui restoient à vérifier, nous aurions fait avertir ledit sieur abbé Bignon, bibliothécaire de Sa Majesté, le sieur Bignon de Blangy, maître des Requestes, reçu en survivance de ladite charge, le sieur de Boze, commis à la garde dudit Cabinet, le sieur Fourmont, commissaire nommé pour lesdits récollement et Inventaire, par l'arrest du Conseil du 20 septembre 1719, et le sieur Couture, commissaire, adjoint en cette partie au sieur Fourmont, par autre arrest du Conseil du 27 mars 1720. Et estant tous rassemblez audit lieu, et Sa Majesté s'y estant rendue, elle auroit d'abord demandé à voir le commencement, le milieu et la fin de plusieurs de ses suites de Médailles, particulièrement de celles d'or et d'argent; et les ayant veues avec plaisir, elle auroit ensuite examiné elle-même le petit médailler attaché et enclavé sous le grand bureau dont le bois et la marquetterie s'estoient trouvez tellement déjettez qu'il avoit été impossible d'en tirer les tablettes, ce qui estant encore à peu près au mesme estat, Sa Majesté auroit fait venir des ouvriers qui ont mis ledit Médailler hors du bureau, et l'ont entièrement ouvert. Ensuite, Sa Majesté ayant fait tirer dudit médailler les tablettes de pierres gravées qu'il renfermoit, il s'en est trouvé trois tablettes presque pleines, et une quatrième contenant seulement dix-neuf agathes de différentes grandeurs, non gravées et représentant naturellement des végétaux. Desquelles trois tablettes de pierres gravées, ledit sieur de Boze a esté chargé de faire le catalogue pour procéder ensuite à la vérification et à l'enregistrement d'icelui.

« Après quoi, Sa Majesté ayant jugé à propos de terminer la séance, a ordonné qu'on se rassemblerait demain mardi, à pareille heure, pour examiner, vérifier et enregistrer le nouveau Catalogue des pierres gravées... »

Le lendemain, les mêmes commissaires se réunissent et le Roi qui tient à vérifier jusqu'au bout, se fait présenter le travail de Gros de Boze. Le surlendemain, nouvelle vérification par le Roi en personne, d'autres pierres gravées installées « dans la petite gallerie de son appartement ».

« Sa Majesté s'est fait représenter toutes les tablettes de pierres gravées contenues audit bureau, les a examinées l'une après l'autre et confrontant séparément chaque pièce avec la description qui en a esté faite par ledit sieur de Boze dans le nouveau Catalogue, et qui lui a esté lue en partie par ledit sieur abbé Bignon, et en partie par le sieur Bignon de Blanzy, Sa Majesté ayant trouvé ladite description juste dans toutes ses parties, en a loué l'ordre et l'exactitude. Après quoi, lesdits sieurs commissaires ont clos et arresté le présent Inventaire et récollement des Médailles, pierres gravées et autres raretés antiques du Cabinet du Roy.

« Fait à Versailles, ledit jour Mercredi, dixième de Mars, mil sept cent vingt trois; et ont signé ainsi : Signé : J. P. Bignon, Bignon, De Boze, Couture, De Fourmont et Phelypeaux, avec paraphes. »

Le roi Louis XV ne pouvait manquer d'être encouragé à porter ses goûts du côté des pierres gravées par Madame de Pompadour et par le grand nombre de collectionneurs qui existaient à cette époque, même à la Cour. Le plus en vue de ces amateurs était le duc Louis d'Orléans (1703-1752), qui avait acquis les cabinets de Crozat et de Madame (princesse Jeanne de Bade, † 1726). La collection célèbre de Louis d'Orléans, dont notre Catalogue renferme un remarquable specimen (nº 952), devait être acquise, en 1787, par Catherine de Russie et elle forme actuellement le fond essentiel du Musée de l'Ermitage, à Saint-Pétersbourg [1]. A côté du duc d'Orléans, nous citerons aussi le comte de Caylus qui avait surtout des Antiques, mais qui ne négligeait pas les pierres gravées et écrivit même un traité didactique sur la technique de cet art [2], tandis que, sur ses conseils, P.-J. Mariette décrivait et faisait dessiner par Bouchardon les plus importantes des intailles de la collection royale [3].

Vers 1750, Caylus donna au Cabinet du Roi notre beau fragment de vase en pâte de verre, nº 369, qui représente Persée délivrant Andromède. Plus tard, en 1762, avec les bronzes et autres antiquités qui constituent l'un des plus riches cadeaux qu'un particulier ait jamais fait à un musée [4], Caylus fit entrer dans le Cabinet du Roi la Minerve nº 28, l'Apollon lyricine nº 39, la tête de Méduse nº 174, le griffon nº 182 et le Néron nº 287 de notre Catalogue.

En racontant plus haut l'histoire du graveur Jacques Guay et la protection dont on l'honorait à la Cour, nous avons, par là même, montré la faveur dont les camées et intailles ne cessaient de bénéficier. On continuait, comme sous Louis XIV, à les faire entourer des belles montures en or émaillé qu'on leur voit aujourd'hui.

En mourant, le 15 avril 1764, Mme de Pompadour légua au Roi toutes les gemmes gravées par Guay qu'elle possédait, *pour augmenter son Cabinet de pierres fines gravées.* « C'est à cette disposition digne d'un artiste, ajoute Leturcq, que nous devons la conservation d'un grand nombre de pièces qui sont encore aujourd'hui au Cabinet des Médailles et pierres gravées de la Bibliothèque nationale [5]. » Au nombre de ces gemmes, nous citerons nos nºs 788 (Henri IV) et 927 (Louis XV) qui ornaient les bracelets de Madame de Pompadour. Louis XV garda, même après la mort de la grande favorite, une prédilection marquée pour les pierres gravées; il conserva à Jacques Guay sa situation de graveur du Roi et chargea l'artiste Dominique Vivant Denon de veiller à l'accroissement de son Cabinet [6].

L'idée de ramener à Paris les gemmes restées à Versailles, en exécution de l'arrêt royal de 1720, n'était point abandonnée. C'est ce qui résulte d'un État manuscrit de ces gemmes dressé en 1773 par l'abbé Barthélemy, garde du Cabinet

1. Il ne faut pas confondre la collection léguée à Louis XIV par Gaston, duc d'Orléans, troisième fils de Henri IV, avec celle de son arrière-petit-neveu, le duc Louis d'Orléans (1703-1752). La collection de Louis d'Orléans fut publiée par les abbés de la Chau et Le Blond, sous le titre de *Description des principales pierres gravées de S. A. S. Mgr. le duc d'Orléans* (2 vol. in-4º, 1780-1784), ouvrage réédité par M. S. Reinach, *Pierres gravées,* pp. 131 à 145.

2. Caylus, dans les *Mémoires de l'Académie des Inscriptions,* t. XXXII, pp. 764 et suiv.

3. P.-J. Mariette, *Traité des pierres gravées*, 1750, 2 vol. in-4º, réédités par M. S. Reinach, *Pierres gravées*, pp. 85 et suiv.

4. E. Babelon et J.-A. Blanchet, *Catalogue des Bronzes antiques,* Introd. p. XXVII.

5. Leturcq, *Notice sur Jacques Guay*, p. 20.

6. Denon, né en 1747, mourut en 1825 directeur général des musées. J. Leturcq, *Notice sur Jacques Guay*, p. 30, note.

des Antiques, à la Bibliothèque. C'est ce qui résulte encore de la présence, au Cabinet des Antiques, d'un certain nombre de pierres gravées qui entrèrent à la Bibliothèque directement et ne furent pas réunies à celles de Versailles. En effet, en 1775, nous voyons un sieur Clerc recevoir une gratification pour différents objets, entre autres des pierres précieuses, qu'il a cédés à la Bibliothèque du Roi : il s'agit « de livres rares, de médailles et monnaies, de pierres précieuses, de minéraux et de plantes qu'il a rassemblées avec soin dans ses voyages et pendant un séjour de plusieurs années dans l'empire de Russie [1] ».

Ce retour des pierres gravées à la Bibliothèque du Roi subit des retards occasionnés moins par les travaux d'aménagement que par les formalités administratives, et surtout, le mauvais vouloir du comte d'Angiviller qui refusait de se laisser dessaisir; le transfert ne devait s'effectuer que vers la fin du règne de Louis XVI, et l'histoire des négociations qui le précédèrent ne manque pas d'un certain piquant, en montrant que le Roi et ses ministres, sous l'ancien régime, étaient loin d'être toujours obéis ponctuellement.

Dès 1782, Amelot, ministre de la maison du Roi, écrit à Bignon, bibliothécaire du Roi, à Paris :

« A Versailles, le 18 janvier 1782.

« J'ai, Monsieur, rendu compte au Roi de la lettre que vous m'avez fait l'honneur de m'écrire le 31 du mois dernier, au sujet de la collection des pierres gravées. Sa Majesté m'a chargé d'en écrire à M. le comte d'Angiviller et de lui marquer qu'elle désire que cette collection vous soit incessamment remise.

« J'ai l'honneur d'être, avec un sincère attachement, Monsieur, votre très humble et très obéissant serviteur. AMELOT. »

A la lettre que lui écrivit à ce sujet le ministre de la maison du Roi, le comte d'Angiviller répondit :

« 20 février 82.

« J'ai reçu, Monsieur, la lettre que vous m'avez fait l'honneur de m'écrire, au sujet de la collection des pierres gravées que le feu Roi avoit dans son Cabinet, et que Sa Majesté m'a fait remettre à son avènement au trône, pour les faire arranger, nétoyer et en dresser un catalogue par un homme de l'art. Cela a effectivement été commencé, mais la personne qui s'en étoit chargée et qui, seule, est capable d'apprécier justement ces divers objets, du moins quant au mérite de l'art, a eu tant de distractions et d'indispositions, indépendament de son absence habituelle de Paris et de Versailles, qu'elle n'a pu terminer cet ouvrage qui est cependant avancé. Je vais tacher de le lui faire achever et alors j'en instruirai Sa Majesté, pour prendre ses ordres sur la disposition de cette précieuse collection. J'ai l'honneur d'être, etc. [2]. »

1. Dans la *Revue des autographes*, n° 166 (mai 1894), pièce n° 254.
2. D'après la copie conservée au Cabinet des Médailles.

Les distractions, indispositions, absences, de la personne de l'art, chargée d'arranger et de nettoyer les gemmes du Roi, qui duraient depuis un demi-siècle, se prolongèrent encore pendant neuf ans, car ce fut seulement le 26 mai 1791, qu'un décret royal, sanctionné le 1er juin suivant, décida que la Bibliothèque du Roi rentrerait en possession des pierres gravées qui y avaient été déposées autrefois. M. de La Porte, intendant de la liste civile, écrivit alors à M. d'Ormesson, bibliothécaire du Roi :

« A Paris, le 17 juin 1791.

« J'ai l'honneur de vous prévenir, Monsieur, que d'après l'ordre que m'en a donné le Roi, je fais venir demain de Versailles, les pierres gravées de Sa Majesté. Elles seront portées, entre onze heures et midi, à la Bibliothèque pour y être déposées. Je m'y rendrai pour vous en faire la remise, avec l'inventaire qui en a été dressé il y a quelque temps, et qu'au surplus je n'ai point vériffié.

« J'ai l'honneur d'être, avec un parfait atachement, Monsieur, votre très humble et très obéissant serviteur.

« La Porte.

« M. d'Ormesson, député à l'Assemblée nationale, bibliothécaire du Roi [1]. »

L'abbé Barthélemy, en prenant possession de la collection, remit à M. de La Porte, le reçu suivant :

« Je soussigné, garde du Cabinet des Antiques, Médailles et Pierres gravées, reconnois que Monsieur de La Porte, intendant de la Liste civile, m'a, en exécution des ordres du Roi, remis en dépôt les deux armoires contenant les pierres gravées de Sa Majesté déposées jusqu'à ce jour entre les mains de M. d'Angivillers, dont l'état contenant les noms et le genre des pièces déposées dans seize tiroirs, a été signé ce même jour. A Paris, ce 18 juin 1791 [2]. »

Ce document clot l'un des chapitres de l'histoire de notre collection de pierres gravées. Nous le ferons suivre seulement d'une brève réflexion. Divers auteurs ont exprimé leur étonnement de ce qu'un certain nombre des intailles décrites par J. Mariette en 1750, comme se trouvant au Cabinet du Roi, aient été, peu après, distraites de la collection où elles ne sont jamais rentrées. Comme antiquaires, nous pouvons pleurer, mais il n'y a pas lieu de témoigner une indignation, d'ailleurs affectée. Le Roi était habitué — ce qui était parfaitement légitime, — à prélever dans son Cabinet, les camées et les intailles qui pouvaient servir à faire des parures ou même qu'il destinait à des cadeaux. C'était sa

1. L'original de cette lettre est conservé au Cabinet des Médailles.

2. L'original de ce document est conservé au Cabinet des Médailles. Cf. J.-J. Barthélemy, *Œuvres complètes*, éd. in-12, t. IV, p. 57. C'est à tort que divers auteurs prétendent que le transfert des gemmes de Versailles à Paris eut lieu dès 1789 (Marion du Mersan, *Hist. du Cabinet des Médailles*, p. 164; Louis Paris, *Essai historique sur la Bibliothèque du Roi, par Le Prince*, pp. 399-400.

collection; il avait, lui-même ou ses ancêtres, travaillé à la former et à l'enrichir sans relâche, et il avait reçu personnellement, à titre gracieux, de nombreuses gemmes qu'il y avait ajoutées. Ainsi, d'ailleurs, ont toujours agi, nous en avons cité des exemples nombreux, les papes, les princes, les monastères, les chapitres ou les églises en ce qui concernait les objets de leurs Trésors. L'État a le droit, aujourd'hui encore, d'aliéner son domaine par voie de donation, échange ou vente : il lui arrive, par exemple, de faire cadeau de vases de Sèvres, dont nos arrière-neveux pourront peut-être regretter la présence dans des musées étrangers. Cette doctrine de droit naturel, qu'un mauvais sentiment inspiré par la passion politique peut seul imputer à crime à ceux de nos princes qui l'ont mise en application, ressort, en ce qui concerne le Cabinet des Médailles, de cette simple constatation, que lorsque la Cour transféra définitivement sa résidence à Versailles, on ne tarda pas à y installer la collection des médailles et pierres gravées. Pendant cette période, tout comme antérieurement, nombre de camées furent adaptés à des parures, nombre d'intailles servirent à faire des cachets, en même temps que des artistes, entretenus à grands frais à la Cour, gravaient de nouveaux camées, de nouvelles intailles dans le goût du jour, ou bien composaient les montures en or émaillé qui font aujourd'hui notre admiration.

L'idée que ces joyaux pouvaient être appelés à rehausser l'éclat des fêtes et des cérémonies de la Cour et contribuer à la décoration des ornements royaux ou impériaux, était traditionnelle et remontait, à travers le moyen âge, jusqu'à l'antiquité elle-même; nous la verrons malheureusement persister encore après la Révolution.

III. *Période révolutionnaire et impériale.*

Au mois d'octobre 1790, en décrétant propriété nationale tous les biens des églises, l'Assemblée législative fournit au Cabinet des Médailles et Antiques du Roi l'occasion de s'enrichir dans des proportions extraordinaires, aux dépens des trésors religieux qu'on decida de séculariser. Aussi, une ère nouvelle date-t-elle de cette époque pour la collection des camées, quelque efficace qu'ait été la protection des rois, quelque grands que se soient montrés le zèle et le désintéressement des savants et des amateurs dont nous avons cité les noms. Malheureusement, la spoliation légale fut accompagnée bientôt de la fureur de détruire tous les souvenirs de la religion et de la monarchie [1], et même, quand les choses se passèrent régulièrement, on prit rarement le soin de dresser un état détaillé et correct des objets saisis et confisqués. De telle sorte qu'il nous est difficile, aujourd'hui, de préciser l'origine de tels ou tels des camées déposés au Cabinet des Médailles pendant la période révolutionnaire. Nous avons pourtant, à la suite de nos descriptions, signalé avec soin cette provenance chaque fois qu'un détail caractéristique nous a permis de la reconnaître.

1. Voyez L. Courajod, *Alexandre Lenoir, son journal*, t. I, Introd., pp. XVII et suiv.

La première aliénation qui nous intéresse est celle du Trésor de la Sainte-Chapelle. Les anciens Inventaires nous permettent de mesurer l'étendue du désastre causé par cette dispersion. En faisant remettre par Ch. Gilbert de La Chapelle les clefs du Trésor, à Bailly, président de la Commission exécutive d'aliénation, Louis XVI demanda et obtint que le Grand Camée (*Catalogue*, n° 264), le buste de Constantin qui servait de bâton cantoral (*Catalogue*, n° 309) et plusieurs manuscrits précieux, fussent exceptés de la vente ou de la destruction et déposés a la Bibliothèque nationale. Les documents qui suivent se rapportent à ce douloureux épisode.

Lettre adressée au garde du Cabinet des Médailles par Delessart, ministre d'État et des finances :

« Paris, 26 février 1791.

« Le Roi ayant été informé, Monsieur, que le Comité d'aliénation de l'Assemblee nationale désirait qu'il fût incessamment procédé à la levée des scellés et à l'inventaire du Trésor de la Sainte-Chapelle, j'ai l'honneur de vous prévenir que Sa Majesté a nommé un commissaire chargé de la clef de ce Trésor, pour réclamer en son nom, lors de la levée des scellés, les reliques, une agathe et autres pierres précieuses et quelques beaux livres de prières manuscrits, comme venant des dons particuliers de ses pères, et qu'il ne serait pas convenable de comprendre dans l'inventaire auquel on va procéder et dans la vente qui en sera la suite. L'intention de Sa Majesté est de faire placer, à titre de dépot seulement et jusqu'à ce qu'il ait été statué ultérieurement à cet égard, les reliques avec leurs reliquaires dans l'église de Saint-Germain l'Auxerrois, paroisse de son château des Tuilleries ; les pierres précieuses seront transportées au Cabinet des Médailles et les manuscrits à la Bibliothèque du Roi. Le commissaire de Sa Majesté donnera à ceux des officiers municipaux de Paris qui seront chargés de la levée des scellés et de l'inventaire, tous récépissés nécessaires, lors de la remise qui lui sera faite de ces objets précieux. Je lui écris, en lui addressant la commission dont le Roi l'a honoré, de se concerter avec la municipalité de Paris sur la manière dont il sera procédé à la réclamation qu'il est chargé de faire au nom du Roi, et de convenir du jour où cette opération pourra se faire.

« J'ai l'honneur d'être, etc. « DELESSART [1]. »

Lettre au ministre Delessart ; la copie qui est au Cabinet des Médailles est sans signature :

« 7 mars 1791.

« J'ai l'honneur, Monsieur, de vous prévenir que je me suis concerté avec le commissaire du Roi chargé de la clef du Trésor de la Sainte-Chapelle, et de réclamer, lors de la levée des scellés qui y sont apposés, différents objets précieux que Sa Majesté désire conserver et n'être pas confondus avec ceux qui doivent être mis en vente. Cette levée

1. Copie au Cabinet des Médailles, d'après l'original qui fait partie des archives de M. le baron de Girardot.

des scellés doit se faire demain mardi, 8 de ce mois, et en présence du commissaire du Roi qui est conveuu de s'y trouver pour remplir les intentions de Sa Majesté [1]. »

Billet sans signature adressé à « M. l'abbé de Coursçai », neveu de Barthélemy et son adjoint au Cabinet des Médailles [2] :

« A Paris, ce 11 mars 1791.

« J'ai l'honneur d'offrir à Monsieur l'abbé de Coursai mille complimens, et de lui proposer de venir déjeuner ce matin, de 10 à 11 heures, s'il n'a pas d'autre engagement.

« Le commissaire du Roi doit venir faire la remise des objets précieux de la Sainte Chapelle qui sont destinés au Cabinet des Médailles, selon les intentions du Roi, et la décision des Comités. Il viendra de 10 à 11 heures [3]. »

Quand les monuments préservés grâce à l'intervention expresse de Louis XVI, furent apportés au Cabinet des Médailles, l'abbé J.-J. Barthélemy, conservateur, délivra le récépissé suivant, remis à Ch. Gilbert de La Chapelle, commissaire de la Maison du Roi :

« Je soussigné, garde du Cabinet des Médailles, Antiques et pierres gravées du Roi, reconnois avoir reçu et déposé par ordre du Roi dans ledit Cabinet :

« 1° Une grande agathe gravée, de plusieurs couleurs, ayant un pied moins trois lignes de long, et environ dix pouces sur sa plus grande largeur ; connue sous le nom d'agathe de la Sainte-Chapelle, et montée dans une espèce de reliquaire de vermeil orné de perles et de pierres de diverses couleurs, le tout ayant vingt-trois pouces de long, seize pouces et demie sur la plus grande largeur, et quatorze sur la plus petite (*Catalogue*, n° 264) ;

« 2° Un buste d'agathe représentant un Empereur romain, ayant trois pouces sept lignes et demi de hauteur, posé sur une espèce de chaire de vermeil ayant servi de couronnement au bâton du Chantre de la Sainte Chapelle (*Catalogue*, n° 309) ;

« 3° Un sceau en argent de la Sainte Chapelle, ayant deux pouces dix lignes de diamètre [4].

« Fait à Paris, le 1er mai 1791. « BARTHÉLEMY. »

Un certain nombre des autres dépouilles de la Sainte-Chapelle furent transférées, à titre provisoire, à l'abbaye de Saint-Denis où le vandalisme ne devait pas tarder à aller les poursuivre. Quelques mois après, en effet, on procédait à une première aliénation du Trésor même de cette abbaye, au moins des monuments

1. Copie au Cabinet des Médailles; l'original est dans les archives de M. le baron de Girardot.

2. Il s'agit de Barthélemy de Courçay, neveu de l'abbé J.-J. Barthélemy, l'auteur du *Voyage d'Anacharsis*, que ce dernier avait pris pour adjoint, et qui, en ce moment, remplaçait son oncle malade.

3. Original au Cabinet des Médailles.

4. Il s'agit du sceau de la reine Constance, femme de Louis VII le Jeune, aujourd'hui encore au Cabinet des Médailles (Marion du Mersan, *Hist. du Cabinet des Médailles*, p. 33, D 3).

qui parurent profanes et n'avoir aucun rapport d'origine avec le culte chrétien. La richesse extraordinaire de ce Trésor, qui s'était sans cesse accru depuis les temps mérovingiens, nécessita plusieurs vacations, et l'on eut, au début, le soin de procéder avec méthode et régularité administrative.

Le vendredi 30 septembre 1791, deux des administrateurs composant le Directoire du département de la Seine, Germain Garnier et François Cretté-Palluel, délégués à cet effet et accompagnés de Mongez et Le Blond, membres de l'Académie des Inscriptions, se rendirent à Saint-Denis, pour y opérer un premier prélèvement. On conserve, au Cabinet des Médailles, le procès-verbal rédigé à cette occasion :

« L'an mil sept cent quatre vingt onze, le vendredi 30 septembre, neuf heures du matin, nous, Germain Garnier et Francois Cretté-Palluel, tous deux administrateurs et membres du Directoire du Département de Paris, commissaires nommés par arrêté du Directoire, du vingt-sept de ce mois, en exécution de la loi du douze du même mois qui ordonne que le département de Paris nommera incessamment deux commissaires à l'effet de se transporter avec MM. Le Blond et Mongez, de l'Académie des Belles Lettres, au Trésor de la cy-devant abbaye de Saint-Denis, et de faire transporter dudit Trésor au Cabinet national des Médailles et Antiques, rue de Richelieu, les monuments d'arts et de sciences, lesquels seront déposés provisoirement audit Cabinet, sous le récépissé des préposés audit établissement, assistés de MM. Gaspard Michel Le Blond et Antoine Mongez, tous deux de l'Académie des Inscriptions et Belles-Lettres, nommés par la loi ci-dessus énoncée, nous sommes transportés à Saint-Denis en la ditte abbaye, où étant en présence de M. le Président du Directoire du district de Saint-Denis, M. le Procureur syndic dudit Directoire, de M. le maire de Saint-Denis et de M. le procureur de la commune de la ditte ville, nous avons annoncé l'objet de notre transport, avons fait lecture de la loi du douze septembre et de l'arrêté du Directoire du département de Paris qui contient nos pouvoirs. Sur quoi nous avons été conduits au Trésor de la cy-devant abbaye de Saint-Denis, où, en présence de dom Charles François Verneuil, prieur de la cy-devant abbaye, dom Pierre Dieuzy, trésorier, nous a fait ouverture du Trésor et des armoires où sont contenus les effets qui le composent, et après examen fait par MM. Le Blond et Mongez de toutes les pièces et meubles qui composent ledit Trésor, ils ont reconnu qu'il n'existoit, comme pouvant être considérés comme monuments d'arts et sciences, que les pièces suivantes :

« 1. Une cuve de porphire qui était dans l'église.

« 2. Le fauteuil de bronze connu sous le nom de fauteuil de Dagobert.

« 3. Un camée gravé sur une agathe onix qu'on croit représenter une tête de Germanicus, lequel étoit un reliquaire dit de saint Cloud.

4. Une sardoine rougeâtre en camée, représentant la tête d'Auguste couronnée de feuilles de chêne, laquelle pierre était attachée au chef de saint Hilaire de Poitiers (*Catalogue*, n° 234).

5. Un plateau de pièces rapportées, dans le fond duquel est encastré un morceau de cristal représentant un Roy Parthe gravé en creux [1] (*Catalogue*, n° 379).

6. Un vase de sardoine-onix orientale représentant des Bacchanales et gravée en relief, qu'on croit être du tems de Ptolémée Philadelphe (*Catalogue*, n° 368).

1. La gravure est en relief et non pas en creux.

7. Un vase d'agathe orientale cannelée, connu sous le nom de calice de Suger [1].
8. Une aigue marine gravée en creux, représentant la tête de Julia, fille de Titus, avec le nom de.... (Evodus) [2].
9. Une cuvette de sardoine orientale à godron, avec son pied d'argent doré et sa bordure de même matière (*Catalogue*, nº 373).
10. Une agathe presque de ronde bosse représentant le buste de Tibère (c'est Auguste. *Catalogue*, nº 233).
11. Une agathe-onix à trois couches représentant le buste de Tibère en camée (c'es probablement le nº 252 de notre *Catalogue*).
12. Une petite cuvette de jade vert (*Catalogue*, nº 374).
13. Un manuscrit sur vélin pourpre, en caractères d'or et d'argent, contenant les quatre Évangiles.
14. Un autre manuscrit sur vélin contenant des liturgies avec des notes.

Toutes lesquelles pièces, après avoir fait dessertir celles désignées sous les nºˢ 3 et 4, nous ont été délivrées pour être transportées aux termes et en exécution de la loi, à l'exception des deux premiers articles que nous n'avons pu transporter à cause de leur volume, nous les avons laissées à la garde de dom Dieuzy, qui a promis les laisser enlever à la première réquisition de M. le maire de Saint-Denis, lequel s'est obligé de les faire transporter le plus tôt possible à Paris, au Cabinet des Antiques, rue de Richelieu et les faire remettre au garde de cet établissement sous son récépissé. A l'égard des autres pièces ci-dessus désignées, après les avoir fait renfermer et emballer avec soin, nous nous en sommes chargés pour les faire conduire à Paris et les remettre aux préposés chargés de les recevoir.

Pendant que nous procédions à l'exécution de notre commission, MM. le maire et procureur de la commune de Saint-Denis ont fait la réquisition suivante :

Qu'ils ne connoissoient le décret dont il s'agit que par les papiers publiés qui annonçoient seulement l'enlèvement du Trésor et le transport à Paris de quelques médailles et autres pièces antiques, et qu'ils ne les connoissent même pas encore ; que si la commune eût pensé qu'il seroit retiré du Trésor touttes les pièces précieuses cy-dessus décrites, elle se seroit empressée de présenter une pétition à l'Assemblée nationale, à l'effet de la supplier de retirer son décret, dont l'exécution fait un tort d'autant plus considérable à la ville de Saint-Denis, que les Antiques qui viennent d'être retirées du Trésor sont précisément celles qui attiroient beaucoup d'étrangers et de savans à Saint-Denis, qui s'y arrêtoient pour y diner, coucher et même y séjourner, et y faisoient une consommation dont cette ville va se trouver privée ; que ses habitans méritent d'autant plus la sollicitude de l'Assemblée nationale, qu'ils perdent par l'effet de la Révolution tous les avantages dont cette ville jouissoit, sans être indemnisé par aucun, ce qui opère une émigration déjà très considérable ; qu'en conséquence, sans entendre s'opposer à l'exécution de la loi, ils prient cependant Messieurs les Commissaires du Département de vouloir bien suspendre leur mission jusqu'à ce que la commune ait fait parvenir ses réclamations à la prochaine législature, de la justice de laquelle elle ose espérer la suppression d'un décret qui achève de ruiner Saint-Denis sans enrichir la capitale ; qu'ils les prient également de leur faire délivrer une copie autentique de leur procès-verbal contenant les

1. Ce précieux vase, volé en 1804, fut vendu par les voleurs à un Anglais, Townley, qui, à sa mort, le légua au Musée britannique (Marion du Mersan, *Hist. du Cabinet des Médailles*, p. 166).
2. E. Babelon. *Le Cabinet des Antiques*, p. 104, pl. XXXIII.

objets désignés comme devant être retirés du Trésor, et ont signé. Signé : Pelletier, maire, et Noel, procureur de la commune.

Sur quoi nous avons considéré qu'il n'étoit pas en notre pouvoir de statuer sur l'objet de cette réquisition et que nous ne pouvions suspendre ni retarder l'exécution de la loi sans manquer à la Commission qui nous a été conférée, et sans en excéder les limites ; en conséquence, nous avons promis à MM. le maire et procureur de la commune de Saint-Denis, de leur faire parvenir le plus tot possible une expédition de notre procès-verbal, pour qu'ils puissent se pourvoir par tous les moyens qu'ils jugeront convenables pour faire valoir leurs réclamations, et leur avons, autant qu'il est en nous, réservé tous leurs droits, et avons signé avec les personnes cy-dessus nommées présentes à cette opération. Signé : Verneuil, Pelletier, Noël, procureur de la commune ; Pierre Dieuzy, trésorier ; Collin, Antoine Mongez, Bailly, président ; Béville, procureur syndic ; Cretté-Palluel, Germain Garnier.

Et de suite nous, commissaires du département, assistés de MM. Le Blond et Mongez, nous sommes transportés à Paris au Cabinet des Antiques et Médailles, rue de Richelieu, avec les douze dernières pièces des quatorze énoncées et désignées au procès-verbal, lesquelles douze pièces nous avons déposées audit Cabinet, et remises en la garde de M. d'Ormesson, bibliothécaire et intendant du Cabinet des Antiques et Médailles, et à celle de MM. Barthélemi, de l'Académie française, de Courçay et de Perseval, gardes et adjoints des Cabinets des Antiques et manuscrits, lesquels MM. d'Ormesson et Barthélemi, de Courçay et de Perseval se sont chargés desdittes douze pièces et nous ont donné le présent récépissé pour notre décharge. A l'effet de quoi ils ont signé avec nous lesdits jours et an. Signé : d'Ormesson, bibliothécaire, Le Blond, Antoine Mongez, Barthélemi, de Perseval, Courçay, Cretté-Palluel, Germain Garnier.

Pour copie conforme à l'original déposé dans les bureaux des départemens. Signé : Blondel, secrétaire.

L'original du présent procès-verbal est au secrétariat du Département de Paris ; une copie collationnée en est déposée au secrétariat de la Bibliothèque.

Les nos 13 et 14 ont été remis au dépot des manuscrits.

Les nos 1 et 2, qui sont le fauteuil de Dagobert et la cuve de porphyre, n'ont été transportés ici que le lendemain, 1er octobre 1791.

On peut constater par ce qui précède, jusqu'à quel point les habitants de Saint-Denis étaient irrités qu'on vînt ainsi officiellement mettre la main sur le Trésor de leur abbaye et en disperser les richesses artistiques. Comme suite à leur protestation au nom de la commune de Saint-Denis, le maire et le procureur remirent, le 14 mai 1792, a M. d'Ormesson, bibliothecaire du Roi, une note dans laquelle nous lisons ce passage : « La ville de Saint-Denis verroit avec peine la suppression de ce Trésor ; il attire et retient dans ses murs les curieux et les étrangers ; la religion de ses habitans en seroit alarmée ; elle l'a été par le déplacement de quelques monumens profanes qui en ont déjà été distraits pour être placés au Cabinet des Médailles ; elle pourroit l'être encore par la nouvelle distraction que l'on propose. Mais on previendroit cette inquiétude en réunissant à ce Trésor, par un décret particulier, celui de la Sainte-Chapelle qui n'y est deposé que provisoirement, par ordre du Roi, et qui, par le nombre et l'importance des pièces dont il est composé, doubleroit la collection de Saint-Denis.

On pourroit aussi y replacer quelques-uns des objets qui ont été apportés mal à propos au Cabinet des Médailles, et auxquels la ville de Saint-Denis attache une grande valeur, tel que le vase connu sous le nom de Calice de l'abbé Suger. »

Les habitants de Saint-Denis en furent pour leurs protestations et leurs vœux platoniques, et en 1793, ils virent les bandes révolutionnaires venir achever l'œuvre de destruction qu'on avait légalement commencée. Divers auteurs ont raconté les lamentables épisodes du pillage du Trésor de l'antique abbaye et de la profanation des tombes royales qui en décoraient la basilique; nous n'avons point à y revenir ici [1]. Ajoutons seulement que le Cabinet des Médailles possède un exemplaire d'un *Guide du visiteur* à Saint-Denis, publié en 1783 [2]. Ce petit opuscule servit aux commissaires, à un moment où quelque ordre administratif présidait encore à leurs opérations, pour une des visites dans lesquelles ils décidèrent d'envoyer au creuset les objets en or du Trésor. Leur main sacrilège a inscrit à l'encre, en marge, les mots *fondre, conserver* ou *laisser*, en regard de chacun des monuments décrits dans le texte. Il suffit de feuilleter ce *Guide* pour se rendre compte de la précipitation avec laquelle cette triste besogne a été accomplie, de l'incompétence des hommes chargés de l'exécuter aussi bien que des bas sentiments qui les animaient. Quelques-unes des épaves de ce grand naufrage de l'art ont échoué ultérieurement au musée du Louvre. Les pouvoirs publics furent impuissants, quand ils en manifestèrent quelque velléité, à mettre un frein aux odieux excès qu'ils avaient eux-mêmes provoqués et déchaînés. Ce fut en vain, par exemple, que, dans sa séance du 19 octobre 1792, le Comité d'Instruction publique de la Convention vota des mesures pour sauvegarder et faire inventorier par des personnes compétentes les objets d'art parmi lesquels nous trouvons mentionnées les *pierres gravées*, confisquées sur les émigrés, les maisons royales et religieuses [3]. Ce fut en vain aussi que, dans sa cent quarante-troisième séance (22 octobre 1793), le même Comité proposa « de faire décréter par la Convention une nomenclature d'objets précieux qui ne doivent pas être détruits ou confisqués, quoiqu'ils contiennent des signes de royauté et de féodalité [4] ». Il était trop tard.

A Chartres, comme à Saint-Denis, l'aliénation du Trésor eut d'abord un caractère méthodique et administratif [5]. Un premier prélèvement eut lieu en 1792; puis, au commencement de 1793, on fit brûler les tapisseries dans lesquelles il y avait de l'or; enfin, le 17 septembre de la même année, les conventionnels

1. Voyez surtout L. Courajod, *Alexandre Lenoir, son journal*, t. I, Introd., pp. LXXXIV et suiv. La *Revue universelle des arts* de Paul Lacroix a publié (2e année, 4e vol. novembre 1856, pp. 123 et suiv.), l'*Inventaire du Trésor de l'abbaye de Saint-Denis*, en 1793.

2. *Le trésor de l'abbaye royale de Saint-Denys en France*. Paris, Pierres, imprimeur, 1783, in-12 de 16 pages.

3. J. Guillaume, *Procès-verbaux du Comité d'Instruction publique de la Convention nationale*, t. I, pp. 5 et suiv.

4. J. Guillaume, *op. cit.*, t. II, pp. 656 et 658.

5. F. de Mély, *Le trésor de Chartres*, préface, p. XLIII.

Sergent et Lemonnier se présenterent avec la mission de détruire les châsses de la sainte Chemise et de saint Théodore; quelques jours après, on jetait pêle-mêle « dans dix tonneaux, les argenteries et cuivreries de la cy-devant cathédrale », pour les envoyer à la Monnaie, à Paris [1]. Les châsses une fois brisées [2], l'or qui en avait constitué la structure fut jeté au creuset; quant aux camées et aux intailles qui les décoraient, une vingtaine d'entre eux, trop sommairement énumérés dans le procès-verbal reproduit ci-après, furent seuls déposés au Cabinet des Médailles; on perd là trace des autres [3].

Procès-verbal d'enlèvement d'objets précieux destinés pour le Musée national.

Aujourd'huy mardi dix-sept septembre mil sept cent quatre-vingt-treize, l'an II de la République, en présence des citoyens administrateurs du département d'Eure-et-Loir et des officiers municipaux de cette ville, a été enlevé par le citoyen Sergent, représentant du Peuple, et le citoyen Lemonnier, peintre, tous deux membres de la Commission des Monuments, en vertu des pouvoirs qui leur ont été donnés par la loi du 27 juillet dernier, de la châsse de la Vierge qui était dans le Trésor de la ci-devant cathédrale de Chartres, les bijoux et objets qui suivent :

1. Un camée de trois pouces de haut, représentant un Jupiter, de trois sortes de couleurs, sardoine (*Catalogue*, n° 1).
2. Une sardoine de quinze lignes de haut, représentant une Diane gravée en creux.
3. Une pierre de quinze lignes de haut, représentant Assuérus sur son trône.
4. Une cornaline de onze lignes de haut, représentant une figure portant sur l'épaule une espèce de javelot.
5. Une agathe représentant un Cupidon de quinze lignes de haut (ci-après, *Catalogue*, n° 36).
6. Un camée représentant un sacrifice composé de trois figures, cassé dans deux parties (ci-après, *Catalogue*, n° 98).
7. Deux têtes de femmes, gravées en relief.
8. Une grosse tête, gravée en relief, représentant une Méduse, agate blanche (ci-après, *Catalogue*, n° 164).

1. F. de Mély, *op. cit.*, préface, p. XLIV; L. Courajod, *Alexandre Lenoir, son journal*, t. I, Introd., p. CXXV.
2. Voyez l'image de la châsse de la sainte Chemise de la Vierge, dans F. de Mély *op. cit.*, pl. VIII, pp. 20-21.
3. Nous devons dire ici que la plupart des historiens accusent le conventionnel Sergent, qui était orfèvre, de s'être approprié une partie des gemmes et joyaux du Trésor de Chartres; les contemporains l'avaient surnommé Sergent-Agate. Voyez à ce sujet : Michelet, *Histoire de la Révolution*, t. IV, pp. 123 et 222; Renouvier, *Histoire de l'art pendant la Révolution*, p. 256; L. Courajod, *Alexandre Lenoir, son journal*, t. I. Introd., p. CXXV; F. de Mély, *Le trésor de Chartres*, pp. XLIII, XLVIII, 28, 34, 37-39.

9. Un camée représentant un lion terrassant un taureau, de deux couleurs, neuf lignes de long (ci-après, *Catalogue*, n° 365).
10. Une cornaline représentant une tête d'enfant, neuf lignes.
11. Une tête de femme, agate gravée en relief.
12. Une pierre, seule tête d'homme coiffée du bonnet phrygien.
13. Une cornaline gravée en creux, représentant l'Abondance.
14. Une pierre verte, en creux, représentant une Minerve.
15. Une cornaline en creux, représentant un Mercure.
16. Une pierre brune inconnue.

Tous les objets ci-dessus pour être déposés au Musée national.

Et, à l'égard des deux tableaux désignés par le procès-verbal du deux du présent mois, est arrêté que, lorsqu'ils seront enlevés, les citoyens commissaires enverront une décharge d'iceux.

A encore été enlevé de la châsse de saint Théodore, ce qui suit :

Une agate blanche, tête antique d'un empereur romain ; trois petites pierres représentant un Amour ; une tête de femme et un mufle de lion (voyez ci-après, *Catalogue*, n° 194.)

Dont et de tout ce que dessus a été dressé le présent procès-verbal, pour servir de décharge, qui a été signé par lesdits citoyens Sergent et Lemonnier, lesdits jour et an, dont acte.

Pour copie conforme : *Signé :*
Goret, *secrétaire-adjoint,* Sergent, Lemonnier [1].

Le Catalogue des objets reçus à cette occasion au Cabinet des Médailles, confirme le précédent procès-verbal d'enlèvement, avec lequel, d'ailleurs, il n'offre que quelques variantes dans la description des monuments. En voici la teneur, d'après l'original conservé au Cabinet des Médailles :

« Provenant de la châsse de la cathédrale de Chartres :

1. Un camée de trois pouces de haut, deux de large, ovale, représentant un Jupiter de trois sortes de couleurs (*Catalogue*, n° 1).
2. Une sardoine de 13 lignes de haut : Diane, en creux.
3. Une pierre de 15 lignes de haut : Assuérus sur son trône.
4. Une cornaline de 11 lignes de haut : une figure portant sur l'épaule une espèce de massue.
5. Une agate de 15 lignes de haut, représentant un Cupidon (une *Diane*, selon une correction de l'abbé Barthélemy. — *Catalogue*, n° 36).
6. Un camée, représentant un sacrifice, composé de trois figures, cassé en deux parties (*Catalogue*, n° 98).

7 et 8. Deux têtes de femmes, gravées en relief.

9. Une grosse tête gravée en relief : Méduse. Agate blanche (*Catalogue*, n° 164).

1. L. Courajod, *Alexandre Lenoir, son journal et le musée des monuments français*, t. I, Introd., pp. CXXVI-CXXVII ; *Bulletin du Comité historique des Arts et monuments. Archéologie*, t. III, p. 28; E. Babelon, *Le Cabinet des Antiques*, p. 174.

10. Un camée représentant un lion terrassant un taureau, de deux couleurs, portant neuf lignes de long; fêlé (*Catalogue*, n° 365).
11. Une cornaline de 9 lignes, représentant une tête d'enfant.
12. Une tête de femme gravée en relief. Agathe.
13. Une tête d'homme coiffée du bonnet phrygien.
14. Une cornaline gravée en creux, représentant l'Abondance, — peut-être un Mercure.
15. Une pierre verte, gravée en creux, représentant Minerve.
16. Une pierre brune inconnue.
17. Une agathe blanche : tête antique d'un empereur romain.
18. Un Amour. Agathe.
19. Une tête de femme, sur agathe.
20. Une mufle de lion, sur turquoise, en relief (*Catalogue*, n° 194).

« Ces quatre dernières pierres proviennent de la châsse de saint Théodore. »

A la suite de cet inventaire, le document que nous venons de reproduire contient cette mention : « Les nos 3, 7, 8, 12, 16, 17, ont été mis au rebut, comme indignes de figurer dans la collection. »

Un autre précieux monument dont notre Catalogue renferme aussi quelques débris, c'est la châsse de sainte Geneviève, à Paris. Nous ne pouvons retracer ici « cette journée à jamais mémorable dans laquelle des mains françaises détruisirent l'antique *palladium* de la cité parisienne, que nos ennemis les plus acharnés avaient respecté, et que mille ans de vénération et de reconnaissance avaient identifié avec la patrie [1] ». Cette châsse, enrichie par des ex-voto de toute nature, à travers le moyen âge, avait été restaurée au XIIIe siècle, puis sous Louis XIII, en 1614; on en fit un inventaire détaillé en 1672 [2].

Le 14 brumaire an II (4 novembre 1793), la Commune de Paris ordonna au Comité révolutionnaire de la section du Panthéon de confisquer ce monument ainsi que les autres objets d'art de la paroisse de Sainte-Geneviève, et de les faire transporter à la Monnaie. Le procès-verbal des commissaires s'exprime ainsi : « Cette châsse a été faite en 706 par le ci-devant soi-disant saint Éloi, orfèvre et évêque de Paris (*sic*). Elle a été réparée en 1614 par Nicole, orfèvre de Paris. Il paroît que c'est à cette époque que l'on a substitué des pierres fausses en place des fines qui y étaient... Entre autres choses fort extraordinaires et fort ridicules, nous avons remarqué sur cette châsse une agathe gravée en creux, représentant Mutius Scævola brûlant sa main pour la punir d'avoir manqué le tyran Porcenna ; au-dessous est gravé : *Constantia*. Sur une autre pierre, un vil Ganimède enlevé par l'aigle de Jupiter pour servir de giton au maître des dieux, et sur d'autres pierres, des Vénus, des Amours, etc., et autres attributs de la Fable [3]. »

1. L. Courajod, *Alexandre Lenoir, son journal*, t. I, Introd., p. CXXXV.
2. Germain Bapst, dans la *Revue archéologique*, 1886, II, p. 188.
3. G. Bapst, *loc. cit.*, p. 190 ; L. Courajod, *op. cit.*, p. CXXXVI.

L'Administration de la Monnaie mit au creuset l'or et l'argent de la châsse; quant aux camées qui la décoraient, quelques-uns d'entre eux, après un séjour de trois ans à la Monnaie, furent envoyés au Cabinet des Médailles, le 21 décembre 1796 [1]. Ce sont nos nos 421 (la Vierge et l'Enfant-Jésus), 476 (Vénus), 481 à 491 (des Amours avec des guirlandes), 580 (Pyrame et Thisbé), 581 (la Vérité), 582 (Lucrèce se poignardant). Il faut peut-être y joindre les nos 390 (Adam et Ève dans le Paradis) et 579 (la Légende de la Dame de Virgile), bien qu'aucun document ne nous permette de l'affirmer formellement.

Les collections de monnaies et d'antiquités confisquées sur les émigrés et les condamnés à la guillotine, aussi bien que sur les maisons religieuses, furent centralisées dans divers dépôts provisoires, quand elles ne furent pas pillées et détruites. A Paris, les principaux dépôts de ce genre étaient ceux de la Monnaie, de la rue de Beaune, de Sainte-Geneviève, de l'hôtel de Nesle, de l'hôtel de Liancourt, du Muséum d'histoire naturelle, des Petits-Augustins et du Garde-Meuble, dont les richesses furent pillées le 16 septembre 1793, par une bande de quarante brigands [2]. A la suite d'une tentative de vol qui avait eu lieu, quelques mois auparavant, chez Mongez, institué garde du dépôt de Sainte-Geneviève, la Commune de Paris décida, le 7 mai 1793, que le médaillier de la ci-devant abbaye serait transféré au Cabinet des Médailles, et le citoyen Vachard, administrateur du département, effectua ce versement le 13 du même mois. Peu après, le 26 nivôse an II (15 janvier 1794), Mongez transmettait au Cabinet des Médailles deux camées, comme l'atteste le reçu suivant :

« Reçu, le 26 Nivôse, de la commission des Arts, des mains du citoyen Mongès: 1° une tête de Vierge voilée, en agathe blanche (*Catalogue*, n° 418); 2° une Vierge et son Enfant, sur caillou agathisé (*Catalogue*, n° 422). »

A la date du 18 brumaire an IV (9 novembre 1795), un « État des objets remis par le secrétaire de la Commission temporaire des Arts aux citoyens Barthélemy et Millin, conservateurs de la Bibliothèque nationale », contient la mention d'un camée représentant un sacrifice à Priape, et de deux morceaux de cristal indéterminés.

Ce camée (sacrifice à Priape) rappelle le n° 98 de notre Catalogue, qui décorait la châsse de la Sainte Chemise de Chartres; il n'est plus au Cabinet des Médailles parce qu'il fut restitué le 9 vendémiaire an VI (30 septembre 1797) à son légitime propriétaire, Henri-François Vente, fils de Jean Vente qui avait été guillottiné et dont on avait confisqué les biens. Une note conservée au Cabinet des Médailles à cette dernière date porte, en effet, la mention suivante :

« D'après l'autorisation du ministre de l'Intérieur, les conservateurs du Museum des Antiques remettent au citoyen Vente les objets provenant de la succession de son père, savoir : Une agathe représentant un sacrifice à Priape, avec

1. Voyez ci-après, p. CLVIII.
2. Sur ce vol du Garde-Meuble, voyez Germain Bapst, *Histoire des Joyaux de la Couronne de France*, pp. 447 et suiv.

une inscription grecque au dos [1]; cent quatre-vingts médailles de cuivre rouge et une médaille de cuivre jaune. »

Le reçu de Henri Vente est daté du 23 vendémiaire an VI.

Une restitution du même genre fut faite au citoyen Payan, commissaire de l'Instruction publique, dans des circonstances assez curieuses, que relatent les documents qui vont suivre : il s'agit d'un camée qui représente le même sujet que les nos 62 et 63 de notre Catalogue, et que Payan avait confié temporairement aux Conservateurs du Cabinet des Médailles. Payan ayant été mis hors la loi et emprisonné tandis que le camée était encore entre les mains de Barthélemy, le Comité de l'instruction publique décide que ce monument sera déclaré propriété nationale et confisqué.

Paris, ce 12 fructidor, l'an II de la République une et indivisible.

Le Président de la Commission temporaire des Arts, adjointe au Comité d'instruction publique, au citoyen Barthélemy.

Citoyen,

Le Comité d'Instruction publique que tu as consulté sur la destination d'un camée qui t'avoit été confié par Payan pour le comparer à un autre, à peu près semblable, conservé au Cabinet national, a renvoyé ta lettre à la Commission temporaire des Arts qui lui est adjointe. Ce camée qui a six lignes dans sa plus grande étendue et quatre dans la moindre, dont le travail antique et beau a beaucoup souffert du frottement, dont le sujet composé de trois figures, représente une jeune fille ailée qui semble fuir, tandis qu'une autre femme veut la retenir; derrière celle-ci, un homme debout porte sur sa tête un pannier où, parmi des fruits, on remarque les parties sexuelles de l'homme, représente, selon Winckelmann, la Pudicité.

La section des Antiquités qui a été chargée de l'examiner pense que tu peux être autorisé à placer ce camée dans le Cabinet national sur un simple avis donné au Département de Paris chargé par la loi du soin de recevoir la déclaration et les dépôts d'effets appartenans aux conspirateurs.

Salut et fraternité.

Le représentant du peuple, président de la Commission temporaire des Arts,
MATHIEU.

1. Voici la copie de cette inscription telle qu'elle a été transcrite à cette époque :

ΘΗΣΗΑ · ΑΝΑ
ΘΗΜΑ · ΤΟΥ
ΠΡΥΑΠΟ · ΥΟΒΥϹ ·
ΜΕΡΚΟΥ · ΡΥΟϹ
ΚЄΠΑΛΛΔΥΣ
⁎ ⁎ ⁎

On voit qu'il s'agit d'une inscription gnostique de basse époque, dans laquelle on reconnaît les noms de Thésée, de Priape, de Mercure et de Pallas.

Paris, le 13 frimaire an IVe de la République une et indivisible.

Le conservateur de la Bibliothèque nationale certifie que le citoyen Payan, ci-devant commissaire de l'Instruction publique, avoit confié au garde du Cabinet des Médailles de la Bibliothèque nationale une agathe-onyx à lui appartenant, montée en or et en bague, représentant en relief la Vertu fuyant le Vice ; que les événements de Thermidor l'an Deux, ayant fait déclarer cette pierre propriété nationale, elle fut réunie à la collection de la République par arrêté du Comité d'instruction publique du mois Fructidor, l'an Deux ; et qu'elle fait encore partie des pierres gravées appartenantes à la Nation. Ce treize frimaire l'an quatre de la République une et indivisible.

BARTHÉLEMY, directeur.

Payan eut la chance de ne pas porter sa tête sur l'échafaud ; il fut, nous ne savons dans quelles circonstances, sans doute au 9 thermidor, remis en liberté, et quand les jours redevinrent meilleurs, il s'occupa de rentrer en possession de son camée ; en 1796, on fit droit à sa légitime requête, comme l'attestent les documents suivants :

« Paris, le 29 pluviôse, an IVe de la République une et indivisible (18 févr. 1796).

« Le Ministre de l'Intérieur aux Conservateurs du Museum des Antiquités, à la Bibliothèque nationale.

« Conformément à une décision du ministre de la Justice, le bureau du Domaine national du département de Paris a pris, le seize nivôse dernier, un arrêté qui porte que le citoyen Joseph-François Payan sera remis en possession de tous les effets qui lui ont appartenus. Je vous autorise en conséquence, citoyens, à lui restituer une agathe onyx, montée en or et en bague, qu'il avoit confiée au garde du Cabinet des Médailles, ainsi qu'il est prouvé par le certificat ci-joint. Son récepissé vous tiendra lieu de décharge. Salut et Fraternité.

« BENEZECH. »

Suit le reçu de Payan :

« Reçu du citoyen Barthélemy, conservateur du Museum des Antiquités, l'agathe-onix décrite dans la lettre ci-dessus. Paris, 6 ventôse an IVe de la République.

« Payan. »

Le camée de Payan aurait-il été, un demi-siècle plus tard, acquis par le duc de Luynes ? Serait-il rentré au Cabinet des Médailles avec la collection de ce généreux donateur, en 1862 (*Catalogue*, n° 63) ? Nous ne pouvons sur ce point que formuler une conjecture.

C'est surtout à partir de 1795 qu'on s'occupe de déverser dans les divers musées les objets et monuments de toute nature amoncelés dans les dépôts provisoires des diverses sections de Paris. Le 20 messidor an III (8 juillet 1895) le citoyen Naigeon, garde du dépôt de la rue de Beaune, envoie au Cabinet des Médailles un certain nombre d'antiquités trop sommairement indiquées pour qu'on les puisse identifier [1].

Le 19 brumaire an IV (10 novembre 1795), le Cabinet des Médailles reçoit livraison d'objets d'art prélevés par les armées françaises dans les Pays-Bas, en particulier sur les collections du stathouder [2]; il y a, entre autres, 109 pierres gravées et les camées suivants :

« 6. Un camée d'agathe-onyx représentant une princesse d'Orange (*Catalogue*, n° 980).

« 7. Trois cailloux gravés en relief.

« 8. Fragment d'une pierre gravée représentant saint Georges combattant un dragon. » (*Catalogue*, n° 433.)

Le 23 frimaire an IV (14 décembre 1795), arrivent au Cabinet des Médailles, les antiquités confisquées sur la ville de Lyon : ce sont « dix-sept paquets de médailles anciennes, plus quelques figures de bronze et plusieurs vases de verre et autre composition ». Nous connaissons sommairement la description des bronzes transmis dans cette circonstance par la Commission temporaire des Arts [3], mais nous ignorons si, dans cet ensemble, se trouvaient des camées et des intailles [4].

En revanche, nous avons pu identifier une bonne partie des camées qui faisaient partie du célèbre cabinet d'antiquités de Valentinois, dont le possesseur était alors Honoré III, prince de Monaco et duc de Valentinois, qui mourut à Paris le 12 mars 1795. Voici le document, conservé au Cabinet des Médailles, qui nous donne la liste détaillée de ces camées, tous montés en bagues.

« Le onze Thermidor l'an IV° (29 juillet 1796), le citoyen Barbier, commissaire de la Commission des Arts, a remis au citoyen Barthélemy les objets suivants provenants du Cabinet de Valentinois, et déposés maison de Liancourt, rue de Varennes.

1. E. Babelon et Blanchet, *Catalogue des bronzes antiques de la Bibliothèque nationale*, Introd., p. XXXIII.

2. Sur ces prélèvements faits dans les Pays-Bas par les armées françaises, voyez surtout Eug. Müntz, dans la *Revue d'histoire diplomatique*, 1895, pp. 380 et suiv.

3. E. Babelon et Blanchet, *Catalogue des bronzes antiques de la Bibliothèque nationale*, Introd., p. XXXIII.

4. Nous verrons ci-après, p. CLXI, un camée de la ville de Lyon qui fut transmis au Cabinet des Médailles par la Monnaie, où il avait été déposé. Sur les camées et autres antiquités de Lyon, des particuliers, des églises et des monastères de cette ville, confisqués ou détruits à la Révolution, voyez surtout Léopold Niepce, *Archéologie lyonnaise*, trois fasc. in-8°. Lyon, 1882-1884.

CABINET DE VALENTINOIS

Pierres gravées en relief, montées en bagues.

Nos	SUJETS	MATIÈRES ET MONTURES	DIMENSIONS
	Histoire sainte.		
1	Adam et Ève dans le Paradis terrestre, assis au pied de l'arbre; Ève cueille le fruit et le présente à Adam, le serpent est entrelacé dans les branches (*Catalogue*, no 392).	Sardoine-onyx, montée en bague.	10 lig. sur 8
2	Tobie, assisté de l'Ange, tire un poisson des eaux (*Catalogue*, n° 400).	Agathe-onyx montée en bague de cuivre.	8 sur 6.
	Histoire de la Fable.		
3	Buste de Diane vue de face; dans le champ, son arc.	Sardoine-onyx, montée en or.	Diamètre, 6 lignes.
4	Une femme vêtue d'une légère draperie s'approche d'un autel allumé, tenant une couronne de fleurs; derrière elle, un jeune Faune joue de la flûte à plusieurs tuyaux.	Agathe-onyx, montée en bague d'or.	7 lignes sur 6.
5	Apollon debout et Marsyas attaché à un arbre (*Catalogue*, n° 471).	Sardoine-onyx, montée en bague de cuivre.	10 lig. sur 9.
6	L'Amour monté sur une chèvre donnant du buccin (*Catalogue*, n° 524).	Agathe-onyx, montée en cuivre.	Diamètre, 6 lignes.
7	L'Amour portant la main droite sur un vase rempli de fleurs et arrosant une plante de la gauche.	Agathe-onyx, montée en bague d'or à jour.	5 sur 4.
8	L'Amour sur un cheval marin (*Catalogue*, n° 56).	Agathe-onyx, montée en cuivre.	
9	Un enfant tenant une espèce de baguette et de balle.	Onyx, montée en bague d'or.	Diamètre, 5 lignes.
10	Vénus victorieuse debout entre un guerrier assis et l'Amour (*Catalogue*, n° 463).	Agathe-onyx, montée en cuivre.	12 sur 10.
11	Un jeune homme nu et debout, le bras droit appuyé sur un cippe.	Agathe-onyx, montée en or et entourée de 14 petits grenats. Deux grenats manquent.	6 sur 4.
12	Une figure assise sur un char orné d'un masque et traîné par deux chevaux, tient de la gauche une fleur (*Catalogue*, n° 517).	Agathe-onyx, montée en cuivre.	8 sur 5.
13	Un masque scénique.	Sardoine-onyx, montée en bague.	Diamètre, 7 lignes.

Nos	SUJETS	MATIÈRES ET MONTURES	DIMENSIONS
	Histoire héroïque.		
14	Buste de Laocoon enlacé par le serpent.	Sardoine-onyx, montée en or.	8 sur 7.
15	Persée à cheval combattant un monstre ; en face, Andromède sur un rocher, les mains levées au ciel (*Catalogue*, n° 570).	Agathe-onyx, montée en cuivre doré.	10 sur 7.
16	Le Pégase (*Catalogue*, n° 576).	Sardoine-onyx, montée en cuivre.	12 sur 9.
	Histoire romaine.		
17	Horatius Coclès sur le pont du Tibre, sujet composé de sept figures (*Catalogue*, n° 586).	Agathe-onyx, montée en cuivre.	11 lig. sur 9.
18	Buste d'un Romain inconnu ; on lit dans le champ ΘΞΙ (*Catalogue*, n° 776).	Pâte anglaise, montée en or.	9 sur 7.
19	Buste de Cléopâtre de face, piquée par l'aspic (*Catalogue*, n° 673).	Agathe-onyx, triangulaire, montée en or.	
20	Tête d'Auguste couronnée de laurier : la couronne de laurier a été rapportée en or (*Catalogue*, n° 772).	Sardoine-onyx, à trois couches, montée en cuivre.	16 sur 11 1/2.
21	Tete de Germanicus couronnée de laurier.	Lapis-lazuli, monté en or.	Diamètre, 10 l.
22	Tête de Commode ou Hercule, coiffée de la peau du lion.	Agathe-onyx, montée en or.	7 sur 6.
	Têtes et sujets inconnus.		
23	Tête vue de face (*Catalogue*, n° 575).	Grenat syrien monté en or.	8 lig. sur 4.
24	Buste accolés, l'un barbu et couronné de laurier, et l'autre, de femme.	Agathe-onyx, montée en cuivre.	Diamètre, 6 lignes.
25	Buste de femme.	Agathe-onyx, montée en cuivre.	10 sur 9.
26	Trois lutteurs (*Catalogue*, n° 584).	Agathe-onyx, montée en cuivre.	8 sur 4.
27	Un roi à genoux, paraissant adresser une prière à la Vierge qui est dans les nues avec l'Enfant Jésus. Le roi est suivi d'une femme debout qui semble prendre part à son vœu, devant un cheval et deux figures debout (*Catalogue*, n° 425).	Sardoine-onyx, à trois couches, montée en cuivre.	Diamètre, 10 lignes.
	Animaux.		
28	Deux éléphants (*Catalogue*, n° 649).	Sardoine-onyx, montée en or.	6 sur 5.
29	Un ours se grattant la tête (*Catalogue*, n° 652).	Jaspe rouge agathisé, monté en cuivre.	6 sur 4.

En ce qui concerne les camées spécialement, l'envoi le plus important fait au Cabinet des Médailles à cette époque, est celui du 1er nivôse an V (21 décembre 1796), composé de débris des châsses, reliquaires et autres objets d'art qui avaient été déposés à la Monnaie pour être fondus. Comme on va le constater, ces monuments étaient de toute provenance et avaient appartenu à des particuliers aussi bien qu'aux églises ou aux monastères : nous avons pu en identifier un bon nombre.

Procès-verbal des objets envoyés par l'Administration de la Monnaie au Museum des Antiques de la Bibliothèque nationale.

1er Nivose an V de la République (21 décembre 1796).

Ce jourd'hui, premier Nivose de l'an cinq de la République française, heure de Midy, en conformité de la lettre du Ministre des finances écrite à l'Administration des Monnoyes, le quatorze du présent mois, portant l'autorisation à faire, à l'Établissement du Museum des Antiques, la remise des objets qui lui sont destinés et dont sera ci-après parlé.

Pour procéder à l'opération ordonnée par la lettre cy-dessus, se sont réunis à l'Administration des Monnoyes les citoyens cy-après nommés : Mongez et Dibarrart, administrateurs; Cressart, commissaire national; Lesueur, caissier; Charbonné et Cleu, joailliers, attachés à la Monnoye.

De suite, la caisse à trois clefs a esté ouverte par les citoyens Mongez, Cressart et Lesueur, et il en a été retiré les objets cy-après. Savoir :

I. *Provenant des Thuileries.*

1. Une boëte, forme de baignoire, en sardoine rouge oriental, montée en or, émaillée couleur bleu; sur le couvercle distribué en deux panaux oblongs, se trouve placé dans le milleu une pierre antique de sardoine rouge onix, représentant une tête d'Omphale en relief, coeffée d'une peau de lion d'un blanc moucheté, le fond de la tête est d'un blanc laiteux, renfermée dans son étui de galuchat vert (*Catalogue*, n° 512).
2. Une médaille d'or de trois pouces, huit lignes de diamètre, représentant d'un côté les cy-devant Roy et Reyne, de l'autre une allégorie à la naissance du Dauphin; cette médaille, gravée par M. Duvivier, a été donnée par la ville; elle pèse un marc, trois onces, cinq gros, quarante-huit grains, renfermée dans son étui de galuchat vert.
3. Une médaille d'or de deux pouces, huit lignes de diamètre, représentant d'un côté Louis seize, et de l'autre une inscription relative à la capitulation avec le corps helvétique, pesant sept onces, sept gros, dans son étui de galuchat vert.
4. Une médaille d'or, de trente lignes de diamètre, représentant d'un côte Paul Jaunes, et de l'autre un vaisseau avec un exorde : *l'amiral Paul Jones à Marie-Antoinette de France;* pesant quatre onces, cinq gros, dans son étui de galuchat vert.

5. Une médaille d'or, de vingt-deux lignes de diamètre, représentant les expériences aerostatiques par MM. Charle et Montgolfier, pesant trois onces, quarante-huit grains, dans son étui de galuchat vert.
6. Une médaille d'argent, de vingt-huit lignes de diamètre, représentant d'un côté l'effigie de Louis XV, et de l'autre l'autel (*sic*) de la Monnoye de Paris, pesant six onces, trois gros faible, dans son étui de galuchat vert.
7. Une médaille d'argent, de vingt-huit lignes de diamètre, portant d'un côté l'effigie de Louis XV, et de l'autre la conquête de la Corse, pesant cinq onces, deux gros et demi, dans son étui de galuchat vert.

II. *Provenant du ci-devant comte de Vergenne.*

8. Une bague d'une cornaline montée à jour, gravée d'une tête de Jupiter.

III. *Provenant du Garde-meuble.*

9. Une onix gravée d'une Sainte Face (*Catalogue*, n° 413 ou 414).
10. Un pied de vase en or, le milieu en jaspe et la bordure émaillée.
11. Un pied de vase, la bordure en or, garni d'une sardoine percée et de mauvais rubis.

IV. *Provenant de la maison de Rougé et Caylus.*

12. Une bague agathe (reconnue pour être coquille) montée sur or, représentant une tête antique, dont la phisionomie est blanche, la tête et le corps couleur fleur de pêcher, d'un fort pouce de large.
13. Une autre bague antique sur or, et dont la pierre agathe couleur sang de bœuf foncé, représente une figure droite appuyant sa main sur un bouclier reposé sur un autel; de l'autre main effaçant son corps, elle se soutient sur un faisceau qui semble être des armes antiques.
14. Une autre bague même pierre et couleur, sur or, représentant un roy asiatique (*en marge :* Jupiter Sérapis) sur un fauteuil avec deux figures à distance égale, devant et derrière, représentant des militaires.
15. Un coquillage dans son médaillon en or, forme ovale, servant de dessus de tabatière en hivoire, sur lequel, suivant l'inscription gravée sur un des cercles, est représenté la bataille de Constantin contre Maxence, le 28 octobre 312 (*Catalogue*, n° 645).

V. *Provenant de chez le nommé Clermont d'Amboise, rue de Montolon.*

16. Une bague montée à l'antique d'une agathe de trois couleurs, représentant une tête de femme.
17. Une bague d'une agathe de deux couleurs, représentant un Priape.
18. Une bague d'une agathe de trois couleurs, représentant une tête noire et un vase blanc, portant le nom de Jeuffroy (*Catalogue*, n° 535).

19. Une bague d'une agathe de trois couleurs, gravée en creux.
20. Une bague d'une agathe de deux couleurs, représentant un coq, gravée en creux.
21. Une bague d'une cornaline représentant une tête gravée en creux, grande tête.
22. Une bague de même, gravée en creux.
23. Une bague, en cornaline.
24. Une bague, de même.
25. Une bague, de même.
26. Une bague de même composition (reconnue cornaline), gravée en creux.
27. Une bague en cornaline, représentant une tête gravée en creux (ayant eu un anneau au corps de la bague); il y a une inscription.
28. Une bague de même, sur hyacinte.
29. Une bague en pierre opaque, rouge (c'est une jaspe) avec une tête gravée en creux.
30. Une bague d'une améthiste représentant une tête d'homme gravée en creux.
31. Une agate de trois couleurs gravée en relief, représentant le buste d'Henry IV, renfermé dans son cercle d'or, provenant d'un dessus de tabatière d'écaille (*Catalogue*, nº 783).

VI. *Provenant du district d'Arras.*

32. Quatre pierres d'agates représentant chacune une figure, pesant deux marcs, une once, trente-six grains.

VII. *Provenant des établissements religieux supprimés, du district de Cambray.*

33. Une cornaline gravée représentant Apollon pinçant de la harpe, pesant deux gros et demi.

VIII. *Provenant de la châsse de sainte Geneviève, de Paris.*

34. Une agathe onix, gravée en relief, représentant une Vierge et son enfant, collée sur un fond d'agathe (*Catalogue,* nº 421).
35. Une agathe gravée en relief, très grande, de plusieurs couleurs, représentant un empereur.
36. Deux grandes pierres gravées représentant des têtes de femme, l'une jaspe, l'autre agathe.
37. Une agathe gravée en relief, cassée en deux morceaux.
38. Une cornaline gravée en relief.
39. Une agathe et une hyacinte gravée en relief.
40. Quatre petites agathes gravées en relief.
41. Une grande agathe gravée en relief.
42. Un écusson curieux par son travail, portant au milieu une grande prime d'émeraude, une plus petite et deux diamants, pesant une once, cinq gros et demi.

43. Une médaille émaillée, ayant au milieu une sardoine blonde et une agathe onix avec six petits rubis, pesant cinq gros (*Catalogue*, n° 476).
44. Trois coquilles gravées de camées.
45. Deux coquilles gravées en camée, forme contournée, dont une mutilée (peut-être *Catalogue* n°s 388 et 389).
46. Trois coquilles de différentes formes, gravées en camées, mutilées.
47. Trois coquilles mutilées, gravées en relief, forme quarré longue, en camée (*Catalogue*, n°s 580, 581, 582).
48. Six coquilles gravées, forme quarré long, en camée, toutes cassées (*Catalogue*, n°s 486 à 491).

IX. *Provenant de la ci-devant comtesse Dubary.*

49. Une plaque de collier composée d'une très belle agathe représentant une Vénus accompagnée de trois Amours, dans une monture d'or, avec filets émaillé en bleu (*Catalogue*, n° 493).
50. Deux superbes agathes onix de deux couleurs, gravées en relief, l'une représentant une tête d'homme, et l'autre une tête de femme, lesquelles sont renfermées dans un étui rouge en vaux.
51. Une coupe de jaspe fleuri, avec son pied et sa tige garnie en or.
52. Une autre coupe pareille forme, en jaspe sanguin, la tige et le pied garnis en or émaillé en partie.
53. Deux poignards turcq, dont un avec manche de jade blanc, garnis de rubis et de pierre foible, et l'autre d'un ouvrage indien, ayant à côté un petit stilet du même travail.

X. *Provenant du prince Xavier* (plus tard *Louis XVIII*).

54. Deux cents huit médailles d'argent dont une dorée, pesant ensemble trente six marcs, trois onces, quatre gros, et deux médailles de plomb.
55. Neuf médailles en cuivre, de la commune de Paris, relative au Dix août.

XI. *Provenant de la cathédrale de Clermont-Ferrand.*

56. Une agathe représentant une tête antique taillée en relief.

XII. *Provenant de la cathédrale du Puy, dépt. de la Haute-Loire.*

57. Deux agathes onix dont une représente un vieillard assis, un enfan au milleu et un autre personnage semblant diriger les pas de l'enfan, sur le derrière duquel on apperçoit la tête, le poitrail et les jambes d'un cheval marin, au bas un animal qui paroit être un cochon couché (*Catalogue*, n° 7).

L'autre agathe représentant un lyon tenant quelque chose dans sa gœule.

La première agathe de circonférence d'un écu de six livres à la nouvelle empreinte; la seconde étant moins grande et ovale; lesdites agathes annoncées comme camées.

XIII. *Provenant de chez Lavopalière.*

58. Une bague forme ovale avec agathe et tête d'homme gravée.

XIV. *Provenant du district de Dijon.*

59. Une onix gravée en relief, tête de femme.

XV. *Provenant de l'église de Saint-Quentin, ci-devant chapitre.*

60. Une pierre de jaspe sanguin sur laquelle est gravée une figure en relief.
61. Un vase en agathe-sardoine.
62. Un petit médaillon en or, à jour, orné de sept grenats, et dans le milleu est une petite agathe gravée avec une figure de vieillard (*Catalogue*, n° 2).

XVI. *Provenant de l'église de Saint-Paul, de Paris.*

63. Deux manuscrits en velin, sans couverture. *D'une autre écriture* : Reçu les deux manuscrits. Le Grand, conservateur.
64. Un ciboire garni de pierreries, en argent doré, avec pied d'agathe, pesant un marc, deux onces, cinq gros et demi.
65. Un ciboire d'agathe pesant deux onces, cinq gros.

XVII. *Provenant d'un don patriotique fait par le citoyen Demangeat.*

66. Un reliquaire en or, orné de huit perles fines, six brutes de rubis et glaces, ledit reliquaire pesant en nature un marc, six onces, cinq gros, vingt quatre grains.

XVIII. *Trouvé chez Stanislas Xavier, au Petit Luxembourg, dans deux secrétaires.*

67. Une bague en or, ornés de quarante-trois brillants, portant une agathe onix à trois couleurs, représentant le buste de Louis quinze, annoncé gravée par Guay, du poids d'un gros, soixante quatre grains (*Catalogue*, n° 929).
68. Trente six pièces de monnoyes étrangères, en cuivre, du poids de trois onces, cinq gros, trente grains.

XIX. *Dépot fait par le citoyen Ducroisy, premier commis du Bureau des procès-verbaux de la Convention, le 2 Fructidor de l'an Deux.*

69. Une bague argent doré, contenant un cristal, provenant de la femme de Charles cinq, pesant un gros, cinquante huit grains.

XX. *Provenant du Dépot des ci-devant Augustins.*

70. Une médaille de vermeil, dite des Treize Cantons, pesant deux onces, trois gros.

XXI. *Provenant du district de Port Malo.*

71. Une médaille d'argent de l'an 1662, portant pour légende : *Sincere et constanter, anno 1662.*
72. Une médaille de cuivre doré, pesant une once, trois gros.

XXII. *Provenant de Lyon, ville.*

73. Une onix gravée en relief, représentant une tête de femme, dans un cercle d'or, provenant d'une vieille tabatière d'écaille, ronde.

XXIII. *Provenant d'une église paroissiale du district de Lisieux, dépt. du Calvados.*

74. Une antique sur une agathe onix représentant une tête d'empereur, provenant d'un ostensoir.

XXIV. *Provenant du district de La Flèche, dept. de la Sarthe.*

75. Une boete ronde, ornée de divers sujets en relief et ciselée, pesant dix marcs, sept onces, cinq gros; ladite boete est en argent.

XXV. *Objets d'eglises, provenant de la commune de Montivilliers.*

76. Une pierre d'agathe, forme ovale, représentant le combat d'un lyon et d'un toreau, un éclat au fileti, pesant deux gros (peut-être *Catalogue*, n° 193).
77. Une agathe d'une tête de femme, nez cassé, gravée en relief.
78. Un camée d'agathe bleu turquin, représentant le buste dit d'Agrippine, en relief, pesant quatre gros, quarente huit grains (*Catalogue*, n° 706).
79. Une grande agathe onix de trois couleurs, gravée en bas relief d'une Vestale, pesant deux gros, trente six grains (*Catalogue*, n° 1003).
80. Une autre petite agathe transparente, égrisée des deux côtés, avec la figure de Silène, gravée en relief, et pouvant servir pour une bague, pesant seize grains.
81. Un morceau d'agathe, percé, représentant une figure, pesant une once, douze grains.

XXVI. *Provenant du district de Franciade.*

82 Un médaillon représentant un Christ et deux figures, deux encoignures et un morceau détaché, le tout en or avec émaux incrustés d'or, le tout mutilé, pesant, pour reconnaissance, deux onces, deux gros.
83. Un morceau d'or de la grande Croix dudit lieu, lequel est forme mosaique,

avec grenats ou composition de nule valeur, pesant, pour reconnoissance deux onces, trois gros et demi.

84. Un calice d'or, garni en filigranne rapporté ainsi que pièces émaillées et enrichi de soixante pierres de couleurs, telles que prime d'émeraudes, saphirs, agathes gravées et non gravées, cornalines, onix et grenats, et soixante huit mauvaises perles; ledit calice pèse, pour reconnoissance, cinq marcs, deux onces, cinq gros, cinquante quatre grains d'or, compris corps étrangers; or, titre inconnu.

XXVII. *Provenant de Rheims.*

85. Une grande agathe onix, gravée en creux d'une figure assise, pesant six gros, quarante huit grains.
86. Une autre agathe onix, gravée en relief d'un lion couché, pesant quatre gros faible.
87. Trois autres mauvaises onix, gravées en creux, pesant ensemble quarante-deux grains.

XXVIII. *Provenant du district d'Alby.*

88. Une grande agathe représentant une figure couchée, ladite agathe transparente.
89. Une autre onix ovale, cassée, gravée en bas-relief de deux figures, pesant cinq gros, trente-six grains.
90. Une autre onix sardoine, gravée d'un cheval, en creux, pesant sept gros.
91. Une autre onix de trois couleurs et égrisée, avec gravure d'un talisman, pesant deux gros et demi.
92. Un marc sept onces six gros, en or, titre inconnu, en un cœur au nom d'Anne, reyne de France, 1513, et sa couronne.

XXIX. *Provenant du district d'Orléans, département du Loiret.*

93. Une once trois gros soixante grains, en un médaillon d'or représentant l'Adoration des Mages, en relief et émaillé.

XXX. *Provenant de la citoyenne Crussol Amboise, demeurant à Bondy.*

94. Trente-trois médailles (de France, d'Angleterre, de Flandre).

XXXI. *Provenant de Bruxelles.*

95. Soixante-neuf médailles.

XXXII. *District de Remiremont, département des Vosges. Provenant de la nommée Anne Ferrette, émigrée.*

96. Deux sardoines onix, l'une représentant une tête de femme, de profil; la deuxième, une de face.

XXXIII. *Provenant du Garde-meuble.*

97. Une bague d'or avec cornaline blonde, gravée en creux, d'une tête, pesant, pour reconnoissance, un gros soixante grains.
98. Un cachet d'or émaille rouge et vert, avec une cornaline gravée d'un Amour de Leguay, la tige renfermant une agathe rose avec portrait de femme en relief et en blanc, le bouton d'ouverture d'un petit brillant, pesant trois gros trente-six grains (*Catalogue,* n° 944).

XXXIV. *Provenant du ci-devant prince Xavier.*

99. Une médaille d'argent renfermant sept petites médailles d'or; la medaille d'argent pèse une once, cinq gros, vingt-quatre grains.

XXXV. *Provenant des Carmélites.*

100. Le chiffre de Jésus en brillants, monté en or émaillé en dessous.

XXXVI. *Nicolai.*

101. Catalogue des chevalliers, commandeurs et officiers de l'Ordre du Saint-Esprit (*en marge,* la signature Joly).

XXXVII. *Département de Versailles.*

102. Une couronne en faux, représentant les diamants, pierres prétieuses et perles de la ci-devant couronne de Francè.

Tous les objets désignés ci-dessus et des autres parts, ont été remis au citoyen Lesueur, caissier de la Monnoye, pour, de suite, en faire la délivrance au citoyen Barthélemy, conservateur des Antiques de la Bibliothèque nationale; la caisse à trois clefs a été refermee en la manière accoutumée, et les ci-dessus nommés ont signés en l'original du présent procès-verbal.

Signés : Cressart, Lesueur, Mongez, Dibarrart, Cleu et Charbonné.

Pour copie conforme certifié par les administrateurs de la Monnoye.

Dibarrart Mongez.

Le 9 ventôse an V (27 février 1797), les 5 thermidor et 17 fructidor de la même année (23 juillet et 7 septembre 1797), ce furent les antiquites de Sainte-

Geneviève et du dépôt de la rue de Nesle qui vinrent grossir les collections du Cabinet des Médailles [1], en même temps que les conquêtes du général Bonaparte en Italie les enrichissaient plus légitimement de monuments qui, malheureusement, devaient y rester moins longtemps. On oublie trop que, pour Napoléon, les annexions des objets d'art des musées étrangers n'étaient point une spoliation, mais un tribut consenti par le vaincu : c'était « le prélèvement d'une contribution de guerre payable non en numéraire mais en œuvres d'art [2] ». Plût au ciel que, naguère, nos ennemis victorieux nous eussent demandé une galerie de tableaux au lieu de nous prendre deux provinces !

L'armistice signé à Bologne le 5 messidor an IV (23 juin 1796) et le traité définitif de Tolentino du 1er ventôse an V (19 février 1797) désignent vaguement et sans précision, les catégories d'objets d'art dont Bonaparte exigeait la cession à la France et qui devaient être prélevés dans les collections du Vatican [3]. Quand on passa à l'exécution de cet article du traité, on décida d'y comprendre les médailles et les camées, comme on le fit également pour d'autres contrées de l'Italie et du reste de l'Europe. En 1798, arrivèrent au Cabinet des Médailles le célèbre Trésor de Monza et le beau camée de la bibliothèque de Saint-Marc, à Venise, représentant le buste de Jupiter Ægiochus, livré en vertu du traité du 27 floréal an V (16 mai 1797 [4]).

Quelques semaines plus tard, au mois de janvier 1799, César Berthier, frère du général Alexandre Berthier, vint, de la part de ce dernier, déposer au Cabinet des Médailles un certain nombre de camées et d'intailles du Vatican, précédant de quelques mois l'arrivée des médailliers [5]. Voici l'état qui fut alors dressé de ces pierres gravées.

13 pluviose an 7 (31 janvier 1799).

Inventaire de différentes pierres gravées et autres objets rapportés par le frère du général en chef Berthier.

Plusieurs pierres gravées montées sur des petits supports.

1. Une colonne supportant trois pierres qui, par la manière dont elles sont montées,

1. E.-T. Hamy, *Les origines du musée d'ethnographie*, pp. 22 et 26; E. Babelon et Blanchet, *Catalogue des Bronzes antiques de la Bibliothèque nationale*, Introd., pp. xxxv-xxxvi.

2. Eug. Muntz, dans la *Revue d'histoire diplomatique*, 1895, p. 377.

3. Voyez à ce sujet, L. Delisle, dans le *Journal des Savants*, juillet 1892, p. 431; Eug. Muntz, dans la *Revue d'histoire diplomatique*, 1896, p. 484.

4. Marion du Mersan, *Hist. du Cabinet des Médailles*, p. 173 ; Louis Paris, *Essai historique sur la Bibliothèque du Roi*, par Le Prince, p. 414; Eug. Müntz, dans la *Revue d'histoire diplomatique*, 1895, p. 391 ; Fr. Lenormant, dans la *Gazette archéologique*, t. III, 1877, p. 95. Dans les *Mémoires* du général Thiébault, on lit ce qui suit, à propos de l'évacuation de Naples et de l'Italie méridionale par l'armée française : « Le contrôleur Méchin, notamment, revint avec six cent mille francs, indépendamment d'objets d'une valeur énorme tels que le *camée d'Auguste*, dont il se trouva nanti. » Général baron Thiébault, *Mémoires*, 2e série, ch. xvii (1795-1799). J'ignore quel est le camée qui se trouve ainsi désigné.

5. Marion du Mersan, *Hist. du Cabinet des Medailles*, p. 173.

représentent une enseigne militaire romaine, terminée par une étoile au lieu de l'aigle. L'étoile est une pièce des armoiries du dernier pape. — La pierre inférieure est une aigue marine, gravée en creux, représentant Vénus marine ou bien Amphitrite portée sur un hippocampe ou cheval marin, et tenant un bouclier sur lequel est la tete de Méduse. Ce petit morceau est fort joli et important : il est antique. — La pierre du milieu est une agate; on y voit une tête de femme romaine, en relief; on lit au bas, MERVIRV (*Catalogue*, n° 328). — La pierre supérieure est une agathe, tête de Minerve casquée, en relief, le devant du casque est une tête de Socrate ainsi que cela se remarque souvent. Le travail n'est pas excellent.

2. Un Bacchus appuyé sur une colonne couverte de la dépouille d'une panthère ; il a dans la main droite un thyrse, et dans la gauche le rhyton, espèce de vase à boire fait en forme de corne; la pierre est fragmentée, d'un travail très médiocre (rendu en 1815).

3. Deux têtes de Méduse ; l'une est un camée sur chalcédoine, la tête est ailée et les cheveux ont des serpents entrelacés; l'autre est une cornaline. La tête est en relief et d'un très mauvais travail : elle est percée de quatre côtés et a servi d'amulette (rendu en 1815).

4. Une agate représentant une tête en relief, laurée et voilée, avec le parazonium : c'est sans doute le portrait d'un empereur, probablement celui d'Auguste en souverain pontife (rendu en 1815).

5. Une tête de Sérapis, avec le modius ou boisseau sur la tête. Sardoine onyx (rendu en 1815).

6. Un camée de sardonyx représentant les noces de Bacchus et d'Ariane. Ils sont dans un char traîné par deux Centaures de sexe différent. Le Centaure joue de la lyre, et la Centauresse se retourne pour voir les caresses qu'Ariane fait à Bacchus. Derrière Ariane est un Amour qui relève son manteau ; devant le char, est un autre Amour portant un long flambeau comme les paranymphes (ou garçons de la noce). Au dessous, est un fleuve qui tient la corne d'abondance. Il est placé entre deux nayades et regarde le char qui passe au-dessus de sa tête. Mauvais travail du Bas Empire ; sujet assez curieux (*Catalogue*, n° 79).

7. Un camée d'agathe : tête d'Hercule.

8. Une longue cornaline ovale, deux scarabées placés en face l'un de l'autre, ont, au revers, une figure panthée ou réunissant, en elle seule, les attributs de plusieurs divinités; la tête est ornée de la fleur de la *persea* comme celle d'Isis ; elle a les ailes de la Victoire ; elle tient comme Hygiée un serpent mangeant dans une coupe. A ses pieds, est la roue de la Fortune. Morceau curieux à cause de la réunion de deux scarabées, que je n'ai point encore observé ailleurs (il s'agit d'une intaille gnostique).

9. Tête de Lucius Verus, gravée en creux sur une aigue-marine.

10. Un Bacchus indien tenant d'une main le thyrse, et de l'autre un vase appelé canthare. Derrière lui, est un masque sur un autel. Très bon travail grec. Je crois la pierre un topase ; elle est très précieuse. Le support est détaché.

11. Deux têtes laurées, une d'empereur, sur jaspe sanguin, gravée en creux ; l'autre, de femme, gravée aussi en creux, sur une sardoine. Le tout, de peu de valeur ; le support manque.

Camées.

12. Six masques de chalcédoine percés pour être portés en amulette (rendus en 1815).
13. Un morceau de chalcédoine, percé dans le milieu et ayant des lignes concentriques sur une de ses faces.
14. Une chalcédoine représentant un boucher.

Pierres en creux.

15. Un anneau romain, de fer, avec un petit nicolo serti.
16. Un abraxas d'hæmatite, avec des caractères basilidiens.

Coupes.

17. Trois fragments de coupes de sardonyx.

Bas-reliefs.

18. Un caprice d'albatre : c'est une tête coiffée d'une tête de Socrate, terminée par une queue de squille. Au-dessous du menton, percent deux lames tronquées semblables aux incisives de l'ippopotame.
19. Une tête de bronze, moderne.
20. Une empreinte de terre, représentant la Vierge et l'Enfant Jésus.

Figures d'ivoire.

21. Un buste de Minerve.
22. Une figure accroupie qui est peut-être un Harpocrate. Les morceaux d'ivoire antique sont rares.

Pierres non gravees.

23. Cinq morceaux de chalcédoine semblables à ceux du n° 12.

Le Cabinet des Médailles ne reçut pas d'autres camées provenant des collections vaticanes. Cependant, il paraît qu'à la faveur de l'entrée des troupes françaises à Rome ou des troubles dont la ville papale fut alors le théâtre, « le Vatican perdit plus de 200 camées sacrés, richement enchâssés, une croix pastorale gemmée, très précieuse, un riche vase en or, une infinité de camées profanes, parmi lesquels le fameux Bacchus et Ariane, y compris les 150 camees de la collection de la reine Christine [1] ». D'après la déclaration faite par Millin aux commissaires des puissances alliées, en 1815, cette riche série de camées aurait pris, vers 1798, le chemin de la Russie.

En germinal an VI (mars-avril 1798), Millin acheta, au nom du Cabinet des Médailles, à la vente de la collection du citoyen Daugny, outre des intailles le

1. Eug. Müntz, dans la *Revue d'histoire diplomatique*. 1896, p. 490.

camée suivant : « Tête d'Isis en relief, et de face. Sardoine de deux couches, montée en bague, 380 francs » : c'est le n° 139 de notre Catalogue [1] :

Dans les registres du Cabinet des Médailles qui commencent à être régulièrement tenus à partir de cette époque, nous relevons encore l'acquisition suivante :

« Le 15 pluviose an X (4 février 1802), les conservateurs des Antiques de la Bibliotheque nationale ont acquis une bague d'or antique sur laquelle est montée une sardoine représentant une tête de femme, moyennant la somme de soixante livres huit sols. » Il s'agit probablement d'un camée, mais la description en est trop peu précise pour que nous puissions l'identifier.

En 1802, pour se procurer les ressources nécessaires aux rares acquisitions faites à cette époque, on s'arrêta à l'idée étrange et blâmable, d'envoyer à la fonte un certain nombre des montures modernes des pierres gravées du Cabinet. On acheta ainsi, le 5 frimaire an XI (26 octobre 1802), un lot de 116 monnaies en or, en argent et en étain, pour la somme de 461 livres, 1 sol, 6 deniers, « laquelle somme a été acquittée avec un lingot d'or provenant des montures de pierres gravées, pesant 4 onces, 7 1/2 gros 27, ce qui a produit la somme de quatre cent vingt-sept livres, quatre sols, huit deniers, et de plus, trente-deux livres, seize sols, dix deniers, qui ont été ajoutées pour compléter la somme de quatre cent soixante livres, un sol, six, montant de l'acquisition des médailles ».

Quelques jours après, on recommença l'opération, ainsi que l'atteste le document suivant : « Le 9 frimaire (30 octobre 1802) il a été vendu au citoyen Callault, orfèvre, palais du Tribunat, un lingot d'or, pesant un marc, six onces, un gros et demi, à 19 karats, 25, 32. Lequel lingot provenant des montures des pierres gravées, a produit la somme de mille cent quatre-vingt-trois livres, onze sols, neuf deniers, ainsi qu'il résulte du bordereau dudit citoyen Callault, annexé. »

L'année 1804 fut assombrie, dans les fastes du Cabinet des Médailles, par le vol fameux dont nous avons retracé les principales péripéties à la suite de la description du Grand Camée (ci-après, pp. 133 et suiv.). Ce douloureux événement, qui eut lieu dans la nuit du 26 au 27 pluviôse an XII (16 au 17 février 1804), est raconté en détail dans les journaux du temps, soit à l'époque même du crime, soit au moment du procès des voleurs, en avril 1806 [2].

Le signalement des objets volés fut donné au public de la façon suivante :

État des objets enlevés au Cabinet des Antiques de la Bibliothèque nationale, le 27 pluviôse an 12.

1. Grande sardonyx, connue sous le nom d'agathe de la Sainte-Chapelle parce qu'elle a été tirée du Trésor de cette église... (suit la description du sujet). Elle est enchâs-

[1] N° 136 du *Catalogue* de la vente Daugny. Ce beau camée a été publié par Millin, *Monuments inédits*, t. I, p. 125.

[2] Voyez notamment le *Journal des Débats* des mercredi 22 février 1804, et le *Journal de l'Empire* (*Journal des Débats* continué), des mercredi 23 avril 1806 et jours suivants.

sée dans une espèce de table de vermeil formant reliquaire; aux quatre coins, sont les Évangélistes et plusieurs saints peints en émail, avec leurs noms écrits en grec. Sur le champ et autour du reliquaire sont semés des perles, des turquoises et des verres colorés taillés en pierres précieuses ; sur la plinthe qui lui sert de support, on lit en caractères gothiques : Ce camaieu bailla à la Sainte-Chapelle du Palais, Charles le cinquième de ce nom, roi de France, qui fut fils du roi Jehan, l'an MCCCLXXIX (*Catalogue*, n° 264).

2. Un vase de sardoine onyx, de près de six pouces de hauteur, pouvant contenir trois demi-septiers et demi, ancienne mesure de Paris, connu vulgairement sous le nom de vase de Ptolémée... (suit la description des figures). Ce vase est porté sur un pied de vermeil destiné à l'exhausser ; ce pied est orné de pierres, de perles, de cristaux colorés ; on y lit cette inscription : *Hoc vos, Christe, tibi dicavit tertius in Francos regmine Karlus* (*Catalogue*, n° 368).
3. Un calice de sardonyx dans une monture de vermeil ; le pied est orné de médaillons en relief, offrant des figures de saints. Ce vase est connu sous le nom de calice de l'abbé Suger.
4. Un vase de prase fait en forme de cuve, entouré d'une bordure de filet d'or ou de vermeil, dans lesquels il y a des verres colorés en rouge, enchâssés (*Catalogue*, n° 374).
5. Deux couvertures d'évangéliaires en vermeil, ornées de croix en émail, et de quelques camées de perles et de cristaux colorés.
6. Un diptyque ou grande plaque d'ivoire, sculptée en relief.
7. Un poignard monté en vermeil ; la poignée est garnie de deux plaques en coquilles où sont gravées en relief des arabesques. Le fourreau est également orné de camées sur coquilles. Cette arme est connue sous le nom de poignard de François Ier.
8. Une couronne d'or, ayant la forme d'un cercle, avec des figures de sujets placés sous des arcades, le tout enfoncé dans la matière. Au bas, est une inscription latine circulaire, dont toutes les lettres sont en relief et émaillées. Cette inscription latine indique que cette couronne est celle d'Agilulfus, roi des Lombards, mort en 616 [1].
9. Un vase de sardoine, presque semblable à celui de prase.
10. Une coupe de jaspe fleuri, avec son pied et sa tige garnis d'or.
11. Une coupe pareille, en jaspe sanguin, la tige et le pied garnis en or, en partie émaillée.
12. Une croix en vermeil, enrichie d'agathes.

De tous ces précieux monuments, le grand Camée de la Sainte-Chapelle (n° 1), la coupe de Ptolémée (n° 2), le vase de jade ou de prase (n° 3), figurent dans notre Catalogue, mais sans leur monture métallique qui fut fondue par les voleurs. Le calice de Suger (n° 3) fut vendu par eux à l'Anglais Townley et passa ensuite au Musée britannique [2]. Les autres objets furent détruits et leurs montures envoyées au creuset [3]. On ne put recouvrer que des lingots d'or et d'argent

1. Cette couronne faisait partie du Trésor de Monza apporté au Cabinet des Médailles en 1798.

2. Marion du Mersan, *Hist. du Cabinet des Médailles*, p. 166; voyez aussi ci-dessus, p. CXLIV.

3. Marion du Mersan, *op. cit.*, p. 178.

qu'il fallut bien se résigner à envoyer à la Monnaie; leur vente produisit la somme de 1,296 francs 63, que le Cabinet des Médailles toucha le 24 avril 1810.

Le 2 germinal an XII (23 mars 1804), on acquit de James Millingen, en échange de monnaies reconnues doubles, le camée de notre Catalogue n° 241 (Tête voilée d'Auguste). Dans les années qui suivirent, des achats réguliers, des échanges, des dons ou les tributs de guerre que nos armées triomphantes imposaient à toute l'Europe, enrichirent sans relâche le Cabinet des Médailles : en 1806, le *sacro Catino* de Gênes prenait place dans l'une de nos vitrines : il y fut l'objet d'un examen qui établit que ce vase, entouré de vénération depuis tant de siècles, était loin d'avoir la valeur archéologique que l'on supposait [1].

Le 4 mars 1808, Napoléon, se conformant à la tradition de l'ancienne monarchie qui avait toujours considéré les pierres gravées du Cabinet des Médailles comme des joyaux destinés à rehausser l'éclat des parures officielles, rendit un décret enjoignant aux administrateurs de la Bibliothèque de céder au Mobilier de la Couronne un certain nombre de camées et d'intailles [2]. Le grand maréchal du Palais, Duroc, se rendit au Cabinet des Médailles, en compagnie de Nitot, joaillier de la Couronne, et de Dacier, administrateur de la Bibliothèque, pour y prélever, en exécution de cette déplorable mesure, les gemmes les plus propres à décorer le diadème, le collier, la ceinture et les bracelets de l'impératrice Joséphine. Ils emportèrent 45 camées et 36 intailles, soit au total 82 pierres; l'état en fut dressé par Dacier, certifié conforme par Crétet, ministre de l'Intérieur, et le 9 mars suivant, le grand maréchal du Palais en donna un reçu détaillé [3].

M. G. Bapst a publié le catalogue des camées et des intailles ainsi prélevés sur le Cabinet des Médailles. En 1810, 24 de ces camées furent montés par Nitot en une parure complète, « composée d'un diadème, d'un collier, d'un peigne, de bracelets, de boucles d'oreilles, d'une plaque de ceinturon et d'un médaillon, le tout ornementé de petites perles au nombre de 2275 [4] ». En 1813, le joaillier Nitot rendit au Mobilier de la Couronne, 22 camees et 36 intailles qu'on jugea à propos de ne pas utiliser et qui étaient demeurés de reste. Déposés au Garde-Meuble et considérés comme partie intégrante du Trésor de la Couronne, ces 22 camées et ces 36 intailles (en tout 58 gemmes) ne rentrèrent au Cabinet des Médailles

1. Marion du Mersan, *op. cit.*, p. 178; Millin, dans le *Magasin encyclopédique*, janvier 1807.

2. Archives nationales, AF, IV, 298, plaquette 2125, n°s 11 à 24. Germain Bapst, *Histoire des Joyaux de la couronne de la France*, pp. 584 et suiv.; S. Reinach, *Pierres gravées*, p. 90. — Dès le mois d'octobre 1807, Napoléon avait posé la question de ce transfert sous une forme dubitative; sa note au ministre de l'Intérieur est ainsi libellée : « Voir si l'on ne pourrait pas retirer de la Bibliothèque impériale des pierres gravées et autres objets précieux propres à la parure d'une femme. Ces objets seraient considérés comme annexés à la Couronne. » C'est sur l'avis favorable du Ministre que le décret impérial fut rendu, le 4 mars suivant.

3. Marion du Merson, *Hist. du Cabinet des Médailles*, p. 189; G. Bapst, *Hist. des Joyaux de la couronne de France*, pp. 584 et suiv.

4. G. Bapst, *loc. cit.*; cf. Dubois, *Choix de pierres gravées égyptiennes et perses*, 1817, p. 1; S. Reinach, *Pierres gravées*, p. 90.

qu'en 1832, à la suite de longues démarches faites par Raoul Rochette auprès de Royer-Collard, alors ministre, et en vertu d'une loi votée le 2 mars 1832.

Quant à la parure aux 24 camées, exécutée pour l'impératrice Joséphine, on ignore ce qu'elle est devenue [1]. En 1815, lors des Cent Jours, Louis XVIII obligé de quitter précipitamment les Tuileries, la fit expédier pour l'Angleterre, avec ses diamants particuliers. C'est ce que démontre, d'une façon irréfutable, cette mention consignée dans l'état des bijoux de la Couronne, dressé par le baron Hue, au retour du Roi à Paris : « Une parure en perles et camées ne faisant point partie des diamans de la Couronne, mais qui se trouvait chez M. de la Bouillerie, a été envoyée en Angleterre, ainsi que les diamans particuliers du Roi. » (M. de la Bouillerie était trésorier de la Couronne.)

A partir de cette date, ces 24 camées ne se retrouvent plus. Lors de la loi de 1832 faisant rentrer au Cabinet des Médailles les 58 camées et intailles dont nous avons parlé, on se préoccupa du sort de la parure aux 24 camées. Interrogé à ce sujet par Raoul Rochette, le ministre Royer-Collard répondit, comme représentant de la liste civile, « que les 24 camées n'étaient signalés nulle part dans la correspondance du trésor de la Couronne et de la liste civile ; que l'inventaire de 1818 ne les mentionnait plus, et enfin il affirmait que depuis 1815 ces pierres n'existaient plus dans l'ancien Trésor [2] ».

Nous reproduisons ci-après la liste des 46 camées qui furent enlevés au Cabinet des Médailles en 1808 ; nous signalons dans ce tableau, par la mention *non rendu*, les 24 camées qui ont fait partie de la parure aujourd'hui égarée ; les renvois à notre Catalogue indiquent les 22 camées restitués en 1832. L'examen de cette liste permettra d'observer que les camées choisis n'étaient pas des plus importants et qu'on avait pris à tâche de ne faire servir à la parure de l'impératrice que des gemmes d'un intérêt archéologique et même artistique fort secondaire.

1. Agrippine ; au recto, Vénus en intaille. Sardoine onyx à 3 couches, 11 lignes sur 8 (*Catalogue*, n° 281).
2. Méduse. Sardonyx à 3 couches, 12 lignes sur 9 (*Catalogue*, n° 159).
3. Hercule. Sardonyx à 3 couches, 12 lignes sur 10 (*Catalogue*, n° 69).
4. Une Sibylle. Sardonyx à 3 couches, 13 lignes sur 8 (*Catalogue*, n° 568).
5. La Victoire. Sardonyx à 3 couches, 14 lignes de diamètre (*Catalogue*, n° 564).
6. L'Afrique. Sardonyx à 4 couches, 14 lignes sur 10 (*Catalogue*, n° 559).
7. Minerve. Sardonyx à 3 couches, 13 lignes sur 10 (*Catalogue*, n° 19).
8. Arsinoé. Sardonyx à 3 couches, 11 lignes sur 9 (*Catalogue*, n° 231).
9. Titus. Sardonyx à 3 couches, 9 lignes sur 7 (*Catalogue*, n° 721).
10. Méduse. Sardonyx à 3 couches, 10 lignes sur 7 (*Catalogue*, n° 160).

1. Un des portraits de l'impératrice Joséphine représente cette princesse avec un collier composé d'une quinzaine de ces camées (E. Fontenay, *Les bijoux anciens et modernes*, p. 243).

2. C'est sur la déclaration formelle du joaillier de la Couronne et de l'inspecteur des diamants de la Couronne que Royer-Collard répondit par cette lettre. Voyez le procès-verbal en date du 6 novembre 1832 (G. Bapst, *op. cit.*, pp. 584 à 589).

11. Faustine jeune. Sardonyx à 3 couches, 10 lignes sur 8 (= 22 mill. sur 18).

12. Junon. Sardonyx à 3 couches, 11 lignes sur 9 (*Catalogue* n° 13).

13. Minerve. Sardonyx à 3 couches, 10 lignes sur 8 (*Catalogue*, n° 21).

14. Cérès. Sardonyx à 3 couches, 10 lignes sur 8 (*Catalogue*, n° 555).

15. Claude. Sardonyx à 2 couches, collée et enchâssée dans une sardonyx à grand nombre de couleurs, non montée, 12 lignes sur 9 (*Catalogue*, n° 275).

16. Claude. Sardonyx à 3 couches, 9 lignes sur 8 (*Catalogue*, n° 271).

17. Agrippine, femme de Germanicus. Sardonyx à 3 couches, 10 lignes sur 8 (*Catalogue* n° 706).

18. Cybèle. Sardonyx à 3 couches, 8 lignes sur 6 (*Catalogue*, n° 126).

19. Cérès. Sardonyx à 3 couches. 12 lignes sur 10 (*Catalogue*, n° 552).

20. Agrippine, femme de Claude. Sardonyx à 4 couches. 11 lignes sur 8 (*Catalogue*, n° 282).

21. Agrippine en Diane. Sardonyx à 3 couches, 24 lignes sur 17 (*Catalogue*, n° 31).

22. Tête barbue, inconnue. Sardonyx à 3 couches, 7 lignes sur 5 (*Catalogue*, n° 358).

23. Deucalion et Pyrrha (Isis et Osiris) dans une barque dont l'Amour dirige la voile. Sardonyx à 3 couches, 14 lignes sur 11 (= 32 mill. sur 25 : *non rendu*).

24. Nymphe de fontaine, assise sur un rocher, tenant de la droite des roseaux, de la gauche une urne qu'elle renverse. Sardonyx à 3 couches, 12 lignes sur 10 (= 27 mill. sur 22 : *non rendu*).

25. Amour assis jouant de la lyre. Sardonyx à 2 couches, 6 lignes sur 5 (= 13 mill. sur 11 : *non rendu*).

26. Thétis habillant Achille en femme. Sardonyx à 3 couches, 11 lignes sur 7 (= 25 mill. sur 15 : *non rendu*).

27. Apollon vêtu d'un manteau, appuyé sur un tronc d'arbre, tenant à la main une branche de laurier. Sardonyx à 2 couches, 9 lignes sur 6 (= 20 mill. sur 13 : *non rendu*).

28. Minerve casquée et armée du bouclier, sur un char traîné par deux chevaux. Sardonyx à 3 couches, 16 lignes sur 14 (= 37 mill. sur 32 : *non rendu*).

29. Apollon couché auprès d'une petite statue, portant la main droite sur un loup couché; dans le lointain, on voit les débris d'une lyre et la tête d'un sanglier. Sardonyx à 3 couches, 9 lignes sur 7 (= 20 mill. sur 16 : *non rendu*).

30. La Victoire debout sur un char traîné par quatre chevaux. Sardonyx à 5 couches. 20 lignes de diamètre (= 45 mill. : *non rendu*).

31. Vénus marine couchée sur un cheval marin. Sardonyx à 2 couches, 9 lignes sur 7 (= 20 mill. sur 16 : *non rendu*).

32. L'Amour assis jouant avec un cygne. Sardonyx à deux couches, 5 lignes sur 4 (11 mill sur 9 : *non rendu*).

33. L'Amour accroupi, la jambe droite prise dans un trébuchet sur lequel il y a un papillon. Sardonyx à deux couches, 7 lignes sur 6 (= 15 mill. sur 13 : *non rendu*).

34. Les trois Ages faisant à Vénus l'offrande d'un bélier accompagné de l'Amour et d'une suivante. Au recto, la Victoire, une femme pinçant de la lyre, un vieillard assis jouant de la syrinx et un petit enfant. Sardonyx à 3 couches, 13 lignes de diamètre (= 30 mill. : *non rendu*).

35. La Victoire debout sur un char traîné par deux chevaux. Sardonyx à deux couches, 12 lignes sur 7 (= 27 mill. sur 16 : *non rendu*).

36. Hermaphrodite couché auprès d'un arbre, entouré de trois Amours Sardonyx à 2 couches, 9 lignes sur 6 (= 20 mill. sur 13 : *non rendu*).

37. Silène, une Bacchante et un Génie, couchés sur une panthère. Sardonyx à 2 couches, 9 lignes sur 6 (=20 mill. sur 13 : *non rendu*).
38. Faune assis sur un rocher couvert d'une peau de panthère, s'appuyant d'une main sur le rocher, tenant de l'autre le canthare, dans l'attitude de verser la liqueur qui y est contenue dans une coupe que tient un petit Faune qui est couché à ses pieds. Sardonyx à 2 couches, 12 lignes sur 10 (= 27 mill. sur 22 : *non rendu*).
39. Jeune Faune ivre, tenant d'une main le canthare, de l'autre, un thyrse ; sur son bras gauche est une peau de panthère, à ses pieds un vase renversé. Sardonyx à 2 couches, 20 lignes sur 16 (= 45 mill. sur 37 : *non rendu*).
40. Bacchante tenant le thyrse. Sardonyx à 2 couches, 10 lignes sur 8 (= 22 mill. sur 18 : *non rendu*).
41. Génie assis tenant une grappe de raisin qu'un cygne veut lui enlever. Sardonyx à 2 couches, 7 lignes sur 4 (= 16 mill. sur 9 : *non rendu*).
42. Trois génies du gymnase, deux tiennent le troisième en l'air pendant qu'un vieux Silène, faisant l'office de gymnasiarque, va le frapper avec un bâton. Sardonyx à 2 couches, 12 lignes sur 10 (= 27 mill. sur 22 : *non rendu*)[1].
43. Génie de la Mort, appuyé sur une amphore. Sardonyx à 2 couches, 7 lignes sur 4 (= 16 mill. sur 9 : *non rendu*).
44. Hercule tenant sa massue et couronnant Minerve armée. Sardonyx à 2 couches, 14 lignes sur 10 (= 32 mill. sur 22 : *non rendu*).
45. Deux femmes au bain, une colonne entre les deux. Sardonyx à 2 couches, 12 lignes sur 9 (= 27 mill. sur 20 : *non rendu*).
46. Un histrion. Sardonyx à 2 couches : 9 lignes sur 6 (= 20 mill. sur 13 : *non rendu*).

Deux monuments importants qui figurent dans notre Catalogue, furent acquis en 1809 : c'est le collier romain orné de deux camées (*Catalogue*, n° 367) trouvé dans les ruines de l'antique Nasium (Naix, Meuse), et le buste de la déesse Rome ou de Constantin (*Catalogue*, n° 128) qui venait d'être arraché à la couverture de l'Évangéliaire de Saint-Castor de Coblence, et dont nous racontons ailleurs les curieuses aventures.

En avril 1814, au moment de l'entrée des Alliés à Paris, l'impératrice Joséphine, retirée à la Malmaison, se trouvait posséder un camée célèbre qui, antérieurement, avait appartenu successivement aux Gonzague de Mantoue, à la reine Christine de Suède et au prince Odescalchi. On ignore par quelle voie il était venu entre les mains de Joséphine : toujours est-il qu'il ne fit, à aucune époque, partie des collections du Cabinet des Médailles. L'empereur de Russie, Alexandre, étant allé visiter l'infortunée princesse à la Malmaison, celle-ci, en témoignage de reconnaissance, donna à son impérial visiteur la précieuse gemme, un des plus grands et des plus beaux camées qui existent. Il représente les bustes accolés d'Alexandre Bala, roi de Syrie, et de sa femme Cléopâtre Théa [2]; c'est aujourd'hui le joyau principal de la collection du Musée de l'Ermitage, à Saint-Pétersbourg.

1. C'est le n° 267 de l'Inventaire de 1664.
2. Voyez ci-dessus, p. XLII.

Nous voici arrivés, à présent, à l'un des plus douloureux épisodes des annales du Cabinet des Médailles : les restitutions imposées à la France par les armées des Alliés victorieux, en 1815. Déjà, en septembre 1814, on avait rendu à la Prusse les objets rapportés de Berlin en 1807 [1]. Millin, conservateur du Cabinet des Médailles, lutta énergiquement et pied à pied, avec le plus admirable patriotisme, pour conserver à la France au moins quelques-unes des épaves de ses conquêtes, artistiques, garanties par des traités antérieurs et, par conséquent, légitimement incorporées au patrimoine national [2]. Comme il y eut malentendu sur les termes de la Convention signée à Paris, le 3 juillet 1815, et visant les restitutions des archives, manuscrits, tableaux et autres objets d'art, les ministres de Louis XVIII et les conservateurs de la Bibliothèque se refusèrent à la restitution de tous les objets réclamés par les Commissaires des puissances alliées. En conséquence, la Bibliothèque nationale fut occupée militairement le 5 octobre 1815, par un détachement d'infanterie autrichienne.

L'histoire dramatique de la restitution des manuscrits, statues, médailles, tableaux et archives, particulièrement de ceux qui provenaient des collections du Vatican, a été récemment racontée par divers auteurs [3]. Le commissaire du pape, Marino Marini, qui avait la mission secrète de se montrer, dans ses revendications, bienveillant pour la France, protesta contre l'emploi de la force dans cette circonstance : « Marini, dit M. L. Delisle, alla jusqu'à déclarer, le 5 octobre, dans une note officielle, que si le commissaire de l'empereur d'Autriche avait requis la restitution des manuscrits, médailles et *camees* de la cour de Rome, c'était de sa propre initiative qu'il avait ainsi agi [4]. »

Quoi qu'il en soit, sans se laisser intimider par les baïonnettes autrichiennes, Millin contesta la légitimité de la réclamation, au moins en ce qui concernait les camées du Vatican. Ils avaient été, objectait-il, apportés au Cabinet des Médailles par César Berthier, au mois de janvier 1799, et provenaient d'un présent gracieux fait par le Pape au général Alexandre Berthier. Ils étaient donc sous nos vitrines en vertu d'un don généreux, et ne pouvaient être assimilés aux objets d'art cédés à la France en vertu du traité de Tolentino [5]. Millin fit, au surplus, remarquer que la grande majorité des camées du Vatican n'était jamais venue en France, mais qu'elle avait pris le chemin de la Russie.

La discussion se termina par une transaction qui nous laissa les plus importants des camées rapportés par César Berthier. Sur l'ordre du Ministère de l'In-

1. Marion du Mersan, *Hist. du Cabinet des Médailles*, p. 182 ; Eug Muntz, dans la *Nouvelle Revue*, livr. du 15 avril 1897, t. CV, p. 707.

2. Marion du Mersan, *Hist. du Cabinet des Médailles*, p. 181.

3. Voyez surtout la relation si palpitante d'intérêt faite par M. Léopold Delisle, en ce qui concerne les archives et les manuscrits du Vatican, dans le *Journal des Savants* de juillet et août 1892 ; et, en ce qui concerne les tableaux et autres objets d'art, l'intéressante étude de M. Eug. Müntz, dans la *Nouvelle Revue*, livr. du 15 avril 1897, t. CV, pp. 703 et suiv.

4. L. Delisle, dans le *Journal des Savants*, 1892, p. 497.

5. Marion du Mersan, *Hist. du Cabinet des Médailles*, p. 174.

terieur, Millin rendit seulement vingt pièces, ce dont Marino Marini se déclare satisfait. Nous devons reproduire la déclaration du commissaire pontifical relative à cet épisode : le texte en a été publié récemment.

Conviene che io parli ora del reclamo de' Cammei, de' quali erano custodi i signori Cav. Millin, e Gosselin. Accolsero essi le mie richieste con somma urbanità, e ne diedonmi subito alcuni, come caparra di quelli che avrebbonmi poi renduti. Nel giorno stabilito per la totale restituzione di essi non trovai l'animo loro così disposto come per lo innanzi, e dissero che i principali cammei erano in Russia, che nel Museo loro pochi e di poco prezzo ne restavano ancora, e che di essi era stato fatto dono al Gabinetto numismatico dal Generale Alessandro Berthier, perciò non credeansi tenuti renderli al Commissario di Sua Santità. Un parlare così ingiusto, e scortese, e una mancanza così manifesta alla parola data mi provocò a tale sdegno, che io feci una protesta colla quale distrussi l'accordo stabilito per la restituzione delle Medaglie, e con parole aspre, che il dispregio, e mala fede di quelli rintuzzavano, dissi, che il rispetto solo per S. M. Cristianissima mi ritenea dal non mettere a soqquadro colla forza Prussiana quel Gabinetto. Il Ministro dell' Interno col quale mi dolsi di tal procedere, ordinò al Cav. Dacier di far sì, che tutto finisse all' amichevole; Luigi Angeloni, che meco si trovava nel Museo Numismatico fu ricoperto di villanie da M. Millin, siccome quegli che le ragioni della Santa Sede sostenea con incredibile zelo. Ventisei Cammei furono restituiti, fra quali un Augusto solo, illustrato dal Bonarroti è pregevole. Questi due Conservatori dissero che altri Cammei del Vaticano non aveano fra le loro serie, il che io volli credere, e risparmiare qualunque violenza, per non abbandonare que' sentimenti di moderazione, che io volli sin da principio addottare [1].

Le procès-verbal de restitution, en date du 6 octobre 1815, constate que Millin remit aux abbés Marini et Canova, commissaires du pape Pie VII, les pierres gravées ainsi désignées sommairement :

1. Une tête de Méduse, de face, montée en cuivre (c'est le n° 3 de la liste de Berthier que nous avons donnée ci-dessus).
2. Un camee d'agathe-onyx représentant Bacchus, monture en cuivre (c'est le n° 2 de la liste Berthier).
3. Un camée, tête de vieillard, agathe-onyx, monture en cuivre.
4. Un jaspe vert, gravure intaille, représentant un Empereur barbu.
5. Une sardoine représentant un buste de femme. Monture en cuivre.

Plus, le même jour, dans un autre lot :

6. Sept têtes de Méduse, en agathe, montées en cuivre (n° 12 de la liste Berthier).
7. Une autre, sans monture.
8. Une tête d'enfant, en agathe.
9. Une, en cornaline.
10. Une tête d'empereur, voilée et couronnée de laurier, tenant la haste. Agathe à deux couches, montée en cuivre (c'est le n° 4 de la liste Berthier).

1. Papiers de Marino Marini, camérier secret de Pie VII, préfet des Archives et commissaire pontifical à Paris, publiés dans le *Regestum Clementis papae V*, tome I, *Appendix Documentorum*, § XXXIII, p. CCXLV.

11. Deux têtes de femme, sardonyx à deux couches, montée en cuivre
12. Une chimère, agathe à deux couches, montée en cuivre.
13. Une tête de Minerve, casquée, agathe à deux couches, montée en cuivre.
14. Sept agathes, montées en cuivre.
15. Plus, une tête de Jupiter Sérapis, montée en vermeil, laquelle Monsieur l'abbé Marini s'engage à rendre si elle était réclamée par quelqu'autre gouvernement [1].

Il fallut rendre aussi au commissaire du roi de Sardaigne, Costa, le *sacro Catino* qui retourna à la cathédrale de Gênes; le baron d'Ottenfels, chambellan et commissaire délégué par l'empereur d'Autriche, reprit le Jupiter Ægiochus qui provenait de la bibliothèque de Saint-Marc de Venise, ainsi que les divers monuments du Trésor de Monza : il manquait, parmi ces derniers, la couronne d'Agilulfus qui avait été volée en 1804 et détruite par les auteurs de ce criminel attentat. Enfin, après la remise des médailliers, au sujet de laquelle intervint aussi une transaction amiable, les commissaires signèrent la déclaration suivante :

« MM. les commissaires reconnaissent que la restitution se trouve pleine et entière, et qu'ils ne prétendent plus avoir aucun droit à des réclamations ultérieures. Fait à Paris, le 13 octobre 1815. — Ont signé : le baron d'Ottenfels, chambellan et commissaire de S. M. I. et R. autrichienne; Marini et Canova, commissaires de S. S. [2]. »

IV. *Période contemporaine : depuis 1815 jusqu'à nos jours.*

A partir de 1815, les accroissements de notre suite de camées antiques et modernes, se sont poursuivis sans discontinuité, mais avec la lenteur inhérente à cet objet. Les beaux camées sont très rares et leur prix est, en général, fort élevé. De généreux donateurs sont venus suppléer à notre insuffisance budgétaire, en adjoignant libéralement à la collection nationale, les camées qu'ils avaient eux-mêmes recueillis à grand'peine et souvent à grands frais.

Dès le mois d'octobre 1816, nous relevons sur le Registre des acquisitions du Cabinet des Médailles, la mention suivante : « Acquis de M. Leyr, pour la somme de trente francs, un camee monté en bague, représentant Déjanire enlevée par le Centaure Nessus, gravée sur une agathe d'Allemagne. » Il s'agit du remarquable chaton de bague, de style grec, que nous avons dénommé *Pluton enlevant Proserpine* (*Catalogue*, n° 119). En janvier 1818, le Cabinet achète le beau camée sur coquille représentant le roi Josaphat (*Catalogue*, n° 401) : c'est peut-être une épave de la châsse de sainte Geneviève. La mention qui le concerne est ainsi libellée :

1. Il s'agit probablement de la tête de Jupiter Sérapis décrite parmi les camées rapportés par César Berthier, sous le n° 5. Dans ce cas, cette dernière ne saurait être, comme on pourrait être tenté de le croire, le Jupiter Sérapis décrit sous le n° 9 de notre Catalogue.

2. Marion du Mersan, *Hist. du Cabinet des Médailles*, p. 182, L. Delisle, dans le *Journal des Savants*, 1892, p. 497.

« Acquis un camée, gravé sur coquille, représentant un roi couronné et tenant un sceptre entre ses bras, les deux mains jointes. Il est placé dans une espèce de fleur. On lit au dessus, IOSAPHAT. Pour la somme de 10 francs. » Heureux temps, où l'on pouvait se rendre possesseur d'un camée grec pour 30 francs, et pour 10 francs d'un beau camée de la Renaissance !

L'année 1830 vit entrer au Cabinet des Médailles le magnifique morceau décrit sous le nº 226, représentant les bustes conjugués d'Alexandre le Grand et de Minerve. Le vol de 1831, à jamais mémorable dans les fastes de la numismatique, ne fut pas préjudiciable à nos séries de pierres gravées.

Le camée satirique nº 304, sur lequel figure Élagabale, sous le nom d'Épixène, dans un char traîné par des femmes, a été acquis en 1841 ; trois ans plus tard, la vente de la collection Linck nous procurait deux pieces : l'enlèvement de Ganymède (*Catalogue*, nº 6), qui n'est que la reproduction d'une gemme du musée de l'Ermitage, et le groupe de Bacchus et Ariadne (*Catalogue*, nº 81) qui, tout fragmenté qu'il soit, n'en est pas moins un des meilleurs specimens de la glyptique de l'époque hellénistique.

Le 26 septembre 1845, Jean Henri Beck mourait à Paris, léguant un certain nombre d'antiquités et d'objets d'art au Cabinet des Médailles et au Musée du Louvre. Ce généreux donateur était un fabricant de bronzes qui, avant d'entrer dans cette industrie, avait commencé par s'essayer dans la gravure des pierres fines. « Il fit, raconte J. Leturcq, son apprentissage chez M. Mayer Simon qui l'avait elevé et adopté, et lui avait, en mourant, laissé sa fortune et les premiers fondements de la collection que m'a transmise, depuis, M. Beck [1]. » Le legs de Henri Beck, dont le Cabinet des Médailles fut mis en possession en 1846, comprenait des camées antiques et modernes, des intailles et un bijou de la Renaissance [2]. Les camées se trouvaient au nombre de sept : parmi eux, le Jugement de Pâris (*Catalogue*, nº 44), tant admiré, a malheureusement subi, s'il est antique, comme on le croit généralement, des retouches modernes qui en ont dénaturé le caractère ; l'Espérance (nº 133) et les bustes d'Auguste et Agrippa (nº 245) sont les meilleures pièces du même legs.

Le buste de Constantin, du collège des Jésuites de Tournon (*Catalogue*, nº 310), provient de la vente de la collection Herry en 1848 ; la vache nº 185 et la tête de Méduse nº 177, entrèrent au Cabinet des Médailles en 1850, et l'année suivante nous enrichit du remarquable camée (*Catalogue*, nº 308), sur lequel M. Chabouillet a proposé de reconnaître le triomphe de Licinius, en 313. En raison de cette provenance toute récente, nous n'avons pas osé proposer de l'identifier au camée de l'Inventaire royal de 1560, qui paraît correspondre à la même description [3].

Le curieux fragment, attribué au XIIIe siècle, sur lequel on voit Jésus-Christ au

1. J. Leturcq, *Notice sur Jacques Guay*, p. 4.

2. Chabouillet, dans la *Revue archéologique*, 2e année, 1845, p. 520 et 6e année, 1846, pp. 338-341.

3. Voyez ci-dessus, p. CXVII, le nº 385 de l'Inventaire de 1560.

milieu de ses disciples (*Catalogue*, n° 407); le portrait de Virgile (*Catalogue*, n° 315), le Christ de Pitié (*Catalogue*, n° 406), le roi oriental indéterminé (*Catalogue*, n° 357), Laïs sortant du bain (*Catalogue*, n° 66), sont des acquisitions remarquables des années 1854, 1855 et 1856; quelque grand que soit leur intérêt artistique et archéologique, il est dépasse encore par celui du camée n° 393, acquis en 1857 (Noé sous un cep de vigne) : nous avons dit ailleurs que ce monument figurait déjà dans l'Inventaire du mobilier du roi Charles V. La dispersion du cabinet d'antiquités de Louis Fould, en 1860, nous procura le beau camée moderne, n° 366, qui a pour type le grand Mogol, Chah-Djihan, tuant un lion, comme l'Hercule gréco-romain.

La donation du duc de Luynes, en 1862, fournit au Cabinet des Médailles un appoint de vingt-et-un camées antiques, tous intéressants. Le n° 227, auquel nous avons conservé son appellation traditionnelle de Séleucus Ier Nicator, mais qui est peut-être plus ancien qu'Alexandre lui-même, est un des plus beaux morceaux de glyptique que l'antiquité grecque nous ait laissés; l'Athlète ou Bacchant n° 84, mérite aussi d'attirer l'attention des historiens de l'art grec.

Le taureau n° 363 et le dauphin entouré d'une légende chrétienne (*Catalogue*, n° 340) ont ete achetés en 1864; le très remarquable fragment de style sassanide (*Catalogue*, n° 359) où figure Ardeschir domptant le taureau Nandi, provient de la vente de la collection Fegervary-Pulsky, en 1868. D'autres camées généreusement offerts par M. Champoiseau (*Catalogue*, n° 46), F. de Saulcy (*Catalogue*, nos 201, 207, 378), l'empereur Napoleon III (*Catalogue*, n° 485), le vicomte Philippe de Saint-Albin, nos 260 et 934), Jean Rousseau (n° 957), vinrent, de 1867 à 1892, s'ajouter aux acquisitions intéressantes qui signalent cette période, telles que *Le Printemps* de G. Girometti (n° 618); le *Louis XV* signé de Mme de Pompadour (n° 931), et le *Necker* de Passaglia (n° 945), tous trois achetés en 1873, et le *Saint Hubert* (n° 432) qui a fait partie de la collection Crignon de Montigny, dispersée en 1887. Nous devons enfin, pour le même temps, un tribut particulier de reconnaissance au baron Jean de Witte qui donna, à plusieurs reprises, au Cabinet des Médailles, outre des vases peints et des monnaies antiques, un certain nombre de gemmes gravées. Les nos 103, 145 et 199 de notre Catalogue, ont été offerts par ce savant désintéressé ; en 1886, il nous apporta le n° 145, qui represente Mélampos guérissant les Prœtides : ce camée, d'ancien style grec, que nous avons fait reproduire agrandi, au frontispice du présent volume, est digne d'exciter l'admiration de tous les amateurs de glyptique et la curiosité de ceux qu'intéresse l'histoire de l'art et des mythes locaux de la Grèce ancienne.

Qui pourrait nous savoir mauvais gré de nous prévaloir, ici, de plusieurs acquisitions heureuses conclues depuis 1892? Presque dans le même moment, en 1893, le Cabinet achetait le buste de Crispus (n° 311) et le camée (n° 360), qui représente Sapor et Valérien, aux prises sur le champ de bataille où l'empereur romain fut fait prisonnier. Ce beau monument de la glyptique sassanide, d'un art si particulier, est en même temps, — nous l'avons démontré, — un curieux témoignage historique de la vantardise orientale. En 1894, nous faisions entrer dans la collection nationale un camée-amulette, récemment trouvé à Lutz, en Hongrie, encore entouré de sa monture antique (*Catalogue*, n° 347). Une grande tête de Silène, en demi-ronde bosse, aux traits accentués et affouillés avec une affectation de réalisme (*Catalogue*, n° 104); un Persée tenant la tête de Méduse (*Catalogue*, n° 571) qui fait songer au David de Michel-Ange; les bustes conjugués de Charles Quint et de Ferdinand : tel a été le bilan, particulièrement riche, de l'année 1896. Nous citerons enfin, un curieux fragment sassanide (*Catalogue*, n° 365 *bis*, Ours dévorant un Taureau), qui a pris place sous nos vitrines seulement depuis quelques semaines.

Ainsi formée par les persévérants efforts de trois siècles de recherches, la collection des camées du Cabinet des Médailles est la plus riche et la plus importante qui existe. Elle ne reconnaît comme rivale que la collection impériale de Vienne ; et encore, si cette dernière se glorifie, à juste titre, de quelques pièces exceptionnelles dont nous ne saurions montrer les pendants ou les équivalents, elle est loin de pouvoir étaler une suite aussi nombreuse que la nôtre, où toutes les époques de l'art se trouvent représentées, depuis le ve siècle avant notre ère jusqu'à nos jours. Les Cabinets de Naples, de Florence, de Londres, de Saint-Pétersbourg, de Berlin, de Dresde, de Munich, de La Haye ne possèdent qu'un petit nombre de camées, dans l'ensemble desquels sept ou huit pièces seulement se distinguent de l'ordinaire et seraient susceptibles de nous faire envie. Quant aux amateurs particuliers, s'ils foisonnaient encore au dernier siècle, ils sont devenus fort rares aujourd'hui, non peut-être que le goût des choses délicates s'en soit réellement allé, mais parce que la patience dont il faudrait faire preuve pour réunir une collection digne de ce nom, rebute les mieux intentionnés. Si rien n'est plus commun, chez les antiquaires, que les vulgaires produits de la glyptique romaine, tels que les onyx sculptés en Têtes de Méduse, en masques scéniques ou d'autres types sans intérêt archéologique ou artistique; si toutes les sébilles des marchands de bric-à-brac sont remplies de camées ou d'intailles, antiques et modernes, en pierre fine ou en pâte vitreuse, où la banalité du sujet le dispute à la médiocrité du travail, rien n'est plus rare que de rencontrer un beau camée, sur une sardonyx aux couches multicolores et chatoyantes, précieuse par la matière et par l'art, digne, en un mot, d'un musée ou d'une collection d'amateur éclairé. Un quart de siècle n'en produit pas une demi-douzaine, et ce sont moins des fouilles heureuses qui les mettent au jour, que la dispersion d'une ancienne collection d'amateur ou un acte ignoré de vandalisme dans quelque Trésor d'église.

Cette insigne rareté des beaux camées contribue à mettre en évidence l'importance de notre collection nationale qui comprend plus d'un millier de monuments. Jusqu'ici, moins favorisée que celle de Vienne, elle n'avait pas encore fait l'objet d'une description illustrée [1]. Mais, à deux reprises déjà, des catalogues

1. Les camées antiques de la collection impériale de Vienne ont été gravés, pour la plupart, dans l'ouvrage d'Eckhel, *Choix des pierres gravées du cabinet impérial des*

descriptifs, plus ou moins complets, en avaient signalé au public les éblouissantes richesses : l'un, très sommaire, rédigé par Marion du Mersan, eut sa dernière édition en 1838 [1]; l'autre, dû à M. Chabouillet, parut en 1858 et renferme la nomenclature de 699 camées antiques ou modernes. Le monde savant a, depuis quarante années, apprécié la science, la précision, l'excellence de cette œuvre qui a été notre guide constant pour la partie descriptive du présent Catalogue : nous sommes heureux de le proclamer ici hautement. Nos efforts personnels ont porté surtout sur le commentaire historique et bibliographique de chaque camée; nous avons pris à tâche de compléter les renseignements qu'on connaissait déjà sur un certain nombre d'entre eux, de retrouver leur origine, de reconstituer leur histoire; nous avons aussi essayé de caractériser l'art et le style, de préciser l'époque à laquelle on peut approximativement les attribuer. Si le public érudit trouve que notre peine n'a pas été vaine et superflue, nous porterons bientôt nos efforts sur le classement et la description de la collection, si merveilleusement riche, des *Intailles antiques et modernes* dont la garde nous est aussi confiée.

Antiques (Vienne, 1788, in-fol.), réédité par M. S Reinach, *Pierres gravées*, pp. 1 et suiv.; ils sont reproduits et mieux expliqués dans l'ouvrage de J. Arneth, *Die antiken Cameen des Munz-und Antiken Cabinettes in Wien*, Vienne, 1849, in-fol. Les camées de la Renaissance et modernes du musée de Vienne sont décrits et figurés dans J. Arneth, *Die Cinque-Cento Cameen und Arbeiten des Benvenuto Cellini und seiner Zeitgenossen*, Vienne, 1858, in-fol.

1. Voyez ci-après la note de la page 7.

FIN DE L'INTRODUCTION

PREMIÈRE PARTIE

CAMÉES ANTIQUES

I. JUPITER

ET MYTHE DE JUPITER

1. **Jupiter** (dit *de Chartres* ou *de Charles V*). Le dieu est debout, barbu, la tête ceinte d'une couronne de laurier, regardant le foudre qu'il tient de la main droite tendue en avant; de la main gauche il s'appuie sur un long sceptre. Le torse et les bras sont nus; les reins et les jambes sont enveloppés dans une ample chlamyde dont les plis, rejetés sur l'épaule gauche, retombent par devant. La jambe gauche est légèrement infléchie; les pieds sont chaussés de sandales. A la droite du maître de l'Olympe, un aigle, les ailes à demi éployées. — Corniche ovale au pourtour, avec tranche en biseau.

Excellent travail romain du Ier siècle de notre ère.

Sardonyx à trois couches : brune, azurée et roussâtre (fond brun); gemme remarquable par ses dimensions, la translucidité et la beauté de ses nuances.

Ce camée est serti dans une monture du plus haut intérêt, qui remonte au XIVe siècle, mais qui a subi des remaniements postérieurs. Elle se compose des éléments suivants :

I. — Un large cadre en or, avec inscriptions en lettres gothiques, émaillées, sur les deux faces. Sur la face antérieure, on lit : IEXVS ❁ AVTEM ❁ TRANSIENS ❁ PER ❁ MEDIVM ❁ ILLORVM ❁ IBAT — ET ❁ DEDIT ❁ PACEM ❁ EIS — SI ❁ ERGO ❁ ME ❁ QVERITIS ❁ SINITE ❁ HOS ❁ ABIRE. Les caractères de cette inscription sont, par groupes de quatre ou cinq, alternativement sur fond rouge et sur fond noir.

Sur la face postérieure du cadre, une inscription en deux lignes concentriques; la ligne externe est sur fond rouge et ainsi conçue : ✠ IN PRINCIPIO ❁ ERAT : VERBV ❁ M : ET : VERBVM : ERAT : APVD : DEVM : ET : DEVS : ERAT : EVRBVM (*sic*) ❁ HOC : ERAT : IN PRINCIPIO : APVD. La ligne interne est sur fond noir : ✠ DEVM : OMNIA : PER : IPSVM : FACTA : SVNT : ET : SINE : IPSO : FACTVM : EST : NICHIL : QVOD : FACTVM : SET (*sic*) : IN IPSO. Le cadre et les inscriptions remontent au XIVe siècle.

2. — A la partie inférieure de cette monture a été attachée, au moyen de trois rivets grossiers, une couronne royale, ouverte, surmontant un écusson émaillé aux armes de France, c'est-à-dire des fleurs de lis sans nombre sur champ d'azur. Sur le large bandeau de la couronne, on lit l'inscription suivante, en lettres d'or sur fond noir :

✠ charles · roy · de · france ·
filz . du · roy · jehan · donna
ce · jouyau · l'an m · ccc · lxvii ·
le · quart · an · de · son règne.

3. — Sur la partie antérieure du cadre d'or qui entoure la gemme, ont été fixés, de distance en distance, deux dauphins et treize fleurs de lis, en argent doré. Deux des fleurs de lis sont mutilées; quatre autres, mal maintenues par les rivets, sont plus ou moins mobiles. Le style de ces fleurs de lis permet d'en attribuer la fabrication au XIVe siècle [1]; mais

1. On peut comparer ces fleurs de lis à celles des monnaies ou d'autres monuments de ce temps; elles sont semblables, notamment, à celles qui furent ajoutées, au XIVe siècle,

elles ont été adaptées à la monture du camée, seulement à la fin du siècle dernier, comme nous le dirons tout à l'heure.

On remarque, au bas de l'écusson, un trou muni d'un pas de vis et, au revers de la monture, quelques traces de soudure.

Haut., 152 mill.; larg., 80 mill., monture comprise.

Pl. I, fig. 1.

Les inscriptions que nous avons transcrites établissent, en premier lieu, ainsi que l'a récemment démontré M. Edmond Le Blant, que le camée fut considéré, au moyen âge, comme investi d'une puissance talismanique [1]. Le verset de saint Luc (IV, 30) : *Jesus autem transiens per medium illorum ibat*, est extrait du passage dans lequel l'Évangéliste raconte comment le Sauveur échappa aux Juifs qui voulaient le précipiter du haut d'une montagne. La phrase de saint Jean (VIII, 2) : *Si ergo me quæritis*, est mise par l'Apôtre dans la bouche de Jésus demandant à la troupe venue pour le saisir, qu'on laisse en paix ses disciples. Ces deux versets se trouvent fréquemment inscrits côte à côte, sur les amulettes ou dans les formules cabalistiques du moyen âge. Quiconque portait un talisman sur lequel ils étaient gravés, se croyait préservé de tout danger comme l'avait été le Christ au milieu de ses ennemis, ou les Apôtres lorsqu'on arrêta leur divin Maître. De ces paroles à l'aide desquelles on échappait aux « périls du monde », étaient souvent rapprochés, comme ici, d'autres passages du Nouveau Testament, et en particulier, le début de l'Évangile de saint Jean : *In principio erat Verbum*, etc. De nombreux monuments, cités par M. E. Le Blant, attestent que ces premières phrases de saint Jean avaient aussi, de leur côté, une vertu prophylactique : elles protégeaient surtout contre les démons et contre la foudre.

Ainsi, le camée romain décrit plus haut était devenu, au XIVe siècle, un talisman : les fautes que nous avons relevées dans les inscriptions, pourtant gravées avec un soin minutieux, sont probablement intentionnelles et en rapport avec le caractère magique du monument (*evrbum* pour *verbum*; *set* pour *est*).

Le roi de France Charles V possédait ce joyau protecteur lorsque, en la quatrième année de son règne, il le donna au Tresor de la cathé-

sur le vase de cristal de roche donné par Suger au trésor de Saint-Denis, et connu sous le nom de vase d'Aliénor : ce précieux monument est aujourd'hui au musée du Louvre (J. Labarte, *Histoire des arts industriels au moyen âge*, t. I, p. 437); *Notice des émaux et de l'orfèvrerie* du Musée du Louvre, par A. Darcel, *Supplément*, par E. Molinier, p. 556, n° D 931.

1. Edmond Le Blant, dans la *Revue numismatique*, 1894, pp. 183 à 193.

drale de Chartres, pour servir d'ornement à la châsse dans laquelle était renfermée une relique insigne connue sous le nom de Chemise de la sainte Vierge. Le roi fit fixer à la monture du camée l'écusson fleurdelisé et la couronne sur laquelle est gravée l'inscription qui nous a conservé le souvenir de cette libéralité. Nous savons, d'autre part, que le 30 juin 1367, Charles V accomplit un pèlerinage à la sainte Chemise de Chartres [1] : ce fut donc vraisemblablement à cette occasion qu'il fit attacher son précieux talisman sur le célèbre reliquaire que tant de pieux pèlerins, depuis Charles le Chauve, s'étaient déjà complu à orner de gemmes antiques et d'autres bijoux enlevés à leurs propres écrins.

A partir de ce moment, notre camée figure dans les descriptions successives qui furent faites, à travers les âges, de la châsse de la sainte Chemise et des joyaux dont elle était enrichie. Ces descriptions vont nous permettre de constater que la monture de la gemme eut à subir d'importantes modifications pour arriver jusqu'à l'état où elle se présente aujourd'hui à nos regards.

Un inventaire qui se place en l'an 1540, au plus tard, lui consacre cette mention : « Une agathe en ovale, garnye tout autour d'or et de grosses perles, embellie de la figure du Dieu tenant de la main droite la foudre, et de la gauche une lance, et un oyseau à ses pieds, sont gravés ces mots : *Jesus, Maria, Adam, Eva*, et au dessous : *Charles, roy de France, fils du roy Jehan, donna ce joyau en 1367, le quart an de son regne*, les armes de France à fleurs de lys sans nombre [2]. » Ainsi, l'inscription : *Jesus, Maria, Adam, Eva*, a disparu après 1540 : nous allons essayer de préciser dans quelles circonstances eut lieu cette mutilation.

En 1562, Charles IX, qui cherchait à faire argent de tout, voulut forcer les chanoines de la cathédrale de Chartres à aliéner une partie de leur trésor pour payer les frais de la guerre civile. Mais le peuple de Chartres s'opposa par la force à l'enlèvement de la sainte châsse quand se présentèrent les commissaires du Roi, pour l'emporter [3]. En 1577-1578, Henri III ordonna aussi aux chanoines de porter au creuset une partie de leurs bijoux et de leurs vases sacrés. Cette fois, il fallut s'exécuter. Le 20 janvier 1578, le camée de Jupiter fut enlevé à la sainte châsse et transporté à Paris où on l'estima 800 livres. « Pendant deux ans, dit M. de Mély, le camée resta, avec les autres joyaux de Chartres, à Paris ; peut-être Henri III les a-t-il mis en gage, comme tant d'autres pièces qu'il donna en nantissement

1. F. de Mély, *Le trésor de Chartres*, préface, p. XXXI.
2. F. de Mély, *Le trésor de Chartres*, p. 110 ; E. Babelon, *Le Cabinet des Antiques*, p. 176, Ed. Le Blant, dans la *Revue numismatique*, 1894, p. 184.
3. F. de Mély, *op. cit.*, préface, pp. XXXIX et 17, note.

aux Juifs de Metz? En tout cas, ils reviennent au bout de deux années à la sainte châsse, où ils sont attachés de nouveau [1]. » Dans le reçu délivré à cette occasion par le Chapitre de la cathédrale, notre camec est ainsi décrit : « Le camahié de sainc Jehan, garny de six rubis baillez (balais), et où il y en a deux séparez, et de douze perles. Estimé VIII^cc L. [2]. » Cette courte mention nous inspire deux remarques précieuses : il y avait six rubis attachés à la monture du camée et alternant sans doute avec les « grosses perles », dont parle l'inventaire de 1540; en second lieu, comme l'a observé M. Ed. Le Blant, c'est la première fois que le camée est désigné sous le nom de « camée de saint Jean ». La présence de l'aigle au pied de Jupiter, ainsi que les inscriptions tirées de l'Évangile de l'Apôtre, ont dicté cette fausse interprétation dans laquelle nous devons peut-être reconnaître une désaffectation intentionnelle plutôt qu'un signe d'ignorance.

L'inventaire de l'an 1682, rédigé par le chanoine Estienne, décrit notre camée comme il suit : « Tout au haut du pignon (de la sainte châsse), est une grande agate ovale, sur laquelle est taillé un Jupiter ayant à ses pieds un aigle. Il tient un foudre d'une main et une lance de l'autre. Le quadre qui est ovale, comme l'agate, est d'or enrichy de grosses perles et de pierreries; au bas, il y a un écusson couronné aux armes de France. On lit, sur la couronne, que le roi Charles V, fils du Roy Jehan, donna cette agate à l'église, en 1367. » Une note marginale ajoute : « Estimée six mille livres, quoique par les estats de joyaux envoyez à Paris pour les nécessitez du Royaume, elle ne fut estimée que 300 livres ; il y avait 5 rubis balais et 12 perles [3]. » Les édits de Louis XIV, en 1689, 1700 et 1710, pour ordonner l'aliénation d'une partie des richesses des trésors des églises, laissèrent intacts le trésor de Chartres et la monture de notre camée. C'est ce que permet de constater cette brève mention de l'Inventaire rédigé en 1726, par le chanoine Brillon : « Jupiter, quadre ovale d'or, garni de pierreries [4]. »

En rapprochant ces divers textes les uns des autres, il semble qu'on peut conclure ce qui suit : le cercle d'or sur lequel étaient gravés les mots : *Jesus, Maria, Adam, Eva,* a été enlevé en 1578. Aucun inventaire postérieur à cette date n'en fait mention. En second lieu, jusqu'à la Révolution, le camée était garni sur son pourtour de six rubis et douze perles. Or, présentement, ces rubis et ces perles ont disparu, et si nous comptons les fleurs de lis isolées, les deux dauphins et les

1. F. de Mély, *op. cit.*, p. 37.
2. F. de Mély, *op. cit.*, p. 117.
3. F. de Mély, *op. cit.*, p. 34. Les inventaires antérieurs disent « *six* rubis balais », au lieu de *cinq* : il faut en conclure qu'un rubis avait disparu avant 1682.
4. F. de Mély, *op. cit.*, p. 119, n° 326.

trois fleurs de lis qui forment les pointes de la couronne royale, nous retrouvons les dix-huit places occupées antérieurement par les rubis et les perles [1]. Que s'est-il donc passé à l'époque de la tourmente révolutionnaire?

Le 17 septembre 1793, arrivèrent à Chartres les conventionnels Sergent et Lemonnier, chargés de détruire la châsse de la Chemise de la Vierge et de rapporter à Paris les gemmes et les bijoux qui la décoraient. La châsse une fois brisée, l'or qui en avait constitué la structure fut envoyé au creuset; quant aux pierreries, dont la destruction eût été sans profit, elles furent déposées au Cabinet des Médailles. C'est ainsi que le Jupiter de Charles V vint figurer sous nos vitrines, en compagnie d'un certain nombre d'autres camées et intailles, de moindre importance. Les délégués de la Convention, Sergent et Lemonnier, dressèrent de ces objets précieux un état sommaire qu'on trouvera reproduit dans notre *Introduction*. Le Camée de Jupiter y figure sous la mention suivante: « Un camée de trois pouces de haut, représentant un Jupiter, de trois sortes de couleurs, Sardoine. » Malgré l'inexpérience archéologique que trahissent les descriptions sommaires du procès-verbal d'enlèvement, il nous a été possible de reconnaitre sous nos vitrines quelques-unes des gemmes de la Cathédrale de Chartres.

L'un des délégués de la Convention, Sergent, était orfèvre de son métier, et cette qualité l'avait désigné tout naturellement pour la triste besogne que nous avons rappelée. Mais là ne se borna pas son intervention. En ce qui concerne le camée de Jupiter, il fit disparaître les perles et les rubis qui en ornaient la monture, et il les remplaça par deux dauphins et treize fleurs de lis qui furent empruntés, dans ce but, à un autre monument détruit du Trésor de Chartres. Enfin, il attacha grossièrement, à l'aide de petits clous en cuivre, la couronne et l'écusson fleurdelisé de Charles V, à la place qu'ils occupent à présent [2]. Quant aux autres camées de la châsse de la sainte Chemise, que nous avons pu identifier, nous signalerons chacun d'eux en son temps.

BIBL. — A.-L. Cointreau, *Histoire abrégée du Cabinet des médailles*, p. 28 (Paris, an IX = 1800, in-8°); T.-M. Dumersan, *Notice des monumens exposés dans le Cabinet des médailles et Antiques de la Bibliothèque du Roi*, p. 29 (Paris, 1819, in-12); — le même, *Notice*, etc., édit. de 1828, p. 25; Marion du Mersan, *Histoire du Cabinet des Médailles*, p. 107, n° 9 (in-8°, 1838) [3]; Ch. Lenormant, *Trésor de*

1. F. de Mély, *op. cit.*, p. 37.

2. Sur le rôle et la responsabilité de Sergent, voy. F. de Mély, *op. cit.*, pp. XLIII et 37; E. Babelon, *Le Cabinet des Antiques*, p. 177.

3. Nous ferons remarquer bibliographiquement, une fois pour toutes, que le nom de

numismatique, Nouvelle galerie mythologique, p. 23 et pl. V, fig. 2; Paul Lacroix, *Histoire de l'orfèvrerie-joaillerie*, p. 64 (1850), in-8°; Chabouillet, *Catalogue des camées, etc., de la bibliothèque impériale*, n° 4 (Paris, 1858, in-8°); J. Labarte, *Histoire des arts industriels au moyen âge*, 2e édit., t. I, p. 200, et t. II, p. 50; C. W. King, *Antique gems and rings*, t. I, p. 411 (Londres, 1872, in-8°); V. Duruy, *Histoire des Romains*, t. V, p. 359; F. de Mély, *Le trésor de Chartres*, pp. 34, 110, 121, et pl. X; E. Babelon. *Le Cabinet des Antiques à la Bibliothèque nationale*, p 173 et pl. XLIX; H. Middleton, *The engraved gems of classical times*, p. 62 (Cambridge, 1891, in-8°); E. Babelon, *La gravure en pierres fines*, p. 219, fig. 163; Edmond Le Blant, dans la *Revue numismatique*, 1894, p. 183 et suiv.

2. **Jupiter.** Tête de profil, à droite, avec une barbe et des cheveux longs, en désordre.

Sardonyx à deux couches, cendrée et laiteuse (fond cendré).

Élégante monture du XVIe siècle, en or émaillé, et affectant la forme d'une couronne de fleurs rehaussée de sept rubis.

Haut., 33 mill.; larg., 30 mill., monture comprise.

Pl. I, fig. 2.

Ce camée, d'un travail très fin, a toujours été regardé comme antique; pourtant, son style m'inspire quelques doutes à cet égard, et je serais enclin à le classer plutôt parmi les œuvres de la Renaissance, ou au moins à admettre qu'il a subi des retouches à cette époque.

Bibl. — Marion du Mersan, *Hist. du Cabinet des médailles* (1838), p 107, n° 7; Chabouillet, *Catalogue*, n° 3; V. Duruy, *Histoire des Grecs*, t. II, p. 289.

3. **Jupiter donnant un ordre à Minerve.** Jupiter est assis avec Junon sur un trône à trois degrés; à leurs pieds, l'aigle et le paon, leurs emblèmes. Le maître de l'Olympe, la tête ceinte du diadème, a les épaules et les jambes enveloppées dans sa chlamyde; de la main gauche il s'appuie sur un

Marion du Mersan se trouve orthographié de deux manières sur les ouvrages de cet auteur : on trouve d'abord, *T. M. Dumersan*, puis *Marion du Mersan;* enfin, l'ouvrage paru en 1838, que nous désignons sous son titre le plus ordinaire : *Histoire du Cabinet des Médailles, Antiques et Pierres gravées*, a reçu, pour un certain nombre d'exemplaires, une couverture spéciale avec le titre suivant : *Notice des monuments exposés dans le Cabinet des Médailles, Antiques et Pierres gravées de la Bibliothèque du Roi*. Il n'est, en effet, que l'édition développée et complétée des ouvrages parus sous ce dernier titre en 1819 et en 1828.

long sceptre; de la main droite étendue, il semble donner un ordre à Minerve debout devant lui; cette déesse, qui s'apprête à s'éloigner, est caractérisée par son péplum, surmonté de l'égide, son casque et son bouclier. Junon, diadémée et voilée, s'appuie de la main gauche sur son sceptre. Enfin, à la droite de Jupiter, se tient debout Mercure, le messager des dieux, coiffé du pétase ailé et tenant son caducée.

Sardonyx à trois couches : brun-clair, azurée et roussâtre (fond brun-translucide). Corniche au pourtour avec tranche en biseau.

Haut., 31 mill.; larg., 33 mill. Pl. I, fig. 3.

Légué par Henri Beck, en 1846.

Ce camée nous paraît bien antique, mais la gravure en a été retouchée à une époque moderne.

Bibl. — Chabouillet, dans la *Revue archéologique*, t. VI, 1849, p. 339; le même, *Catalogue*, n° 5.

4. **Jupiter et Antiope.** Le maître de l'Olympe, ayant revêtu la forme d'un Satyre, barbu, aux pieds de bouc, s'avance, guidé par l'Amour, vers Antiope, assise sur un siège peu élevé et enveloppée d'un ample péplum. Au geste suppliant de son divin amant, Antiope répond en l'invitant de la main à s'avancer jusqu'à elle. Derrière la nymphe, célèbre pour sa beauté, se tient debout Peitho, la déesse de la persuasion, levant la main droite en signe d'encouragement; elle est vêtue d'une tunique talaire et d'un péplum enroulé autour de ses hanches. — Travail de l'époque hellénistique.

Sardonyx à deux couches, brun-clair et laiteuse (fond brun-translucide).

Monture en or émaillé, ajourée et rehaussée de petits rubis; bélière de suspension.

Haut., 36 mill.; larg., 39 mill., monture comprise.

Pl. I, fig. 4.

Bibl. — Marion du Mersan, *Hist. du Cabinet des Médailles* (1838), p. 112, n° 66; Ch. Lenormant, *Trésor de numismatique, Nouvelle galerie mythologique*, p. 147, et pl. LII, n° 5; Chabouillet, *Catalogue*, n° 6. — On sait qu'Antiope, fille de Nycteos, roi de Thèbes, fut aimée de Jupiter qui, ayant revêtu la forme d'un Satyre, la rendit mère de Zéthos et d'Amphion. Sur les représentations qu'on peut rapprocher de notre camée, voir surtout : Overbeck, *Kunstmythologie. Zeus*, p. 405.

5. **Amalthée et Jupiter enfant.** La chèvre Amalthée est couchée et détourne la tête pour regarder l'enfant qu'elle va allaiter. Derrière elle, un arbre sur lequel est perché un aigle, les ailes à demi éployées. — Époque romaine.

Pâte de verre imitant un camée à deux couches, violet-foncé et blanche (fond violet).

Monture en argent, sans ornement.

Haut. 20 mill. ; larg. 24 mill.

Pl. I, fig. 5.

Bibl. — Marion du Mersan, *Histoire du Cabinet des Médailles* (1838), p. 107, n° 8 ; Ch. Lenormant, *Trésor de numism., Nouv. galerie mytholog.*, p. 21 et pl. IV, n° 16 ; Chabouillet, *Catalogue*, n° 3351.

6. **Ganymède enlevé par l'aigle de Jupiter.** Le jeune dieu est coiffé du bonnet phrygien ; une légère chlamyde lui couvre les épaules et un glaive de chasse est suspendu à son flanc gauche ; il regarde de côté, levant la main droite à la hauteur de son visage. Au-dessus de la tête de Ganymède, on aperçoit celle de l'aigle ; les ailes éployées de l'oiseau de Jupiter occupent tout le champ. La partie inférieure du monument est mutilée.

Pate de verre, brun enfumé.

Haut., 33 mill. ; larg., 29 mill. Pl. I, fig, 6.

Acquis à la vente de la collection Linck, en 1844.

Cette pâte de verre est la reproduction antique (?) d'une autre pâte, non mutilée, mais d'une authenticité aussi douteuse, qui, après avoir fait partie du Cabinet de Crozat, au XVIIIe siècle, est entrée dans celui du duc Louis d'Orléans, puis, de là, est passée au Musée de l'Ermitage, à Saint-Pétersbourg.

Bibl. — Chabouillet, *Catalogue*, n° 3352. — L'original du Musée de l'Ermitage est publié dans : Mariette, *Traité des pierres gravées*, t. I, p. 61 ; Gronovius, *Thesaurus graec. antiq.*, pl. V ; La Chau et Le Blond, *Descript. des pierres gravées du cabinet du duc d'Orléans*, t. I, p. 45 ; Raspe, *Catalogue de Tassie*, n° 1335 ; Ch. Lenormant, *Trésor de numism., Nouv. galerie mytholog.*, p. 46 et pl. VII, n° 12 ;

Koehler, *Gesammelte Schriften*, t. IV, p. 13; Stephani, dans le *Compte rendu de la Commission impériale archéologique* pour 1881, p. 111 et pl. V, n° 14 (sous le nom d'*Orphée*); Overbeck, *Kunstmythologie. Zeus*, p. 598, n° 216; S. Reinach, *Pierres gravées*, p. 135 et pl. 123, fig. 11 (d'après La Chau et Le Blond).

7. **Ganymède rendu à Tros, son père, par l'un de ses frères.** Tros, vêtu d'une courte chlamyde et coiffé du bonnet phrygien, est assis au pied d'un arbre; il se penche en avant et s'apprête à prendre dans ses bras le plus jeune de ses enfants, Ganymède, que lui amène un de ses autres fils, Ilos ou Assaracos. Ce dernier est vêtu du costume phrygien comme son père; son cheval est derrière lui, vu presque de face. A ses pieds, un jeune porc immolé comme victime expiatoire offerte par Tros aux dieux pour la rançon de son enfant. — Époque romaine.

Agate à trois couches : jaune-clair, laiteuse et rougeâtre (fond jaune-translucide).

Haut., 40 mill.; larg., 38 mill. Pl. I, fig. 7.

Bibl. — Chabouillet, *Catalogue*, n° 105. — Tros, qui donna son nom à la ville de Troie, avait eu, de la nymphe Callirrhoé, trois enfants, Ilos, Assaracos et Ganymède. L'enlèvement de ce dernier, le plus beau des enfants des hommes, est raconté et représenté avec de nombreuses variantes dans les légendes et la mythologie figurée. A côte des récits qui attribuent ce rapt à Jupiter, il en circulait d'autres qui prétendaient que le jeune Ganymède avait été enlevé par Minos ou par Tantale, roi de Lydie : d'où une longue guerre entre ce dernier et Tros qui voulait reprendre le fils qu'on lui avait ravi. On peut croire, d'après la scène figurée sur notre camée, qu'à la suite du sacrifice d'un porc offert pour apaiser le courroux des dieux, l'un des fils de Tros, Ilos ou Assaracos, qui tous deux prirent part à la guerre contre Tantale, réussit à ramener son jeune frère. (Sur les représentations variées du mythe de Ganymède, voyez surtout : Overbeck, *Kunstmythologie. Zeus*, pp. 515 et suiv.)

8. **Europe sur le taureau.** La nymphe est étendue sur le dos du taureau divin qui bondit sur les flots ondulés de l'Océan. Son voile et son chiton flottent agités par le vent. Dans chaque main elle tient une couronne et elle pose l'une d'elles sur la tête de l'animal. — Excellent travail de l'époque hellénistique ou du commencement de notre ère.

Agate-onyx à deux couches, cendrée et laiteuse (fond cendré).

Monture en or émaillé du XVIIIe siècle.

Haut. 42 mill.; larg. 45 mill., monture comprise.

Pl. I, fig. 8.

BIBL. — Marion du Mersan, *Histoire du Cabinet des Médailles* (1838), p. 107, nº 12; Chabouillet, *Catalogue*, nº 7; V. Duruy, *Histoire des Grecs*, t. II, p. 1.

9. **Jupiter Sérapis.** Tête barbue, avec de longs cheveux; elle est surmontée d'une torsade et d'un modius sans ornement. — Bon travail de l'époque romaine.

Ronde bosse. Agate cendrée.

Haut., 55 mill. Pl. II, fig. 9.

BIBL. — Chabouillet, *Catalogue*, nº 277.

10. **Jupiter Sérapis.** Tête barbue, avec de longs cheveux; elle est surmontée d'un modius dont le pourtour est orné de fleurons. — Travail médiocre de l'époque romaine.

Ronde bosse. Agate blanche.

Haut., 62 mill. Pl. II, fig. 10.

BIBL. — Chabouillet, *Catalogue*, nº 278; V. Duruy, *Histoire des Romains*, t. IV, p. 640.

II. JUNON ET HÉBÉ

11. **Junon d'Argos.** Buste de profil, à droite; la tête de la déesse est ceinte d'un haut stéphanos orné de fleurons; ses longs cheveux retombent sur ses épaules. Son buste est couvert du chiton et du péplum; à son cou, est suspendu un bijou (*bulla*) piriforme. — Travail remarquable de l'époque hellénistique.

Sardonyx à cinq couches, alternativement brunes et laiteuses (fond brun). Matière admirable; corniche au pourtour et tranche taillée en biseau.

Monture moderne en or émaillé.

Haut., 80 mill.; larg. 60 mill., monture comprise.

Pl. II, fig. 11.

Ce camée et le suivant (nº 12) rappellent, par leur type, la tête de Hera qui figure sur les beaux tétradrachmes d'Argos et de l'Élide, frappes au IVe siècle avant notre ère. Comme ces monnaies, nos camées qui datent, vraisemblablement, de l'époque hellénistique plutôt que du commencement de l'empire romain, traduisent plus ou moins exactement, le type de la statue que Polyclète avait exécutée, au Ve siècle, pour le fameux sanctuaire d'Argos. Pausanias dit que Hera avait la tête ceinte d'un stéphanos autour duquel étaient sculptées en bas-relief les Charites et les Heures [1]. Les fleurons qu'on voit ici sur la couronne remplacent ces petites figures que l'exiguïté des camées et des médailles n'aurait pas permis de graver.

Mme la vicomtesse de Perthuis possède une excellente copie de notre camée, exécutée sur une gemme qui a les mêmes nuances : cette belle œuvre moderne lui a été léguée par le duc de Cambacérès qui la tenait du baron Roger de Sivry.

BIBL. — Marion du Mersan, *Hist. du Cabinet des Médailles* (1838), p. 109, nº 34 (sous le nom de *Pallas*); Charles Lenormant, *Trésor de numism.*, *Nouv. galerie mytholog.*, p. 78, et pl. XI, nº 1; Chabouillet, *Catalogue*, nº 9; le même, dans la *Gazette archéologique*, t. XI, 1886, p. 174; V. Duruy, *Histoire des Grecs*, t. I, p. 209; Overbeck, *Kunstmythologie. Hera*, p. 107, et *Gemmentafel* I, fig. 1; E. Babelon, *La gravure en pierres fines*, p. 120, fig. 91; le même, art. *Gemmæ*, dans le *Dictionn. des Antiquités gr. et rom.* de Daremberg et Saglio, p. 1474, fig. 3510.

12. **Junon d'Argos.** Buste de profil, à gauche. Le stéphanos de la déesse est orné de fleurons; ses cheveux, dont l'extrémité est liée par un nœud, retombent sur ses épaules. A son cou elle porte un collier formé d'une rangée de *bullæ* triangulaires. Sur sa poitrine et ses épaules, le chiton et le péplum. — Excellent travail du commencement de notre ère.

Sardonyx à trois couches, brune, blanc de nuage et roussâtre (fond brun). Belle matière.

Monture en or émaillé, du XVIIIe siècle.

1. Pausanias, II, 17, 4.

Haut., 85 mill. ; larg. 69 mill., monture comprise.

Pl. II, fig. 12.

Voyez ci-dessus, la note du n° 11.

Bibl. — Marion du Mersan, *Hist. du Cabinet des Médailles* (1838), p. 109, n° 35 (sous le nom de Pallas); Ch. Lenormant, *Trésor de numism., Nouv. galerie mytholog.*, p. 81 et pl. XII, fig. 1; Chabouillet, *Catalogue*, n° 8; E. Babelon, *Le Cabinet des Antiques*, p. 57 et pl. XIX, fig. 1; Overbeck, *Kunstmythologie. Hera*, p. 167, et *Gemmentafel* I, fig. 2.

13. **Junon.** Buste diadémé, de profil, à droite. Les cheveux ondulés et dénoués retombent sur les épaules ; la poitrine est drapée et couverte de l'égide de Minerve.— Époque romaine ; bon travail ; petite cassure dans le champ, à gauche.

Sardonyx à deux couches, jaune-foncé et blanche.

Monture en or émaillé, du XVIe siècle.

Haut., 30 mill. ; larg., 23 mill., monture comprise.

Pl. II, fig. 13.

Bibl. — Chabouillet, *Catalogue*, n° 10; V. Duruy, *Histoire des Romains*, t. II, p. 426.

14. **Junon.** Tête diadémée et voilée, de face. — Époque romaine.

Améthyste. Fragment.

Haut., 18 mill. ; larg. 16 mill. Pl. II, fig. 14.

Bibl. — Chabouillet, *Catalogue*, n° 11.

15. **Junon.** Tête diadémée et voilée, de face. — Époque romaine.

Améthyste claire. Fragment.

Haut., 20 mill. ; larg., 15 mill.

Bibl. — Chabouillet, *Catalogue*, n° 12.

16. **Hébé.** Buste de profil, à droite. Les cheveux sont relevés autour de la tête et sur la nuque; la poitrine est drapée. — Ancien style grec.

Sardonyx à deux couches, brune et blanche.

Monture moderne en bague, tournant sur deux pivots.

Haut., 19 mill. ; larg., 15 mill. Pl. II, fig. 16.

Donné par le duc de Luynes, en 1862.

Bibl. — *Département des Médailles. Description sommaire des monu-*

ments exposés, 1867, p. 139, nº 2 ; V. Duruy, *Histoire des Grecs,* t. II, p. 89. — Comparez la tête en marbre publiée par R. Kékulé, *Hebe,* pl. I (1867).

III. MINERVE

17. **Minerve.** Buste de profil, à droite. La poitrine de la déesse est couverte de l'égide ornée de serpents et d'une tête de Méduse de face ; sur le timbre du casque, un griffon bondissant. Les paragnatides relevées forment visière au-dessus du front. Enfin, les cheveux de la déesse descendent sous le couvre-nuque et sont noués sur le dos. — Remarquable travail qui peut remonter à l'époque d'Alexandre.

Sardonyx à deux couches, jaune-brun translucide et blanche. Admirable matière.

Monture en or émaillé, du XVIIIe siècle.

Haut., 94 mill. ; larg., 85 mill., monture comprise.

Pl. III, fig. 17.

Ce camée est décrit dans l'Inventaire de 1664, sous le nº 251. Aussi bien par la matière que par le travail, il est un des plus beaux qu'on puisse voir. Le buste de la déesse paraît inspiré de la statue chryséléphantine d'Athéna, au Parthénon, consacrée, comme on le sait, dans l'été de l'an 438. Il s'écarte toutefois, par de nombreux détails, du buste qui figure sur l'intaille du musée de Vienne signée d'Aspasios, et qu'on regarde comme une des répliques les plus exactes de l'œuvre de Phidias. On remarquera en particulier la physionomie du visage qui reste gracieux et presque souriant, bien qu'empreint d'une mâle vigueur. Nous sommes donc vraisemblablement en présence d'une copie abrégée ou plutôt d'une imitation libre de la statue de Phidias, copie exécutée sur une matière digne du chef-d'œuvre du plus grand des sculpteurs de l'antiquité, par un des plus habiles graveurs en pierres fines de l'époque hellénistique, sinon pour un contemporain et un émule de Pyrgotèle.

Bibl. — Marion du Mersan, *Hist. du Cabinet des Médailles* (1838), p. 108, nº 24; Ch. Lenormant, *Trésor de numism., Nouv. galerie mythologique,* p. 116 et pl. XXVI, fig. 11 ; Chabouillet, *Catalogue,* nº 26; E. Babelon, *Le Cabinet des Antiques,* p. 216 et pl. LVIII, fig. 4; V. Duruy, *Histoire des Grecs,* t. I, p. 211 ; *Dictionn. des anti-*

quités gr. et rom. de Daremberg et Saglio, v. *Galea*, p. 1443, fig. 3449; E. Babelon, *La gravure en pierres fines*, p. 121.

18. **Minerve.** Buste de profil, à droite. Le casque de la déesse est orné d'une roue, symbole de Némésis, et le cimier est supporté par une rangée de sphinx accroupis. Les oreilles sont ornées de pendants. — Bon travail de l'époque romaine.

La partie postérieure de la tête et la draperie du buste sont de restauration moderne.

Sardonyx à trois couches : brune, blanche et roux-foncé (fond brun).

Monture moderne en or émaillé.

Haut., 40 mill.; larg., 29 mill., monture comprise.

Pl. III, fig. 18.

Ce buste est inspiré de la tête d'Athéna qui figure sur les tétradrachmes athéniens dits du nouveau style.

Bibl. — Marion du Mersan, *Hist. du Cabinet des Médailles* (1838), p. 108, nº 26; Ch. Lenormant, *Trésor de numismatique, Nouv. galerie mytholog.*, p. 118 et pl. XXVIII, fig. 14; Chabouillet, *Catalogue*, nº 31; V. Duruy, *Histoire des Grecs*, t. III, p. 378. — Comparez un camée presque semblable, dans le *Trésor de numism., Nouv. gal. mytholog.*, pl. XXIV, fig. 13.

19. **Minerve.** Buste de profil, à droite. Le casque de la déesse est orné d'un griffon et d'une tête de lion; les paragnathides sont relevées; l'égide couvre la poitrine. — Époque romaine.

Sardonyx à trois couches : brune, blanche et roussâtre (fond brun).

Monture moderne en or émaillé, avec bélière de suspension.

Haut., 40 mill.; larg., 34 mill, monture comprise.

Pl. III, fig. 19.

Bibl. — Chabouillet, *Catalogue*, nº 28.

20. **Minerve.** Buste de profil, à gauche. La poitrine de la déesse est couverte de l'égide; son casque est surmonté d'une épaisse crinière; mais le timbre en a été retouché à l'époque de la Renaissance : on l'a transformé en cheveux ondulés retenus par un double bandeau.

Sardonyx à trois couches : brune, azurée et brune.

Haut., 27 mill.; larg., 22 mill. Pl. III, fig. 20.

La Minerve du camée nº 27 a, comme celle-ci, un casque dénaturé par un graveur moderne; voyez aussi la même singularité sur un camée de la collection de Florence (*Trés. de numism.*, *Nouv. galerie mytholog.*, pl. XX, nº 14 et p. 109).

BIBL. — Marion du Mersan, *Hist. du Cabinet des Médailles* (1838), p. 109, nº 32; Chabouillet, *Catalogue,* nº 34.

21. **Minerve.** Buste de profil, à gauche. Le casque de la déesse est sans autre ornement que l'aigrette; ses cheveux sont courts et frisés; sa poitrine est couverte de l'égide entourée de serpents. — Époque romaine.

Sardonyx à trois couches : brune, blanche et roux-foncé (fond brun).

Monture moderne en or émaillé.

Haut., 29 mill.; larg., 25 mill., monture comprise.

Pl. III, fig. 21.

BIBL. — Chabouillet, *Catalogue,* nº 33.

22. **Minerve.** Buste de profil, à gauche. Le casque de la déesse est orné de simples enroulements et l'aigrette en est très courte. Ses cheveux retombent sur le cou, et sa poitrine est couverte de l'égide.

Buste en haut relief plat; au pourtour, une corniche ovale dont le bord est rehaussé par un chapelet de perles rondes et ovoïdes. Tranche en biseau. — Époque romaine.

Au revers de cette gemme, un artiste contemporain de Henri IV, a gravé le portrait de ce prince en relief, d'après un tableau de François Porbus, le Jeune, qui est au musée du Louvre. Le roi est debout, couvert de son armure et s'appuyant de la main droite sur un bâton; son casque est à ses pieds et l'un de ses gantelets est posé devant lui sur une table. Au pourtour et au second plan, une riche draperie.

Sardonyx à trois couches : brune, blonde et brune (fond brun).

Haut., 99 mill.; larg., 70 mill.

Pl. IV, fig. 22 (Minerve) et pl. LXXIII, fig. 22 (Henri IV).

BIBL. — T. Dumersan, *Notice des monumens exposés dans le Cab. des Méd.*, éd. de 1819, p. 28; Marion du Mersan, *Hist. du Cabinet des Médailles*, p. 108, nº 30; Chabouillet, *Catalogue,* nº 32.

23. **Minerve.** Buste de profil, à gauche. La déesse est coiffée d'un casque corinthien muni d'une haute *crista;* ses cheveux tressés retombent sur le cou; sa poitrine est couverte d'une draperie nouée sur l'épaule gauche. Au pourtour, une corniche ovale, avec tranche en biseau. — Époque romaine.

Sardonyx translucide, à trois couches : brun-clair, azurée et chamois (fond brun-clair).

Monture en or émaillé, du XVIIIe siècle.

Haut., 88 mill. ; larg., 70 mill. Pl. IV, fig. 23.

BIBL. —Marion du Mersan, *Hist. du Cabinet des Médailles* (1838), p. 108, n° 25; Chabouillet, *Catalogue,* n° 30.

24. **Minerve.** Buste à droite. La déesse est coiffée d'un casque corinthien et ses cheveux tressés retombent sur son cou. Sa poitrine est couverte d'une draperie nouée sur l'épaule droite. Au pourtour, une corniche ovale avec tranche en biseau. — Epoque romaine.

Sardonyx à deux couches : brune et azurée (fond brun).

Jolie monture du XVIe siècle en or émaillé, avec bélière de suspension; manque la pendeloque du bas. — Pend-à-col.

Haut., 45 mill. ; larg., 28 mill., monture comprise.

Pl. III, fig. 24.

BIBL. — Chabouillet, *Catalogue,* n° 27; Eug. Fontenay, *Les bijoux anciens et modernes,* p. 196.

25. **Minerve.** Tête de profil, à droite, coiffée d'un casque corinthien, orné d'un Pégase galopant.

Sardonyx à deux couches : brune et blanche; la tête se détache du fond sur lequel elle a été simplement appliquée à la colle par un restaurateur moderne.

Haut., 17 mill.; larg., 15 mill. Pl. III, fig. 25.

BIBL. — Chabouillet, *Catalogue,* n° 29.

26. **Minerve.** La déesse est debout, de profil, à gauche, coiffée d'un casque corinthien (mutilé) ; elle est vêtue d'un double chiton serré à la taille par une ceinture, et sa poitrine est couverte de l'égide. Elle appuie la main gauche sur sa hanche ; la main droite levée reposait sur une lance dont il

ne reste qu'un fragment. Le bras droit, cassé, a été recollé; les pieds manquent.

Figure d'applique à relief plat. Travail romain.

Agate blonde, avec taches rougeâtres et brunes.

Haut., 120 mill.; larg., 55 mill.

BIBL. — Chabouillet, *Catalogue*, n° 35.

27. **La dispute d'Athéna et de Poseidon, pour la fondation d'Athènes.** Les deux champions, debout en face l'un de l'autre, sont séparés par un arbre. Poseidon est nu, la chlamyde sur le dos, le pied gauche posé sur un rocher; il s'appuie de la main droite sur son trident; dans la main gauche, il tient un fruit qu'il présente à Athéna. La déesse est coiffée d'un casque à haute *crista;* vêtue d'un chiton talaire et d'un ample péplum, elle regarde à terre, indiquant du doigt le sol d'où elle vient de faire surgir l'olivier. Au pied de l'arbre, le serpent Erichthonios, un cep de vigne et un chevreau qui se dresse sur ses pattes de derrière. Des sarments de vigne sur lesquels sont perchés deux oiseaux, sont enchevêtrés dans les branches de l'arbre. A l'exergue, enfin, divers animaux : deux chevaux et deux lions séparés par un taureau vu de face.

Le bord de la gemme est taillé en biseau, et sur la tranche on lit en caractères hébraïques assez mal formés le commencement du sixième verset du chapitre III de la Genèse :

ותרא האשה כי טוב העץ למאכל וכי תאוה הוא לעינים ונחמד העץ

« Et la femme considéra que le fruit de l'arbre était bon à manger, qu'il était agréable à la vue, qu'il était appétissant. »

Cette inscription, gravée à l'époque de la Renaissance, nous apprend qu'on eut alors l'idée de considérer le camée comme représentant Adam et Ève dans le Paradis terrestre, en dépit du costume et des attributs des deux personnages.

Sardonyx à trois couches : brune, bleuâtre et rousse (fond brun).

Monture en or émaillé, du XVIIe siècle.

Haut., 95 mill. ; larg., 78 mill., monture comprise.

Pl. V, fig. 27.

Le célèbre épisode mythologique de la dispute d'Athéna et de Poseidon pour la possession de l'Attique et le droit de donner son nom à la capitale du royaume de Cécrops, a été exploité dans toutes les branches de l'art antique. On sait que les dieux décernèrent la victoire à Athéna qui, d'un coup de sa lance, avait fait naître l'olivier, symbole de la paix, tandis que Poseidon avait fait sourdre une source d'eau salée et créé le cheval en frappant le rocher de son trident [1]. Nous pouvons citer plusieurs camées inspirés de cette légende : l'un est au musée de Naples et a fait partie de la collection de Laurent de Médicis [2]; le second, de travail barbare, se trouve dans la collection d'un amateur russe, le prince Gagarine [3]; le troisième enfin, de beaucoup le plus remarquable, est celui-ci (voy. aussi, ci-après, une imitation de la Renaissance, n° 462).

Notre camée est non moins intéressant par son histoire que par le sujet représente. En effet, nous le trouvons mentionné dès l'année 1379, dans l'Inventaire du mobilier du roi Charles V, en ces termes : « Item, un cadran d'or, où il a ung grant camahieu, ouquel il a ung homme, une femme et ung arbre ou mylieu, et aux coins dudit cadran, a, par embas, ung saphir et ung balay, chascun environné de trois perles, et deux perles à l'un des costez, pesant quatre onces cinq estellins [4]. »

Le camée quitta la collection royale à une époque que nous ne connaissons point, peut-être au milieu des malheurs de la guerre de Cent Ans, sous Charles VI ; c'est sans doute à la faveur de cet exil prolongé qu'il fut dépouillé de son ancienne monture et qu'il subit les retouches nécessaires pour en transformer la représentation en une scène biblique. L'inscription hébraïque que nous avons transcrite n'est pas la seule modification qu'on ait fait subir à cette belle gemme. Le trident de Poseidon, devenu absurde dans la main du Père du genre humain, a disparu ; on n'en a laissé qu'un tronçon dans la main droite du dieu, tandis que, primitivement, la hampe venait s'appuyer sur le sol. Les plis de la chlamyde ont été regraves;

1. Sur les représentations de la Dispute d'Athéna et de Poseidon, voir surtout : Beulé, *Monnaies d'Athènes*, p. 393 ; L. Stephani dans les *Comptes rendus de la commission impériale de Saint-Pétersbourg*, pour 1872 (publiés en 1875), pp. 64 et suiv. ; J. de Witte, dans les *Monuments grecs publiés par l'Association des Études grecques*, 1875, n° 4.

2. Raspe, *Catalogue de Tassie*, pl. XXVI, n° 1768.

3. L. Stephani, *op. cit.*, p. 122 ; Ch. de Linas, *Les origines de l'orfèvrerie cloisonnée*, t. II, p. 319.

4. J. Labarte, *Inventaire du mobilier de Charles V, roi de France*, p. 308.

Poseidon tient de la main gauche un objet rond que le graveur moderne a voulu, sans doute, être une pomme, pour se conformer au verset biblique, mais qui n'a pas de sens d'après la donnée de la fable antique. Si l'on observe attentivement l'ensemble du bloc sur lequel le dieu de la mer pose le pied gauche, y compris le cep de vigne et le chevreau, on y reconnaîtra le galbe d'une proue de navire, qu'on a ainsi ridiculement travestie. Athéna tenait certainement sa lance avec laquelle elle a fait germer l'olivier : l'arme a disparu. Le casque de la déesse a été aussi modifié, ou plutôt on a essayé de le faire complètement disparaître, étant donné qu'on voulait représenter la Mère de l'humanité dans le Paradis terrestre. L'artiste a transformé le bassin du casque en bandelettes qui retiennent les cheveux, tandis que le cimier est devenu une touffe de cheveux relevés. Mais cette dernière modification, que nous avons constatée identique sur un autre de nos camées (ci-dessus, n° 20), n'a été que très imparfaitement exécutée; elle nous laisse deviner la forme complète de l'ancien casque, qu'il est aisé de reconstituer par la pensée. Le métamorphose de l'olivier n'a pas été moins radicale : on en a fait un pommier dont le feuillage à fines dentelures est caractéristique. La chouette qui devait être perchée sur l'arbre d'Athéna, a disparu pour faire place à des branches de vigne et à deux oiseaux. Les animaux de l'exergue qui représentent ceux de l'Éden, sont certainement aussi dus à l'habile retoucheur du XVe ou du XVIe siècle.

Toutes ces modifications, en dénaturant l'œuvre antique, ont pu faire croire à Kœhler que le camée était moderne[1] : son style et sa présence dans l'*Inventaire* du roi Charles V ne permettent pas de s'arrêter à cette hypothèse.

Vers 1685, notre camée rentra dans la collection royale. C'est Oudinet qui nous l'apprend, en le signalant, en 1705, à l'Académie des Inscriptions, comme un des plus beaux camées du Roi[2]. Il ajoute que Louis XIV le possédait depuis vingt ans seulement, et qu'auparavant il était conservé dans une des plus anciennes églises de France, qu'il ne nomme point, et où l'on croyait y reconnaître Adam et Ève entourés des animaux du Paradis.

BIBL. — Oudinet, dans l'*Histoire de l'Académie royale des Inscriptions et Belles-lettres*, t. I, 1717, pp. 273 à 275; T. Dumersan, *Notice des monumens exposés dans le Cab. des Méd.*, édit. de 1819, p. 28; édit. de 1828, p. 25; Marion du Mersan, *Hist. du Cabinet des Médailles* (1838), p. 109, n° 36; Ch. Lenormant, *Trésor de numismatique. Nouv. galerie*

1. H. K. E. Kœhler, *Gesammelte Schriften*, t. III, p. 102 (Saint-Pétersbourg, 1851, in-8°).
2. L'analyse de la dissertation d'Oudinet a été publiée seulement en 1717, dans le tome Ier de l'*Histoire* de cette Académie, pp. 273 et suiv.

mytholog., p. 146 et pl. LII, n° 1; Koehler, *Gesammelte Schriften*, t. III, p. 102; Chabouillet, *Catalogue*, n° 36; V. Duruy, *Histoire des Grecs*, t. I, p. 363; le même, *Histoire des Romains*, t. V, p. 734; Chabouillet, dans la *Gazette archéologique*, t. XI, 1886, pp. 174 et suiv.; E. Babelon, *Le Cabinet des Antiques*, pp. 79 à 81 et pl. XXVI, n° 1; le même, *La Gravure en pierres fines*, p. 267, fig. 186.

28. **Minerve.** Tête casquée, de profil, à droite. Sur le devant du casque, les quatre chevaux d'un quadrige, au galop. Les paragnatides sont relevées sur les tempes et ornées de la tête radiée du Soleil de face; au dessus, sur le timbre, Pégase, au galop; enfin, sur la nuque, un groupe représentant un héros nu (Bellerophon?) sur un cheval (Pégase?) qui l'emporte au galop; le cavalier tient un *acrostolium* de la main gauche tendue en avant.

Fragment. Époque romaine; excellent style.

Pâte de verre, imitant un camée à deux couches, blanche et brune.

Haut., 32 mill.; larg., 43 mill. Pl. IV, fig. 28.

Donné au Roi par Caylus en 1762.

Bibl. — Caylus, *Recueil d'antiquités*, t. V, p. 137 et pl. LI, fig. 1 et 2; Marion du Mersan, *Hist. du Cabinet des Médailles* (1838), p. 108, n° 31; Ch. Lenormant, *Trésor de numismatique. Nouv. galerie mytholog.*, p. 111 et pl. XXII, fig. 1; Chabouillet, *Catalogue*, n° 3353 (sous le nom de *Minerve-Scylla*).

29. **Minerve.** Tête casquée, de profil, à droite. Ébauche.

Sardoine blonde.

Monture en cuivre avec bélière.

Haut., 28 mill.; larg., 21 mill. Pl. IV, fig. 29.

La barbarie du travail pourrait autoriser à placer cette gemme à l'époque mérovingienne.

30. **Minerve.** Buste de profil, à droite. Ébauche.

Sardoine à deux couches: cendrée et blanche.

Haut., 25 mill.; larg., 20 mill. Pl. IV, fig. 30.

La barbarie du travail pourrait autoriser à placer cette gemme à l'époque mérovingienne.

IV. DIANE

31. **Diane.** Buste de profil, à droite, avec l'arc et le carquois sur l'épaule. Les cheveux, tressés sur les tempes, sont relevés et noués au sommet de la tête, et des mèches retombent sur les épaules; la poitrine est couverte du péplum; les bras sont nus.

Sardonyx à deux couches : brun-rougeâtre et blanc d'ivoire.

Belle monture en or émaillé, du XVIIIe siècle.

Haut., 67 mill. ; larg., 48 mill., monture comprise.

Pl. V, fig. 31.

Si ce camée est antique, comme on l'a toujours admis jusqu'ici, la gravure en a été retouchée à l'époque de la Renaissance. Il est décrit dans l'Inventaire de 1664, sous le nº 237.

BIBL. — Marion du Mersan, *Hist. du Cabinet des Médailles*, p. 108, nº 22; Ch. Lenormant, *Trésor de numism.*, *Nouv. galerie mytholog.*, p. 143 et pl. XLIX, fig. 1; Chabouillet, *Catalogue*, nº 19 — Comparez un camée avec sujet analogue au musée de Vienne (Arneth, *Die antiken Cameen*,, pl. XIIII, fig. 4).

32. **Diane.** Buste de profil, à droite, avec l'arc et le carquois sur l'épaule. Les cheveux, tressés sur les tempes, sont relevés et noués au sommet de la tête; l'épaule droite est nue; une draperie nouée sur l'épaule gauche, couvre la poitrine. — Époque romaine.

Sardonyx à trois couches : brun-foncé, azurée et roux-fauve (fond brun).

Monture moderne en or émaillé.

Haut., 40 mill. ; larg., 30 mill., monture comprise.

Pl. IV, fig. 32.

BIBL. — Marion du Mersan, *Hist. du Cabinet des Médailles* (1838), p. 108, nº 21; Chabouillet, *Catalogue*, nº 20.

33. **Diane.** Buste de profil, à droite. Les cheveux, tressés sur les

tempes, sont relevés au sommet de la tête. La poitrine est couverte d'un péplum noué sur l'épaule droite. On reconnaît sur la draperie de légères traces de dorure. — Époque romaine.

Sardonyx à deux couches : brun-clair et blanche.

Élégante monture de la Renaissance, en or émaillé, avec bélière. — Pend-à-col.

Haut., 33 mill. ; larg., 25 mill., monture comprise.

Pl. V, fig. 33.

Bibl. — Chabouillet, *Catalogue*, n° 21.

34. **Diane.** Buste de profil, à droite. Les cheveux frisés sont retenus par un bandeau et arrangés en torsade autour de la tête. Le torse de la déesse, vu de dos, est couvert d'une draperie nouée sur l'épaule gauche ; le bras droit est nu. — Époque romaine.

Sardonyx à deux couches : bleu-foncé et blanc-azuré.

Monture moderne en or.

Haut., 26 mill. ; larg., 20 mill. Pl. V, fig. 34.

Bibl. — Ch. Lenormant, *Trésor de numism., Nouv. galerie mytholog.*, p. 143 et pl. XLIX, fig. 2 ; Chabouillet, *Catalogue*, n° 22.

35. **Diane.** Buste de profil, à gauche, avec l'arc et le carquois sur l'épaule. Les cheveux, nattés sur les tempes, sont relevés et noués au sommet de la tête ; la poitrine est drapée. — Époque romaine.

Sardonyx à trois couches : brun-clair, blanche et brun-foncé (fond brun, translucide).

Haut., 20 mill. ; larg., 16 mill. Pl. V, fig. 35.

Bibl. — Chabouillet, *Catalogue*, n° 23.

36. **Diane-Panthée.** Buste de profil, à gauche. La déesse est diadémée et son front est surmonté d'un croissant. Une peau de chèvre lui couvre la tête et le cou, comme dans les représentations de Junon Sospita ou Caprotina ; ses épaules sont munies de petites ailes, et, sur son dos, on voit un carquois rempli de flèches ; elle porte l'un de ses doigts à ses lèvres,

suivant le geste familier d'Harpocrate [1]. — Époque romaine; travail médiocre.

Sardonyx à trois couches : brun-roux, azurée et brune (fond brun, translucide).

Haut., 37 mill.; larg., 25 mill. Pl. V, fig. 36.

M. F. de Mély a reconnu que ce camée figurait au nombre de ceux qui furent enlevés, en 1793, à la châsse de la Chemise de la Vierge, conservée dans le trésor de la cathédrale de Chartres. Dans l'Inventaire dont nous avons reproduit ci-dessus la teneur (voy. notre *Introduction*), il est désigné ainsi : « 5. Une agathe de 15 lignes de haut, représentant un *Cupidon* (une *Diane*, selon une correction de l'abbé Barthélemy). » L'identification proposée par M. de Mély nous paraît confirmée par l'hésitation dans la désignation de la figure que les uns ont prise pour une Diane à cause du croissant, et d'autres pour un Cupidon à cause des ailes. D'ailleurs, aucun autre camée de la collection nationale ne peut, mieux que celui-ci, se rapporter à la mention trop laconique de l'Inventaire.

Bibl. — Chabouillet, *Catalogue*, n° 25; F. de Mély, *Le Trésor de Chartres*, pl. IX; E. Babelon, *Le Cabinet des Antiques*, p. 82, vignette.

37. **Diane ou l'Aurore dans son char.** Les deux chevaux sont lancés au galop, à droite; la déesse dirige leur course en tenant les rênes des deux mains; son voile (*ampechonium*), gonflé par le vent, forme comme un nimbe autour de sa tête. Elle est vêtue du double chiton qui laisse les bras nus. — Excellent style grec.

Sardonyx à deux couches : blanche et roux foncé.

Monture en or émaillé, du XVIIIe siècle.

Haut., 43 mill.; larg., 54 mill., monture comprise.

Pl. VI, fig. 37.

Bibl. — Marion du Mersan, *Hist. du Cabinet des Médailles*, p. 108, n° 23; Ch. Lenormant, *Trésor de numism., Nouv. galerie mytholog.*, p. 142 et pl. XLVIII, fig. 3; Chabouillet, *Catalogue*, n° 24; V. Duruy, *Hist. des Romains*, t. I, p. 507.

38. **Diane ou l'Aurore dans son char.** Les deux chevaux sont lancés au galop, à droite; la déesse les dirige en tenant les rênes des deux mains; son voile, gonflé par le vent, forme

1. G. Lafaye, *Les divinités d'Alexandrie*, p. 259.

comme un nimbe autour de sa tête. Une draperie couvre ses jambes, mais ses bras et son torse sont nus. — Excellent style grec.

Sardonyx à trois couches : brune, azurée et blonde.

Monture moderne en or.

Haut., 23 mill. ; larg., 28 mill., monture comprise.

Pl. V, fig. 38.

Donné par le duc de Luynes, en 1862.

BIBL. — *Département des Médailles. Description sommaire des monuments exposés*, 1867, p. 139, n° 5.

Le sujet de ce camée est analogue au précédent (n° 37) ; on en connaît encore un certain nombre d'autres, mais leur authenticité n'est pas toujours garantie. Citons particulièrement : un camée de l'ancienne collection Louis d'Orléans, aujourd'hui au musée de l'Ermitage [1], et deux camées de l'ancienne collection Louis Fould, dont l'un appartient aujourd'hui à M. le baron Roger de Sivry [2]. Au XVIe siècle, il y en avait un, avec le même sujet, dans la collection du roi de Hongrie, Mathias Corvin; les collections Marlborough, Bolton, Crignon de Montigny, renfermaient aussi des camées avec le bige de l'Aurore [3].

V. APOLLON

39. **Apollon lyricine.** Il est debout, de face, à demi-nu, les jambes enveloppées dans sa chlamyde. Il lève le bras droit au-dessus de sa tête et il paraît tenir à la main le *plectrum;* de la main gauche, il maintient contre son épaule une lyre posée sur un cippe qui affecte la forme d'une caryatide; celle-ci, sans doute une Muse ou l'une des Parques, est debout, levant le

1. La Chau et Le Blond, *Pierres gravées d'Orléans*, t. I, pl. 44; Milioti, *Descript. d'une collect. de pierres gravées qui se trouvent dans le Cabinet impérial de Saint-Pétersbourg* (Vienne, 1803), p. 92; S. Reinach, *Pierres gravées*, p. 137 et pl. 125, n° 44.

2. Chabouillet, *Catalogue de la collection Louis Fould*, nos 904 et 905.

3. Story-Maskelyne, *The Marlborough gems*, n° 271 et pl. II, fig. 48 et 49; S. Reinach, *Pierres gravées*, p. 120 et pl. 117, nos 48 et 49; C. W. King, *Antique gems*, t. II, pl. 26, fig. 7; W. Frœhner, *Catalogue de la collection Crignon de Montigny*, préf., p. XI, et n° 614, pl. 5.

bras gauche pour soutenir la lyre sur sa tête. Le dieu pose le pied gauche sur le socle qui sert de base à la caryatide. — Le bras droit d'Apollon est légèrement endommagé ; le visage a été usé par un frottement prolongé. Excellent style grec.

Sardonyx à deux couches : jaune-brun et blanc d'ivoire.

Au pourtour, un petit cercle d'or.

Haut., 31 mill. ; larg., 29 mill. Pl. V, fig. 39.

Donné au Roi, par Caylus, en 1762.

Bibl. — Caylus, *Recueil d'antiquités*, t. V, p. 157 et pl. LVI, fig. 1 ; T. Dumersan, *Notice des monumens exposés dans le Cabinet des Médailles*, p. 26 (éd. de 1828) ; Marion du Mersan, *Hist. du Cabinet des Médailles*, p. 107, n° 14 (éd. de 1838) ; Ch. Lenormant, *Trésor de numism., Nouv. galerie mytholog.*, p. 140 et pl. XLVI, n° 9 ; Chabouillet, *Catalogue*, n° 15. — Le même sujet est figuré sur une peinture murale de Pompéi (W. Helbig, *Wandgemælde Campaniens*, n° 181). Comparez également de nombreuses intailles, les unes antiques, les autres modernes : Eckhel, *Choix des pierres gravées de la coll. imp. de Vienne*, pl. 17 ; Sacken et Kenner, *Die Sammlungen des K. K. Münz und Antiken Cabinettes*, p. 434, n° 322 ; S. Reinach, *Pierres gravées*, p. 6 et pl. 3, n° 17 ; Rossi et Maffei, *Gemme ant. figur.*, t. II, pl. 45 ; Lippert, *Dactyliotheka*, scrin. I, pl. I, n° 57 ; Gori, *Museum Florentinum*, t. I, pl. 66, nos 3 et 5 ; King, *Antique gems*, t. II, pl. XV, fig. 3 ; Müller et Wieseler, *Denkmæler der Altenkunst*, t. II, p. 89 et pl. XI, fig. 129 ; Overbeck, *Kunstmythologie. Apollon*, p. 318, et *Gemmentafel*, nos 16 et 17.

40. **Apollon et Marsyas.** Apollon à demi nu, debout de face, les cheveux retombant sur les épaules, a pour tout vêtement une chlamyde qui lui couvre seulement une partie des jambes ; de la main droite baissée il tient le *plectrum*, et de la main gauche, il maintient sa lyre appuyée contre sa poitrine. A ses pieds, le jeune Olympus, nu, agenouillé, les bras levés dans une attitude suppliante, implore la grâce de son maître Marsyas. L'imprudent Satyre qui a osé disputer à Apollon le prix de la musique, est entièrement nu, assis sur une peau de lion ; ses traits expriment la douleur ; ses mains sont liées par derrière à un arbre mort. Entre ses jambes, est posée sa syrinx. — Excellent travail de l'époque hellénistique ou romaine.

Sardonyx à deux couches : cendrée et blanche.

Monture en or émaillé, de la Renaissance.

Haut., 30 mill., larg., 25 mill. Pl. VI, fig. 40.

BIBL. — Marion du Mersan, *Hist. du Cabinet des Médailles* (1838), p. 108, n° 16; Chabouillet, *Catalogue*, n° 13 (voy. la note du camée suivant, n° 41).

41. **Apollon et Marsyas.** Apollon à demi-nu, debout, de face, les cheveux retombant sur les épaules, a pour tout vêtement une chlamyde qui lui couvre seulement une partie des jambes; de la main droite baissée il tient le *plectrum*, et de la main gauche il maintient sa lyre appuyée contre sa poitrine. A ses pieds, le jeune Olympus nu, agenouillé, les bras levés dans une attitude suppliante, implore la grâce de son maître Marsyas. Ce dernier est entièrement nu, assis sur une peau de lion ; ses traits expriment la douleur ; ses pieds sont chargés de chaînes et il a les mains liées par derrière à un arbre mort. A son côté est posée sa double flûte.

Sardonyx à deux couches : brun-clair et blanc-jaunâtre.

Monture en or émaillé, de la Renaissance.

L'authenticité de ce camée est douteuse; il faut peut-être l'attribuer au XVIe siècle.

Haut., 57 mill. ; larg., 49 mill., avec la monture.

Pl. VI, fig. 41.

BIBL. — Marion du Mersan, *Hist. du Cabinet des Médailles* (1838), p. 108, n° 15; Ch. Lenormant, *Trésor de numism.*, *Nouv. galerie mytholog.*, p. 140 et pl. XLVI, fig. 8; Chabouillet, *Catalogue*, n° 14; V. Duruy, *Hist. des Grecs*, t. I, p. 610.

Le sujet des deux camées précédents (n°s 40 et 41) a été fréquemment traité, en camée et en intaille, dans l'antiquité et surtout à l'époque de la Renaissance italienne. La plus célèbre, parmi les gemmes antiques, est une intaille sur cornaline, qui a appartenu à Jean de Médicis et qui est déjà signalée au commencement du XVe siècle[1]. Plus tard, Laurent de Médicis y fit graver, dans le champ, ses initiales, LAVR. MED., comme sur un grand nombre d'autres gemmes de sa collection. Les auteurs modernes ont confondu souvent les unes avec les autres, ces pierres qui se ressemblent et qui ont successivement appartenu à de nombreux amateurs. On peut consulter à leur sujet

[1] Eug. Müntz, dans la *Revue archéologique*. t. I de 1879, p. 50.

les ouvrages suivants : Mariette, *Traité des pierres gravées*, t. I, p. 13, et t. II, pl. XIII; Raspe, *Catal. de Tassie*, nos 3014 et 3015; Lippert, *Dactyliotheca*, scrin. I, n° 189; *Museum Odescalchum*, t. II, pl. 2 (Rome, 1751, in-folio); Gori, *Museum florent.*, t. I, pl. 66, fig. 9; La Chau et Le Blond, *Pierres gravées d'Orléans*, t. I, pl. 48; Visconti, *Museo Pio-Clement.*, t. V, p. 27 (éd. in-8°); Ch. Lenormant, *Trés. de numism.*, *Nouv. galerie mytholog.*, pl. XLVI, fig. 7; Müller et Wieseler, *Denkmæler*, t. II, n° 151 et pl. XIV; Chabouillet, *Catalogue*, n° 2299 (intaille avec LAVR. MED); Overbeck, *Kunstmythol.*, *Apollon*, p. 473, et *Gemmentafel*, fig. 36; British Museum, *Catal. of engraved Gems*, n° 728; Eug. Müntz, *Les Précurseurs de la Renaissance*, p. 192 et pl., n° 7; le même, *Les Collections des Médicis*, p. 69; le même, *Les arts à la cour des papes*, t. II, p. 157; S. Reinach, *Pierres gravées*, pp. 35, 93 et 138; Heiss, *Les médailleurs de la Renaissance. Venise et les Vénitiens*, p. 109; E. Molinier, *Les Plaquettes*, t. I, pp. 2 et suiv.

VI. VÉNUS, L'AMOUR ET LEUR CORTÈGE

42. **Vénus se regardant dans un miroir.** La déesse est debout, nue, les cheveux retenus par un bandeau; de la main droite levée elle présente devant son visage un miroir dont le poli est figuré par un rubis entouré d'un cercle d'or; du bras gauche elle s'accoude sur une colonnette torse. Une légère draperie est enroulée autour des bras et des jambes. Aux pieds de la déesse, une vasque (*labrum*) sur le bord de laquelle sont posées deux colombes. Le nez de la déesse est mutilé. — Travail romain. Le rubis qui forme le miroir paraît avoir été enchâssé seulement au moyen âge.

Sardonyx à deux couches : brune et blanche.

Haut., 92 mill. ; larg., 73 mill. Pl. VI, fig. 42.

Jusqu'à la fin du XVIIe siècle, ce camée fut l'un des principaux ornements du reliquaire en vermeil que le roi René, duc de Lorraine, et sa seconde femme, Jeanne de Laval, avaient offerts en 1471 à l'église de Saint-Nicolas-de-Port, près Nancy. Ce reliquaire, qui avait la forme d'un grand bras, debout sur une base, était décoré, sur son pourtour, d'un certain nombre de camées, les uns antiques, les autres du XVe siècle, enchâssés dans le métal. Dans la patente du roi René, datée du 14 novembre 1475, qui contient la description de ce reliquaire, nous relevons le passage suivant: « En la manche duquel bras, dehors et dedans, il y a deux grands camaheux, et sur le dedans trois autres moyens camaheux, et les armes dudit seigneur Roy et de la Royne en quatre lieux, et au dehors de la manche deux autres camaheux moyens et quatre petits [1]. »

L'inventaire du Trésor de l'église de Saint-Nicolas, de l'année 1584, s'exprime ainsi : « Le dit bras enrichi de plusieurs pierreries, sçavoir, deux grandes agathes, une grande figure au devant tenant un petit rubis en main, et l'autre figure un Jupiter assis [2]... »

C'est notre camée qui est désigné par cette mention laconique : « Une grande figure tenant un petit rubis en main. » On n'en saurait douter, car Dom Calmet précise en ces termes la description du reliquaire de Saint-Nicolas-de-Port : « Entre autres pierres précieuses dont le bras était orné, on voyait une Venus fort bien faite, gravée sur une agathe que le peuple baisoit avec respect, croyant baiser la figure de la sainte Vierge ; on la détacha, il y a quelques années, et on mit en sa place un saint Nicolas en émail ; la Vénus fut envoyée au roi Louis XIV [3]. » Ainsi, comme Dom Calmet écrivait vers 1728, notre camée fut donc détaché du reliquaire de Saint-Nicolas-de-Port, dans les premieres années du XVIIIe siècle et il entra alors dans le Cabinet du Roi, à cause de son caractère profane.

Quant au reliquaire, il fut détruit par ordre de la Convention en 1792. Les autres camées qui avaient jusque-là continué à le décorer, après avoir été déposés au Musée de la ville de Nancy, ont tous disparu, à l'exception du plus beau d'entre eux, qui représente l'Apothéose d'Hadrien, et qu'on peut voir aujourd'hui à la Bibliothèque de Nancy. Le saint Nicolas en émail qui remplaça notre Vénus a aussi été préservé de la destruction, et il est encore actuellement dans le trésor de l'église de Saint-Nicolas-de-Port. Sa préservation est due à cette circonstance, qu'un certain nombre d'années avant la Révolution on l'avait enlevé à son tour de son alvéole, pour laisser vide la place qu'il occupait ; à cette place, sorte de lucarne ovale, de la dimension de notre camée, on avait disposé un ostensoir renfermant un doigt de saint Nicolas, le patron de l'église.

Tous ces détails nous sont révélés par un Mémoire qu'un érudit lorrain, Mory d'Elvange, mort sur l'échafaud en 1793, avait rédigé sur le reliquaire de Saint-Nicolas-de-Port, au moment de sa destruction,

1. Bretagne, dans les *Mémoires de la Société d'archéologie lorraine*, 3e série, t. I, 1873, p. 355.

2. Aug. Digot, dans les *Mémoires de la Société de Stanislas*, année 1849, p. 8 ; Bretagne, *op cit.*, p. 355.

3. Dom Calmet, *Notice de Lorraine*, t. II, p. 147 ; Bretagne, *op. cit.*, pp. 355-356.

et dont il eut le courage de donner lecture à l'Académie de Stanislas, à Nancy, dans les séances des 4 et 18 décembre 1792 [1].

BIBL. — T. Dumersan, *Notice des monumens exposés dans le Cabinet des Médailles* (1819), p. 37; Marion du Mersan, *Hist. du Cabinet des Médailles* (1838), p. 110, n° 46; Chabouillet, *Catalogue*, n° 38; le même, dans la *Gazette archéologique*, t. XI, 1886, pp. 172-173; Bretagne, *Le reliquaire de Saint-Nicolas-de-Port*, dans les *Mémoires de la Société d'archéologie lorraine*, 3e série, t. I, 1873, pp. 330 à 367.

43. **Vénus au bain.** La déesse est debout avec l'Amour, auprès d'une fontaine; elle est nue, les cheveux enveloppés dans un bonnet (*saccos*) pareil à celui que portent actuellement les Napolitaines. Elle a conservé ses bracelets à ses poignets; une longue et fine draperie est posée sur son bras gauche; de la main gauche elle s'appuye contre le cippe de la fontaine, tandis que de la main droite elle s'efforce d'enlever sa sandale, avant d'entrer dans le grand bassin qu'on voit à ses pieds. L'Amour ailé fait jaillir l'eau de la fontaine dans une vasque (*labrum*), qu'il soutient de la main gauche; l'orifice de la fontaine a la forme d'une tête de lion.

Excellent travail romain. La baignoire dans laquelle Vénus se dispose à entrer et qui est ornée d'une tête de lion, est de restauration moderne.

Sardonyx à deux couches : brune et blanche. Monture du XVIIIe siècle, en or émaillé.

Haut., 93 mill.; larg., 82 mill., monture comprise.

Pl. VI, fig. 43.

Ce camée est décrit dans l'Inventaire de 1664, sous le n° 215.

BIBL. — Marion du Mersan, *Hist. du Cabinet des Médailles* (1838), p. 110, n° 47; Ch. Lenormant, *Trésor de numism.*, *Nouv. galerie mytholog.*, p. 147 et pl. LII, fig. 2; Chabouillet, *Catalogue*, n° 40.

44. **Le Jugement de Pâris.** Les trois déesses, Junon, Minerve et Vénus sont debout devant Pâris qui remet la pomme à cette dernière. Pâris est coiffé du bonnet phrygien, n'ayant pour tout vêtement qu'une nébride qui lui couvre les reins et une

1. Ce mémoire précieux était resté manuscrit; M. Bretagne le publia, en l'annotant, dans les *Mémoires de la Société d'archéologie lorraine*, 3e série, t. I, 1873, pp. 330 à 367.

partie des jambes; de la main gauche, il tient le *pedum ;* son chien est à ses pieds. Un olivier croît derrière lui, et sur les branches de l'arbre, on aperçoit un oiseau avec son nid d'où émergent les têtes des petits. Vénus est à demi enveloppée dans un ample péplum, les cheveux noués sur la nuque; Minerve, vue de face, est casquée et vêtue du double chiton talaire, et sa poitrine est couverte de l'égide. Junon, diadémée, est vêtue d'un chiton serré à la taille par une ceinture et d'un péplum; elle pose la main gauche sur l'épaule de Minerve, avec laquelle elle semble converser.

Sardonyx à trois couches : noire, azurée et roux-fauve. Corniche au pourtour, avec tranche en biseau.

Monture moderne en cuivre.

Haut., 80 mill. ; larg., 92 mill. Pl. VII, fig. 44.

Légué par Henri Beck en 1846.

On considère généralement ce camee comme moderne; cependant, il est préférable, à mon avis, de le classer parmi les antiques, en reconnaissant toutefois qu'il a été retouché dans presque toutes ses parties à l'époque de la Renaissance. La beauté et les dimensions de la gemme, plus que le style pompéien des figures, en font une des œuvres remarquables de la collection nationale. Après avoir appartenu à la fin du siècle dernier au prince d'Isenbourg, qui, selon une tradition, l'aurait engagé pour la somme de 50,000 francs, ce camée fut acheté comme antique, moyennant 16,000 francs, par Henri Beck: ce dernier le légua au Cabinet des Médailles avec plusieurs autres (voyez notre *Introduction*).

Bibl. — Chabouillet, dans la *Revue archéologique*, t. VI, 1849, p. 340; le même, *Catalogue*, n° 445.

45. **Vénus et Adonis.** Tous deux sont assis côte à côte, sur un rocher, au-dessus d'une grotte, et ils paraissent converser amoureusement. Adonis est vêtu d'une chlamyde nouée sur son épaule gauche et qui lui couvre le bras droit; ses jambes sont croisées. Vénus est nue, sauf une draperie qui lui enveloppe les jambes; elle pose la main droite sur l'épaule d'Adonis. A côté de ce dernier, un tertre sur lequel on voit, au pied d'un arbre, l'Amour ailé, debout, tenant un javelot qu'il s'apprête à lancer. — Bon style de l'époque hellénistique.

Sardonyx à deux couches : brune et blanc d'ivoire.
Monture moderne en or émaillé.
Haut., 43 mill., larg., 48 mill., monture comprise.
Pl. VII, fig. 45.

Ce camée est décrit dans l'Inventaire de 1664, sous le nº 257.
Bibl. — Marion du Mersan, *Hist. du Cabinet des Médailles* (1838), p. 111, nº 52 ; Chabouillet, *Catalogue*, nº 49.

46. **Vénus et Adonis.** Tous deux sont assis côte à côte sur un rocher et paraissent converser amoureusement.

Le sujet est une réplique de celui qui figure sur le camée précédent (nº 45) ; mais, toute la partie gauche du monument, c'est-à-dire celle où se trouvait l'Amour, a disparu par suite d'une cassure. — Bon style de l'époque hellénistique.

Sardonyx à deux couches : diaphane et blanche.
Haut., 20 mill.; larg., 15 mill. Pl. VI, fig. 46.

Trouvé à Nicopolis, d'Épire, sur la voie des Tombeaux, et donné par M. Champoiseau, consul de France, en 1867.

47. **Vénus.** Tête diadémée, de profil à gauche. Les cheveux de la déesse sont enroulés en chignon sur la nuque. — Bon style de l'époque hellénistique.

Fragment : manquent le nez et tout le bas du visage.
Calcédoine-onyx à deux couches : diaphane et blanche.
Haut., 35 mill.; larg., 25 mill. Pl. VI, fig. 47.

Bibl. — Chabouillet, *Catalogue*, nº 41.

48. **Le repos d'Hermaphrodite.** Le dieu à double nature est mollement étendu sur une ample draperie dont l'un des bords est ramené sur ses genoux; sa tête est inclinée sur sa main gauche repliée. A sa gauche, un Amour assis écrit sur un diptyque les songes voluptueux du dieu; à sa droite, un autre Amour, penché sur lui, agite doucement un *flabellum*, en forme de feuille. Un troisième Amour, assis aux pieds d'Hermaphrodite, joue de la syrinx. Au second plan, un arbre. — Époque hellénistique.

Sardonyx à deux couches : brun-fauve et blanche.
Monture de l'époque de la Renaissance, en or émaillé.

Haut., 28 mill.; larg., 37 mill., monture comprise.

Pl. VII, fig. 48.

Ce camée est décrit dans l'Inventaire de 1664, sous le n° 272.

BIBL. — Marion du Mersan, *Hist. du Cabinet des Médailles* (1838), p. 110, n° 50; Chabouillet, *Catalogue*, n° 42; le même, dans la *Gazette archéologique*, t. XI, 1886, pp. 22-23 (sous le nom de *Repos de Vénus*); Fontenay, *Les Bijoux anciens et modernes*, p. 199. — « Ce sujet, remarque M. Chabouillet (*Gaz. arch.*, t. XI, p. 22), a été traité cent fois sur les gemmes, soit en relief comme ici, soit en creux, peut-être plus souvent dans les temps modernes que dans l'antiquité, mais avec des variantes. » Le personnage couché a été désigné tantôt sous le nom de Vénus, tantôt sous celui d'Hermaphrodite. Outre le camée suivant (n° 49) qu'on peut considérer comme antique, le Cabinet des Médailles possède deux camées et une intaille de la Renaissance, avec le même sujet (voy. ci-après, n°s 493 et 494 [1]). Comparez également d'autres gemmes publiées dans les ouvrages suivants : Mariette, *Traité des pierres gravées*, t. I, p. 70 et t. II, pl. XXVI; Gori, *Museum florentinum*, t. I, pl. LXXXII, n°s 4 et 5; Gori, *Gemmae antiquae Ant. M. Zanetti*, pl. LVII (intaille moderne avec la signature ΔIOC [κουριδου]); Bracci, *Memorie degli ant. incisori*, t. II, pl. LXVIII; Eug. Plon, *Benvenuto Cellini*, p. 249 et pl. fig. 4 (camée du Cabinet de Florence); Müller et Wieseler, *Denkmæler*, t. II, p. 25, et pl. LVI, n° 714; F. Lajard, *Recherches sur le culte de Vénus*, pl. V, fig. 11; Pierre de Nolhac, *Inventaire de la coll. de Fulvio Orsini*, dans les *Mélanges d'archéol.*, de l'École française de Rome, t. IV, 1884, n°s 163 et 170; King, *Antique Gems*, t. II, pl. XXVIII, fig. 8; S. Reinach, *Pierres gravées*, pp. 42 et 94; pl. 84, fig. 16 et pl. 124, fig. 25; Roscher, *Ausf. Lexicon der Mythologie*, v° *Hermaphroditos*, pp. 2327 et suiv. Lesquelles de toutes ces gemmes sont antiques? lesquelles sont modernes? Cette question est insoluble pour quiconque ne connaît ces monuments que par les images qui en ont été données; elle est extrêmement embarrassante même pour les savants expérimentés qui ont tenu les pierres entre leurs mains.

49. **Le repos d'Hermaphrodite.** Le dieu est étendu sur une ample draperie posée sur un lit orné d'une tête de lion; l'extrémité de la draperie lui recouvre les jambes. De la main gauche repliée, il paraît soutenir sa tête. A sa gauche, un Amour assis tient un *volumen;* à sa droite, un autre Amour, penché vers lui, agite un éventail. Dans le fond, un arbre.

1. Chabouillet, *Catalogue*, n°s 443, 444 et 2327.

Sardonyx à deux couches : brune et blanche. Cassure à la partie inférieure des jambes de Vénus.

Monture de l'époque de la Renaissance, en or émaillé.

Haut., 32 mill. ; largeur, 43 mill., monture comprise.

Pl. VII, fig. 49.

Ce camée est décrit dans l'Inventaire de 1664, sous le nº 266.

BIBL. — Marion du Mersan, *Hist. du Cabinet des Médailles*, p. 111, nº 51 ; Chabouillet, *Catalogue*, nº 45. — Authenticité douteuse (voy. la note du camée précédent, nº 48).

50. **Hermaphrodite ou Iphis contemplant sa métamorphose.** Le personnage a les traits, les cheveux et la poitrine d'une femme ; assis sur un trône, il soulève de la main droite la draperie qui l'enveloppe et il semble reconnaître les attributs masculins dont sa double nature l'a investi. — Excellent travail de l'époque hellénistique ou romaine.

Agate-onyx à deux couches : brun-cendré et blanche.

Monture moderne en or émaillé.

Haut., 38 mill. ; larg., 30 mill., monture comprise.

Pl. VII, fig. 50.

Comparez l'Hermaphrodite qui figure sur les camées nºs 51 et 52. On sait que, d'après une des *Métamorphoses* d'Ovide, Iphis, de Phæstos en Crète, née fille, devint garçon à l'âge nubile, grâce à l'intervention d'Isis. Le sujet de notre camée pourrait faire allusion à cette fable et représenter Iphis aussi bien qu'Hermaphrodite.

BIBL. — Marion du Mersan, *Hist. du Cabinet des Médailles* (1838), p. 111, nº 60 ; Ch. Lenormant, *Trésor de numism., Nouv. galerie mytholog.*, p. 146 et pl. LI, fig. 7 ; Chabouillet, *Catalogue*, nº 44. — Le musée de Berlin possède une réplique antique (?) de notre camée (A. Furtwaengler, *Beschreibung der geschnittenen Steine in Antiquarium*, nº 11241).

51. **Vénus et Hermaphrodite.** Vénus, debout, accoudée sur un cippe, contemple Hermaphrodite à demi-nu, assis sur un rocher. Ce dernier tient des deux mains la draperie qui enveloppe ses jambes, et il paraît chercher à cacher le secret de sa double nature à l'Amour ailé qui joue sur ses genoux et semble vouloir être indiscret : Vénus est vêtue d'un chiton talaire, serré à la taille par une ceinture et elle retient de la

main gauche les plis de son péplum. — Excellent travail de l'époque hellénistique.

Sardonyx à deux couches : brune et blanche. Une félure traverse la gemme de haut en bas, dans sa partie médiane.

Monture antique, en or.

Haut., 29 mill. ; larg., 35 mill., monture comprise.

Pl. VII, fig. 51.

Ce camée est décrit dans l'Inventaire de 1664, sous le n° 259.

BIBL. — Marion du Mersan, *Hist. du Cabinet des Médailles* (1838), p. 110, n° 48 (sous le nom de *Aphrodite et Peitho*) ; Chabouillet, *Catalogue*, n° 43.

52. **Hermaphrodite et Silène.** Silène, nu, debout, en présence d'Hermaphrodite assis, cherche à pénétrer le secret de la double nature de ce dernier ; il se penche en avant, d'un air curieux, s'appuyant de la main gauche sur une branche d'un arbre qui domine toute la scène. Devant lui, deux Amours jouent sur un rocher, au pied de l'arbre, et paraissent se disputer des crotales. Un autre Amour, assis sur les genoux d'Hermaphrodite, cherche à écarter la draperie que ce dernier tient des deux mains sur ses genoux. A l'exergue, un pedum, une syrinx et des crotales. — Époque hellénistique ou romaine ; travail remarquable.

Sardonyx à deux couches : brun-diaphane et blanc-jaunâtre. Monture de l'époque de la Renaissance, en or émaillé.

Haut., 35 mill. ; larg., 41 mill., monture comprise.

Pl. VII, fig. 52.

BIBL.—T. Dumersan, *Silène précepteur des Amours* (1824, in-8°) ; Marion du Mersan, *Hist. du Cabinet des Médailles* (1838), p. 110, n° 49 ; Ch. Lenormant, *Trésor de numism.*, *Nouv. galerie mytholog.*, p. 147 et pl. LII, n° 6 ; Chabouillet, *Catalogue*, n° 39. — Pour la figure d'Hermaphrodite, comparez les camées n°s 50 et 51. Une peinture de Pompéi a beaucoup d'analogie avec le sujet de notre camée (voy. Piroli, *Le antichita di Ercolano*, t. II, pl. XI).

53. **Hermaphrodite et Silène.** Ce sujet est une réplique de celui qui figure sur le camée précédent (n° 52).

Pâte de verre, imitant un camée à deux couches, brune et blanche.

Monture antique en fer, très oxydée ; les deux bélières qui étaient à chaque extrémité latérale ont disparu et ne sont plus indiquées que par leurs amorces.

Haut., 32 mill. ; larg., 42 mill., monture comprise.

Pl. VII, fig. 53.

54. **Vénus marine emportée par deux hippocampes.** La déesse, nue, le visage souriant, est assise sur un des chevaux marins qu'elle tient par la bride ; son voile, enroulé autour de son bras gauche et de sa jambe droite, flotte par derrière au-dessus de sa tête, gonflé par le vent ; ses cheveux sont retenus par un bandeau. Les hippocampes galopent à l'unisson sur les flots, et sous leurs pieds on voit un petit Amour à la nage. — Excellent travail de l'époque hellénistique.

Sardonyx à deux couches : brun-foncé et blanche.

Monture moderne en bague d'or.

Haut., 19 mill. ; larg., 23 mill. Pl. VIII, fig. 54.

Donné par le duc de Luynes, en 1862. Ce camée fut acquis par le duc de Luynes à la vente de la collection N. Révil, en 1845 (voy. le n° 462 du *Catalogue* de cette vente).

Bibl. — *Départ. des Médailles. Description sommaire des monuments exposés,* 1867, p. 139, n° 1 ; V. Duruy, *Hist. des Grecs,* t. III, p. 78 ; E. Babelon, *Le Cabinet des Antiques,* p. 57 et pl. XIX, fig. 5. — Comparez une intaille du Musée de Naples, qui porte les initiales de Laurent de Médicis (Raspe, *Catal. de Tassie,* p. 184, n° 2592 et pl. XXXI) ; voyez aussi un camée dans King, *Antique Gems,* t. II, pl. XIV, fig. 8, et une intaille (Thétis ou Néréide), de la collection de Florence (Gori, *Mus. florent.,* t. II, pl. 48, fig. 1 ; S. Reinach, *Pierres gravées,* p. 60 et pl. 59, fig. 48).

55. **L'Amour chevauchant un hippocampe.** Le cheval marin est lancé sur les flots, au galop, à droite ; l'Amour, muni de petites ailes, tient la bride. — Époque romaine.

Agate-calcédoine à deux couches : translucide et blanche.

Haut., 18 mill. ; larg., 25 mill. Pl. VIII, fig. 55.

Bibl. — Marion du Mersan, *Hist. du Cabinet des Médailles* (1838), p. 111, n° 57 ; Chabouillet, *Catalogue,* n° 48.

56. **L'Amour chevauchant un hippocampe.** L'animal bondit sur les flots, à gauche, et sa queue sinueuse forme des replis nombreux. L'Amour tient, de la main gauche, la bride du cheval, et il brandit un fouet de la main droite ; un dauphin émerge des flots. — Travail de l'époque romaine.

Sardoine à deux couches : cendrée et blanche.

Monture en cuivre, du moyen âge.

Haut., 20 mill ; larg., 28 mill. Pl. VIII, fig. 56.

57. **L'Amour tenant un vase à parfums.** Il est nu, assis de face, sur une draperie ; il a de petites ailes et de la main gauche il tient, appuyé sur son genou, un *alabastron* ou vase à parfums (mutilé) pour indiquer qu'il va assister à la toilette de Vénus. — Époque romaine ; excellent travail.

Sardonyx à deux couches, translucide et blanche.

Monture en or.

Haut., 15 mill. ; larg., 14 mill. Pl. VIII, fig. 57.

Bibl. — Marion du Mersan, *Hist. du Cabinet des Médailles* (1838), p. 113, n° 94 ; Chabouillet, *Catalogue*, n° 47.

58. **L'Amour luttant avec une oie.** L'enfant ailé est nu ; une légère draperie flotte sur son dos ; il saisit par le cou le volatile qui se débat en agitant ses ailes. Aux pieds des combattants, un vase à parfums brisé en deux fragments. — Époque romaine.

Calcédoine à deux couches, translucide et blanche.

Haut., 13 mill. ; larg., 16 mill. Pl. VIII, fig. 58.

Ce camée figure dans l'Inventaire de 1664, sous le n° 136.

Bibl. — Chabouillet, *Catalogue*, n° 91.

59. **Deux Éros se disputant un papillon.** L'un des deux enfants ailés est agenouillé, et l'autre debout ; ils tiennent chacun par les ailes un papillon qu'ils déchirent en se l'arrachant mutuellement. A l'exergue, un globule.

Fragment. Époque romaine.

Pâte de verre imitant un camée à deux couches : brune et blanche.

Haut., 15 mill.; larg., 13 mill. Pl. VIII, fig. 59.

Acquis en 1850.

Bibl. — Chabouillet, *Catalogue*, nº 3360.

60. **Génie funèbre.** Il est nu, debout, de profil, à gauche, avec de petites ailes aux épaules; des deux mains il s'appuie sur le manche de sa houe, et il contemple mélancoliquement une tête de mort qu'il vient d'exhumer. — Époque hellénistique ou romaine; excellent travail.

Sardonyx à deux couches : translucide et blanche.

Cercle d'argent doré au pourtour.

Haut., 18 mill.; larg., 13 mill. Pl. VIII, fig. 60.

Ce camée est décrit dans l'Inventaire 1664, sous le nº 170.

Bibl. — Marion du Mersan, *Hist. du Cabinet des Médailles* (1838), p. 113, nº 95; Chabouillet, *Catalogue*, nº 90; V. Duruy, *Hist. des Romains*, t. I, p. 580. — Comparez un camée qui représente un sujet presque semblable et porte, à l'exergue, la signature du graveur romain Aulus (Bracci, *Memorie degli antichi incisori*, t. I, pl. 33; Raspe, *Catal. de Tassie*, nº 6988; H. Brunn, *Geschichte der griech. Kunstler*, t. II, p. 548; A. Furtwaengler, dans le *Jahrbuch d. deut. arch. Instituts*, t. IV, 1889, p. 54, nº 7, et t. III, 1888, pl. X, fig. 18). Des esclaves enchaînes (*compediti*) et travaillant avec la houe sont représentés dans la même attitude (voyez, en particulier, Rich, *Dictionn. des antiquités*, gravure à la p. 183).

61. **L'Amour captif.** Il est debout, de face, les mains liées derrière le dos; son carquois est à ses pieds. Au second plan, un terme de Priape. — Époque romaine.

Sardoine à deux couches : translucide et blanche.

Haut., 10 mill.; larg., 8 mill. Pl. VIII, fig. 61.

62. **Le génie de la Pudeur fuyant Vénus et Silène.** Vénus à demi-nue, les jambes enveloppées dans son péplum, est accroupie auprès d'un masque de Silène qui était enveloppé d'une draperie et qu'elle vient de découvrir; de la main gauche elle cherche à retenir *Pudicitia* qui s'enfuit en faisant de la main gauche un geste d'horreur. *Pudicitia* est munie de grandes ailes et vêtue d'un chiton court deux fois relevé autour de la taille. A ses pieds, l'autel sur lequel Vénus l'in-

vitait à sacrifier. Derrière Vénus, se tient debout Priape, à demi-nu, une draperie autour des reins. Des deux mains il porte sur son épaule le Van rempli de fruits, symbole de la fécondité. — Époque hellénistique ou romaine; excellent travail.

Sardonyx à deux couches : brun-diaphane et blanche.

Monture de l'époque de la Renaissance en or émaillé, avec bélière de suspension.

Haut., 30 mill. ; larg., 37 mill., monture comprise.

Pl. VIII, fig. 62.

Ce camée figure dans l'Inventaire de 1664, sous le n° 143.

BIBL. — T. Dumersan, *Notice des monuments exposés dans le Cabinet des Médailles*, éd. de 1828, p. 33; Marion du Mersan, *Hist. du Cabinet des Médailles* (1838), p. 112, n° 67; E. Gerhard, dans l'*Archæologische Zeitung*, 1849, p. 58 et pl. VI, fig. 7; Chabouillet, *Catalogue*, n° 85; V. Duruy, *Hist. des Grecs*, t. I, p. 228. — Comparez le camée suivant (n° 63) et un bas-relief publié par Winckelmann, *Monumenti inediti*, t. I, pl. XXVI, et t. II, p. 32.

63. **Le génie de la Pudeur fuyant Vénus et Silène.** Le sujet est le même que sur le camée précédent (n° 62), mais plus abrégé. Il manque l'autel allumé devant *Pudicitia* qui s'enfuit.

Calcédoine à deux couches : cendrée et blanche (fêlure transversale).

Monture moderne en or, avec anneau de suspension.

Haut., 15 mill. ; larg., 22 mill. Pl. VIII, fig. 63.

Donné par le duc de Luynes, en 1862.

Cette gemme a été trouvée en 1770, à Saint-Paul-Trois-Châteaux (Drôme).

BIBL. — *Dép. des Médailles. Description sommaire des monuments exposés*, 1867, p. 139, n° 4.

64. **Psyché tenant un papillon.** Buste vu à mi-corps, de profil, à gauche. Un long voile couvre la tête de Psyché et sa poitrine est drapée; de la main droite, elle saisit délicatement les ailes d'un papillon qui grimpe sur son épaule.— Époque romaine.

Sardonyx à deux couches : brune, translucide et azurée.

Au pourtour, un cercle cordelé, en or, moderne.

Haut., 24 mill.; larg., 23 mill., monture comprise.

Pl. VIII, fig. 64.

Bibl. — Leonardo Agostini, *Le gemme antiche figurate*, éd. de Jac. Gronovius (Amsterdam, 1685), part. I, pl. 74; Marion du Mersan, *Hist. du Cabinet des Médailles* (1838), p. 111, n° 58; Creuzer, trad. Guigniaut, *Religions de l'Antiquité*, pl. CV *bis*, n° 409c; Chabouillet, *Catalogue*, n° 50; M. Collignon, *Essai sur les monuments relatifs au mythe de Psyché*, p. 383, n° 42.

65. **Les trois Grâces.** Elles sont debout dans des attitudes variées, deux de face et la troisième de profil. Elles sont vêtues seulement d'une légère gaze; l'une d'entre elles verse d'une main dans l'autre le contenu d'un *alabastron.* — Époque romaine.

Sardonyx à deux couches, noire et blanche.

Monture moderne en or émaillé.

Haut., 30 mill.; larg., 30 mill., monture comprise.

Pl. VII, fig. 65.

Ce camée est décrit dans l'Inventaire de 1664, sous le n° 276.

Bibl. — Marion du Mersan, *Hist. du Cabinet des Médailles* (1838), p. 111, n° 56; Ch. Lenormant, *Trésor de numism.*, *Nouv. galerie mytholog.*, p. 147 et pl. LII, fig. 3; Chabouillet, *Catalogue*, n° 46; V. Duruy, *Hist. des Grecs*, t. I, p. 198.

66. **Laïs sortant du bain.** La courtisane est nue, accroupie comme Vénus; ses cheveux, relevés en couronne autour de sa tête, flottent sur son dos; des deux mains elle saisit le voile dont elle va s'envelopper. A ses pieds, devant elle, un vase à parfums sur lequel est inscrit son nom : ΛΑΙC. — Excellent travail de l'époque hellénistique.

Sardonyx à deux couches : brun-foncé et blanche.

Monture moderne en bague d'or; l'anneau a été coupé.

Haut., 21 mill.; larg., 18 mill., monture comprise.

Pl. VIII, fig. 66.

Camée acquis en 1856.

Bibl. — Panofka, *Tod der Skiron*, pl. IV, fig. 9 (Berlin, 1836); Chabouillet, *Catalogue*, n° 3495; V. Duruy, *Hist. des Romains*, t. III, p. 229; Fr. Lenormant, dans la *Gazette archéologique*, t. III, 1877, p. 134; E. Babelon, *Le Cabinet des Antiques*, p. 58 et pl. XIX, fig. 3.

— A rapprocher un camée du musée de Berlin (A Furtwaengler, *Beschreibung der geschnittenen Steine im Antiquarium*, n° 11064).

67. **Sapho.** La poétesse de Lesbos est nue, vue de profil à droite, et assise sur un rocher ; une draperie est posée sur son genou gauche ; ses cheveux tressés forment chignon sur la nuque. De la main droite elle s'appuie sur le rocher. Sa lyre est posée à terre. — Époque hellénistique ; excellent travail.

Agate à deux couches : brun-rougeâtre et blanc-jaunâtre. Monture moderne en or, avec anneau de suspension.

Haut., 27 mill. ; larg., 21 mill. Pl. VIII, fig. 67.

Donné par le duc de Luynes, en 1862. Ce camée a fait partie de la collection Riccardi, de Florence, avant d'être acquis par le duc de Luynes.

Bibl. — *Dép. des Médailles. Description sommaire des monuments exposés* (1867), p. 140, n° 10 ; Overbeck, *Kunstmythologie. Apollo*, p. 320 ; *Gemmentafel*, fig. 28 (sous le nom d'*Apollon*) ; V. Duruy, *Hist. des Grecs*, t. I, p. 626 ; E. Babelon, *Le Cabinet des Antiques*, p. 82 et pl. XXVI, fig. 3. — Comparez, pour l'attitude, des statues d'Apollon, dans Overbeck, *op. cit.*, Atlas, pl. XXII, fig. 37 et 38.

VII. MARS

68. **Mars et le géant Mimas.** Épisode de la Gigantomachie. Mars debout, de profil, à droite, transperce de sa lance le géant anguipède qui se débat à ses pieds. Le dieu est casqué, sa poitrine est couverte de la cuirasse et ses jambes sont protégées par des cnémides ; il est armé de la lance et du bouclier ; sa chlamyde flotte sur son dos et est enroulée autour de son bras gauche. Le géant, dont la physionomie exprime la douleur, est entièrement nu, vu de face ; il saisit de la main droite l'extrémité de la lance de Mars ; ses jambes se terminent, l'une et l'autre, par des queues de serpents. Époque romaine ; style médiocre.

Sardonyx à trois couches : noire, azurée et brun-jaunâtre. Tranche taillée en biseau.

Monture moderne en or émaillé.

Haut., 68 mill. ; larg., 57 mill. Pl. XV, fig. 68.

BIBL. — T. Dumersan, *Notice des monumens exposés dans le Cabinet des Médailles*, éd. de 1819, p. 37; Marion du Mersan, *Hist. du Cabinet des Médailles* (1838), p. 110, n° 44; Ch. Lenormant, *Trésor de numism., Nouv. galerie mytholog.*, p. 18 et pl. IV, fig. 10; Chabouillet, *Catalogue*, n° 37; le même, dans la *Gazette archéologique*, t. XI, 1886, p. 173 ; V. Duruy, *Hist. des Grecs*, t. I, p. 123. — Comparez le même sujet sur une intaille publiée par Millin, *Galerie mythologique*, t. I, pl. XXXVI, n° 143.

VIII. HERCULE ET OMPHALE

69. **Hercule jeune.** Tête imberbe, de profil, à droite; elle est ceinte d'une couronne de laurier et les cheveux sont frisés; la peau de lion est nouée autour de son cou. — Époque romaine.

Sardonyx à deux couches grisâtres (gemme craquelée et altérée par l'action d'un feu violent).

Monture moderne en or.

Haut., 33 mill.; larg., 27 mill. Pl. VIII, fig. 69.

Ce camée figure dans l'Inventaire de 1664, sous le n° 113.

BIBL. — Chabouillet, *Catalogue*, n° 95.

70. **Hercule.** Tête nue et barbue, de profil, à droite; la peau de lion est nouée autour de son cou.

Cette tête d'Hercule, peut-être antique, a été retouchée à l'époque de la Renaissance; le lithoglyphe moderne a, en outre, gravé en relief, sur l'autre face de la gemme, une tête d'Omphale, coiffée de la peau de lion, vue de profil à gauche.

Agate à deux couches : bleu d'azur et blanchâtre.

Élégante monture en or émaillé et ajourée, du XVIe siècle.

Haut., 68 mill.; larg., 56 mill., monture comprise.

Pl. IX, fig. 70 et 70 *bis*.

BIBL. — Chabouillet, *Catalogue*, n° 96; Eug. Fontenay, *Les bijoux anciens et modernes*, p. 227.

71. **Hercule.** Tête barbue, de profil, à gauche. La barbe est hirsute et épaisse, les cheveux courts ; la tête est ceinte d'une couronne de feuilles de pommier. — Époque romaine.

Sardonyx à trois couches : brune, blanche et roux-foncé (fond brun).

Monture moderne en or émaillé.

Diamètre, 29 mill., monture comprise. Pl. VIII, fig. 71.

Bibl. — Chabouillet, *Catalogue*, nº 99. — Comparez une tête d'Hercule semblable, dans l'ancienne collection du duc Louis d'Orléans, aujourd'hui à Saint-Pétersbourg (La Chau et Le Blond, *Pierres gravées d'Orléans*, t. I, pl. LXXXII ; S. Reinach, *Pierres gravées*, p. 139 et pl. 127, fig. 82). Voyez aussi Zannoni, *Reale galleria di Firenze*, série V, t. I, p. 53, et pl. VI, fig. 5 ; enfin, un camée de la collection Zanetti dans Gori, *Gemmæ antiquæ A. M. Zanetti*, pl. L (Venise, 1750, folio).

72. **Hercule.** Tête barbue, de profil, à droite.

Silex brun-rougeâtre. Authenticité douteuse.

Monture en cuivre doré.

Haut., 34 mill. ; larg., 25 mill., monture comprise.

Pl. VIII, fig. 72.

Bibl. — Chabouillet, *Catalogue*, nº 97.

73. **Hercule.** Buste, de face, en haut relief, la tête légèrement tournée à droite. La barbe est épaisse, les cheveux sont ceints d'une couronne de lierre ; sur la poitrine, la peau de lion.

Gravure retouchée à l'époque de la Renaissance.

Grenat, translucide.

Monture en or émaillé, du xvıe siècle.

Haut., 40 mill. ; larg., 29 mill. Pl. IX, fig. 73.

Bibl. — Chabouillet, *Catalogue*, nº 98.

74. **Hercule.** Tête barbue, de profil, à droite, coiffée de la peau de lion ; la barbe est épaisse et frisée.

Disque circulaire en forme de médaillon à haut relief. — Bon travail de l'époque romaine.

Pâte de verre imitant un camée à trois couches : brune, blanche et rousse. Endommagée par l'oxydation.

Diam., 56 mill. Pl. VIII, fig. 74.

Trouvé à Cherchel en 1895, dans les fouilles de M. Victor Waille.

75. **Omphale.** Elle est debout, de profil, à gauche, vêtue seulement de la peau de lion et portant sur son épaule droite la massue d'Hercule. Époque romaine.

Pâte de verre imitant un camée à deux couches, brune et blanche.

Monture moderne en or émaillé.

Haut., 27 mill. ; larg., 21 mill. Pl. IX, fig. 75.

Ce camée figure dans l'Inventaire de 1664, sous le n° 101.

BIBL. — Marion du Mersan, *Hist. du Cabinet des Médailles* (1838), p. 113, n° 100; Chabouillet, *Catalogue*, n° 3359. — Comparez une pierre gravée de la collection Marlborough, dans Story-Maskelyne, *The Marlborough gems*, n° 314; Worlidge, *A select collection of drawings from curious antique gems*, p. 39, n° 126 (sous le nom de *Iole*); S. Reinach, *Pierres gravées*, p. 120 et pl. 117.

IX. BACCHUS

ET PERSONNAGES DE SON THIASE

76. **Naissance de Iacchos.** Coré ou Perséphone, la mère du jeune Iacchos ou Dionysos-Zagreus, est assise de face, sur un trône, vêtue d'un chiton talaire, serré à la taille par une ceinture ; elle remet l'enfant divin à la nourrice Ilithyie ; celle-ci, debout à côté du trône de la déesse, le torse nu, et vêtue seulement d'un péplum qui lui enveloppe les jambes, saisit l'enfant des deux mains et s'apprête à l'allaiter. Déméter, debout en face d'elle, de l'autre côté du trône de Coré, assiste à cette scène; elle est vêtue d'un chiton talaire et d'un long voile ; de la main droite baissée elle tient un bouquet d'épis et de pavots. — Époque hellénistique.

La tête d'Ilithyie est endommagée par une cassure.

Sardonyx à deux couches : brune et blanche.

Élégante monture du XVIIe siècle, en or émaillé.

Haut., 67 mill.; larg., 69 mill., monture comprise.

Pl. IX, fig. 76.

Bibl. — Millin, *Description des tombeaux de Canosa*, p. 45 et vign. du titre (in-fol., 1816); T. Dumersan, *Notice des monuments exposés dans le Cabinet des Médailles* (éd. de 1828), p. 27; Marion du Mersan, *Hist. du Cabinet des Médailles* (1838), p. 112, n° 65; Ed. Gerhard, *Gesamm. Akadem. Abhandlungen*, t. II, p. 576 et pl. LXXX, fig. 3; Ch. Lenormant, *Trésor de numism., Nouv. galerie mytholog.*, p. 147 et pl. LII, fig. 4; Chabouillet, *Catalogue*, n° 59; V. Duruy, *Hist. des Grecs*, t. I, p. 783; Eug. Fontenay, *Les Bijoux anciens et modernes*, p. 229; Fr. Lenormant, article *Cérès* dans le *Dictionn. des antiquités gr. et rom.*, de Daremberg et Saglio, p. 1062; H. Heydemann, *Dionysos' Geburt und Kindheit* (Winckelmannsfest, 1885), p. 16.

77. **Éducation de Bacchus.** Une femme assise, la tête et le dos couverts d'un long voile, tient dans ses bras le jeune Bacchus caractérisé par la nébride dont il est vêtu et la grappe de raisin qu'il présente de la main gauche. On peut reconnaître dans la femme assise, Gê ou Rhéa (*Tellus*), sortant de la terre dans laquelle la partie inférieure de son corps est encore engagée, pour venir faire l'éducation du jeune fils de Zeus et de Sémélé; ou bien, l'une des nymphes de Nysa ou de Dodone chargée de cette éducation. Un Satyre imberbe, vêtu seulement d'une nébride nouée sur sa poitrine et enroulée autour du bras gauche, se penche du côté de l'enfant et paraît converser avec la nymphe; de la main gauche, il tient son *pedum*. Derrière lui, un hermès priapique. — Époque hellénistique.

Calcédoine à deux couches : translucide et blanche; la partie inférieure de la scène est mutilée; elle a été restaurée en or.

Monture moderne en bague d'or.

Haut., 21 mill.; larg., 30 mill. Pl. IX, fig. 77.

Donné par le duc de Luynes, en 1862.

Un camée de la collection Vescovali représentait le même sujet (Tommaso Cadès, *Impronte gemmarie dell' Instit.*, VI, 3, dans le *Bullettino dell' Instit. archeol. di Roma*, 1839, p. 107, 3). C'est peut-être ce camée qui, plus tard, est entré dans la collection du duc de Luynes.

Bibl. — *Départ. des Médailles. Description des monuments exposés*, 1867, p. 139, n° 3; Chabouillet, dans la *Gazette archéolog.*, t. XI, 1886, pp. 23-24. — Cf. H. Heydemann, *Dionysos' Geburt und Kindheit*, pp. 38 et suiv. et p. 49.

78. **Bacchus.** Il est debout, de face, regardant de profil, et accoudé du bras gauche sur un cippe carré. Sa tête est ceinte d'une couronne de lierre et les mèches de ses cheveux retombent sur son cou. Son torse est nu et ses jambes enveloppées dans une chlamyde dont les plis sont rejetés sur le bras gauche. De la main droite il tient une corne à boire (*ceras*) et verse du vin à une panthère qui est à ses pieds; le thyrse du dieu, posé à terre, est appuyé sur son bras gauche. — Bon travail de l'époque romaine.

Sardonyx à cinq couches : brune, bleuâtre, brune, azurée et brun-roussâtre (fond brun).

Monture moderne en or.

Haut., 45 mill.; larg. 32 mill., monture comprise.

Pl. IX, fig. 78.

Bibl. — Chabouillet, *Catalogue*, nº 60.

79. **Bacchus et Ariadne dans un bige de Centaures.** Bacchus, tenant le thyrse, est assis voluptueusement à côté d'Ariadne qui le comble de caresses; un Amour qui les accompagne couvre d'un voile les épaules d'Ariadne. L'attelage est formé d'un Centaure qui joue de la lyre et d'une Centauresse qui agite des crotales. Un Amour ou Hyménée qui tient le flambeau nuptial précède le cortège. La scène se passe dans les régions éthérées ; au second registre, des divinités de l'Océan la contemplent. Ce sont : le vieux Nérée, couché sur les flots et entouré de la néréide Galéné et d'une autre nymphe. Nérée a pour attribut une corne d'abondance ; les nymphes retiennent leurs voiles flottants. — Époque hellénistique.

Sardonyx à deux couches: brune et blanche.

Élégante monture moderne en or, rehaussée de quinze perles dans des arceaux.

Haut., 55 mill. ; larg., 60 mill., monture comprise.

Pl. IX, fig. 79.

Bibl. — Fil. Buonarroti, *Osservazioni istoriche sopra alcuni Medaglioni antichi*, p. 430 (Rome, 1698, in-4º) ; Millin, *Galerie mythologique*, pl. LXVI, nº 245; T. Dumersan, *Notice des monuments exposés dans le Cabinet des Médailles* (éd. de 1828), p. 27; Marion du Mersan, *Hist.*

du Cab. des Médailles, p. 112, n° 71; Creuzer, trad. Guigniaut, *Religions de l'antiquité*, pl. CXXVI, n° 456; Chabouillet, *Catalogue*, n° 61.

80 **Bacchus et Ariadne.** Bacchus, à demi-nu, est assis sur un rocher, et Ariadne est mollement étendue à côté de lui. Le dieu, s'appuyant de la main gauche sur le rocher, tient de la main droite levée un canthare à l'aide duquel il verse du vin dans la coupe que lui tend Ariadne; celle-ci, vue de dos, et à demi nue, a les jambes enveloppées dans une draperie. Un Satyre, debout à ses pieds, joue de la double flûte. La scène se passe au pied d'un arbre au tronc noueux. — Époque romaine.

Calcédoine à deux couches : translucide et blanche.

Haut., 18 mill.; larg., 27 mill. Pl. IX, fig. 80.

Ce camée est décrit dans l'Inventaire de 1664, sous le n° 226.

BIBL. — Chabouillet, *Catalogue*, n° 62.

81. **Bacchus et Ariadne.** Le dieu, vu de face, la tête couronnée de lierre, saisit de la main gauche le bras d'Ariadne qu'il attire à lui. Ariadne a le buste nu, les cheveux enveloppés dans un bonnet rabattu sur la nuque [1] et les jambes couvertes d'une draperie; elle se penche du côté de Bacchus et, de la main droite, elle étend, au-dessus de la tête du dieu, un voile formé d'une gaze légère.

Fragment. Les jambes d'Ariadne et le corps de Bacchus, depuis la poitrine, ont disparu. — Travail remarquable de l'époque hellénistique.

Calcédoine à deux couches : translucide et blanche.

Haut., 25 mill.; larg., 35 mill. Pl. IX, fig. 81.

Camée acquis à la vente de la collection Linck, en 1844.

BIBL. — *Catalogue des antiquités de feu M. Linck* (in-8°, 1844), p. 11, n° 235; Chabouillet, *Catalogue*, n° 63. — Comparez un camée de l'ancienne collection Crignon de Montigny (n° 613, pl. IV du *Catalogue de vente*, 1887), et une réplique antique (?) achetée par le Musée de Berlin en 1862 (A. Furtwaengler, *Beschreibung der geschnittenen Steine im Antiquarium*, n° 11061).

82. **Ariadne.** Buste à mi-corps, de profil, à droite; elle est dia-

1. Ce bonnet est pareil à celui de la Vénus décrite ci-dessus, sous le n° 43.

démée et ses cheveux, enroulés autour de la tête, retombent sur ses épaules. Son chiton laisse les épaules à découvert. De la main gauche, levée, elle tient un cep de vigne à la hauteur de son visage. — Bon travail de l'époque hellénistique ou romaine.

Sardonyx à deux couches : brun-roux et blanche.

Monture en or émaillé, de l'époque de la Renaissance.

Haut., 25 mill. ; larg., 19 mill. Pl. IX, fig. 82.

Bibl. — Marion du Mersan, *Hist. du Cabinet des Médailles*, p. 113, n° 78; Chabouillet, *Catalogue*, n° 64.

83. **Bacchant.** Tête imberbe, vue de face et ceinte d'une couronne de lierre et de corymbes. — Époque romaine.

Médaillon en pâte de verre vert.

Monture en argent, avec bélière de suspension (pendant de collier).

Diam., 23 mill. Pl. X, fig. 83.

84. **Bacchant (ou athlète).** Buste de profil, à droite, vu de dos, d'un jeune homme, imberbe, les traits idéalisés. Il a des cheveux épais et frisés, et sa tête est ceinte d'un diadème. Son torse est nu; le visage gracieusement incliné, il approche de ses lèvres l'index et le pouce de la main droite. — Travail remarquable ; excellent style grec.

Agate à deux couches : brune et blanc d'ivoire.

Monture moderne, en fibule d'or, circulaire.

Diam., 32 mill. Pl. X, fig. 84.

Donné par le duc de Luynes, en 1862.

Bibl. — *Département des Médailles. Description sommaire des monuments exposés*, 1867, p. 140, n° 18.

85. **Bacchante (ou Ariadne).** Buste de profil, à droite, la tête ceinte d'une couronne de lierre, les cheveux retombant sur les épaules. La poitrine est drapée. — Époque romaine.

Sardonyx à quatre couches : brune, blanche, jaunâtre et blanche (fond brun).

Monture moderne, en or émaillé.

Haut., 40 mill. ; larg., 32 mill. Pl. X, fig. 85.

Bibl. — Marion du Mersan, *Hist. du Cabinet des Médailles*, p. 112, nº 68; Chabouillet, *Catalogue*, nº 68. — Comparez un camée de la collection Marlborough, *Gemmarum antiquarum delectus, quae in Dactyl. ducis Marburiensis conservantur* (fº, 1845), t. II, pl. XIV, et S. Reinach, *Pierres gravées*, p. 117 et pl. 114, fig. 15.

86. **Bacchante (ou Ariadne).** Tête de profil, à gauche, couronnée de lierre, les cheveux nattés sur le cou. — Époque romaine.

Sardonyx à trois couches: brune, blanche et jaunâtre (fond brun).

Monture moderne en argent doré.

Haut., 38 mill.; larg., 30 mill. Pl. X, fig. 86.

Bibl. — Chabouillet, *Catalogue*, nº 69.

87. **Bacchante (ou Ariadne).** Buste de face, la tête inclinée à droite et ceinte d'une couronne de lierre.— Époque romaine.

Pâte de verre imitant un camée à deux couches, bleu-foncé et blanche.

Haut., 19 mill.; larg., 15 mill.

Bibl. — Chabouillet, *Catalogue*, nº 3355.

88. **Bacchante.** Buste de face, la tête inclinée à droite, les cheveux répandus sur les épaules; une draperie est posée sur l'épaule gauche. — Époque romaine.

Pâte de verre bleu-clair.

Monture en argent, avec bélière de suspension.

Haut., 19 mill.; larg., 14 mill. Pl. X, fig. 88.

Bibl. — Chabouillet, *Catalogue*, nº 3367; Marion du Mersan, *Hist. du Cabinet des médailles* (1838), p. 113, nº 79.

89. **Bacchante.** Buste de profil, à droite, la tête couronnée de corymbes et de lierre, les cheveux en chignon sur la nuque et retombant sur le cou; la poitrine est drapée. — Époque romaine.

Sardonyx à trois couches : brun-foncé, azurée et brun-roux. Tranche en biseau.

Haut., 31 mill.; larg., 25 mill. Pl. X, fig. 89.

Bibl. — Chabouillet, *Catalogue*, nº 70.

90. **Trois Bacchantes dansant.** Les trois femmes se suivent et dansent en se tenant par la main; elles sont vêtues du chiton talaire et du péplum; la troisième est en partie mutilée.

Pâte de verre rouge-foncé, imitant la cornaline enfumée. Fragment.

Haut., 17 mill.; larg., 19 mill. Pl. X, fig. 90.

Bibl. — Chabouillet, *Catalogue*, n° 3356. — Comparez une intaille du Musée britannique (*A Catalogue of engraved Gems in the British Museum*, n° 563 et pl. F.).

91. **Satyre.** Buste à mi-corps, de profil, à gauche. Il a des oreilles de cheval et la nébride nouée sur son épaule gauche couvre sa poitrine. De la main gauche il tient le thyrse, et de la main droite il porte un chalumeau à ses lèvres. — Époque romaine; excellent travail, peut-être retouché au temps de la Renaissance.

Sardonyx à deux couches: blanche et brun-roux.

Monture en or émaillé, de l'époque de la Renaissance.

Haut., 56 mill.; larg., 45 mill. Pl. X, fig. 91.

Bibl. — Marion du Mersan, *Hist. du Cabinet des Médailles* (1838), p. 113, n° 76; Ch. Lenormant, *Trésor de numism., Nouv. galerie mytholog.*, p. 147 et pl. LII, fig. 8; Chabouillet, *Catalogue*, n° 77; V. Duruy, *Hist. des Grecs*, t. II, p. 320.

92. **Satyre.** Buste de profil, à droite, la tête ceinte d'une couronne de pampres, la nébride nouée sur la poitrine. — Époque romaine.

Sardonyx à trois couches: brune, blanche et brun-rougeâtre (fond brun).

Monture en argent doré.

Haut., 21 mill.; larg., 17 mill. Pl. X, fig. 92.

Ce camée paraît avoir formé le pendant du suivant (n° 93).

Bibl. — Chabouillet, *Catalogue*, n° 81. — A rapprocher le camée du Musée de Berlin, représentant le buste d'un jeune Satyre, avec la signature du graveur Hyllus, fils de Dioscoride (A. Furtwængler, *Beschreibung der geschnittenen Steine im Antiquarium*, n° 11063).

93. **Satyre.** Buste de profil, à droite, la tête couronnée de pampres, la nébride sur l'épaule et la poitrine. — Époque romaine.

Sardonyx à trois couches : brune, azurée et brun-roux (fond brun).

Monture en argent doré.

Haut., 20 mill. ; larg., 15 mill. Pl. X, fig. 93.

Bibl. — Chabouillet, *Catalogue*, n° 80 (voyez la note du camée précédent, n° 92).

94. **Satyre dansant.** Il est debout sur la pointe du pied gauche, le torse cambré, la tête et le pied droit rejetés en arrière ; il a une queue de cheval et la nébride flotte sur ses épaules. Le rire trivial du visage exprime l'ébriété. De la main droite, le Satyre s'appuie sur un long thyrse et de la main gauche, baissée, il tient un petit vase à une anse (sorte de *guttus*) d'où le liquide paraît s'échapper. — Époque romaine ; bon travail.

Agate-onyx à deux couches : translucide et blanche.

Monture en argent doré.

Haut., 40 mill. ; larg., 28 mill. Pl. X, fig. 94.

Ce camée figure dans l'Inventaire de 1664, sous le n° 277.

Bibl. — Marion du Mersan, *Hist. du Cabinet des Médailles*, p. 113, n° 77 ; Chabouillet, *Catalogue*, n° 78 ; Maurice Emmanuel, *La danse grecque antique*, p. 303, fig. 579. — De nombreuses intailles représentent un Satyre dansant, presque semblable. Nous ne citerons, à titre de comparaison, qu'une gemme du Musée de Berlin (A. Furtwængler, *Beschreibung der geschnittenen Steine im Antiquarium*, n° 2300), et un bas-relief de marbre publié par Maffei (*Museum Veronense*, pl. LXXIII, fig. 5).

95. **Génie bachique.** Buste de face d'un enfant, la tête couronnée de pampres, la poitrine couverte de la nébride ; de la main gauche il retient le bord de la nébride d'où émergent des grappes de raisin. — Époque romaine ; bon travail.

Sardonyx à trois couches : brune, azurée et rousse (fond brun). Pl. X, fig. 95.

Bibl. — Chabouillet, *Catalogue*, n° 66.

96. **Deux génies bachiques.** Tous deux sont nus, ailés et paraissent converser ; l'un, assis sur un rocher, a le pied droit posé sur l'extrémité d'une amphore brisée dont il tient

l'autre partie dans sa main. L'autre s'avance vers son compagnon en portant une autre amphore sur son épaule gauche. — Époque romaine; excellent travail.

Sardonyx à deux couches : brun-roux et blanche.

Monture en or émaillé, de l'époque de la Renaissance.

Haut., 33 mill. ; larg., 30 mill., monture comprise.

Pl. X, fig. 96.

Ce camée figure dans l'Inventaire de 1664, sous le nº 270.

BIBL. — Marion du Mersan, *Hist. du Cabinet des Médailles* (1838), p. 113, nº 80; Chabouillet, *Catalogue*, nº 67.

97. **Centaure et génies bachiques.** Le Centaure s'élance au galop à gauche, en jouant de la double flûte; il est imberbe et il a des oreilles de cheval; sa nébride, nouée sous le cou, flotte sur son dos; sa croupe n'est pas représentée, faute de place, sur la gemme. Devant lui, deux Amours ailés voltigent en l'accompagnant : l'un d'eux joue de la syrinx. — Époque hellénistique; retouches de la Renaissance.

Agate-onyx à deux couches : translucide et blanche.

La monture de ce camée, en or émaillé, est un chef-d'œuvre d'orfèvrerie du XVIe siècle : on l'a attribuée, mais sans preuve, à Benvenuto Cellini. Elle représente un édifice à fronton brisé; le milieu du fronton est rempli par un cartouche entouré d'une couronne de laurier en émail vert, sur lequel on lit, en lettres noires, la devise :

RERVM
TVTIS
SIMA
VIRTV
S

(*Rerum tutissima virtus*). De chaque côté du fronton, sont couchées deux figures allégoriques : la Force, qui tient une colonne qu'elle vient de briser, et la Renommée, qui porte à la main une trompette.

Haut., 84 mill. ; larg., 60 mill., monture comprise.

Pl. XI, fig. 97.

Ce camée figure dans l'Inventaire de 1664, sous le n° 196.

BIBL. — Marion du Mersan, *Hist. du Cabinet des Médailles* (1838), p. 113, n° 93; Ch. Lenormant, *Trésor de numism.*, *Nouv. galerie mytholog.*, p. 147 et pl. LII, fig. 7; Chabouillet, *Catalogue*, n° 79; E. Babelon, *Le Cabinet des Antiques*, p. 216 et pl. LVIII, fig. 5; le même, *La gravure en pierres fines*, p. 263, fig. 185; E. Fontenay, *Les bijoux anciens et modernes*, pp. 199-200.

98. **Sacrifice à Priape.** Un Satyre, assis au pied d'un platane et d'une statue de Priape, joue de la double flûte; il est barbu, le torse nu, les jambes enveloppées dans une draperie. Derrière lui, une jeune fille debout apporte des fruits sur une patère et une œnochoé pleine de vin; elle est vêtue du chiton talaire et du péplum. Une vieille femme, voilée, debout devant le Satyre, présente un objet incertain, peut-être un gâteau (ou un *phallus* symbolique). On aperçoit, au second plan, l'hermès priapique sur un cippe placé au pied du platane. — Époque hellénistique ou romaine.

Sardonyx à deux couches : cendrée et blanche. Double fêlure traversant le camée de haut en bas.

Monture en or.

Haut., 27 mill.; larg., 32 mill. Pl. X, fig. 98.

Ce camée est un de ceux qui, avant 1793, décoraient la châsse de la Chemise de la Vierge, conservée dans le Trésor de la cathédrale de Chartres. Dans le procès-verbal d'enlèvement que nous avons reproduit plus haut, il est désigné ainsi : « Un camée représentant un sacrifice, composé de trois figures, cassé dans deux parties » (voyez notre *Introduction*).

BIBL. — Marion du Mersan, *Hist. du Cabinet des Médailles* (1838), p. 112, n° 72; Chabouillet, *Catalogue*, n° 84; V. Duruy, *Hist. des Grecs*, t. I, p. 285; F. de Mély, *Le trésor de Chartres*, p. 32 et pl. IX; E. Babelon, *Le Cabinet des Antiques*, p. 22, vignette.

99. **Satyre offrant un sacrifice.** Il est nu, barbu, assis à gauche, sur un siège, et tenant de ses deux mains un masque qu'il paraît vouloir déposer sur un autel ou un cippe qu'on voit devant lui. — Travail médiocre de l'époque romaine.

Calcédoine à deux couches : cendrée et blanche.

Haut., 7 mill.; larg., 8 mill. Pl. XI, fig. 99.

100. **Silène sur un bouc.** Le vieux précepteur de Bacchus est nu, à califourchon sur sa monture; il tient, de la main droite, l'une des cornes du bouc et s'appuie, de la main gauche, sur sa croupe. — Époque romaine.

Sardonyx à deux couches : translucide et blanche.

Monture en or émaillé, de l'époque de la Renaissance.

Haut., 24 mill. ; larg., 20 mill. Pl. X, fig. 100.

Ce camée figure dans l'Inventaire de 1664, sous le n° 265.

BIBL. — Marion du Mersan, *Hist. du Cabinet des Médailles* (1838), p. 113, n° 75; Chabouillet, *Catalogue*, n° 71 ; V. Duruy, *Hist. des Grecs*, t. III, p. 135.

101. **Silène.** Buste vu de face, la tête ceinte d'une couronne de lierre et de corymbes, la barbe frisée. Il a les épaules couvertes du manteau des philosophes, et il ramène la main droite en avant, dans le geste de la méditation (satire d'un philosophe). — Époque romaine.

Sardonyx à deux couches: brune et azurée. Relief plat.

Monture en or.

Haut., 20 mill. ; larg., 15 mill. Pl. XI, fig. 101.

BIBL. — Mariette, *Traité des pierres gravées*, t. II, n° 23 (de la série des *Têtes*); Marion du Mersan, *Hist. du Cabinet des Médailles* (1838), p. 113, n° 73; Chabouillet, *Catalogue*, n° 72.

102. **Silène.** Il est représenté assis, vu à mi-jambes, de profil, à droite; sa tête est ceinte d'une couronne de lierre et une nébride couvre son dos et son bras gauche; il lève la main gauche et retient, de la main droite, sur son ventre, une outre pleine de vin. Un thyrse est debout derrière lui. — Époque romaine.

Calcédoine à deux couches : translucide et blanche.

Haut., 17 mill. ; larg., 14 mill. Pl. XI, fig. 102.

BIBL. — Chabouillet, *Catalogue*, n° 73. — Une copie antique (?) de ce camée est au musée de Berlin (Furtwaengler, *Beschreibung der geschnittenen Steine im Antiquarium*, n° 11158).

103. **Figure silénique.** Personnage grotesque, nu, debout, barbu et nu-tête ; il appuie le revers de la main droite sur sa hanche;

le bras gauche levé est mutilé. Base carrée. — Travail de l'époque romaine.

Statuette en corail.

Haut., 40 mill. Pl. XII, fig. 103.

Donné par le baron Jean de Witte, en 1865.

104. **Masque de Silène.** Il est de face, légèrement incliné à droite; son front chauve est ceint d'une couronne de lierre; il a une barbe épaisse et des oreilles humaines (l'oreille droite est seule visible). Ses traits énergiquement accentués se rapprochent de ceux qui sont donnés aux figures socratiques. — Remarquable travail de l'époque hellénistique ou romaine.

Calcédoine blonde, translucide; revers creux. Deux trous d'attache au sommet de la tête.

Haut., 48 mill.; larg., 35 mill. Pl. X, fig. 104.

Acquis en 1896.

105. **Masque de Silène.** Il est de face, avec une longue barbe, des oreilles de cheval, la bouche béante.

Agate-onyx à trois couches : cendrée, blanche et jaune (fond translucide).

Monture en argent doré.

Haut., 18 mill.; larg., 13 mill. Pl. XI, fig. 105.

Bibl. — Chabouillet, *Catalogue*, n° 74.

106. **Masque de Silène.** Il est de face, la tête ceinte d'une couronne de pampres et de corymbes; il a la bouche béante et une longue barbe élégamment étalée en éventail. — Époque romaine.

Sardonyx à trois couches : translucide, blanche et rousse.

Monture en or émaillé, de l'époque de la Renaissance, avec bélière de suspension.

Haut., 26 mill.; larg., 21 mill., monture comprise.
Pl. XI, fig. 106.

Bibl. — Chabouillet, *Catalogue*, n° 75.

107. **Masque de Silène.** Il est de face, la barbe hirsute, le nez épaté, les lèvres épaisses. De petites gemmes qui remplis-

saient les yeux et en formaient la pupille, ont disparu. — Époque romaine.

Agate à trois couches : rouge-clair, blanche et jaune.

Haut., 32 mill. ; larg., 25 mill. Pl. XI, fig. 107.

BIBL. — Chabouillet, *Catalogue*, n° 76.

108. **Masque de Satyre.** Il est de face, la bouche béante, la barbe hirsute ; son front est orné de cornes de bouc. — Époque romaine.

Pâte de verre, vert pâle.

Monture en cuivre, avec bélière.

Haut., 24 mill. ; larg., 16 mill. Pl. XI, fig. 108.

BIBL. — Chabouillet, *Catalogue*, n° 3357.

109. **Masque de Satyre.** Il est de face, la bouche béante, la barbe longue et hirsute, la tête couronnée de pampres et de lierre. — Époque romaine.

Grenat Syrian. Monture en or.

Haut., 26 mill. ; larg., 17 mill. Pl. XI, fig. 109.

BIBL. — Chabouillet, *Catalogue*, n° 82.

110. **Masque de Satyre.** Il est de face, la bouche béante, la barbe en éventail, la tête couronnée de pampres et de lierre. — Époque romaine.

Agate à deux couches : cendrée et blanche.

Monture en cuivre.

Haut., 18 mill. ; larg., 17 mill. Pl. XII, fig. 110.

X. MERCURE

111. **Mercure.** Buste de profil, à gauche. Ses cheveux sont frisés et il a des ailerons aux tempes ; la chlamyde qui lui couvre la poitrine est agrafée sur l'épaule gauche à l'aide d'un bouton orné d'une tête de Méduse ou de lion, de face. — Travail des plus remarquables, de l'époque hellénistique.

Sardonyx à deux couches : jaune-brun et blanc laiteux; matière admirable pour sa pureté.

Monture en or émaillé, du XVIIIe siècle.

Haut., 30 mill. ; larg., 24 mill. Pl. XI, fig. 111.

BIBL. — Marion du Mersan, *Hist. du Cabinet des Médailles*, p. 111, n° 59; Ch. Lenormant, *Trés. de numism., Nouv. galerie mytholog.*, p. 146 et pl. LI, fig. 5; Chabouillet, *Catalogue*, n° 51; E. Babelon, *Le Cabinet des Antiques*, p. 57 et pl. XIX, fig. 2.

112. **Mercure.** Tête de profil, à gauche, les cheveux frisés. Les ailerons sur les tempes sont à peine reconnaissables, au milieu des mèches de la chevelure. — Bon style romain.

Calcédoine appliquée sur un fond en pâte de verre brune.

Monture en argent doré, du moyen âge.

Haut., 32 mill. ; larg., 24 mill. Pl. XII, fig. 112.

Ce camée paraît être celui qui est décrit dans l'Inventaire de 1664, sous le n° 222.

BIBL. — Chabouillet, *Catalogue*, n° 52.

113. **Mercure.** Buste de face, les cheveux frisés, la tête légèrement inclinée, la chlamyde agrafée sur l'épaule droite. Haut relief. — Époque romaine.

Cornaline.

Haut., 16 mill. ; larg., 12 mill. Pl. XII, fig. 113.

BIBL. — Chabouillet, *Catalogue*, n° 53.

114. **Mercure.** Il est nu, debout, de profil à droite, s'appuyant du bras gauche sur un cippe, la main droite ramenée en arrière sur les reins, les jambes croisées. La main gauche paraît tenir une bourse. — Époque romaine.

Agate-onyx à deux couches: cendrée et blanche.

Monture moderne en bague d'or; le pourtour du chaton est orné d'une suite de petites améthystes incrustées.

Haut., 17 mill., larg., 14 mill., monture comprise.

Pl. XII, fig. 114.

BIBL. — Marion du Mersan, *Hist. du Cabinet des Médailles* (1838), p. 111, n° 60; Chabouillet, *Catalogue*, n° 54.

XI. DIVINITÉS DES EAUX

115. **Amphitrite sur un taureau marin.** La déesse, à demi-nue, les jambes enveloppées d'une légère draperie, est assise sur un taureau marin qui l'emporte en bondissant sur les flots. La croupe de l'animal se termine en une longue queue anguiforme, contournée en plusieurs circuits, et qui finit en deux bras rappelant les pinces d'un homard. La déesse dont les cheveux sont retenus par un bandeau et enroulés en chignon sur la nuque, tient de la main droite l'extrémité des rênes engagées autour des cornes du taureau. Un Amour ailé l'aide à retenir l'animal emporté ; un autre Génie qui tient un fouet plane dans les airs. Un troisième est engagé dans les replis tortueux de la queue du taureau ; un quatrième paraît se suspendre des deux mains aux écailles de la croupe du monstre ; à côté de lui, une seiche ou une pieuvre. Un cinquième Amour enfin se maintient sur le dos d'un dauphin.

Entre les pattes de devant du taureau, on lit en creux une signature d'artiste, ajoutée par un graveur moderne :

ΓΛΥ
ΚΩΝ

Travail antique, retouché à l'époque de la Renaissance.

Sardonyx à deux couches : brun-rougeâtre et blanc-jaunâtre.

Monture en or émaillé, du XVIIIe siècle.

Haut., 66 mill. ; larg., 83 mill., monture comprise.

Pl. XII, fig. 115.

Ce beau et grand camée figure dans l'Inventaire de 1664, sous le nº 260. Son authenticité a été suspectée à tort par divers auteurs; il est bien antique, mais il a subi des retouches importantes à l'époque de la Renaissance. Quant à la signature Γλύκων qui nous ferait connaître un nom d'artiste nouveau dans la glyptique, il a été ajouté a l'époque moderne, et l'auteur de cette addition est vraisemblablement le graveur du XVIe siècle qui a retouché si habilement les parties principales du travail antique.

Bibl. — Millin, *Galerie mythologique*, t. I, p. 41, et pl. XLII, n° 177; T. Dumersan, *Notice des monumens exposés dans le Cabinet des Médailles*, édit. de 1819, p. 28; éd. de 1828, p. 26; Marion du Mersan, *Hist. du Cabinet des Médailles* (1838), p. 111, n° 55; Ch. Lenormant, *Trésor de numism., Nouv. galerie mytholog.*, p. 145 et pl. LI, fig. 3; Creuzer, trad. Guigniaut, *Religions de l'antiquité*, pl. XCIX, n° 386; H. Brunn, *Geschichte der griech. Künstler*, t. II, p. 612; H. K. E. Koehler, *Gesammelte Schriften*, t. III, p. 175; Lud. Stephani, *Angebliche Steinschneider*, dans les *Mémoires de l'Acad. de S.-Pétersbourg*, VIe serie, *Sciences politiques*, t. VIII, p. 235; Müller et Wieseler, *Denkmæler der alten Kunst*, t. I, pl. XL, fig. 175; Charles Blanc, dans la *Gazette des Beaux-Arts*, tome I de 1865 (t. XVIII), p. 262; Chabouillet, *Catalogue*, n° 86; le même, dans la *Gazette archéologique*, t. XI, 1886, p. 139 et suiv. (sous le nom de *La néréide Galéné*); H. Heydemann, *Pariser Antiken*, p. 67, n° 2; A. Furtwængler, dans le *Jahrbuch d. deut. archaeol. Instituts*, 1889, t. IV, p. 72; E. Babelon, *La gravure en pierres fines*, p. 162, fig. 120. — Comparez un bas-relief, dans Roscher, *Ausf. Lexicon der Mythologie*, t. I, p. 322.

116. **Thétis emportée par un Triton.** La croupe du Triton est anguiforme; son corps est nu et entouré de nageoires à la ceinture. Thétis, le visage souriant, le torse nu, les jambes enveloppées dans une draperie, est assise sur la croupe du monstre qui lui tient la main droite en faisant un geste élégant; un léger voile, enroulé autour du bras de la nymphe, flotte au vent par derrière; de la main gauche, Thétis tient le bouclier d'Achille. Devant ce groupe gracieux, on voit nager un Amour ailé, à côté d'un dauphin. — Époque hellénistique ou romaine.

Sardonyx à deux couches : brune et blanche.

Monture moderne en bague d'or.

Haut., 21 mill. ; larg., 23 mill., monture comprise.

Pl. XII, fig. 116.

Donné par le duc de Luynes, en 1862.

Bibl. — *Département des Médailles. Description sommaire des monuments exposés*, 1867, p. 140, n° 7; E. Babelon, *Le Cabinet des Antiques*, p. 82 et pl. XXVI, fig. 4. — Comparez une intaille avec un sujet analogue : Levesque de Gravelle, *Recueil de pierres gravées antiques*,

t. II, pl. 33; S. Reinach, *Pierres gravées,* p. 80 et pl. 79, fig. 36; Raspe, *Catal. de Tassie,* n° 2626; Inghirami, *Galleria omer.*, t. II, pl. 165; Stosch, *Gemmae antiquae caelatae,* p. 107, n° 471; Lud. Stephani, *Compte rendu de la Commission imp., pour 1865,* p. 45.

117. **Néréide sur un hippocampe.** Le monstre bondit sur les flots et sa queue anguiforme se redresse en décrivant de nombreux circuits. La nymphe étendue sur sa croupe le saisit par le cou; elle est à demi-nue, vue de dos, les cheveux épandus sur les épaules, les jambes enveloppées dans une ample draperie ramenée autour de son bras gauche. La jambe gauche de l'hippocampe est mutilée. — Époque romaine.

Sardonyx à deux couches : brun-jaunâtre translucide et blanche.

Monture moderne en or émaillé.

Haut., 33 mill.; larg., 44 mill., monture comprise.

Pl. XII, fig. 117.

Ce camée figure dans l'Inventaire de 1664, sous le n° 106.

BIBL. — Marion du Mersan, *Hist. du Cabinet des Médailles,* p. 113, n° 92; Chabouillet, *Catalogue,* n° 87.

XII. PLUTON ET CÉRÈS

118. **Pluton.** Il est assis sur un trône à dossier, vêtu d'une ample chlamyde, la tête surmontée du modius; sur la main gauche il tient un corbeau et il pose la main droite sur Cerbère qui est assis à côté de lui. — Époque romaine.

Sardonyx à trois couches : cendrée, blanche et brun-rougeâtre (fond blanc).

Monture moderne en or.

Haut., 40 mill.; larg., 28 mill., monture comprise.

Pl. XII, fig. 118.

Ce camée figure dans l'Inventaire de 1664, sous le n° 274.

BIBL. — Marion du Mersan, *Hist. du Cabinet des Médailles* (1838), p. 107, n° 10 (sous le nom de *Jupiter Sérapis*); Chabouillet, *Catalogue,* n° 88; V. Duruy, *Hist. des Grecs,* t. II, p. 289.

119. **Pluton enlevant Proserpine.** Le dieu des Enfers est vu seulement à mi-corps; il est nu et détourne la tête pour regarder Coré ou Proserpine qu'il porte sur son épaule droite, en la soutenant de la main gauche. Proserpine est diadémée et vêtue d'un chiton talaire serré à la taille; de la main droite levée elle tient une fleur. — Bon style grec.

Agate à deux couches : rouge-clair et blanche.

Monture moderne en bague d'or.

Haut., 19 mill.; larg., 15 mill. Pl. XII, fig. 119.

Bibl. — Marion du Mersan, *Hist. du Cabinet des Medailles* (1838), p. 107, n° 11; Ch. Lenormant, *Trésor de numism., Nouv. galerie mytholog.*, p. 60 et pl. IX, fig. 1; Chabouillet, *Catalogue*, n° 89.

120. **Cérès.** Buste de profil, à droite. La déesse est voilée et couronnée d'épis; ses oreilles sont ornées de pendants et elle a un collier au cou; sa poitrine est drapée. — Excellent travail romain du Ier siècle de notre ère.

Sardonyx à trois couches : brune, azurée et brun-roux.

Haut., 45 mill.; larg., 35 mill. Pl. XII, fig. 120.

Bibl. — Chabouillet, *Catalogue*, n° 55.

121. **Cérès.** Elle est debout, vue de profil, à droite, tenant de la main droite une couronne et de la gauche un bouquet d'épis et de pavots. Ses cheveux retenus par des bandelettes forment chignon sur la nuque; son costume consiste en un double chiton talaire. — Époque romaine.

Sardonyx à deux couches : jaune translucide et blanche.

Monture en or émaillé, de l'époque de la Renaissance.

Haut., 25 mill.; larg., 17 mill. Pl. XIII, fig. 121.

Ce camée figure dans l'Inventaire de 1664, sous le n° 133.

Bibl. — Marion du Mersan, *Hist. du Cabinet des Médailles* (1838), p. 112, n° 64; Chabouillet, *Catalogue*, n° 57; V. Duruy, *Hist. des Grecs*, t. II, p. 436; A. de Montaiglon, *L'hymne à Cérès, traduit en vers* (in-12, 1895), p. 5, vignette.

122. **Cérès et Proserpine.** Bustes accolés, de profil, à gauche. Cérès est voilée et couronnée d'épis; Proserpine est diadémée. — Époque romaine; bon travail.

Au revers de cette gemme, un artiste de la Renaissance a gravé en creux Laocoon avec deux de ses enfants dévorés par des serpents (copie du célèbre groupe du Musée du Vatican).

Sardonyx à trois couches : brun translucide, blanche et brun-jaunâtre (fond brun).

Monture en or émaillé, du XVIIIe siècle.

Haut., 69 mill. ; larg., 60 mill., monture comprise.

Pl. XIV, fig. 122.

Bibl. — Marion du Mersan, *Hist. du Cabinet des Médailles* (1838), p. 112, n° 63 ; Ch. Lenormant, *Trésor de numism., Nouv. galerie mytholog.*, p. 146 et pl. LI, fig. 4 ; Chabouillet, *Catalogue*, n° 58.

123. **Cérès et Triptolême.** La déesse, vêtue d'un chiton talaire et d'un long péplum, est assise sur un trône et tient à la hauteur de son visage une fleur de damatrion (narcisse). Devant elle, Triptolême à demi-nu, debout, porte des semences dans un pli de sa chlamyde. Derrière Cérès, un masque tragique posé sur un cippe. — Époque hellénistique ou romaine.

Calcédoine à deux couches : cendrée et blanche. La partie droite de la gemme est fragmentée.

Monture moderne en or, avec bélière de suspension.

Haut., 28 mill. ; larg., 31 mill., monture comprise.

Pl. XIII, fig. 123.

Donné par le duc de Luynes, en 1862.

Bibl. — *Département des Médailles, Description sommaire des monuments exposés* (1867), p. 140, n° 118.

124. **Cérès ou la Terre.** La déesse est à demi nue, assise à terre, de profil à droite ; un long voile descend sur ses épaules et ses jambes sont enveloppées dans sa tunique. De la main droite baissée elle tient un bouquet d'épis et de la gauche une coupe. Un serpent se dresse à ses pieds. — Travail médiocre de l'époque romaine.

Agate à deux couches : jaunâtre translucide et blanche.

Haut., 80 mill. ; larg., 110 mill. Pl. XIII, fig. 124.

Bibl. — Chabouillet, *Catalogue*, n° 56.

XIII. CYBÈLE ET ATYS

125. **Cybèle.** La déesse, vue de profil, est assise sur un trône orné de griffons. Un long voile lui couvre la tête et descend sur ses bras ; son cou est orné d'une *bulla* et elle est vêtue d'un ample chiton. Les jambes ne sont pas représentées. — Travail médiocre de l'époque romaine.

Agate à deux couches : blonde translucide et blanche.

Haut., 90 mill. ; larg., 74 mill. Pl. XIII, fig. 125.

Bibl. — Chabouillet, *Catalogue,* n° 123 (sous le nom d'Archi-Galle) ; V. Duruy, *Hist. des Grecs,* t. II, p. 656 ; le même, *Hist. des Romains,* t. II, p. 240.

126. **Cybèle.** Tête de profil, à droite, la tête voilée et ceinte d'une couronne murale, le cou drapé. — Époque romaine.

Sardonyx à trois couches : brune, blanche et brun-jaunâtre.

Haut., 19 mill. ; larg., 14 mill. Pl. XIII, fig. 126.

Bibl. — Marion du Mersan, *Hist. du Cabinet des Médailles* (1838), p. 106, n° 1 ; Chabouillet, *Catalogue,* n° 1.

127. **Atys.** Buste de profil, à droite. Il est coiffé du bonnet phrygien et sa poitrine est couverte d'une chlamyde nouée sur l'épaule droite. — Époque romaine.

Sardonyx à trois couches : noire, blanche et noire.

Monture en or émaillé, de l'époque de la Renaissance.

Haut., 32 mill. ; larg. 22 mill., monture comprise.

Pl. XIII, fig. 127.

Bibl. — Chabouillet, *Catalogue,* n° 2.

XIV. ROME, LA VICTOIRE

ET DIVINITÉS SECONDAIRES

128. **La déesse Rome.** Buste de profil, à droite. La déesse est coiffée d'un casque surmonté d'une *crista*, et dont le timbre est entouré d'une branche de laurier; ses cheveux sont noués sur ses épaules. Sa poitrine est couverte de l'égide ornée de la tête de Méduse. — Travail de l'époque constantinienne.

Agate à deux couches : brune et azurée.

Haut., 134 mill.; larg., 81 mill. Pl. XIV, fig. 128.

On peut hésiter à reconnaître dans la tête qui figure sur ce camée, la déesse Rome ou Constantin le Grand. Le monument a été gravé au temps de ce prince ou de ses successeurs immédiats, et la figure qu'on y voit a la plus étroite parenté avec les effigies de Rome ou de Constantinople qui forment les types de monnaies de Constantin, entourés des légendes VRBS ROMA et CONSTANTINOPOLIS. Les traits iconiques donnés à ces deux génies urbains qui ont les attributs de Minerve, ont été, intentionnellement et par flatterie, rapprochés de la figure de Constantin lui-même : c'est aussi le cas pour le buste que nous venons de décrire.

Ce camée de grandes proportions, mais d'un style banal, a une histoire intéressante, connue seulement depuis peu d'années. Il fut vendu en 1809, au Cabinet des Médailles, par un marchand de Paris qui le présenta comme ayant été trouvé à Bavay (Nord). Mais il provient en réalité du Trésor de l'église de Saint-Castor, à Coblence, où il fut conservé jusqu'à la fin du siècle dernier. Il était enchâssé sur le plat principal de la couverture d'un Évangéliaire donné, d'après la tradition, à cette église par Louis le Débonnaire.

Dans sa *Vie de Louis le Débonnaire,* un contemporain, Thegan, de Trèves, raconte qu'en 836, Hetti, abbé de Mettlach, devenu archevêque de Trèves, fit transporter, en grande pompe, à Coblence, le corps de saint Castor qui, jusque là, reposait à Carden (*Caradona*). L'église de Coblence fut, à cette occasion, consacrée solennellement à saint Castor; peu après cette fête, le quatorzième jour avant les kalendes de décembre, un dimanche, l'empereur Louis le Débonnaire vint à Coblence avec sa femme et ses enfants; il y séjourna deux jours et deux nuits, et fit au Trésor de l'église de riches présents en or et en argent. Après quoi, il regagna son palais d'Aix-la-Chapelle [1]. Rien, dans la chronique de Thegan, n'indique que, parmi ces présents, figurât le camée ou l'Évangéliaire qu'il décorait. Toutefois, cet Evangéliaire était, naguère encore, considéré comme remontant au IXe siècle, ce qui rendait possible l'attribution du don à Louis le Débonnaire; mais nous verrons tout à l'heure que des doutes ont été récemment élevés sur l'âge du manuscrit.

Quoi qu'il en soit, ce livre, orné de notre camée et d'autres gemmes en cabochons, était le joyau le plus précieux du trésor de Saint-Castor. On s'en servait, aux jours de grandes fêtes seulement, à la messe, pour la lecture de l'Évangile du jour. Mais, en 1794, l'invasion des pays rhénans par l'armée française eut, sur le sort du manuscrit et du camée, une néfaste influence. Un personnage qui a joué un rôle dans ces événements, le vicaire général J. L. ab Hommer, a écrit à ce sujet une relation datée du 19 mars 1819, et qu'a publiée naguère M. Schaaffhausen [2]. Voici ce que raconte ce dernier en complétant le récit de J. L. ab Hommer à l'aide de papiers de famille.

Au mois d'octobre 1794, lorsque les Français vinrent occuper Coblence, les chanoines mirent en lieu sûr l'Évangéliaire et les autres objets précieux de l'église de Saint-Castor, pour qu'ils ne tombassent pas aux mains de l'armée victorieuse. Le général Marceau ayant voulu voir le célèbre manuscrit, les chanoines refusèrent d'en faire connaître la cachette; en conséquence, cinq d'entre eux, dont le vicaire-général J. L. ab Hommer, furent jetés en prison. Ils y restèrent huit jours, sans qu'on pût rien tirer d'eux; après quoi, ils furent remis en liberté. Au bout de quelques années, les chanoines, privés de leur prébende, voyant leur institution abolie sans espoir de retour, et réduits, pour plusieurs d'entre eux, à la misère, résolurent de vendre ce qui restait des biens du Chapitre et en particulier le camée qui ornait la couverture de leur Évangéliaire. Ils le dessertirent et, après l'avoir successivement offert en vente, en secret, à Limbourg, puis à Augsbourg, ils le cédèrent, en 1808, pour 1,500 *Gulden,* à des marchands de Francfort-sur-le-Mein. Avant de s'en dessaisir, toutefois, ils en firent exécuter une gravure sur cuivre par un artiste nommé Neubauer. Le prix du camée fut partagé entre trois des chanoines les plus nécessiteux, Milz, von Dusseldorf et le vicaire Jean-Joseph Goblet [3].

1. J. Pertz, *Monumenta Germaniæ historica*, t. I, p. 603; cf. A. J. Richter, *Sanct Castor zu Coblenz, als Münster, Stift und Pfarrkirche*, p. 47 (Coblence, 1868, 3e édit.).

2. Schaaffhausen, *Der Onyx von St. Castor in Coblenz*, dans le *Jahrbuch d. Vereins von Alterthumsfr. im Rheinlande*, Heft LXXIX, pp. 197 à 214.

3. La quittance de ce dernier, reconnaissant avoir reçu de son collègue, le chanoine Milz, le tiers du prix du camée, est datée du 9 mars 1809.

Peu après, les marchands de Francfort faisaient parvenir le camée à Paris; il fut vendu pour 3,000 francs à un marchand de Paris, à qui on le présenta comme ayant été trouvé à Bavay (Nord), lieu célèbre par les antiquités qu'on y a découvertes dans le cours du XVIIIe siècle. Millin qui, alors, acheta le camée pour le Cabinet des Médailles, n'avait aucune raison de ne pas croire à la véracité de ce qui lui fut raconté.

Quant au manuscrit lui-même, les chanoines le tinrent caché jusqu'au jour où il fut remis au vicaire-général J. L. ab Hommer. Ce dernier se réjouit de posséder un livre aussi précieux; il déclare naïvement se l'approprier et, ajoute-t-il, j'ai quelque droit à agir ainsi, car j'ai été l'un des chanoines de l'église de Saint-Castor, et je n'ai reçu aucune part du prix de vente du camée. Par ses soins, la couverture mutilée fut remplacée par une autre dont le luxe, dit-il, est en rapport avec mes moyens, mais non pas, hélas, avec la valeur du manuscrit. En 1838, après la mort de J. L. ab Hommer qui était devenu archevêque de Trèves, l'Évangéliaire de Saint-Castor resta longtemps entre les mains de ses héritiers, à Ehrenbreistein; il finit par entrer dans la bibliothèque d'un collectionneur bien connu des numismates et des amateurs de livres rares, le baron de Renesse-Breidbach [1].

Dans le *Catalogue* de la vente des manuscrits de ce dernier, qui eut lieu à Anvers en novembre 1835, l'Évangéliaire de Coblence figure sous le n° 1, avec la mention suivante: « *Evangeliorum codex elegantissimus.* In-4°. Ce chef-d'œuvre du IXe siècle est d'une belle conservation, contient 180 feuilles, avec beaucoup de peintures en miniature sur un fond rouge avec les figures dorées, ainsi que les lettres initiales et beaucoup de petites; quelques pages en violet. Le roi Louis le Pieux en fit cadeau à l'église de Saint-Castor à Coblence; il était autrefois relié en bois, recouvert d'or et de pierres précieuses [2]. »

D'après ce signalement, les connaisseurs reconnaîtront un manuscrit qui paraît bien remonter au IXe siècle. Cependant, il y a quelque trente ans, un érudit de Bonn, M. Schaaffhausen, ayant eu, avec d'autres personnes compétentes, l'occasion d'examiner le manuscrit, déclare que les caractères paléographiques ne permettent pas de faire remonter l'écriture au-delà du XIIIe ou du XIIe siècle au plus tôt. D'après cela, la tradition qui faisait honneur à Louis le Débonnaire de la donation de l'Évangéliaire et du camée serait donc apocryphe [3]. J'ignore dans quelle collection publique ou privée se trouve présentement l'Évangéliaire de Saint-Castor de Coblence.

1. Stramberg, dans le *Rheinische Antiquarius*, t. II, 1, p. 39.

2. *Catalogue d'une très belle collection de livres de la bibliothèque délaissée par feu le comte C. W. de Renesse-Breidbach.* Anvers, 1835, in-8°. Je dois ce renseignement bibliographique à l'obligeance de M. Léopold Delisle.

3. Schaaffhausen, dans le *Jahrbuch* cité, Heft LXXIX, 1885, p. 203.

Bibl. — Chabouillet, *Catalogue*, nº 122; Schaaffhausen, dans les *Verhandlungen des internationalen Congresses für Alterthumskunde und Geschichte*, zu Bonn, im Septembre 1868, herausgegeben von Prof. Dr E. aus'm Weerth (Bonn, 1871); A. J. Richter, *Sanct Castor zu Coblenz, als Münster, Stift und Pfaarrkirche* (Coblence, 1868, 3e édit.), pp. 47 et suiv.; A. de Longpérier, *Œuvres*, publiées par G. Schlumberger, t. VII, p. 10; Schaaffhausen, *Der Onyx von St Castor in Coblenz*, dans le *Jahrbuch d. Vereins von Alterthumsfreund. im Rheinlande*. Heft LXXIX, 1885, pp. 197 à 214 et pl. III et IV.

129. **La Victoire dans un bige.** La déesse est debout dans le char, munie de grandes ailes, tenant le fouet et les rênes des deux mains. Les chevaux sont lancés au galop, à gauche. La tête de la Victoire est mutilée. — Bon travail romain.

Agate à trois couches : gris-cendré, azurée et jaunâtre.

Monture moderne en or.

Haut., 15 mill.; larg., 24 mill. Pl. XIV, fig. 129.

Ce camée figure dans l'Inventaire de 1664, sous le nº 208.

Bibl. — Marion du Mersan, *Hist. du Cabinet des Médailles* (1838), p. 110, nº 45; Chabouillet, *Catalogue*, nº 93. — Ce sujet est fréquent dans la glyptique; comparez surtout un camée de la collection impériale de Vienne (J. Arneth, *Die antiken Cameen*, pl. XIX, 6) et deux camées portant, l'un, la signature de Sostratos, l'autre, la signature de Lucius (A. Furtwaengler, dans le *Jahrbuch d. deut. archaeol. Instituts*, t. III, 1888, pl. X, fig. 25 et pl. XI, fig. 8; texte, dans le tome IV, 1889, pp. 58 et 62). — Voyez aussi un camée de la collection Louis Fould (Chabouillet, *Catalogue de la collection Louis Fould*, p. 36 et pl. VIII, nº 904), et deux autres du musée de Berlin (Furtwaengler, *Beschreibung der geschnittenen Steine im Antiquarium*, nºs 11076 et 11143).

130. **La Victoire dans un bige.** Composition pareille au camée précédent (nº 129).

Pâte de verre imitant un camée à deux couches : noire et blanche.

Monture moderne en argent.

Haut., 15 mill.; larg., 20 mill. Pl. XIV, fig. 130.

131. **Victoire.** Buste de profil, à gauche. Sa tête est ceinte d'une couronne de laurier; elle porte sur l'épaule droite un flambeau allumé et l'on voit la partie supérieure de ses ailerons.

Les traits de cette Victoire rappellent ceux d'Antonia, mère de Germanicus. Au pourtour, une corniche formant un cadre ovale. — Époque romaine; bon travail.

Sardonyx à trois couches : brun-foncé, azurée et brun-clair.

Haut., 29 mill.; larg., 25 mill. Pl. XIV, fig. 131.

BIBL. — Chabouillet, *Catalogue*, n° 92.

132. **Victoire.** Buste de profil, à gauche, la tête ceinte d'une couronne de laurier gravée en creux; son cou est orné d'un collier et l'on aperçoit l'extrémité supérieure de ses petites ailes. — Fragment : la nuque et les épaules de la Victoire sont mutilées.

Pâte de verre imitant un camée à deux couches, noire et blanche.

Monture en argent, avec bélière de suspension.

Haut., 32 mill.; larg., 21 mill. Pl. XIV, fig. 132.

133. **L'Espérance.** Figure debout de profil, à gauche, la tête ceinte d'un haut calathos. De la main droite portée en avant, elle tient une fleur; de la main gauche baissée, elle relève les plis de son chiton talaire. — Époque romaine; style archaïsant.

Sardonyx à trois couches : brun-jaunâtre translucide, blanche et jaune-pâle. Au pourtour, une corniche ovale formant cadre.

Monture moderne en or.

Haut., 43 mill.; larg., 29 mill. Pl. XIV, fig. 133.

Légué par J. Henri Beck, en 1846.

Ce camée fut acquis par Beck à la vente de Magnan de la Roquette, d'Aix (voy. le *Catalogue* de cette vente par Roussel, expert. Paris, novembre 1841, n° 207). Il provenait, est-il dit dans ce catalogue, de la collection de Mme de Pompadour.

BIBL. — Millin, *Voyage dans le Midi de la France*, Paris, 1807, t. II, p. 262, pl. XXXVIII, n° 4; Creuzer, trad. Guigniaut, *Religions de l'antiquité*, pl. CL, fig. 562; Chabouillet, dans la *Revue archéologique*, t. VI, 1849, p. 338; Chabouillet, *Catalogue*, n° 94; J. Leturcq, *Notice sur Jacques Guay*, p. 246, note; V. Duruy, *Hist. des Grecs*, t. I, p. 238; le même, *Hist. des Romains*, t. I, p. 190. — Comparez Raspe, *Catologue de Tassie*, p. 473, n° 8083 et pl. XLVIII.

134. **Hygie.** Femme assise sur un rocher, de trois quarts, à droite, les cheveux épars. Elle est vêtue d'un chiton talaire, et de la main gauche elle donne à manger à un serpent qui émerge d'une ciste placée à côté d'elle. — Époque romaine.

Agate-onyx à deux couches : brune et azurée. Tranche en biseau.

Monture moderne en or.

Haut., 28 mill. ; larg., 22 mill. Pl. XIV, fig. 134.

BIBL. — Chabouillet, *Catalogue*, n° 65 (sous le nom de « Femme assise, peut-être Ariadne »).

135. **Némésis.** Buste à mi-corps, de profil, à gauche. Elle a les cheveux ramassés en chignon et elle est vêtue d'un péplum dont elle soulève délicatement le bord supérieur avec le pouce et l'index de la main droite. La main gauche tient un objet incertain (peut-être un rameau de pommier sauvage). — Époque hellénistique ou romaine ; travail excellent.

Pâte de verre irisée, imitant un camée à trois couches : brune, blanche et jaune-roux. Conservation défectueuse.

Haut., 53 mill. ; larg., 44 mill. Pl. XIV, fig. 135.

Comparez une petite pâte de verre du Musée de Berlin (Furtwængler, *Beschreibung der geschnittenen Steine im Antiquarium*, n° 11191). — Sur les attributs et le geste de cette déesse qui crache dans son sein pour détourner un malheur (πτύει εἰς τὸν κόλπον), voir : Raoul Rochette, *Monuments inédits, Orestéide*, pp. 214-215 ; Stéphani, *Compte rendu de la commission impériale d'archéologie de Saint-Pétersbourg*, pour 1873, p. 153 ; A. Furtwængler, *Sammlung Saburoff*, t. II, p. 17.

136. **La muse Polymnie conduisant Socrate auprès de Diotime.** Socrate, reconnaissable à ses traits si caractéristiques, est vêtu du manteau des philosophes ; il s'avance, conduit par Polymnie, la muse de la Philosophie, qui tient dans sa main un *volumen*. La courtisane Diotime qui passe pour avoir souvent communiqué à Socrate ses inspirations, est assise sur un trône, sur lequel elle s'appuie de la main gauche, tandis qu'elle fait de la main droite le geste de la persuasion. Derrière elle, un petit *hermès* en forme de cippe carré surmonté d'une tête humaine. — Style grec du IVe siècle.

Sardonyx à deux couches : brune et blanche.

Cercle d'or au pourtour.

Haut., 21 mill.; larg., 21 mill. Pl. VI, fig. 136.

Nous avons adopté pour le sujet allégorique représenté sur ce camée l'interprétation de Charles Lenormant : elle paraît confirmée par la physionomie du personnage dans lequel on reconnaît aisément Socrate. Visconti voyait, dans cette scène, Melpomène, Euripide et la Palestre personnifiee ; Welcker a proposé d'y reconnaître Melpomène conduisant Euripide à la nymphe d'une grotte où le poète allait chercher ses inspirations ; on a aussi voulu y voir Socrate avec Polymnie, devant la déesse Telete, qui l'instruit.

Bibl. — Visconti, *Iconographie grecque*, t. I, p. 82 et pl. V, fig. 4; T. Dumersan, *Notice des monumens exposés dans le Cabinet des Médailles*, éd. de 1819, p. 37; éd. de 1828, p. 33; Marion du Mersan, *Hist. du Cabinet des Médailles* (1838), p. 113, n° 74; F. G. Welcker, *Die Giebelgruppen*, p. 488; le même, *Alte Denkmæler*, Atlas, pl. VII (Gœttingue, 1864); *Trésor de numism., Nouv. galerie mytholog.*, p. 146 et pl. LI, fig. 9; Chabouillet, *Catalogue*, n° 18; V. Duruy, *Hist. des Grecs*, t. II, p. 286.

XV. DIVINITÉS ÉGYPTIENNES

137. **Hathôr.** La déesse égyptienne est debout, de face, dans une attitude hiératique. Sa tête diadémée est surmontée du disque solaire accosté de plumes et des cornes de vache. Ses longs cheveux calamistrés descendent sur ses épaules. Ses bras sont étendus, raides, de chaque côté du corps. Elle est vêtue d'une longue tunique sous laquelle se dessinent les formes du torse et qui descend jusqu'aux chevilles. — Travail alexandrin de l'époque ptolémaïque.

Sardonyx à trois couches : blanche, brun-clair et blanche. Monture moderne, en or, munie de deux bélières.

Haut., 34 mill.; larg., 29 mill. Pl. XIV, fig. 137.

Bibl. — Marion du Mersan, *Hist. du Cabinet des Médailles*, p. 114, n° 112; Chabouillet, *Catalogue*, n° 175; V. Duruy, *Hist. des Romains*, t. V, p. 88.

138. **Hathor.** Buste de face, la tête surmontée du modius, la poi-

trine couverte de l'égide. Deux petites tresses et deux grandes cornes de bélier richement décorées de rosaces et de cercles, encadrent le visage et se recourbent symétriquement sur la poitrine. — Travail alexandrin de l'époque ptolémaïque.

Sardonyx à deux couches : brune et blanche.

Monture moderne en or.

Haut., 18 mill.; larg., 15 mill. Pl. XV, fig. 138.

BIBL. — Marion du Mersan, *Hist. du Cabinet des Médailles* (1838), p. 114, n° 111; Chabouillet, *Catalogue*, n° 176. — Comparez la tête d'Hathor sur des vases cypriotes publiés par M. Max. Collignon, dans la *Revue des Études grecques*, t. VI, 1893, p. 34.

139. **Sekhet.** Buste de face de la déesse égyptienne Sekhet. Sa physionomie rappelle la tête de lionne qui était, à l'époque pharaonique, son principal attribut. Elle est coiffée du *klaft* dont les fanons striés descendent sur les deux épaules. — Excellent style alexandrin, de l'époque ptolémaïque.

Agate à deux couches : brune et blanche.

Monture en cuivre (chaton de bague).

Haut., 20 mill.; larg., 16 mill. Pl. XV, fig. 139.

BIBL. — Chabouillet, *Catalogue*, n° 183.

140. **Harpocrate.** Buste de profil, à gauche, émergeant du calice d'une fleur de lotus. Il porte la main droite à ses lèvres et il est coiffé du *pschent*, avec la corne d'Ammon sur l'oreille. A son cou, un collier orné d'une *bulla*. — Travail alexandrin de l'époque romaine.

Sardonyx à trois couches : brun-foncé, azurée et brun-clair.

Monture moderne en or.

Haut., 34 mill.; larg., 27 mill. Pl. XV, fig. 140.

BIBL. — Marion du Mersan, *Hist. du Cabinet des Médailles* (1838), p. 114, n° 113; Chabouillet, *Catalogue*, n° 178.

141. **Harpocrate.** Il est représenté de profil, à gauche, sous les traits d'un tout jeune enfant assis sur le calice d'une fleur de lotus. Il porte la main gauche à ses lèvres et il touche son pied de la main droite. — Travail alexandrin de l'époque romaine.

Sardonyx à trois couches : brun-foncé, azurée et brun-clair.
Monture en or.
Haut., 18 mill. ; larg., 12 mill. Pl. XV, fig. 141.

Bibl. — Marion du Mersan, *Hist. du Cabinet des Médailles* (1838), p. 115, n° 116; Chabouillet, *Catalogue*, n° 179.

142. **Harpocrate.** Il est représenté sous les traits d'un tout jeune enfant, nu, assis sur un parterre de fleurs ; il porte la main droite à sa bouche, et de la main gauche il tient une corne d'abondance remplie de fruits. — Travail alexandrin de l'époque romaine.

Sardonyx à deux couches : cendrée et blanche.
Monture en cuivre (chaton de bague).
Haut., 18 mill. ; larg., 15 mill. Pl. XV, fig. 142.

Ce camée figure dans l'Inventaire de 1664, sous le n° 159.

Bibl. — Marion du Mersan, *Hist. du Cabinet des Médailles* (1838), p. 114, n° 115; Chabouillet, *Catalogue*, n° 177. — Comparez le type de nombreuses monnaies d'Alexandrie de l'époque impériale romaine.

143. **Harpocrate.** Il est représenté sous les traits d'un tout jeune enfant, nu, assis, de profil à droite; il porte la main gauche à sa bouche, et de la main droite il tient l'un de ses pieds.

Pâte de verre imitant un camée à deux couches : brune et blanche.
Chaton d'une bague en cuivre.
Haut. du chaton, 15 mill.; larg., 12 mill.

144. **Dieu égyptien.** Buste de profil à droite, d'un dieu égyptien incertain. Il est imberbe et coiffé du *pschent ;* sa poitrine est couverte d'une chlamyde agrafée sur l'épaule droite. Un graveur moderne a retouché le sommet de la coiffure et sur le pourtour du *pschent* il a gravé en creux l'inscription hébraïque suivante : נגיאדצש ou נבראדגש (?). (Cette inscription paraît n'offrir aucun sens, et les lettres ont des formes barbares qui attestent, de la part du graveur, une ignorance complète de l'alphabet hébraïque.)

Sardonyx à trois couches : brune, blanche et brune.

Monture moderne en or émaillé.

Haut., 45 mill. ; larg., 34 mill. Pl. XV, fig. 144.

Bibl. — Marion du Mersan, *Hist. du Cabinet des Médailles* (1838), p. 114, n° 114; Chabouillet, *Catalogue*, n° 180. — En supposant plusieurs erreurs dans les sept caractères de l'inscription reproduite ci-dessus, M. Moïse Schwab propose de lire le mot **OBRASAX** = 'Ἀβρασαξ, en lettres hébraïques (*Revue des Études juives*, n° 65 (1896), p. 149-150).

XVI. ÉPISODES HÉROIQUES

145. **Le devin Mélampos guérissant les Prœtides.** Le personnage qui domine la scène est Mélampos, représenté barbu, les traits graves et tranquilles, la tête ceinte d'une couronne de laurier. Il est vêtu d'une tunique sans manches, serrée à la taille ; la tête tournée de profil, il tient de la main gauche le rameau lustral (περιῤῥαντήριον, ῥάντιστρον) servant aux purifications; de la main droite levée, il tient, la tête en bas, la victime expiatoire, un jeune porc (χοιρίδιον) qu'il vient d'immoler et dont il fait dégoutter le sang sur la tête des malades qu'il veut guérir. Les trois filles du roi Prœtos, Lysippé, Iphinoé et Iphianassa, sont assises devant lui, dans des attitudes tourmentées. Celle qui reçoit sur sa tête le sang du porc est calme et résignée, la tête légèrement inclinée, les bras retombant, comme si elle attendait l'effet salutaire de ce baptême singulier; ses cheveux sont répandus sur son cou; ses vêtements en désordre laissent à demi-nues sa poitrine et ses jambes. La seconde des Prœtides paraît en proie à une agitation fébrile; elle se dresse, le buste cambré en arrière, levant la tête et les bras, paraissant s'arracher les cheveux de la main gauche, faisant de la main droite un geste de rage impuissante; son chiton, serré à la taille, laisse sa poitrine à demi-nue. La troisième sœur est Iphinoé; on n'aperçoit que son buste nu : renversée, la tête penchée en avant, les bras inertes retombant presque jusque sur le sol,

elle succombe et meurt de l'opération théurgique qui vient de lui être infligée. Deux autres personnages complètent le tableau et assistent à la scène. A droite, c'est l'acolyte, un jeune éphèbe, entièrement nu, qui porte l'eau lustrale dans une patère sans anse (ἀρδάνιον). A gauche, c'est une jeune fille, la nymphe de la source dont les eaux, ayant des vertus curatives, servent aux lustrations de Mélampos. Elle est debout, les jambes croisées, s'appuyant contre une colonne d'ordre ionique. Elle est vêtue d'un chiton talaire et d'un péplos qui laissent à nu le bras droit; ses cheveux sont enveloppés du cécryphalos; elle appuie la main droite sur sa hanche; le bras gauche levé et replié au-dessus de la tête est enveloppé dans les plis du péplos. Le nom de cette nymphe est incertain. Si la scène se passe à Lusi, près de Cleitor, comme le veulent les traditions arcadiennes, on pourrait reconnaître ici la nymphe de cette localité, ou Artémis Hémérésia, de Cleitor; si la scène nous transporte en Élide, sur les bords du fleuve Anigros, ce serait l'une des nymphes Anigriades. — Style grec du IVe siècle. Travail remarquable.

Calcédoine à deux couches: cendrée et blanche. Cette gemme a été perforée dans l'antiquité, ainsi qu'on peut s'en rendre compte en examinant la tranche. On peut en conclure qu'elle avait primitivement la forme scarabéoide. En outre, elle a subi l'action d'un feu violent, d'où deux petites fêlures en haut et en bas, et de plus, la teinte grisâtre et peu flatteuse pour l'œil de la couche du fond. C'est peut-être pour faire disparaitre en partie les traces du feu qu'à l'époque moderne la partie postérieure du camée a été sciée et repolie; puis, le bijou a été monté et serti dans une bague d'or.

Haut., 16 mill.; larg., 15 mill. Pl. XV, fig. 145.

Donné par le baron Jean de Witte, en 1886.

Ce charmant camée faisait primitivement partie d'une collection de pierres gravées envoyées de Portugal, en 1852 ou 1853, à l'habile joaillier parisien, Froment-Meurice. Il entra ensuite dans la collection Louis Fould. Le duc de Luynes l'acheta à la vente de cette collection en 1860; puis il en fit cadeau au baron Jean de Witte. Ce dernier, après l'avoir longtemps gardé en souvenir de son ami, s'en dessaisit généreusement, peu d'années avant sa mort, en faveur du

Cabinet des Médailles, afin que ce précieux monument ne fût pas éloigné des collections de Luynes installées dans cet établissement.

Le baron J. de Witte qui a consacré à ce camée une étude des plus intéressantes, le qualifie « une merveille de l'art hellénique », et il fait ressortir l'habileté surprenante du graveur qui a su faire tenir, dans un espace aussi restreint, jusqu'à six personnages dans les attitudes les plus variées. Ce camée grec est, en effet, un véritable bas-relief en miniature, peut-être même la copie d'une œuvre sculpturale ou d'une peinture, car on connaît un vase peint, conservé au Musée de Naples, sur lequel est également représenté un épisode de la même fable argienne [1].

Résumons les données essentielles de cette légende bien connue [2] : Prœtos, roi de Tyrinthe, avait trois filles auxquelles les mythographes donnent le plus ordinairement les noms de Lysippé, Iphinoé et Iphianassa [3]. D'une rare beauté qui les faisait rechercher en mariage par les jeunes gens de toute la Grèce, les filles de Prœtos se vantèrent d'être plus belles que les Charites, voire même plus belles que les déesses et Aphrodite. Celles-ci, irritées et jalouses, les punirent de leur orgueil en les affligeant d'une lèpre et en les frappant de démence. Les malheureuses filles se mirent à parcourir l'Argolide, l'Arcadie et le Péloponnèse entier, en se livrant à toutes sortes d'excentricités et d'actions indécentes. Leur père, désolé, alla trouver le devin Mélampos, fils d'Amythaon, qui avait inventé l'art de guérir par les médicaments et les purifications, et il le pria de rendre la raison à ses filles. Mélampos promit son concours, à la condition que Prœtos s'engageât à lui donner en paiement le tiers de son royaume. Prœtos refusa d'abord d'accéder à une prétention semblable, mais la folie de ses filles augmentant, il se vit contraint de recourir de nouveau à Mélampos qui, cette fois, demanda un tiers du royaume pour lui-même et un autre tiers pour son frère Bias. Prœtos fut obligé d'en passer par de telles exigences. Mélampos guérit deux des filles de Prœtos, comme nous le voyons sur le camée : la troisième, Iphinoé, ayant succombé pendant le traitement. Une autre légende dit qu'Iphinoé, poursuivie par Mélampos et les jeunes gens qu'il avait lancés à la poursuite des trois folles, mourut de fatigue avant l'expiation,

1. Millingen, *Vases grecs*, pl. LII ; Müller et Wieseler, *Denkmæler der Altenkunst*, t. I, pl. II, n° 11 ; Creuzer, trad. Guigniaut, *Religions de l'antiquité*, pl. CLXXII *bis*, n° 607, Gerhard et Panofka, *Neapels antik. Bildwerke*, p. 375, n° 29 ; H. Heydemann, *Vasensammlungen des Museo Nat. zu Neapel*, n° 1760 ; J. de Witte, dans la *Gazette archéologique*, t. V, 1879, p. 126.

2. Tous les textes qui concernent la légende des Prœtides sont rassemblés et discutés par J. de Witte, dans la *Gazette archéologique*, t. V, 1879, pp. 121 et suiv.

3. Apollodore, II, 2, 2. Servius les appelle Lysippé, Hipponoé et Cyrianassa (Serv. *ad Eclog.*, VI, 48). Cf. J. de Witte, dans la *Gazette archéologique*, t. V, 1879, p. 121.

non loin de Sicyone. Quoi qu'il en soit, Prœtos donna ensuite en mariage les deux filles qui lui restaient à Mélampos et à Bias qui devinrent ses héritiers en vertu du droit naturel aussi bien que par les termes d'un contrat consenti à regret.

Bibl. — Chabouillet, *Description des antiquités et des objets d'art du cabinet de M. Louis Fould*, n° 934, et pl. VIII (Paris, 1861, in-folio); *Catalogue de vente de la collection Louis Fould*, n° 934; J. de Witte, dans la *Gazette archéologique*, t. V, 1879, pp. 121 et suiv.; Baumeister, *Denkmæler des klassischen Altertums*, t. II, p. 914; V. Duruy, *Histoire des Grecs*, t. I, p. 75; E. Babelon, *La gravure en pierres fines*, p. 102, fig. 73.

146. **Médée s'apprêtant à égorger ses enfants.** Médée debout, de profil à gauche, tient de la main droite un poignard, la pointe en bas. Son visage paraît sombre et pensif; ses cheveux descendent sur son dos en mèches ondulées; elle est vêtue d'un chiton talaire et d'un ample péplos. Ses deux petits enfants, nus, jouent devant elle, l'un assis, l'autre debout, au pied d'une colonne surmontée d'un vase. — Époque hellénistique. Excellent travail.

Sardonyx à deux couches : brune et blanc-azuré.

Monture en or émaillé, de l'époque de la Renaissance.

Haut., 31 mill.; larg., 24 mill. Pl. XV, fig. 146.

Ce camée figure dans l'Inventaire de 1664, sous le n° 138.

Bibl. — Marion du Mersan, *Histoire du Cabinet des Médailles* (1838), p. 114, n° 102; Chabouillet, *Catalogue*, n° 100. — Comparez une peinture de Pompéi représentant le même sujet, dans le *Museo Borbonico*, t. V, pl. XXXIII.

147. **Dédale et Icare.** Dédale, vu de profil à gauche, a les traits d'un vieillard chauve et barbu; il est à demi nu; des deux mains il attache des ailes aux épaules de son fils. Derrière Dédale, le taureau que ce dernier fabriqua pour Pasiphaé. — Excellent style grec du IVe siècle.

Fragment. On ne voit plus que la tête d'Icare et la tête du taureau; les jambes de Dédale ont aussi disparu.

Calcédoine à deux couches : translucide et blanche.

Haut., 18 mill.; larg., 32 mill. Pl. XV, fig. 147.

Bibl. — Chabouillet, *Catalogue*, n° 108.

148. **La rencontre à la fontaine.** Un héros fait boire ses chevaux à une fontaine où une femme vient puiser de l'eau ; il est imberbe, dans la fleur de l'âge, et il n'a pour tout vêtement que sa chlamyde posée sur ses jambes ; debout, courbé en avant, le pied sur le bord de l'abreuvoir orné de bucranes, où boivent ses coursiers, il tient les rênes des deux mains, et il paraît converser avec une femme accroupie, qui se dispose à boire dans une hydrie posée sur le bord de l'abreuvoir et qu'elle vient de remplir. Celle-ci, qui le regarde attentivement, est coiffée d'un bonnet phrygien et vêtue d'une courte tunique serrée à la taille. Derrière les chevaux, un hermès carré surmonté d'un buste de Silène barbu, couronné de pampres. — Remarquable travail grec du IVe siècle ; l'exergue, au-dessous de la composition, est de restauration moderne.

Sardonyx à trois couches : brune, blanche et rousse (fond brun translucide).

Monture en or émaillé, du XVIIIe siècle.

Haut., 50 mill. ; larg., 62 mill., monture comprise.

Pl. XV, fig. 148.

Ce camée est décrit dans l'Inventaire de 1664, sous le no 205.

La scène charmante, exécutée dans le plus pur style grec, que nous avons sous les yeux, n'a pas encore reçu d'interprétation satisfaisante. Dans les Inventaires du siècle dernier, le sujet de notre camée est désigné sous le titre de *Vainqueurs à la course*. Millin, qui, le premier, le publia, lui a donné le nom sous lequel il est généralement désigné : *Les chevaux de Pélops* [1]. Il y voit la traduction de la fable rapportée par Pindare, dans laquelle il est raconté que Poseidon donna à Pélops quatre chevaux ailés pour triompher, dans la course en char, d'Œnomaüs, père d'Hippodamie, dont il ne pouvait épouser la fille qu'à ce prix. Le personnage accroupi auprès des chevaux serait l'aurige appelé Sphæros ou Cillas. Mais les chevaux donnés par Poseidon à Pélops étaient ailés et ceux-ci ne le sont pas [2] ; d'autre part, rien n'indique qu'il s'agisse ici d'une course en char ; je cherche en vain un attribut, un personnage, une circonstance quelconque qui soit un argument en faveur de l'opinion de Millin. La rectification proposée

1. Millin, *Monuments inédits*, t. I, pp. 1 et suiv.

2. Une intaille du Cabinet des Médailles représente Pélops et ses chevaux ailés (Chabouillet, *Catalogue*, n° 1790). Sur Pélops et ses coursiers, voyez en particulier Bougot, *Philostrate l'Ancien*, pp. 282, 345 et suiv.

par Wieseler, qui voit dans le personnage accroupi, Myrtilos, l'aurige d'Œnomaüs, qui devait trahir son maître et procurer la victoire à Pélops, cette rectification, dis-je, ne change rien à la donnée générale proposée par Millin et n'ajoute pas à sa vraisemblance [1].

Un examen attentif du personnage accroupi, en bonnet phrygien, nous porte à croire qu'il s'agit non d'un homme, mais d'une femme; la proéminence des seins, le développement des cuisses, les traits même du visage ne semblent laisser aucun doute à cet égard : il s'agit donc, dans ce cas, d'une Troyenne, d'une Amazone, d'une esclave phrygienne.

Nous avons tous appris dans notre enfance le récit de l'entrevue du serviteur d'Abraham avec Rébecca, au puits de Harran : y a-t-il dans les légendes grecques un épisode qui rappelle la charmante idylle biblique ? Faut-il reconnaître, ici, Thésée et une Amazone ? ou bien Poseidon et Amymone ? Amymone, fille du Libyen Danaos, peut être représentée avec le costume phrygien; on se rappelle que, cherchant une source près d'Argos, elle fut surprise par un satyre qui voulut lui faire violence, puis délivrée par Poseidon. De nombreux monuments traduisent les diverses phases de cette légende; tantôt Poseidon accourt avec ses chevaux; tantôt Poseidon et Amymone, placés de chaque côté d'une fontaine, se contemplent et s'interrogent; Poseidon est même parfois, comme ici, dépourvu du trident [2].

Ne pourrait-on, de préférence encore, chercher à rapprocher notre camée de la légende homérique de Troïlos? Une peinture de vase montre Troïlos, ἱπποχάρμης, le plus jeune des fils de Priam, et sa sœur Polyxène, venus ensemble à une fontaine derrière laquelle Achille est embusqué. Polyxène s'apprête à remplir l'hydrie qu'elle porte dans ses bras, tandis que Troïlos amène ses chevaux à l'abreuvoir [3]. Mais, si c'est là le sujet de notre camée, convenons que l'artiste y a apporté des modifications fondamentales. Je ne vois point Achille embusqué, ni le corbeau, cet oiseau de malheur dont les cris annoncent le triste sort qui attend Troïlos ; le jeune héros ne doit avoir que deux chevaux; enfin son compagnon, bien que vêtu du costume phrygien, est un homme et non pas une femme.

Il y a moins lieu de songer aux coursiers de Méléagre ou bien, par exemple, à Actéon surprenant Artémis à la fontaine Gargaphie [4].

Chercherons-nous enfin à reconnaître ici Andromaque, Hector et ses

1. Müller et Wieseler, *Denkmæler der Altenkunst*, 2e édit., pl. XL, n° 176.

2. Overbeck, *Kunstmythologie, Poseidon*, pp. 368 et suiv. ; Bougot, *Philostrate l'Ancien*, pp. 235 et suiv.

3. *Annali dell' Instituto archeol. di Roma*, 1850, tav. d'agg. E, F, 1 ; Baumeister, *Denkmæler des klassischen Altertums*, t. I, p. 358; Heydemann, *Pariser Antiken*, pp. 67-68; cf. Otto Jahn, *Telephos und Troïlos* (Kiel, 1841, in-8°.)

4. Clarac, *Mus. de sculpt.*, pl. CXIV, n° 315.

coursiers ? Le huitième chant de l'*Iliade* raconte qu'Hector, sur le point d'aller combattre les Grecs jusque dans leurs retranchements, s'adresse en ces termes à ses coursiers : « Xanthe, Podarge, Œthon, et toi, divin Lampos, le moment est venu de reconnaître mes soins et ceux d'Andromaque, fille du magnanime Eétion. Souvent elle vous présente, avant même de songer à son jeune époux, le doux froment et le vin mélangé, dont il vous est permis de boire au gré de vos désirs ! » Ce passage est le seul des poèmes homériques où il soit parlé d'un attelage de quatre chevaux.

Que l'on adopte l'une ou l'autre de ces interprétations ou que l'on en propose encore de nouvelles, on n'en admirera pas moins l'habileté merveilleuse de l'artiste grec qui a gravé cette gemme, l'un des joyaux de la collection nationale. Son histoire, avant la rédaction de l'Inventaire de 1664, est inconnue. Pourtant, dans l'*Inventaire des joyaux de la Couronne* [1], dressé en 1560, je trouve, sous le n° 386, la description du camée suivant : « Ung autre camahieu anticque, d'ung qui abreuve troys chevaulz en ung puy; cerclé d'or, enrichy de petiz rubiz ; estimé C. » Il est possible qu'il s'agisse ici déjà de notre camée, car l'un des quatre chevaux peut passer inaperçu aux yeux d'un observateur superficiel, et la monture a sûrement été changée sous le règne de Louis XV. Au Musée impérial de Vienne se trouve une intaille qui reproduit le même sujet.

BIBL. — Millin, *Monuments inédits*, t. I, pp. 1 et suiv.; T. Dumersan, *Notice des monuments exposés*, édition de 1828, p. 27 ; Marion du Mersan, *Histoire du Cabinet des Médailles* (1838), p. 113, n° 101 ; Creuzer, trad. Guignaut, *Religions de l'antiquité*, pl. CCXIV, n° 734 ; Ch. Lenormant, *Trésor de numismat., Nouv. galerie mytholog.*, p. 145 et pl. LI, fig. 2 (sous le nom de « Pélops ou Méléagre abreuvant ses chevaux ») ; Müller et Wieseler, *Denkmæler der Altenkunst*, 2e édit., pl. XL, fig. 176, et p. 30 ; Chabouillet, *Catalogue*, n° 106 ; E. Babelon, *Le Cabinet des Antiques*, pp. 213-214 et pl. LVIII, fig. 1 ; Heydemann, *Pariser Antiken*, p. 67 (Troilos) ; E. Babelon, *La gravure en pierres fines*, p. 117, fig. 85 ; le même, article *Gemmæ*, dans le *Diction. des antiq. gr. et rom.* de Daremberg et Saglio, p. 1474, fig. 3508.

149. **Laodamie embrassant l'ombre de Protésilas.** La jeune femme, assise et vue de profil à gauche, n'ayant pour tout vêtement qu'une ample draperie posée sur l'une de ses jambes, saisit dans ses bras l'ombre de Protésilas, son mari,

1. Publié par Paul Lacroix, dans la *Revue universelle des Arts*, t. IV, p. 452, n° 386.

et elle l'étreint vigoureusement, dans la crainte de la laisser échapper. L'ombre (εἴδωλον) est représentée sous la forme humaine, mais elle se termine au-dessous de la poitrine et n'a ni torse ni jambes. Le visage des deux époux exprime à la fois la douleur et la tendresse. — Bon travail de l'époque hellénistique.

Sardonyx à deux couches : brune et blanc-jaunâtre.

Monture moderne en or émaillé.

Haut., 41 mill., larg., 36 mill., monture comprise.

Pl. XV, fig. 149.

Le roi Thessalien, Protésilas, qui s'était élancé le premier sur le rivage de Troie, fut tué sur le coup. Sa veuve Laodamie demanda aux dieux qu'il lui fût permis de revoir son mari pendant trois heures seulement. A cause du courage dont Protésilas avait fait preuve, Mercure le fit sortir des enfers et permit une suprême entrevue entre les deux époux. Mais les trois heures expirées, Laodamie ne put se résoudre à la séparation, et elle préféra suivre son mari aux Enfers plutôt que de vivre sans lui parmi les mortels [1]. La scène que nous venons de décrire représente le dernier moment de l'entrevue terrestre.

Notre camée paraît être celui qui figure dans l'*Inventaire des joyaulx de la Couronne*, dressé en 1560, sous cette description : « N° 418. Ung autre camahieu antique, d'une femme qui embrasse une teste, mis en or, émaillé de noir, estimé xxv [2]. » Nous le retrouvons décrit dans l'Inventaire de 1664, sous le n° 107.

Bibl. — Marion du Mersan, *Hist. du Cabinet des Médailles*, p. 111, n° 53 (sous le nom de *Vénus et Adonis*); Ch. Lenormant, *Trésor de numism., Nouv. galerie mytholog.*, p. 147 et pl. LII, fig. 10 ; Müller et Wieseler, *Denkmæler d. alt. Kunst,* t. II, pl. XXVIII, n° 292ᵃ; Chabouillet, *Catalogue*, n° 107.

150. **Laodamie embrassant l'ombre de Protésilas.** Sujet analogue au précédent (n° 149) ; l'ombre de Protésilas est enveloppée d'une draperie. — Époque hellénistique.

Sardonyx à deux couches : brune et blanche.

Monture moderne en or.

Haut., 35 mill.; larg., 21 mill. Pl. XV, fig. 150.

1. Ovide, *Heroid.*, XIII ; Lucien, *Dial. des morts*, XXIII, 1 ; Hygin, *Fab.*, 103, 104.
2. Paul Lacroix, dans la *Revue universelle des Arts*, t. IV, p. 454.

Donné par le duc de Luynes, en 1862.

Bibl. — *Département des Médailles. Description sommaire des monuments exposés,* 1867, p. 140, nº 9.

151. **Ulysse et Diomède dérobant le Palladium.** Diomède, nu, imberbe, descend les degrés d'un autel orné d'une guirlande; il tient son glaive de la main droite baissée; sur son bras gauche étendu est posée sa chlamyde, et il brandit le Palladium qu'il vient d'enlever; il a pris la précaution d'envelopper sa main dans les plis de sa chlamyde pour ne pas souiller l'image sacrée du sang de la prêtresse qu'il a dû massacrer. En face de lui, Ulysse s'avance d'un air courroucé, l'invectivant pour lui reprocher le meurtre de la prêtresse, gardienne du Palladium. Ulysse est nu, barbu, la main droite baissée faisant un geste de reproche; de la main gauche il tient son glaive au fourreau et sa chlamyde est enroulée autour du bras. A côté de lui est étendu le cadavre de la prêtresse d'Athéna, mais ses pieds seuls sont figurés. Entre les deux héros, une colonne au-dessus de laquelle est une statue nue, vue de dos, s'appuyant de la main gauche sur un long sceptre. Au-dessus de la tête d'Ulysse, une sorte de treillis qui représente peut-être le toit du temple. — Époque romaine; excellent travail.

Sardonyx à deux couches: brune et azurée. Les bords sont taillés en biseau.

Monture moderne en or.

Haut., 33 mill.; larg., 44 mill., monture comprise.

Pl. XVI, fig. 151.

Bibl. — T. Dumersan, *Notice des monuments exposés dans le Cabinet des Médailles* (éd. de 1828), p. 28; Marion du Mersan, *Hist. du Cabinet des Médailles* (1838), p. 114, nº 107; Creuzer, trad. Guigniaut, *Religions de l'Antiquité,* pl. CCXLIV, nº 780; Chabouillet, *Catalogue,* nº 102. — Le sujet de ce camée est des plus fréquents dans la glyptique, aussi bien à l'époque de la Renaissance que dans l'antiquité. Nous citerons seulement ici une intaille qui, de la collection Marlborough, est passée chez M. Bromilow, et porte la signature du graveur Félix, contemporain de Dioscoride. (Pour la bibliographie, voyez ci-après notre nº 583, et S. Reinach, *Pierres gravées,* p. 170.)

152. **Diomède emportant le Palladium.** Le fils de Tydée est représenté dans la même attitude que sur le camée précédent (n° 151) ; il paraît descendre d'un autel orné d'une guirlande ; nu, imberbe, tenant son glaive de la main droite baissée, il a le bras et la main gauche enveloppés dans sa chlamyde pour ne pas souiller de sang la statue d'Athéna-Ilias. — Époque romaine ; excellent travail.

Calcédoine à deux couches : translucide et blanc-pâle.

Monture moderne en argent doré.

Haut., 32 mill. ; larg., 25 mill. Pl. XVI, fig. 152.

Bibl. — Marion du Mersan, *Hist. du Cabinet des Médailles* (1838), p. 114, n° 106 ; Creuzer, trad. Guigniaut, *Religions de l'Antiquité*, pl. CCXLIV, n° 779 ; Chabouillet, *Catalogue*, n° 101. — Le sujet de ce camée, de même que le précédent (n° 151) dont il est, en quelque sorte, l'abrégé, a été souvent traité en glyptique dans l'antiquité et à l'époque de la Renaissance ; on cite des gemmes à ce type qui ont les signatures fausses de Dioscoride et de Polyclète (Furtwaengler, dans le *Jahrbuch d. deut. archæol. Instituts*, 1888, p. 220 et 1889, p. 87 ; S. Reinach, *Pierres gravées*, pl. 134, fig. 29, et pl. 136, fig. 54).

153. **Achille et Penthésilée.** Le héros nu, casqué, armé de son bouclier, la chlamyde flottant sur le bras gauche, se précipite sur la reine des Amazones qu'il saisit par les cheveux. Penthésilée est tombée de son cheval qui s'échappe en bondissant ; elle est à demi nue, le sein droit à découvert ; agenouillée à terre, elle s'appuie de la main droite sur sa *pelta*, et cherche de la main gauche à se dégager de l'étreinte d'Achille. — Époque romaine ; excellent travail.

Agate à deux couches : brun-rougeâtre et blanche.

Monture moderne en or, avec anneau de suspension.

Haut., 21 mill. ; larg., 30 mill. Pl. XVI, fig. 153.

Donné par le duc de Luynes, en 1862.

Ce camée, trouvé dans les environs de Rome, a fait partie de la collection Ign. Vescovali, avant d'entrer dans celle du duc de Luynes.

Bibl. — T. Cadès, *Impronte Gemm. dell' Instit.*, VI, 42, dans le *Bullettino dell' Instit.*, 1839, p. 110 ; *Département des Médailles. Description sommaire des monuments exposés*, 1867, p. 140, n° 8 ; A. Klugmann, dans l'*Archaelogische Zeitung*, t. XXXIV, 1876, pp. 11 et suiv. et pl. I (avec un miroir du musée de Berlin, représentant le même sujet); Roscher, *Ausf. Lexicon der Mythologie*, t. I, p. 278 ; E. Babelon, *Le Cabinet des Antiques*, p. 58 et pl. XIX, fig. 4. — Comparez un camée de la collection Marlborough, représentant une Amazone secourant une de ses compagnes (S. Reinach, *Pierres gravées*, p. 116 et pl. 112, fig. 48); voyez aussi un des bas-reliefs du sarcophage de Salonique, au Musée du Louvre (Clarac, *Musée de sculpture*, pl. CXVII, A et B).

154. **Penthésilée offrant son secours à Pâris et Hélène.** La reine des Amazones est debout à côté de son cheval; elle est casquée et vêtue du chiton court serré à la taille; son sein droit est à découvert. Elle paraît attendre la réponse que vont lui faire Pâris et Hélène. Ceux-ci, assis côte à côte sur un trône, semblent délibérer. Pâris est nu, coiffé du bonnet phrygien, la chlamyde ramenée sur le genou gauche. De la main droite, il s'appuie sur le pedum des bergers ; de la main gauche, il caresse son chien dont la tête seule est figurée. Hélène est vêtue d'un chiton talaire serré à la taille et d'un ample péplos qu'elle retient de la main droite au-dessus de sa tête; elle pose la main gauche sur l'épaule de Pâris. Une colonne surmontée d'un vase et un arbre sont figurés au second plan et indiquent l'entrée du palais. — Excellent style grec du IIIe siècle.

Calcédoine à deux couches : translucide et blanche.

Monture en or émaillé, du XVIIIe siècle.

Haut., 46 mill. ; larg., 53 mill., monture comprise.

Pl. XVI, fig. 154.

Bibl. — T. Dumersan, *Notice des monuments exposés dans le Cabinet des Médailles* (1819), p. 27; Marion du Mersan, *Hist. du Cabinet des Médailles* (1838), p. 114, n° 104; Chabouillet, *Catalogue*, n° 104.

155. **Amazone blessée.** Elle est debout, de face, chancelante, s'appuyant de la main droite sur sa bipenne posée à terre. Elle est coiffée d'un casque, et son buste est couvert d'une cuirasse qui laisse le sein droit à découvert; sa *pelta* est passée au bras gauche. — Époque hellénistique ou romaine; bon style.

Calcédoine à deux couches : translucide et blanche.

Monture moderne en bague d'or, le chaton tournant sur deux pivots.

Haut., 20 mill.; larg., 17 mill. Pl. XVI, fig. 155.

Donné par le duc de Luynes, en 1862.

Bibl. — *Département des médailles. Description sommaire des monuments exposés*, 1867, p. 140, n° 11 (sous le nom de *Guerrier blessé*).

156. **Pâris et Œnone.** Bustes accolés, de profil à gauche, coiffés l'un et l'autre de la tiare phrygienne. — Époque romaine.

Sardonyx à trois couches: brune, blanche et brune.

Monture en or émaillé, de l'époque de la Renaissance.

Haut., 25 mill.; larg., 25 mill., monture comprise.

Pl. XVI, fig. 156.

Bibl. — Chabouillet, *Catalogue*, n° 103.

157. **Femme (Amazone?) assise sur un cheval.** Elle est nue, vue de face, sur un cheval au repos, de profil à droite. De la main gauche elle tient la bride du cheval; de la main droite, ramenée en arrière, elle paraît saisir l'extrémité de la selle sur laquelle elle est assise. — Travail médiocre de l'époque romaine.

Fragment : manquent la tête et les pieds de devant du cheval.

Calcédoine à trois couches : blonde, rougeâtre et blonde.

Haut., 21 mill.; larg., 28 mill. Pl. XVI, fig. 157.

Donné par Cadalvène, en 1838.

XVII. MÉDUSE

158. **Méduse.** Tête de profil, à gauche, les yeux baissés; elle a des ailerons aux tempes et des serpents se dressent au-dessus de son front; ses cheveux sont arrangés en couronne autour de sa tête. — Époque hellénistique ou romaine.

Sardonyx à deux couches : brune et blanche.

Monture en or.

Haut., 25 mill.; larg. 22 mill. Pl. XVI, fig. 158.

Bibl. — Millin, *Galerie mythologique*, t. II, p. 7 et pl. XCVI, n° 389; Creuzer, trad. Guigniaut, *Religions de l'Antiquité*, pl. CLXI, n° 612a; Chabouillet, *Catalogue*, n° 109. — Comparez Arneth, *Die antiken Cameen*, pl. XVI, fig. 4; *Trésor de numism.*, *Nouv. galerie mytholog.*, pl. XXVII, fig. 11 et 12; coll. Crignon de Montigny, *Catal. de vente* par W. Frœhner, n° 608.

159. **Méduse.** Tête de profil, à droite, les yeux baissés; elle a des ailerons aux tempes, et des serpents se dressent au-dessus de son front. Ses cheveux sont arrangés en couronne autour de sa tête. — Époque romaine.

Sardonyx à trois couches : brun-clair, blanche et rousse.

Haut., 28 mill.; larg., 20 mill. Pl. XVI, fig. 159.

Bibl. — Chabouillet, *Catalogue*, n° 116.

160. **Méduse.** Tête de profil, à droite. Elle a des ailerons aux tempes et ses cheveux sont arrangés en couronne autour de sa tête. — Époque romaine.

Sardonyx à trois couches : brune, blanc-bleuté et rousse.

Monture en or.

Haut., 24 mill.; larg., 19 mill. Pl. XVI, fig. 160.

Bibl. — Chabouillet, *Catalogue*, n° 117.

161. **Méduse.** Tête de profil, à gauche. Elle a des ailerons aux tempes et ses cheveux sont arrangés en couronne autour de sa tête. — Travail médiocre de l'époque romaine.

Sardonyx à trois couches : brune, blanche et roux-pâle.

Monture en argent, avec bélière de suspension.

Haut., 23 mill.; larg., 18 mill. Pl. XVI, fig. 161.

Bibl. — Chabouillet, *Catalogue*, n° 115.

162. **Méduse.** Tête de profil, à gauche. Elle a des ailerons aux tempes et ses cheveux sont arrangés en couronne autour de sa tête. — Époque romaine.

Pâte de verre imitant un camée à trois couches : brune, blanche et jaune.

Haut., 29 mill.; larg., 20 mill. Pl. XVI, fig. 162.

Bibl. — Chabouillet, *Catalogue*, n° 3354.

163. **Méduse.** Tête de trois quarts, à droite, les cheveux épars, avec de petits ailerons aux tempes, et deux serpents noués sous le cou. — Époque romaine.

Agate à deux couches : brune et blanche.

Monture en or émaillé.

Haut., 23 mill. ; larg., 21 mill. Pl. XVI, fig. 163.

Bibl. — Ch. Lenormant, *Trésor de numism.*, *Nouv. galerie mytholog.*, p. 116 et pl. XXVII, fig. 5. — Chabouillet, *Catalogue*, n° 111 ; — V. Duruy, *Hist. des Grecs*, t. I, p. 604.

164. **Méduse.** Tête de trois quarts, à droite, encadrée dans une chevelure très abondante et ayant des ailerons aux tempes. — Époque romaine.

Agate à deux couches : cendrée et blanche.

Monture en cuivre.

Haut., 29 mill. ; larg., 31 mill. Pl. XVI, fig. 164.

Ce camée paraît avoir été l'un de ceux qui décoraient la châsse de la Sainte-Chemise de Chartres, et qui furent déposés, après la destruction de ce reliquaire, au Cabinet des Médailles, en 1793. L'inventaire que nous avons reproduit ci-dessus (*Introduction*) porte, en effet, la mention suivante : « 8. Une grosse tête, gravée en relief, représentant une Méduse, agate blanche. »

Bibl. — Chabouillet, *Catalogue*, n° 110 ; V. Duruy, *Hist. des Grecs*, t. I, p. 587 ; F. de Mély, *Le Trésor de Chartres*, pp. 38, 119 et 121, et pl. IX ; E. Babelon, *Le Cabinet des Antiques*, p. 54, vignette.

165. **Méduse.** Tête de trois quarts, à droite, avec des ailerons aux tempes, les cheveux épars et entremêlés de serpents. — Époque romaine. Fragment.

Agate à deux couches : brune et blanche.

Haut., 15 mill. ; larg., 15 mill. Pl. XVII, fig. 165.

Bibl. — Chabouillet, *Catalogue*, n° 112.

166. **Méduse.** Tête de trois quarts, à gauche, avec des ailerons aux tempes, les cheveux épars et entremêlés de serpents. — Époque romaine. Travail médiocre.

Agate à deux couches : blonde et blanche.

Large monture antique, en or, avec bélière de suspension (pendant de collier).

Haut., 42 mill.; larg., 33 mill., monture et bélière comprises. Pl. XVII, fig. 166.

167. **Méduse.** Tête de trois quarts, à droite, en très haut relief; elle a les cheveux épars et des ailerons aux tempes. — Époque romaine.

Agate à deux couches : bleu-foncé et blanche.

Monture en or avec bélière de suspension.

Haut., 21 mill.; larg., 19 mill. Pl. XVII, fig. 167.

Bibl. — Chabouillet, *Catalogue*, n° 113.

168. **Méduse.** Tête de face. — Calcédoine translucide.

Diamètre, 8 mill. Pl. XVII, fig. 168.

169. **Méduse.** Tête de face, tirant la langue ; ses longs cheveux sont partagés sur le front ; elle a des serpents sur les tempes, et deux autres sont noués sous le cou. Authenticité douteuse.

Sardonyx à deux couches : noire et blanche.

Monture moderne en or.

Diam., 36 mill. Pl. XVII, fig. 169.

Bibl. — Chabouillet, *Catalogue*, n° 114.

170. **Méduse.** Tête de face, les cheveux striés et retenus par un large bandeau sur le front. — Époque romaine.

Sardoine brun-rougeâtre. La tranche est perforée de quatre trous qui se croisent (Phalère militaire).

Diam., 30 mill. Pl. XVII, fig. 170.

Bibl. — Chabouillet, *Catalogue*, n° 118.

171. **Méduse.** Tête de face, les cheveux partagés en trois touffes, l'une qui descend sur le front, et les deux autres sur les tempes. — Époque romaine.

Calcédoine claire. La tranche est perforée de quatre trous qui se croisent (Phalère militaire).

Diam., 38 mill. Pl. XVII, fig. 171.

Bibl. — Chabouillet, *Catalogue*, n° 119.

172. **Méduse.** Tête de face, les cheveux partagés en trois touffes,

l'une qui descend sur le front, et les deux autres sur les tempes. — Époque romaine. Travail grossier.

Calcédoine cendrée. La tranche est perforée de quatre trous qui se croisent (Phalère militaire).

Diam., 41 mill. Pl. XVII, fig. 172.

BIBL. — Chabouillet, *Catalogue*, n° 120.

173. **Méduse.** Tête de face, les cheveux partagés en trois touffes, l'une qui descend sur le front, et les deux autres sur les tempes. — Époque romaine.

Calcédoine claire, bleuâtre. La tranche est perforée de quatre trous qui se croisent (Phalère militaire).

Diam., 37 mill.

BIBL. — Chabouillet, *Catalogue*, n° 121.

174. **Méduse.** Tête de face, avec des ailerons aux tempes et les cheveux épars. Sur le front, au milieu de la chevelure, émergent symétriquement les têtes de deux serpents dont les queues sont nouées sous le cou. — Excellent travail du Ier siècle de notre ère.

Fragment d'un grand médaillon d'ornement trouvé à Rome vers le milieu du XVIIIe siècle.

Pâte de verre, couleur vert d'eau.

Haut., 108 mill. ; larg. 115 mill. Pl. XVII, fig. 174.

Donné au Roi par Caylus, en 1762.

BIBL. — Caylus, *Recueil d'antiquités*, t. III, p. 298 et pl. LXXXI, n° 1 ; A. Deville, *Histoire de la verrerie dans l'Antiquité*, p. 22 et pl. XV. Chabouillet, *Catalogue*, n° 3410.

175. **Méduse.** Tête de face, les cheveux épars.

Fragment en haut relief, très mutilé. — Époque romaine.

Pâte de verre bleu tendre.

Haut., 65 mill. ; larg., 62 mill. Pl. XVIII, fig. 175.

BIBL. — Chabouillet, *Catalogue*, n° 3405.

176. **Méduse.** Tête de face. — Bon style, de l'époque romaine.

Fragmentée au-dessus des yeux et sous la joue droite.

Pâte de verre bleue, irisée.

Haut., 31 mill. ; larg., 42 mill.

177. **Méduse.** Tête de face, les cheveux épars.
Fragment très mutilé. — Époque romaine.
Pâte de verre bleu-foncé.
Haut., 30 mill. ; larg., 32 mill. Pl. XVIII, fig. 177.

Acquis à la vente de la collection Préaux, en 1850.
Bibl. — Chabouillet, *Catalogue*, n° 3411.

XVIII. ANIMAUX

178. **Sphinx.** Il est représenté couché à gauche, les pattes de devant allongées. Gravure en relief sur la base d'un scarabée; la tête du scarabée, endommagée, a été restaurée en or. — Ancien style grec.

Sardonyx à quatre couches : brun-rougeâtre, blonde, noire et blanche. La tranche est percée d'un trou dans lequel est engagée une tige en or.

Long., 23 mill. ; larg., 18 mill. Pl. XVIII, fig. 178.

Bibl. — Chabouillet, *Catalogue*, n° 139.

179. **Sphinx.** Il est représenté marchant à droite. Les pattes manquent par suite d'une cassure. — Époque hellénistique ou romaine.

Sardonyx à trois couches : translucide, blanche et brune.
Monture moderne en cuivre.
Haut., 20 mill ; larg. 25 mill. Pl. XVIII, fig. 179.

Bibl. — Chabouillet, *Catalogue*, n° 138.

180. **Sphinx.** Il est représenté de profil, à droite, et levant la patte gauche de devant, comme s'il s'apprêtait à saisir sa victime. — Époque hellénistique.

Sardonyx à trois couches : brun-grisâtre, jaunâtre et azurée. Bords taillés en biseau.

Haut., 17 mill. ; larg. 23 mill. Pl. XVIII, fig. 180.

Bibl. — Chabouillet, *Catalogue*, n° 1404.

181. **Sphinx.** Il est de profil, à droite, rugissant. Fragment : les pattes de devant manquent ainsi que l'extrémité des pattes de derrière.

Pâte de verre bleue, irisée, appliquée sur une couche de pâte blanche. — Époque romaine.

Haut., 42 mill. ; larg., 41 mill.

182. **Griffon luttant contre un serpent.** Le griffon est représenté de profil, à gauche, détournant la tête et agitant ses ailes ; le serpent est enroulé autour d'une des pattes de devant du griffon et dresse la tête. A l'exergue, la fin du nom de l'artiste graveur : ▪▪ΜΙΔΙΟΥ (peut-être [ΧΑΡ]ΜΙΔΙΟΥ?) — Époque hellénistique. Fragment (l'authenticité de la signature est douteuse).

Agate-onyx à deux couches : noire et grise (cette pierre a subi l'action du feu).

Monture moderne en cuivre avec bélière.

Haut., 27 mill. ; larg., 31 mill. Pl. XVIII, fig. 182.

Donné au Roi par Caylus, en 1762. Peut-être l'artiste moderne (suivant nous) qui a gravé sur ce camée le nom [Χαρ]μιδιου, pensait-il au père de Phidias qui s'appelait *Charmidès* (Pausan., *Elide*, I, 10, 2) ou au personnage dont le nom figure sur un assez grand nombre d'amphores de Nola (A. de Longpérier, *Œuvres*, publiés par G. Schlumberger, t. I, p. 284).

Bibl. — Caylus, *Recueil d'Antiquités*, t. I, p. 144 et pl. LIII, fig. 4; Bracci, *Memorie degli antichi incisori*, t. I, p. 260 et Suppl., pl. XXV, nº 1 ; T. Dumersan, *Notice des monuments exposés dans le Cabinet des Médailles*, éd. de 1819, p. 20; éd. de 1828, p. 34; Marion du Mersan, *Hist. du Cabinet des Médailles* (1838), p. 108, nº 18; Ch. Lenormant, *Trésor de numism.*, *Nouvelle galerie mytholog.*, p. 140 et pl. XLVI, fig. 10; Kœhler, *Gesammelte Schriften*, t. III, p. 200; H. Brunn, *Geschichte der griech. Künstler*, t. II, pp. 569-570 (discute le nom du graveur : Χαρμίδιος, Μειδίας, Αἰμίλιος) ; Muller et Wieseler, *Denkmæler der alten Kunst*, t. I, pl. XL, nº 174; Chabouillet, *Catalogue*, nº 16.

183. **Taureau à tête humaine.** La tête et l'avant-corps avec les deux pattes de devant sont seuls figurés. L'animal a une longue barbe striée et il est représenté de profil à droite et bondissant. — Style grec, archaïque.

Pâte de verre imitant un camée sur sardonyx à deux couches : noire et blanche.

Monture moderne en or, avec anneau de suspension.

Haut., 20 mill. ; larg., 24 mill. Pl. XIX, fig. 183.

Donné par le duc de Luynes, en 1862.

Bibl. — *Département des Médailles. Description sommaire des monuments exposés*, 1867, p. 141, n° 21.

184. **Taureau.** Il est représenté de profil, à droite, le regard furieux, la tête baissée et grattant le sol de son pied gauche de devant, comme s'il s'apprêtait à combattre. Son large cou et la petitesse relative de sa tête et de ses cornes sont les caractères anatomiques des taureaux romains ou campaniens dans l'art antique. — Travail des plus remarquables, de l'époque hellénistique ou du commencement de notre ère.

Sardonyx à trois couches : blanc nébuleux, rousse et brune. Fêlures devant la tête et sur la queue du taureau.

Monture en or émaillé, du XVIIIe siècle.

Haut., 68 mill. ; larg., 86 mill., monture comprise.

Pl. XIX, fig. 184.

Ce camée est l'un des plus admirables qu'on puisse voir. La matière est d'une merveilleuse beauté. Le taureau, d'un style achevé, peut être comparé au taureau bondissant des belles médailles de Sybaris et de Thurium, ainsi qu'aux taureaux cornupètes de certaines monnaies d'Auguste. Aucun attribut ne le rattache avec certitude au culte de Bacchus.

Ce sont peut-être les Croisades qui ont enrichi le Cabinet du Roi de ce magnifique bas-relief en sardonyx. Il figurait déjà dans la collection royale sous le règne de Charles V, car c'est avec raison, semble-t-il, qu'on en a reconnu le naïf signalement dans l'Inventaire du mobilier de ce prince : « Ung aultre camahieu sur champ blanc, et a une vache noire dessus [1]. » Malgré l'étrangeté de cette description, on ne peut guère se refuser à reconnaître notre taureau dans cette vache noire qui s'enlève en relief sur un fond blanc. Depuis Charles V, ce beau camée ne paraît pas avoir cessé d'appartenir à la collection des rois de France.

Bibl. — T. Dumersan, *Notice des monuments exposés dans le Cabinet des Médailles*, éd. de 1828, p. 34 ; Marion du Mersan, *Hist. du Cabi-*

1. J. Labarte, *Inventaire du mobilier de Charles V*, n° 3013.

net des Médailles (1838), p. 113, n° 81; Ch. Lenormant, *Trésor de numism., Nouv. galerie mytholog.*, p. 147 et pl. LII, fig. 9; Chabouillet, *Catalogue*, n° 83; le même, dans la *Gazette archéolog.*, t. XI, 1886, pp. 178-179; E. Babelon, *Le Cabinet des Antiques*, p. 81 et pl. XXVI, fig. 2.

185. **Vache.** Elle est représentée de profil, à droite, marchant lentement. — Époque romaine; travail du Ier siècle de notre ère.

Sardonyx à trois couches : blanc nébuleux, rousse et brune.

Haut., 21 mill.; larg., 32 mill. Pl. XIX, fig. 185.

Acquis en 1850.

Bibl. — Chabouillet, *Catalogue*, n° 137. — On peut comparer cette vache, d'un style remarquable, avec d'autres vaches représentées au commencement de l'ère chrétienne : par exemple, celle qui figure au revers d'un *aureus* d'Auguste (Cohen, *Description des monnaies de l'Empire romain*, t. I, p. 66, 2e édit.), et une vache de bronze trouvée à Herculanum et conservée au Cabinet des Médailles (E. Babelon, et J.-A. Blanchet, *Catalogue des bronzes antiques*, p. 478, n° 1157). Ces vaches rappellent peut-être les célèbres vaches de Myron que les poètes anciens ont tant vantées et qui furent transportées à Rome sous Auguste [1].

186. **Chien endormi.** Il est couché en rond, la tête ramenée sur ses pattes de derrière. — Bon style.

Agate à deux couches : noire et blanche.

Monture moderne en or, avec anneau de suspension.

Haut., 13 mill.; larg., 16 mill. Pl. XIX, fig. 186.

Donné par le duc de Luynes, en 1862.

Bibl. — *Département des Médailles. Description sommaire des monuments exposés*, 1867, p. 140, n° 20; V. Duruy, *Hist. des Grecs*, t. II, p. 504.

187. **Tête de bélier.** Ronde bosse. Fragment.

Pâte de verre filé : jaune, blanche et brune.

Haut., 10 mill; long., 15 mill. Pl. XIX, fig. 187.

188. **Lion.** Il est de profil, à droite, et s'avance en rugissant. La patte gauche de devant est un peu mutilée.

1. E. Babelon, *Le Cabinet des Antiques*, p. 24.

Agate à deux couches : blanc nuageux et rouge.
Monture en cuivre.
Haut., 24 mill. ; larg., 29 mill. Pl. XIX, fig. 188.

BIBL. — Chabouillet, *Catalogue*, n° 132.

189. **Lion.** Il est de profil, à gauche, et s'avance en rugissant.
Agate à deux couches : blanc nuageux et roux-fauve.
Monture en or. Pl. XIX, fig. 189.

BIBL. — Chabouillet, *Catalogue*, n° 131.

190. **Lion,** de profil, à droite, et bondissant. — Corail.
Haut., 10 mill. ; larg. 15 mill. Pl. XIX, fig. 190.

BIBL. — Chabouillet, *Catalogue*, n° 136.

191. **Lionne.** Elle est de profil, à droite, et s'avance en baissant la tête et rugissant. — Bon style.
Agate-onyx à deux couches : brune et blanche. Tranche taillée en biseau.
Haut., 23 mill. ; larg., 30 mill. Pl. XIX, fig. 191.

BIBL. — Chabouillet, *Catalogue*, n° 133.

192. **Lion couché.** Figure en ronde bosse. L'animal détourne la tête, à droite. Sur le plat de cette figurine scarabéoïde, est gravé en creux un lion passant, à gauche. Sur la tranche, un trou longitudinal. — Ancien style grec.
Scarabéoïde en cornaline.
Long., 21 mill. ; larg., 11 mill. Pl. XIX, fig. 192.

BIBL. — Chabouillet, *Catalogue*, n° 1403.

193. **Lion dévorant un taureau.** Le taureau est agenouillé à gauche ; le lion, vu de dos, le mord à l'échine. Travail médiocre, peut-être oriental.
Agate à trois couches : rouge-pâle, blanc-rosé et rouge.
Monture en or.
Haut., 16 mill. ; larg., 24 mill. Pl. XX, fig. 193.

BIBL. — Marion du Mersan, *Hist. du Cabinet des Médailles* (1838), p. 115, n° 117 ; Chabouillet, *Catalogue*, n° 135. — Comparez un camée de la collection Marlborough, dans *Gemmarum antiquarum delectus,* t. II, pl. XXXVII, n° 123, et S. Reinach, *Pierres gravées,* pl. 116, fig. 37.

194. **Mufle de lion,** de face, la gueule béante.

Pâte de verre, vert tendre, imitant la turquoise.

Monture en or.

Diamètre, 12 mill. Pl. XIX, fig. 194.

Cette pâte de verre faisait partie, avant la Révolution, des gemmes qui décoraient la châsse de saint Théodore, dans le Trésor de la cathédrale de Chartres (voy. ci-dessus, notre *Introduction*).

195. **Panthère.** Elle est représentée de profil, à gauche, marchant lentement, la tête baissée et rugissant. — Bon style.

Agate-calcédoine à deux couches : translucide et blanc-grisâtre.

Haut., 27 mill. ; larg., 27 mill. Pl. XX, fig. 195.

Bibl. — Chabouillet, *Catalogue,* n° 134.

196. **Cerf couché.** Les pattes de devant et la tête sont en partie mutilées. — Figurine en ronde bosse. Travail médiocre.

Ambre jaune.

Long., 35 mill. ; haut., 25 mill. Pl. XX, fig. 196.

197. **Hippopotame.** Figurine en ronde bosse. L'animal est couché et détourne la tête à droite. Sous la base, est représenté en creux un autre hippopotame marchant à gauche. — Travail égyptien.

Scarabéoïde en cornaline, percé d'un trou sur la tranche.

Long., 14 mill. ; haut., 9 mill. ; larg., 8 mill.

Pl. XX, fig. 197.

198. **Buste de cheval.** Le cou seul est intact ; la tête est mutilée ainsi que les pattes de devant. Sur le côté, un trou de scellement. — Travail médiocre en ronde bosse.

Cristal de roche.

Haut., 65 mill. ; larg., 37 mill.

Ce buste en ronde bosse, auquel adhèrent encore des cendres, entrait vraisemblablement dans la décoration d'un ustensile ou d'un vase de bois ou de métal.

Bibl. — Chabouillet, *Catalogue,* n° 286.

199. **Rat.** Il est représenté accroupi sur une base et paraissant dévorer quelque objet. — Figurine votive, en ronde bosse. Sur la base, on lit en creux l'inscription suivante dont l'authenticité nous paraît contestable :

ΕΙΜΙ
ΣΜΙΝΘΕΩΣ

J'appartiens à (Apollon) Smintheus.

Agate jaune, couleur d'ambre.
Haut., 18 mill.; long., 24 mill.; larg., 18 mill.
Pl. XX, fig. 199.

Légué par le baron J. de Witte, en 1890.

Ce petit monument, qui paraît être un *ex-voto* à Apollon Smintheus, a fait partie de la collection Louis Fould, vendue en 1860. Le duc de Luynes l'acheta et en fit don, plus tard, au baron J. de Witte qui, à son tour, le légua au Cabinet des Médailles.

Bibl. — J. de Witte, dans les *Monumenti dell' Instit. archeol. di Roma*, t. V, pl. 51, fig. 5; le même, dans la *Revue numismatique*, nouv. sér., t. III, 1858, p. 38; Chabouillet, *Description des antiquités de M. Louis Fould*, p. 34, n° 885; *Catalogue de la précieuse collection d'antiquités de feu M. Louis Fould* (1860, in-8°), p. 47, n° 885.

200. **Lièvre.** Il est de profil à droite et bondissant. — Corail.
Haut., 10 mill.; larg., 16 mill. Pl. XX, fig. 200.

Bibl. — Chabouillet, *Catalogue*, n° 140. — Cf. le lion décrit ci-dessus, sous le n° 190 et qui paraît être le pendant.

201. **Épervier.** Cet oiseau, symbole de l'âme chez les Égyptiens, est représenté en ronde bosse, dressant la tête de côté, les ailes à demi-éployées et striées, les pattes allongées sous le ventre.

Trou de suspension qui indique que ce petit monument a été porté en amulette. — Travail égyptien.

Cornaline.
Haut., 16 mill.; larg., 12 mill. Pl. XX, fig. 201.

Donné par F. de Saulcy, en 1865.

Bibl. — Chabouillet, *Catalogue*, n° 182.

202. **Tête de chouette,** de face, les yeux ronds et très grands.
Agate à deux couches : rousse et blanche.

Monture en or.

Haut., 14 mill. ; larg., 16 mill. Pl. XX, fig. 202.

Bibl. — Marion du Mersan, *Hist. du Cabinet des Médailles* (1838), p. 109, nº 37; Chabouillet, *Catalogue*, nº 141.

203. **Perdrix.** Elle est de profil à droite, allongeant la tête en avant.

Agate à trois couches : blanche, rouge et cendrée.

Monture en or.

Haut., 13 mill. ; larg., 18 mill. Pl. XX, fig. 203.

Bibl. — Chabouillet, *Catalogue*, nº 142.

204. **Mouche.** Figurine en ronde bosse. La tête est percée d'un trou. — Travail médiocre.

Améthyste claire.

Long., 24 mill. ; larg., 15 mill. Pl. XX, fig. 204.

Bibl. — Chabouillet, *Catalogue*, nº 143.

205. **Deux poissons.** L'un est tourné à droite, l'autre à gauche. Ils sont gravés côte à côte, en relief sur une prime d'améthyste et se détachent en gris sur le fond bleu-clair.

Haut., 13 mill.; larg. 21 mill. Pl. XX, fig. 205.

Ce camée est décrit dans l'Inventaire de 1664, sous le nº 279.

Bibl. — Chabouillet, *Catalogue*, nº 144. — Comparez J.-B. de Rossi, dans le *Bulletin d'archéol. chrétienne*, éd. franç. 1870, p. 67 et pl. IV, fig. 10.

206. **Poisson et crevette.** Le poisson paraît être de l'espèce du mulet ou mugile.

Agate à deux couches : rouge-pâle et jaune-rougeâtre. — Amulette.

Haut., 14 mill.; larg., 23 mill. Pl. XX, fig. 206.

Bibl. — Chabouillet, *Catalogue*, nº 145; F. de Mély, dans la *Revue archéolog.*, 3e sér., t. XII, 1888, p. 330.

207. **Poisson.** Figurine en ronde bosse; l'arête est en dents de scie; la queue est cassée.

Cristal de roche.

Haut., 18 mill. ; long., 30 mill. Pl. XX, fig. 207.

Donné par F. de Saulcy, en 1878.

XIX. MASQUES SCÉNIQUES

ET OBJETS DIVERS

208. **Masque bachique.** Il est de face, la bouche béante, la tête ceinte d'une large bandelette et de baies de corymbes, les cheveux nattés retombant de chaque côté du visage. — Époque romaine. Fragment.

Pâte de verre à deux couches : bleue et blanche.

Haut., 32 mill. ; larg., 28 mill. Pl. XVIII, fig. 208.

Bibl. — Chabouillet, *Catalogue*, n° 3409 (sous le nom de *Masque de Méduse*).

209. **Masque tragique.** Il est de face, la bouche béante, les cheveux enroulés autour du front. Fragment ; il manque une partie du visage.

Pâte de verre à deux couches : translucide et rouge.

Haut., 38 mill. ; larg., 30 mill.

210. **Masque scénique.** Il est de face, avec de longs cheveux, la tête ceinte d'un bandeau. Haut relief, au centre d'un médaillon (Authenticité douteuse).

Agate-sardoine à deux couches : translucide et brun-jaunâtre.

Haut., 42 mill. ; larg., 34 mill. Pl. XVIII, fig. 210.

211. **Masque scénique.** Il est de profil, à droite, les cheveux striés et arrangés en couronne autour de la tête. — Époque romaine.

Sardonyx à trois couches : brune, azurée et brun-rougeâtre.

Haut., 12 mill. ; larg., 11 mill. Pl. XVIII, fig. 211.

212. **Masque scénique.** Il est de profil, à droite, les cheveux striés et arrangés en couronne autour de la tête. — Époque romaine.

Calcédoine à deux couches : translucide et blanche.
Monture moderne en cuivre, avec bélière de suspension.
Haut., 17 mill. ; larg., 15 mill. Pl. XVIII, fig. 212.

213. **Masque tragique.** Il est de profil, à gauche, les cheveux en désordre, la bouche béante, comme une tête de Méduse. — Époque hellénistique ou romaine.
Sardoine à deux couches : translucide et blanche.
Monture en or.
Haut., 13 mill. ; larg., 11 mill. Pl. XVIII, fig. 213.

BIBL. — Chabouillet, *Catalogue*, n° 125.

214. **Masque tragique.** Il est de profil, à droite, avec de longs cheveux en désordre, la bouche béante, rappelant une tête de Méduse. — Époque hellénistique ou romaine.
Sardoine à deux couches : translucide et blanche.
Monture en or.
Haut., 13 mill. ; larg., 11 mill. Pl. XVIII, fig. 214.

BIBL. — Chabouillet, *Catalogue*, n° 124.

215. **Masque tragique,** de face.
Calcédoine. Trou profond sur la tranche inférieure.
Haut., 8 mill. ; larg., 6 mill.

216. **Masque scénique.** Il est de trois quarts, à droite, le front chauve, les traits accentués comme ceux d'un Satyre. — Époque hellénistisque ou romaine.
Sardoine brune. Monture en or.
Diam., 15 mill.

BIBL. — Chabouillet, *Catalogue*, n° 129.

217. **Canthare** ou vase à deux anses, muni de son couvercle.
Agate à deux couches : brune et blanche.
Monture en cuivre, avec bélière de suspension.
Haut., 36 mill. ; larg., 33 mill. Pl. XX, fig. 217.

BIBL. — Chabouillet, *Catalogue*, n° 3369.

218. **Lyre.** Elle est à cinq cordes et le tambour est formé de la carapace d'une tortue.

Sardonyx à deux couches : blanc de nacre et blanc-jaunâtre.

Pl. XX, fig. 218.

Ce camée est décrit dans l'Inventaire de 1664, sous le n° 308.

Bibl. — Marion du Mersan, *Hist. du Cabinet des Médailles*, p. 108, n° 17; Chabouillet, *Catalogue*, n° 17.

219. **Olive** ou balle de fronde, sans ornement, le flanc légèrement aplati sur un côté.

Pierre de touche. — Long., 35 mill.

XX. ICONOGRAPHIE DES ROIS GRECS

220. **Alexandre le Grand.** Buste de face, la tête en haut-relief; il est coiffé du casque corinthien et ses cheveux forment sur le front une double rangée de frisures. Sa poitrine, nue, est traversée par le baudrier. Sur l'épaule gauche un pli de la chlamyde. — Excellent travail de l'époque hellénistique ou romaine.

Agate cendrée, translucide, d'une grande beauté.

Large et magnifique monture en or émaillé, du XVIIIe siècle.

Haut., 152 mill.; larg., 133 mill., monture comprise.

Pl. XXI, fig. 220.

Comparez la tête de Pallas sur les monnaies d'Alexandre le Grand.

Bibl. — Chabouillet, *Catalogue*, n° 158; E. Babelon, *La gravure en pierres fines*, p. 129, fig. 101.

221. **Alexandre le Grand.** Tête de profil, à gauche, avec de légers favoris; elle est coiffée d'un casque rond dont les paragnathides sont relevées et dont le timbre est orné d'un lion; au pourtour, une couronne de laurier. Les traits du visage sont idéalisés et se rapprochent du type classique d'Alexandre en Hercule, coiffé de la dépouille du lion de

Némée. — Époque hellénistique ou romaine ; travail excellent, avec retouches modernes sur le casque.

Sardonyx à trois couches : brune, blanche et rousse (fond brun).

Monture en or émaillé, de l'époque de la Renaissance ; cette monture dissimule les bords irréguliers de la gemme et agrandit le champ qui paraît ainsi circulaire.

Diamètre, 47 mill., monture comprise. Pl. XXI, fig. 221.

Ce camée est décrit dans l'Inventaire de 1664, sous le n° 220.

Comparez les médaillons du Trésor de Tarse, au Cabinet des Médailles, sur lesquels la tête d'Alexandre a la même physionomie (A. de Longpérier, *Œuvres*, publiées par G. Schlumberger, t. III, pl. IV et VI ; Friedrich Kœpp, *Uber das Bildnis Alexanders des Grossen* Winckelmannsfest, 1892, p. 3). Sur des monnaies de bronze frappees en Macédoine, sous la domination romaine, et portant la légende ΑΛΕΞΑΝΔΡΟΥ, on voit la tête idéalisée du héros avec un casque qui ne diffère de celui-ci qu'en ce que le lion est remplacé par un griffon (Imhoof-Blumer, *Porträtköpfe auf antiken Münzen*, pl. II, 6).

Bibl. — Visconti, *Iconographie grecque*, t. II, p. 104, et pl. XLI, fig. 9 (sous le nom de *Lysimaque*) ; Marion du Mersan, *Hist. du Cabinet des Médailles* (1838), p. 115, n° 125 ; Ch. Lenormant, *Trésor de numismatique, Rois grecs*, p. 8 et pl. V, fig. 1 ; Chabouillet, *Catalogue*, n° 163 (sous le nom de *Roi grec, incertain*) ; V. Duruy, *Hist. des Grecs*, t. III, p. 244 ; E. Babelon, *Le Cabinet des Antiques*, p. 215 et pl. LVIII, fig. 3 ; le même, *La gravure en pierres fines*, p. 127, fig. 100.

222. **Alexandre le Grand.** Sa tête de profil, à droite, avec les cornes de bélier de Jupiter Ammon. Les cheveux sont relevés sur le front et ceints du diadème royal ; le regard est dirigé vers le ciel. — Époque hellénistique ou romaine; excellent travail.

Sardonyx à trois couches : translucide, blanche et rousse.

Monture en or émaillé, de l'époque de la Renaissance.

Diamètre, 46 mill., monture comprise. Pl. XXI, fig. 222.

Ce camée est décrit dans l'Inventaire de 1664, sous le n° 218.

La tête d'Alexandre que reproduit ce camée est la copie de celle qui figure sur les tétradrachmes de Lysimaque et qui passe pour se rapprocher le plus fidèlement des traits réels du héros macédonien, bien que le conquérant fût déjà mort et idéalisé dans l'art quand la gravure des coins monétaires a été exécutée [1]. Alexandre se donnait pour fils de Zeus ; de là est venu l'usage de le représenter avec des cornes de bélier, attribut d'Ammon Cnouphis, identifié à Zeus par les Grecs. Cette coutume s'est conservée jusque sous l'empire romain, époque où l'on attachait une idée talismanique aux portraits d'Alexandre répandus à profusion dans tout l'empire.

BIBL. — Marion du Mersan, *Hist. du Cabinet des Médailles* (1838), p. 115, n° 120 ; Chabouillet, *Catalogue*, n° 154 ; V. Duruy, *Hist. des Grecs*, t. III, p. 231 ; E. Babelon, *Le Cabinet des Antiques*, p. 215 et pl. LVIII, fig. 2 ; le même, *La gravure en pierres fines*, p. 127, fig. 99 ; le même, dans le *Dictionn. des Antiquités gr. et rom.* de Daremberg et Saglio, art. *Gemmæ*, p. 1475, fig. 3512. — Comparez un camée de la collection Zanetti (Gori, *Gemmæ antiquæ Ant. M. Zanetti*, pl. I, Venise, 1750, fol.).

223. **Alexandre le Grand.** Tête diadémée de profil, à droite, avec les cornes d'Ammon. Au pourtour, le bord de la gemme forme corniche et est taillé en biseau. — Époque romaine.

Sardonyx à deux couches : blanche et brun-jaunâtre.

Monture moderne en or émaillé.

Diam., 31 mill., monture comprise. Pl. XXI, fig. 223.

BIBL. — Marion du Mersan, *Hist. du Cabinet des Médailles* (1838), p. 115, n° 121 ; Chabouillet, *Catalogue*, n° 155. — Comparez pour la tête, le camee précédent, n° 222.

224. **Alexandre le Grand.** Tête diadémée de profil, à droite, avec les cornes d'Ammon. — Époque romaine.

Agate-onyx à deux couches : translucide et blanche. Deux fêlures traversent la gemme de part en part.

Monture en or.

Haut., 20 mill. ; larg., 17 mill. Pl. XXI, fig. 224.

BIBL. — Chabouillet, *Catalogue*, n° 157.

225. **Alexandre le Grand.** Tête diadémée de profil, à droite, avec les cornes d'Ammon. — Époque romaine.

1. Lud. Müller, *Numismatique d'Alexandre le Grand*, p. 12 ; Imhoof-Blumer, *Porträtkœpfe auf antiken Münzen*, p. 14 et pl. I, 1 ; Fried. Kœpp, *Uber das Bildnis Alexanders des Grossen*, p. 13 ; Naue, dans la *Zeitschrift für Numismatik*, t. VIII (1881), pp. 29 et suiv ; Emerson, dans l'*American Journal of Archaeology*, t. II, n° 4 ; G. Maspero, *Comment Alexandre devint Dieu en Égypte*, dans l'*Annuaire* de l'École pratique des Hautes-Études, pour 1896.

Sardonyx à deux couches : brune et blanche.
Monture en or.
Haut., 13 mill. ; larg., 11 mill. Pl. XXII, fig. 225.

Bibl. — Chabouillet, *Catalogue*, n° 156.
Ce camée est décrit dans l'Inventaire de 1664, sous le n° 73.

226. **Alexandre le Grand et Minerve.** Bustes accolés, de profil, à droite. Tous deux sont casqués ; les cheveux de la déesse retombent sur ses épaules et sa poitrine est couverte de l'égide. — Époque hellénistique. Travail remarquable.

Sardonyx à trois couches : brune, blanc-cendré et noire ; la partie inférieure est mutilée.
Haut., 70 mill. ; larg., 60 mill. Pl. XXII, fig. 226.

Acquis de Cousinéry, en 1830.
Bibl. — Marion du Mersan, *Hist. du Cabinet des Médailles* (1838), p. 115, n° 124 ; Ch. Lenormant, *Trésor de numism., Rois grecs*, p. 23 et pl. XIV, fig. 1 ; Chabouillet, *Catalogue*, n° 164.

227. **Séleucus Ier Nicator (?).** Tête de profil, à droite, imberbe, avec de légers favoris, coiffée d'un casque à crinière ; les paragnathides ornées de fleurons sont relevées et forment visière. Le cou est mutilé. — Travail des plus remarquables, du ive ou du commencement du iiie siècle avant notre ère.

Sardonyx à deux couches : brune et blanche.
Monture moderne en or.
Haut., 75 mill. ; larg., 80 mill. Pl. XXII, fig. 227.

Donné par le duc de Luynes, en 1862.
Ce camée, nous apprend M. Chabouillet, « fut acquis par le duc de Luynes à un amateur parisien qui l'avait acquis à une vente où il n'y avait pas de connaisseurs ». On a successivement proposé de reconnaître dans le portrait qui s'y trouve gravé très habilement, Alexandre le Grand, Achille et Séleucus Ier Nicator : cette dernière attribution paraît mieux justifiée que les deux autres, par la comparaison avec la tête en marbre de la Glyptothèque de Munich, le buste en bronze de la *villa Ercolonese* et quelques autres monuments de l'iconographie de Séleucus, ainsi qu'avec les monnaies sur lesquelles figure l'effigie du premier roi de Syrie ; cependant elle n'est pas certaine, et pour l'accepter il faut admettre que Séleucus est ici représenté encore jeune et que ses traits sont idéalisés. — (Comparez E. Babelon, *Les rois de Syrie*, Introduction, p. xvii et pl. I, fig. 14 et

15 et pl. II, fig. 8; nous avons résumé dans l'*Introduction* de cet ouvrage tout ce qui a trait aux divers monuments de l'iconographie de Séleucus Ier Nicator.)

BIBL. — *Département des Médailles. Description sommaire des monuments exposés*, 1867, p. 140, n° 13; Chabouillet, dans la *Gazette archéologique*, t. X, 1885, pp. 396 et suiv., et pl. 42, et t. XI, 1886, pp. 16 à 22.

228. **Persée, roi de Macédoine.** Le dernier roi de Macédoine est représenté en buste, de profil, à gauche, vu de dos et lançant un javelot. Il a des cheveux courts et une barbe frisée. Il est coiffé de la *causia* macédonienne dont le bord est orné de festons, et sur la tige conique de laquelle est sculpté un épisode du combat des Centaures et des Lapithes : un Centaure armé d'un arc s'apprête à percer d'une flèche un Lapithe qui, un genou en terre et armé du bouclier, se défend en lançant une pierre à son antagoniste. Sous la *causia*, la tête royale est ceinte du diadème orné d'une branche de lierre et dont les lemnisques descendent sur le dos du roi. Le buste est couvert de l'égide ornée d'une tête de Méduse et de serpents. Devant le visage, la hampe du javelot que brandit la main droite du roi levée en arrière, à la hauteur de l'épaule. — Époque hellénistique; excellent style.

Cornaline orientale; grande fêlure.

Monture en or émaillé, de l'époque de la Renaissance.

Haut., 81 mill.; larg., 62, monture comprise.

Pl. XXII, fig. 228.

Millin a donné au buste representé sur ce camée le nom d'*Ulysse*, à cause de la forme de la coiffure. Mais Charles Lenormant a démontré qu'il ne s'agit point ici du *pilos*, ou bonnet conique des marins, la coiffure ordinaire d'Ulysse. C'est, en réalité, la *causia* macédonienne, telle qu'on la voit sur de nombreux monuments numismatiques et autres. Les rois de Bactriane, Antimachos et Antialcidès, notamment, sont représentés sur leurs tétradrachmes avec une semblable coiffure. Enfin, le rapprochement proposé par Charles Lenormant entre l'effigie monétaire de Persée et le portrait de notre camée ne laisse aucun doute sur l'attribution iconographique de ce dernier; elle est encore confirmée par ce fait que le mythe du combat des Centaures et des Lapithes était particulier à la Macédoine.

Bibl. — Millin, *Monuments inédits*, t. I, p. 201 et pl. XXII (sous le nom d'*Ulysse*); T. Dumersan, *Notice des monuments exposés dans le Cabinet des Medailles*, éd. de 1828, p. 28 ; Marion du Mersan, *Hist. du Cabinet des Médailles* (1838), p. 114, n° 105 ; Creuzer, trad. Guigniaut, *Religions de l'Antiquité*, pl. CCXLVIII *bis*, n° 857 *a* ; Ch. Lenormant, dans le *Bulletin archéol. de l'Atheneum français*, 1855, pp. 58-59 ; le même, *Trésor de numism.*, *Nouv. galerie mytholog.*, p. 146 et pl. LI, fig. 8 ; Chabouillet, *Catalogue*, n° 159 ; L. Heuzey, dans le *Dictionn. des antiquités gr. et rom.* de Daremberg et Saglio, v° *Causia*, p. 975, fig. 1261 ; V. Duruy, *Hist. des Grecs*, t. III, p. 513 ; E. Babelon, *La gravure en pierres fines*, p. 134, fig. 103.

229. **Bérénice II, femme de Ptolémée III Évergète Ier.** Buste de profil, à droite, la tête voilée et surmontée des attributs d'Isis. Le vêtement est orné de riches broderies. — Excellent travail de l'époque ptolémaïque.

Sardonyx à deux couches : translucide et blanche.

Monture en cuivre doré (chaton de bague).

Haut., 20 mill. ; larg., 14 mill. Pl. XXII, fig. 229.

Ce camée est décrit dans l'Inventaire de 1664, sous le n° 190.

Bibl. — Chabouillet, *Catalogue*, n° 161. — Comparez, pour l'attribution, les portraits de Bérénice II sur les monnaies, dans Imhoof-Blumer, *Die Porträtkœpfe auf antiken Münzen*, pl. VIII, fig. 6.

230. **Ptolémée III Évergète Ier.** Buste de profil, à droite, la tête ceinte du diadème, la poitrine couverte de la chlamyde agrafée sur l'épaule droite. — Sur l'autre face, le buste de Bérénice II, femme de Ptolémée III, de profil, à gauche. La reine est voilée et diadémée, et un péplos agrafé sur l'épaule lui couvre la poitrine. — Époque ptolémaïque ; bon style.

Sardonyx à quatre couches : blanche, brune, blanche et rousse. Le champ est un peu endommagé.

Monture en or.

Haut., 31 mill.; larg., 23 mill. Pl. XXII, fig. 230.

Ce camée est décrit dans l'Inventaire de 1664, sous le n° 256. Au revers, M. Chabouillet propose de reconnaître une reine de Sicile indéterminée; le buste qui figure sur l'autre face serait de travail moderne. La comparaison avec les monnaies permet de reconnaître sûrement, au revers, Bérénice II [1]. Dans ce cas, le buste du droit, s'il est antique, ne saurait guère être que le portrait du mari de cette reine, Ptolémée III Évergète Ier ; toutefois, la ressemblance avec l'effigie monétaire de ce prince n'entraîne pas la certitude [2].

BIBL. — Chabouillet, *Catalogue*, n° 162.

231. **Cléopâtre Ire, femme de Ptolémée V Épiphane.** Buste de profil, à gauche, la tête ceinte d'un diadème, le front surmonté du pschent, les cheveux retombant sur le cou en mèches calamistrées, la poitrine drapée. — Époque ptolémaïque.

Sardonyx à trois couches : brune, blanche et brun-roux.

Monture en or.

Haut., 30 mill. ; larg., 24 mill. Pl. XXII, fig. 231.

Pour l'attribution iconographique que nous proposons, comparez les monnaies sur lesquelles on reconnaît l'effigie de la première Cléopâtre, femme de Ptolémée V, avec le front surmonté aussi du pschent [3].

BIBL. — Chabouillet, *Catalogue*, n° 160.

XXI. ICONOGRAPHIE

DES EMPEREURS ROMAINS

232. **Octave.** Tête nue, de profil, à gauche.

Calcédoine à deux couches : blonde et blanche.

Monture moderne en bague d'or, le chaton tournant sur deux pivots.

Haut., 25 mill. ; larg., 18 mill. Pl. XXIII, fig. 232.

Donné par le duc de Luynes, en 1862.

On peut rapprocher de ce camée, représentant la tête d'Octave, celui

1. R. Stuart Poole, *Catalogue of greek Coins. The Ptolemies*, pl. XIII; Imhoof-Blumer, *Die Porträtkœpfe auf antiken Münzen*, pl. VIII, fig. 6.

2. Imhoof-Blümer, *op. cit.*, pl. VIII, fig. 4 et 5.

3. R. Stuart Poole, *Catalogue, etc. The Ptolemies*, pl. XVIII, fig. 4 à 9; Imhoof-Blumer, *Die Porträtkœpfe auf antiken Münzen*, pl. VIII, fig. 12.

qui, beaucoup plus remarquable comme style, a été trouvé à Tirlemont (Belgique) en 1892, et fait partie de la collection de M. le baron Edmond de Rothschild[1].

BIBL. — *Département des Médailles. Description sommaire des monuments exposés*, 1867, p. 140, n° 14.

233. **Auguste.** Buste de face, en demi-ronde bosse. La tête est ceinte d'une couronne de laurier; la poitrine est nue; sur l'épaule gauche, l'extrémité des plis de l'égide dont on distingue les imbrications. La couronne de laurier est percée d'une rangée de onze trous destinés, sans doute, à fixer des feuilles d'or qui ont été enlevées. Dans le champ, on lit des caractères grecs gravés à l'époque byzantine :

A gauche :	A droite :
Є	
K	Г
T	ω
ω	N
N	M
A	

('Εκ τῶν ἁγίων μ(αρτύρων), *des saints martyrs.*) L'extrémité du nez est un peu fragmentée. — Excellent style.

Agate blonde, cendrée, d'une seule couche.

Monture moderne en cuivre doré.

Haut., 156 mill.; larg., 139 mill., monture comprise.

Pl. XXIII, fig. 233.

Ce camée fut conservé dans le Trésor de l'abbaye de Saint-Denis jusqu'à la Révolution, époque où il fut transporté au Cabinet des Médailles, avec un certain nombre d'autres monuments, en exécution de la loi sur l'aliénation des biens des églises. D'après l'inscription qui fut gravée en grec, dans le champ, à l'époque byzantine, on peut conjecturer que ce camee fut au nombre de ceux que les Croisés rapportèrent d'Orient au XIIIe siècle, et particulièrement de la Croisade de Constantinople en 1204. L'inscription ἐκ τῶν ἁγίων μαρτύρων, se rapporte évidemment à des reliques de saints martyrs renfermées dans une châsse que notre camée servait à décorer. S'agit-il, comme on l'a dit, de l'ancien reliquaire de saint Denis et de ses compa-

1. A. de Loë, dans les *Annales de la Société d'archéologie*, de Bruxelles, t. IX, 4e livr., 1895.

gnons ? C'est peu probable, puisque l'inscription trahit une origine grecque et que tout en étant conservé dans le Trésor de l'abbaye de Saint-Denis, notre camée n'y ornait aucun reliquaire, bien avant la Révolution. En effet, en 1706, l'historien de l'abbaye de Saint-Denis, dom Félibien, a fait graver une planche sur laquelle se trouvent reproduits un certain nombre des joyaux du Trésor de l'abbaye, et on y reconnaît fort bien, sous la lettre O, notre camée, seul et entouré d'une monture différente de celle qu'il a aujourd'hui. En outre, dans la description de tous ces monuments, ce camée figure seul, ainsi désigné : « Un César Auguste, en agathe, très-bien travaillé »[1].

Bibl. — Dom Félibien, *Hist. de l'abbaye royale de Saint-Denys* (1706, in-f°), p. 543 et pl. IV, fig. o; Marion du Mersan, *Hist. du Cabinet des Médailles* (1838), p. 117, n° 163 ; Chabouillet, *Catalogue*, n° 191 ; Bernoulli, *Rœmische Ikonographie*, t. II, p. 46 c.

234. **Auguste.** Tête de profil, à droite, ceinte d'une couronne formée de deux branches de chêne et d'olivier entrelacées et portant leurs fruits. — Travail d'une remarquable finesse d'exécution.

Sardonyx à deux couches : brun foncé et blanc de nuage ; fêlure dans le champ, derrière la tête d'Auguste.

Haut., 83 mill. ; larg., 65 mill., monture comprise.

Pl. XXIV, fig. 234.

Ce camée qui, avant la Révolution, décorait un reliquaire du Trésor de l'abbaye de Saint-Denis, est encore paré de la monture dont la piété de nos pères l'a entouré. Cette monture, plus riche qu'élégante, se compose d'une plaque d'argent doré, assez épaisse, dont les bords sont découpés à jour ; sur le pourtour de la plaque sont rivées des griffes qui soutiennent une couronne composée de trois rubis et de trois saphirs, alternant avec six bouquets de chacun trois perles : présentement, il manque une perle à trois des bouquets.

Les inventaires du Tresor de l'abbaye de Saint-Denis nous apprennent que le reliquaire auquel était adapté notre camée, contenait le chef de saint Hilaire, évêque de Poitiers ; c'était une *capsa* ayant la forme du buste même du saint, en habits pontificaux. Le camée était serti sous le cou du saint, au milieu de l'orfroi du col de la chape, ainsi que l'atteste la description de la châsse par Dom Félibien : « Buste de vermeil doré dans lequel est enchâssé le chef de saint Hilaire, évêque de Poitiers, père et docteur de l'Église. La mitre est toute couverte de perles et de pierreries, aussi bien que l'orfroy qui est autour du

1. Dom Félibien, *Histoire de l'abbaye de Saint-Denis*, p. 543 et pl. IV, fig. o.

col de la figure. On y remarque surtout *une agate sur laquelle est représenté l'empereur César Auguste.* Dans ce reliquaire est aussi l'os d'un bras du même saint Hilaire que l'on voit sur le devant, à travers d'un crystal. Ce reliquaire fut fait par les religieux de Saint-Denys, après les troubles de la Ligue [1]. » Dans un autre passage, Félibien, précisant davantage, nous apprend que la *capsa* fut exécutée en 1606, sous l'administration de Jérôme de Chambellan, grand prieur de l'abbaye ; elle fut détruite sous la Révolution, mais l'image en figure dans l'ouvrage du savant religieux. On y reconnaît la place du camée dont la monture, il est à peine besoin de le faire remarquer, est en partie beaucoup plus ancienne que la date de 1606 fixée pour la fabrication du reliquaire. La plaque d'argent doré, dont les bords ajourés sont d'un style moderne, paraît bien être du commencement du XVIIe siècle ; mais on peut aisément constater que les bouquets de perles et les cabochons ont été rapportés, tout montés sur griffes, d'un reliquaire plus ancien pour être adaptés au nouveau. Ce fut le vendredi, 30 septembre 1791, que ce joyau précieux, détaché de la châsse de saint Hilaire, fut transporté au Cabinet des Médailles, ainsi qu'il appert de la teneur du procès-verbal rédigé par les administrateurs composant le Directoire du département de Paris, chargés de procéder à l'aliénation du Trésor de Saint-Denis. Notre camée se trouve ainsi désigné dans ce document : « 4. Une sardoine rougeâtre en camée, représentant la tête d'Auguste couronnée de feuilles de chêne, laquelle pierre était attachée au chef de saint Hilaire de Poitiers. »

Bibl. — — Dom Félibien, *Hist. de l'abbaye royale de Saint-Denys*, p. 538 et pl. II, fig. A ; T. Dumersan, *Notice des monumens exposés dans le Cabinet des Médailles* (1819), p. 15 ; édit. de 1828, p. 36 ; Marion du Mersan, *Hist. du Cabinet des Médailles* (1838), p. 117, n° 160 ; Ch. Lenormant, *Trésor de numism., Iconographie des empereurs romains*, p. 9 et pl. V, fig. 3 ; Chabouillet, *Catalogue*, n° 190 ; V. Duruy, *Hist. des Romains*, t. III, p. 743 ; E. Fontenay, *Les bijoux anciens et modernes*, p. 186 ; Bernoulli, *Rœmische Ikonographie*, t. II, p. 48, n. ; E. Babelon, *Le Cabinet des Antiques*, p. 180 et pl. XLIX, fig. 2 ; le même, *La gravure en pierres fines*, p. 212, fig. 160.

235. **Auguste.** Tête de profil, à gauche, ceinte d'une couronne de laurier. De petits trous, au nombre d'une vingtaine au moins, qu'on remarque sur la couronne, étaient sans doute destinés à fixer des feuilles de laurier en or. — Bon style.

1. Dom Félibien, *Histoire de l'abbaye de Saint-Denys*, p. 538 ; cf. p. 430.

Sardonyx à deux couches : brun translucide et blanc-jaunâtre.

Monture en or émaillé, de l'époque de la Renaissance.

Haut., 40 mill. ; larg., 31 mill., monture comprise.

Pl. XXIII, fig. 235.

BIBL. — Marion du Mersan, *Hist. du Cabinet des Médailles* (1838), p. 116, n° 159; Ch. Lenormant, *Trésor de numism.*, *Iconographie des empereurs romains*, p. 6 et pl. III, fig. 12 ; Chabouillet, *Catalogue*, n° 198 ; Bernoulli, *Rœmische Ikonographie*, t. II, p. 48, o.

236. **Auguste.** Buste de face, en haut relief. La tête est ceinte d'une couronne de laurier; la poitrine est couverte de la cuirasse. Un médaillon, représentant une tête de Méduse de face et munie de grandes ailes, est suspendu au cou par un cordon. Dans le champ, une main moderne a gravé en creux, les lettres I — C, sans doute les initiales du nom de Jules César qu'on croyait reconnaître sur la gemme.

Sardonyx à deux couches : brun foncé et blanche.

Monture formée d'un simple cercle d'argent avec une bélière de suspension.

Haut., 57 mill. ; larg., 38 mill. Pl. XXIV, fig. 236.

BIBL. — Marion du Mersan, *Hist. du Cabinet des Médailles* (1838), p. 117, n° 162 ; Chabouillet, *Catalogue*, n° 193.

237. **Auguste.** Buste de profil, à gauche. La tête est ceinte d'une couronne de laurier; la poitrine est couverte du paludamentum agrafé sur l'épaule gauche. Au pourtour, une haute corniche.

Excellent travail, mais dont il faut peut-être faire honneur à la Renaissance italienne plutôt qu'à l'antiquité.

Sardonyx à quatre couches : rouge-foncé, blanche, jaunâtre et rousse.

Monture moderne en or émaillé.

Haut., 62 mill. ; larg., 50 mill., monture comprise.

Pl. XXIV, fig. 237.

Légué par J.-Henri Beck, en 1846.

BIBL. — Chabouillet, *Catalogue*, n° 192.

238. **Auguste.** Buste de profil, à droite; la tête est ceinte d'une couronne de laurier; la poitrine est couverte du paludamentum agrafé sur l'épaule droite. Les traits sont idéalisés et n'ont qu'une vague ressemblance iconographique; on a songé à y reconnaître Drusus l'Ancien plutôt qu'Auguste. — Travail médiocre.

Sardonyx à trois couches : roux-fauve, blanche et roux-fauve.

Monture moderne en or émaillé.

Haut., 69 mill. ; larg., 56 mill., monture comprise.

Pl. XXV, fig. 238.

BIBL. — Ch. Lenormant, *Trésor de Numismatique. Iconographie des empereurs romains*, p. 18 et pl. IX, fig. 12 (attribué à Drusus l'Ancien); Chabouillet, *Catalogue*, n° 194; Bernoulli, *Römische Ikonographie*, t. II, p. 48, note 3.

239. **Auguste.** Tête de profil, à droite, avec une couronne radiée. Fragment : manquent une partie du nez et tout le bas du visage. — Attribution iconographique douteuse.

Sardonyx à deux couches : brune et blanche.

Monture moderne, avec bélière de suspension.

Haut., 16 mill. ; larg., 17 mill. Pl. XXIII, fig. 239.

BIBL. — Marion du Mersan, *Hist. du Cabinet des Médailles* (1838), p. 117, n° 164; Chabouillet, *Catalogue*, n° 195. — Comparez un camée de la collection Marlborough, dans S. Reinach, *Pierres gravées*, p. 113 et pl. 109, fig. 7.

240. **Auguste.** Buste de profil, à gauche; la tête est ceinte d'une couronne de laurier et la poitrine est couverte du paludamentum agrafé sur l'épaule gauche. — Travail médiocre.

Sardonyx à deux couches : brun-jaunâtre et bleuâtre.

Monture en or émaillé, du XVIIIe siècle.

Haut., 116 mill.; larg., 93 mill., monture comprise.

Pl. XXIV, fig. 240.

BIBL. — Chabouillet, *Catalogue*, n° 197.

241. **Auguste, voilé en pontife.** Buste de face, la tête couronnée de laurier et enveloppée d'un grand voile qui retombe sur les deux épaules; la poitrine est drapée. — Bon style.

Calcédoine saphirine.
Monture moderne en or.
Haut., 35 mill.; larg., 26 mill., monture comprise.
Pl. XXIII, fig. 241.

Bibl. — Marion du Mersan, *Hist. du Cabinet des Médailles* (1838), p. 117, n° 161; Chabouillet, *Catalogue*, n° 196; V. Duruy, *Hist. des Romains*, t. IV, p. 270; Bernoulli, *Römische Ikonographie*, p. 48, note 3. — Comparez un camée de la collection Marlborough, dans S. Reinach, *Pierres gravées*, p. 113 et pl. 109, fig. 8.

242. **Julie, fille d'Auguste, avec les attributs de Cérès.** Buste de profil, à droite, les cheveux relevés en chignon sur la nuque, la tête ceinte d'une couronne d'épis et de pavots, les traits du visage idéalisés. Elle a au cou un collier orné d'une *bulla*; sa poitrine et ses épaules sont couvertes de la *stola* et du *péplum*. De la main droite élevée à la hauteur du menton, elle tient les plis de son vêtement. — Corniche au pourtour. Excellent travail.

Sardonyx à trois couches : brune, blanche et roux-fauve.
Monture moderne en or.
Haut., 44 mill.; larg., 46 mill., monture comprise.
Pl. XXV, fig. 242.

L'attribution iconographique de ce camée, ainsi que celle des deux suivants, n°s 243 et 244, n'est que probable. Les traits paraissent bien convenir à Julie; les deux enfants qui jouent sur son sein (camée n° 243) sont sans doute ses fils, Caius et Lucius, et la fille d'Auguste a pu être représentée avec les attributs de Cérès ou de Proserpine [1]. Toutefois, ces attributs divins sont ordinairement donnés à Faustine Jeune, femme de Marc-Aurèle. De belles monnaies bien connues, de Cyzique, représentent Faustine avec la couronne d'épis et de pavots, et la légende ΚΟΡΗ ΣΩΤΕΙΡΑ; les traits idéalisés de cette princesse sur ces médailles ne sont pas sans quelque analogie avec ceux qui sont donnés à la femme représentée sur nos camées. Si nous devions, ici, reconnaître Faustine Jeune, les enfants qu'elle tient dans son giron (camée n° 243) seraient ses fils jumeaux Antonin et Commode, ou peut-être Commode et Annius Vérus.

Bibl. — Marion du Mersan, *Hist. du Cabinet des Médailles* (1838),

1. E. Beurlier, *Le culte impérial, son histoire et son organisation*, pp. 41-42.

p. 117, n° 166; Ch. Lenormant, *Trésor de numism., Iconographie des empereurs romains*, p. 11 et pl. VI, fig. 15; Chabouillet, *Catalogue*, n° 202; Bernoulli, *Römische Ikonographie*, t. II, p. 128.

243. **Julie, fille d'Auguste, avec les attributs de Cérès.** Buste de profil, à gauche, les cheveux relevés en chignon sur la nuque, la tête ceinte d'une couronne d'épis et de pavots, les traits du visage idéalisés. Elle a au cou un collier de grosses perles; ses épaules et sa poitrine sont couvertes de la *stola* et du *péplum*. De la main droite levée à la hauteur du menton, elle tient les plis de son vêtement avec lequel elle forme un *sinus* ou giron, où l'on voit deux petits enfants, Caius César et Lucius César, qui prennent leurs ébats. — Corniche au pourtour. Travail remarquable.

Sardonyx à trois couches : brune, blanc-bleuâtre et rousse. Fêlures derrière la tête de Julie.

Haut., 80 mill.; larg., 67 mill., monture comprise.

Pl. XXV, fig. 243.

Voyez le commentaire du n° 242.

BIBL. — Marion du Mersan, *Hist. du Cabinet des Médailles* (1838), p. 117, n° 168; Ch. Lenormant, *Trésor de numism., Iconographie des empereurs romains*, p. 11 et pl. VI, fig. 14; Chabouillet, *Catalogue*, n° 203; Bernoulli, *Römische Ikonographie*, t. II, p. 128. — Comparez un camée du Musée de Berlin, dans Furtwaengler, *Beschreibung der geschnittenen Steine im Antiquarium*, n° 11096 (sous le nom de *Demeter*).

244. **Julie, fille d'Auguste, avec les attributs de Cérès.** Buste de profil, à droite, la tête ceinte d'une couronne d'épis et de pavots; les traits du visage sont idéalisés. De la main droite levée à la hauteur du menton elle tient les plis de son *péplum*. — Corniche au pourtour. Travail des plus remarquables. Fragment.

Sardonyx à trois couches : brune, blanc-bleuâtre et roux-foncé. Cette belle gemme est cassée par le milieu, du haut en bas; la partie postérieure de la tête de Julie et tout le buste ont été restaurés au XVIe siècle, en émail imitant les nuances de la gemme.

Monture du XVIe siècle, en or émaillé.

Haut., 55 mill.; larg., 44 mill. Pl. XXV, fig. 244.

Voyez le commentaire du n° 242.

Bibl. — Marion du Mersan, *Hist. du Cabinet des Médailles* (1838), p. 117, n° 167; Ch. Lenormant, *Trésor de numism., Iconographie des empereurs romains*, p. 11 et pl. VI, fig. 13; Chabouillet, *Catalogue*, n° 201; V. Duruy, *Hist. des Romains*, t. IV, p. 138; Bernoulli, *Römische Ikonographie*, t. II, p. 128.

245. **Auguste et Agrippa.** Têtes placées en regard l'une de l'autre. Auguste est lauré; Agrippa a la tête ceinte de la couronne à la fois rostrale et murale qu'on lui voit aussi porter sur les monnaies et qui symbolise ses exploits sur terre et sur mer. — Corniche au pourtour. Excellent travail.

Sardonyx à trois couches : brune, blanc-bleuâtre et roux-foncé.

Monture moderne en or.

Haut., 34 mill.; larg., 48 mill. Pl. XXV, fig. 245.

Légué par J. Henri Beck, en 1846.

Bibl. — Chabouillet, dans la *Revue archéologique*, VIe année, 1849, p. 338 et pl. CXXI, fig. 2; le même, *Catalogue*, n° 199; V. Duruy, *Hist. des Romains*, t. III, p. 698; E. Babelon, *Le Cabinet des Antiques*, p. 191 et pl. LIII, fig. 1; Bernoulli, *Römische Ikonographie*, t. I, p. 263, n° 4 et t. II, p. 48.

246. **Agrippa.** Buste de profil, à gauche; la tête est ceinte de la couronne rostrale et murale; sur la poitrine, le paludamentum agrafé sur l'épaule gauche.

Sur l'autre face de la gemme : *Julie, fille d'Auguste* et femme d'Agrippa. Son buste, tourné de profil, à gauche, les cheveux arrangés en chignon, la poitrine drapée. — Excellent travail.

Agate à quatre couches alternativement blanches et cendrées.

Monture en or émaillé, de l'époque de la Renaissance.

Haut., 35 mill.; larg., 28 mill., monture comprise.

Pl. XXV, fig. 246.

Ce camée est décrit dans l'Inventaire de 1664, sous le n° 146.

Bibl. — Marion du Mersan, *Hist. du Cabinet des Médailles* (1838), p. 117, n° 169; Ch. Lenormant, *Trésor de numism., Iconographie des empereurs romains*, p. 11 et pl. VI, fig. 10 et 11; Chabouillet, *Catalogue*, n° 200; Bernoulli, *Römische Ikonographie*, t. II, p. 127.

247. **Caius César.** Sa tête vue de trois quarts. — Excellent travail. Attribution iconographique douteuse.

Sardonyx à deux couches : brune et blanc-bleuâtre.

Monture en or émaillé, de l'époque de la Renaissance, en partie mutilée.

Haut., 37 mill. ; larg., 30 mill., monture comprise.

Pl. XXV, fig. 247.

Bibl. — Marion du Mersan, *Hist. du Cabinet des Médailles* (1838), p. 117, n° 170; Ch. Lenormant, *Trésor de numism., Iconographie des empereurs romains*, p. 11 et pl. VI, fig. 17 (tête d'un membre de la famille d'Auguste); Chabouillet, *Catalogue*, n° 204; V. Duruy, *Hist. des Romains*, t. III, p. 747; Bernoulli, *Römische Ikonographie*, t. II, p. 136, b.

248. **Lucius César.** Sa tête, vue de trois quarts, se détachant en demi-ronde. — Excellent travail. Attribution iconographique douteuse.

Cornaline orientale.

Monture en or émaillé, de l'époque de la Renaissance.

Haut., 36 mill.; larg., 27 mill., monture comprise.

Pl. XXV, fig. 248.

Ce camée est décrit dans l'Inventaire de 1664, sous le n° 217.

Bibl. — Marion du Mersan, *Hist. du Cabinet des Médailles* (1838), p. 117, n° 171; Chabouillet, *Catalogue*, n° 205 ; V. Duruy, *Hist. des Romains*, t. III, p. 747 ; Bernoulli, *Römische Ikonographie*, t. II, p. 136, b.

249. **Jules César et Auguste, Tibère et Germanicus.** Têtes affrontées de Jules César lauré et d'Auguste radié ; têtes affrontées et toutes deux laurées de Tibère et de Germanicus. Au-dessus des quatre Césars, leurs noms en abrégé, gravés en creux : IVLI — AVGV — TIBE — GERM. Les lettres BE dans le nom de Tibère et la lettre M dans le nom de Germanicus ont été ajoutées par un graveur moderne. — Travail médiocre et disposition disgracieuse des figures, dont le cou est disproportionné.

Sardonyx à trois couches : roux-fauve, blanche et roux-fauve. Fêlure transversale, coupant en deux parties la tête d'Auguste.

Ce qui fait l'intérêt de ce camée, c'est la monture exquise, en émail, dont il a été entouré, à l'époque de la Renaissance. En voici la description : Au sommet, la Renommée, à demi-nue, ailée, sonne de la trompette. Une draperie grenat lui couvre les jambes ; l'émail de ses ailes a mille reflets ; elle est assise sur un trône dont le dossier est formé d'une grande fleur épanouie qui sort d'un monceau d'armes : casques, flèches, épées, canons. Les captifs, tous deux barbus, sont en guerriers antiques, les mains liées derrière le dos, avec une cuirasse bleue et de hauts brodequins. Assis, ils détournent la tête dans un mouvement de contorsion admirablement rendu ; les lions, d'une couleur fauve, posent la patte sur un globe et grimpent en détournant la tête. Plus bas, deux trophées avec des drapeaux, des boucliers, des lances et des épées, des trompettes guerrières. L'un des boucliers a le champ occupé par une tête de face ; le champ du bouclier de l'autre trophée porte, au centre, la marque ✳. Deux autres boucliers se voient au revers et font pendant à ceux de la face. Au-dessous, un mufle de bélier, bleu de ciel, avec des fleurs et des festons qui se terminent de chaque côté par deux bustes d'homme. Au revers, une tête de bélier pareille fait pendant à celle-ci ; une couronne de fleurs court tout autour du cadre. Enfin, un trou placé au-dessous des têtes de bélier, et trois amorces d'agrafes ou de petites charnières qu'on voit par derrière, servaient à fixer ce joyau, une des œuvres d'émaillerie les plus délicates qui soient sorties de l'école de Benvenuto Cellini, sinon des mains du maître lui-même. La tradition lui en attribue la paternité et les historiens modernes n'y contredisent guère. « On peut y reconnaître, dit Eugène Plon, avec assez de vraisemblance, la main de Benvenuto. L'encadrement, composé de trophées et de lions (en ronde bosse), est couronné par une composition allégorique : *La Renommée entre deux captifs enchaînés*. Ces figures qui, par leur attitude, rappellent bien l'école de Michel Ange, sont détachées en ronde bosse et paraissent avoir été exécutées par les procédés que décrit Cellini, en parlant, au *Traité de l'Orfèvrerie*, de ses médailles d'Atlas et d'Hercule [1]. »

Haut., 66 mill.; larg., 66 mill., monture comprise.

Pl. XXVI, fig. 249.

Bibl. — T. Dumersan, *Notice des monuments exposés dans le Cabinet des Médailles* (éd. de 1828), p. 36; Marion du Mersan, *Hist. du Cabinet des Médailles* (1838), p. 116, n° 158; Chabouillet, *Catalogue*, n° 189; Eug. Fontenay, *Les Bijoux anciens et modernes*, pp. 200-201; E. Babelon, *Le Cabinet des Antiques*, p. 30 et pl. VIII, fig. 3; le même, *La gravure en pierres fines*, p. 260, fig. 184; Jannettaz, Vanderheym, Fontenay et Coutance, *Diamant et pierres précieuses*, p. 424, fig. 271; Eug. Plon, *Benvenuto Cellini*, p. 248 et pl. fig. 1.

250. **Tibère.** Tête nue, de profil, à gauche.

Calcédoine à deux couches : translucide et blanche.

Monture moderne en or, avec anneau de suspension.

Haut., 28 mill.; larg. 22 mill. Pl. XXVI, fig. 250.

Donné par le duc de Luynes, en 1862.

Bibl. — *Département des médailles. Description sommaire des monuments exposés*, 1867, p. 140, n° 15.

251. **Tibère.** Buste de profil, à droite, les traits déjà altérés par l'âge, la tête ceinte d'une couronne de chêne. Sur la poitrine et les épaules, l'égide ornée d'une tête de Méduse et de serpents. — Travail des plus remarquables.

Sardonyx à trois couches : translucide, blanc-bleuâtre et brune.

Riche monture en or, de l'époque de la Renaissance.

Haut., 88 mill.; larg. 66 mill., monture comprise.

Pl. XXVI, fig. 251.

Ce remarquable camée, qui représente Tibère dans sa vieillesse, a été dessiné par P. P. Rubens et gravé d'après lui par L. Vostermann. Il est décrit dans l'Inventaire de 1664, sous le n° 152.

Bibl. — Jacques Le Roy, *Achates Tiberianus sive gemma Caesarea* (Amsterdam, 1683, in-f°), p. 47; Graevius, *Thesaurus antiq. rom.*, t. XI, p. 1332; Marion du Mersan, *Hist. du Cabinet des médailles* (1838), p. 117, n° 173; Ch. Lenormant, *Trésor de numism., Iconogra-*

1. Eug. Plon, *Benvenuto Cellini*, p. 249.

phie des empereurs romains, p. 17 et pl. IX, fig. 1; Chabouillet, *Catalogue*, nº 211; V. Duruy, *Hist. des Romains*, t. IV, p. 336; Bernoulli, *Römische Ikonographie*, t. II, p. 157, g.

252. **Tibère.** Tête de profil, à droite, ceinte d'une couronne de laurier.

Sardonyx à deux couches : translucide et blanche. Fêlure traversant la tête, du front à la nuque.

Monture en argent doré.

Haut., 21 mill.; larg. 17 mill. Pl. XXVI, fig. 252.

Bibl. — Chabouillet, *Catalogue*, nº 212; Bernoulli, *Römische Ikonographie*, t. II, p. 157, h.

253. **Drusus l'Ancien.** Buste de profil, à gauche, de Nero Claudius Drusus, frère de Tibère et père de Claude et de Germanicus. La tête est nue; la poitrine est couverte de la cuirasse et du paludamentum. — Travail remarquable; très beau portrait.

Agate-onyx à deux couches : translucide et blanche.

Monture en or émaillé, du xviiie siècle.

Haut., 67 mill.; larg. 56 mill., monture comprise.

Pl. XXVII, fig. 253.

Bibl. — Visconti et Mongez, *Iconographie romaine*, pl. XVIII, fig. 5 (sous le nom d'*Auguste*); Marion du Mersan, *Hist. du Cabinet des médailles* (1838), p. 118, nº 176; Chabouillet, *Catalogue*, nº 213; V. Duruy, *Hist. des Romains*, t. IV, p. 275; J. Bernoulli, *Römische Ikonographie*, t. II, p. 48, q, et p. 216 (M. Bernoulli donne à notre gemme le nom d'*Auguste*, adoptant, à tort, suivant nous, l'opinion de Mongez).

254. **Drusus l'Ancien.** Tête nue, de profil, à gauche. — Bon style.

Sardonyx à deux couches : brune et blanche.

Monture moderne en or.

Haut., 27 mill.; larg. 25 mill. Pl. XXVI, fig. 254.

Bibl. — Marion du Mersan, *Hist. du Cabinet des médailles* (1838), p. 117, nº 174; Chabouillet, *Catalogue*, nº 215.

255. **Drusus l'Ancien.** Tête nue, de profil, à droite.

Sardonyx à deux couches : brune et blanche.

Haut., 26 mill.; larg., 18 mill. Pl. XXVI, fig. 255.

Bibl. — Chabouillet, *Catalogue*, nº 214.

256. **Drusus l'Ancien.** Tête de profil, à gauche, avec la couronne radiée.

Agate-onyx à deux couches : translucide et blanche.

Haut., 16 mill.; larg. 12 mill. Pl. XXVI, fig. 256.

Bibl. — Chabouillet, *Catalogue*, n° 216.

257. **Drusus le Jeune.** Buste de profil, à droite, de Drusus, fils de Tibère, la poitrine couverte du paludamentum agrafé sur l'épaule droite, la tête ceinte de la couronne de laurier.

Sardonyx à trois couches : brun enfumé, blanc-bleuâtre et rousse (fond brun).

Monture moderne en or.

Haut., 23 mill.; larg. 17 mill. Pl. XXVI, fig. 257.

Bibl. — Chabouillet, *Catalogue*, n° 217; V. Duruy, *Hist. des Romains*, t. IV, p. 283.

258. **Drusus le Jeune.** Tête nue, de profil, à droite, du fils de Tibère. Fragment : la partie postérieure de la tête a disparu.

Calcédoine à deux couches, translucide et blanche; une veine jaunâtre traverse la joue de Drusus.

Monture moderne en or, avec anneau de suspension.

Haut., 25 mill., larg. 26 mill., monture comprise.

Pl. XXVI, fig. 258.

Donné par le duc de Luynes, en 1862.

Bibl. — *Département des médailles. Description sommaire des monuments exposés*, 1867, p. 140, n° 17.

259. **Antonia.** Buste de profil, à droite, d'Antonia, femme de Drusus l'Ancien et mère de Claude et de Germanicus. La tête est ceinte d'une couronne de laurier, et les cheveux sont nattés sur le cou. La poitrine est couverte de la *stola*, et la *palla* est posée sur les épaules.

Sardonyx à trois couches : brune, blanc-bleuâtre et roux enfumé.

Monture moderne en or, avec anneau de suspension.

Haut., 64 mill.; larg. 50 mill., monture comprise.

Pl. XXVII, fig. 259.

Donné par le duc de Luynes, en 1862.

Bibl. — *Département des médailles. Description sommaire des monuments exposés*, 1867, p. 140, n° 16.

260. **Antonia.** Buste de trois quarts, à gauche, en demi-ronde bosse. Les cheveux, partagés sur le front, descendent en mèches ondulées sur les tempes; la gorge est nue; la poitrine et les épaules sont couvertes de la *stola*. Dans le champ à droite, un faussaire moderne a ajouté la signature d'artiste : CATOPNEINOY (*sic*, les lettres PNEINOY sont à peine tracées).

Calcédoine à deux couches : translucide et blanc d'ivoire.

Monture en or, avec anneau de suspension.

Haut., 34 mill.; larg. 27 mill. Pl. XXVI, fig. 260.

Légué par le vicomte Philippe de Saint-Albin, en 1879. Cette gemme a été signalée en premier lieu à Rome, dans la villa Arcieri; elle fut ensuite acquise par la reine de Naples, Caroline Murat; après la mort de cette princesse, elle devint la propriété de M. Seguin, puis du vicomte de Saint-Albin.

Bibl.— Raoul Rochette, *Lettre à M. Schorn, supplément au Catalogue des artistes*, p. 153, n° 73 (Raoul Rochette tient la signature Σατορνειvου pour authentique); Clarac, *Catalogue des artistes de l'antiquité*, p. 193; H. Brunn, *Geschichte der griechischen Küntsler*, t. II, p. 578; Köhler, *Gesammelte Schriften*, t. III, p. 240; Furtwængler dans le *Jahrbuch der deut. arch. Instituts*, 1888, t. IV, p. 318.

261. **Antonia.** Buste de trois quarts, à gauche, en demi-ronde bosse. Les cheveux, partagés sur le front, descendent en mèches ondulées sur les tempes; la gorge est nue; la poitrine et les épaules sont couvertes de la *stola*.

Calcédoine à deux couches : translucide et blanche. Dans le champ, à droite, une échancrure produite par une mutilation.

Haut., 38 mill.; larg. 27 mill. Pl. XXVI, fig. 261.

Bibl. — Chabouillet, *Catalogue*, n° 206.

262. **Germanicus.** Tête nue, de profil, à droite; barbe naissante sur les joues et au menton.

Sardonyx à deux couches : brune et blanche.

Monture en or émaillé, du XVIIIe siècle.

Haut., 28 mill.; larg. 24 mill., monture comprise.

Pl. XXVII, fig. 262.

Bibl. — Ch. Lenormant, *Trésor de numism., Iconographie des empereurs romains*, p. 19 et pl. X, fig. 5; Chabouillet, *Catalogue*, n° 207; V. Duruy, *Hist. des Romains*, t. IV, p. 133.

263. **Germanicus.** Tête nue de profil, à gauche, avec une barbe naissante. — Bon style.

Sardonyx à deux couches : brune et blanche.

Élégante monture en or émaillé, de l'époque de la Renaissance, avec bélière de suspension.

Haut., 22 mill.; larg. 20 mill., monture comprise.

Pl. XXVII, fig. 263.

BIBL. — Chabouillet, *Catalogue*, n° 208.

264. **La Glorification de Germanicus ou le Grand Camée de la Sainte-Chapelle.** La scène gravée sur ce camée, le plus grand que l'antiquité nous ait légué, se partage en trois registres.

REGISTRE CENTRAL. *Germanicus prend congé de Tibère et de Livie.* — Au milieu, trône Tibère, comme un Jupiter terrestre, lauré, nu jusqu'à la ceinture, tenant le sceptre et le *lituus* ou bâton augural, les jambes couvertes de l'égide entourée de serpents. A côté de l'empereur et sur le même siège, sa mère Livie, laurée comme lui, vêtue d'une ample *stola* et ayant pour attribut, dans sa main droite, comme Cérès, un bouquet composé de deux pavots et de deux épis (une portion de la couronne de Livie est mutilée). Devant eux, se tient debout Germanicus, couvert du *paludamentum* et de la cuirasse, le bouclier au bras gauche, les cnémides aux jambes, et portant la main droite à la crinière de son casque dont le timbre est orné d'une tête d'aigle. Sa mère Antonia, debout à sa gauche, la tête ceinte d'une couronne de laurier, le regarde et pose symboliquement la main sur le casque du héros comme pour le lui affermir sur la tête. Tels sont les quatre principaux acteurs du drame qui se déroule sous nos yeux et dont voici l'interprétation :

Germanicus vient d'accomplir un exploit militaire et il reçoit les félicitations de l'empereur, ou bien il va partir pour une expédition et il prend congé de Tibère. Dans l'un ou l'autre cas, la scène se passe en l'an 17 de notre ère, époque où Germanicus vient de s'illustrer dans la guerre contre Arminius et les Germains, en reprenant les enseignes de Varus, et où il se dispose à partir pour l'Orient faire la guerre aux Parthes. C'est le seul moment de sa trop courte carrière où, d'après les historiens, cet illustre guerrier se soit trouvé en rapport officiel avec son père adoptif, depuis que ce dernier était monté sur le trône impérial. Or, nous sommes plutôt en présence du départ de Germanicus pour l'Orient que de son retour de Germanie. Dans cette dernière hypothèse, il eût été, ce semble, représenté en triomphateur. Au contraire, il paraît prendre congé de Tibère; sa mère Antonia l'aide à revêtir son armure : il va partir pour l'Orient d'où il ne devait plus revenir. A côté de lui, nous voyons son fils, le jeune Caligula, l'enfant chéri des soldats, qui a endossé la cuirasse, pris son bouclier, chaussé les *caligae* (d'où son surnom) et qui, impatient, fait le geste du départ et foule aux pieds un baudrier, des casques et des cuirasses. Derrière Caligula est assise sa mère, la femme du héros, Agrippine, tenant de la main gauche le *volumen* sur lequel elle écrira les glorieux exploits de Germanicus; elle s'appuie de la main droite sur un grand bouclier.

Le premier Romain qui, debout, derrière le trône de Tibère, élève un trophée et contemple la scène qui se passe dans l'Olympe, est Drusus le Jeune, fils de Tibère, qui accompagna Germanicus en Orient; à côté de lui. sa femme Livilla, sœur de Germanicus, assise sur un trône orné de sphinx, et paraissant assister d'un air soucieux au départ de son frère. Le personnage coiffé du bonnet phrygien qui, prosterné au pied du trône impérial, semble plongé dans l'accablement, est la figure allégorique de l'Arménie ou de la Parthie, comme on en voit fréquemment l'image sur les monnaies romaines, à moins qu'on ne préfère y reconnaître quelque prince arsacide, gardé à Rome, comme otage, depuis l'expédition de Tibère en Orient; ce personnage constate avec douleur que son pays va, de nouveau, supporter le terrible choc des légions romaines.

Registre supérieur. *Germanicus divinisé et reçu dans l'Olympe.* — La scène représentée dans la partie supérieure du camée se rattache à la précédente par l'attention que lui prête Drusus le Jeune élevant d'une main un trophée et de l'autre saluant les héros divinisés de sa famille. Rappelons les événements. Germanicus, parti pour l'Orient en l'an 17, avec Drusus le Jeune, meurt après d'éclatants succès, empoisonné à Antioche, en l'an 19 : il avait trente-quatre ans. Mais il est bientôt vengé et ses amis lui décernent les honneurs de l'apothéose. Son compagnon de gloire, Drusus, qui lui a survécu, y prend part avec enthousiasme, et c'est pour rendre hommage à sa mémoire qu'il présente un trophée aux *divi* qui accueillent dans leurs rangs le héros infortuné. Germanicus divinisé, la tête ceinte de la couronne de laurier, est enlevé au ciel sur Pégase et reçu par les ancêtres de la famille des Césars, savoir : Énée, coiffé de la mitre phrygienne, ayant aux jambes les anaxyrides orientales, et tenant dans ses mains le globe du monde, symbole de la domination universelle que devait exercer sa race ; à sa gauche, Auguste assis, vu de face, la tête ceinte du diadème radié, et voilé en pontife souverain ; de la main droite il tient le sceptre impérial ; son attitude est pareille à celle que lui donnent des monnaies de restitution de Nerva et de Titus (voy. aussi le camée décrit ci-dessus sous le nº 241). Enfin, à gauche, dans une place plus modeste, Néron Drusus l'Ancien, le père de Germanicus, lauré et couvert de la cuirasse et tenant un bouclier : il était mort depuis peu d'années (en l'an 9 de J.-C.) d'une chute de cheval, en combattant les Germains[1]. Pégase qui porte Germanicus, s'élance au galop et triomphant, guidé par l'Amour, le génie protecteur des *Julii*, l'enfant de Vénus, la déesse, mère des Césars.

La double scène que nous venons de décrire représente donc le commencement et la fin de l'expédition de Germanicus en Orient, son départ plein de belles espérances et le moment où, après sa mort, il est reçu dans l'Olympe par les ancêtres de sa divine race[2].

1. M. Heydemann croit que ce personnage est Jules César. Heydemann, *Pariser Antiken*, pp. 66-67 (Halle, 1887, in-4°).

2. Un Anglais, M. Hawkins, à Bignor-Park (Sussex), possède un camée de 95 millim. sur 60, qui, s'il est authentique (ce dont je doute fort), est une réplique des deux registres

Registre inférieur. *Captifs Parthes et Germains.* — Les dix personnages entassés pêle-mêle dans la partie inférieure du tableau et donnant des signes non équivoques de tristesse et de deuil, symbolisent les barbares que Germanicus a vaincus et faits prisonniers dans les deux grandes expéditions de Germanie et de Syrie où il s'est couvert de gloire. Ce sont des vieillards, des femmes, des enfants assis au milieu d'armes qui jonchent le sol. Les Germains sont reconnaissables à leur grande barbe échevelée ; les Parthes, à leur costume oriental et à leur bonnet phrygien. Au centre de la composition, au premier plan, on remarque une femme orientale qui tient un enfant dans ses bras. Les boucliers sont ornés de l'égide avec la tête de Méduse ; au second plan, on aperçoit des cuirasses, des lances, un arc et un carquois. Peut-être, parmi les Germains, l'artiste a-t-il pris à tâche de rappeler les traits des principaux chefs des Chérusques, des Cattes et des Sicambres qui ornèrent le triomphe de Germanicus à Rome, et dont Strabon (VII, 291 et 292) nous a conservé les noms.

Sardonyx à cinq couches : brune, blanche, rousse, blanche et roux foncé (fond brun).

Haut. 310 mill.; larg. 265 mill., sans la monture.

Pl. XXVIII, fig. 264 (figure réduite de 1/10.)

Le camée célèbre que nous venons de décrire, a été désigné tour à tour, dans les temps modernes, sous les noms de : *Triomphe de Joseph à la cour de Pharaon; — Apothéose d'Auguste; — Agate de Tibère.* Ce fut Peiresc qui, en 1619, démontra sans peine qu'il était puéril de considérer le camée de la Sainte-Chapelle comme représentant le triomphe de Joseph à la cour du roi Pharaon. Il proposa d'y reconnaître l'*Apothéose d'Auguste* et son opinion ne tarda pas à prévaloir. Mais il est bien évident que le nom d'*Apothéose d'Auguste* ne saurait, en aucune façon, convenir à la scène que nous avons sous les yeux. Déjà au XVIIe siècle, Jacques Le Roy proposa d'appeler le camée simplement *Agate de Tibère,* parce que l'un des principaux personnages figurés est cet empereur. Ce nom a été adopté par Charles Lenormant, mais il ne réussit pas à détrôner l'ancienne

supérieurs du grand camée de France, avec quelques modifications de détail. Voir le dessin dans Bernoulli, *Römische Ikonographie,* t. II, p. 277.

appellation, tant une tradition vicieuse est difficile à déraciner, tant le prestige d'une appellation sonore et retentissante flatte l'imagination du public. D'ailleurs, le nom d'*Agate de Tibère* était encore inexact et reposait, lui aussi, sur une interprétation erronée du sujet. Bien qu'il y ait souvent inconvénient à substituer, pour la désignation d'un monument, un nom nouveau et plus scientifique à une appellation fausse mais traditionnelle, nous ne pensons pas devoir maintenir, pour le Grand Camée, aucun des noms qui précèdent : ils sont de nature à tromper sur le sens de la scène représentée, et la tradition sur laquelle ils s'appuient n'a rien de respectable, puisqu'on les doit à l'ignorance ou l'incompétence d'antiquaires modernes. Les trois registres du tableau sont en l'honneur de Germanicus : c'est exclusivement sa gloire sur la terre et dans le ciel qu'on a voulu immortaliser par ce monument. Ce n'est pas à proprement parler un *triomphe* que nous avons sous les yeux, et l'*apothéose* du héros n'occupe que le registre supérieur; aucun de ces deux noms ne convenant exactement à l'ensemble de la scène, nous avons adopté celui de *Gloire*, ou mieux, en français, *Glorification* (*Gloria divi Germanici*) [1], en songeant aux nombreuses monnaies romaines qui, surtout à l'époque constantinienne, portent les légendes : *Gloria Augusti, Gloria reipublicae, Gloria Romanorum, Gloria exercitus, Gloria novi saeculi, Gloria Constantini* (ou tout autre empereur), et maintes autres formules analogues. Les types monétaires qui accompagnent ces inscriptions sont toujours des scènes se rapportant à des exploits militaires et à des triomphes. Le nom de *Glorification de Germanicus* est donc pleinement justifié, à la fois par ces analogies et par l'interprétation scientifique du camée qui a dû être exécuté à Rome, peu après l'an 19, probablement quand Agrippine ramena en Italie les cendres de son mari, ou bien au commencement du règne de Caligula (l'an 37) qui prit à cœur, comme chacun le sait, de glorifier la mémoire de son père, le plus populaire des généraux romains.

Aussi extraordinaire par ses dimensions et la richesse des couches de la pierre, que par la finesse du travail, l'habileté de l'exécution et l'intérêt historique du sujet, le Grand Camée de France mesure 31 centimètres de haut sur 26 de large : il dépasse en dimensions tous les autres monuments du même genre (la phototypie qui figure dans notre Album de planches est réduite de 1/10). Le Grand Camée de La Haye, qui représente l'Apothéose de Claude et de Messaline, a 22 centimètres sur 18; les deux grandes agates de la collection impé-

1. Germanicus paraît n'avoir jamais reçu officiellement le titre de *divus* ; son apothéose représentée au registre supérieur de notre camée, et qui fait le sujet du camée suivant (n° 265), n'est qu'une apothéose privée célébrée par les membres de sa famille qui voulaient venger sa mémoire (voyez le commentaire du n° 265).

riale de Vienne, le portrait d'Auguste et la *Glorification* de Tibère atteignent seulement 23 centimètres dans leur plus grande mesure. Quant aux produits de la glyptique moderne, il est bien rare qu'ils approchent même des dimensions de ces chefs-d'œuvre antiques. Vasari [1] parle d'un immense camée, « d'un tiers de brasse en tous sens », exécuté par Giovanni de' Rossi, de Milan, et représentant le duc Cosme Ier de Médicis (1519-1574) entouré de toute sa famille. Il le signale comme « le plus étonnant et le plus grand camée que l'on connaisse »; mais on ne sait ce qu'est devenue cette importante œuvre d'art de la Renaissance italienne ni quelle en était la matière. Enfin, le camée de l'Apothéose de Napoléon, exécuté par Adolphe David, d'après le plafond d'Ingres dans l'ancien Hôtel de Ville de Paris, n'a que 24 centimètres sur 22, et il est loin de pouvoir être comparé, pour la beauté de la gemme, aux joyaux antiques que nous venons d'énumérer [2].

Au point de vue artistique, on a l'habitude de mettre en parallèle le Grand Camée de France et le Grand Camée de Vienne. Ce dernier, la *Glorification de Tibère*, qui a appartenu, au moyen âge, à l'église Saint-Sernin de Toulouse, puis a fait partie, un instant, de la collection des rois de France avant de passer au trésor impérial de Vienne [3], est moins grand que notre camée, mais il lui est supérieur comme exécution : si ce n'est le plus grand, c'est peut-être le plus beau des camées. Il est intéressant de rapprocher ces deux belles œuvres de la glyptique antique; leurs sujets ont une analogie de disposition qui frappe tout de suite; les nuances des deux gemmes sont presque identiques. Enfin, ils sont, comme exécution, à peu près contemporains. Qui sait si nous ne les devons pas au même artiste, à Dioscoride peut-être ? L'un, celui de Vienne, pourrait passer pour une œuvre de Dioscoride à l'apogée de son talent, l'autre, celui de Paris, serait une œuvre de la vieillesse du même lithoglyphe. La distance chronologique qui sépare les sujets figurés sur les deux camées, aussi bien que l'infériorité artistique du dernier, seraient des considérations favorables à notre conjecture.

Le Grand Camée de France est non seulement intéressant par son côté archéologique et artistique ; il a une histoire où les péripéties dra-

1. Vasari, *Vie des peintres*, t. VIII, p. 167.

2. Chabouillet, *Le camée représentant l'Apothéose de Napoléon Ier*, Paris, 1879, broch. in-8°. On décore parfois abusivement du nom de *camée* de grands bas-reliefs sculpturaux exécutés sur l'onyx vulgaire ou sur des marbres très fins ; le procédé du travail qui est celui de la sculpture et non celui de la glyptique, nous interdit de tenir compte ici de ces monuments.

3. F. de Mély, dans la *Gazette archéologique*, t. XI, 1886, p. 224, et dans la *Société archéologique du Midi de la France*, 1894 ; cf. S. Reinach, *Pierres gravées*, p. 2.

matiques ne font pas défaut. Il est cité pour la première fois en 1341, sous Philippe de Valois, dans l'Inventaire du trésor de la Sainte-Chapelle, qui lui consacre laconiquement la mention suivante : *Item. unum pulcherrimum camaut in cujus circuitu sunt plures reliquiæ*[1]. Comment et à quelle époque ce chef-d'œuvre de la glyptique romaine fut-il déposé à la Sainte-Chapelle? On ne le sait point d'une manière positive. Il est vraisemblable qu'il fit partie du trésor des Césars à Rome, puis de celui des empereurs byzantins, et qu'il fut transporté en France à l'époque des Croisades. La tradition affirme qu'il était au nombre des joyaux et des reliques engagés à saint Louis par l'empereur de Constantinople Baudouin II, au moment où ce prince faisait argent de tout pour trouver des protecteurs et défendre son trône menacé[2]. A la vérité, le Grand Camée n'est pas mentionné dans l'acte d'abandon, daté de 1247, dans lequel Baudouin énumère toutes les reliques transportées, à diverses reprises, du palais de Bucoléon à Paris; mais, comme l'a remarqué le comte Riant[3], Baudouin et saint Louis attachaient du prix surtout aux reliques, et il n'y a pas lieu de s'étonner trop si aucun des joyaux qui les accompagnaient ne se trouve cité dans la lettre de 1247, qui constitue le premier inventaire des reliques de la Sainte-Chapelle du Palais.

Peu de temps après la rédaction de l'inventaire de 1341, Philippe de Valois envoya le Grand Camée au pape Clément VI, à Avignon. L'aumônier de la reine, Simon de Braelle, trésorier de la Sainte-Chapelle, fut chargé d'accompagner le convoi et de veiller sur le précieux joyau. Sur le registre d'Inventaire, à côté de la mention que nous avons rapportée, on écrivit alors le mot *vacat*. Simon de Braelle était de retour à Paris au mois de juin 1343[4]. On ne dit point les

1. Douët d'Arcq, dans la *Revue archéologique*, 1848, t. V, p. 169.

2. Montfaucon, *L'antiquité expliquée*, t. V, 1re part., p. 154; J. Morand, *Histoire de la Sainte-Chapelle*, p. 58.

3. Comte Riant, *Exuviæ sacræ Constantinopolitanæ*, t. I, p. CLXXX.

4. Voici le texte de la lettre par laquelle le roi ordonne à la Chambre des Comptes de payer à Simon de Braelle ses frais de voyage et de supprimer le Grand Camée de l'inventaire de la Sainte-Chapelle; elle est datée du 21 juin 1343 : « Philippe, par la grâce de Dieu, roi de France, A nos amez et féaulx gens de nos comptes, salut et dilection. Comme nous avons envoié à nostre saint Père le Pape, par nostre amé et féal chapellain, maistre Symon de Braelle, aumosnier de nostre très chière compaigne la Reyne, et trésorier de nostre chapelle royal à Paris, aucunes des sainctes reliques de nostre chapelle dessus dicte, et espécialement un joel appellé *le Camahieu*, Nous vous mandons que, ledit camahieu, vous ostez de l'inventaire desdictes reliques baillées audit trésorier, et aussi la faites oster du registre desdictes sainctes reliques, par quoy aucune chose ne puist desoremaiz estre demandée audit trésorier, à ses hoirs, ou à ses successeurs oudit office de trésorier. Et nientmains, comptez oudit trésorier despens convenables, pour ce que il, ses genz et chevaulx ont despendu, tant pour aller devers nostredit saint Père, comme pour

motifs qui portèrent Philippe de Valois à céder au pape le plus important de ses joyaux, mais il nous paraît aisé de les deviner. C'était l'usage, au moyen âge, de considérer les objets conservés dans le Trésor du Roi ou ceux des églises, comme une réserve qu'on pouvait engager ou vendre dans un moment de crise financière. A chaque page de notre histoire, les princes, à bout de ressources, sont contraints d'aliéner, pour soutenir leurs guerres, les pierres précieuses et les bijoux d'or et d'argent de leur trésor; des chapitres sont forcés eux-mêmes de vendre ou de porter au creuset les richesses d'orfèvrerie de leurs églises. Parfois même, et c'est ce que fit l'empereur Baudouin II pour la Couronne d'épines, on s'ingénie à tourner les lois ecclésiastiques qui interdisent le commerce des reliques. Or, vers 1342, la situation des finances de Philippe de Valois était des plus critiques : ce fut pour la sauver, sans doute, qu'il engagea le Grand Camée, et nous ajouterons, pour confirmer cette hypothèse, que le pape Clément VI, dont les richesses étaient immenses, donna, à plusieurs reprises, des sommes considérables au roi de France [1].

Plus tard, lors du grand schisme d'Occident, les papes d'Avignon, à leur tour, se trouvèrent dans la nécessité de se dépouiller de leurs objets d'art. On a publié la liste de ceux que vendit Innocent VI, pour 26,000 florins, à des marchands florentins [2]. Clément VII aliéna aussi une partie de ses joyaux et les inventaires de ses trésors d'orfèvrerie, dressés en 1379 et 1380, laissent constater une énorme réduction dans le nombre des richesses artistiques du palais d'Avignon [3]. S'il n'est pas téméraire de croire que le Grand Camée quitta la Sainte-Chapelle par suite de la détresse pécuniaire du roi de France, on peut admettre, avec non moins de vraisemblance, que ce précieux monument reprit, plus tard, le chemin de Paris, à cause des embarras politiques et financiers de Clément VII. Le pape d'Avignon avait besoin de l'appui du roi de France contre le pape de Rome, Urbain VI : il rendit le camée à Charles V qui le réinstalla à la Sainte-Chapelle, non sans l'avoir orné d'une riche monture et d'un piédestal dont la gorge était ornée des figures des douze apôtres en

demeurer là et pour retourner par devers nous. Donné à Saint-Ay-sur-Loire, le XXIe jour de juing, l'an de grâce mil CCC quarante et trois, sous le scel de nostre secret. »

« Par le Roy : VERBERIE. »

(Orig. scellé, aux Archives nationales, J, carton 155, pièce n° 15.) Cf. Douët d'Arcq, dans la *Revue archéologique*, t. V (1848), p. 186.

1. Maurice Faucon, *Prêts faits aux rois de France, par Clément VI et Innocent VI*, dans la *Bibliothèque de l'École des Chartes*, 1879, p. 570. Du 26 novembre 1345 à la fin de janvier 1350, Clément VI prêta à Philippe de Valois 592,000 florins d'or et 5,000 écus.

2. Eug. Müntz et M. Faucon, dans la *Revue archéologique*, avril 1882, nouv. sér., t. XLIII, pp. 217 et suiv.

3. Maurice Faucon, *La librairie des papes d'Avignon*, pp. 56-57.

émail, dans des niches gothiques; et sur la plinthe on grava l'inscription suivante: *Ce camaïeu bailla à la Sainte-Chapelle du Palais, Charles, cinquième de ce nom, roi de France, qui fut fils du roi Jean, l'an 1379* [1]. Le Grand Camée resta donc exilé à Avignon pendant trente-sept ans : nul doute qu'on en signale quelque jour la description dans les Inventaires, encore inédits, du Trésor des papes pendant cette période.

Durant tout le moyen âge, la grande agate de la Sainte-Chapelle fut considérée comme l'un des objets les plus remarquables que nous ait légués l'antiquité sacrée. Elle passait pour représenter le triomphe de Joseph, fils de Jacob, en Égypte, à la cour du roi Pharaon. Les jours de fête, on exposait cette relique insigne à la vénération des fidèles; les comptes de la chefcerie de la Sainte-Chapelle nous apprennent qu'on la porta solennellement dans la procession qui eut lieu le 30 mai 1484, pour le sacre de Charles VIII [2].

Les inventaires successifs du Trésor de la Sainte-Chapelle ne manquent jamais de mentionner le précieux *Camaïeu*. L'inventaire latin encore inédit de 1480 [3], puis l'inventaire français qui fut rédigé en 1573, à la suite du vol d'un ciboire, et qu'a publié Douet d'Arcq, nous renseignent sur la monture dont on avait orné le joyau; ils décrivent les gemmes et les émaux dont il était entouré, le piédestal d'argent doré et émaillé que Charles V avait fait fabriquer par d'habiles orfèvres pour lui servir de support; voici le texte de l'Inventaire de 1573 :

« Ung beau grand camahieu, assis sur une table quarrée, le derriére de laquelle et les costez sont d'argent doré; la partie de devant, sur laquelle est assiz ledict camahieu, est d'or, semblablement la bordure; sur laquelle bordure y a plusieurs pierres. Ladicte table est assize sur ung pied d'argent doré, auquel sont plusieurs relicques d'ung costé, garnies de sept cristaulx et de plusieurs esmaulx dessoubs lesdictes relicques. En icelle table y a LXIII perles de seyne [4] avec leurs chattons et six chattons desgarniz desdictes perles, plus trois gros saphirs, l'un desquelz tire ung peu sur couleur violet, et est percé au long par dedans; aussi l'ung d'iceulx saphirs, scavoir est celuy qui est au hault de ladicte table, est rond et bond de ce qu'il contient, au regard des deux autres; plus, vingt sept presmes

1. Comparez ci-dessus l'inscription gravée en 1367 sur la monture du Jupiter donné par Charles V au Trésor de l'église de Chartres (ci-dessus, p. 2).

2. Fauris Saint-Vincens, *Correspondance inédite de Peiresc avec Jérôme Aléandre, etc.* (Paris, impr. Porthmann, 1819, in-8°), p. 81, note.

3. L'inventaire de 1480 est conservé à la Bibliothèque nationale, *Département des manuscrits, ms. lat.*, n° 9941. L'inventaire de 1573 n'en est que la traduction littérale, du moins en ce qui concerne le Grand Camée.

4. C'est-à-dire des semences de perles, ou petites perles.

d'esmerauldes, dont y en a cinq bonnes, douze rubys de peu de valleur ; et aux quatre coings de ladicte table, du costé dudict camahieu, sont quatre potences d'or à ymages esmaillées et lettres, et aux deux bouts d'en haut, près lesdictes pottences, deux petites ymages plattes, d'or esmaillé. Semblablement, du costé dudict camahieu, autour de la bordure, par dedans, sont vingtz petits esmaulx d'or, rondz. Laquelle table dessus désignée fut donnée par Charles le Quint, ainssy qu'il appert par l'escripture estant au pied d'icelle. Et est ledict camahieu aulcunement féellé, et rompu tout au long, en trois pièces. Extimé, ainsi qu'il est, dix mil escuz; et vauldroit beaucoup plus, n'estoit ladicte féeslure. Pour ce, XXIII [1]. »

La richesse de la monture et l'abondance de détails que fournit cette description suffisent à démontrer en quel honneur insigne on tint pendant tout le cours du moyen âge le Grand Camée de la Sainte-Chapelle, devenu un objet de dévotion. Néanmoins son intérêt archéologique continua à être méconnu jusqu'au commencement du XVIIe siècle. Ce fut Peiresc qui, le premier, le signala aux curieux d'antiquités et démontra qu'il fallait le rapporter à la glorification d'un empereur romain, qu'il crut être Auguste. Il s'en explique en ces termes dans une lettre à l'un de ses nombreux correspondants, Jérôme Aléandre :

« J'ai découvert tout nouvellement, écrit Peiresc [2], dans un lieu curieux et qu'on ouvre rarement (le Trésor de la Sainte-Chapelle), une pierre précieuse antique, la plus grande et la plus belle que j'aie jamais vue. Sa forme est ovale ; elle est aussi grande que toute cette feuille ouverte. On y a gravé vingt-quatre grandes figures, dont la plupart sont longues comme la main. La pierre est d'agate orientale, fond noir et rouge-brun; les figures, taillées en camée, sont grisâtres, avec quelques nuances de blancheur; la plus haute surface, dans quelques endroits, tire sur le brun. Le sujet de la sculpture est l'Apothéose de l'empereur Auguste, faite de main de maître, et en tout conforme à l'antique. La pierre est dans une enchâssure d'argent doré, dont le travail et la manière indiquent environ une antiquité de sept ou huit cents ans, offrant des inscriptions en lettres grecques majuscules, et des images de saints, vêtus à la grecque [3]. Elle est posée

1. Douët d'Arcq, dans la *Revue archéologique*, t. V, 1848, pp. 186-187.

2. Fauris de Saint-Vincens, *Correspondance inédite de Peiresc avec Jérôme Aléandre, etc.*, pp. 72 et suiv.

3. Dans une note complémentaire de Fauris de Saint-Vincens, nous lisons: «... On l'avait placé (le camée) dans un cadre de vermeil sur lequel étaient encore des fragmens d'os de confesseurs et de martyrs; on mit aux quatre coins les Évangélistes en émail, avec leurs noms grecs et dans cet ordre : ΜΑΘΑΙΟΣ (*sic*), ΜΑΡΚΟΣ, ΛΟΥΚΑΣ, ΙΩΑΝΝΗΣ (*Matthieu, Marc, Luc, Jean*), et les portraits des saints dont on voyait les reliques avec

sur un pied d'argent doré, rempli de reliques, fait l'annee 1379, et donnée par le roi de France Charles V, à une église, dans laquelle on croyait par tradition qu'elle représentait le triomphe de Joseph... »

Peiresc essaye ensuite de démontrer qu'on doit reconnaître, dans la scène figurée, l'Apothéose d'Auguste; plusieurs des personnages sont très judicieusement identifiés par lui; toutefois, dans le héros monté sur Pégase il propose de reconnaître Marcellus, « qui était grand amateur de chevaux », et dans l'Amour tenant les rênes de Pégase, « ce bel enfant, jeune fils de Germanicus, dont Livie fit faire un portrait, *habitu Cupidinis,* qui fut placé dans son laraire, et qu'au dire de Suétone, Auguste avait la coutume de baiser toutes les fois qu'il le voyait ». Cette dernière conjecture mérite peut-être considération. Peiresc ajoute : « Je pense que ce bijou fut un don fait au temple de Rome et d'Auguste, porté ensuite à Constantinople, lors de la translation de l'empire, et amené à Paris avec les bijoux rapportés par Baudouin, prince du sang royal de France, empereur de Constantinople [1], lorsqu'il se fut dépouillé de l'empire. Car on trouve plusieurs reliquaires et autres choses très précieuses par lui emportées à cette époque, et mises en gage partout où il trouvait de l'argent à emprunter. Je fais faire un dessin exact de ce bijou, et j'ai l'intention de le faire graver sur le cuivre et de le faire imprimer. Si à Rome, Villamena voulait le graver, j'en serais charmé : dans le cas contraire, je le ferai faire par Cornelius (Corneille, graveur à Paris), ou par quelqu'autre habile homme, qui le fasse avec affection, ne voulant pas que cela soit gravé d'une main commune, puisque c'est un si bel objet, qu'il est nécessaire de rendre scrupuleusement la ressemblance de tant de beaux portraits de toute cette famille d'Auguste... »

Cette lettre de Peiresc à son correspondant de Rome, Jérôme Aléandre, est datée du 23 septembre 1620. Nous ne savons si le graveur romain Villamena, sollicité par Aléandre, grava le camée de la Sainte-Chapelle, ni si l'artiste parisien Corneille se laissa tenter. Mais, un artiste plus illustre encore, Paul Rubens, fut mis au courant de la découverte de Peiresc, par Peiresc lui-même, car le savant curieux

leurs inscriptions en grec. La pierre a toujours été figurée seule, et jamais avec ce cadre; il a été fondu. »

1. Note de Fauris de Saint-Vincens : « Une ancienne tradition veut que ce camée ait été apporté en France par Baudouin II, comte de Flandre, empereur de Constantinople, qui, après avoir été chassé de Byzance par les Paléologues, parcourut, en 1248, la France, l'Italie et les autres royaumes de l'Europe, pour obtenir du secours afin de se rétablir dans le sien. Il avait apporté avec lui les instruments de la Passion et tous ses trésors qu'il vendit ou engagea aux différents rois, pour obtenir l'argent nécessaire à ses projets; et il vendit ce camée à saint Louis, qui en fit l'acquisition comme d'un sujet sacré et d'un reliquaire précieux... »

s'empressa d'en faire part non seulement à Aléandre, mais à Lorenzo Pignoria et à ses autres correspondants d'Allemagne, d'Angleterre, de Hollande. Étant venu à Paris en 1625, pour peindre la galerie du Luxembourg, Rubens désira voir et admirer de près la grande agate dont son ami lui avait parlé avec tant d'enthousiasme. Épris lui-même, à son tour, il en fit un dessin qu'il donna à Peiresc et qui, plus tard, fut gravé par Luc Vostermann [1]. Peiresc, dans le ravissement, invitait tout le monde à se procurer des copies de l'œuvre de Rubens [2]. Le 10 avril 1626, par exemple, il écrit à son frère M. de Valavez :

« S'il vous semble à propos de demander à M. Rubens une espreuve de la planche des deux camayeuls, il n'y a peult estre pas de danger et de luy dire qu'il en fasse faire une espreuve partorita, comme on dict en Italie, c'est à dire que si tost que la feuille est tirée, tandis qu'elle est encore toute moitte, il la fault repasser soubs la presse avec une aultre feuille blanche, car elle s'imprime de rechef dessus, et redresse les figures qui seroient renversées. Et est tousjours bien apparante, et quasi aultant que celle qui vient de la planche mesmes. L'occasion de la part qu'il en veult faire à M. de Saint-Ambroise vous fournira le prétexte de luy en demander pour moy de cette sorte par prérogative et privilége [3]. »

Peiresc et Rubens n'étaient pas encore morts lorsque le camée courut un danger qui dut leur causer une grande émotion. En 1630, la Sainte-Chapelle échappa, comme par miracle, à l'incendie qui consuma tout le Palais de Justice. Mais, quoi qu'en disent divers auteurs [4], ce n'est pas dans le désarroi provoqué par ce désastre que le camée fut fêlé et que disparurent les deux têtes de captifs qui manquent actuellement dans l'angle inférieur, à droite. Les fêlures sont plus anciennes, puisqu'elles sont constatées dans les inventaires de 1480 et de 1573. Quant aux têtes des captifs, elles figurent non seulement dans tous les anciens dessins, mais aussi sur des moulages

1. Dans l'Inventaire des objets d'art de Peiresc, le dessin de Rubens est ainsi décrit : « Un tableau de la main de M. Rubens représentant l'Apothéose d'Auguste tiré sur l'original qui est en agathe à la Sainte-Chapelle de Paris. » Bibl. nat., ms. fr. 9534, fol. 29.

2. Publié en premier lieu dans le *Thesaurus* de Graevius (*Alberti Rubenii Augustea* et dans Albert Rubens, *De re vestiaria veterum*, éd. Graevius (Antverp., 1665).

3. Lettre de Peiresc à M. de Valavez, son frère. Bibl. nat., ms. nouv. acq. fr. 5170, fol. 319 v°.

4. « Cette pierre, dit Millin, est représentée intacte dans tous les ouvrages qui en traitent; cependant elle a été fracturée en la transportant lors de l'incendie du Palais, en 1630 l'estampe de M. Morand laisse voir la fracture. Voir Morand, *Histoire de la Sainte-Chapelle.* » Millin, en appendice à la *Correspondance de Peiresc*, publié par Fauris de Saint-Vincens, dans le *Magasin encyclopédique* de 1819; Ch. Lenormant, dans le *Trésor de numism., Iconographie des empereurs romains*, p. 34.

qui furent pris directement sur la gemme dans le premier tiers de ce siècle, de même que sur la gravure automatique (par le procédé Colas) donnée dans le *Trésor de Numismatique* en 1843. Ces têtes, que l'ancienne fêlure avait sans doute rendues fragiles et susceptibles de se détacher, ont évidemment été arrachées dans un moulage exécuté directement sur la gemme, il n'y a pas soixante ans ; et ceci est un exemple de plus, aussi éloquent que déplorable, pour servir à démontrer jusqu'à quel point les moulages peuvent être funestes aux monuments anciens, quelque précaution qu'on prenne et quelque habileté que déploie le mouleur.

Par quel fâcheux hasard est-il arrivé que l'attention des curieux des derniers siècles, ardemment provoquée, comme nous l'avons vu, ait toujours négligé la monture du camée, et que nombre d'artistes aient successivement dessiné la gemme, comme Rubens, sans reproduire le cadre qui l'entourait? C'est seulement par le témoignage de Tristan de Saint-Amant, qui écrivait en 1644, que nous connaissons, au sujet de cette monture, quelques détails qui complètent ceux des inventaires : « Les quatre Évangélistes, dit-il, sont représentés de part et d'autre du châssis ou tableau d'or dans lequel cette pierre est enchâssée, ayant ainsi leurs noms inscrits en caractères grecs : ΜΑΤΘΑΙΟΣ, ΜΑΡΚΟΣ, ΛΟΥΚΑΣ, ΙΩΑΝΝΗΣ [1]. » Ce cadre émaillé avec les quatre Évangélistes accompagnés de leurs noms en grec, remontait sûrement à l'époque byzantine antérieure à saint Louis.

Tristan de Saint-Amant essaya, le premier, de démontrer que dans la scène figurée sur le camée il n'était pas question de l'Apothéose d'Auguste, mais des honneurs rendus par Tibère à Germanicus, au retour de son expédition de Germanie. A son tour, le fils du grand peintre, Albert Rubens, qui se distingua par son érudition en archéologie et en numismatique, entreprit comme Peiresc, Tristan de Saint-Amant et d'autres curieux, de déterminer les noms des personnages représentés sur le camée. Il s'attacha particulièrement aux captifs du registre inférieur, et, à cet égard, bien que son opinion soit trop subtile et impossible à justifier, elle mérite d'être rapportée parce qu'elle se base sur le récit que fait Strabon (VII, 291) du triomphe de Germanicus après ses victoires en Germanie : « Le triomphe de Germanicus, dit Strabon, fut orné de personnages illustres, parmi lesquels on remarquait Segimundus, fils de Segestes, chef des Chérusques, et sa sœur, épouse d'Arminius, nommée Thusnelda, ainsi que son fils Thumelicus, âgé de trois ans ; Sesithacus, fils de Segimer, chef des Chérusques, son épouse, Rhamis, fille de Véromer, chef des Cattes, et Deudorix, le Sicambre, fils de

1. Tristan de Saint-Amant, *Commentaires historiques,* t. I, pp. 81 et suiv. (1re éd.).

Baetorix, qui était le frère de Melon; Segestes, beau-père d'Arminius, qui, dès le commencement de la guerre, avait été d'un avis différent de celui de son gendre et, ayant pris une occasion favorable, s'était réfugié chez les Romains ; on conduisit aussi dans cette pompe, Lybis, grand-prêtre des Cattes, et plusieurs autres personnages importants. »

Selon Albert Rubens, ce sont ces personnages que représente le troisième registre du camée ; il signale en particulier, au centre, Thusnelda tenant sur ses genoux Thumelicus enfant; à côté de Thusnelda, se tient Segimundus, puis Sesithacus, les mains liées derrière le dos, et sa femme Rhamis appuyée sur un bouclier; Dendorix, le Sicambre, serait ce Germain, aux cheveux et à la barbe hirsute que nous voyons à l'angle gauche du camée. Derrière Thusnelda, il faudrait reconnaître Libys, prêtre des Cattes, armé d'un couteau de sacrifice, soutenant sa tête de sa main [1].

Ces ingénieuses conjectures ne sont pas vraisemblables au moins pour les personnages vêtus à l'orientale et dans lesquels on doit nécessairement reconnaître des prisonniers parthes : c'est ce que fit remarquer Jacques Le Roy en 1683. Les commentaires de Montfaucon et d'autres érudits du XVIIIe siècle n'ajoutèrent à peu près rien à ce que l'on avait dit jusque-là sur la précieuse gemme qui atteignit sans encombre la Révolution française.

En 1790, quand le chanoine Morand publia son *Histoire de la Sainte-Chapelle*, on voyait encore les quatre Évangélistes en émail byzantin, aux coins de la monture du Grand Camée, ainsi que le socle carré-long, en argent doré, du temps de Charles V [2]. En 1791, l'Assemblée nationale ayant décrété la vente des objets conservés à la Sainte-Chapelle, le roi Louis XVI, alors prisonnier au Temple, chargea Ch. Gilbert de la Chapelle de remettre les clefs du Trésor à Bailly, président de la commission d'aliénation. En même temps, Louis XVI exprima, avec ses inutiles protestations, un vœu formel : c'était que « les reliques, une *agathe* et autres pierres précieuses, et quelques beaux livres de prières manuscrits » fussent déposés, les reliques à Saint-Denis, « les pierres précieuses à notre Cabinet des Médailles », et les manuscrits à la Bibliothèque. On déféra heureusement au vœu exprimé par le Roi, et c'est ainsi que le Grand Camée fut sauvé par Louis XVI avec sa riche monture, et qu'il fit, pour la première fois, son entrée au Cabinet des Médailles (voyez notre *Introduction*).

Il n'y resta pas longtemps. Pendant la nuit du 26 au 28 pluviôse an XII (16 au 17 février 1804), il fut soustrait par des voleurs qui l'emportèrent jusqu'à Amsterdam. La célèbre gemme allait être vendue pour

1. Albertus Rubenius, *De re vestiaria*, pp. 208 et suiv.
2. Morand, *Histoire de la Sainte-Chapelle*, p. 58.

300,000 francs à un orfèvre, lorsqu'elle fut reprise par les soins de Gohier, commissaire-général des relations commerciales dans cette ville. Mais les voleurs, hélas, l'avaient déjà dépouillée de sa riche monture dont il ne paraît malheureusement pas exister de dessin. Les circonstances de ce douloureux épisode sont racontées comme il suit par Millin, conservateur du Cabinet des Médailles à cette époque :

« L'admiration que causa ce monument, raconte Millin, éveilla aussi la cupidité. Quelques misérables formèrent le projet de s'en emparer et y réussirent... Un voleur, nommé Charlier, avait conçu depuis longtemps le projet de faire un grand coup dans le Cabinet des Médailles ; il vint pendant plusieurs mois visiter le Cabinet les jours où il est ouvert au public. Il voulut d'abord y faire une explosion avec un petit baril de poudre et profiter du désordre qui en serait la suite, pour commettre son crime. Mais prévoyant combien une pareille entreprise serait dangereuse pour lui-même, il résolut d'enlever par escalade les objets précieux dont il désirait s'emparer. Il vit bien qu'il ne suffirait pas lui seul pour consommer son crime ; il s'engagea dans la garde de Paris pour trouver un complice, et il réussit ; il fit en outre entrer dans ce complot un cocher de place ; celui-ci attacha sous sa voiture une écoperche qu'il enleva furtivement de l'échafaud d'une maison qu'on bâtissait rue de Pologne, et la transporta ainsi à l'endroit où l'escalade devait avoir lieu; un clou fut fixé à son extrémité ; on y attacha une corde à nœuds, et on la dressa contre le mur de l'arcade Colbert .....Charlier monta, après avoir mis un cadenas à la porte du corps de garde des pompiers, qui est sous l'arcade, afin d'avoir le temps de se sauver, s'il prenait fantaisie à quelqu'un d'eux de sortir. Pendant que celui-ci enfonçait les vitres qu'il avait garnies de poix pour empêcher les morceaux de tomber, le fiacre fit quelques tours avec sa voiture et détourna l'attention des voisins Le vol fut consommé et les voleurs se sauvèrent.

« L'affaire de Georges (Cadoudal) absorbait alors toute l'attention de la police, et le crime de Charlier demeura longtemps inconnu. Celui-ci eut même la hardiesse de venir visiter le Cabinet pendant deux mois de suite, presque chaque jour, et de s'amuser, aux depens des employés, des conjectures qu'ils formaient sur le véritable auteur du vol. Pendant ce temps, Charlier et son complice obtinrent leur congé de la garde de Paris, et alors ils partirent pour la Hollande. Pour déguiser les objets volés, les perles, les pierres précieuses furent déchaussées et les montures dorées furent fondues. Trois pièces d'un assez grand prix, mais de peu d'importance pour l'art, la coupe de l'abbé Suger, un vase de belle sardoine, en forme de nacelle, et long d'environ six pouces, furent vendus à un très bas prix, à M. Townley, en Angleterre, où on les avait fait passer dans un buste de plâtre du Laocoon. Charlier n'eut pas dans Amsterdam la même prudence qu'à Paris ; il y voulut vendre les objets qu'il avait volés, et il les fit voir comme de grandes curiosités. M. Gohier, alors consul à Amsterdam, en eut avis ; il reconnut l'agate qu'il avait vue peu de temps avant la dissolution du Directoire, et il s'adressa à l'ambassadeur, M. de Sémonville, qui fit arrêter les voleurs. Charlier avait volé ses confrères eux-mêmes, et il avait enlevé en secret le vase d'onyx connu sous le nom de *coupe de Ptolémée;* il promit d'indiquer le lieu où il était si on voulait lui promettre sa grâce et une récompense de 20,000 francs. Comme on ne voulut point lui accorder sa demande, il exigea 8,000 francs et sa délivrance ; mais le gouvernement ne crut pas devoir entrer dans aucun accommodement avec lui. Pour savoir la vérité, on enferma avec Charlier un *mouton*, c'est-à-dire un de ces espions qui feignent de prendre un intérêt au sort d'un camarade et lui arrachent ainsi son secret. Ce moyen réussit, et Charlier avoua qu'il avait enterré la coupe dans le jardin de sa mère, situé aux environs de Rocroi, traça le plan du jardin et désigna la place où l'on trouverait la coupe ; un agent de la police, accompagné de M. Mionnet, premier employé du Cabinet des Antiques, s'y rendirent, et apres avoir creusé pendant cinq quarts d'heure, on découvrit plusieurs baguettes de bois, horizontalement posées, sous lesquelles était l'objet de ces recherches, c'est-à-dire le vase dit *de Ptolémée :* ce vase est rentré au Cabinet ; le Grand Camée a été renvoyé à Paris et reintégré dans sa place ; le pied d'or du vase *de Ptolémée*, celui de la coupe de l'abbé Suger et le cadre d'or du Grand Camée ont été fondus. »

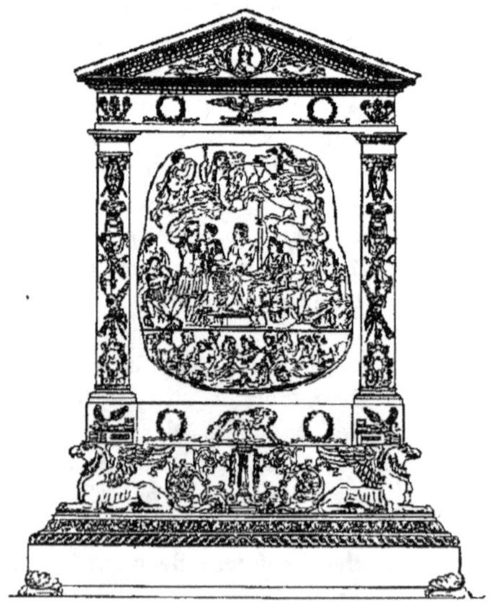

Monture du Grand Camée, exécutée par A. Delafontaine, vers 1806.

En remplacement de la monture byzantine, Millin jugea utile d'en faire exécuter une nouvelle qu'on s'efforça, suivant le goût de l'époque, de mettre en harmonie avec le sujet même du camée. Un élève de David, Auguste Delafontaine, qui s'était distingué dans la peinture avant de créer la maison de fonderie parisienne qui porte encore actuellement son nom, fut chargé de l'exécution de cette monture que Millin décrit complaisamment comme il suit : « L'encadrement qui porte le camée est accompagné de deux pilastres ornés de trophées qui sortent en arabesques de la tête de deux Victoires et qui sont composés d'armes de Daces, de Marcomans, de Parthes, comme il y en a sur la colonne Trajane. Ces pilastres supportent une frise décorée de cornes d'abondance, de couronnes, et, au milieu, de l'aigle romaine posée sur un foudre. Le fronton qui couronne le tout a, dans son tympan, le buste de Rome, dans un médaillon entouré d'une couronne, et porté par des Victoires. La base sur laquelle pose le cadre a pour embellissement la Louve allaitant les Jumeaux, entre des timons, des proues et des rostres de navires. Le socle est composé de griffons qui sont dorés, ainsi que tous les ornements qui se détachent sur la teinte verdâtre du bronze [1]. »

Cette monture en bronze ciselé avec sujets dorés en relief a dû coûter un prix élevé. Elle est restée l'encadrement du Grand Camée jusque vers 1832, époque où l'on prit le parti de l'enlever : on jugea qu'elle nuisait à l'effet du monument lui-même, loin de le mettre en valeur; nous devons convenir qu'il se suffit à lui-même. La monture de Delafontaine est encore conservée présentement dans le magasin du Cabinet des Médailles et nous en donnons à la page 135 un croquis très réduit.

Bibl. — P. Gassendi, *Vita Peirescii* (1re édit. 1641), p. 177; 2e édit., p. 288; J. Tristan de Saint-Amant, *Commentaires historiques*, t. I, p. 100 (in-fol. 1644); Albert Rubens, *De re vestiaria veterum*, éd. Graevius (Antverp. 1665, in-4°) : estampe, d'après le dessin de Paul Rubens, par Luc Vostermann, p. 195; J. G. Graevius, *Thesaurus antiquit. rom.*, t. XI (*Alberti Rubenii dissertatio de gemma Augustea*), p. 1330; Lambecius, *Bibliotheca Vindobonensis*, t. II, p. 1000 (2e édit.); Jacques Le Roy, *Achates Tiberianus, sive Gemma Caesarea* (Amsterdam, 1683, estampe de Lambecius); ΜΗΚΩΝΟΠΑΙΓΝΙΟΝ, *sive Papaver ex omni antiquitate erutum* [par Fr. Michel Lochner], pl. VII à la p. 59 (Nuremberg, 1713, in-4°); le P. Hardouin, *Hist. Aug.*, p. 711 de ses *Opera selecta*, 1709 (Amsterdam, f°); Montfaucon, *L'Antiquité expliquée*, t. V, 1re part., pl. CXXVII, à la p. 158; Morand, *Histoire de la Sainte-Chapelle du Palais*, p. 59; Cointreau, *Histoire abrégée du Cabinet des Médailles*, p. 23; Millin, *Galerie mythologique*, pl. 179, n° 677; Boettiger, *London und Paris*, année 1807,

1. Cette monture est reproduite dans Boettiger, *London und Paris*, 1807, VIIIe fasc., p. 297; dans les *Annales encyclopédiques* de Millin, année 1818, t. I, pl. à la p. 193 (cf. Fauris de Saint-Vincens, *Correspondance inédite de Peiresc*, Paris, 1819, planche à la p. 72-73).

VIIIe fasc.; Mongez, *Iconographie romaine*, t. II, p. 157; le même, dans les *Mémoires de l'Institut royal de France. Acad. des Inscript. et B. Lettres*, t. VIII, 1827, p. 370; Fauris de Saint-Vincens, *Correspondance inédite de Peiresc avec Jérôme Aléandre*, dans les *Annales encyclopédiques* de Millin, t. I de 1818, pp. 193 à 202 (tirage à part, pp. 72 et suiv.); T. Dumersan, *Notice des monumens exposés dans le Cabinet des Médailles*, éd. de 1819, p. 39; éd. de 1828, p. 5; Marion du Mersan, *Hist. du Cabinet des Médailles*, 1838, p. 37, n° 189; Hirt, dans les *Wolf's Analecten*, t. I, 2e part., p. 332; le même, *Geschichte der bild. Kunst*, p. 340; Thiersch, dans les *Abhandlungen der philos.-philol. Class. d. k. bayer. Akad. des Wissensch.*, t. II, p. 63; O. Müller, *Handbuch der Kunstarchaeol.*, § 200, 3; Clarac, *Musée de sculpture*, pl. 1052; Ch. Lenormant, *Trésor de numism.*, *Iconographie des empereurs romains*, pl. XII et p. 23; Müller et Wieseler, *Denkmäler der alten Kunst*, 2e édit., t. I, pl. LXIX, n° 378; Creuzer, trad. Guigniaut, *Religions de l'antiquité*, pl. CCLVI, n° 896; Douet d'Arcq, dans la *Revue archéologique*, t. V, 1848, p. 186; Koehler, *Gesammelte Schriften*, publiés par L. Stephani, t. III, pp. 39 et suiv.; Chabouillet, *Catalogue*, n° 188; Charles Blanc, dans la *Gazette des Beaux-Arts*, t. I de 1865, p. 262; C. W. King, *The Handbook of engraved Gems* (in-12, 1866), pl. à la p. 57; le même, *Antique gems and rings*, t. II, pl. 51, fig. 1 et 2; Aschbach, *Livia*, pl. II, 2, pp. 42 et suiv. (extrait des *Denkschrift. d. Wiener akad. philos.-hist. Classe*, t. XIII, 1864, pp. 29 et suiv.); Wieseler, *Götting. Nachrichten*, 1882, pp. 709 et suiv.; V. Duruy, *Hist. des Romains*, t. IV, chromo à la p. 152-153; Heydemann, *Pariser Antiken*, p. 66 (Halle, 1887, in-4°); Bernoulli, *Römische Ikonographie*, t. I, p. 153; t. II, p. 157 f, et pp. 275 et suiv.; E. Babelon, *Le Cabinet des Antiques*, pp. 1 et suiv. et pl. I; Baumeister, *Denkmäler des klass. Altertums*, t. III, p. 1709; Maxwell Sommerville, *Engraved gems, their place in the history of art*, p. 9 (Philadelphie, 1877, in-8°); le même, *Engraved gems, their history*, pl. A, p. 420 (Philadelphie, 1889, in-4°); H. Middleton, *The engraved Gems of classical times*, pp. 60-61 (Cambridge, 1891, in-8°); Robert von Schneider, dans les *Verhandlungen der zwei und vierzigsten Versammlung deutscher Philologen und Schulmänner in Vien, vom 24 bis 27 mai 1893*, pp. 297 à 300 (Leipzig, 1894, in-4°); E. Babelon, *La gravure en pierres fines*, p. 151, fig.; le même, dans le *Dictionn. des antiq. gr. et rom.* de Daremberg et Saglio, v° *Gemmae*, p. 1477, fig. 3518.

265. **Apothéose de Germanicus.** Germanicus est représenté de profil, à gauche, assis sur le dos d'un aigle. Sa tête est nue et sa poitrine est couverte de l'égide ornée de la tête de

Méduse; les plis de l'égide sont rejetés sur son bras gauche; une chlamyde enveloppe ses jambes. De la main droite portée en avant, il tient le *lituus* ou bâton augural; de la main gauche, il tient une double corne d'abondance remplie de fruits. L'aigle est debout de face, les ailes éployées, détournant la tête à droite; dans l'une de ses serres il saisit une couronne, et dans l'autre, une palme. Une Victoire vole, dans le champ, à gauche, à la rencontre de Germanicus, s'apprêtant à lui poser sur la tête une couronne de laurier qu'elle tient des deux mains; elle est vêtue du double chiton talaire serré à la taille. — Travail remarquable.

Sardonyx à trois couches : brune, blanche et roux-fauve; cette gemme est, par ses dimensions et sa beauté, l'une des plus importantes de la collection.

Riche monture quadrangulaire et formant corniche, en or émaillé, avec des brillants enchâssés ; époque de Louis XIV.

Haut., 130 mill.; larg., 135 mill., monture comprise.

Pl. XXIX, fig. 265.

Ce grand et magnifique camée prend place au second rang, à côté du précédent; il est, comme lui, consacré à honorer la mémoire du prince infortuné auquel Suétone et Tacite attribuent toutes les vertus civiques et privées. Germanicus, en nouveau Ganymède, est sur le dos d'un aigle qui l'emporte dans l'espace : c'est de la même manière que l'Apothéose des empereurs est figurée sur les monnaies et les autres monuments qui rappellent la cérémonie de la *consecratio*. Aussi, cette apotheose impériale, décernee à un simple membre de la famille des Césars divinisé, a suggéré à M. Bernoulli quelques doutes au sujet de l'attribution iconographique du camée : aucun texte, dit ce savant, ne dit que Germanicus ait reçu les honneurs de l'apothéose, et l'aigle et le *lituus* sont des attributs réservés exclusivement aux empereurs. Malgré cette judicieuse observation, l'ancienne attribution nous semble devoir être maintenue. La tête du héros est bien celle de Germanicus : ce ne saurait être ni Auguste, ni Tibère, ni Claude, ni Caligula. Germanicus étant César a pu, tout aussi bien que l'empereur, porter l'égide et le *lituus;* issu de la race du divin Jules, il était d'avance destiné à la déification qu'il fut d'usage, de bonne heure, d'attribuer à tous les membres de la famille impériale. Germanicus poursuivi, même par delà la tombe, par la haine jalouse de Tibère, n'a pas été honoré, il est vrai, de la *consecratio* officielle; mais ses parents et ses amis ont rivalisé de zèle pour rendre à sa mémoire les honneurs divins qui lui étaient doublement dus par sa naissance et ses victoires [1].

Le hasard des événements a voulu que le camée que nous venons de décrire ait subi au moyen âge un sort analogue à celui qui échut au Grand Camée de la Sainte-Chapelle. Rapporté d'Orient et baptisé chrétien, il fut conservé jusqu'à la fin du XVIIe siècle dans le trésor du monastère de Saint-Èvre de Toul. « On montrait, autrefois, raconte dom Calmet, dans l'abbaye de Saint-Èvre, une agathe précieuse qui servait d'ornement au chef de sainte Aprone, sœur de saint Èvre, conservé dans une châsse très bien faite. On tenait par une tradition que le cardinal Humbert, qu'on croyait avoir été religieux de Saint-Evre, l'avait donnée à cette abbaye, au retour de son voyage de Constantinople où il fut envoyé par le pape Léon IX. On ajoutait que cette agathe représentait saint Jean l'Évangéliste, enlevé par un aigle et couronné. Rien de tout cela n'était ni vrai ni fondé. La pierre dont nous parlons est toute profane et n'a aucun rapport avec saint Jean l'Évangéliste [2]. » Le cardinal Humbert auquel il vient d'être fait allusion était un moine de Moyenmoutier; il fut emmené à Rome par l'évêque de Toul qui, en 1049, devint pape sous le nom de Léon IX. Humbert, créé plus tard cardinal du titre des saintes Rufine et Secondine, et très versé dans la langue grecque, fut envoyé à Constantinople en 1057, pour combattre l'hérésie de Michel Cerularius; il mourut à Rome en 1061 [3]. C'est simplement sur le voyage d'Humbert en Orient que repose la tradition qu'a rapportée dom Calmet, sans y croire.

Quoi qu'il en soit, à l'époque de dom Calmet, il y avait longtemps qu'on avait reconnu que le personnage représenté n'était nullement un saint Jean, et déjà Montfaucon lui donne le nom de Germanicus [4]. Aussi, les moines ne se soucièrent plus de voir cette image profane décorer la châsse de sainte Aprone et le besoin d'argent leur fit rechercher l'occasion de s'en défaire. « Le roi Louis XIV, raconte encore l'historien de la Lorraine, étant informé que cette antiquité était en l'abbaye de Saint-Èvre, la fit demander en 1684 et on la lui envoya. Il donna pour cette agathe à la sacristie sept mille livres; et, quelques années après, M. de Puységur, abbé commendataire de Saint-Èvre, ayant demandé sa part de cette somme, le roi déclara qu'il en avait fait présent à la sacristie, et que l'abbé n'avait rien à y

1. La liste des *divi* officiels que font connaître les médailles, les inscriptions et d'autres textes, a été dressée par M. R. Mowat, *La domus divina et les divi*, dans le *Bulletin épigraphique*, t. V (1885) et t. VI (1886) : Germanicus n'y figure pas; voyez aussi E. Beurlier, *Le culte impérial, son histoire et son organisation*, pp. 27 et suiv.

2. Dom Calmet, *Notice de la Lorraine*, t. II, p 611 (2e édit., 1840, in-8°, t. II, p. 381).

3. Dom Calmet, *Histoire de Lorraine*, t. II, p. 211.

4. Montfaucon, *L'Antiquité expliquée*, Supplément, t. V, p. 136.

prétendre [1]. » L'acquisition par le Roi de ce magnifique camée eut lieu vers la fin de 1684, c'est-à-dire peu de temps après que le Cabinet des Médailles eut été établi au palais de Versailles ; la mention suivante, extraite des *Comptes des Bâtiments du Roi*, vient confirmer officiellement le témoignage de dom Calmet et prouver en même temps que les réclamations de l'abbé commendataire étaient mal fondées : « 4 janvier 1685 : Aux prieur et religieux de l'abbaye de Saint-Epvre, pour le prix d'une agathe qu'ils ont mise dans le Cabinet de Sa Majesté, laquelle somme sera employée au payement des debtes de leur communauté, suivant l'ordonnance du fond expédiée : 7000 liv. [2]. »

Louis XIV fit entourer son nouveau joyau de la riche monture émaillée dans laquelle il se trouve encore enchâssé.

Bibl. — Dom Calmet, *Notice de la Lorraine*, t. II, p. 611; Montfaucon, *L'Antiquité expliquée*, Supplément, t. V, p. 136; Oudinet, dans les *Mémoires de l'Académie des Inscriptions*, 1717, t. I, p. 276; Millin, *Galerie mythologique*, pl. CLXXVII *bis*, nº 677*; Visconti et Mongez, *Iconographie romaine*, pl. 24*, fig. 5; T. Dumersan, *Notice des monumens exposes dans le Cabinet des Médailles* (1819), p. 15; édit. de 1828, p. 37; Marion du Mersan, *Hist. du Cabinet des Médailles* (1838), p. 118, nº 179; Creuzer, trad. Guigniaut, *Religions de l'antiquite*, pl. CCLIII, nº 896 *a*; Ch. Lenormant, *Trésor de numism.*, *Iconographie des empereurs romains*, p. 20 et pl. X, fig. 15; Louis Paris, *Essai historique sur la bibliothèque du Roi, par Le Prince*, Annales, p. 360; Chabouillet, *Catalogue*, nº 209; V. Duruy, *Hist. des Romains*, t. IV, p. 315; E. Babelon, *Le Cabinet des Antiques*, p. 135 et pl. XLII, fig. 1; H. Middleton, *The engraved gems of classical times*, p. 61; J. Bernoulli, *Römische Ikonographie*, t. II, p. 117 *d* et p. 234 *d*. — Comparez un camée représentant d'une manière presque semblable l'*Apothéose d'Hadrien*, et qui, provenant de l'église Saint-Nicolas-du-Port, est actuellement conservé à la Bibliothèque de Nancy. (Bretagne, dans les *Mémoires de la Société d'archéologie lorraine*, IIIe sér., t. I, 1873, pp. 344 et 364 et pl. II.)

266. **Agrippine l'Ancienne,** femme de Germanicus, et mère d'Agrippine la Jeune. Buste de profil, à gauche. Les cheveux sont relevés en bandeaux sur les tempes et au sommet de la tête; sur la nuque, un chignon. La poitrine et les épaules sont couvertes de la *stola* et du péplum. — Travail d'une finesse remarquable.

1. Dom Calmet, *Notice de la Lorraine*, t. II, p. 611.
2. Jules Guiffrey, *Comptes des Bâtiments du roi sous le règne de Louis XIV*, t. II, p. 483.

Sardonyx à trois couches : brun clair, blanc-bleuâtre et blanc-jaunâtre.

Monture en argent doré, de l'époque de la Renaissance.

Haut., 54 mill. ; larg., 42 mill. Pl. XXVII, fig. 266.

Bibl. — Ch. Lenormant, *Trésor de numism.*, *Iconographie des empereurs romains*, p. 22, n° 7 et pl. XI, fig. 7 ; Chabouillet, *Catalogue*, n° 210 ; V. Duruy, *Hist. des Romains*, t. IV, p. 349 ; Bernoulli, *Römische Ikonographie*, t. II, p. 115 c, et p. 251.

267. **Caligula.** Tête laurée, de profil, à gauche. Derrière, le mot CALIGVLA, en relief. Sous le cou, les trois sœurs de Caligula, Agrippine la Jeune, Drusilla et Julia Livilla, sont représentées, debout, accompagnées des initiales de leurs noms, A, D et I, et portant des attributs divins. Agrippine tient une corne d'abondance et elle est accoudée sur un cippe, pour représenter la Sécurité ; Drusilla, figurant la Concorde, tient une patère et une corne d'abondance ; enfin, Julia Livilla, en Fortune, tient un gouvernail et une corne d'abondance. — Authenticité douteuse.

Sardonyx à deux couches : brun translucide et blanc d'ivoire.

Monture moderne en or.

Haut., 27 mill. ; larg., 20 mill. Pl. XXVII, fig. 267.

Les lettres en relief du mot CALIGVLA nous paraissent avoir une forme moderne ; dans ce cas, le camée tout entier serait de la Renaissance. Une monnaie de bronze de Caligula représente, au revers, les trois sœurs de ce prince dans une attitude identique à celle qui leur est donnée ici [1]. Il existe un coin du Padouan de cette médaille dont le revers a été aussi imité par d'autres faussaires du XVIe siècle. Rien donc ne s'oppose à ce qu'un graveur en pierres fines de cette époque ait eu l'idée de copier le revers de la monnaie romaine que nous venons de signaler. On sait que le surnom populaire de *Caligula* n'est jamais donné à Caius César sur des monuments officiels ni dans le texte des historiens contemporains. La présence de ce nom sur notre camée ne fait donc que nous confirmer dans l'idée que nous sommes en présence d'une œuvre habile de l'époque de la Renaissance, bien que des critiques autorisés se soient prononcés en faveur de son authenticité.

1. H. Cohen, *Description historique des monnaies frappées sous l'Empire romain*, t. I, p. 237, n° 4.

Bibl. — E. Dumersan, *Notice des monumens exposés dans le Cabinet des Médailles* (1819), p. 17, n° 9; Marion du Mersan, *Hist. du Cabinet des Médailles* (1838), p. 118, n° 187; Ch. Lenormant, *Trésor de numism., Iconographie des empereurs romains,* p. 23 et pl. XI, fig. 14; Chabouillet, *Catalogue,* n° 218; V. Duruy, *Hist. des Romains,* t. IV, p. 313; Bernoulli, *Römische Ikonographie,* t. II, p. 310, e.

268. **Caligula et Drusilla.** Bustes conjugués de Caius Caesar (Caligula) et de sa sœur et épouse, Drusilla, de profil, à droite. L'empereur a la tête ceinte de la couronne de laurier; sa poitrine est couverte de la cuirasse et du paludamentum agrafé sur l'épaule droite. Drusilla a la tête ceinte du diadème impérial et la poitrine drapée. — Excellent travail.

Sardonyx à trois couches : brune, blanche et roux-fauve.

Monture en or émaillé, de l'époque de Louis XIV.

Haut., 44 mill.; larg., 39 mill., monture comprise.

Pl. XXX, fig. 268.

Bibl. — Visconti et Mongez, *Iconographie romaine,* pl. XXV, fig. 8; Marion du Mersan, *Hist. du Cabinet des Médailles,* p. 118, n° 186; Ch. Lenormant, *Trésor de numism., Iconogr. des empereurs romains,* p. 23 et pl. XI, fig. 17; Chabouillet, *Catalogue,* n° 219; V. Duruy, *Hist. des Romains,* t. IV, p. 375; E. Babelon, *Le Cabinet des Antiques,* p. 29 et pl. VIII, fig. 1; Bernoulli, *Römische Ikonographie,* t. II, p 310 d, et p. 325. — Comparez un autre camée représentant de même les bustes accolés de Caligula et de Drusilla, dans le *Trésor de numism., Iconographie romaine,* pl. XI, fig. 16.

269. **Claude.** Buste de profil, à gauche, la tête ceinte d'une couronne de laurier, la poitrine couverte de l'égide. L'extrémité du nez est légèrement endommagée. Au pourtour, une haute corniche avec tranche en biseau.

Sardonyx à trois couches : brune, blanche et brun-fauve.

Monture moderne en or, avec anneau de suspension.

Haut., 82 mill., larg., 61 mill. Pl. XXVII, fig. 269.

Bibl. — Ch. Lenormant, *Trésor de numism., Iconographie des empereurs romains,* p. 27 et pl. XIV, fig, 1; Chabouillet, *Catalogue,* n° 220; Bernoulli, *Römische Ikonographie,* t. II, p. 341 a.

270. **Claude.** Buste de profil, à droite, la tête ceinte d'une couronne de laurier, la poitrine couverte de la cuirasse avec l'égide posée sur l'épaule droite.

Agate-onyx à trois couches : brune, blanche et jaunâtre.
Monture en or émaillé, du XVIIIe siècle.
Haut., 82 mill. ; larg., 76 mill., monture comprise.
Pl. XXVII, fig. 270.

Ce camée ou le suivant (nº 271) est décrit dans l'Inventaire de 1664, sous le nº 144.

BIBL. — Ch. Lenormant, *Trésor de numism.*, *Iconographie des empereurs romains*, p. 25 et pl. XIII, fig. 3; Chabouillet, *Catalogue*, nº 221; V. Duruy, *Hist. des Romains*, t. IV, p. 420; J. Bernoulli, *Römische Ikonographie*, t. II, p. 341 b.

271. **Claude.** Tête laurée, de profil, à droite.
Sardonyx à deux couches : brune et blanche.
Élégante monture en or émaillé, de la Renaissance.
Haut., 32 mill., larg., 30 mill.; monture comprise.
Pl. XXX, fig, 271.

BIBL. — Chabouillet, *Catalogue*, nº 222 ; E. Babelon, *Le Cabinet des Antiques*, p. 138 et pl. XLII, fig. 2 ; J. Bernoulli, *Römische Ikonographie*, t. II, p. 341, c.

272. **Claude.** Tête laurée, de profil, à droite. Tranche épaisse, taillée en biseau.
Sardonyx à cinq couches : brune, bleuâtre, roux-fauve, bleuâtre, et roux-fauve.
Élégante monture en or émaillé, de la Renaissance.
Haut., 43 mill. ; larg., 38 mill., monture comprise.
Pl. XXX, fig. 272.

BIBL. — Chabouillet, *Catalogue*, nº 223.

273. **Claude.** Tête laurée, de profil, à gauche. Le fond est mutilé devant le visage.
Calcédoine à deux couches : translucide et blanche.
Haut., 11 mill.; larg., 7 mill. Pl. XXX, fig. 273.

BIBL. — Chabouillet, *Catalogue*, nº 224.

274. **Claude.** Buste de profil, à droite, la tête laurée, la poitrine couverte de l'égide. Au pourtour, une corniche avec tranche en biseau. — Authenticité douteuse.

Sardonyx à trois couches : brun foncé, bleuâtre et rousse.
Monture en or émaillé, du XVIIIe siècle.
Haut., 71 mill.; larg., 60 mill., monture comprise.
Pl. XXXI, fig. 274.

BIBL. — Chabouillet, *Catalogue*, n° 225; J. Bernoulli, *Römische Ikonographie*, t. II, p. 341.

275. **Claude.** Tête laurée, de profil, à gauche. Au pourtour, une haute corniche, avec tranche en biseau.

Sardonyx à trois couches : brune, blanche et roux-fauve.
Haut., 27 mill.; larg., 20 mill. Pl. XXX, fig. 275.

BIBL. — Chabouillet, *Catalogue*, n° 226.

276. **Claude et Messaline dans un char traîné par des dragons.** L'empereur et sa femme sont représentés avec les attributs de Triptolème et de Cérès. Claude, nu-tête, le buste couvert de la cuirasse, forme avec son paludamentum, qu'il tient de la main gauche, une sorte de giron rempli de graines qu'il s'apprête à semer sur la terre; Messaline, comme Cérès Thesmophoros, est penchée en avant, tenant de la main gauche un bouquet d'épis et de pavots, et de la main droite un *volumen;* ses cheveux nattés retombent sur son cou ; elle est vêtue d'un chiton serré à la taille et d'un ample péplum enroulé autour de son bras gauche. Le char est orné de festons; les deux serpents ailés sont attelés au timon.

Sardonyx à trois couches : brun foncé, blanc-bleuâtre et rousse, avec taches irrégulières. — Cet important camée a subi des mutilations ; la partie du fond, qui est derrière Claude, est de restauration moderne.

Riche monture en or émaillé, du XVIIIe siècle.
Diamètre, 122 mill. Pl. XXX, fig. 276.

L'attribution à Claude et Messaline est généralement admise et nous paraît certaine; on verra pourtant, dans la Bibliographie, que certains auteurs ont proposé d'y reconnaître Germanicus et Agrippine. Il paraît qu'au moyen âge ce camée passait pour représenter, comme le Grand Camée de la Sainte-Chapelle, le Triomphe de Joseph en Égypte, à la cour de Pharaon.

Bibl. — *Mémoires de l'Académie des Inscriptions*, t. I, 1717, p. 287; Montfaucon, *L'Antiquité expliquée*, Supplément, t. III, p. 27 et pl. VII, n° 3; Visconti, *Iconographie romaine*, pl. 24 *, fig. 3 (sous le nom de *Germanicus et Agrippine*); Millin, *Galerie mythologique*, pl. XLVIII, fig. 220; T. Dumersan, *Notice des monumens exposés dans le Cabinet des Médailles* (1819), p. 20; éd. de 1828, p. 35; Marion du Mersan, *Hist. du Cabinet des Médailles* (1838), p. 119, n° 197; Ch. Lenormant, *Trésor de numism.*, *Iconographie des empereurs romains*, pl. XIII, fig. 12; Creuzer, trad. Guigniaut, *Religions de l'Antiquité*, pl. CXLIV, fig. 547; Muller et Wieseler, *Denkmæler der alten Kunst*, t. I, p. 92, et pl. LXIX, n° 380 (sous le nom de *Germanicus et Agrippine*); Chabouillet, *Catalogue*, n° 227; V. Duruy, *Hist. des Romains*, t. IV, p. 433; J. Bernoulli, *Römische Ikonographie*, t. II, p. 195 a; 234 e; 244; 341 d et 355.

277. **Messaline et ses enfants.** Buste de Messaline, de profil, à gauche, la tête ceinte d'une couronne de laurier, attachée par une double chaîne de perles, les cheveux ondulés sur les tempes, nattés et noués sur le cou. Elle est vêtue de la *stola* par dessus laquelle elle porte la *palla* dont les plis ondulés descendent de ses épaules; elle a au cou un collier orné d'une *bulla*. Sous le buste de l'impératrice, se croisent deux cornes d'abondance, qui s'élèvent de chaque côté de ses épaules. Deux bustes d'enfants émergent de ces cornes; ce sont les enfants de Claude et de Messaline, Britannicus et Octavie. Britannicus est nu-tête, vêtu du paludamentum, et il semble que l'artiste ait cherché à établir quelque ressemblance entre les traits du jeune prince et ceux d'Auguste; Octavie, casquée, est identifiée avec la déesse Rome, comme l'avait déjà été Livie. Un pampre terminé par une grosse grappe de raisin, serpente autour de la corne qui sert de support à Britannicus.

Sardonyx à trois couches : brun-roux, blanche et brun-roux (fond brun). Matière admirable; les irrégularités des contours de la gemme ont été corrigées et dissimulées par la monture.

Monture en or émaillé, du XVIIIe siècle.

Haut., 93 mill.; larg., 79 mill., monture comprise.

Pl. XXXI, fig. 277.

Ce camée est décrit dans l'Inventaire de 1664, sous le n° 269 ; c'est l'un des plus remarquables de la collection, aussi bien par la matière qu'à cause de la finesse de la gravure. Rubens, qui l'avait remarqué dans la collection royale, en fit, comme du Grand Camée de la Sainte-Chapelle, un dessin qui nous a été conservé. Au point de vue iconographique, on peut rapprocher de cette gemme les monnaies de Claude qui portent, au revers, LIBERIS AVG(*usti*), avec les bustes des trois enfants de Claude et de Messaline, Britannicus, Antonia et Octavie.

Bibl. — Visconti et Mongez, *Iconographie romaine*, pl. XXVIII, fig. 5; T. Dumersan, *Notice des monumens exposés dans le Cabinet des Médailles* (1819), p. 19; édit. de 1828, p. 35; Marion du Mersan, *Hist. du Cabinet des Médailles* (1838), p. 119, n° 196 ; Ch. Lenormant, *Trésor de numism., Iconographie des empereurs romains*, p. 27 et pl. XIV, fig. 6; Chabouillet, *Catalogue*, n° 228; V. Duruy, *Hist. des Romains*, t. IV, p. 435 ; E. Babelon, *Le Cabinet des Antiques*, p. 29 et pl. VIII, fig. 2 ; art. *Coma*, dans le *Dictionn. des antiquités gr. et rom.* de Daremberg et Saglio, p. 1368, fig. 1858; E. Babelon, *La gravure en pierres fines*, p. 149, fig. 111 ; J. Bernoulli, *Römische Ikonographie*, t. II, pp. 195 b et 358 a.

278. **Agrippine la Jeune.** Buste de profil, à droite; ses cheveux ondulés sont nattés sur la nuque; la poitrine et les épaules sont drapées. — Élégant travail.

Calcédoine à deux couches : translucide et blanche.

Monture moderne en or.

Haut., 20 mill. ; larg., 15 mill. Pl. XXX, fig. 278.

Bibl. — Ch. Lenormant, *Trésor de numism., Iconographie des empereurs romains*, p. 21, n° 18 et pl. X, fig. 19 (sous le nom de *Livilla*, femme de Drusus l'Ancien) ; Chabouillet, *Catalogue*, n° 229 ; J. Bernoulli, *Römische Ikonographie*, t. II, p. 115 d.

279. **Agrippine la Jeune.** Buste de profil, à droite, la tête ceinte d'une couronne de laurier attachée par une double chaîne de perles, et ayant le carquois de Diane sur l'épaule gauche. Les cheveux ondulés forment chignon sur la nuque; la poitrine et les épaules sont couvertes de la *stola* et de la *palla*. — Excellent travail. Au pourtour, une corniche avec tranche en biseau.

Sardonyx à trois couches : brune, blanche et jaune foncé.

Haut., 53 mill.; larg., 35 mill. Pl. XXXI, fig. 279.

BIBL. — Ch. Lenormant, *Trésor de numism., Iconographie des empereurs romains*, p. 27 et pl. XIV, fig. 11; Chabouillet, *Catalogue*, n° 230; Bernoulli, *Römische Ikonographie*, t. II, p. 358.

280. **Agrippine la Jeune.** Buste de profil, à droite, la tête ceinte d'une couronne de laurier attachée par une double chaîne de perles, les cheveux ondulés et noués sur le cou. Les oreilles sont ornées de pendants en forme d'olives; les épaules et la poitrine sont couvertes de la *stola* et de la *palla*. — Travail remarquable. Au pourtour, une corniche, avec tranche en biseau.

Sardonyx à trois couches : brune, blanche et rousse.

Monture en or émaillé, du XVIIIe siècle.

Haut., 70 mill.; larg., 55 mill., monture comprise.

Pl. XXXI, fig. 280.

BIBL. — Marion du Mersan, *Hist. du Cabinet des Médailles* (1838), p. 119, n° 194; Ch. Lenormant, *Trésor de numism., Iconographie des empereurs romains*, p. 22 et pl. XI, fig. 8; Chabouillet, *Catalogue*, n° 231. V. Duruy, *Hist. des Romains*, t. IV, p. 462; J. Bernoulli, *Römische Ikonographie*, t. II, p. 358 b.

281. **Agrippine la Jeune.** Buste de profil, à droite, la tête ceinte d'une large torsade, les cheveux relevés sur la nuque. La poitrine et les épaules sont couvertes de la *stola* et de la *palla;* de la main gauche, elle relève des plis de son vêtement à la hauteur de son menton. — Au pourtour, une corniche avec tranche en biseau.

Au revers, en intaille, Vénus nue debout, de profil, à gauche, tenant de ses deux mains les extrémités d'une draperie et se regardant dans un miroir.

Sardonyx à trois couches : brune, blanc-bleuâtre et roux-fauve.

Monture en or émaillé, du XVIIIe siècle.

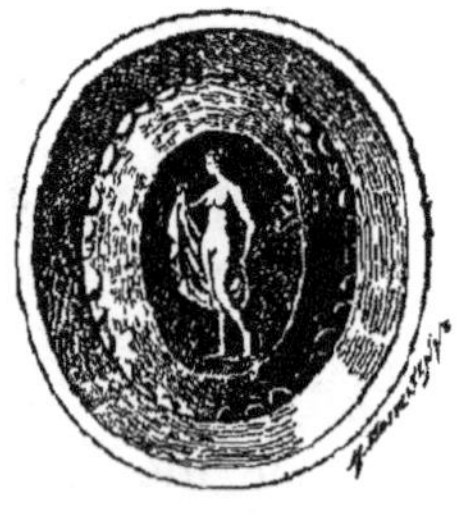

N° 281, revers.

Haut., 35 mill.; larg., 30 mill.

Pl. XXXII, fig. 281.

Comparez les bustes de Julie, fille d'Auguste, avec la même attitude (ci-dessus, n°s 242, 243, 244).

BIBL. — Chabouillet, *Catalogue*, n° 232.

282. **Agrippine la Jeune.** Buste de profil, à droite, la tête ceinte d'une couronne de laurier attachée par une double chaîne de perles. Les cheveux forment une suite de petites nattes sur le front et sont noués sur la nuque; les oreilles sont ornées de pendants, et le cou, d'un collier avec une *bulla*. La poitrine et les épaules sont couvertes de la *stola* et de la *palla*. De la main gauche, elle relève, à la hauteur de son menton, les plis de son vêtement.

Sardonyx à cinq couches : brune, blanc-bleuâtre, brun-fauve, blanc-bleuâtre et rousse.

Haut., 25 mill.; larg., 17 mill. Pl. XXXII, fig. 282.

Bibl. — Chabouillet, *Catalogue*, n° 235.

283. **Agrippine la Jeune.** Buste de profil, à gauche, la tête ceinte d'une couronne de laurier attachée par une double chaîne de perles. Les cheveux forment une suite de petites nattes sur le front et sont noués sur le cou; les oreilles sont ornées de pendants. La poitrine et les épaules sont couvertes de la *stola* et de la *palla*.

Sardonyx à trois couches : brun-rougeâtre, bleuâtre et brune.

Monture moderne en or.

Haut., 45 mill.; larg., 40 mill. Pl. XXXI, fig. 283.

Bibl. — Chabouillet, *Catalogue*, n° 234.

284. **Antonia la Jeune.** Buste de profil, à droite, la tête ceinte d'une couronne de laurier et couverte d'un long voile qui descend sur les épaules. Les oreilles sont ornées de pendants, et le cou, d'un collier avec une *bulla;* la poitrine est couverte de la *stola*. Une corne d'abondance, remplie de fruits et décorée de festons, s'élève devant le visage. Au pourtour, une corniche, avec tranche en biseau.

Sardonyx à trois couches : brune, bleuâtre et roux-foncé.

Haut., 40 mill.; larg., 33 mill. Pl. XXXII, fig. 284.

La corne d'abondance devant le visage d'Antonia remplace la main tenant le bord du vêtement, geste qui caractérise la figure des camées n°s 281 et 282.

Bibl. — Chabouillet, *Catalogue*, n° 233.

285. **Agrippine la Jeune.** Buste de profil, à droite, la tête ceinte d'une couronne de laurier nouée par une double chaîne de perles ; les cheveux frisés sur le front forment une touffe épaisse sur la nuque. Les oreilles sont ornées de pendants; la poitrine est couverte d'un péplum agrafé sur l'épaule droite. — Au pourtour, une corniche avec tranche en biseau.

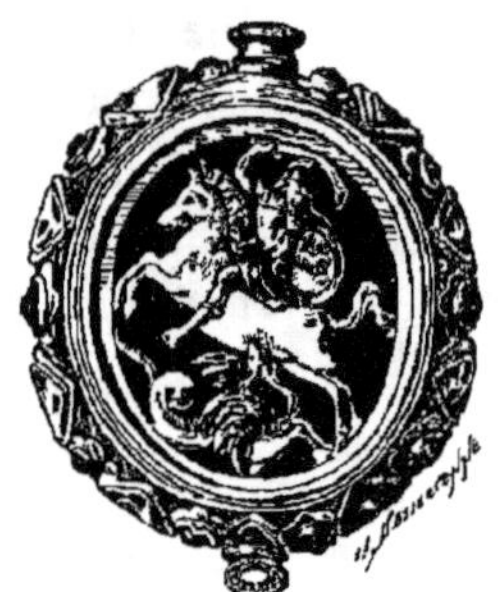
N° 285, revers.

Sardonyx à trois couches : brune, bleuâtre et brune.

La monture en or émaillé, de l'époque de la Renaissance, est particulièrement élégante. Le contour en est enrichi de rubis et de brillants. Au revers, on voit, en émail blanc et or, saint Georges à cheval combattant le dragon.

Haut., 38 mill. ; larg., 32 mill., monture comprise.

Pl. XXXII, fig. 285.

BIBL. — Chabouillet, *Catalogue*, n° 236.

286. **Apothéose de Néron et Agrippine.** Un aigle vu de face, les ailes éployées, enlève les bustes de Néron enfant et de sa mère Agrippine posés sur ses ailes, en regard l'un de l'autre. Le têtes des deux personnages sont laurées et leur buste est drapé.

Sardonyx à trois couches : brune, blanche et rousse.

Monture en or émaillé, du XVIIe siècle.

Haut., 32 mill. ; larg., 28 mill., monture comprise.

Pl. XXXII, fig. 286.

Ce camée a été acheté, par le roi Louis XIV, au président Achille de Harlay, en 1674.

BIBL. — Marion du Mersan, *Hist. du Cabinet des Médailles* (1838), p. 119, n° 195; Chabouillet, *Catalogue*, n° 237; V. Duruy, *Hist. des Romains*, t. IV, p. 462; E. Babelon, *Le Cabinet des Antiques*, p. 138 et pl. XLII, fig. 3.

287. **Néron dans un quadrige.** L'empereur est debout, de face, dans un char traîné par quatre chevaux qui s'élancent au

galop, deux à deux, à droite et à gauche. Sa tête est ceinte de la couronne radiée ; il est vêtu du *paludamentum* impérial : de la main droite levée il tient la *mappa circensis*, comme pour donner le signal de l'ouverture des jeux du cirque ; de la main gauche il porte un sceptre surmonté d'un aigle. Par une convention singulière de perspective de la part de l'artiste, les deux roues du char sont représentées de chaque côté sous les chevaux. En légende, de chaque côté de la tête de Néron, on lit l'acclamation : **NEPUN AΓOYCTE** (sous entendu **NIKA**). — Travail médiocre du ve siècle.

Calcédoine à deux couches : translucide et blanche. Deux fêlures à l'exergue.

Au pourtour, deux petits cercles, l'un d'or, l'autre d'argent, avec bélière de suspension.

Diam. 34 mill. Pl. XXXII, fig. 287.

Ce camée, destiné à être porté au cou, comme une médaille talismanique, a été exécuté longtemps après la mort de Néron ; son style le place au ve siècle environ, à l'époque où la mémoire de Néron était honorée comme organisateur ou restaurateur des jeux du cirque. Des médaillons contorniates de ce temps sont à l'effigie de ce prince, et le revers est souvent occupé par un quadrige analogue à celui qui se trouve représenté sur notre camée-talisman qui a dû être porté par un cocher du cirque ou l'un de ses partisans [1].

Donné au roi par Caylus, en 1762.

BIBL. — Caylus, *Recueil d'antiquités*, t. I, p. 214 et pl. LXXXVI, fig. 2 ; T. Dumersan, *Notice des monuments exposés dans le Cabinet des médailles*, éd. de 1828, p. 38 ; Marion du Mersan, *Hist. du Cabinet des Médailles* (1838), p 119, n° 198 ; Chabouillet, *Catalogue*, n° 238 ; V. Duruy, *Hist. des Romains*, t. IV, p. 480 ; Bernoulli, *Römische Ikonographie*, t. II, p. 400 d.

288. **Marcus Ulpius Trajanus,** père de l'empereur Trajan. Tête de profil, à droite, ceinte d'une couronne de laurier. — Travail remarquable. Fragment : il manque le cou et le derrière de la tête.

Lapis-lazuli.

Haut., 23 mill. ; larg., 20 mill. Pl. XXXIV, fig. 288.

1. Comparez surtout : J. Sabatier, *Description générale des médaillons contorniates*, pl. III et IV, et pl. XI, fig. 12 et 13.

L'attribution iconographique de ce beau fragment au père de Trajan n'est pas certaine, surtout à cause de la couronne de laurier qui ne s'explique guère sur la tête d'un personnge qui ne fut jamais empereur. On pourrait songer à Vitellius. Il existe néanmoins, à l'effigie de Marcus Ulpius Trajanus, des médailles qui paraissent plutôt autoriser à reconnaître ce personnage sur notre camée [1].

Bibl. — Chabouillet, *Catalogue*, n° 239; V. Duruy, *Hist. des Romains*, t. IV, p. 646.

289. **Trajan.** Buste de profil, à droite, la tête ceinte d'une couronne de laurier, la poitrine couverte du *paludamentum* impérial, agrafé sur l'épaule droite. — Travail remarquable. Au pourtour, une corniche avec une large tranche en biseau.

Magnifique sardonyx à trois couches : brun-foncé, bleuâtre et brun-roux.

Ce beau camée est serti dans une monture en or émaillé, de l'époque de la Renaissance, qui est un chef-d'œuvre d'élégance, de sobriété et de bon goût; elle est rehaussée de deux rubis placés, l'un en haut, l'autre en bas.

Haut., 88 mill. ; larg., 63 mill. Pl. XXXII, fig. 289.

Bibl. — Marion du Mersan, *Hist. du Cabinet des Médailles* (1838), p. 119, n° 200; Ch. Lenormant, *Trésor de numism.. Iconographie des empereurs romains*, p. 48 et pl. XXVI, fig. 1; Chabouillet, *Catalogue*, n° 240; V. Duruy, *Hist. des Romains*, t. IV, p. 807; E. Babelon, *Le Cabinet des Antiques*, p. 191 et pl. LIII, fig. 2; J. Bernoulli, *Römische Ikonographie*, t. III, p. 83, e.

290. **Domitien.** Tête de profil, à droite, couronnée de laurier.

Agate-onyx à deux couches, cendrée et blanche.

Monture moderne en bague d'or.

Haut., 22 mill. ; larg., 16 mill. Pl. XXXII, fig. 290.

Bibl. — Marion du Mersan, *Hist. du Cabinet des Médailles* (1838), p. 119, n° 199; Chabouillet, *Catalogue*, n° 241; V. Duruy, *Hist. des Romains*, t. IV, p. 643; Bernoulli, *Römische Ikonographie*, t. III, p. 57, b.

291. **Hadrien.** Buste de face, la tête de trois quarts, à droite, ceinte d'une couronne de laurier. Il a des cheveux crépus et une barbe épaisse. Un manteau agrafé sur l'épaule droite

1. Fr. Lenormant, dans la *Gazette archéologique*, t. II, 1876, pp. 42 à 45.

laisse la poitrine à demi-nue. Sous le buste, un petit cartouche.

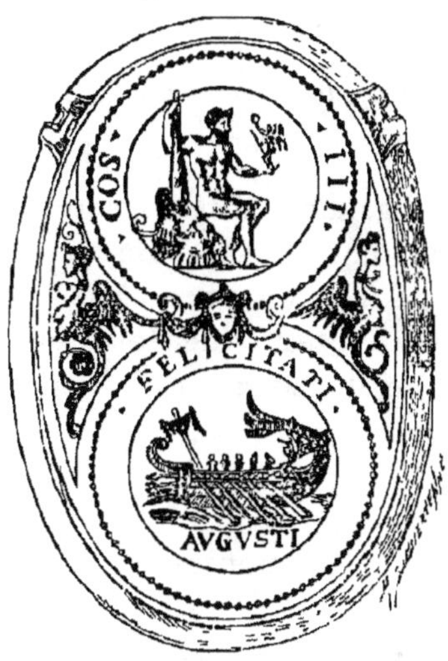

N° 291, revers.

Agate-onyx à deux couches : jaunâtre translucide et blanc d'ivoire.

Riche monture en or émaillé, de l'époque de la Renaissance. Au revers de la monture, sont reproduits en émail deux revers de monnaies d'Hadrien. L'un, avec la légende COS.III, représente Hercule nu, assis, à droite, sur une cuirasse, tenant sa massue et une Victoire (Cohen, *Médailles impériales,* 2e édit., t. II, p. 134, n° 330); l'autre, avec la légende FELICITATI AVGVSTI, représente une galère avec ses rameurs (Cohen, p. 164, n° 680).

Haut., 70 mill. ; larg., 45 mill., monture comprise.

Pl. XXXIII, fig. 291.

Ce camée est peut-être celui qui est décrit dans l'Inventaire de 1664, sous le n° 179.

Bibl. — Marion du Mersan, *Hist. du Cabinet des Médailles* (1838), p. 119, n° 201 ; Chabouillet, *Catalogue,* n° 242 ; V. Duruy, *Hist. des Romains,* t. V, p. 144 ; Bernoulli, *Römische Ikonographie,* t. III, p. 118, b.

292. **Hadrien à cheval, combattant un lion.** L'empereur est représenté sur un cheval bondissant, de profil, à droite. Il est imberbe et sa tête est nue; son manteau flotte sur son dos et, de la main droite, il brandit le javelot avec lequel il s'apprête a transpercer un lion qui se dresse devant lui en rugissant.

Monture en or émaillé, de l'époque de la Renaissance.

Haut., 30 mill. ; larg., 40 mill., monture comprise.

Pl. XXXIII, fig. 292.

Ce camée est décrit dans l'Inventaire de 1664, sous le n° 154.

L'attribution iconographique est des plus incertaines; nous avons respecté la tradition, mais on pourrait peut-être songer plutôt à reconnaître ici Caracalla, souvent représenté luttant contre un lion, comme Hercule.

BIBL. — Marion du Mersan, *Hist. du Cabinet des Médailles* (1838), p. 119, n° 202 ; Chabouillet, *Catalogue*, n° 243.

293. **Antinoüs.** Buste de profil, à gauche, la tête ceinte d'un bandeau ; les cheveux forment une double rangée de frisures tout autour de la tête ; la poitrine est à demi-nue ; une chlamyde agrafée sur l'épaule droite est ramenée autour du bras gauche. De la main droite, le favori d'Hadrien tient un *volumen*.

Cornaline orientale.

Monture moderne en or.

Haut., 39 mill. ; larg. 30 mill., monture comprise.

Pl. XXXII, fig. 293.

BIBL. — Marion du Mersan, *Hist. du Cabinet des Médailles* (1838), p. 119, n° 203 ; Chabouillet, *Catalogue*, n° 244.

294. **Marc-Aurèle et Lucius Verus.** Bustes en regard des deux empereurs, représentés l'un et l'autre avec une barbe et des cheveux frisés, la poitrine couverte de la cuirasse et du paludamentum.

Agate-onyx à deux couches : translucide et blanche.

Monture en or émaillé, du XVIIe siècle.

Haut., 28 mill. ; larg., 40 mill., monture comprise.

Pl. XXXIII, fig. 294.

Ce camée a été acheté, par le roi Louis XIV, au président Achille de Harlay, en 1674.

BIBL. — Marion du Mersan, *Hist. du Cabinet des Médailles* (1838), p. 119, n° 204 ; Chabouillet, *Catalogue*, n° 245 ; V. Duruy, *Hist. des Romains*, t. V, p. 410 ; Bernoulli, *Römische Ikonographie*, t. III, p. 187.

295. **Faustine mère,** femme d'Antonin le Pieux. Buste de face en demi-ronde bosse, la tête diadémée et couverte d'un voile qui descend par derrière sur les épaules, la poitrine à demi couverte par une draperie qui passe sur l'épaule droite. — Mutilation sur le front.

Calcédoine saphirine. Le revers est creux.

Haut., 56 mill. ; larg., 42 mill. Pl. XXXIV, fig. 295.

Bibl. — Marion du Mersan, *Hist. du Cabinet des Médailles* (1838), p. 115, n° 133 ; Chabouillet, *Catalogue*, n° 166 (sous le nom de *Buste de femme inconnue*).

296. **Faustine la Jeune,** femme de Marc-Aurèle. Buste de profil, à droite, la tête surmontée d'un diadème, les cheveux ramassés en chignon. Elle a des pendants d'oreilles et sa poitrine est couverte du péplum agrafé sur l'épaule droite. — Au pourtour, une corniche, avec tranche en biseau.

Sardonyx à trois couches : brune, bleuâtre et brune.

Monture en or émaillé, de l'époque de la Renaissance.

Haut., 46 mill. ; larg. 34 mill., monture comprise.

Pl. XXXV, fig. 296.

Bibl. — Marion du Mersan, *Hist. du Cabinet des Médailles* (1838), p. 119, n° 205 ; Chabouillet, *Catalogue*, n° 246.

297. **Faustine la Jeune.** Buste de trois quarts, à gauche, en demi-ronde bosse ; la tête est surmontée du diadème et les cheveux sont relevés sur les tempes. La poitrine est couverte d'une draperie, l'épaule droite à demi-nue.

Calcédoine blonde. Le revers est creux.

Haut., 72 mill. ; larg., 58 mill. Pl. XXXIV, fig. 297.

Bibl. — Chabouillet, *Catalogue*, n° 165 (sous le nom de *Buste de femme inconnue*).

298. **Annius Verus.** Buste en ronde bosse du fils de Marc-Aurèle, avec des attributs bachiques. La tête est légèrement tournée à droite, et le visage est celui d'un enfant souriant (Annius Verus est mort âgé de sept ans). Le cou est orné d'une guirlande de pampre et de raisins.

Sur l'épaule droite, on lit l'inscription :

VERINVS CONSVLIS

et sur l'épaule gauche :

PROBAT
TEMPORA

Sous le buste, un large trou destiné à fixer une monture qui a disparu. — Travail remarquable au point de vue de l'exécution technique.

Calcédoine cendrée.

Haut., 85 mill. ; larg., 70 mill. Pl. XXXIII, fig. 298.

Ce buste est appliqué sur une plaque de cuivre carrée, moderne, qui lui sert de monture.

Comparez le portrait d'Annius Verus sur des médailles qui le représentent déifié en Bacchus, comme notre buste de calcédoine (Cohen, *Médailles impériales*, 2e édit., t. III, pp. 132 et 169). « Le sens de l'inscription, remarque M. Chabouillet, n'est intelligible qu'à la condition de se souvenir que les consuls, en entrant en charge, étaient dans l'usage d'envoyer des présents, souvent des diptyques d'ivoire, mais aussi des bijoux; or, un consul, en faisant l'envoi de ce buste du petit Verus, *Verinus*, à quelque ami, a pu faire graver cette inscription qui signifie : *Le petit Verus te fera souvenir de l'époque de mon consulat.* » Jadis, ce monument faisait partie du Trésor de l'abbaye de Saint-Denis et Félibien, en 1706, le décrit comme suit : « Tête d'un enfant faite d'une agate orientale. » Ce buste intéressant entra au Cabinet des Médailles lors de la confiscation du Trésor de l'abbaye en 1791 (voyez notre *Introduction*). On connaît d'autres bustes semblables d'Annius Verus, les uns en calcédoine comme celui-ci, d'autres en bronze : ces derniers ont parfois été utilisés comme pesons de balances [1].

Bibl. — Dom Félibien, *Histoire de l'abbaye royale de Saint-Denis*, p. 543 et pl. IV, lettre N ; T. Dumersan, *Notice des monuments exposés dans le Cabinet des Médailles*, éd. de 1828, pp. 30-31 ; Marion du Mersan, *Hist. du Cabinet des Médailles* (1838), p. 119, n° 206 et et pp. 125-126; Ch. Lenormant, *Trésor de numism.*, *Iconographie des empereurs romains*, p. 67 et vignette à la p. 133 ; Chabouillet, *Catalogue*, n° 247 ; J. Bernoulli, *Römische Ikonographie*, t. III, p. 199. — Comparez un petit camée du musée de Berlin (Furtwaengler, *Beschreibung der geschnittenen Steine im Antiquarium*, n° 11093, sous le nom d'*Eros*).

299. **Annius Verus.** Tête vue de trois quarts, à droite, les cheveux frisés. Fragment en haut relief. — Hyacinthe.

1. E. Babelon et J.-A. Blanchet, *Catalogue des Bronzes antiques de la Bibliothèque nationale*, pp. 367-368.

Monture moderne en or.

Haut., 19 mill. ; larg., 19 mill. Pl. XXXV, fig. 299.

Ce camée est décrit dans l'Inventaire de 1664, sous le n° 80.

BIBL. — Chabouillet, *Catalogue*, n° 248.

300. **Septime Sévère et sa famille.** Quatre bustes accolés deux à deux et en regard. A gauche, les bustes conjugués de Septime Sévère et de Julia Domna, sa femme; l'empereur a la tête ceinte de la couronne radiée comme le Soleil; sur sa poitrine, la cuirasse et le paludamentum agrafé sur l'épaule droite. L'impératrice est voilée en Junon et diadémée. A droite, les bustes conjugués de leurs deux fils, Caracalla et Géta. Ce dernier a la tête nue, tandis que son frère est lauré, et il a la poitrine couverte de l'égide ornée de la tête de Méduse. — Corniche au pourtour, avec large tranche en biseau.

Magnifique sardonyx à trois couches : brune, bleuâtre et roux-sombre. Sur la surface du camée, au-dessus de la tête des personnages, on remarque l'emplacement (bouché) de deux trous d'attache.

Monture en or émaillé, du XVIIe siècle.

Haut., 75 mill. ; larg., 112 mill., monture comprise.

Pl. XXXIV, fig. 300.

Comme la tête de Caracalla est laurée, tandis que celle de Géta est nue, nous avons la certitude que ce remarquable camée fut exécuté entre les années 198 et 209 de notre ère, c'est-à-dire pendant la période où Caracalla était encore seul associé à l'empire par son père et élevé à la dignité d'Auguste.

Ce camée a été acheté, par le roi Louis XIV, au président Achille de Harlay, en 1674.

BIBL. — Visconti et Mongez, *Iconographie romaine*, pl. 48, fig. 3; Millin, *Monuments inédits*, t. I, p. 178 et pl. XIX ; T. Dumersan, *Notice des monuments exposés dans le Cabinet des Médailles*, éd. de 1828, p. 40; Marion du Mersan, *Hist. du Cabinet des Médailles* (1838), p. 120, n° 208; Ch. Lenormant, *Trésor de numism., Iconographie des empereurs romains*, p. 76 et pl. XLII, fig. 1 ; Chabouillet, *Catalogue*, n° 249; V. Duruy, *Hist. des Romains*, t. VI, p. 68 ; E. Babelon, *Le Cabinet des Antiques*, p. 192 et pl. LIII, fig. 3. — Comparez une intaille de la collection Gori, *Dactyliotheca Smithiana* (Venise, 1767, in-f°), p. 92 et pl. XCIV.

301. **Septime Sévère et ses deux fils offrant un sacrifice.** Septime Sévère est debout, de face, la tête ceinte d'une couronne de laurier, vêtu de la cuirasse et du paludamentum. De la main gauche, il tient un long sceptre et, de la main droite, baissée, une patère dont il verse le contenu sur un petit autel allumé à ses pieds. A la gauche de Septime Sévère se tient debout, de profil, Caracalla qui s'avance pour sacrifier à son tour; sa tête est ceinte du diadème, et il est vêtu comme son père de la cuirasse et du paludamentum; de la main droite, il tient le globe du monde. Derrière Caracalla, une Victoire, debout sur un globe, lui pose une couronne sur la tête. Géta est à la droite de son père et sacrifie avec lui; il est vu de profil, la tête nue et vêtu, lui aussi, de la cuirasse et du paludamentum; il porte sa lance de la main gauche; une Victoire, debout derrière lui, sur un globe, le couronne comme son frère. A l'exergue, on lit, en relief, l'inscription suivante :

[ΥΠΕΡ ΤΗΝ] ΝΕΙΚΗΝ ΤΩΝ ΚΥΡΙΩΝ CΕΒΑCΤΩΝ

(*En l'honneur de la victoire de nos Seigneurs les Empereurs.*)

Cette inscription rappelle les légendes des deniers d'argent frappés en Mésopotamie, probablement à Carrhæ, à l'effigie de Marc-Aurèle et de Lucius Verus, et qui célèbrent les victoires des Romains sur les Parthes [1].

Sardonyx à trois couches : brune, bleuâtre et roux-fauve.

Monture moderne en or.

Haut., 31 mill.; larg., 32 mill., monture comprise.

Pl. XXXIV, fig. 301.

Ce camée est décrit dans l'Inventaire de 1664, sous le n° 174.

Bibl. — T. Dumersan, *Notice des monuments exposés dans le Cabinet des Médailles*, éd. de 1828, p. 40; Marion du Mersan, *Hist. du Cabinet des Médailles* (1838), p. 120, n° 209; Ch. Lenormant, *Trésor de numism.*, *Iconographie des empereurs romains*, p. 80 et pl. XLIV, fig. 1; Chabouillet, *Catalogue*, n° 250 (M. Chabouillet pense que le camée reproduit le bas-relief d'un arc de triomphe); V. Duruy, *Hist. des Romains*, t. VI, p. 73.

1. E. Babelon, dans la *Revue belge de numismatique*, 1892, et *Mélanges numismatiques*, t. II, p. 233.

302. **Caracalla.** Buste de profil, à droite, la tête laurée, la poitrine couverte de l'égide ornée de la tête de Méduse et nouée sur l'épaule droite (l'égide paraît avoir subi des retouches modernes; on s'attendrait plutôt à voir, à sa place, le paludamentum noué sur l'épaule gauche).

Sardonyx à cinq couches : brun-foncé, bleuâtre, brun-fauve, blanc-bleuâtre et roux foncé.

Haut., 49 mill.; larg., 38 mill. Pl. XXXIV, fig. 302.

Bibl. — Marion du Mersan, *Hist. du Cabinet des Médailles* (1838), p. 120, n° 210; Ch. Lenormant, *Trésor de numism., Iconographie des empereurs romains*, p. 82 et pl. XLIV, fig. 15; Chabouillet, *Catalogue*, n° 251; V. Duruy, *Hist. des Romains*, t. VI, p. 247. — Comparez J. Arneth, *Die antiken Cameen des Cabinettes in Wien*, pl. XV, fig. 4.

303. **Élagabale.** Buste de profil, à droite, la tête laurée, la poitrine couverte du paludamentum agrafé sur l'épaule droite. — Au pourtour, une corniche, avec tranche en biseau.

Sardonyx à trois couches: brune, blanche et roux-fauve.

Monture moderne en or émaillé, avec bélière de suspension.

Haut., 44 mill.; larg., 32 mill. Pl. XXXIV, fig. 303.

Bibl. — Marion du Mersan, *Hist. du Cabinet des Médailles* (1838), p. 120, n° 211; Ch. Lenormant, *Trésor de numism., Iconographie des empereurs romains*, p. 82 et pl. XLIV, fig. 16 (sous le nom de *Géta*); Chabouillet, *Catalogue*, n° 252; V. Duruy, *Hist. des Romains*, t. VI, p. 275.

304. **Élagabale sur un char traîné par des femmes.** Le personnage nu, ithyphallique, debout sur le char, a les traits et la barbe naissante d'Élagabale. Il est vu de profil, à droite, tenant les rênes de la main gauche et un long fouet de la main droite. Les deux femmes qui traînent le char marchent sur les genoux et sur les mains pour imiter les quadrupèdes. Elles sont nues, sauf une large ceinture au-dessus des hanches; leurs cheveux sont bouclés sur la nuque, suivant la mode du commencement du IIIe siècle. Dans le champ, une inscription en relief: au dessus, ЄΠΙΖЄΝΙ ; au dessous,

NEIKAC (*qu'Épixène soit vainqueur !*). — Travail médiocre.

Agate blanche.

Haut., 19 mill. ; larg., 22 mill. Pl. XXXV, fig. 304.

Acquis en 1841.

On doit l'explication de ce petit monument satirique à Adrien de Longpérier qui y a reconnu Élagabale, désigné sous le nom d'Épixène (ἐπίξενος, *intrus*) par allusion aux coutumes obscènes de l'Orient, c'est-à-dire étrangères, que cet impudique empereur avait introduites à Rome. Lampride (*Anton. Heliogab. vita*, 29) nous apprend qu'Élagabale avait des attelages de deux et quatre femmes qui le traînaient tout nu : *Jungit et quaternas mulieres pulcherrimas et binas ad papillam, vel trenas et amplius, et sic vectatus est : sed plerumque nudus quum illum nudae traherent.*

Bibl. — A. de Longpérier, *Œuvres*, publiées par G. Schlumberger, t. II, pp. 136 et suiv. ; Chabouillet, *Catalogue*, n° 253 ; V. Duruy, *Hist. des Romains*, t. VI, p. 274.

305. **Julia Cornelia Paula.** Buste de profil, à gauche. Les cheveux, nattés sur le cou et sur la nuque, sont arrangés suivant la mode du commencement du IIIe siècle, adoptée en particulier sur les médailles pour la première femme d'Élagabale. Le nez est mutilé. La poitrine est couverte de la *stola* agrafée sur l'épaule gauche.

Agate à deux couches : cendrée et blanche.

Haut., 17 mill. ; larg., 13 mill. Pl. XXXV, fig. 305.

Bibl. — Chabouillet, *Catalogue*, n° 254.

306. **Julia Cornelia Paula.** Buste de profil, à droite, les cheveux ondulés sur les tempes et nattés en coquille sur le cou ; une draperie qui recouvre la poitrine laisse l'épaule droite à découvert. — Travail médiocre.

Calcédoine à deux couches : bleuâtre et blanche.

Haut., 37 mill. ; larg., 27 mill. Pl. XXXV, fig. 306.

Bibl. — Chabouillet, *Catalogue*, n° 602 (classé parmi les camées modernes).

307. **Salonin, fils de Gallien (?).** Buste de profil, à droite, d'un jeune homme, la tête ceinte d'une couronne de laurier, la poitrine couverte du paludamentum. — Attribution iconographique incertaine.

Pâte de verre imitant un camée à deux couches, brune et blanche.

Haut., 17 mill. ; larg., 14 mill. Pl. XXXV, fig. 307.

Bibl. — Chabouillet, *Catalogue*, nº 3363.

308. **Triomphe de Licinius.** Licinius est debout, vu de face, dans un char triomphal traîné par quatre chevaux. Sa tête est ceinte du diadème impérial, et il est vêtu de la cuirasse avec le paludamentum agrafé sur l'épaule droite. De la main droite, il tient sa lance transversalement et, de la main gauche, il porte le globe du monde. Derrière lui, on voit, debout, le Soleil et la Lune qui lui présentent chacun un globe. Le Soleil a la tête radiée ; de la main gauche, il tient sur son épaule une torche allumée, et il porte le globe de la main droite ; il est vêtu d'une tunique serrée à la taille et d'un péplum. La Lune a la tête surmontée du croissant, et ses cheveux sont ramassés en chignon sur la nuque ; de la main droite, elle présente le globe et, de la gauche, elle tient une torche appuyée sur son épaule ; elle est vêtue du chiton et du péplum.

Les chevaux du quadrige s'avancent au pas, de face, dirigés par deux Victoires ; ils foulent sous leurs pieds des ennemis renversés : on distingue six cadavres. Les Victoires sont vêtues d'un chiton serré à la taille ; l'une porte sur son épaule droite un trophée composé d'un casque et d'une cuirasse ; l'autre tient, de la main droite, une enseigne sur laquelle on voit, en relief, les bustes côte à côte des deux empereurs régnant, Licinius et Constantin. — Travail remarquable.

Belle sardonyx à trois couches : brune, bleuâtre et blanche.

Monture en or émaillé, du XVIe siècle, avec bélière de suspension.

Haut., 68 mill. ; larg., 84 mill., monture comprise.

Pl. XXXVII, fig. 308.

Acquis en 1851.

Ce camée est un des plus importants de la série romaine ; l'attribution iconographique, due à M. Chabouillet, repose sur la ressemblance de la tête impériale avec l'effigie monétaire de Licinius, et sur la présence de deux *images augustes* associées sur l'enseigne militaire.

Licinius et Constantin se partagèrent le trône impérial depuis l'an 312 jusqu'en 314. Ce triomphe de Licinius peut donc faire allusion à ses victoires sur Maximin Daia et à son entrée triomphale à Antioche, en 313.

Bibl. — Chabouillet, dans la *Revue archéologique*, t. IX, 2e partie, 1853, pp. 764 et suiv.; le même, *Catalogue*, n° 255; V. Duruy, *Hist. des Romains*, t. VII, p. 27; E. Babelon, *La gravure en pierres fines*, p. 186, fig. 142.

309. **Buste de Constantin le Grand** (*Bâton cantoral de la Sainte-Chapelle*). Cet important monument se compose de plusieurs parties distinctes, mobiles et superposées les unes aux autres :

1° Un buste d'empereur romain, en sardonyx, haut de 95 millimètres. Un sillon creusé dans l'onyx, autour de la tête, marque la place d'un diadème d'or qui a disparu, bien qu'il eût été assujetti par un clou qui pénétrait dans la gemme même, au sommet du crâne. L'empereur est vêtu de la cuirasse et du paludamentum. Sur la cuirasse, l'égide, dont les imbrications sont reconnaissables ; mais au milieu de l'égide, à la place de la tête de Méduse dont la représentation est constante dans l'antiquité, nous voyons gravée en creux une grande croix latine (*crux immissa*) entourée d'un cercle. L'attribution iconographique de ce buste en sardonyx à Constantin, ainsi qu'on le verra plus loin, n'est pas certaine.

2° Au buste d'onyx, est adaptée une draperie en vermeil qui, continuant les plis du paludamentum, a pour effet de paraître envelopper et dissimuler la partie inférieure de la cuirasse. Des mains en argent s'élèvent, dans une pose gauche et maladroite, de chaque côté du buste; la main droite tient une couronne formée d'une double torsade aussi en argent.

3° Un piédestal composé d'une zone mobile de bourrelets en argent qui simulent des nuages, et adaptée à un socle en vermeil. La partie supérieure de ce socle représente une galerie d'arceaux de style gothique, placée entre deux corniches et formant une sorte de tailloir ou d'entablement architectural; au dessous, en manière de chapiteau, de grandes feuilles d'acanthe élégamment disposées en corbeille. Elles sont appliquées et fixées par la soudure ; vient ensuite un pommeau, aussi en vermeil, sur lequel sont simulés en relief des arceaux décoratifs entre lesquels on reconnaît les contours, en partie effacés, de fleurs de lis ; enfin, une vis fixait le monument au-dessus d'une hampe qui a disparu.

Hauteur totale, 310 mill. ; larg., 238 mill. Pl. XXXVI.

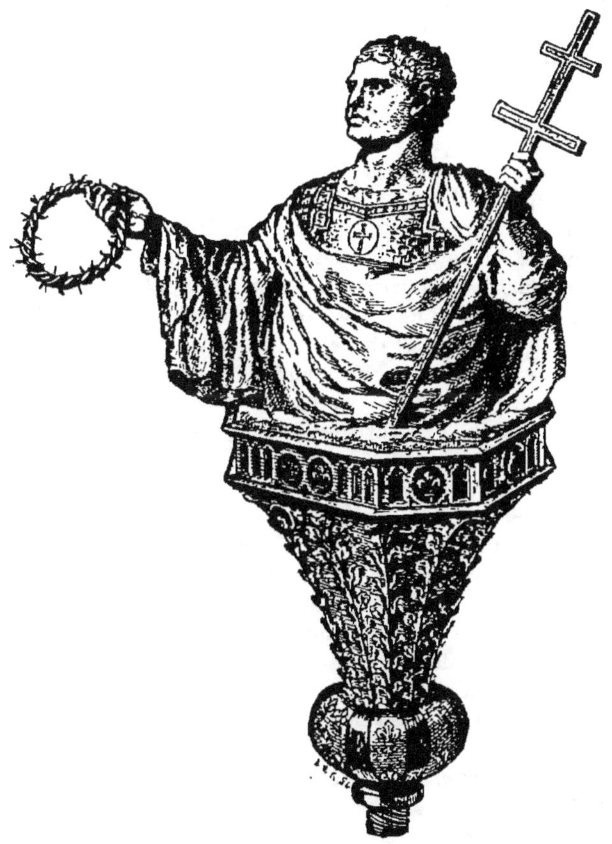

Le bâton cantoral avant 1791.

Conservé dans le Trésor de la Sainte-Chapelle jusqu'à la Révolution, ce buste impérial est pourvu, dans le dessin qui en a été donné par le chanoine Morand en 1790 [1], d'attributs qui n'existent plus aujourd'hui. La main gauche tenait une grande croix en argent, à deux branches transversales : on voit encore, au-dessous du pouce et sur le bord inférieur de la draperie, deux trous qui marquent les points d'attache de cette croix. La couronne qui est dans la main droite a aussi été mutilée : le dessin de Morand nous montre une couronne hérissée de pointes de manière à ressembler à la couronne d'épines du Sauveur; les piquants en ont été arrachés, mais non sans laisser des traces à la place qu'ils occupaient. Sur le globe qui forme actuellement la base du buste, on peut encore remarquer, nous l'avons dit, les vestiges à demi-effacés de grandes fleurs de lis qui sont bien nettement figurées dans le dessin de Morand. Il y avait aussi des fleurs de lis dans les alvéoles circulaires, vides aujourd'hui, qui séparent les arceaux gothiques de la monture.

Il n'est que trop facile de dire à quelle époque ces regrettables mutilations ont été commises. En 1791, quand on eut décrété l'aliénation des objets conservés à la Sainte-Chapelle, le roi Louis XVI, prisonnier au Temple, obtint de la Commission exécutive que le bâton cantoral fût au nombre des objets épargnés et déposés au Cabinet des Médailles [2]. Mais cette vénérable épave, à laquelle se rattachaient des souvenirs du moyen âge, devait être bientôt dépouillée de tout ce qui, en elle, pouvait rappeler la religion et la royauté; on la mutila, dans le même temps qu'on mutilait aussi la monture du beau camée de Jupiter donné au Trésor de la cathédrale de Chartres par Charles V [3] : la gravure de Morand, datée de 1790, est un accablant témoignage pour la mémoire de ceux qui se rendirent coupables de pareils actes de vandalisme.

Maintenant que nous connaissons le monument tel qu'il était avant la Révolution, nous en retrouverons sans peine le signalement à travers les siècles du moyen âge. Muni d'une hampe d'ebène, il servait d'insigne officiel au Chantre, qui était, avec le Trésorier, le principal dignitaire de la Sainte-Chapelle. Fondée en 1319 par le roi Philippe V, la Chantrerie de la Sainte-Chapelle était une dignité importante qui donnait le droit à son titulaire, dit l'acte de fondation, de *tenere chorum*, c'est-à-dire « de porter la chappe et le baston aux vespres, matines et messes des festes establies pour lors annuelles [4] ».

Il y a lieu vraisemblablement d'ajouter foi à la tradition ancienne qui affirme que le bâton cantoral fut, avec le Grand Camée, au nombre des joyaux et des reliques engagés à saint Louis par l'empereur de

1. Morand, *Histoire de la Sainte-Chapelle du Palais*, in-4°, 1790, p. 56.
2. Voyez dans notre *Introduction* et ci-dessus, p. 133, le récit détaillé de cet épisode.
3. Voyez ci-dessus, p. 6.
4. Manuscrit du chanoine Dongois, aux Archives nationales, t. I, p. 293.

Constantinople Baudouin II [1]. L'inventaire de la Sainte-Chapelle, rédigé au mois de février 1341 (1340, vieux style), ne mentionne pas, il est vrai, le bâton cantoral, ou plutôt, si ce monument figure dans ce document très sommaire, parmi les *bustes, images* et autres précieux objets du trésor, il y est désigné dans des termes trop vagues et trop peu explicites pour que nous puissions l'identifier [2].

Ce n'est qu'à partir de la fin du xve siècle, lorsque les descriptions deviennent plus détaillées et plus précises, qu'il nous est possible de retrouver le signalement du bâton cantoral. L'inventaire, encore inédit, rédigé en 1480, et conservé au Département des manuscrits de la Bibliothèque nationale [3], le décrit en un latin barbare, mais en termes assez explicites pour permettre de constater que le monument était, dès cette époque au moins, dans l'état où il se trouvait encore à la veille de la Révolution :

« Item, unus camahyeu insculptus sive intailliatus in factione unius grossi hominis, tenens in manu ejus dextrâ unam coronam spineam argenti esmailliatam viridi et tennato, et in manu sinistrâ una dupplex crux argenti deaurati ; qui quidem homo vestitur a stomaco in inferiorem partem unâ tunicâ argenti deaurati ; et sedet dictus homo supra unam nubem argenti indo esmailliatam ; que homo et nubes portantur supra unum grossum interpedem argenti deaurati ad folliagia elevata in factione liliorum, et sub dicto interpede est unus grossus pommellus floribus liliorum esmailliatus, sub quo pomello est una *viz*, galice, argenti albi, infra quam ponitur unus bacculus pro eum portando, qui vocatur bacculus Cantoris, qui est de re quadam hybenus nuncupata. Et est per partem superiorem argenti deaurati esmailliati per quatuor latera ad esmaillia florum liliorum et in butto superiori est una *viz*, galice, in qua ponitur dictus camahyeu per circuitum folliagiorum elevatorum seminatum et in butto dictorum esmailliorum est unus pommellus ad quatuor quadraturas esmailliatus floribus similiter liliorum ; et sub dicto pomello a dimidio pede magis inferius, est unus parvus circulus ad quatuor esmaillia similiter florum liliorum, et sub eciam dicto circulo a pede cum dimidio magis inferius est unus alius similis circulus, et est dictus bacculus munitus per partem inferiorem de longitudine unius parvi pedis argenti deaurati ubi similiter sunt esmaillia florum liliorum.

« *En marge :* Caveatur ne dictus baculus alibi inventorietur. »

1. Voyez ci-dessus, p. 126 ; cf. Riant, *Exuviae sacrae Constantinopolitanae*, t. I, p. CLXXX, et dans les *Mémoires de la Société des Antiquaires de France*, t. XXXVI, p. 185.

2. L'inventaire de 1341, encore inédit, est aux Archives nationales sous la cote J. 155, n° 14.

3. Ms. latin, 9941, folio 29-30.

L'inventaire dressé en 1573 et publié par Douet d'Arcq [1], ne fait guère que traduire en français, pour ce qui concerne le bâton cantoral, le texte latin de 1480 :

« 64. Ung camahieu, entaillé en façon d'un gros homme, tenant en sa main dextre une couronne d'espines, d'argent, esmaillée de verd et tanné, et, en la main senestre, une double croix, d'argent doré. Lequel homme est vestu, depuis l'estomac tirant en bas, d'une robbe d'argent doré, et syet sur une nuée d'argent, esmaillée d'ynde (c'est-à-dire *de bleu de ciel*) ; lesquelz, homme et nuée, sont portez sur un gros entrepied d'argent doré, à feuillages eslevez (c'est-à-dire *en relief*), en façon de lys, et soubz ledict entrepied, y a ung gros pommeau, esmaillé de fleurs de lys, et soubz ledict pommeau, une viz d'argent blanc, dedans lequel est mis ung baston pour le porter, lequel baston est appellé *le baston du Chantre*, qui est d'un bois nommé hebenne, et est, en la partie d'en hault, d'argent doré, esmaillé par les quatre costéz à esmaulx de fleurs de lys, et, au bout d'embas, y a une viz en laquelle se mect ledict camahieu, semé par autour de feuillages eslevez, et au bout d'iceulx esmaulx, y a ung pommeau à quatre quarrures aussy esmaillées de fleurs de lys, et soubz ledict pommeau, demy pied plus bas, y a ung petit cercle à quatre esmaulx, aussy de fleurs de lys ; et soubz ledit cercle, un pied et demy plus bas, il y a ung aultre semblable cercle, etc... Pour ce, II^c XIII l. »

Il serait superflu de citer des extraits des inventaires postérieurs ; nous arrivons au plus récent témoignage, celui du chanoine Morand, qui décrit et commente le bâton cantoral comme il suit :

« Un buste d'agate-onyx servant d'ornement au bâton cantoral les jours de grandes fêtes. Ce buste a trois pouces neuf lignes de haut sur cinq pouces de circonférence, et représente Valentinien III. On y a adapté une draperie en vermeil, et deux bras d'argent, avec une couronne d'épines de même métal dans la main droite et une croix grecque de vermeil dans la gauche ; le tout, sans doute, pour rappeler le souvenir de saint Louis, premier et principal fondateur de cet oratoire de nos rois. La pierre garnie pèse en tout huit marcs et six onces. On a dit pendant longtemps que ce buste représentait Titus ; mais outre que son travail annonce des temps postérieurs, et que la croix gravée sur sa poitrine convient bien moins au temps de Titus qu'à ceux du Bas-Empire, où depuis Constantin Ier la croix paraît avoir été l'attribut le plus marqué, surtout depuis Théodose le Jeune qui la porta sur son bouclier, et Valentinien III qui, sur une de ses médailles d'or, la tient dans sa main ; tout bien comparé avec les

1. *Revue archéologique*, t. V (1848), pp. 189-190.

médailles et les gravures, et indépendamment de l'attribut caractéristique de la croix que Valentinien III a de commun avec Théodose et Olybrius, on ne voit point d'empereur qui ait plus de ressemblance dans les traits du visage avec le buste de la Sainte-Chapelle que celui de Valentinien III [1]. »

Ainsi, au XVIIIe siècle, le buste d'onyx qui figure au sommet du bâton du Chantre, passait pour représenter Valentinien III. C'est l'opinion encore acceptée par Marion du Mersan qui, en 1838, décrit ainsi notre monument : « Buste de Valentinien III, qui passait pour un saint Louis et qui ornait le bâton du grand chantre de la Sainte-Chapelle [2]. » A quelle époque remontait cette attribution, nous ne le savons point exactement, mais elle ne saurait être très ancienne, car on n'en trouve pas trace dans les inventaires du moyen âge. Elle aura, sans doute, été imaginée par quelque érudit du commencement du XVIIe siècle, alors que l'on commençait à apporter quelque critique dans l'étude des monuments de l'antiquité. On se rappelle que Peiresc, le premier, démontra, en 1619, que le Grand Camée de la Sainte-Chapelle n'avait rien à voir avec le triomphe de Joseph en Égypte. Si cet érudit célèbre examina avec quelque attention le bâton cantoral conservé dans le même trésor que le Grand Camée, il n'eut évidemment pas de peine à y reconnaître l'image d'un empereur romain au lieu de saint Louis.

Quoi qu'il en soit, cette attribution iconographique à Valentinien III ou Placide Valentinien qui mourut poignardé en 455, après un règne de vingt-neuf ans, ne semble pas justifiée. L'attribut de la croix qu'invoque Morand, peut être donné à tous les empereurs à partir de Constantin le Grand ; on la rencontre sur leurs monnaies ; en outre, celle que tenait notre buste avant la Révolution était certainement une addition du moyen âge. On ne saurait soutenir sérieusement que le buste a plus de rapports iconographiques avec Valentinien III qu'avec la plupart des successeurs de Constantin qui ont régné aux IVe et Ve siècles. Au surplus, le prince paraît avoir dépassé l'âge de trente-cinq ans, qu'avait Valentinien III en mourant ; le travail même semble antérieur au milieu du Ve siècle ; il remonte plutôt au IVe, comme il est facile de le constater par la comparaison avec les ivoires, les monnaies et les camées de cette époque. Au temps de Placide Valentinien, le costume impérial est déjà traité dans le style dit byzantin, tandis que le buste nous montre, au contraire, un empereur qui a encore le costume traditionnel du haut empire. Ces raisons n'ont pas échappé à certains critiques ; Charles Lenormant proposa d'abandonner l'attribution du buste à Valentinien III et de l'appeler

1. Morand, *Histoire de la Sainte-Chapelle du Palais*, pp. 56-57 (Paris, 1790, in-4°).
2. Marion du Mersan, *Histoire du Cabinet des Médailles*, p. 50, n° 214.

Buste de Constantin. Mais, si l'on compare les traits donnés à Constantin sur les médailles, dans la statue équestre du portique de Saint-Jean-de-Latran, à Rome, ainsi que sur le superbe camée de Saint-Pétersbourg qui représente Constantin et Fausta[1], si l'on compare, disons-nous, ces portraits authentiques avec notre buste, on sera forcé de convenir qu'il n'y a pas une analogie absolument concluante. Nous n'oserions affirmer, pour notre part, que nous sommes réellement en présence d'un portrait de Constantin plutôt que de l'un de ses successeurs.

Quelle était, dans l'antiquité, c'est-à-dire au IVe siècle, l'usage de ce buste en onyx? Était-ce un simple bijou de fantaisie ou bien avait-il quelque utilité pratique parmi les ustensiles du garde-meuble des empereurs? Il est facile de démontrer que c'était l'ornement supérieur d'un sceptre consulaire.

On sait que le sénat envoyait aux consuls, lorsqu'ils entraient en charge, un sceptre (*scipio*) comme emblème de leur autorité. Cet usage, qui se perpétua jusqu'à la chute du monde romain, est notamment rapporté par Vopiscus qui fait dire à l'empereur Aurélien : « *Nam te consulem hodie designo scripturus ad senatum ut tibi deputet scipionem, deputet etiam fasces*[2]. » On connaît les différentes variétés et les formes multiples du sceptre romain à l'époque impériale. Monnaies, camées, diptyques, bas-reliefs nous montrent des sceptres formés de longs bâtons surmontés d'un globe, d'une fleur liliacée seule ou supportant un globe, d'un globe sur lequel est perché un aigle, d'un globe surmonté du buste de la déesse Rome ou de l'empereur régnant. Le *scipio* avait une hampe d'ivoire : *scipio eburneus cum aquila,* dit Suétone[3]. Claudien, au IVe siècle, dit encore : « *Da nunc et volucrem sceptro quae surgit eburno*[4]. »

Sur les diptyques des IVe et Ve siècles, les consuls tiennent à la main le *scipio*, emblème de leur dignité. Tantôt ce sceptre est surmonté d'un aigle sur un globe, d'un aigle dans une couronne, d'un globe émergeant du calice d'une fleur; tantôt il est surmonté du buste de l'empereur ou des empereurs régnant au moment où le consul est entré en charge. Le diptyque dit *de Saint-Junien*, au Cabinet des Médailles, nous montre Flavius Felix, consul en 428, qui tient un sceptre surmonté d'un globe sur lequel sont placés les bustes des empereurs régnant alors, Valentinien III et Théodose II[5]. Sur le diptyque dit

1. Visconti et Mongez, *Iconographie romaine*, pl. 61.
2. Vopiscus, *Aurelian.*, ch. XIII, vers la fin.
3. Suétone, *Galba*, I.
4. Claud., *Cons. Probi et Olybrii*, vers 205.
5. Chabouillet, *Catalogue*, etc., n° 3262 ; Ch. Lenormant, *Trésor de numismatique. Bas-reliefs et ornements*, 2e part., p. 6 et pl. XII; Em. Molinier, *Histoire générale des arts appliqués à l'industrie*, t. I, p. 18.

de Compiègne (au Cabinet des Médailles), le consul Flavius Theodorus Philoxenus, de l'an 525, tient un sceptre terminé par un fleuron d'où émerge le buste de l'empereur Justin [1]. Sur son diptyque, conservé au Musée de Berlin, le consul Fl. Theodorus Valentinianus, de l'an 505, tient un sceptre de même forme [2]. Le diptyque dit *de Liège,* du consul Anastasius Paulus Probus Sabinianus Pompeius, de l'an 517, nous montre un sceptre conçu d'après les mêmes données, mais plus compliqué : il est formé d'un bâton surmonté d'une sorte de chapiteau qui supporte un globe. Sur le globe, est posée verticalement une couronne au milieu de laquelle on voit un aigle aux ailes eployées; enfin, au-dessus de la couronne, un socle sur lequel sont trois bustes alignés, de face : ce sont les portraits de Pompée, père du consul; Anastasia, femme de Pompée, et enfin l'empereur Anastase [3]. Le diptyque dit *de Bourges,* du même consul, conservé au Cabinet des Médailles, et qui n'est qu'une variante du précédent, présente pourtant un sceptre moins compliqué : au lieu de trois bustes formant le couronnement, il n'y en a plus qu'un seul, celui de l'empereur Anastase [4].

Chaque consul recevant un sceptre en entrant en fonction, ces insignes de la dignité consulaire étaient naturellement assez nombreux. Aussi celui dont nous venons de nous occuper n'est pas le seul qui soit parvenu jusqu'à nous. Nous en décrivons un second sous le nº 310. Il existe des monuments du même genre dans les musées ou les collections privées : les uns sont en onyx, comme ceux-ci, d'autres sont en pierres plus ou moins rares, et même en or ou en argent. Les hampes en bois ont naturellement disparu.

Un grand nombre de ces sceptres romains échouèrent dans le trésor des palais et des églises de Constantinople ; on s'en servait aux jours de cérémonies publiques et on les portait en grande pompe dans les processions et les fêtes de la cour. Constantin Porphyrogénète dit qu'il y avait trois de ces sceptres (σκῆπτρα γ') dans l'église de Saint-Étienne Daphnes, et douze (σκῆπτρα ιβ') dans une autre église de la capitale [5]. Il nous est facile maintenant de comprendre comment ces sceptres sont venus enrichir les trésors des églises de l'Occident, et il

1. Chabouillet, *Catalogue,* etc., nº 3266; Ch. Lenormant, *op. cit.,* 2º part., p. 26 et pl. LIII.

2. Westwood, *Fictile ivory Casts in the South Kensington Museum,* p. 17.

3. Westwood, *Description of the ivories, in the South Kensington Museum* (Londres, 1872, in-8º), nº 368, pl. à la p. 131.

4. *Trésor de numismatique. Bas-reliefs et ornements,* p. 12 et pl. XVII; pour tous ces diptyques d'ivoire, voyez surtout Em. Molinier, *op. cit.,* pp. 17 et suiv.

5. Constant. Porphyrog., *De Cerimoniis,* pars II, ch. x, t. I, pp. 640-641 de l'éd. de Bonn; cf. Riant, dans les *Mémoires de la Société des antiquaires de France,* t. XXXVI, p. 100.

suffira de rappeler le récit qu'a fait le comte Riant des pillages successifs que les croisés de 1204 ont fait subir aux palais et aux églises de Constantinople. Engagé probablement par l'empereur Baudouin II à saint Louis, avec le Grand Camée, en 1247, le monument qui nous occupe devint un bâton cantoral à cause de son ancienne destination de sceptre romain. Il ne fit que changer de mains, et il fut désormais le sceptre d'un des principaux dignitaires de la Sainte-Chapelle du palais royal.

La description des bâtons cantoraux des divers trésors de nos églises, au moyen âge, suffit à elle seule à établir leur ancienne destination de sceptres romains. Dans les trésors des cathédrales d'Auxerre et de Chartres, le bâton cantoral est surmonté d'un aigle [1] ; à Saint-Denis, le bâton du chantre s'appelait « sceptre de Dagobert », et il représentait un buste d'homme posé sur un aigle. Dans l'inventaire du trésor de Notre-Dame de Paris, rédigé en 1343, il est fait mention d'un bâton de chantre orné d'un *camahieu* en son sommet [2]. Dans une procession solennelle ordonnée à Paris par le roi Henri II, en 1549, dans le but d'extirper l'hérésie, on vit le chantre de Notre-Dame et le chantre de la Sainte-Chapelle, marchant côte à côte et portant chacun leur bâton cantoral [3]. Ainsi, les choses se passaient encore comme au temps où Constantin Porphyrogénète écrivait son livre des *Cérémonies*.

Cependant, il s'était produit, dans l'intervalle, des circonstances graves dans l'histoire du bâton cantoral de la Sainte-Chapelle. Ce vénérable insigne avait, comme ceux des autres églises, subi des avaries; il s'était trouvé détériore par un usage constant de dix siècles ; il fallut un jour remplacer le manche d'ébène vermoulu. On profita de la circonstance pour l'affubler d'attributs en rapport, non avec son origine illustre qu'on avait complètement oubliée, mais avec le rôle pieux qu'on lui faisait remplir. Ce fut alors, probablement vers le temps de Charles V, au xive siecle, lorsqu'on voulut que le buste représentât saint Louis, qu'on substitua une croix en creux à la tête de Méduse qui figurait en relief au milieu de l'égide, et qu'on ajouta une draperie et des bras en vermeil et en argent au buste d'onyx.

1. Max. Quantin, *Inventaire du trésor de la cathédrale d Auxerre en 1531* (Auxerre, impr. Roullié, 1887) ; cf. l'inventaire de 1567, publié par M. Louis Courajod, dans la *Revue archéologique*, nouv. série, t. XIX, p. 335 ; F. de Mély, *Le tresor de Chartres*, p. 60. Les quatre aigles d'or (*aureas aquilas*) données en 960 à la cathédrale de Chartres par Rothlinde, mère de l'évêque Eudes, comme étant l'œuvre de saint Éloi (*miro opere sancti Eligii informatas*), étaient peut-être des débris de sceptres romains (F. de Mély, *op. cit.*, préf, p. xvi et p. 99).

2. G. Fagniez, *Revue archéologique*, nouv. série, t. XXVII, p. 254; cf. même recueil, t. XXVIII, p. 84.

3. Manuscrit du chanoine Dangois, aux Archives nationales, t. I, p. 412.

L'inventaire de 1480 constate que cette monture existait déjà à cette date; la comparaison avec les châsses et les reliquaires exécutés au XIVe siècle permet d'affirmer que c'est effectivement à cette époque qu'on fabriqua cette draperie en vermeil, ces mains en argent, cette croix à double traverse, cette monture en forme de chapiteau. Grâce à ce baptême chrétien, ce beau sceptre romain a franchi les siècles jusqu'à nous : un jour pourtant, nous l'avons dit en commençant, le sauf-conduit qui l'avait si longtemps préservé lui fut fatal et faillit causer sa ruine.

BIBL. — Morand, *Histoire de la Sainte-Chapelle du Palais*, pp. 56 et suiv. (Paris, 1790, in-4o); T. Dumersan, *Notice des monumens exposés dans le Cabinet des Médailles*, éd. de 1819, p. 42; le même, édit. de 1828, p. 8; Marion du Mersan, *Hist. du Cabinet des Médailles*, p. 50, no 214; Douet d'Arcq, dans la *Revue archéologique*, t. V (1848), pp. 189-190; comte Riant, *Exuviae sacrae Constantinopolitanae*, t. I, p. CLXXX et dans les *Mémoires de la Société des Antiquaires de France*, t. XXXVI, p. 185; Chabouillet, *Catalogue*, no 287; V. Duruy, *Hist. des Romains*, t. VII, p. 20; E. Babelon, *Le Cabinet des Antiques*, pp. 115 à 122 et pl. XXXVII; le même, *La gravure en pierres fines*, p. 185, fig. 141; le même, dans le *Dictionn. des antiquités gr. et rom.* de Daremberg et Saglio, art. *Gemmae*, p. 1482, fig. 3533.

310. **Constantin le Grand.** Buste en ronde-bosse; la tête est ceinte d'une couronne de laurier; la poitrine est couverte du paludamentum dont les plis sont rejetés sur l'épaule gauche. Le nez est mutilé. — Travail médiocre. Attribution iconographique incertaine.

Agate cendrée.

La monture en argent doré continue les plis du paludamentum et dissimule une cassure de la gemme sur la poitrine.

Haut., 93 mill. Pl. XXXV, fig. 310.

Ce buste a dû être le couronnement d'un sceptre romain [1]. Au XVIIIe siècle, il faisait partie de la collection des Jésuites du collège de Tournon. A la fin du siècle dernier, il entra dans la collection du chanoine Gasparoli, puis dans celle du neveu de ce dernier, Antoine Herry, dont hérita Hélène Herry. La vente de la collection Herry eut lieu à Anvers, le 18 septembre 1848, et notre buste y fut acheté pour le Cabinet des Médailles. Il a été publié pour la première fois par Panelius, en 1731, avec la description suivante :

1. Voyez ci-dessus, p. 167.

Constantinus Magnus ex achate orientali antiquo, pondo 7 unciarum, in museo collegii Turnonensis Societatis Jesu.

Bibl. — Panelius, *Nummi veteres collegii Turnonensis Societatis Jesu*, frontispice et p. 208 (Avignon, 1731); J. de Witte, dans la *Revue archéologique*, t. V, 1849, p. 503; Chabouillet, dans la *Revue archéol.*, t. VI, 1849, p. 351; le même, *Catalogue*, n° 288; E. Babelon, *Le Cabinet des Antiques*, p. 120.

311. **Crispus, fils de Constantin.** Buste, à mi-corps, de profil, à gauche, vu de dos. Il est coiffé d'un casque uni, à haut cimier; le torse est couvert de la cuirasse qu'on voit, de dos, traversée par le baudrier; un bouclier orné d'une tête de Méduse cache l'épaule et le bras gauches, et devant la poitrine on voit émerger la pointe d'un javelot et la poignée d'un parazonium. Le nez est un peu mutilé. — Attribution iconographique incertaine.

Sardonyx à deux couches : brune et blanche.

Haut., 55 mill.; larg., 37 mill. Pl. XXXVII, fig. 311.

Acquis en 1893.

312. **Constantin II le Jeune, à cheval, tuant ses ennemis.** L'empereur, vu de profil, à droite, a la tête nue, les cheveux bouclés; il est vêtu d'une tunique serrée à la taille et du paludamentum agrafé sur l'épaule droite et dont les plis flottent sur son dos; ses jambes sont nues et ses pieds sont chaussés de brodequins à lanières. De la main droite levée, il brandit son javelot, la pointe en bas, s'apprêtant à transpercer un personnage accroupi sous les pieds du cheval qui s'élance au galop et qui n'a ni mors ni bride. La malheureuse victime qui attend la mort et regarde l'empereur avec effroi paraît être une femme et ses mains sont liées derrière son dos; devant elle, le cadavre d'un jeune homme, sans doute son enfant, étendu la face contre terre. — Attribution iconographique incertaine. Au pourtour, une corniche avec tranche en biseau.

Sardonyx à deux couches : cendrée et blanche.

Monture en or émaillé, de l'époque de la Renaissance.

Haut., 71 mill.; larg., 83 mill., monture comprise.

Pl. XXXVIII, fig. 312.

Bibl. — T. Dumersan, *Notice des monuments exposés dans le Cabinet des Médailles*, éd. de 1828, p. 40; Marion du Mersan, *Hist. du Cabinet des Médailles* (1838), p. 120, nº 213; Ch. Lenormant, *Trésor de numism.*, *Iconographie des empereurs romains*, p. 81 et pl. XLIV, fig. 4 (sous le nom de *Caracalla*); Chabouillet, *Catalogue*, nº 256; V. Duruy, *Hist. des Romains*, t. VII, p. 215.

313. **Valentinien Iᵉʳ.** Buste de profil, à droite, la tête ceinte d'une couronne de laurier, la poitrine couverte du paludamentum agrafé sur l'épaule droite. — Attribution iconographique incertaine. Au pourtour, une corniche, avec tranche en biseau.

Sardonyx à trois couches : translucide, blanche et rousse. Monture moderne en or.

Haut., 40 mill.; larg., 30 mill., monture comprise.

Pl. XXXV, fig. 313.

Bibl. — Chabouillet, *Catalogue*, nº 257; V. Duruy, *Hist. des Romains*, t. VII, p. 397.

XXII. ICONOGRAPHIE

DE PERSONNAGES DIVERS ET INDÉTERMINÉS

314. **Démosthène.** Buste de face, d'un homme barbu, nu-tête, les épaules couvertes d'un manteau. Haut relief.

Agate à deux couches : translucide et blonde. Attribution iconographique incertaine et authenticité douteuse.

Chaton de bague moderne, en or, tournant sur deux pivots.

Haut., 18 mill.; larg., 14 mill. Pl. XXXVII, fig. 314.

Donné par le duc de Luynes, en 1862.

Bibl. — *Département des Médailles, Description sommaire des monuments exposés*, 1867, p. 140, nº 12. — Comparez une intaille de la collection du prince de Piombino, à Rome, signée de Dioscoride (Furtwaengler, dans le *Jahrbuch d. deut. archaeol. Instituts*, t. III, 1888, p. 222 et pl. VIII, fig. 24). A l'exposition des Beaux-Arts de l'année 1799, on voyait parmi les œuvres du graveur Jean-Henri Simon (né en 1752), une « Tête de Démosthène, gravée en relief sur une agate-onyx ». Serait-ce le camée entré plus tard dans la collection de Luynes? (J. Leturcq, *Notice sur Jacques Guay*, p. 5.)

315. **Virgile.** Tête imberbe, de profil, à gauche, les cheveux bouclés, et ceinte d'une couronne de laurier. Le cou est mutilé. Au pourtour, il y avait un cercle de perles dont il ne reste plus qu'un fragment, au-dessus de la tête du personnage.

Calcédoine-onyx à deux couches : translucide et blanc d'ivoire. Le champ du camée et toutes les parties mutilées sont restaurés en or.

Haut., 50 mill.; larg., 40 mill., monture comprise.

Pl. XXXVII, fig. 315.

Acquis en 1855.

L'attribution iconographique de ce camée, malheureusement mutilé, est incertaine. « On ne peut affirmer, dit M. Chabouillet, que ce beau camée représente Virgile; cependant, il est certain que le travail de la pierre est du Haut-Empire, et que les traits du personnage lauré ne sont ceux d'aucun des premiers Césars. C'est donc le laurier des poètes et non celui des empereurs qu'il faut reconnaître ici. » On sait que le portrait de Virgile était très populaire chez les Romains et qu'il ornait les écoles et bibliothèques publiques. Mais le seul, vraiment authentique et indiscutable, qui soit parvenu jusqu'à nous, est celui qui figure sur une mosaïque découverte en 1896, à Sousse (Tunisie) et qui représente *Virgile composant l'Énéide.* Ce portrait, exécuté en Afrique, au moins cent ans après la mort du poète, n'a peut-être pas lui-même une grande valeur iconographique; nous remarquons toutefois qu'il n'est pas sans analogie avec celui de notre camée; on a signalé aussi une certaine ressemblance entre les traits du Virgile de la mosaïque de Sousse et ceux du Virgile des miniatures des célèbres manuscrits connus sous les noms de *Codex Vaticanus* et *Codex Romanus,* tous deux dans la bibliothèque du Vatican[1].

Bibl. — Chabouillet, *Catalogue,* n° 185; V. Duruy, *Hist. des Romains,* t. III, p. 693. — On a voulu également reconnaître les traits de Virgile sur d'autres pierres gravées, les unes antiques, les autres modernes (Bernoulli, *Römische Ikonographie,* t. I, p. 248). Sur la mosaïque de Sousse, encore inédite au moment où nous imprimons, voyez la communication faite par M. G. Boissier, au nom de M. P. Gauckler, à l'Académie des Inscriptions et Belles-Lettres, séance du 27 novembre 1896.

1. P. de Nolhac, dans les *Mélanges de l'École française de Rome,* t. IV, 1884, pp. 305 et suiv.

316. **Corbulon.** Tête de profil, à droite, de Cnaeus Domitius Corbulo, le beau-frère de Caligula. Le nez est légèrement mutilé. — Attribution iconographique incertaine.

Sardonyx à deux couches : brune et blonde.

Monture en or émaillé, de l'époque de la Renaissance, avec bélière de suspension.

Haut., 24 mill. ; larg., 19 mill., monture comprise.

Pl. XXXVII, fig. 316.

Bibl. — Chabouillet, *Catalogue*, n° 186. — L'attribution de notre gemme à Corbulon est fondée sur la comparaison qu'on en peut faire avec le buste en marbre du musée du Louvre, trouvé à Gabies, en 1792, dans un édicule consacré aux membres de la famille de Corbulon ; mais ce rapprochement n'emporte pas la conviction; comparez aussi un buste du musée du Capitole (Visconti, *Iconographie romaine*, t. I, p. 218 et pl. 9, fig. 1 ; Bernoulli, *Römische Ikonographie*, t. I, p. 271 et pl. XXIII ; V. Duruy, *Hist. des Romains*, t. IV, pp. 490 et 537).

317. **Hérode Atticus.** Buste de profil, à droite, d'un homme barbu, la tête nue, le cou drapé. — Excellent style. Attribution iconographique incertaine. Hérode Atticus était un rhéteur contemporain de Marc-Aurèle.

Sardonyx à deux couches : brun translucide et blanche.

Monture moderne en or.

Haut., 32 mill. ; larg., 26 mill. Pl. XXXVII, fig. 317.

Bibl. — Chabouillet, *Catalogue*, n° 167 ; V. Duruy, *Hist. des Romains*, t. V, p. 71. — Pour l'iconographie d'Hérode Atticus, voyez : Visconti, *Iconographie romaine*, texte, t. IV, p. 237 et pl. 64 A ; Panofka, *Antiques du cabinet du comte de Pourtalès-Gorgier*, pl. XXXVII.

318. **Jeune Romain, inconnu.** Tête imberbe, de profil, à droite, les cheveux frisés. — Authenticité douteuse.

Sardonyx à trois couches : cendrée, blanche et brune.

Monture moderne en or émaillé, de l'époque de la Renaissance.

Haut., 30 mill. ; larg., 25 mill., monture comprise.

Pl. XXXVIII, fig. 318.

Bibl. — Chabouillet, *Catalogue*, n° 168 (Tête d'un jeune homme, peut-être Adonis).

319. **Romain, inconnu.** Tête de profil, à gauche, avec de légers favoris. Le cou est un peu mutilé.

Sardonyx à deux couches : translucide et cendrée.

Monture moderne en or.

Haut., 26 mill. ; larg., 24 mill., monture comprise.

Pl. XXXVII, fig. 319.

On a voulu, à la suite de Marion du Mersan, reconnaître, dans cette tête, un portrait de Sextus Pompée, mais cette attribution n'est pas justifiée; on pourrait aussi bien songer à Germanicus (comparez le camée ci-dessus, n° 263).

Bibl. — Marion du Mersan, *Hist. du Cabinet des Médailles* (1838), p. 116, n° 157; Chabouillet, *Catalogue*, n° 184.

320. **Tête de mime,** de profil, à gauche. Le personnage, à visage grotesque, est entièrement chauve ; il a le crâne déprimé ; son nez est démesurément long ; ses lèvres et son menton sont aussi très accentués.

Sardonyx à deux couches : cendrée et blanche.

Haut., 18 mill.; larg., 16 mill. Pl. XXXVIII, fig. 320.

321. **Tête d'homme,** imberbe, de face, les cheveux plats, coupés court sur le front. Demi-ronde bosse. — Travail barbare.

Cornaline.

Haut., 17 mill. ; larg., 13 mill. Pl. XXXVIII, fig. 321.

Bibl. — Chabouillet, *Catalogue*, n° 173.

322. **Tête d'homme,** imberbe, de face, les cheveux représentés par des lignes qui se croisent à angles droits, les traits du visage à peine ébauchés. Demi-ronde bosse ; travail barbare.

Cornaline, percée d'un trou, de haut en bas.

Haut., 15 mill. ; larg., 10 mill. Pl. XXXVIII, fig. 322.

Bibl. — Chabouillet, *Catalogue*, n° 174.

323. **Femme romaine, inconnue.** Buste de profil, à droite, la tête ceinte d'un diadème ; les cheveux nattés descendent sur le dos ; au cou, un collier de perles ; la poitrine et les épaules sont drapées. — Travail élégant du IIe siècle de notre ère.

Sardonyx à deux couches : bleu-translucide et blanche.

Chaton de bague en or ; la monture est antique et, d'après la dimension de l'anneau, il s'agit d'une bague d'enfant.

Haut. du chaton, 10 mill. ; larg., 8 mill., monture comprise. Pl. XXXVII, fig. 323.

BIBL. — E. Babelon, art. *Gemmae*, dans le *Dictionn. des antiquites grecques et romaines* de Daremberg et Saglio, p. 1484, fig. 3538.

324. **Femme romaine, inconnue.** Tête de profil, à droite, les cheveux ondulés, retenus par des bandelettes et ramassés en chignon sur la nuque ; le cou est drapé. — Bon travail du IIe siècle.

Sardonyx à trois couches : brune, blanc de nuage et rousse (fond brun).

Haut., 22 mill. ; larg., 18 mill. Pl. XXXVIII, fig. 324.

BIBL. — Chabouillet, *Catalogue*, n° 170.

325. **Femme romaine, inconnue.** Buste de profil, à droite, les cheveux relevés autour de la tête et ramassés en chignon sur le cou, la poitrine drapée. — Bon travail du IIe ou IIIe siècle.

Sardonyx à deux couches : brune et blanche.

Haut., 16 mill. ; larg., 12 mill. Pl. XXXVIII, fig. 325.

325bis. **Femme romaine inconnue.** Buste de profil, à gauche, les cheveux lisses et relevés sur la nuque, la poitrine à demi-nue. — Travail élégant du IIe ou du IIIe siècle.

Sardonyx à deux couches : cendrée et blanche.

Haut., 15 mill. ; larg., 10 mill. Pl. XXXVII, fig. 325bis.

Acquis en 1897.

326. **Femme romaine, inconnue.** Buste de profil, à gauche, les cheveux partagés en larges bandeaux sur le sommet de la tête et relevés sur la nuque ; la poitrine drapée. Le nez est mutilé ; la coiffure et les traits rappellent Julia Domna.

Sardoine à deux couches : blonde et blanche.

Monture moderne en or.

Haut. 19 mill. ; larg., 13 mill. Pl. XXXVIII, fig. 326.

327. **Femme romaine, inconnue.** Le visage est de face, légèrement tourné vers la gauche. La poitrine est couverte d'une dra-

perie nouée sur l'épaule gauche. Haut relief. — Travail du IIIe siècle.

Agate-onyx à deux couches : brune et blanc de nuage.

Élégante monture en or émaillé, du XVIe siècle.

Haut., 27 mill. ; larg., 21 mill., monture comprise.

Pl. XXXVIII, fig. 327.

BIBL. — Chabouillet, *Catalogue*, no 169.

328. **Femme romaine, inconnue.** Buste de profil, à droite, les cheveux lisses et retenus par un large bandeau ; la poitrine est drapée. Sous le buste, on lit, en relief, l'inscription :

MERVIRV

Travail du IVe ou du Ve siècle.

Agate-onyx à deux couches : translucide et blanche.

Monture moderne en cuivre, munie d'une tige à sa partie inférieure.

Haut., 43 mill. ; larg., 28 mill., monture comprise.

Pl. XXXVII, fig. 328.

Ce camée a fait partie des collections du Vatican jusqu'à la fin du siècle dernier. Il a été déposé au Cabinet des Médailles le 12 pluviôse an 7 (31 janvier 1799), par César Berthier, au nom de son frère le général Berthier, commandant en chef de l'armée d'Italie. D'après l'Inventaire publié dans notre *Introduction*, il entrait dans la décoration d'un monument hybride qui simulait une enseigne romaine.

Le nom gravé sur ce camée est d'une interprétation difficile. La lecture de la première lettre elle-même n'est pas absolument certaine. On a lu HERVIRV et interprété : *Her(ennia) Vir(go) V(estalis)* ; on a aussi proposé NERVIRV (*Neratia Virgo Vestalis*). Si l'on doit repousser ces interprétations fantaisistes, le véritable sens de cette inscription reste néanmoins à trouver ; il faut peut-être la rapprocher des formules qu'on trouve sur les amulettes et qu'on ne peut interpréter qu'à la condition d'en connaître la clef.

BIBL. — Buonarotti, *Osservazioni istoriche sopra alcuni Medaglioni antichi*, p. 407 et pl. 36, no 3 (Rome, 1698, in-4o) ; Montfaucon, *L'Antiquité expliquée*, t. I, p. 64 et pl. 27 ; T. Dumersan, *Notice des monuments exposés dans le Cabinet des Médailles*, éd. de 1828, p. 35 ; Millin, *Galerie mythologique*, pl. XLIX, no 333 ; Creuzer, trad. Guigniaut, *Religions de l'antiquité*, pl. CV, no 542 a ; Chabouillet, *Catalogue*, no 187.

329. **Tête de femme,** en ronde-bosse. Les cheveux, relevés sur les tempes, sont ramassés en chignon sur la nuque. — Époque romaine; le cou est cassé; le nez est légèrement mutilé.

Cristal de roche. Fragment.

Haut., 28 mill.; larg., 25 mill. Pl. XXXVIII, fig. 329.

Bibl. — Chabouillet, *Catalogue*, n° 171.

330. **Tête de femme,** en ronde bosse. Elle est surmontée d'un haut diadème; le cou, mutilé, est drapé. — Travail barbare.

Cristal de roche. Fragment.

Haut., 26 mill.; larg., 17 mill. Pl. XXXVIII, fig. 330.

Bibl. — Chabouillet, *Catalogue*, n° 172.

331. **Buste de femme.** Il est représenté de trois quarts, à droite; la tête manque. Les seins et les bras sont couverts d'une légère draperie; les deux mains, ramenées devant la poitrine, tiennent une guirlande de fleurs; le mouvement du bras et de la main droite est particulièrement gracieux. — Travail excellent; époque hellénistique.

Calcédoine blanche, fragmentée.

Monture moderne en or, avec anneau de suspension.

Haut., 26 mill.; larg., 30 mill., monture comprise.

Pl. XXXVIII, fig. 331.

Donné par le duc de Luynes, en 1862.

Bibl. — *Département des Médailles. Description sommaire des monuments exposés*, 1867, p. 140, n° 19.

XXIII. CAMÉES BYZANTINS

332. **Le Christ bénissant.** Notre Seigneur est debout, de face, la tête ceinte d'un nimbe crucigère gravé en creux, vêtu d'une tunique talaire et d'un manteau. De la main gauche, il tient le livre des Évangiles appuyé contre sa poitrine; de la main droite ouverte, il fait le geste de la bénédiction.

Dans le champ, en creux, de chaque côté des épaules, les sigles ordinaires du nom de Jésus-Christ en grec :

IC XC (Ιησοῦς Χριστός.)

Améthyste claire (trou au-dessus du genou gauche du Christ).

Monture moderne, formée de deux cercles concentriques, en or et en argent, avec bélière de suspension.

Haut., 28 mill. ; larg., 17 mill. Pl. XXXIX, fig. 332.

Bibl. — Marion du Mersan, *Hist. du Cabinet des Médailles* (1838), p. 116, n° 141, Chabouillet, *Catalogue*, n° 258; V. Duruy, *Hist. des Romains*, t. VII, p. 92.

333. **Le Christ bénissant.** Buste à mi-corps, de face, la tête ceinte d'un nimbe crucigère gravé en creux ; les cheveux partagés sur le front recouvrent entièrement les oreilles. De la main gauche, Notre Seigneur tient le livre des Évangiles appuyé contre sa poitrine ; de la main droite, il fait le geste de la bénédiction. Dans le champ, en creux, de chaque côté du cou :

IC XC (Ιησοῦς Χριστός.)

Jaspe sanguin, taches rouges et vert foncé.

Monture en argent sur le pourtour de laquelle on lit, en caractères niellés, du XIIIe siècle :

SORTILEGIS UIRES QUE FLUXUM TOLLO CRVORIS

(*J'ôte aux sortilèges leur efficacité et j'arrête l'hémorrhagie.*)

Anneau de suspension (camée-amulette).

Haut., 45 mill. ; larg., 42 mill., monture comprise.

Pl. XXXIX, fig. 333.

Bibl. — Chabouillet, *Catalogue*, n° 259 ; G. Schlumberger, *Un empereur byzantin, Nicéphore Phocas*, p. 155 ; E. Babelon, *La gravure en pierres fines*, p. 224.

334. **Le Christ bénissant.** Buste à mi-corps, de face, la tête ceinte d'un nimbe crucigère ; les cheveux, partagés sur le front, recouvrent entièrement les oreilles. De la main gauche,

Notre Seigneur tient le livre des Évangiles appuyé contre sa poitrine; de la main droite, il fait le geste de la bénédiction. Dans le champ, en creux, de chaque côté du cou :

IC XC (Ιησοῦς Χριστός.)

Jaspe vert foncé. Le revers est creux.

Haut., 45 mill.; larg., 39 mill. Pl. XXXIX, fig. 334.

BIBL. — Marion du Mersan, *Hist. du Cabinet des Médailles* (1838), p. 116, n° 140; Chabouillet, *Catalogue*, n° 260.

335. **Deux Archanges tenant une croix.** Les deux archanges sont debout, en regard l'un de l'autre, ailés, vêtus de longues tuniques. D'une main, ils tiennent chacun un long bâton de pèlerin, et, de l'autre, ils soutiennent ensemble une grande croix qui les sépare et qui est surmontée d'un buste du Christ, nimbé, de face. A l'exergue, une sorte de patère au milieu de quatre épis (?). — Travail médiocre. Au pourtour, une corniche avec tranche en biseau.

Sardonyx à trois couches : brune, bleue et roux-foncé. Une cassure traverse le camée à la hauteur du cou des deux archanges.

Haut., 54 mill.; larg., 38 mill. Pl. XXXIX, fig. 335.

BIBL. — Marion du Mersan, *Hist. du Cabinet des Médailles* (1838), p. 116, n° 139; Chabouillet, *Catalogue*, n° 261; J.-B. de Rossi, *Bulletin d'archéologie chrétienne*, édition française, 1875, pl. X, fig, 2 et 1876, p. 76 (J.-B. de Rossi publie en même temps un camée pareil, conservé dans le trésor de la cathédrale de Moscou); le P. Garrucci, *Storia dell' arte cristiana*, t. VI, pl. 479, fig. 14.

336. **L'Annonciation de la Sainte Vierge.** La Vierge est debout, de profil, à droite, en face de l'archange Gabriel. Ce dernier, ailé, nimbé, vêtu d'une tunique talaire, tient de la main gauche le bâton des pèlerins appuyé sur son épaule; il lève la main droite, étendant l'index et le médius du côté de la Vierge à qui il adresse la parole. La Vierge est vêtue d'une longue robe et d'un manteau; sa tête est nimbée et voilée; elle étend la main droite dans un geste d'assentiment; de la main gauche baissée, elle tient un écheveau de

laine qui se déroule dans un panier d'osier placé à terre, à ses pieds. Derrière elle, le siège de sparterie qu'elle vient de quitter. Autour de cette scène, on lit, en creux, l'inscription suivante :

+ ΧΑΙΡΕ ΚΕΧΑΡΙΤΟΜΕΝΗ Ο ΚϹ ΜΕΤΑ ϹΟΥ

(*Je te salue, pleine de grâces, le Seigneur est avec toi*) :

c'est le commencement des paroles que l'archange Gabriel adressa à la Vierge.

Sardonyx à trois couches : brune, bleuâtre et rousse.

Haut., 54 mill. ; larg., 43 mill. Pl. XXXIX, fig. 336.

Bibl. — Chabouillet, *Catalogue*, n° 262 ; G. Schlumberger, *Un empereur byzantin, Nicéphore Phocas*, p. 101. — Comparez la même formule, début de la Salutation évangélique, sur des reliquaires byzantins, dans Ch. de Linas, *Les Origines de l'orfèvrerie cloisonnée*, t. I, p. 351.

337. **L'Annonciation de la Sainte Vierge.** La Vierge est debout, de profil, à droite, en face de l'archange Gabriel. Ce dernier, ailé, nimbé, vêtu d'une tunique talaire, tient de la main gauche le bâton des pèlerins appuyé sur son épaule; il lève la main droite, étendant l'index et le médius du côté de la Vierge à qui il adresse la parole. La Vierge est vêtue d'une longue robe et d'un manteau; sa tête est nimbée et voilée; elle étend la main droite dans un geste d'assentiment; de la main gauche baissée, elle tient un écheveau de laine qui se déroule dans un panier d'osier placé à terre, à ses pieds. Derrière elle, le siège de sparterie qu'elle vient de quitter. Autour de cette scène, on lit en creux l'inscription suivante :

+ ΧΕΡΕ ΚΑΙΧΑΡΙΤΟΜΕΝΗ Ο ΚϹ ΜΕΤΑ ϹΟΥ

(Comparez l'inscription du camée précédent.)

Monture en or.

Haut., 55 mill. ; larg., 42 mill., monture comprise.

Pl. XXXIX, fig. 337.

Bibl. — Marion du Mersan, *Hist. du Cabinet des Médailles* (1838), p. 115, n° 136; Chabouillet, *Catalogue*, n° 263 ; le P. Garrucci, *Storia dell' arte cristiana*, t. VI, pl. 478, fig. 30.

338. **L'Annonciation de la Sainte Vierge.** La Vierge est debout, de profil, à droite, en face de l'archange Gabriel. Ce dernier, ailé, nimbé, vêtu d'une tunique talaire, tient de la main gauche le bâton des pèlerins, appuyé sur son épaule; il lève la main droite, étendant l'index et le médius du côté de la Vierge à qui il adresse la parole. La Vierge est vêtue d'une longue robe et d'un manteau; sa tête est nimbée et voilée; elle étend la main droite dans un geste d'assentiment; de la main gauche baissée, elle tient un écheveau de laine qui se déroule dans un panier d'osier placé à terre, à ses pieds. Derrière elle, le siège de sparterie qu'elle vient de quitter.

Autour de cette scène, on lit en relief l'inscription :

+XЄPЄ
KAIXA
PITO
MЄNH

(Comparez les inscriptions des camées précédents.)

Tranche épaisse, en biseau.

Au revers de ce camée, on voit, gravé en creux, le sujet suivant : le Christ debout, de face, entre la Vierge et saint Jean. Le Christ a un diadème crucigère; il est vêtu d'une longue tunique et d'un manteau; d'une main, il fait le geste de la bénédiction et de l'autre, il tient le livre des Évangiles. La Sainte Vierge est voilée; saint Jean est barbu; tous deux étendent les mains dans l'attitude de l'adoration.

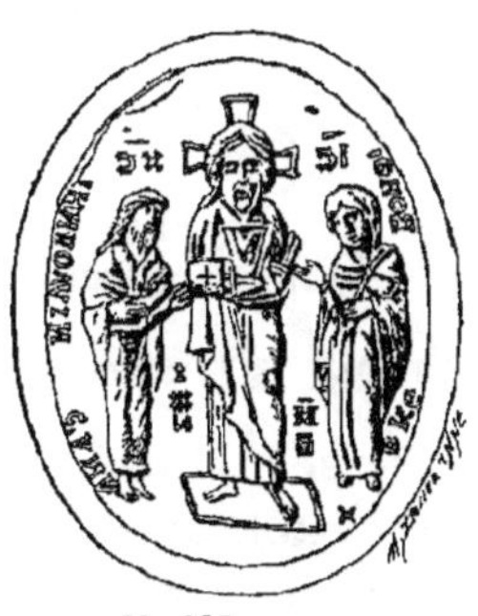
N° 338, revers.

De chaque côté de la tête du Christ, on lit les sigles **IC XC** (Ἰησοῦς Χριστός); devant la Vierge, les lettres **M Θ** (Μήτηρ Θεοῦ); devant saint Jean, **IΩAN** (Ἰωάννης). Au pourtour, la légende :

+ΘKE BOHΘI THN ΔOYΛIN C' ANA (Θεοτόκε, βοηθει τὴν δουλήν σου Ἄννα, *Mère de Dieu, protège ta servante Anne.*)

Monture en or.

Haut., 45 mill.; larg., 36 mill., monture comprise.

Pl. XXXIX, fig. 338.

L'inscription du revers fait supposer que ce camée a été gravé pour la reine Anne Comnène (+ 1108), la célèbre auteur de l'*Alexiade*, poème sur la vie de son père Alexis.

Bibl. — Chabouillet, *Catalogue*, n° 264; le P. Garrucci, *Storia dell' arte cristiana*, t. VI, pl. 478, fig. 29; E. Babelon, *La gravure en pierres fines*, p. 191, fig. 144.

339. **La Sainte Vierge et l'Enfant Jésus.** Buste à mi-corps de la Vierge, de trois quarts, à droite, et tenant sur son bras gauche l'Enfant Jésus ; elle est nimbée et voilée, inclinant légèrement la tête et posant la main droite sur sa poitrine. L'Enfant Jésus a la tête entourée du nimbe crucigère ; de la main gauche, il tient le livre des Évangiles et il pose la main droite sur le sein de sa Mère. Dans le champ, au-dessus de la tête de l'Enfant Jésus, les sigles IC XC (Ἰησοῦς Χριστός) ; de chaque côté du groupe, MP ΘY (Μήτηρ Θεοῦ).

Jaspe sanguin ; taches rouges et brunes.

Haut., 42 mill. ; larg., 35 mill. Pl. XL, fig. 339.

Bibl. — Chabouillet, *Catalogue*, n° 265.

340. **Dauphin, symbole chrétien.** Il est représenté nageant, à droite. Autour, l'inscription suivante, en relief :

ΚΥΡΙΑ ΧΑΙΡΕ ΕΜΝΗΝΩ ΜΕ ΣΤ ΚΜΙ ΕΓΧ··

C'est une invocation à la Vierge ; l'inscription est barbare et la fin m'en paraît altérée et inexplicable.

Calcédoine à deux couches : translucide et blanche.

Monture moderne en or (chaton de bague).

Haut., 22 mill. ; larg., 30 mill. Pl. XXXIX, fig. 340.

Acquis en 1864.

Bibl. — G. Schlumberger, *Un empereur byzantin, Nicéphore Phocas*, p. 461.

341. **Saint Jean l'Évangéliste.** Il est représenté assis, de face, sur un siège sans dossier, les pieds sur un escabeau ; il est barbu,

nimbé, vêtu d'une ample tunique talaire ; de la main gauche il tient son Évangile et, de la main droite levée, l'index et le médius en avant, il paraît bénir ou enseigner. Le siège est recouvert d'un coussin et les pieds en sont ornés de festons. Dans le champ, l'inscription suivante, gravée en creux :

Ⓐ	O
ΙΩ	Λ
O	O
Θ	ΓO
Є	S

('Ο ἅγιος 'Ιω(άννης), ὁ θεολόγος.)

Jaspe vert foncé, avec des veines jaunâtres.

Monture en or.

Diam., 47 mill., monture comprise. Pl. XL, fig. 341.

Acquis par Louis XIV, le 14 février 1693, pour 50 livres.

BIBL. — Chabouillet, *Catalogue*, nº 266. — Comparez un camée représentant le Christ dans la même attitude, publié par J.-J. Dubois, dans la *Revue archéologique*, 1845, t. II, p. 488, nº 43.

342. **Saint Georges et saint Démétrius.** Les deux saints guerriers, protecteurs de l'empire byzantin, sont représentés debout, côte à côte, vus de face. Ils sont nimbés et vêtus de la brigandine à écailles, terminée par une courte cotte de mailles; sur leurs épaules, un long manteau. Saint Georges s'appuie de la main gauche sur son bouclier et, de la main droite ramenée sur sa hanche, il tient son glaive contre son épaule. Saint Démétrius s'appuie aussi, de la main gauche, sur son bouclier, mais, de la main droite, il porte une longue lance. Au-dessus des deux jeunes guerriers, on voit le buste du Christ, à mi-corps, de face, la tête entourée du nimbe crucigère et étendant les deux bras. De chaque côté du Christ, on lit les sigles ΙC XC. A côté des guerriers, leurs noms écrits perpendiculairement :

Γ Γ ΔΙ
Ⓐ Ⓐ Μ
ΓΕ Η
Ꞷ ΤΡΙ
Γ Ο
Ο C
C

('Ο ἅγιος Γεώργιος.) ('Ο ἅγιος Διμήτριος.)

Sardonyx à trois couches : brune, bleuâtre et rousse. Gemme remarquable ; au pourtour, une corniche, avec tranche en biseau.

Riche monture ajourée en or émaillé, de l'époque de la Renaissance.

Haut., 67 mill. ; larg., 52 mill., monture comprise.

Pl. XL, fig. 342.

Ce camée est attribué environ au temps de Constantin Porphyrogénète, c'est-à-dire au xe siècle.

BIBL. — Hase, *Léon Diacre*, pp. XXII et 182 ; Marion du Mersan, *Hist. du Cabinet des Médailles* (1838), p. 116, no 143 ; Chabouillet, *Catalogue*, no 267 ; J. Labarte, *Hist. des arts industriels au moyen âge*, t. I, p. 198 ; G. Schlumberger, *Un empereur byzantin, Nicéphore Phocas*, p. 91 ; E. Babelon, *La gravure en pierres fines*, p. 190, fig. 143.

343. **Saint Démétrius.** Buste de face, à mi-corps, la tête environnée d'un nimbe gravé en creux, la poitrine couverte de la cuirasse, avec le paludamentum noué sur l'épaule droite. Les traits du saint sont ceux d'un adolescent. De la main droite levée sur sa poitrine, il tient son glaive appuyé contre son épaule ; la main gauche est armée d'un petit bouclier rond. Dans le champ, en lettres perpendiculaires, gravées en creux :

Γ Μ
Ο Ι
Α ΤΡ
Δ ΩΙ
Η C

('Ο ἅγιος Δημίτριως.)

Jaspe brun-jaunâtre, avec taches rouges.

Monture en or émaillé, avec bélière de suspension.
Haut., 32 mill.; larg., 23 mill., monture comprise.
Pl. XL, fig. 343.

Comparez un camée de l'ancienne collection Crignon de Montigny (W. Frœhner, *Collection de M. de Montigny, Pierres gravées, Catalogue de vente,* 1887, nº 670, pl. VI).

344. **Buste d'un saint militaire (Démétrius?).** Buste vu à mi-corps, de face, imberbe, les cheveux bouffants sur les tempes. La tête est environnée d'un nimbe; de la main droite, ramenée sur la poitrine, il tient un glaive. Dans le champ, à droite et à gauche, une légende incertaine :

Δ O
M IΖ
I O

(Peut-être faut-il rechercher ici les éléments altérés de Δημήτριος ?)

Pâte de verre imitant un camée en jaspe brun-rougeâtre.
Haut., 18 mill.; larg., 16 mill. Pl. XL, fig. 344.

345. **Buste d'un saint militaire.** Il est vu à mi-corps, de face, la tête environnée du nimbe, les cheveux nattés retombant sur les épaules, la poitrine cuirassée. Sa main gauche, ramenée sur la poitrine, tient une épée; de la main droite, le saint s'appuie sur une longue lance. Dans le champ, à droite et à gauche, en creux :

O N
A H
Γι Γ
O Δ
C O
C

(Ὁ ἅγιος... ?). Le nom est altéré.

Pâte de verre noire, opaque.
Haut., 34 mill.; larg., 26 mill. Pl. XL, fig. 345.

XXIV. CAMÉES-AMULETTES

346. **Main pinçant une oreille.** En légende, en relief : MNHMONEY (μνημονευε, *souviens-toi*). Époque romaine.

Sardoine à deux couches : brun-rougeâtre et blanc-rougeâtre.

Monture moderne, en argent doré.

Haut., 14 mill. ; larg., 23 mill., monture comprise.

Pl. XL, fig. 346.

BIBL. — Chabouillet, *Catalogue*, n° 275. — On connaît beaucoup d'autres gemmes, en creux ou en camée, qui représentent le même sujet. M. Chabouillet en rapproche le vers de Virgile, dans lequel il est dit qu'Apollon Cynthius, voulant faire souvenir le berger Tityre qu'il est temps de chanter, lui tire l'oreille :

..... Cynthius aurem
Vellit et admonuit... (*Eclog.*, VI, 3.)

Comparez : *Musée Fol, Catalogue,* pl. XLIII, n° 12; Edmond Le Blant, dans la *Revue archéologique,* t. I de 1883, pl. XII, 7 (intaille avec MEMENTO); S. Reinach, *Pierres gravées*, p. 54; Furtwaengler, *Beschreibung der geschnittenen Steine im Antiquarium,* n° 8087; C. W. King, *Antique gems and rings*, p. 312 (Londres, 1872, in-8°) ; *A catalogue of engraved gems in the British Museum,* n°s 2148 et suiv.; Furtwaengler, *Beschreibung der geschnitt. Steine,* n° 3391 et 8087; Edmond Le Blant, *750 inscriptions de pierres gravées,* n° 90 et suiv. L'inscription MNHMONEYE est aussi fréquente que notre mot *souvenir* sur les bijoux populaires.

346bis. **Deux mains jointes.** Au dessus, une chaîne de perles, en forme d'olives ; au dessous l'inscription :

[MN]HMONEYE

Sardonyx à deux couches : blanc-bleuâtre et brune.

Haut., 38 mill. ; larg. 11 mill. Pl. XXXVII, fig. 346bis.

Don de M. Paul Gaudin, en 1896.

347. Camée-amulette avec l'inscription suivante, gravée en relief, dans une couronne :

ΛЄΓΟΥCΙΝ
ΑΘЄΛΟΥCΙΝ
ΛЄΓЄΤѠCΑΝ
ΟΥΜΕΛΙΜΟΙ
CΥΦΙΛΙΜΑΙ
CΥΜΦΕΡΙCΟΙ

(Λέγουσιν ἃ θέλουσιν, λεγέτωσαν · οὐ μέλ(ε)ι μοί · σύ, φίλ(ε)ι μαι, συμφέρ(ε)ι σοί. *Ils disent ce qu'ils veulent ; qu'ils le disent, peu m'importe ; mais toi, aime-moi, tu t'en trouveras bien.*)

Sardonyx à deux couches : cendrée et blanchâtre.

Monture antique, en or, ajourée, avec bélière de suspension.

Pl. XLI, fig. 347.

Trouvé à Lutz, près d'Oroza (Hongrie), et acquis en 1894.

BIBL. — E. Babelon, dans le *Bulletin de la Société des Antiquaires de France*, 1894, p. 156 ; le même, art. *Gemmae*, dans le *Dictionnaire des Antiquités grecques et romaines* de Daremberg et Saglio, p. 1487, fig. 3541. — Comparez d'autres pierres avec inscriptions du même genre, publiées par Villoison, dans le *Magasin encyclopédique*, VIIe année, t. II, pp. 468 et suiv. ; J.-J. Dubois, *Description des Antiques de M. le comte de Pourtalès-Gorgier* (Paris, 1841, in-8°), p. 154, n° 1032 ; *Corp. Inscr. graec.*, nos 7294 et 7295 ; Middleton, *The engraved gems of classical times*, p. 95 (Cambridge, 1891, in-8°) ; *A Catalogue of engraved gems in the British Museum*, nos 2154 et suiv. ; Edmond Le Blant, *750 inscriptions de pierres gravées*, nos 146 et suiv.

348. Camée-amulette, avec l'inscription suivante, gravée en relief :

ΛЄΓΟΥCΙΝ
ΑΘЄΛΟΥCΙΝ
ΛЄΓЄΤѠCΑΝ
ΟΥΜЄΛΙΜΟΙ
CΥΦΙΛΙΜЄ
CΥΜΦΕΡΙCΟΙ

(Λέγουσιν ἃ θέλουσιν · λεγέτωσαν, οὐ μέλ(ε)ι μοι · σύ, φίλ(ε)ι με, συμφέρ(ε)ι σοί.)

Sardoine cendrée, avec nuances brunes.

Monture en or émaillé, du XVIIIe siècle.

Haut., 28 mill.; larg., 33 mill., monture comprise.

Pl. XLI, fig. 348.

Bibl. — Chabouillet, *Catalogue*, n° 270.

349. Camée-amulette, avec l'inscription suivante, gravée en relief :

ΛЄΓΟΥϹΙΝ
ΑΘЄΛΟΥϹΙΝ
ΛЄΓЄΤѠϹΑΝ
ΟΥΜЄΛЄΙΜΟΙ

(Λέγουσιν ϗ θέλουσιν · λεγέτωσαν, οὐ μέλει μοί.)

Sardoine cendrée avec nuances brunes.

Monture moderne en cuivre, avec bélière de suspension.

Haut., 20 mill. ; larg., 24 mill. Pl. XLI, fig. 349.

Bibl. — Chabouillet, *Catalogue*, n° 271.

350. Camée-amulette, avec l'inscription dialoguée suivante, en vers iambiques, gravée en relief :

ΟΥ ΦΙΛ[Ѡ ϹЄ]
★ΜΗΠΛΑΝѠ★
ΝΟѠΔЄΚΑΙΓЄΛѠ
★ЄΥΤΥΧѠϹ★
ΟΦΟΡѠΝΖΗϹΑΙϹ
ΠΟΛΛΟΙϹΧΡΟΝΟΙϹ

(Οὐ φιλῶ σε · μὴ πλάνω · νοῶ δὲ καὶ γελῶ. Εὐτυχῶς ὁ φορῶν ζησῇς πολλοῖς χρόνοις. Dialogue : *Je ne t'aime pas. — Cela ne me trouble point ; mais je comprends et je ris. — Porteur* (de cette amulette), *tu vivras heureusement pendant beaucoup d'années.*) Des fleurons, qu'on pourrait prendre pour des lettres, se voient au commencement et à la fin de la seconde et de la quatrième lignes.

Sardoine à deux couches : brune et blanche ; cassure qui endommage la première ligne de l'inscription.

Monture moderne en or, avec anneau de suspension.

Haut., 27 mill. ; larg., 35 mill., monture comprise.

Pl. XLI, fig. 350.

Bibl. — Chabouillet, *Catalogue*, n° 268. — Comparez : King, *Antique gems and rings*, p. 311 (1872) ; Boeckh, *Corp. inscr. graec.*, n° 7292 ; L. Heuzey, dans les *Mémoires de la Société des Antiquaires de France*, t. XXXVIII, p. 94 ; Edmont Le Blant, *750 inscriptions de pierres gravées*, n° 151 (M. E. Le Blant explique et commente toutes les variétés connues de la même formule de galanterie).

351. Camée-amulette, avec l'inscription dialoguée suivante, en vers iambiques, gravée en relief :

ΟΥΦΙΛΩϹΕ
· ΜΗΠΛΑΝΩ ·
ΒΛΕΠΩΔΕ
ΚΑΙ ΓΕΛΩ ·

(Οὐ φιλῶ σε · μὴ πλάνω, βλέπω δὲ καὶ γελῶ. Dialogue : *Je ne t'aime pas. — Cela ne me trouble point ; mais je regarde et je ris.*)

Sardoine à deux couches : translucide et blanche.

Monture en or émaillé, du XVIIIe siècle.

Haut., 30 mill. ; larg., 33 mill., monture comprise.

Pl. XLI, fig. 351.

Bibl. — Chabouillet, *Catalogue*, n° 269. (Comparez la formule du camée précedent, n° 350.)

352. Camée-amulette, avec l'inscription suivante, gravée en relief.

ΟΛΥΜΠΙ
ΖΗϹΑΙϹ

(Vœu de longue vie pour un personnage nommé Olympius.)

Sardoine à deux couches : brune et blanc-bleuâtre.

Monture en or et en argent, avec bélière de suspension.

Haut., 9 mill. ; larg., 10 mill. Pl. XLI, fig. 352.

Bibl. — Chabouillet, *Catalogue*, n° 272. — Comparez des formules analogues dans Edm. Le Blant, *750 inscriptions*, p. 28.

353. Camée-amulette, avec l'inscription suivante, gravée en relief :

ΧΑΡ
ΙϹ ΖΟΗ
ΥΓΙΑ

(Χάρις, ζοή (pour ζωή), ὑγία, (pour ὑγίεια) ; *grâce, vie, santé.*)

Sardoine à deux couches : rouge et blanche.

Haut., 8 mill. ; larg., 9 mill. Pl. XLI, fig. 353.

Bibl. — Chabouillet, *Catalogue*, n° 274; Edmond Le Blant, *750 inscriptions*, n° 20.

354. Camée-amulette, en forme de tablette oblongue portant une devise amoureuse en deux mots, dont chacun occupe une des faces :

ΕΜΑΝΗΝ
ΝΥΓΜΑΤΕΙ·

Je suis devenu fou par la piqûre (de l'amour).

Sardoine à deux couches : rouge et blanche.

Haut., 3 mill. ; larg., 9 mill. Pl. XLI, fig. 354.

Bibl. — Chabouillet, *Catalogue*, n° 273.

355. Camée-amulette portant une inscription sur ses deux faces, en trois lignes et en relief, en l'honneur de Sérapis. Sur une face :

ΜΕΓΑ ΤΟ Ο
ΝΟΜΑ ΤΟΥ
ΣΑΡΑΠΙΣ

Au revers, la même inscription à rebours (mutilée).

Pâte de verre, bleu-grisâtre, perforée dans le sens de la longueur.

Haut., 6 mill. ; larg., 9 mill. Pl. XLI, fig. 355.

Bibl. — Edmond Le Blant, *750 inscriptions de pierres gravees*, n° 202.

356. Camée-amulette, de forme elliptique, portant, sur une face, le nom suivant, en relief :

MAXIMVS

Sardonyx à deux couches : rouge et blanche.

Monture en cuivre, avec bélière.

Haut., 8 mill. ; larg., 13 mill., monture comprise.

Pl. XLI, fig. 356.

Bibl. — Marion du Mersan, *Hist. du Cabinet des Médailles* (1838), p. 116, n° 150; Chabouillet, *Catalogue*, n° 276.

XXV. CAMÉES ORIENTAUX

357. **Roi indéterminé.** Buste de profil, à gauche, avec une longue barbe, la tête ceinte d'un diadème noué sur la nuque ; le cou est drapé.

Pâte de verre, imitant un camée à deux couches : brune et blanche.

Monture en argent doré, paraissant provenir d'un reliquaire du moyen âge.

Haut., 20 mill. ; larg., 16 mill. Pl. XLII, fig. 357.

Acquis en 1855.

Cette pâte de verre et celle qui est décrite sous le n° 406, ont la même monture et ont été acquises ensemble en 1855 ; il est évident qu'elles faisaient partie du même meuble ou du même reliquaire. Leur attribution chronologique n'est pas bien certaine. Celle-ci paraît représenter un roi de l'Orient des premiers siècles de notre ère (peut-être un roi d'Édesse).

Bibl. — Chabouillet, *Catalogue*, n° 3365.

358. **Roi indéterminé.** Buste de profil, à droite, barbu, et avec de longs cheveux enroulés sur le cou. La tête est ceinte du diadème royal ; le cou est drapé.

Pâte de verre, bleue. — Authenticité douteuse.

Haut., 14 mill. ; larg., 11 mill. Pl. XLII, fig. 358.

Bibl. — Chabouillet, *Catalogue*, n° 3364 (sous le nom de *Roi achéménide*). M. Clermont-Ganneau possède une pâte de verre blanche, moderne, reproduisant le même type.

359. **Ardeschir Ier Babegan, domptant le taureau Nandi.** Le roi est debout, de profil, à droite, les jambes écartées, les deux bras tendus en avant. Il est barbu et coiffé d'une tiare dont les fanons plissés flottent au vent ; son cou est orné d'un collier ; son costume consiste en une tunique de fine soie, serrée à la taille par une ceinture ; ses jambes sont couvertes des anaxyrides, et ses pieds sont chaussés de souliers

noués à l'aide d'élégants cordons. Le taureau est placé au second plan, à côté du roi.

Par suite de la mutilation de la gemme, il ne reste malheureusement que la moitié de la scène : il manque la partie antérieure du taureau, les mains et une partie des bras et du pied gauche d'Ardeschir.

Travail sassanide des plus remarquables. Au pourtour, une corniche, avec tranche en biseau.

Sardonyx à trois couches : brune, bleuâtre et rousse. Cercle d'argent doré au pourtour.

Haut., 44 mill. ; larg., 30 mill. Pl. XLII, fig. 359.

Acquis en 1868, à la vente de la collection de M. de Fegervary-Pulsky.

L'attribution iconographique à Ardeschir Ier Babegan, le fondateur de la dynastie perse des Sassanides (en 226 de J.-C.), n'est pas certaine.

BIBL. — *Catalogue de vente de la collection Fegervary-Pulsky* (1868), n° 521 ; Chabouillet, dans le *Bulletin de la Société des Antiquaires de France*, 1868, p. 74 ; M. Dieulafoy, *L'art antique de la Perse*, 5e partie, p. 124; E. Babelon, dans les *Monuments Piot*, t. I, 1894, p. 93 et pl. XII, fig. 4; le même, *La gravure en pierres fines*, p. 195, fig 147.

360. **Le roi Sapor faisant prisonnier l'empereur romain Valérien.** Les deux antagonistes sont face à face, leurs chevaux lancés à fond de train, à la rencontre l'un de l'autre; Sapor saisit par le poignet Valérien qui cherche à se défendre en brandissant son glaive. Suivant une convention familière à l'art oriental, le Sassanide a des proportions athlétiques par rapport au Romain. Sa barbe, épaisse mais courte, est nouée au bout du menton, où elle forme une sorte de mouche qui se profile sur le cou. Son casque est un bassin hémisphérique, sans autre ornement qu'un énorme globe ou ballon qui le surmonte et qui est peut-être le symbole de l'orbe solaire. Ce globe est sillonné de cercles convergeant vers les deux pôles. Des paragnathides protègent les joues du roi ; deux banderolles plissées, les fanons du diadème, voltigent derrière la tête, et deux autres plus longues, les bouts de la ceinture sacrée appelée le *kosti*, flottent au vent, à la hauteur du dos. Aux lanières de cuir qui se croisent sur la poitrine sont suspendues les armes du prince ; ses épaules

sont surmontées de globes pareils à celui du casque, mais plus petits. Sous sa cuirasse, le roi de Perse est vêtu d'un justaucorps dont les manches étroites vont jusqu'au poignet; des lanières de cuir imbriquées protègent les cuisses. Un pantalon collant (les anaxyrides) s'ajuste, au-dessus du genou, à de longues chausses qui épousent la forme de la jambe; les rubans qui fixent la chaussure à la cheville flottent jusqu'à terre.

Le harnachement du cheval a, pour particularités principales, auprès des oreilles et sur le poitrail, deux énormes glands de laine, de crin ou de soie, à demi-enveloppés dans une gaîne de cuir, qui se détachent en roux-fauve sur le corps de l'animal. Deux autres glands analogues, mais plus volumineux, sont fixés à la selle, au moyen de chaînettes, et flottent à l'arrière, agités par la course effrénée du cheval : ces houppettes servaient à la fois d'ornements et de chasse-mouches.

De la main gauche, le roi, qui conserve dans l'action une attitude calme et paisible, en contradiction avec le mouvement général de la scène, saisit la poignée de sa grande épée demeurée dans le fourreau, tandis que, de la main droite portée en avant, il étreint vigoureusement le poignet gauche de son antagoniste.

L'empereur romain, imberbe, a la tête ceinte de la couronne de laurier, son attribut caractéristique. Il a une cuirasse, et le paludamentum flotte sur son dos; deux lanières de cuir, l'une en sautoir, l'autre en ceinture, servent à suspendre les armes; ses pieds sont chaussés de brodequins lacés sur le devant. De la main droite, l'empereur brandit le parazonium au-dessus de sa tête.

Par suite d'une convention artistique des plus singulières, le cheval de Sapor s'élance pour passer à la droite du cheval de Valérien et, cependant, c'est le bras gauche de Valérien que saisit Sapor : la main gauche de l'empereur se trouve, contrairement à l'ordre naturel, à portée de la main droite du roi. Les chevaux ont des formes ramassées, trapues, arrondies; leurs jambes sont allongées en lignes presque droites, en avant et en arrière, pour indiquer la rapidité de la course; des bourrelets soulignent toutes les articulations. — Travail sassanide des plus remarquables. Gemme de dimensions peu communes, taillée en ellipse. Corniche au pourtour.

Sardonyx à trois couches : brun-foncé, blanc-bleuâtre et rousse.

Haut., 68 mill.; larg., 103 mill., épaisseur, 9 mill.

Pl. XLII, fig. 360.

Acquis au mois de mai 1893, d'un marchand de Dijon.

On sait que c'est en l'an 260 de notre ère, dans le voisinage d'Édesse ou de Nisibe, que l'empereur Valérien père fut fait prisonnier dans une surprise par Sapor Ier, fils d'Ardeschir Ier Babegan ou Artaxerxe. Cet événement historique, qui eut un prodigieux retentissement dans tout l'Orient, a été raconté diversement par les auteurs, et Sapor en fit représenter les épisodes sur des bas-reliefs rupestres de la Perse. Mais il n'est dit nulle part que Sapor en personne saisit l'empereur romain sur le champ de bataille. Le camée, exécuté à la cour de Sapor, et sans doute sur l'ordre de ce prince, poétise et dramatise l'histoire en attribuant par flatterie au roi sassanide une prouesse, d'ailleurs, peu vraisemblable.

BIBL. — E. Babelon, dans les *Monuments Piot*, t. I, 1894, pp. 85 à 98 et pl. XII, fig. 1; le même, dans *la Nature*, n° 1095 (26 mai 1894), p. 401; le même, *La gravure en pierres fines*, p. 196, fig. 148.

361. **Chosroès II.** Buste de profil, à gauche. Le roi est barbu et a de longs cheveux ramassés en une touffe épaisse sur son cou; ses oreilles ont des pendants. Sa tête est surmontée d'une haute tiare pareille à celle que lui donnent les monnaies : au pourtour de cette tiare, une sorte de couronne crénelée et, au sommet, le croissant lunaire dans lequel est placé le globe solaire; des rubans de petites dimensions se remarquent par derrière. Des fanons s'échappent des épaules du prince en banderolles plissées qui s'élèvent à droite et à gauche. Deux colliers ornent son cou; l'un descend jusque sur la poitrine.

Cornaline.

Haut., 31 mill.; larg., 27 mill. Pl. XLII, fig. 361.

Comparez l'effigie de Choroès II sur l'ombilic de la coupe sassanide décrite sous le n° 379.

Bibl. — Marion du Mersan, *Hist. du Cabinet des Medailles* (1838), p. 115, nº 126; Chabouillet, *Catalogue*, nº 1405 (sous le nom de *Pérose*); E. Babelon, dans les *Monuments Piot*, t. I, 1894, p. 96 et pl. XII, fig. 9; le même, *La gravure en pierres fines*, p. 198, fig. 150.

362. **Taureau.** Partie postérieure d'un taureau en ronde bosse. Les pattes de devant, la tête et tout l'avant-corps manquent; les pattes de derrière sont mutilées. Ce fragment de style oriental est fort remarquable; il faut sans doute y reconnaître un débris d'une statuette représentant le taureau Nandi.

Hématite ou pierre de touche.

Haut., 23 mill.; larg., 26 mill. Pl. XLII, fig. 362.

Comparez le taureau représenté sur le camée décrit sous le nº 359.

Bibl. — Chabouillet, *Catalogue*, nº 181.

363. **Taureau.** Il est couché, levant la tête. Son cou est énorme; sa tête et ses cornes sont très petites; sa queue manque et elle est remplacée par une épingle mobile, en bronze, formant fibule; la tige de cette épingle s'engage entre les pattes de l'animal. Figure en ronde bosse, très plate. — Travail sassanide.

Sardoine orientale, rouge.

Haut., 25 mill.; long., 52 mill. Pl. XLII, fig. 363.

Acquis en 1864.

364. **Lion couché.** Il a le corps de profil, à gauche; la tête, vue presque de face, est allongée sur les pattes de devant. — Travail sassanide.

Sardonyx à trois couches : brune, blanche et brune.

Haut., 31 mill.; larg., 41 mill. Pl. XLII, fig. 364.

Bibl. — Chabouillet, *Catalogue*, nº 1401. — Comparez un camée avec le même sujet dans Worlidge, *A select collection of drawings from curious antique gems*, p. 38, nº 123.

365. **Lion dévorant un taureau.** Le groupe est de profil, à gauche; le taureau, terrassé, courbe la tête; le lion est grimpé sur lui pour le dévorer. — Travail de l'époque sassanide.

Agate-onyx à trois couches : blonde, blanche et jaune-roux.

Haut., 21 mill. ; larg. 32 mill. Pl. XLII, fig. 365.

Ce camée est un de ceux qui décoraient la châsse de la Sainte-Chemise de Chartres, avant la destruction de ce reliquaire en 1793. Il est désigné comme suit dans le procès-verbal d'enlèvement : « 9. Un camée représentant un lion terrassant un taureau, de deux couleurs, neuf lignes de long. » (Voyez ci-dessus, notre *Introduction*.)

Bibl. — Marion du Mersan, *Hist. du Cabinet des Médailles* (1838), p. 115, n° 118; Chabouillet, *Catalogue*, n° 1402; F. de Mély, *Le Trésor de Chartres*, p. 121 et pl. IX; E. Babelon, *Le Cabinet des Antiques*, p. 34, vignette.

365bis. **Ours dévorant un taureau.** Le groupe est de profil, à gauche; le taureau est agenouillé; sa tête manque par suite d'une cassure; l'ours grimpe sur son dos et paraît pousser des hurlements. — Travail remarquable de l'époque sassanide.

Sardonyx à trois couches : brune, blanc-bleuâtre et gris-cendré.

Haut., 16 mill.; larg., 21 mill. Pl. XLII, fig. 365bis.

Acquis en 1897.

Il faut chercher vraisemblablement l'explication de ce type dans les légendes du nord de la Perse et des pays riverains de la mer Caspienne où les ours ne sont pas rares. Le taureau, malheureusement fragmenté, est d'un style pareil à celui du taureau Nandi, sur le camée n° 359.

366. **Le Grand Mogol, Châh-Djihan, tuant un lion.** Le Grand Mogol, vu de profil, à droite, coupe en deux, d'un coup de sabre, un lion vu de face, qui dévore un homme terrassé. Le prince a une fine moustache; sa coiffure, en forme de béret, a une aigrette qui retombe par derrière; à son cou sont suspendus des colliers de perles, et son bras est orné d'un bracelet au-dessus du coude. Sa longue tunique à plis très amples est serrée à la taille par une ceinture et une écharpe, dans laquelle est passé un poignard (*cathar*). Le personnage dévoré par le lion est un Indien; sa tête est enveloppée de bandelettes.

Sous les pieds de Châh-Djihan, on lit la signature de l'artiste, en caractères persans extrêmement ténus :

عمل کن اتم

(*Fait par Kan Atem.*)

Derrière les épaules du Grand Mogol on lit :

شبیه صاحبقران ثانی شاه جهان پادشاه غازی

(*Portrait du second Saḥib-Kiran, Châh-Djihan, empereur victorieux.*)

Travail persan d'une habileté remarquable.

Sardonyx à trois couches : brune, blanche et rousse.

Monture en or émaillé, simulant des pétales de fleurs disposés en rayons. Anneau de suspension.

Haut., 67 mill. ; larg., 72 mill., monture comprise.

Pl. XLII, fig. 366.

Le Grand Mogol, Châh-Djihan, fils de Djihanghir et petit-fils d'Akbar, régna de 1628 à 1658. « Il serait difficile, dit M. Chabouillet, de citer, dans une collection européenne, un camée analogue à celui-ci. Exécuté par un habile artiste persan pour ces monarques fastueux de Delhi que nous nommions *Grands Mogols* et dont la magnificence était devenue proverbiale, ce camée, sur une admirable matiere, n'est arrivé dans la collection de M. Louis Fould, qu'après avoir passé par Londres, l'entrepôt naturel des merveilles de l'Inde..... Ce monument, dont le travail est exquis, nous montre encore une fois la perpétuité des traditions dans l'Orient : on sait que le combat du roi contre un lion est un des types les plus fréquents dans les monuments antiques de l'Asie. »

L'explication des légendes du camée est due à M. Ch. Schefer qui la communiqua à M. Chabouillet, lorsque ce dernier publiait le catalogue de la collection Louis Fould. A la vente de cette collection, en 1860, ce précieux monument fut acquis par le Cabinet des Médailles.

BIBL. — Chabouillet, *Description des antiquités et objets d'art composant le cabinet de M. Louis Fould*, p. 181, n° 2483 (Paris, 1861, in-fol°); le même, dans la *Gazette archéologique*, t. XI, 1886, p. 169; E. Babelon, *La gravure en pierres fines*, p. 205, fig. 156.

XXVI. COLLIER, COUPES ET FRAGMENTS DE VASES

367. **Collier romain, avec deux camées et quatre médailles en pendeloques.** Le collier est en or et composé de cinq cylindres à six pans; chacune des faces de ces cylindres est ornée de filigranes ondulés, et leurs extrémités ont la forme de chapiteau. Les cylindres alternent avec les six bélières des camées et des médailles.

Les médailles sont serties dans d'élégantes montures découpées en dentelle et dont le dessin varie. En voici l'énumération :

1. *Aureus de Caracalla et Géta* .ANTONINVS AVGVSTVS. Buste de Caracalla, à droite, la tête laurée, la poitrine couverte du paludamentum et de la cuirasse. ℟. P · SEPT · GETA CAES · PONT. Buste de Géta, à droite, la tête nue, la poitrine couverte du paludamentum et de la cuirasse (H. Cohen, *Monnaies de l'empire romain,* 2ᵉ édit., t. IV, p. 244, nº 1. Pièce frappée entre 198 et 201 de notre ère).

2. *Aureus de Géta.* P · SEPT · GETA CAES · PONT. Buste de Géta, à droite, la tête laurée, la poitrine couverte de la cuirasse et du paludamentum. ℟. SEVERI INVICTI AVG · PII · FIL. Buste nu, à mi-corps, de Géta, à gauche, la tête radiée, la poitrine couverte de la cuirasse, et portant la main droite en avant (Eckhel, *Doctrina numorum veterum,* t. VII, p. 229 [1]).

3. *Aureus de Septime Sévère.* SEVERVS AVG· PART· MAX. Tête laurée de Septime Sévère, à droite. ℟. AETERNIT · IMPERI. Bustes en regard de Caracalla et de Géta, tous deux couverts du paludamentum; le premier est lauré, le second a la tête nue (variété de H. Cohen, *op. cit.,* t. IV, p. 102, nº 1. Pièce frappée entre 198 et 201 de notre ère).

1 Cet *aureus* n'est pas décrit dans le recueil de H. Cohen ; il est fort rare. Un second exemplaire se trouve au musée de Vienne.

4. *Aureus d'Hadrien.* HADRIANVS AVGVSTVS. Tête nue d'Hadrien, à droite. ℞. DIVIS PARENTIBVS. Bustes accolés de Trajan et de Plotine, à droite, la poitrine drapée; Trajan a la tête nue surmontée d'une étoile; Plotine est diadémée; devant son cou, une étoile (comparez Cohen, *op. cit.*, t. II, p. 246, n° 1; la légende donnée par Cohen est erronée).

Les camées qui forment les pendants du milieu représentent, l'un, le buste de Minerve, et l'autre, le buste de Julia Domna. Ils sont sertis comme les médailles, dans une monture en or découpée à jour, avec bélière de suspension.

1. Buste de Minerve, de profil, à gauche, coiffée d'un casque corinthien à longue crinière; ses cheveux, longs et épais, retombent sur son cou; la poitrine est couverte d'une *stola* agrafée sur l'épaule gauche. — Travail médiocre.

Sardonyx à deux couches : brun clair et blanc-bleuâtre.

Haut., 41 mill.; larg. 28 mill., monture comprise.

2. Buste de Julia Domna, de profil, à droite; les cheveux ondulés sont nattés et enroulés en chignon sur la nuque; la poitrine est drapée. Le nez est un peu mutilé. — Travail médiocre.

Sardonyx à deux couches : brun clair et blanc-bleuâtre.

Haut., 42 mill.; larg., 28 mill., monture comprise.

Longueur totale du collier : 255 mill. environ.

Pl. XLI, fig. 367.

Ce précieux et riche collier a été trouvé, au commencement de l'année 1809, sur l'emplacement de l'antique Nasium, aujourd'hui Naix, près Commercy (Meuse), par un habitant de cette localité nommé Pierre Maulan. Le Cabinet des Médailles en fit l'acquisition le 5 mai 1809, ainsi que des autres monuments qui composaient l'ensemble de la trouvaille de Pierre Maulan, savoir : un autre collier d'or avec cylindres d'émeraude (Chabouillet, *Catalogue*, n° 2559), un pendant de collier en or (Chabouillet, *Catalogue*, n° 2560) et d'autres objets en or et en argent moins importants. D'après le style des gemmes, le choix et l'ornementation des médailles, le collier que nous venons de décrire a été fabriqué dans les premières années du IIIe siècle de notre ere.

Bibl. — Ch. Lenormant, *Trésor de numism.*, *Iconographie des empereurs romains*, p. 79 et pl. XLIII, fig 4; Chabouillet, *Catalogue*.

nº 2558 ; F. Liénard, *Archéologie de la Meuse*, p. 15 et pl. XXXVIII (Verdun, 1881-1885, fol.) ; V. Duruy, *Hist. des Romains*, t. VI, chromo à la p. 140-141 ; E. Fontenay, *Les bijoux anciens et modernes*, p. 182 ; E. Babelon, dans le *Dictionn. des antiquités grec. et rom.* de Daremberg et Saglio, art. *Gemmae*, p. 1485, fig. 3540.

368. **Canthare décoré de scènes bachiques** (désigné traditionnellement sous les noms de *Coupe des Ptolémées* ou *de Mithridate*).

Les deux faces de ce vase célèbre, l'un des plus précieux que l'antiquité nous ait légués, sont illustrées de sujets empruntés au culte de Bacchus.

Première face. Au centre de la composition, une table carrée dont les pieds ont la forme de sphinx assis ; sur la table, une ciste, ornée d'une guirlande et munie de son couvercle conique, des canthares de formes variées, une œnochoé, un thymiatérion et un hermès de Priape barbu et vêtu d'une nébride. Au pied de la table, un masque de Pan, barbu et cornu, un bouc couché, un masque imberbe et le van mystique. Dans le champ, à gauche, deux autres masques bachiques, l'un placé sur un cippe recouvert d'une peau de panthère, l'autre posé à terre et lauré. Dans le champ, à droite, une ciste d'où s'échappe un serpent, puis une panthère qui boit du vin dans un canthare renversé (la lèvre de ce canthare est un peu mutilée). L'ensemble de cette scène est encadré par deux énormes pommiers au tronc noueux, autour desquels grimpent et sont enlacées des branches de lierre. Aux rameaux des arbres sont suspendus deux masques bachiques imberbes, et un grand voile s'étend, d'un arbre à l'autre au-dessus de la table dionysiaque. Deux oiseaux, agitant leurs ailes, sont perchés sur les branches (la tête de l'un d'eux est fragmentée). Au second plan, enfin, un fourré de branchages de feuilles de lierre.

Deuxième face. Au centre, une table carrée dont les pieds ont la forme de piliers cannelés terminés par des griffes. Sur la table, une statuette de Déméter tenant dans chaque main une torche allumée, un rhyton qui a la forme d'un Silène portant une outre sur son épaule, des canthares et d'autres vases. La table a une étagère inférieure sur laquelle on voit une coupe cannelée et deux griffons face à face, posant symétriquement une patte sur un canthare. Au pied de la table, un thyrse et un masque, le front ceint de la torsade. Dans le champ à gauche, le pedum et la besace de Silène, deux torches renversées et un bouc grimpant à un arbre. Dans le champ, à droite, un grand masque de Silène barbu, couronné de pampres et posé sur une outre gonflée.

L'ensemble de cette scène est encadré par deux arbres énormes au tronc noueux, autour desquels grimpent et sont enlacés des ceps de vigne chargés de raisins. Aux branches des arbres sont suspendus quatre masques bachiques, dont deux ont des cornes de boucs et deux sont couronnés de pampres; on remarque aussi, suspendus au tronc ou aux rameaux, une peau de panthère, le tympanum, des *tintinnabula,* la syrinx et une guirlande tressée qui descend sur la table et jusque sur le sol. D'un arbre à l'autre, enfin, s'étend un grand voile qui ombrage toute la scène.

Les anses du canthare sont formées, chacune, d'un double rameau torse, ajouré et taillé dans la gemme; des ceps de vigne chargés de raisins grimpent tout autour. Au point d'attache supérieure, les rameaux jumeaux s'allongent en sens inverse le long de la lèvre du vase et se terminent chacun par une énorme tête de pavot.

Haut., 125 mill.; larg. 184 mill., y compris les anses.

Pl. XLIII, fig. 368.

Telle est la description sèche et technique de cette coupe merveilleuse, taillée et affouillée dans une énorme gemme dont la photographie, ni même le pinceau du plus habile artiste, ne sauraient reproduire l'éclat, les reflets, la limpidité, la transparence, les tons diaprés qui passent du brun foncé ou clair aux nuances rouges, jaunâtres, laiteuses, cendrées, rappelant par places cette couleur de la corne ou de l'ongle, d'où est venu à la pierre le nom d'onyx. Le trésor dit *de Bernay* renferme des vases en argent qui rappellent ce canthare de sardonyx, à la fois par leur forme et les motifs de décoration ciselés sur leur pourtour. Mais je ne sais si le toreuticien s'est montré plus habile que le lithoglyphe pour reproduire en relief tout cet attirail des pompes dionysiaques, ces tableaux champêtres encadrés de vieux arbres auxquels se marient des lianes grimpantes, du lierre ou des ceps de vigne. Ici, douze masques riants ou grimaçants, glabres ou hirsutes, cornus, voilés, couronnés de lierre ou de laurier, ou ceints de la torsade de laine blanche, sont accrochés, au hasard, dans le feuillage ou répandus sur le sol. L'ample *velum* des mystères s'étend au-dessus de l'abaque chargée d'offrandes, d'ex-votos et des vases qui servent d'ordinaire aux libations orgiastiques. La corbeille, tressée de branches de lierre et d'où s'élance un serpent, est la ciste mystique, *textam de vimine cistam*, dit Ovide, qui renferme les secrets de la divinité, *tacita secreta cistarum* (Apul., *Metam.*, VI, 2). Dans ce rustique sanctuaire, au milieu des *oscilla* et des attributs du dieu de Nysa et de ses joyeux compagnons, les boucs bondissent, les panthères s'enivrent, les oiseaux — des grives sans doute — frétillent d'allégresse et d'impatience. On n'attend plus, pour célébrer la bacchanale, que le pontife de Bacchus et son cortège :

> Et te, Bacche, vocant per carmina laeta tibique
> Oscilla ex altâ suspendunt mollia pinu. (*Georg.*, II, 883.)

Tristan de Saint-Amant, en 1644, puis Caylus, Félibien et Montfaucon, au XVIIIe siècle, ont parlé avec enthousiasme de la coupe de Ptolémée, et les archéologues modernes n'ont fait que ratifier leur jugement. « Cet admirable vase, dit l'un d'eux, par la richesse de sa matière et la beauté de son travail, est peut-être la production antique de ce genre la plus merveilleuse qui existe... Qu'on examine la manière dont ce vase a été évidé et dont les anses ont été ménagées adroitement dans la masse; que l'œil pénètre dans les cavités profondes et les dessous des détails, on verra que ces masques, ces vases, ces animaux, ces feuillages sont autant de camées, pour la plupart finement gravés, et presque détachés du fond auquel souvent ils ne tiennent que par quelques points, et dont même, çà et là, les branchages sont entièrement séparés. L'on jugera de la difficulté du travail, du temps qu'il a fallu pour ébaucher ce vase dans le bloc de sardonyx et lui donner l'ensemble de sa forme, pour le terminer, le graver et le polir, dernière et très longue opération, et l'on ne sera pas éloigné de croire que ce chef-d'œuvre ait exercé pendant plusieurs années le talent et la patience du graveur [1]. »

Il n'y a guère, dans les collections de l'Europe, que deux autres vases de sardonyx qu'on puisse comparer à celui-ci sans trop de disproportion artistique. C'est la coupe du musée de Naples connue sous le nom de *Tasse Farnèse*, sur laquelle est sculptée une scène empruntée

1. Clarac, *Musée de sculpture*, t. II, pp. 417 à 421.

à la mythologie égyptienne [1]; c'est, en second lieu, le vase de Saint-Martin, à l'abbaye de Saint-Maurice-d'Agaune, sur lequel l'artiste a sculpté un sujet homérique, peut-être Achille à Scyros, au milieu des filles de Lycomède [2].

L'histoire de notre canthare est enveloppée de nuages et se perd dans des légendes apocryphes. C'est uniquement, sans doute, à cause de la célébrité de la dactyliothèque et de la collection des vases précieux de Mithridate [3], que le nom du fameux roi de Pont s'est trouvé, à l'époque moderne, mêlé aux origines de notre coupe. De ce que Mithridate possédait des camées, des intailles, des vases ornés de pierres précieuses (*gemmata potoria*) qui éblouirent les Romains, lors des triomphes de Lucullus et de Pompée, et de ce que ce dernier consacra au temple du Capitole la dactyliothèque du roi de Pont, on ne saurait raisonnablement en conclure, même sous la forme d'une hypothèse, que notre canthare a fait partie de ce riche butin qui répandit à Rome le goût des gemmes sculptées. La tradition qui l'a décoré du nom de *Coupe de Ptolémée* ou *des Ptolémées* est plus accréditée, mais elle ne mérite pas plus de créance. Elle ne paraît pas, d'ailleurs, antérieure à Tristan de Saint-Amant, qui suppose que notre canthare était au nombre des vases précieux, décorés de sujets bachiques, qui figurèrent dans la pompe triomphale de Ptolémée II Philadelphe. Athénée raconte, en effet, d'après Callixène de Rhodes, qu'on vit à Alexandrie, ce prince, affublé en Bacchus et environné de nymphes et de satyres portant des thyrses, des coupes, des canthares d'or et d'onyx [4]. Mais, quelqu'ait été le luxe de ces pompes dionysiaques et quelque rapprochement que l'on puisse tenter entre les vases signalés par Athénée et notre canthare, c'est faire un roman que d'appeler celui-ci « Coupe de Ptolémée ». Tout ce qu'il est permis de conjecturer, c'est qu'il a pu être fabriqué en Égypte, sous les Ptolémées, parce que la mode des camées et des vases et joyaux d'onyx prit naissance en Égypte ; les plus belles des agates de l'antiquité qui n'ont pas été sculptées à Rome, paraissent l'avoir été à Alexandrie.

Quand nous arrivons au moyen âge, nous trouvons notre canthare parmi les joyaux du Trésor de Saint-Denis. On avait transformé en

1. V. Duruy, *Hist. des Romains*. t. VII, p. 205 ; E. Müntz, *Hist. de l'art pendant la Renaissance*, t. I, p. 696, note ; E. Babelon, *La gravure en pierres fines*, pp. 140-141.

2. Edouard Aubert, *Le Tresor de Saint-Maurice-d'Agaune*, pl. XVI à XVIII ; E. Babelon, *La gravure en pierres fines*, p. 216 ; on peut encore citer le grand vase en sardonyx de Brunswick, connu sous le nom de vase Gonzague, publié dans l'*Allgemeine Kunstchronik*, 10e livr., 1895 (H. Brunn en avait suspecté l'authenticité ; on propose ici de le faire remonter à l'époque d'Auguste).

3. Pline, *Nat. hist.*, XXXVII, 4.

4. Athénée, *Deipnosophistae*, V, 29 et 30 ; cf. Ch. de Linas, *Les origines de l'orfèvrerie cloisonnée*, t. I, p. 164.

calice cette coupe toute pleine des souvenirs des Bacchanales ; elle était montée sur un pied d'or rehaussé de pierreries, et les reines de France y buvaient le jour de leur couronnement, après avoir communié. C'est l'inventaire du Trésor de Saint-Denis, publié en 1638, par dom Germain Millet, qui nous donne ces piquants détails dans la description que voici :

« Un autre calice avec les deux anses et le pied, tout d'une seule agathe, fort large et profonde, pièce si précieuse et si riche, qu'elle est sans prix et sans estimation. Ce vase, outre la matière dont il est fait, est gravé tout autour, et embelly de plusieurs figures d'arbres, d'hommes et d'oyseaux, toutes tirées de la mesme agathe, taillées et relevées en bosse, avec un artifice admirable ; aussi, tient-on par tradition ancienne que l'ouvrier y employa trente ans. Ce vaisseau est une des plus rares et riches pièces de ce genre qui soit dans l'univers. Outre cela, il est enrichi de bandes et cercles de fin or et de nombre de saphirs, émeraudes, grenats et perles orientales. La platine de ce calice est de porphire verd, tanelée et semée de petits poissons d'or, entaillez au dedans, garnie d'une bordure d'or, enrichie de pierres précieuses. Les reines de France prennent l'ablution en ce calice, après la sainte communion, le jour de leur couronnement. Ce précieux joyau a été donné par le roi Charles, IIIe du nom, surnommé le Simple, fils de l'empereur Louis le Bègue, comme il appert par ces deux petits vers gravés sur le pied :

Hoc vas, Christe, tibi dicavit
Tertius in Francos regmine Karlus [1].

Nous reproduisons ci-après d'après un dessin donné dans Félibien, l'image de notre canthare avec sa monture qui n'existe plus aujourd'hui, et dans laquelle on doit, vraisemblablement, reconnaître un travail byzantin du IXe siècle. Mais l'inscription gravée sur le pied et que rapporte dom Millet, était moins ancienne : elle fut ajoutée au XIIe siècle, au temps et vraisemblablement par les soins de Suger qui prit à tache de fixer la tradition en affirmant, d'après elle, qu'un prince carolingien, du nom de Charles, fit présent de ce *carchesium* au trésor de l'abbaye. Visconti [2], remarquant que les vers forment des hexamètres tronqués, a proposé de les restituer ainsi :

Hoc vas, Christe, tibi [devota] mente dicavit
Tertius in Francos [sublimis regmine] Karlus.

1. G. Millet, *Le trésor sacré ou inventaire des saintes reliques et autres précieux joyaux qui se voient en l'église et au trésor de Saint-Denys*, p. 110 de l'édition de 1646 (1re édit. en 1638, in-12).

2. Visconti, *Museo Pio Clementino*, t. V, p. 71.

Il n'est point certain que ce roi Charles, troisième du nom, soit Charles le Simple, plutôt que Charles le Chauve.

On peut voir, dans la gallerie d'Apollon, une soucoupe de serpentine, montée en or, que dom Félibien désigne sous le nom de Patène du

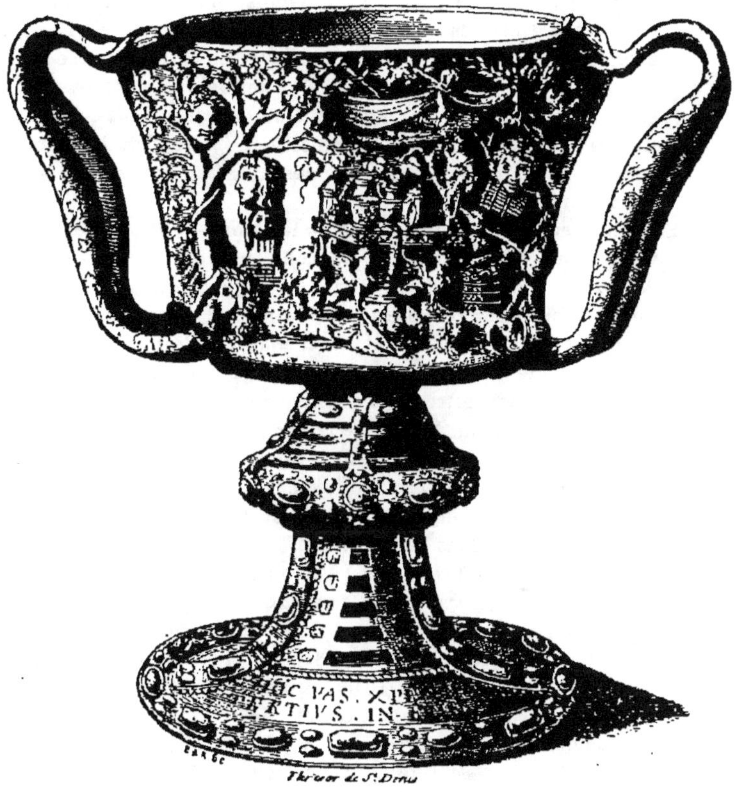

Thrésor de S.t Denis

calice de Suger [1]. Cette patène a accompagné aussi, au moins pendant un certain temps, la coupe de Ptolémée transformée en calice : c'est ce que disent formellement les anciens inventaires de Saint-Denis, notamment celui de dom Millet que nous avons reproduit tout à l'heure.

1. Darcel, *Notice des émaux du Louvre. Supplément* par E. Molinier, p. 554, n° D, 927 ; Ch. de Linas, *Les origines de l'orfèvrerie cloisonnée*, t. I, pp. 257 et suiv. ; Barbey de Jouy, *Gemmes et joyaux de la Couronne*, pl. VIII.

Le vendredi, 30 septembre 1791, en exécution de la loi sur l'aliénation des trésors des églises, la Coupe dite de Ptolémée fut transportée de Saint-Denis au Cabinet des Médailles, avec plusieurs autres précieux monuments. Le 16 février 1804, elle fut volée avec le grand Camée, dans les circonstances que nous avons rapportées plus haut (ci-dessus, p. 133 et suiv.). Mais, tandis que le grand Camée était retrouvé à Amsterdam, la coupe de Ptolémée avait suivi une autre direction : elle fut retrouvée en brumaire an XIII, enterrée sous une haie, dans le jardin de la mère de l'un des voleurs à Rozoy-sur-Serre, entre Laon et Rocroi[1]. La monture était fondue comme celle du grand Camée ; seulement, plus heureuse que cette dernière, son souvenir nous est conservé par un dessin qu'on doit aux religieux de Saint-Denis.

Sous le Premier Empire, on donna à la Coupe de Ptolémée, comme au Grand Camée, une monture nouvelle en bronze doré, exécutée par A. Delafontaine. Plus tard, vers 1832, on jugea que ce pied moderne, que le Cabinet des Médailles possède encore, n'était pas en harmonie avec le style de la coupe et il fut enlevé. C'est dépouillé de tout ornement que le célèbre *carchesium* ou canthare bachique figure aujourd'hui dans notre vitrine d'honneur.

Bibl. — Dom Germain Millet, *Le trésor sacré... de Saint-Denys*, p. 110 (édit. de 1646) ; Tristan de Saint-Amant, *Commentaires historiques*, t. II, p. 603 (in-f°, 1644) ; Félibien, *Histoire de l'abbaye de Saint-Denis*, p. 545 ; Montfaucon, *L'antiquité expliquée*, t. I, 2° part., p. 256 ; Caylus, dans les *Mémoires de l'Académie des Inscriptions* t. XXIII, 1756, pp. 354 et suiv. ; Visconti, *Musso Pio-Clementino*, t. V, p. 71 ; Koehler, *Description d'un vase antique de sardonyx* (Saint-Pétersbourg, 1800) ; T. Dumersan, *Notice des monumens exposés dans le Cabinet des Médailles* (éd. de 1819), p. 41 ; Marion du Mersan, *Hist. du Cabinet des Médailles* (1838), p. 57, n° 14, et pp. 177-178 ; Millin, *Galerie mythologique*, pl. CLXVI, fig. 273 ; Muller et Wieseler, *Denkmäler der alten Kunst*, t. I, pl. L, n° 626 ; Creuzer, trad. Guigniaut, *Religions de l'Antiquité*, pl. CCXXXVIII, n° 487 ; Clarac, *Musée de sculpture*, t. II, pp. 417 à 421 et pl. CXXV ; Chabouillet, *Catalogue*, n° 279 ; l'abbé Cochet, *Le tombeau de Childéric*, p. 392 ; King, *The handbook of engraved gems* (1866, in-12), pl. à la p. 285 ; E. Babelon, *Le Cabinet des Antiques*, p. 145 et pl. XLV ; Marquardt, *La vie privée des Romains*, trad. V. Henry, t. II, p. 429 ; H. Middleton, *The engraved gems of classical times*, p. 62 ; Baumeister, *Denkmæler d. klass. Altertums*, t. I, p. 430, fig. 478 ; *Dictionnaire des*

1. Voyez aux *Archives nationales*, le dossier coté F 7. 3069 (Brumaire an XIII) concernant cette affaire. C'est à tort que Marion du Mersan (*Hist. du Cabinet des Médailles*, p. 178) dit que la coupe des Ptolémées fut retrouvée au village d'Ornoy près Laon.

antiquités grecques et romaines de Daremberg et Saglio, art. *Bacchus*, p. 625; art. *Carchesium*, p. 919; art. *Donarium*, p. 371, fig. 2531 et art. *Gemmæ*, p. 1476, fig. 3516; V. Duruy, *Hist. des Romains* t. II, pp. 632-633 (chromo); E. Babelon, *La gravure en pierres fines*, p. 137, fig. 105; Theod. Schreiber, *Kulturhistor. Bilderatlas. Altertum*, pl. XIV, fig. 11.

369. **Persée délivrant Andromède.** Le héros, vu de dos et de profil, à droite, est nu, imberbe, les cheveux courts et frisés. Il étend le bras droit et saisit le bras d'Andromède allongé vers lui. De la main gauche, ramenée sur ses reins et enveloppée d'une chlamyde, il tient dissimulée la tête de la Gorgone. — Travail du Ier siècle, d'une remarquable finesse.

Fragment : les jambes de Persée ont disparu; de la figure d'Andromède il ne reste que le bras droit et un bout de draperie flottante. Derrière Persée, on aperçoit la main d'un troisième personnage qui tient un bouclier et deux javelots.

Débris d'un vase en pâte de verre imitant la sardonyx. Fond bleu foncé; figures blanches en haut relief.

Haut., 38 mill.; larg., 40 mill. Pl. XVI, fig. 369.

Donné au roi par Caylus, vers 1750.

Bibl. — Caylus, dans les *Mémoires de l'Académie des Inscriptions et Belles-Lettres*, 1756, t. XXIII, p. 366 (dessin de Bouchardon); T. Dumersan, *Notice des monumens exposés dans le Cabinet des médailles* (1819), p. 20, avec fig.; le même, éd. de 1828, p. 28; Marion du Mersan, *Hist. du Cabinet des médailles* (1838), p. 131; Chabouillet, *Catalogue*, nº 3400. — Comparez ci-après, nº 370, un fragment d'un vase analogue.

370. **Bacchant tenant un bouc** (scène de sacrifice?). Il reste seulement une partie du torse et des jambes du Bacchant ou du sacrificateur, avec la main qui tient le bouc par les cornes. Une draperie enveloppe les reins du personnage; devant lui, on aperçoit un fragment de vase, couché, dont il versait sans doute le contenu sur l'autel; derrière le bouc, dont il ne reste que la tête, on distingue la partie inférieure du torse d'une figure d'homme. — Travail remarquable, de l'époque romaine.

Pâte de verre imitant un camée à deux couches; le fond est bleu foncé et les figures en relief sont blanches.

Haut., 250 mill.; larg., 480 mill. Pl. IX, fig. 370.

Trouvé à Arles au XVIIIe siècle, et donné au Roi par Caylus, en 1762, ce morceau, si mutilé, faisait partie d'un grand et beau vase; comparez le fragment analogue, décrit ci-dessus, sous le numéro 369.

BIBL. — Caylus, *Recueil d'antiquités,* t. III, p. 330 et pl. LXXXIX, n° 11; Marion du Mersan, *Hist. du Cabinet des Médailles* (1838), p. 131; Chabouillet, *Catalogue,* n° 3401. — Les plus célèbres monuments du même genre sont le *Vase Barberini* ou *Portland* au Musée britannique et le *Vase des Vendanges,* au musée de Naples; il y en avait également quelques remarquables spécimens dans les collections Charvet et J. Gréau. (Montfaucon, *L'antiquité expliquée,* t. V, pl. 19; *A catalogue of engraved Gems in the British Museum,* p. 225, n° 2312; W. Froehner, *La verrerie antique,* pp. 45 et suiv.)

371. **Serpent devant un autel.** Le serpent et l'autel, très mutilés, sont à peine reconnaissables (il s'agit peut-être d'un autel de Cérès).

Fragment d'un vase en pâte de verre, à deux couches, bleu foncé et blanche, les figures se détachant en relief.

Haut., 50 mill.; larg., 60 mill. Pl. XX, fig. 371.

BIBL. — Chabouillet, *Catalogue,* n° 3402. Comparez le camée n° 124.

372. **Buste de femme.** Fragment; il ne reste que la tête et l'épaule d'une femme, vue de trois quarts, en relief, sur un fond plat; à la hauteur de sa tête, une petite portion d'un disque qui pourrait bien être un tympanon (?) — Époque romaine; travail médiocre.

Pâte de verre bleu clair. Fragment de vase.

Haut., 24 mill.; larg., 37 mill.

373. **Gondole de sardonyx,** avec une monture en argent doré. La gemme est taillée en forme de nef allongée, à dix côtes ou godrons. La large bordure métallique qui sertit et surmonte le bord de la coupe forme autant d'arceaux qu'il y a de godrons dans la gemme. Chacun d'eux est décoré d'une pierre fine ovoïde, en cabochon, dont la bâte est entourée d'un cordonnet granulé, et cantonnée de quatre émaux cloisonnés,

aussi remarquables par la finesse d'exécution que par l'éclat des couleurs. Dans les intervalles, courent de capricieux rinceaux en cordonnet granulé. Le pied, aussi d'argent doré, adapté à la nef de sardonyx, est légèrement allongé et rattaché à la bordure supérieure par une série de chaînettes qui séparent et soulignent les godrons de la gemme. Le bord du pied, enfin, est évasé, et décoré sur tout son circuit d'un cordonnet granulé qui dessine des festons élégants et symétriques.

Long., 210 mill.; larg., 76 mill.; haut., 87 mill.

Pl. XLIV, fig. 373.

Cette coupe, dont la forme est si élégante et l'ornementation d'un goût si achevé, a fait partie du Trésor de l'abbaye de Saint-Denis jusqu'à la Révolution. Au mois de septembre 1791, elle fut apportée au Cabinet des médailles, et le procès-verbal de transfert qui fut rédigé à cette occasion, la décrit : « Une cuvette de sardoine orientale, a godron, avec son pied d'argent doré et sa bordure de même matière » (voyez notre *Introduction*). Dans l'Inventaire du Trésor de Saint-Denis, publié en 1638, par dom Germain Millet, on la désigne comme il suit : « Une excellente gondole d'agathe, gauderonnée dedans et dehors, avec le pied de la mesme agathe garny d'argent doré. » Enfin, dans l'Inventaire de dom Félibien, en 1706, on lit : « Gondole faite d'une agathe onix dont la garniture est d'or enrichie de pierreries. »

Nulle tradition historique ou légendaire ne nous fait savoir comment ni à quelle époque le Trésor de Saint-Denis s'était enrichi de ce beau vase. Jules Labarte croit qu'il se rattache par sa monture à l'orfèvrerie byzantine. S'il n'est pas, selon ce savant, aussi sûrement byzantin qu'un certain nombre de monuments d'orfèvrerie conservés dans les trésors de Monza et de Saint-Marc de Venise, par exemple, et dont l'origine nous est connue par des témoignages historiques, du moins il prend place, incontestablement, à côté d'œuvres telles que la croix de Lothaire à Aix-la-Chapelle, la couverture de l'évangéliaire de Saint-Emmeran à Ratisbonne, le reliquaire de saint André à Trèves, le calice de saint Remi à Reims, monuments qu'on est autorisé à attribuer aux orfevres grecs qui accompagnèrent la princesse Théophanie en Allemagne en 972 : ces chefs-d'œuvre de l'orfèvrerie rhénane du xe siècle dérivent, en effet, de l'art byzantin par le style et les procédés techniques, et si l'on ne veut pas en faire directement honneur aux artistes de Byzance, du moins ne peut-on se refuser à y reconnaître leur influence immédiate.

Telle est l'opinion de Labarte; mais, doit-on suivre jusqu'au bout ce savant, lorsqu'il admet, sur l'autorité de Felibien, que notre gondole figure au nombre de vases gemmés dont Suger enrichit le Trésor de Saint-Denis? Suger l'aurait reçue de Thibaud le Grand, comte de Blois et de Champagne, à qui le roi de Sicile l'aurait envoyée. C'est en vain que j'ai lu et relu les chapitres de l'ouvrage de Suger où se trouvent décrites ces généreuses donations ainsi que les libéralités du comte Thibaut [1] ; je n'ai trouvé la mention d'aucun vase de sardonyx dont la description se rapporte d'une manière précise à une gondole godronnée et montée en argent doré [2].

Bibl. — Dom Germain Millet, *Le trésor sacré... de Saint-Denis en France*, p. 131 de l'édition de 1638, et p. 123 de l'édition de 1645; Dom Félibien, *Hist. de l'abbaye de Saint-Denis*, p. 543 et pl. IV, nº BB ; Chabouillet, *Catalogue*, nº 280 ; Paul Lacroix et Ferd. Seré, *Hist. de l'orfèvrerie-joaillerie*, p. 29 ; Jules Labarte, *Histoire des arts industriels au moyen âge*, t. I, pp. 332 et 342 ; E. Babelon, *Le Cabinet des Antiques*, p. 211 et pl. LVII.

374. **Gondole de jade.** Le récipient a la forme d'une vasque très allongée, à bords arrondis, sans ornement. Le pied, peu élevé, est carré.

Jade vert moucheté.

Long., 227 mill.; larg., 85 mill.; haut., 58 mill.

Cette coupe oblongue, qui n'est plus qu'une sorte de petite auge de jade, sans intérêt artistique et archéologique, était restée, jusqu'au commencement de ce siècle, entourée d'une monture d'orfèvrerie qui en faisait un inappréciable joyau. Dérobée en 1804, avec le grand Camée, la coupe de Ptolémée et la gondole de sardonyx nº 373, elle fut dépouillée de cette monture que les voleurs jetèrent au creuset, si bien qu'après l'arrestation des criminels à Amsterdam, la police ne put ressaisir que la gemme nue, telle que nous la voyons à présent (ci-dessus, *Introduction* et p. 135). Cette mutilation est rendue plus regrettable encore par les souvenirs historiques qui se rattachent à ce monument. Avant la Révolution, il faisait, comme la gondole précédente, partie du Trésor de l'abbaye de Saint-Denis à laquelle il avait été

1. *Œuvres de Suger*, édit. Lecoy de La Marche, pp. 195, 207 et suiv.; cf. dom Félibien, *Hist. de l'abbaye de Saint-Denis*, p. 175 ; J. Labarte, *Hist. des arts industriels au moyen âge*, t. I, p. 342.

2. Une vérification superficielle, à la pierre de touche, exécutée il y a quelques années, par un orfèvre de Paris, avait fait croire que la monture de notre gondole était en or, et non pas en argent doré, comme le disent les inventaires. Mais une nouvelle épreuve faite récemment, sur ma demande, a démontré sans réplique que cette monture est bien en argent doré : seulement, la couche de dorure est très épaisse.

donné en 1214, par l'abbé Suger. Le ministre de Louis VI et de Louis VII en parle dans le livre *De son administration*[1]; il le qualifie de *vas preciosissimum de lapide prasio ad formam navis exculptum*, et il attribue la riche monture dont il était muni à saint Éloi, le grand artiste auquel le moyen âge rapportait toutes les œuvres d'orfèvrerie ancienne qui l'émerveillaient. Avant d'appartenir à Suger, le précieux vase était au roi Louis VI lui-même, qui, dans un moment d'embarras financier, avait été obligé de le donner en gage à des prêteurs. Dix ans plus tard, Suger, avec l'autorisation du Roi, le racheta soixante marcs d'argent; ce fut alors qu'il l'offrit à Saint-Denis, ce dont il se réjouit en insistant de nouveau sur sa beauté et son état de parfaite conservation : *tam pro preciosi lapidis qualitate quam integrâ sui quantitate mirificum*[2]. L'image du vase, avec sa monture quadrilobée, que donne dom Félibien dans son *Histoire de l'abbaye de Saint-Denis* (pl. IV, lettres CC), est malheureusement trop exigue pour que nous puissions nous faire quelque idée du mérite artistique de cette monture qui était vraisemblablement de travail byzantin ou rhénan.

BIBL. — Dom Félibien, *Hist. de l'abbaye de Saint-Denis*, p. 543, pl. IV, CC ; T. Dumersan, *Notice des monumens exposés dans le Cabinet des Médailles*, éd. de 1819, p. 42 ; Marion du Mersan, *Hist. du Cabinet des Médailles* (1838), p. 48; Chabouillet, *Catalogue*, nº 281 ; E. Babelon, *Le Cabinet des Antiques*, p. 211.

375. **Soucoupe de sardonyx.** Elle est hémisphérique et peu profonde; le bord est décoré d'ornements échancrés, en guise d'anses; le pied, peu élevé, a une moulure.

Sardonyx brune, avec taches blanches et rousses en forme de nuages.

Diam., 160 mill.; haut., 50 mill.

Cette soucoupe et le gobelet suivant (nº 376), ont été achetés par Louis XIV, en 1708, au voyageur Paul Lucas, qui les avait rapportés du Levant (voyez notre *Introduction*).

376. **Gobelet de sardonyx.** La lèvre est ornée d'une moulure, et la

1. *Œuvres de Suger*, publiées par A. Lecoy de La Marche, p. 207.

2. Voici le passage entier de Suger, qui concerne ce vase : « *Aliud etiam vas preciosissimum de lapide prasio, ad formam navis exculptum, quod rex Ludovicus Philippi per decennium fere vadimonio amiserat, cum nobis ad videndum oblatum fuisset, ejusdem regis concessione sexaginta marcis argenti comparatum, cum quibusdam floribus coronæ imperatricis beato Dionysio obtulimus. Quod videlicet vas, tam pro preciosi lapidis qualitate quam integra sui quantitate mirificum, inclusorio sancti Eligii opere constat ornatum, quod omnium aurificum judicio preciosissimum æstimatur.* »

panse, d'un cordonnet en relief. Fragment (la moitié manque).

Diam., 69 mill.; haut., 67 mill.

377. **Fragment de vase.** Il ne reste qu'une portion de la panse, ornée d'un renfoncement hémisphérique, avec les extrémités d'une anse. Ce morceau de sardonyx paraît avoir fait partie d'un vase remarquable et très grand.

Haut., 90 mill.; long., 87 mill.

378. **Fragment d'un petit vase.** Il ne reste que la lèvre ornée de godrons.

Sardoine blonde.

Long., 45 mill.; haut., 24 mill.

Trouvé en Syrie et donné par F. de Saulcy, en 1869.

379. **Coupe du roi Chosroès II.** Cette coupe précieuse, qui occupe une place importante dans l'histoire de l'orfèvrerie cloisonnée, a la forme d'un plat circulaire, peu profond, muni d'un pied très bas. Ses parois sont formées d'un réseau en or, ajouré, travaillé au marteau, qui sert d'armature ou de châssis à des médaillons en cristal et en verre de couleur. Au centre, est le médaillon principal, en cristal de roche; on y voit, sculpté en relief, comme un camée, — le relief faisant saillie sous la coupe, du côté convexe, — le roi Chosroès II, en costume d'apparat, assis, de face, sur un trône dont les pieds sont des chevaux ailés, aux ailes recroquevillées, souvenir du Pégase classique. Les effets de perspective sont traités avec une naïveté dont l'art oriental nous offre maints exemples; l'artiste s'est trouvé embarrassé pour rendre le dossier du siège, sans mettre de la confusion dans son dessin. Ce dossier, qui devrait être figuré au second plan, derrière le roi, est placé tout bonnement à côté de lui, et représenté par une sorte de treillis losangé.

L'identification iconographique de la figure royale à Chosroès II (*Kosrou Parviz*), roi de Perse de 590 à 628 après J.-C., et non pas, comme on l'a cru longtemps, à Chosroès Ier (531-579), est fondée sur la ressemblance parfaite de cette figure avec l'effigie monétaire de ce prince, et sur la forme de la tiare royale, qui, on le constate par les monnaies, changeait pour chaque souverain.

Le roi a les cheveux partagés en deux grosses touffes frisées qui retombent sur ses épaules, coiffure qui lui est commune avec la plupart des princes sassanides; il a la barbe courte, non frisée; le tissu de sa tunique ou *candys* est parsemé de pierreries. Des deux mains, il s'appuie sur le pommeau de son épée dont le fourreau est richement ciselé. Sa tiare est ornée d'un croissant et de pointes crénelées; un autre croissant, supportant le globe solaire, est fixé au-dessus du premier; il s'en détache deux bandelettes flottantes. A la partie inférieure de la tiare, sont adaptés des fanons. Enfin, deux autres rubans, plus grands encore, paraissent se détacher de la tunique elle-même : ce sont les bouts de la ceinture religieuse appelée *costi*, que Firdousi, dans le *Schah Nameh*, signale, avec la tiare et le trône, comme un des emblèmes essentiels de la royauté. Les chaussures du monarque sont elles-mêmes richement enrubanées. Ses pantalons ou *anaxyrides* sont pareils à ceux que portent les Sassanides sur tous leurs monuments : de larges et flottants qu'ils sont en haut, ils diminuent graduellement de façon à être collants à la cheville [1].

Autour du grand médaillon central, on voit trois rangées concentriques de disques colorés, translucides, alternativement blancs et rouges. Les disques blancs sont en cristal de roche; les disques rouges, en verre coulé; les uns et les autres sont décorés d'un fleuron épanoui, gravé en relief (pour les cristaux) comme le médaillon du milieu. Des losanges et des triangles, remplis par des verres unis, de couleur verte, sont aussi découpés à jour dans les intervalles ménagés entre les trois rangées des disques circulaires. Enfin, une bordure d'hyacinthes et de verres grenat, dont les petits cubes sont enchâssés dans des bâtes closes, court sur la lèvre intérieure de la coupe et autour du disque central.

1. Au costume de Chosroès II que nous venons de décrire, comparez notamment le costume du même prince, sur le camée n° 361, et celui de Sapor, sur le camée n° 360

Sur la paroi intérieure du pied annulaire, en or, on lit une inscription tracée à l'aide d'une pointe légère, en caractères pehlvis, indéchiffrables, dont voici le fac-simile :

Dimensions :

Diamètre : vase entier, 0^{m} 2825^{d} ; disque central, 0^{m} 075^{m}; grands disques, 0^{m} 034^{m} ; moyens disques, 0^{m} 021^{m}; petits disques, 0^{m} 018^{m}. — Largeur des cloisons : épaisses, 0^{m} 004^{m} ; minces, 0^{m} 0015^{d}. — Les écussons triangulaires et les grands losanges ont environ 0^{m} 015^{m} de côté ; les petits losanges, 0^{m} 012^{m}. — Les hyacinthes de la lèvre mesurent 0^{m} 007^{m} sur 0^{m} 004^{m}; celles de la bordure intérieure, 0^{m} 012^{m} sur 0^{m} 006^{m}. — Profondeur centrale, 0^{m} 030^{m}. — Hauteur du pied, 0^{m} 0125^{d}. Pl. XLV, fig. 379.

La coupe de Chosroès, avec ses verres de couleur maintenus dans une armature ajourée ou dans des cavités à fond métallique, est le plus remarquable échantillon que l'on puisse citer d'un genre d'orfèvrerie cloisonnée que Charles de Linas a défini : « un travail particulier de joaillerie qui consiste à incruster *à froid*, dans des alvéoles d'or, ou par extension, dans une plaque de métal découpée à jour, soit des pâtes vitreuses, soit des lames de verre, soit des pierres précieuses taillées en table, soit enfin des cabochons, disposés de manière à former un ensemble décoratif, une sorte de mosaïque [1]. » Ce genre d'orfèvrerie, qui précéda naturellement le procédé plus compliqué, qui consistait à fondre l'émail pour le répandre liquide dans les interstices d'un cloisonnage métallique, est, dans la coupe de Chosroès, le même que dans les bijoux merovingiens, d'où l'on a conclu que l'art sassanide avait été imité par les Barbares.

Avant la Révolution, on conservait dans le Trésor de l'abbaye de Saint-Denis, sous le nom de *Tasse de Salomon*, la précieuse coupe sassanide que nous venons de décrire. Dom Doublet la signale en ces termes, en 1625 : « Une très riche tasse, garnie de son pied d'or, qui est la tasse du sage roy Salomon, enrichie sur le bord de hyacinthes ; au dedans de très beaux grenats et de très belles esmeraudes, aussi au fond d'un très excellent et grand saphir blanc entaillé, à enlevure

[1] Ch. de Linas, *Les origines de l'orfèvrerie cloisonnée*, Préliminaires, t. I, p. 1.

par dehors, de la figure au naturel dudit Roy séant en son throsne, avec un escalier orné de lyons de part et d'autre, à la façon qu'on le voit représenté dedans la Sainte Bible. Cette tasse donnée par l'Empereur et Roy de France, Charles le Chauve [1]. »

Dans l'Inventaire du Trésor de Saint-Denis, rédigé en 1634 et encore manuscrit, la coupe sassanide est décrite comme il suit :

« Item, une tasse d'or garnie d'un pied d'or que lesdits religieux disoyent estre le plat de Salomon, garny par le bord de hyacinthes et LV places vuides, et au dessous dudit bord, neuf grands ronds de cristal et neuf autres grands ronds de grenat entaillez, les deux cassés en deux pièces ; entre lesdits ronds et ledit bord, dix-huit escussons de verre vert ; et au dessous desdits grands ronds, neuf ronds de cristal et neuf ronds de grenat moindres que les dessusdits, entaillés comme les dessusdits ; entre lesdits grands ronds et les dessusdits moindres, dix huit lozanges de verre vert; au dessous desdits ronds moindres, neuf autres petits ronds de cristal et neuf de grenat ; et entre lesdits petits et moyens ronds dix-huit lozanges de verre vert ; tous lesdits ronds taillez en fleurs enlevez à quatre pampes ; dessous lesdits petits ronds un grand rond faisant le milieu du fond dudit plat, bordé de onze hiacinthes, les deux cassées en deux pièces et douze places vuides ; entre lesdits petits ronds et ledit grand rond dix-huit places vuides d'escussons de pierre ; au milieu dudit rond, un grand rond de cristal entaillé à enleveure par dehors d'un personnage d'homme qu'on disoit estre Salomon [2]. »

En 1640, dom Germain Millet fait de la coupe de Chosroès une description copiée sur celle de dom Doublet : « Une très riche tasse d'or, qui servit jadis au grand roy Salomon, enrichie de hyacinthes par le bord, et au dedans, de grenats et d'esmeraudes très fines, au fond d'un très beau saphir blanc, sur lequel est entaillé à demy relief la figure dudit Roy séant en son throsne, tel que l'Escriture saincte le représente au troisième livre des Rois, chap. 10. Cette tasse a esté donnée par l'empereur Charles-le-Chauve [3]. »

En 1706, dom Félibien consacre à la coupe de Chosroès cette courte mention : « Espèce de sous-couppe d'or ornée de crystaux de différentes sortes de couleurs. Au milieu, l'on y voit un Roy assis dans son trosne [4]. » La description du savant religieux est reproduite en

1. Dom F.-J. Doublet, *Histoire de l'abbaye de Saint-Denys*, t. I, p. 342. Paris, 1625.

2. *Inventaire manuscrit du trésor de l'abbaye de Saint-Denis, dressé en 1634.* Archives nationales, LL. 1327, fol. CXVI, 5. Cf. Charles de Linas, *Les origines de l'orfèvrerie cloisonnée*, t. I, p. 226, note.

3. Dom G. Millet, *Le trésor sacré ou inventaire, etc., de Saint-Denys*, p. 129. Paris, 1640.

4. Dom Félibien, *Histoire de l'abbaye royale de Saint-Denys en France*, p. 543.

1783, dans un guide des visiteurs à Saint-Denis [1], et comme le nom de Salomon n'est plus prononcé, il est permis de croire que, dès le commencement du XVIIIe siècle, les critiques élevaient déjà des doutes au sujet de l'attribution traditionnelle de la fameuse Tasse salomonienne.

Quoi qu'il en soit, ce fut en 1786 seulement, que Mongez émit formellement l'opinion que le personnage représenté sur l'*emblema* de la coupe de Saint-Denis, n'était point Salomon, mais un roi parthe de la dynastie des Sassanides [2]. Dans l'inventaire des monuments enlevés au Trésor de l'abbaye de Saint-Denis, le 30 septembre 1791, pour être déposés au Cabinet des Médailles, la coupe de Chosroès est ainsi désignée : « No 5. Un plateau de pièces rapportées, dans le fond duquel est encastré un morceau de cristal représentant un roi parthe gravé en creux. »

Mongez reprit, quelques mois plus tard, en 1792, l'étude de la coupe qu'il compare judicieusement aux monnaies et aux sculptures sassanides, puis il ajoute que ce beau vase « est probablement un don d'un de nos souverains, qui en aura fait l'acquisition dans l'Orient pendant les croisades [3]. »

On voit par là que si Mongez rejette l'attribution iconographique à Salomon, il n'accepte pas davantage la tradition des *Inventaires* de Saint-Denis, d'après laquelle le monument aurait été donné au Trésor de l'abbaye par Charles le Chauve. Y a-t-il donc lieu de repousser comme une légende, ce que nous disent les *Inventaires*, et l'hypothèse, greffée sur cette tradition, d'après laquelle la coupe aurait été déposée aux pieds de Charlemagne par les ambassadeurs d'Haroun-al-Raschid [4] ? Un passage des *Chroniques de Saint-Denis*, qui concerne la mort et les dispositions testamentaires de Charles le Chauve, semble, au premier abord, donner une réponse catégorique à cette question : il y est raconté, en effet, que Charles le Chauve, en 887, donna la tasse de Salomon au Trésor de l'abbaye : « Après (Charles le Chauf), donna laiens *le hanap Salomon* qui est d'or pur et d'émeraudes fines et fins granes, si merveilleusement ouvré que dans tous les royaumes du monde ne fu oncques œuvre si soubtille [5]. » Mais la plus ancienne rédaction des grandes Chroniques de Saint-Denis

1. *Le trésor de l'abbaye royale de Saint-Denys en France*, p. 14. Paris, Pierres, imprimeur, in-12, 1783.

2. Voyez deux mémoires de Mongez, insérés dans le recueil de l'Académie des Inscriptions, intitulé : *Littérature et Beaux-Arts*, t. IV, an XI, pp. 1 et 142.

3. Art. *Perses*, dans l'*Encyclopédie méthodique. Antiquités, Mythologie*, etc., t. IV, pp. 661, 663 et 664; cf. *Planches*, t. II, pl. 304, fig. 4, et p. 166 de la *Description*.

4. Ch. de Linas, *Les origines de l'orfèvrerie cloisonnée*, t. I, p. 230.

5. *Les grandes Chroniques de Saint-Denis*, éd. Paulin Paris, t. III, p. 66, année 877.

n'est pas antérieure au commencement du XIIIe siècle, et il est probable que le chroniqueur n'a fait qu'enregistrer la tradition courante à cette époque, sans se préoccuper de rechercher si l'on pouvait en faire remonter la source jusqu'aux temps carolingiens. Son témoignage ne sert donc, en réalité, qu'à nous faire constater qu'au XIIIe siècle, on croyait que la Tasse de Salomon venait de Charles le Chauve, et rien de plus. L'hypothèse de Mongez reste possible sinon probable : les Croisés qui ont pillé Constantinople en 1204, par exemple, peuvent, aussi légitimement que les ambassadeurs d'Haroun-al-Raschid, revendiquer des droits à notre reconnaissance. Les princes carolingiens, il convient toutefois de le rappeler, avaient recueilli de grands trésors d'orfèvrerie antique ou orientale qui ont dû contribuer, dans une large part, à enrichir les Trésors des églises et des monastères. Qu'il suffise, en particulier, de rappeler l'énumération des trésors artistiques dont le comte Everard, gendre de Louis le Débonnaire, fait la distribution à ses enfants, par son testament de l'année 827 [1].

Quant au nom de Salomon attaché à la coupe de Saint-Denis, les idées du moyen âge sur le plus fastueux des rois d'Israël suffisent à nous l'expliquer. Salomon, qui avait fait construire le Temple du vrai Dieu et l'avait enrichi des plus précieux ustensiles, vases et objets du culte, était devenu, dans la tradition chrétienne, comme saint Éloi, le type idéal de l'orfèvre et du toreuticien. Aux yeux des gens du moyen âge, ces merveilleux artistes furent censés avoir ciselé tous les ouvrages, d'origine inconnue, qui paraissaient des prodiges d'habileté: c'est là ce qu'on appelait l'*Œuvre Salemon*, *opus Salomonis*, quand ce n'était pas l'œuvre de saint Éloi [2]. On racontait couramment que le khalife Haroun-al-Raschid avait fait des présents aux princes étrangers avec les trésors artistiques du roi juif. On devine par là comment s'est formée la tradition attachée à la coupe de Chosroès; comment on fut amené à croire que ce chef-d'œuvre d'émaillerie cloisonnée était l'ouvrage de Salomon, et que le fils de David lui-même se trouvait représenté sur le disque central.

Bibl. — Dom F.-J. Doublet, *Histoire de l'abbaye de Saint-Denis*, t. I, p. 342 (Paris, 1625, in-fol.); dom Germain Millet, *Le Trésor sacré ou inventaire, etc. de Saint-Denys*, p. 129 (Paris, 1640, in-fol.); dom Félibien, *Histoire de l'abbaye royale de Saint-Denis en France*, p. 543 (Paris, 1706, in-fol.); *Le trésor de l'abbaye royale de Saint-Denys en France*, p. 14 (Paris, Pierres, imprimeur, 1783, in-12); Mongez, dans le recueil de l'Académie des Inscriptions intitulé *Littérature et*

1. Miraeus, *Opera diplomatica*, t. I, pp. 19 à 22.

2. Sur l'*Œuvre Salemon*, voyez A. de Longpérier, *Œuvres*, publiées par G. Schlumberger, t. I, pp. 442 et suiv.

Beaux-Arts, t. IV; le même, art. *Perses*, dans l'*Encyclopédie méthodique*, Antiquités, mythologie, etc., t. IV, pp. 661, 663 et 664; cf. planches, t. II, pl. 304, fig. 4, et p. 166 de la description des planches; T. Dumersan, *Notice des monumens exposés dans le Cabinet des Médailles*, éd. de 1819, p. 42; Marion du Mersan, *Hist. du Cabinet des Médailles*, 1838, p. 59; A. de Longpérier, *Notice sur quelques monuments émaillés du moyen âge*, 1842, p. 13; le même, *Annales de l'Institut archéol. de Rome*, 1843, t. XV, p. 100. (Cf. *Œuvres de Longpérier*, publiées par G. Schlumberger, t. I, p. 73); Chabouillet, *Catalogue*, n° 2538; Ch. de Linas, *Les origines de l'orfèvrerie cloisonnée*, t. I. Préliminaires, p. 1 et pp. 226 et suiv.; W. Frœhner, *La verrerie dans l'antiquité. Collection Charvet*, p. 55; E. Babelon, *Le Cabinet des Antiques*, pp. 61 à 66 et pl. XXI; M. Dieulafoy, *L'art antique de la Perse*, t. V, pl. XXII; Gerspach, *La verrerie*, p. 83; E. Babelon, *La gravure en pierres fines*, p. 199, fig. 151.

XXVII. GEMMES NON GRAVÉES

380. **Barillet** d'agate rubanée. Pendant de collier.

Monture en or, avec bordure ornée de denticules; à l'une des extrémités, une bélière de suspension.

Haut., 21 mill.; diam., 9 mill.

381. **Bouton** en agate, à couches orbiculaires et représentant presque naturellement un œil (*fascinus*). Forme ovoïde.

Long., 26 mill.; haut., 23 mill.

382. **Bouton** en agate, à couches orbiculaires et représentant presque naturellement un œil (*fascinus*). Forme ronde.

Diam., 24 mill.

Donné par Auguste Lhérie, en 1857.

Bibl. — Chabouillet, *Catalogue*, n° 146. — Comparez ci-après, le n° 620; voyez aussi, dans le *Dictionn. des antiquités grecq. et rom.* de Daremberg et Saglio, v° *Fascinus*, p. 987, fig. 2890.

383. **Bouton** en sardonyx à trois couches, de forme ovoïde (brune, blanche et jaune). Tranche en biseau.

Chaton de bague en or; l'anneau a disparu.

Haut., 15 mill.; larg., 14 mill.

BIBL. — Chabouillet, *Catalogue*, n° 150.

384. **Bouton** en sardonyx à trois couches, de forme ovoïde (brune, blanche et brune). Tranche arrondie.

Chaton de bague en cuivre; l'anneau a disparu.

Haut., 15 mill.; larg., 14 mill.

BIBL. — Chabouillet, *Catalogue*, n° 151.

385. **Pendeloque de collier** en forme de larme. Agate rubanée.

Haut., 15 mill.

BIBL. — Chabouillet, *Catalogue*, n° 152.

386. **Pendeloque de collier**, de forme elliptique, à cinq couches alternativement blanches et roussâtres; perforée longitudinalement. Agate rubanée.

Haut., 28 mill.; larg., 17 mill.

Don de Cadalvène, en 1828.

DEUXIÈME PARTIE

CAMÉES MODERNES

I. SUJETS RELIGIEUX

387. **Dieu le Père bénissant.** Il est représenté à mi-corps, de trois quarts à gauche, et caractérisé par une longue barbe et de longs cheveux; coiffé de la couronne impériale fermée, il lève la main droite en étendant les deux premiers doigts, geste de la bénédiction. La main gauche, ramenée vers la poitrine, est aussi ouverte et étendue en avant. Le manteau impérial qui lui couvre les épaules est fixé sur la poitrine à l'aide d'une énorme agrafe. Au pourtour, une bordure striée, en relief.

Camée sur coquille, de forme convexe et ayant servi à la décoration d'un coffret. Travail du xve siècle.

Haut., 32 mill.; larg. 46 mill. Pl. XLVI, fig. 387.

Bibl. — Chabouillet, *Catalogue*, n° 693.

388. **Ange.** Il est représenté à mi-jambes, de face, la tête inclinée et jouant du violon; il a de longs cheveux frisés, sa longue robe est serrée à la taille par une ceinture et relevée sur les hanches, ses ailes (fragmentées) sont éployées par derrière. Au pourtour, une bordure de denticules, en relief. Cassures à la partie supérieure.

Fragment sur coquille légèrement bombée et ayant servi à la décoration d'un coffret, avec le n° 389. Travail de la Renaissance italienne.

Haut., 40 mill.; larg., 39 mill. Pl. XLVI, fig. 388.

BIBL. — Chabouillet, *Catalogue*, n° 691.

389. **Ange.** Il est représenté à mi-jambes, de trois quarts à gauche, jouant du triangle; sa tête est ceinte d'un large bandeau noué sur la nuque; sa longue robe, ornée de broderies, est serrée à la taille par une ceinture et relevée sur les hanches, ses ailes sont éployées par derrière. Au pourtour, une bordure de denticules en relief. Légère cassure à la bordure supérieure.

Fragment sur coquille, légèrement bombée et ayant servi à la décoration d'un coffret, avec le n° 388. Travail de la Renaissance italienne.

Haut., 43 mill.; larg. 41 mill. Pl. XLVI, fig. 389.

BIBL. — Chabouillet, *Catalogue*, n° 692.

390. **Adam et Ève dans le Paradis terrestre.** La mère du genre humain, nue, debout de face, vue à mi-jambes, les cheveux épars sur le dos, tient de la main droite baissée une feuille de figuier avec laquelle elle cache sa nudité; de la main gauche levée elle cueille une pomme à l'arbre de la Science du bien et du mal qu'on voit à côté d'elle; le serpent est enroulé autour du tronc de l'arbre. Dans le champ, le nom de la première femme, ÈVE. Adam est assis à côté d'elle, de profil à droite; il est nu et barbu; de la main droite, il porte à sa bouche un fruit qu'Ève vient de lui donner. Dans le champ, ADAM.

Camée sur coquille, à fond bleuâtre et à figures blanches, de forme triangulaire et bombée; au pourtour, sur deux des côtés, une corniche épaisse, striée. Fragment de la décoration d'un coffret. Travail du XVe siècle.

Haut., 49 mill.; larg., 65 mill. Pl. XLVI, fig. 390.

Ce camée sur coquille a fait partie de la décoration du même coffret que le camée n° 579.

BIBL. — Chabouillet, *Catalogue*, n° 678.

391. **Adam et Ève dans le Paradis terrestre.** Au premier plan, les ancêtres de l'humanité sont unis par Dieu le Père. Celui-ci, représenté sous les traits d'un vieillard barbu, vêtu d'une longue robe, est vu de face, posant la main droite sur l'épaule d'Adam, la main gauche sur l'épaule d'Ève. Adam et Ève, en face l'un de l'autre, sont costumés à la romaine. Au second plan, on voit Ève nue, cueillant une pomme sur l'arbre de la Science du bien et du mal; un vase est au pied de l'arbre et une draperie posée sur l'une des branches. — Bon travail italien, du XVIe siècle.

Agate onyx, cendrée, avec taches brunes et jaunâtres.

Monture en or émaillé.

Haut., 40 mill.; larg. 34 mill., monture comprise.

Pl. XLVII, fig. 391.

BIBL. — Marion du Mersan, *Hist. du Cabinet des Médailles* (1838), p. 123, nº 530; Chabouillet, *Catalogue*, nº 296.

392. **Adam et Ève dans le Paradis terrestre.** Ils sont représentés nus, assis en regard sur un rocher, de chaque côté d'un arbre autour duquel est enroulé un serpent. A l'exergue, un ornement festonné. — Travail médiocre.

Sardoine à deux couches, brune et blanche.

Chaton de bague en cuivre.

Haut., 30 mill.; larg., 20 mill. Pl. XLVII, fig. 392.

Ce camée provient de la collection du duc de Valentinois, confisquée en 1793; il a été transmis par la Commission des Arts au Cabinet des Médailles, le 11 Thermidor an IV (29 juillet 1796).

393. **Noé buvant le vin, sous un cep de vigne.** Le père de l'humanité nouvelle est représenté debout, barbu, nu-tête, vêtu d'une ample tunique talaire et d'un manteau; sa démarche est chancelante et ses jambes fléchissent sous lui. De la main droite, il porte une coupe à ses lèvres, tandis que de la main gauche il cueille une grappe de raisin. La tige du cep de vigne est légèrement mutilée. — Travail qu'on peut faire remonter jusqu'au XIIIe siècle.

Sardonyx à trois couches : brune, blanche et roussâtre (fond brun foncé).

Haut., 50 mill. ; larg. 34 mill. Pl. XLVII, fig. 393.

Ce camée, un des plus importants monuments de la glyptique au moyen âge, a été acquis en 1857, d'un amateur parisien, Auguste Lhérie. Il paraît avoir fait partie jadis de la collection des rois de France, car c'est lui, sans doute, qui se trouve décrit dans l'Inventaire du roi Charles V, sous cette forme naïve qui prouve qu'on avait déjà oublié le véritable sens du sujet représenté : « Item, ung camahieu sur champ blanc, qui pent à double chesnette, et y a ung hermite qui boit à une couppe soubz ung arbre[1]. »

Cette rédaction porte, il est vrai, que le champ du camée est blanc, mais on peut supposer une erreur de la part des rédacteurs de l'Inventaire de 1380. Qu'il s'agisse ou non de ce camée ou d'un autre, on est néanmoins forcé d'admettre que déjà, dans la seconde moitié du XIVe siècle, le même sujet avait été traité en relief sur pierre dure, constatation des plus intéressantes pour l'histoire de la glyptique au moyen âge. Il est seulement singulier que les rédacteurs de l'Inventaire du trésor de Charles V n'aient pas reconnu sur le camée qu'ils ont décrit, Noé sous un cep de vigne, car l'épisode biblique a été pareillement et souvent interprété par les sculpteurs et les miniaturistes des XIIIe et XIVe siècles.

BIBL. — Chabouillet, dans la *Revue archéologique*, XIe année, 1855, pp. 556 et suiv. ; le même, *Catalogue* n° 3496 ; E. Babelon, *La gravure en pierres fines*, p. 236, fig. 171.

394. **Joseph vendu par ses frères.** Joseph, qui figure au centre de la composition, est représenté en jeune homme, tandis que ses frères, groupés à gauche, sont des hommes qui ont atteint l'âge mur ; le premier, sans doute Ruben, armé comme un guerrier, s'avance du côté des marchands Madianites qui lui remettent le prix convenu. Les marchands, dont on aperçoit les chameaux au second plan, s'apprêtent à emmener leur nouvel esclave. — Travail médiocre et confus, du XVIIe siècle.

Calcédoine blonde.

1. L. de Laborde, *Notice des émaux, bijoux et objets divers exposés dans les galeries du Musée du Louvre*, 2e partie. *Documents et glossaire*, p. 188, FB ; Jules Labarte, *Inventaire du mobilier de Charles V, roi de France*, p. 315, n° 3022.

Monture en cuivre, avec bélière de suspension.

Haut., 15 mill.; larg., 17 mill. Pl. XLVIII, fig. 394.

Bibl. — Chabouillet, *Catalogue*, n° 299.

395. **Moïse et le serpent d'airain.** Moïse, debout, barbu, sa baguette à la main, montre au peuple le serpent d'airain qu'il vient d'ériger au-dessus d'une colonne. Le monstre a plutôt l'aspect d'une chimère ou du basilic que d'un serpent, car il a des pattes et des ailes et il est accroupi sur la colonne. Sur le sol, on voit ramper trois des serpents de feu envoyés par Jehovah et qui devaient obtenir leur guérison par la seule contemplation du serpent d'airain. Le peuple est représenté par quatorze personnages qui sont debout derrière Moïse et au nombre desquels on reconnaît des malades que d'autres soutiennent et qui se sont traînés jusque là pour obtenir leur guérison; les visages des personnages ont le type juif très caractérisé. Au-dessus de cette scène, on lit l'inscription hébraïque suivante, mise dans la bouche de Moïse par le texte biblique :

וראה אתו וחי

Celui qui le regardera, vivra. (Nombres, XXI, 8.)

Travail du XIVe siècle.

Sardonyx à deux couches : translucide et blanche.

Monture en or.

Haut., 26 mill.; larg., 31 mill. Pl. XLVII, fig. 395.

Ce camée très intéressant a appartenu au pape Clément XIV qui en fit présent à Louis XV en 1773, à l'occasion de la suppression des Jésuites. On se souvient que, cédant aux instances du cardinal de Bernis, Clément XIV supprima l'Ordre des Jésuites, et que le roi de France, en échange de cette concession à sa politique, restitua au pape la ville d'Avignon. C'est en témoignage de sa gratitude pour cette retrocession, que le pape envoya notre camée à Louis XV [1].

Orlandi attribuait cette intéressante gemme aux premiers siècles du christianisme, et M. Chabouillet l'a classée au début de la Renaissance; nous croyons qu'on doit la faire remonter jusqu'au moyen âge.

Bibl. — Orlandi, *Osservazioni di varia erudizione sopra un sacro cameo*

1. Frédéric Masson, *Le cardinal de Bernis*, p. 238 (Paris, 1884, in-8°)

antico rappresentante il serpente di bronzo, Rome, 1773; Marion du Mersan, *Hist. du Cabinet des Médailles* (1838), p. 116, n° 144; Chabouillet, *Catalogue*, n° 295.

396. **Moïse.** Le législateur des Hébreux est représenté debout, de trois quarts, à droite; il a une longue barbe, et des cornes de feu surmontent ses tempes comme des flammes; son costume est celui du grand-prêtre juif : il consiste en une longue robe talaire, par dessus laquelle on en voit une autre plus courte, serrée à la taille, et un manteau relevé sur le bras; au cou, un collier avec un pectoral (rational) carré sur la poitrine. De la main droite levée, il montre le nom יהוה (*Jehovah*), gravé en creux dans le champ du camée. De la main gauche, il tient les deux Tables de la Loi sur lesquelles on lit les lettres suivantes, dans lesquelles il faut peut-être chercher l'abréviation ou les éléments altérés de *Vetus Testamentum* (?).

V T
Ƨ A
D M

Travail allemand du XVIe siècle.

Topaze brûlée; forme bombée.

Haut., 69 mill.; larg., 45 mill., monture comprise.

Pl. XLVII, fig. 396.

Ce camée est décrit dans l'Inventaire de 1664, sous le n° 156.

La monture est formée d'un serpent en émail vert (le serpent d'airain) enroulé tout autour du camée, et d'une croix au pied de laquelle se rejoignent la tête et la queue du serpent. Le bras supérieur de la croix est brisé. Le corps du serpent est parsemé de petites roses enchâssées dans l'or.

Bibl. — Marion du Mersan, *Hist. du Cabinet des Médailles* (1838), p. 123, n° 532; Chabouillet, *Catalogue*, n° 297.

397. **Moïse.** Buste de Moïse, vu à mi-corps, presque de face, la tête tournée de profil, à gauche. Il a de longs cheveux et une barbe qui s'étale en éventail. De la main gauche, il tient sa baguette appuyée contre son épaule et, de la main droite, les Tables de la Loi, sur lesquelles il désigne avec le doigt l'inscription suivante :

ABI OLD
IC MIR
FI DEI

Travail allemand du XVIe siècle.

Agate-onyx à deux couches : brune et blanche.

Monture en cuivre doré, du XVIe siècle, avec anneau de suspension.

Haut., 40 mill.; larg., 35 mill., monture comprise.
Pl. XLVIII, fig. 397.

BIBL. — Chabouillet, *Catalogue*, nº 298. — Le premier mot de l'inscription est peut-être *Abrahami* en abrégé ; le dernier paraît être *fidei*.

398. **Le jugement de Salomon.** Salomon est assis sur son trône et costumé en guerrier romain; il étend la main droite pour prononcer sa sentence. A ses pieds, dix personnages, parmi lesquels on reconnaît deux enfants : l'un, mort, est étendu sur une draperie; l'autre est saisi par le bourreau qui s'apprête à le frapper de son glaive; l'une des deux mères paraît indifférente à cette barbare exécution, tandis que l'autre s'élance, en suppliant, pour arrêter le bras du bourreau. La tête du dernier personnage de gauche, au second plan, est mutilée. — Bon travail du XVIe siècle.

Agate-onyx à deux couches : translucide et blanche.

Élégante monture en or émaillé, de l'époque de la Renaissance.

Haut., 32 mill.; larg., 40 mill. Pl. XLVII, fig. 398.

BIBL. — Marion du Mersan, *Hist. du Cabinet des Médailles* (1838), p. 123, nº 531 ; Chabouillet, *Catalogue*, nº 300; Eug. Fontenay, *Les bijoux anciens et modernes*, p. 213 ; E. Babelon, *La gravure en pierres fines*, p. 245. — Comparez une plaquette de bronze du Musée de Berlin, attribuée à Melioli (fin du XVe siècle), dans E. Molinier, *Les Plaquettes*, t. I, p. 70.

399. **Judith.** Elle est debout, à demi-nue, de trois quarts, à gauche, n'ayant pour tout vêtement qu'une draperie enroulée autour des reins. De la main droite, elle s'appuie sur son glaive nu dont la pointe repose sur le sol; de la main gauche,

elle tient par les cheveux la tête d'Holopherne. — Travail médiocre.

Agate-onyx à deux couches : translucide et blanche.

Monture en or émaillé, avec deux bélières.

Haut., 38 mill.; larg., 28 mill. Pl. XLIX, fig. 399.

BIBL. — Marion du Mersan, *Hist. du Cabinet des Médailles* (1838), p. 123, nº 534 ; Chabouillet, *Catalogue*, nº 301.

400. **Le jeune Tobie et l'archange Raphaël.** Tobie, vêtu d'un ample manteau et agenouillé, saisit des deux mains, au milieu des flots, un énorme poisson; en même temps, il écoute l'archange, son compagnon de voyage, qui est debout à côté de lui et lui conseille de prendre le foie du poisson avec lequel il doit guérir son père aveugle. Dans le champ, à droite, un palmier. — Travail médiocre.

Sardoine à deux couches : cendrée et blanche. Chaton de bague en cuivre.

Haut., du chaton, 14 mill.; larg., 19 mill.

Pl. XLVIII, fig. 400.

Ce camée a fait partie de la collection du duc de Valentinois, confisquée en 1793 et déposée à l'hôtel de Liancourt, transformé en magasin national; il a été transmis au Cabinet des Médailles, par la Commission des Arts, le 29 juillet 1796.

401. **Le roi Josaphat.** Fragment sur coquille d'un arbre de Jessé ou de la généalogie de la Sainte Vierge. Le roi Josaphat est de face jusqu'à mi-jambes, les mains jointes sur la poitrine; il a des cheveux longs et ondulés et une barbe qui descend sur sa poitrine; sa tête est ceinte de la couronne royale et il est vêtu d'une robe à larges manches, serrée à la taille par une ceinture. Son sceptre est appuyé sur son bras gauche. Le roi paraît émerger d'une corbeille ou du calice d'une fleur. En haut, dans le champ, le nom IOSAPHAT. Au pourtour une bordure d'oves en relief; la partie supérieure est évasée et ceintrée. — Travail du XVe siècle.

Fragment sur coquille ayant fait partie de l'ornementation d'un coffret ; cassure à la partie supérieure.

Monture en cuivre.

Haut., 55 mill.; larg., 33 mill. Pl. XLVI, fig. 401.

Acquis en janvier 1818.

Bibl. — Chabouillet, *Catalogue*, nº 687.

402. **Parallèle de l'Ancien et du Nouveau Testament.** Le centre de ce tableau allégorique est occupé par un arbre gigantesque dont les branches sont desséchées à gauche, c'est-à-dire du côté de l'Ancien Testament, et couvertes de feuillage à droite, du côté du Nouveau Testament. Il partage en deux la composition. A gauche, on voit, en haut, Moïse agenouillé sur une montagne et recevant les Tables de la Loi d'une main qui émerge d'un nuage. Plus bas, Adam et Ève, nus, séparés par un arbre autour duquel est enroulé le serpent tentateur ; Ève présente la pomme au premier homme. Derrière Ève, au second plan, le serpent d'airain enroulé autour d'une colonne érigée sur un rocher et, plus loin, dans le désert, les tentes des Israélites. Sous l'arbre de la Science du bien et du mal, on voit un squelette dans un tombeau entr'ouvert, qui représente la Mort.

A droite, les scènes du Nouveau Testament, sont les suivantes, énumérées de haut en bas : La Vierge, agenouillée sur un rocher, comme Moïse de l'autre côté, et recevant, les mains jointes, la visite de l'Esprit-Saint qui a revêtu la forme d'une colombe entourée d'un nuage où l'on aperçoit des têtes d'anges. Au dessous, le Christ en croix, faisant pendant au serpent d'airain ; l'Agneau pascal, couché dans une grotte et portant la croix ; au second plan, un Ange qui vient annoncer la naissance du Sauveur à des bergers qui font paître leurs troupeaux. Plus bas enfin, le Christ triomphant sortant du tombeau dans lequel il a encore un pied ; il est à demi-nu et vêtu d'un court manteau ; la main droite levée, il paraît prêcher au monde sa doctrine ; de la main gauche, il tient un étendard ; il pose le pied droit sur la tête d'un cadavre qui figure la Mort et derrière lequel on aperçoit la tête grimaçante d'un démon. Au pied du Christ enfin, le globe du monde, crucigère, symbole de la puissance terrestre que le Christ doit conquérir.

Le lien qui unit ces deux tableaux est formé par trois personnages figurés au premier plan, au pied de l'arbre central : l'homme, régénéré par la doctrine nouvelle, est assis sur un cippe carré ; il est nu, les jambes croisées, les mains sur la poitrine ; d'un côté, un prophète juif s'avance vers lui, un bâton à la main, pour lui prédire la venue du Messie ; de l'autre, saint Jean-Baptiste lui annonce que le Messie est enfin arrivé ; il lui pose la main gauche sur l'épaule dans un geste de persuasion, et, de la main droite, il lui montre la grotte où repose l'Agneau divin. — Travail des plus remarquables, de la fin du xve siècle.

Sardonyx à trois couches : brun foncé, azurée et roussâtre (fond brun) ; gemme remarquable par sa beauté et sa grandeur.

Élégante monture en or émaillé, de l'époque de la Renaissance.

Haut., 87 mill,; larg., 71 mill., monture comprise.

Pl. XLVII, fig. 402.

Ce camée est l'un des plus remarquables de notre série moderne. Le vaste tableau symbolique qui en forme le sujet, se trouve fréquemment reproduit, avec plus ou moins de détails, en estampe, sur des bibles luthériennes du xvie siècle ; le prototype de cette scène paraît donc avoir été composé pour illustrer des bibles protestantes. « Je trouve ce sujet, dit M. Chabouillet, dans une Bible luthérienne in-folio, imprimée à Lubeck, par L. Dietz, en 1533. On peut le voir également, avec plus de détails, sur une estampe gravée sur bois de la Bibliothèque impériale, attribuée à Geoffroy Tory par Auguste Bernard (*Geoffroy Tory, imprimeur*, p. 186). Cette composition a dû jouir d'une grande vogue au xvie siècle, car ce sujet a été reproduit sur émail. Dans l'ouvrage que je viens d'indiquer, M. Bernard cite un plat de Pierre Raymond, de Limoges, aujourd'hui dans la collection de M. le duc de Cambacérès, sur lequel on voit le sujet de notre camée et il en existe un second dans celle de M. Straus (voyez *Le Constitutionnel* du 20 juillet 1857) ; enfin, j'en ai vu, dans le musee de Genève, un troisième exemplaire sur lequel on peut remarquer que l'émailleur a copié d'après l'estampe jusqu'aux chiffres de renvoi qui devaient se rapporter a un texte explicatif [1]. »

1 Voyez la figure d'un de ces plats dans Hauser, *Meubles et armes du moyen âge* n° 127.

Bibl. — Marion du Mersan, *Hist. du Cabinet des Medailles*, p. 123, n° 547; Chabouillet, *Catalogue*, n° 318; cf. p. 622; E. Babelon, *La gravure en pierres fines*, pp. 245-246, fig. 177.

403. **La Nativité de Notre-Seigneur.** L'Enfant Jésus debout, de face, est présenté au monde par la Sainte Vierge et sainte Élisabeth qui sont assises de chaque côté de lui et le soutiennent dans leurs bras.

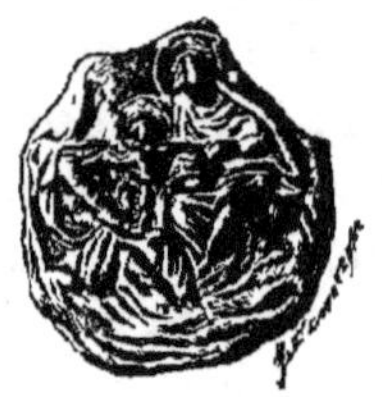
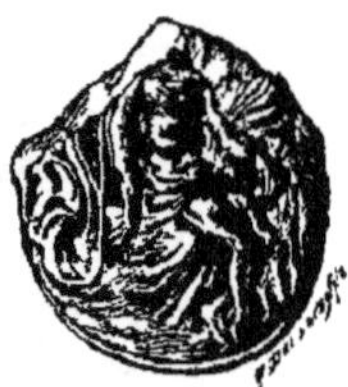

N° 403, face et revers.

Au revers, la *Descente de croix*. On ne distingue guère que le corps du Christ, inerte, à demi-nu, au milieu d'amples draperies. La tête du Christ et une partie du reste de la scène sont mutilées.

Pâte de verre brune. Sorte de médaille religieuse; la monture a disparu.

Haut., 24 mill., larg., 22 mill.

404. **L'adoration des Bergers.** L'Enfant-Dieu est étendu sur une crèche d'osier, devant la cabane de Bethléem représentée par un toit de chaume soutenu par quatre poutres; a côté du berceau, on aperçoit, au second plan, les têtes de l'âne et du bœuf. La Sainte Vierge, sa mère, est agenouillée, en prières, et saint Joseph se tient debout derrière elle, portant la main droite à son cœur. Les bergers, au nombre de trois, sont en adoration devant le divin Enfant; l'un est agenouillé, joignant les mains; les deux autres sont debout et caractérisés par l'agneau que l'un d'eux porte sur ses épaules. Au-dessus du toit de la cabane on voit, volant à la rencontre l'un de l'autre, les deux anges qui annoncèrent aux bergers la naissance du Sauveur. — Travail du xvie siècle.

Agate à deux couches : blanche et rouge brun. Gemme fragmentée transversalement.

Haut., 38 mill.; larg., 28 mill. **Pl. XLVIII, fig. 404.**

Bibl. — Chabouillet, *Catalogue*, n° 304 (sous le nom d'*Adoration des Mages*).

405. **L'Adoration des Mages.** La Sainte Vierge, assise à l'entrée de son humble demeure de Bethléem, tient sur ses genoux l'Enfant Jésus ; elle est nimbée et vêtue d'un ample manteau. De chaque côté d'elle, on aperçoit, dans l'étable, l'âne et la vache que la tradition place aux côtés de la crèche. Devant l'Enfant Dieu, l'un des trois rois mages, agenouillé, couvert d'un riche costume, lui présente une coupe ; son chapeau est à ses pieds ; les deux autres mages sont debout par derrière et s'avancent pour offrir également les vases précieux qu'ils portent de la main gauche, tandis qu'ils tiennent leurs chapeaux de la main droite. L'étoile miraculeuse qui a guidé la marche des rois de l'Orient se voit au-dessus de la cabane.— Excellent travail du XVe siècle.

Sardonyx à trois couches : brune, azurée et roussâtre.

Monture en or émaillé, du XVIIIe siècle.

Haut., 58 mill. ; larg., 73 mill., monture comprise.

Pl. XLVIII, fig. 405.

BIBL. — Marion du Mersan, *Hist. du Cab. des Médailles*, p. 123, n° 536; Chabouillet, dans la *Revue archéologique*, XIe année, 1855, p. 560 ; le même, *Catalogue*, n° 303 ; E. Babelon, *La gravure en pierres fines*, p 245.

406. **Le Christ à mi-corps dans le tombeau** (*Christ de Pitié*). Le Sauveur est représenté dans une attitude extatique, de face, les cheveux descendant sur les épaules, la tête inclinée, les yeux à demi-clos ; derrière la tête, le nimbe crucigère. Le buste est nu ; les mains sont croisées sur la poitrine. Le tombeau a la forme d'une cuve ornée de globules et de festons. — Travail flamand (?) du XVe siècle.

Pâte de verre, de couleur bleuâtre.

Monture en argent doré, paraissant provenir d'un reliquaire du moyen âge.

Haut., 20 mill. ; larg., 16 mill. Pl. XLVII, fig. 406.

Acquis en 1855.

BIBL. — Chabouillet, *Catalogue*, n° 3482 (sous le nom de *saint Jean*). — Voyez la note du n° 335, et comparez, pour le sujet, une plaquette flamande, dans E. Molinier, *Les Plaquettes*, t. II, p. 186, n° 722, fig. à la p. 189 ; voyez aussi d'autres bas-reliefs dans Aloïss Heiss, *Les Médailleurs de la Renaissance, Matteo de' Pasti*, pp. 26 et 27.

407. **Jésus enseignant sa doctrine (?).** Les personnages sont représentés de profil, vus à mi-jambes. Jésus-Christ seul est barbu et il étend la main droite, levant un doigt dans le geste de la démonstration. L'un de ses disciples est à côté de lui, au second plan : c'est sans doute saint Jean, l'apôtre bien aimé. Deux autres disciples sont placés en face de leur divin Maître et prêtent une oreille attentive à son discours ; l'un d'eux avance le bras gauche. Derrière le Sauveur, on voit deux anges ; l'un joue du violon (on ne voit qu'une petite portion de l'instrument). L'interprétation de ce sujet chrétien est des plus incertaines. — Curieux travail qui peut remonter jusqu'au XIIIe siècle.

Agate orientale, à deux couches : translucide et blanc-jaunâtre.

Haut., 22 mill. ; larg., 32 mill. Pl. XLVIII, fig. 407.

Acquis en 1854.

BIBL.—Chabouillet, dans la *Revue archéologique*, XIe année, 1855, p. 555; J. Labarte, *Histoire des arts industriels au moyen âge*, 2e édit., t. I, p. 197 (attribué aux premières années du christianisme) ; Chabouillet, *Catalogue*, n° 294; le P. Garrucci, *Storia dell' arte cristiana*, t. VI, pl. 467, fig. 5.

408. **Jésus-Christ.** Buste de profil, à gauche. La physionomie est à la fois douce et douloureuse; les cheveux ondulés retombent en tresses élégantes sur les épaules. La poitrine est drapée. Sur la figure et sur le cou, des taches rouges en relief représentent les gouttes du sang qui découle des blessures faites à la tête par la couronne d'épines absente. — Excellent travail du XVIe siècle.

Jaspe sanguin.

Élégante monture ajourée, en or émaillé, du XVIe siècle, avec bélière de suspension. Cette monture est pareille à celle du n° 416; les deux camées se font pendant et ont été gravés par le même artiste.

Haut., 77 mill.; larg., 68 mill., monture comprise.

Pl. XLVIII, fig. 408.

Acquis par Louis XIV, le 15 janvier 1690.

BIBL. — Chabouillet, *Catalogue*, n° 312.

409. **Jésus-Christ.** Buste de profil, à gauche. La tête est ceinte de la couronne d'épines; les cheveux ondulés retombent sur les épaules, la poitrine est drapée. Sur la figure et sur le cou, des taches rouges en relief représentent les gouttes du sang qui découle des blessures faites par la couronne d'épines. — Bon travail du XVIe siècle.

Jaspe sanguin (cassure dans le champ, à gauche).

Monture en or, avec bélière de suspension.

Haut., 37 mill.; larg., 27 mill., monture comprise.

Pl. XLIX, fig. 409.

BIBL. — Chabouillet, *Catalogue*, no 313.

410. **Jésus-Christ.** Buste de profil, à droite. Les cheveux abondants descendent sur les épaules, la poitrine est drapée. — Travail du XVIe siècle.

Sardonyx à trois couches : blanche, rouge et brune. Le buste est sans fond et appliqué à la colle sur une sardonyx plus grande qui forme un encadrement avec corniche au pourtour; la tranche est taillée en biseau; fond blanc-cendré.

Monture en or émaillé.

Haut., 46 mill.; larg., 38 mill., monture comprise.

Pl. XLVIII, fig. 410.

BIBL. — Chabouillet, *Catalogue*, no 314.

411. **Jésus-Christ.** Tête de Notre Seigneur, de profil, à droite, barbue, les cheveux lisses et ondulés retombant sur les épaules, le coup drapé. — Travail du XVIe siècle.

Sardonyx à trois couches : blanche, jaunâtre et brune (fond blanc-cendré).

Haut., 24 mill.; larg., 17 mill.

BIBL. — Chabouillet, *Catalogue*, no 315.

412. **Jésus-Christ.** Buste de profil, à droite, les cheveux retombant sur le cou.

Prime d'émeraude. Chaton de bague en cuivre.

Haut. du chaton, 16 mill.; larg., 12 mill.

413. **La Sainte-Face.** La figure de Notre Seigneur, de face,

barbue, encadrée de longs cheveux lisses, partagés au milieu du front. — Travail du XVIe siècle.

Sardoine à deux couches : blonde et enfumée.

Haut., 22 mill.; larg., 18 mill. Pl. XLVIII, fig. 413.

Bibl. — Chabouillet, *Catalogue*, n° 316.

414. **La Sainte Face.** La figure de Notre Seigneur, de face, encadrée de longs cheveux, se détache en relief sur une draperie qui l'encadre. — Bon travail du XVIe siècle.

Sardoine à trois couches : blonde, blanchâtre et jaune.

Haut., 17 mill.; larg., 16 mill. Pl. XLVIII, fig. 414.

Ce camée ou le précédent passa, sous la Revolution, du dépôt du Garde-Meubles à la Monnaie, d'où il a été transféré au Cabinet des Médailles en 1796 (voyez notre *Introduction*).

415. **La Résurrection de Notre Seigneur.** Au centre de la composition, on voit le Christ à demi-nu, debout, de face, environné de nuages, le corps irradiant; de la main droite, il montre le ciel, et de la main gauche, il tient l'étendard de la croix. Le couvercle du tombeau d'où il sort est soulevé et les gardes sont dispersés de chaque côté : des deux qui sont à droite, l'un est endormi et l'autre s'enfuit effrayé; des deux qui sont à gauche, l'un s'enfuit et l'autre, qui se réveille frappé de stupeur, saisit son épée comme pour se défendre. — Travail médiocre du XVIe siècle.

Agate tachetée, à couches rougeâtres et blanchâtres. Au pourtour, cercle en argent avec deux bélières d'attache sur les côtés.

Haut., 38 mill.; larg., 58 mill. Pl. XLVIII, fig. 415.

Bibl. — Marion du Mersan, *Hist. du Cabinet des Médailles*, p. 123, n° 546 ; Chabouillet, *Catalogue*, n° 317.

416. **La Sainte Vierge.** Buste de profil, à droite, avec un voile qui enveloppe la tête et la poitrine. Les cheveux sont partagés au milieu du front. — Excellent travail du XVIe siècle.

Jaspe sanguin.

Élégante monture ajourée, en or émaillé, du XVIe siècle, avec bélière de suspension.

Haut., 77 mill. ; larg., 68 mill., monture comprise (comparez le n° 408). Pl. XLIX, fig. 416.

Acquis par Louis XIV, le 15 janvier 1690.
BIBL. — Chabouillet, *Catalogue*, n° 309.

417. **La Sainte Vierge.** Buste de profil, à gauche, la tête et les épaules couvertes d'un long voile, la poitrine drapée. — Travail du XVIe siècle.

Jaspe vert.

Haut., 64 mill. ; larg., 48 mill.

BIBL. — Chabouillet, *Catalogue*, n° 310.

418. **La Sainte Vierge.** Buste de profil, à droite, avec un voile qui enveloppe la tête et la poitrine.

Calcédoine à deux couches : translucide et blanche. Le fond est mutilé.

Haut., 65 mill.; larg., 44 mill.

Ce camée a été envoyé au Cabinet des Médailles par la Commission des Arts, le 15 janvier 1794.
BIBL. — Chabouillet, *Catalogue*, n° 311.

419. **La Sainte Vierge et les saintes Femmes adorant l'Enfant Jésus.** La Vierge est assise et vue de profil, à gauche ; elle tient dans ses bras l'Enfant Jésus qu'elle fixe avec amour ; derrière elle sont groupées trois autres femmes, voilées comme elle, et qui viennent adorer le divin Enfant ; l'une d'elles est agenouillée. — Travail du XVIe siècle.

Agate rubanée avec veines cendrées et rougeâtres. Surface bombée.

Haut., 40 mill.; larg., 37 mill. Pl. XLIX, fig. 419.

BIBL. — Marion du Mersan, *Hist. du Cabinet des Medailles* (1838), p. 123, n° 537; Chabouillet, *Catalogue*, n° 305.

420. **La Sainte Vierge et l'Enfant Jésus.** La Vierge est assise de profil, à droite, regardant de face ; elle est enveloppée d'un ample manteau et elle tient l'Enfant Jésus dans ses bras. Au second plan, un arbre et une tour carrée surmontée d'un petit campanile italien. — Travail italien du XVIe siècle.

Agate-onyx à deux couches : translucide et blanche.

Élégante monture en or émaillé, du XVIe siècle, avec bélière. Enseigne.

Haut., 55 mill. ; larg., 46 mill., monture comprise.

Pl. XLIX, fig. 420.

BIBL. — Chabouillet, *Catalogue*, n° 306; Eug. Fontenay, *Les bijoux anciens et modernes*, p. 407; E. Babelon, *La gravure en pierres fines*, p. 258, fig. 183.

421. **La Sainte Vierge et l'Enfant Jésus.** La Vierge est assise de face, tenant l'Enfant Jésus sur son bras droit et portant la main gauche à son cœur. Sujet appliqué à la colle sur un fond de sardoine rubanée. — Travail du XVIe siècle, en haut relief.

Agate rubanée, de nuance cendrée et translucide.

Haut., 63 mill.; larg., 45 mill. Pl. XLVII, fig. 421.

Ce camée a fait partie de la décoration de la châsse de sainte Geneviève, à Paris; déposé à la Monnaie en 1793, il a été transféré au Cabinet des Médailles en 1796.

BIBL. — Chabouillet, *Catalogue*, n° 307.

422. **La Sainte Vierge et l'Enfant Jésus.** La Sainte Vierge est à mi-corps, de profil, à droite. Elle est vêtue d'une robe serrée à la taille et d'un long voile enroulé autour de sa tête et descendant sur son dos; elle en ramène les plis sur le devant pour protéger l'Enfant Jésus qu'elle tient des deux mains devant elle et qu'elle paraît contempler. — Travail du XVIe siècle.

Agate veinée, avec taches cendrées, jaunes et rougeâtres.

Haut., 62 mill. ; larg., 47 mill. Pl. XLVII, fig. 222.

Ce camée a été envoyé au Cabinet des Médailles par la Commission des Arts, le 15 janvier 1794.

BIBL. — Chabouillet, *Catalogue*, n° 308.

423. **La Sainte Vierge et l'Enfant Jésus.** La Vierge, voilée, est assise de face, tenant des deux mains l'Enfant Jésus sur son genou droit. — Travail du XVIe siècle.

Pâte de verre imitant un camée à deux couches : brune et blanche.

Haut., 37 mill.; larg., 30 mill.

424. **La Sainte Vierge entre saint Jean-Baptiste et saint Marc.** La Vierge est debout, de face, tenant l'Enfant Jésus sur son bras gauche et posant la main droite sur son cœur. Saint Jean-Baptiste, vêtu en berger, étend la main gauche du côté de la Vierge; à côté de lui, on lit en relief son nom :

·S·
IO
ħS
BA
TI
ST
A

(*Sanctus Johannes Baptista.*)

Saint Marc tient son Évangile sur sa poitrine; à côté de lui, son nom :

S
M
A
R
C
V
S

(*Sanctus Marcus.*)

En haut, les bustes de deux Anges, symétriquement placés, tenant une couronne royale au-dessus de la tête de la Vierge. Dans le champ, de chaque côté de la tête de la Vierge, l'inscription :

GLO — RIOSA DE
LA SA
RE

(*Gloriosa de Lasare* (?)

Travail vénitien du XVIe siècle (imitation d'une œuvre byzantine).

Jaspe jaune-verdâtre.

Haut., 67 mill.; larg., 59 mill. Pl. XLIX, fig. 424.

425. **La Sibylle montrant la Sainte Vierge à Auguste.** On voit, dans le ciel, environnée d'un nuage, la Vierge assise tenant l'Enfant Jésus dans ses bras. Au dessous, l'empereur Auguste, agenouillé, la couronne en tête et costumé en guerrier, salue l'apparition; la Sibylle de Cumes se tient debout derrière l'empereur. En face du prince, son cheval sellé et deux serviteurs. A l'exergue, une guirlande avec un mascaron. — Travail du XVIe siècle.

Sardonyx à trois couches : brune, blanche et roux-fauve.

Chaton de bague en cuivre.

Haut. du chaton, 20 mill.; larg., 22 mill.

Pl. XLIX, fig. 425.

Ce camée a fait partie de la collection du duc de Valentinois confisquée en 1793 et déposée provisoirement à l'hôtel de Liancourt transformé en magasin national; il fut transmis au Cabinet des Médailles par la Commission des Arts, le 29 juillet 1796.

On sait qu'à Rome le couvent d'*Ara Cœli* est construit sur l'emplacement même où l'on croyait qu'eut lieu l'apparition qui révéla à Auguste la naissance du Sauveur du monde; la légende prétend qu'Auguste aurait élevé à l'Enfant Dieu un autel en cet endroit. Dans une lettre de Pétrarque au pape Clément VI, se trouve ce passage : « Rappelle-toi avec admiration que César Auguste, guidé par la voix prophétique de la Sibylle, monta jadis sur le rocher du Capitole; il y fut stupéfait, dit-on, par une apparition divine. O merveilleux enfant! Gloire des cieux! Fils certain du Tout-Puissant! Cette illustre ville sera toujours la demeure de toi et des tiens, et toujours on appellera Autel du Ciel (*Ara Cœli*) ce lieu où s'élève le temple qui porte le nom de Marie. » — Comparez une plaquette de bronze attribuée à Moderno, dans E. Molinier, *Les Plaquettes,* t. I, p. 138, n° 185, et une autre d'un artiste inconnu de l'école de Padoue, Molinier, *op. cit.*, t. II, p. 51, n° 417. Des vitraux des églises de Saint-Parres-les-Tertres et de Saint-Léger-lès-Troyes (Aube), construites vers 1510, représentent aussi le même sujet (Ch. Fichot, *Statistique monumentale du départ. de l'Aube,* t. I, pp. 82 et 433 et pl.).

426. **Hérodiade.** Buste de profil, à gauche, la tête enveloppée dans un bonnet conique orné de broderies, les épaules drapées, la poitrine à demi-nue. Dans le champ, devant elle, son nom, · HERODIA · Le nez est légèrement mutilé. — Travail italien du XVIe siècle.

Agate à deux couches : bleu foncé et blanc d'ivoire.

Haut., 30 mill. ; larg., 20 mill. Pl. XLIX, fig. 426.

Bibl. — Marion du Mersan, *Hist. du Cabinet des Médailles* (1838), p. 123, nº 535; Chabouillet, *Catalogue*, nº 302.

427. **Sainte Marie-Madeleine au désert.** Elle est couchée, à gauche, sur la terre, et enveloppée d'une draperie qui la laisse presque entièrement nue. Accoudée du bras droit sur le sol, elle pose la main droite sur une tête de mort; sa main gauche est étendue sur un sablier.

Camée sur calcédoine à deux couches, blonde et blanche, incrusté sur une autre calcédoine translucide qui forme le fond de la composition et sur laquelle on voit, gravés en relief, un arbre et une montagne, avec les murailles et les tours d'une ville lointaine. — Travail italien du XVIe siècle.

Monture en or.

Haut., 28 mill.; larg. 37 mill., monture comprise.

Pl. XLIX, fig. 427.

Bibl. — Marion du Mersan, *Hist. du Cabinet des Médailles* (1838), p. 123, nº 550; Chabouillet, *Catalogue*, nº 321. — Un camée semblable, au musée de Berlin, est donné comme moderne et représentant un sujet antique indéterminé (Furtwaengler, *Beschreibung der geschnittenen Steine im Antiquarium*, nº 11645).

428. **Saint Pierre.** Tête de profil, à droite, le front dégarni, le reste de la tête couvert de cheveux enroulés en vrilles, la barbe épaisse. Relief sans fond. — Travail moderne.

Agate cendrée.

Haut., 27 mill.; larg., 22 mill.

Bibl. — Marion du Mersan, *Hist. du Cabinet des Médailles*, p. 123, nº 548; Chabouillet, *Catalogue*, nº 319.

429. **Saint Pierre.** Buste de profil, à droite, avec la chevelure et la barbe épaisses que lui attribue la tradition chrétienne. La poitrine est drapée. — Travail du XVIe siècle; haut relief.

Grenat.

Haut., 30 mill.; larg., 25 mill. Pl. XVLIII, fig. 429.

Bibl. — Marion du Mersan, *Hist. du Cabinet des Médailles*, p. 123, nº 549; Chabouillet, *Catalogue*, nº 320.

430. **Saint Pierre.** Buste de profil, à droite, barbu, la tête chauve, la poitrine drapée.

Sardoine à deux couches : blonde translucide et rousse.

Haut., 36 mill. ; larg., 23 mill. Pl. XLVIII, fig. 430.

431. **Saint Jérome.** Le saint, vu de profil, à droite, est agenouillé au pied d'une croix ; il est barbu, vêtu seulement d'une chlamyde passée sur l'épaule droite qui lui couvre une partie du buste et des jambes. Il saisit la croix de la main gauche, tandis que de la main droite, ramenée en arrière, il va se frapper la poitrine. La croix est sans ornement. — Remarquable travail du commencement du xve siècle.

Sardonyx à trois couches : brune, azurée et brun-roux. Monture en or.

Haut., 33 mill. ; larg., 26 mill., monture comprise.

Pl. XLIX, fig. 431.

Bibl. — Marion du Mersan, *Hist. du Cabinet des Médailles*, p. 123, n° 551 ; Chabouillet, *Catalogue*, n° 322. — On peut citer plusieurs camées représentant le même sujet, avec des modifications de détail. Il y en avait un dans le tombeau de saint Ebrégisile, évêque de Meaux vers 660 ; on l'y trouva en 1627, lors de l'ouverture du tombeau du saint (*Nouveau traité de Diplomatique des Bénédictins*, t. IV, p. 319 ; Mabillon, *Annal. Ord. S. Benedicti*, t. I, p. 456 ; *Acta Sanctorum*, t. VI du mois d'août, p. 695 ; E. Babelon, *La Glyptique à l'époque méroving. et caroling.*, dans les *Comptes rendus de l'Acad. des Inscript. et B. Lettres*, 1895, p. 405) ; un *Saint Jérôme* en or émaillé faisait partie des joyaux qui décoraient la châsse de la Chemise de la Vierge, à Chartres (F. de Mély, *Le Trésor de Chartres*, p. 25, note 1).

432. **Saint Hubert à la chasse.** Le saint, à cheval, au pas, de profil à gauche, est imberbe et sa tête est ceinte d'un nimbe formé d'une ligne de petits points gravés en creux ; il est vêtu d'une tunique serrée à la taille ; de la main droite, il tient la bride de son cheval ; son bras gauche est étendu et sur son poignet il porte un faucon de chasse (la tête du faucon est mutilée). A l'exergue, le chien du chasseur. — Travail du xvie siècle.

Sardonyx à trois couches : brune, blanc-bleuâtre et rousse. Bord taillé en biseau.

Haut., 25 mill.; larg., 18 mill. Pl. XLIX, fig. 432.

Acquis en 1887, à la vente de la collection Crignon de Montigny.

Bibl. — W. Frœhner, *Collection de M. de Montigny. Pierres gravées* (catalogue de vente), in-8°, 1887, p. 53, n° 673.

433. **Saint Georges combattant le dragon.** Le saint s'élance à cheval, à gauche, et perce de sa lance l'animal monstrueux représenté de profil, à droite. Fragment : il manque la tête du cheval et la partie supérieure du buste de saint Georges.

Calcédoine cendrée, translucide.

Haut., 22 mill.; larg., 30 mill.

Rapporté de Hollande en 1795, ce camée fut déposé au Cabinet des Médailles le 19 brumaire an IV (10 novembre 1895).

434. **Cathédrale gothique.** Sous le portail, un ange debout; de chaque côté de la facade, trois piliers. Au pourtour, une bordure en relief; légère cassure à l'angle droit du haut.

Camée sur coquille, de forme bombée, ayant servi à la décoration d'un coffret.

Haut., 35 mill.; larg. 33 mill. Pl. XLVI, fig. 434.

Bibl. — Chabouillet, *Catalogue*, n° 695.

II. SUJETS MYTHOLOGIQUES ET LÉGENDAIRES

435. **Janus et Saturne.** Les deux visages de Janus, l'un barbu, l'autre imberbe, sont adossés; le cou est drapé. Entre les deux têtes, un grand cartouche en relief, dans lequel est représenté debout, de face, Saturne avec une longue barbe et enveloppé dans une ample chlamyde dont il retient les plis des deux mains. — Travail du XVIe siècle.

Sardonyx à trois couches : translucide, blanche et roux foncé. Monture en or.

Haut., 59 mill.; larg., 42 mill., monture comprise.

Pl. L, fig. 435.

Bibl. — Chabouillet, *Catalogue*, n° 401.

436. **Jupiter.** Tête de face; la chevelure abondante rayonne autour du visage et forme une touffe épaisse au-dessus du front; la barbe est frisée. — Travail du xvie siècle.

Agate cendrée.

Monture en cuivre. Couvercle de boîte.

Haut., 40 mill.; larg., 33 mill.

Bibl. — Chabouillet, *Catalogue*, n° 404.

437. **Jupiter.** Tête de profil, à droite, avec une barbe épaisse, les cheveux ceints du diadème. — Travail du xvie siècle.

Sardonyx à trois couches : brune, blanche et rousse.

Monture en or émaillé, du xve siècle

Haut., 36 mill.; larg., 31 mill. Pl. L, fig. 437.

Bibl. — Chabouillet, *Catalogue*, n° 403.

438. **Jupiter.** Tête laurée, de profil, à droite.

Pâte de verre blanche, rousse et verte, appliquée à la colle sur une agate rougeâtre translucide.

Diamètre, 27 mill.

439. **Jupiter.** Tête barbue, de profil, à gauche, diadémée, les cheveux retombant sur le cou.

Pâte de verre opaque, blanche, appliquée à la colle sur une calcédoine jaunâtre.

Haut., 32 mill.; larg., 25 mill.

440. **Jupiter.** Tête de profil, à gauche; le dieu a une longue barbe et des cheveux lisses qui descendent sur son dos; sa tête est ceinte d'une quadruple torsade.

Pâte de verre blanche et rousse, appliquée à la colle sur une agate jaunâtre.

Haut., 25 mill.; larg., 20 mill.

441. **Jupiter.** Tête de profil, à gauche; le dieu a une longue barbe et des cheveux lisses qui descendent sur son dos; sa tête est ceinte d'une quadruple torsade.

Pâte de verre blanc-jaunâtre, appliquée à la colle sur une agate cendrée.

Haut., 26 mill.; larg., 19 mill.

442. **Jupiter.** Réplique du sujet précédent : le fond sur lequel est appliquée la tête de Jupiter est une agate brun-verdâtre.

443. **La nymphe Amalthée.** La nymphe est debout, entièrement nue, de face, les cheveux retenus par un bandeau ; de la main droite baissée, elle présente une branche d'arbre à une chèvre qui s'apprête à la brouter en se dressant sur ses pattes de derrière; sous la chèvre est étendu le petit Jupiter entièrement nu. Dans le champ, à gauche, la corne d'abondance remplie de fruits. Auprès de l'un des pieds de Jupiter, on lit, en creux, la signature de l'artiste : DAVID.

Sardoine à trois couches : cendrée, blanche et jaune-roux.

Haut., 126 mill. ; larg., 91 mill.

Don du Ministère de l'Instruction publique et des Beaux-Arts, en février 1895. Ce camée figura à l'Exposition universelle de 1889; l'auteur, M. Adolphe David, est mort pendant l'été de 1895.

444. **Junon.** Buste de profil, à gauche, la tête enveloppée d'un bonnet, les cheveux retombant sur les épaules. Une draperie est agrafée à l'antique sur l'épaule gauche. — Excellent travail du XVIe siècle.

Sardonyx à trois couches : brune, blanche et rousse.

Monture en or émaillé, du XVIIe siècle.

Haut., 50 mill.; larg. 40 mill., monture comprise.

Pl. L, fig. 444

Bibl. — Chabouillet, *Catalogue*, n° 406. — Ce buste, costumé à l'antique, pourrait être le portrait d'une femme inconnue du XVIe siecle.

445. **Junon.** Buste de profil, à gauche. La tête est ceinte d'un diadème; les cheveux sont arrangés en couronne et descendent en nattes sur le cou; la poitrine est drapée. — Travail médiocre.

Agate à trois couches : translucide, blanche et rousse.

Monture en or avec deux bélières; à la bélière inférieure est suspendue une perle. — Pend-à-col.

Haut., 22 mill.; larg., 16 mill. Pl. LXVI, fig. 445.

BIBL. — Chabouillet, *Catalogue*, n° 407.

446. **Junon.** Tête de profil, à gauche, les cheveux relevés sur les tempes; le sommet de la tête et le cou sont recouverts d'un long voile qui descend sur les épaules. Corniche au pourtour avec tranche en biseau. — Travail du XVIe siècle.

Sardonyx à trois couches : brune, bleuâtre et rousse.

Haut., 26 mill.; larg., 21 mill.

BIBL. — Chabouillet, *Catalogue*, n° 408.

447. **Junon.** Tête de profil, à gauche, ceinte d'une couronne de feuilles de chêne, les cheveux nattés et arrangés en chignon.

Pâte de verre blanche, appliquée sur une agate verdâtre.

Haut., 26 mill.; larg., 20 mill.

448. **Minerve.** Buste de face, la tête coiffée d'un casque dont la visière a la forme d'un mufle de lion; sa chevelure abondante est répandue sur ses épaules. La poitrine est couverte d'une cuirasse très ornée. — Travail du XVIIe siècle.

Lapis-lazuli. — Élégante monture en or émaillé, du XVIIe siècle, avec des entrelacs au revers.

Haut., 63 mill.; larg., 46 mill. Pl. L, fig. 448.

BIBL. — Chabouillet, *Catalogue*, n° 417.

449. **Minerve.** Buste de profil, à droite, coiffé d'un casque corinthien dont la visière est ornée d'une tête de Satyre, les cheveux retombant sur les épaules, la poitrine couverte de l'égide. — Travail du XVIIe siècle.

Calcédoine à deux couches : translucide et blanche.

Monture en cuivre, avec bélière de suspension.

Haut., 57 mill.; larg., 37 mill. Pl. L, fig. 449.

BIBL. — Chabouillet, *Catalogue*, n° 416.

450. **Minerve.** Buste de profil, à droite; le casque de la déesse est orné de feuilles de lierre et d'un grand masque de Satyre

barbu; sa poitrine est couverte de la cuirasse et de l'égide.

Au revers de cette pierre, on voit, gravée en creux, une scène qui représente une Offrande à l'Amour. Sur un autel orné de guirlandes, est la statue de Cupidon, nu, ailé, vu de face et étendant les bras sur deux personnages dont il semble bénir l'union. Ces personnages, qui s'avancent de chaque côté de l'autel à la rencontre l'un de l'autre, sont, d'une part, un jeune homme vêtu d'une courte chlamyde et présentant dans ses mains une offrande avec une bandelette; d'autre part, une jeune fille, qui fait de la main droite un geste d'assentiment. — Travail médiocre du XVIe siècle.

Lapis-lazuli. Forme carrée.

Haut., 29 mill.; larg., 26 mill.

Ce camée est décrit dans l'Inventaire de 1664, sous le n° 357.

BIBL. — Chabouillet, *Catalogue*, n° 418.

451. **Minerve.** Buste de profil, à droite, la tête coiffée d'un casque corinthien, les cheveux retombant en nattes épaisses sur les épaules. Le torse est couvert de la cuirasse et d'un manteau agrafé sur l'épaule droite. — Travail du XVIIe siècle.

Sardonyx à trois couches : cornée, blanche et brune.

Monture en or émaillé.

Haut., 39 mill.; larg., 26 mill.

BIBL. — Chabouillet, *Catalogue*, n° 419.

452. **Minerve.** Buste de profil, à droite, avec un casque corinthien orné de branches de vigne et dont la visière a la forme d'un masque de Satyre; les cheveux retombent sur le cou; la poitrine est couverte d'un manteau agrafé sur l'épaule droite. — Travail du XVIIe siècle.

Agate à deux couches : blanche et rousse.

Monture en or, avec charnière latérale (couvercle de boîte).

Haut., 29 mill.; larg., 20 mill. Pl. LXVI, fig. 452.

BIBL. — Chabouillet, *Catalogue*, n° 421.

453. **Minerve.** Buste de profil, à droite; la tête est coiffée du casque athénien; la poitrine est couverte de l'égide. — Travail médiocre.

Sardoine à deux couches : cendrée et blanche.
Monture en cuivre avec bélière.
Haut., 53 mill. ; larg., 38 mill.

454. **Minerve.** Tête de profil, à droite ; le casque est orné de fleurons et d'une grande tête barbue formant visière. Les cheveux de la déesse retombent sur son cou.
Sardonyx à trois couches : blanche, brune et grisâtre.
Monture en cuivre avec bélière.
Haut., 23 mill. ; larg., 24 mill.

BIBL. — Chabouillet, *Catalogue*, n° 422.

455. **Minerve.** Buste de profil, à gauche. Le casque est sans cimier et orné d'une chouette de face, les ailes éployées; le buste de la déesse est cuirassé et couvert d'un manteau à l'antique, agrafé sur l'épaule gauche. — Travail du XVIIe siècle.
Agate à deux couches : brune et cendrée.
Belle monture en or émaillé, du XVIIIe siècle.
Haut., 76 mill. ; larg., 57 mill., monture comprise.
Pl. L, fig. 455.

456. **Minerve.** Buste de profil, à gauche, la tête coiffée d'un casque à longue crinière, la poitrine couverte d'un manteau agrafé sur l'épaule gauche. — Travail du XVIe siècle.
Sardonyx à trois couches : brune, bleuâtre et roux-foncé.
Monture en or.
Haut., 32 mill.; larg., 25 mill., monture comprise.
Pl. L, fig. 456.

BIBL. — Chabouillet, *Catalogue*, n° 420.

457. **Minerve.** Buste de profil, à gauche, la tête coiffée du casque corinthien ; un bouclier ovale orné d'un fleuron couvre son épaule gauche.
Sardoine à deux couches : cendrée et blanche.
Haut., 35 mill. ; larg., 22 mill.

458. **Minerve.** Buste de profil, à gauche, la tête coiffée d'un casque orné de festons, la poitrine drapée. Fragment : il manque le nez, la partie supérieure de la tête et du casque.

Jaspe brun. Le visage et le cou de la déesse sont en calcédoine blanche rapportée.

Haut., 35 mill. ; larg., 30 mill.

459. **Minerve.** La déesse est debout, de face, accoudée du bras droit sur un cippe ; de la main droite, elle s'appuie sur son bouclier orné d'une grande tête de Méduse et posé à terre ; de la main gauche elle retient les plis de sa robe (le bras est mutilé). Elle est nu-tête, les cheveux retenus par un bandeau ; son ample chiton talaire, laissant à découvert le sein gauche, est relevé deux fois autour de la taille. Tranche en biseau. — Travail du XVIe siècle.

Sardonyx à trois couches : jaunâtre, blanche et brun-roux.

Élégante monture en or émaillé, du XVIe siècle, avec bélière. — Pend-à-col (comparez la monture du n° 460).

Haut., 42 mill. ; larg., 26 mill., monture comprise.

Pl. L, fig. 459.

BIBL. — Chabouillet, *Catalogue*, n° 423 ; Eug. Fontenay, *Les bijoux anciens et modernes*, p. 198.

460. **Minerve.** Elle est debout, de face, sur un globe, le casque en tête, vêtue d'une longue robe serrée à la taille ; de la main droite, elle s'appuie sur sa lance et, de la main gauche, elle relève le bord de son vêtement. Corniche et tranche en biseau. — Travail du XVIe siècle.

Agate à deux couches : blanche et rouge.

Élégante monture en or émaillé, du XVIe siècle, avec bélière. — Pend-à-col.

Haut., 37 mill. ; larg., 21 mill., monture comprise.

Pl. LXVI, fig, 460.

BIBL. — Chabouillet, *Catalogue*, n° 424.

461. **Le char de Bellone.** La déesse de la guerre est debout dans un char conduit par deux chevaux qui s'élancent au galop, à gauche. Elle est coiffée du casque corinthien et elle porte à son bras gauche un bouclier dont l'épisème est orné de la tête du Soleil, de face ; de la main gauche, elle tient les rênes,

et de la main droite un fouet. Corniche au pourtour. — Excellent travail du XVIe siècle.

Sardonyx à trois couches : brune, cendrée et roussâtre. Monture en or émaillé, du XVIIIe siècle.

Haut., 53 mill.; larg., 60 mill. Pl. L, fig. 461.

BIBL. — Chabouillet, *Catalogue*, n° 426.

462. **La dispute d'Athéna et de Poseidon pour la fondation d'Athènes.** Les deux champions debout, en face l'un de l'autre, sont séparés par un olivier au tronc noueux. Poseidon nu, barbu, s'appuie, de la main droite, sur un long bâton qui devrait être un trident; il lève et étend la main gauche (mutilée); il pose le pied gauche sur un rocher, et l'on voit sur sa jambe un bout de sa chlamyde. Minerve debout, en face de lui, a le buste nu, ainsi que la tête; ses cheveux sont nattés et relevés sur la nuque; de la main gauche, elle retient sa robe autour de la taille, et de la main droite, elle montre à son antagoniste le tronc de l'olivier qu'elle vient de faire surgir. Au pied de l'arbre, le serpent Erichthonius. — Travail médiocre du XVIe siècle. Imitation du camée antique décrit ci-dessus, sous le n° 27.

Calcédoine à deux couches : translucide et blanche. Cassure transversale.

Haut., 46 mill.; larg., 38 mill. Pl. LIV, fig. 462.

BIBL. — Chabouillet, *Catalogue*, n° 425.

463. **Mars, Minerve et l'Amour.** Mars, imberbe, nu-tête, cuirassé, est assis de profil, à droite; de la main droite, il tient son glaive; il étend et élève la main gauche pour donner un ordre à l'Amour qui est debout en face lui et s'apprête à bander son arc. Entre les deux, est Minerve, debout, tenant une flèche à la main.

Calcédoine à deux couches : translucide et blonde. Chaton de bague en cuivre.

Haut du chaton, 23 mill.; larg., 29 mill. Pl. LVI, fig. 463.

Ce camée a fait partie de la collection du duc de Valentinois confisquée en 1793 et déposée à l'hôtel de Liancourt; il fut transmis par la Commission des Arts au Cabinet des Médailles, le 29 juillet 1796.

464. **Diane.** Buste de profil, à droite, la tête nue, les cheveux relevés sur la nuque et retombant sur le cou. La poitrine est couverte d'un manteau agrafé à l'antique sur l'épaule droite.

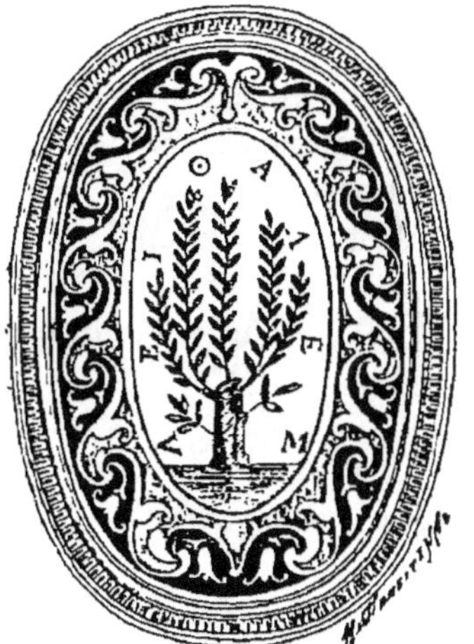

N° 464, revers.

Agate à deux couches cendrées.

Belle monture en or émaillé : travail italien du XVIe siècle, offrant l'*impresa* du possesseur du camée : un tronc d'olivier avec de grands rameaux verdoyants, entouré de la légende ΑΕΙ ΘΑΛΕΣ (*toujours vert*) ; au pourtour, des rinceaux.

Haut., 64 mill. ; larg., 44 mill. ; monture comprise.

Pl. LV, fig. 464.

Bibl. — Chabouillet, *Catalogue* n° 412.

465. **Diane.** Buste de profil, à droite ; la tête est surmontée du croissant ; les cheveux, arrangés en bandeau sur le front et en chignon sur la nuque, retombent en tresses sur les épaules ; la poitrine est nue ; une légère draperie est posée sur l'épaule gauche. — Travail du XVIe siècle.

Sardonyx à trois couches : brune, bleuâtre et roux-foncé.

Riche monture du XVIe siècle, en or émaillé, et enrichie de quatre brillants. — Enseigne de chaperon.

Haut., 53 mill. ; larg., 45 mill., monture comprise.

Pl. LI, fig. 465.

Bibl. — Chabouillet, *Catalogue*, n° 413 ; Eug. Fontenay, *Les bijoux anciens et modernes*, p. 407 ; E. Babelon, *La gravure en pierres fines*, p. 275, fig. 189.

466. **Diane d'Éphèse.** La déesse est debout, de face, les deux mains étendues, et munie de ses attributs ordinaires. — Travail médiocre du XVIIe siècle.

Agate à deux couches : cendrée et noirâtre.

Monture en cuivre, avec bélière.

Haut., 16 mill.; larg., 9 mill.

BIBL. — Chabouillet, *Catalogue*, n° 411.

467. **Apollon.** Buste de profil, à droite, la tête ceinte d'une couronne de laurier, la poitrine couverte d'une chlamyde agrafée sur l'épaule droite. — Travail médiocre.

Sardonyx à deux couches : brune et blanche.

Monture en or.

Haut., 36 mill.; larg., 27 mill., monture comprise.

BIBL. — Chabouillet, *Catalogue*, n° 409.

468. **Apollon.** Tête de profil, à droite, les cheveux frisés et arrangés en bourrelet autour de la tête. — Travail du XVIe siècle.

Agate à trois couches : translucide, blanche et roux-clair.

Monture en cuivre (couvercle de coffret).

Haut., 31 mill.; larg., 25 mill.

BIBL. — Chabouillet, *Catalogue*, n° 410.

469. **Apollon** (?). Tête de profil, à droite, les cheveux calamistrés.

Calcédoine cendrée.

Haut., 12 mill.; larg., 10 mill.

470. **Apollon** (?). Tête juvénile, imberbe, de profil, à droite, les cheveux frisés et retenus par un bandeau, le cou drapé à l'antique.

Pâte de verre, opaque, blanche, appliquée a la colle sur une calcédoine grisâtre.

Haut., 38 mill.; larg., 30 mill.

471. **Apollon et Marsyas.** Le Satyre nu, assis sur un rocher recouvert d'une peau de lion, est vu de trois quarts, à gauche; il est lié au tronc d'un arbre desséché. Apollon, tenant sa lyre et à demi-nu, est debout, de face, à côté de lui.

Sardoine à deux couches : brune et blanche.

Chaton de bague en cuivre.

Haut. du chaton, 25 mill., larg., 21 mill.

Ce camée a fait partie de la collection du duc de Valentinois confisquée en 1793 et déposée à l'hôtel de Liancourt transformé en magasin; il fut transmis au Cabinet des Médailles, par la Commission des Arts, le 29 juillet 1796.

Comparez les camées classés dans la suite de l'antiquité, sous les n°s 40 et 41. De nombreux camées, intailles et plaquettes de bronze de la Renaissance, reproduisent le même sujet; l'intaille la plus célèbre de ce groupe de monuments est celle qui a fait partie de la collection des Médicis (voyez surtout : Bode et von Tschudi, *Beschreibung der Bildwerke des christl. Epoche*, in Königl. Museen zu Berlin, pl. XXXII, fig. 655 et 657 ; E. Molinier, *Les Plaquettes*, t. I, pp. 4 et suiv.; Müntz, *Les Arts à la cour des Papes*, t. II, p. 167; le même, *Les Précurseurs de la Renaissance*, p. 192; le même, *Les Collections des Médicis au* xve *siècle*, p. 59, et *Revue archéologique*, t. II de 1879, p. 247).

472. **Vénus.** Tête de profil, à droite; les cheveux sont retenus par un diadème, et une natte remonte des tempes au sommet de la tête. Le cou est orné d'un collier de perles.

Sardonyx à trois couches : brune, bleuâtre et rousse.

Monture en or.

Haut., 39 mill. ; larg., 32 mill., monture comprise.

Pl. LXVI, fig. 472.

Bibl. — Chabouillet, *Catalogue*, n° 431.

473. **Vénus.** Buste de profil, à droite, la tête ceinte d'un diadème, les cheveux enroulés sur les tempes et sur la nuque et retombant sur les épaules. Le châle qui couvre les épaules et la poitrine est noué sous le cou. Corniche au pourtour, avec tranche en biseau. — Travail du xviie siècle.

Sardonyx à trois couches : translucide, bleuâtre et rousse.

Monture en or émaillé.

Haut., 33 mill.; larg., 29 mill., monture comprise

Pl. LXVI, fig. 473.

Bibl. — Chabouillet, *Catalogue*, n° 432.

474. **Vénus.** Buste de profil, à droite, les cheveux noués sur la nuque; elle a au cou un collier de perles; son torse est nu, et de la main droite ramenée devant la poitrine, elle tient une pomme. — Travail médiocre.

Sardoine blanche.

Haut., 21 mill.; larg., 16 mill.

475. **Vénus.** Tête de profil, à gauche, les cheveux ondulés et noués sur la nuque ; au cou, un collier de perles. Une rainure dans la gemme, destinée sans doute à un collier d'or, paraît séparer la tête du cou. — Travail du XVIe siècle.

Sardonyx à trois couches : translucide, blanche et jaunâtre.

Monture en or émaillé.

Haut., 27 mill. ; larg., 23 mill. Pl. LIII, fig. 475.

BIBL. — Chabouillet, *Catalogue*, n° 433.

476. **Vénus.** Elle est debout, à demi-nue, de profil à gauche, tenant dans ses mains et fixant un objet de toilette (peut-être un vase à parfums). — Travail médiocre.

Agate à deux couches : translucide et blanche.

Une élégante monture en or émaillé, rehaussée de rubis, forme un double encadrement autour du sujet et dissimule une grande partie de la gemme. Bélière en haut; manquent deux rubis et la perle du bas. — Pend-à-col.

Haut., 60 mill. ; larg., 45 mill., monture comprise.

Pl. LXVI, fig. 476.

Ce camée a fait partie de la décoration de la châsse de sainte Geneviève, à Paris; déposé à la Monnaie en 1793, il a été transféré au Cabinet des Médailles, en 1796.

BIBL. — Chabouillet, *Catalogue*, n° 435 ; Eug. Fontenay, *Les bijoux anciens et modernes*, pp. 197 et 198.

477. **Vénus et Adonis.** Vénus est assise sur un rocher, au pied d'un arbre sur lequel s'appuie Adonis qui semble lui adresser la parole. La déesse a le torse nu, les jambes enveloppées dans une draperie; le jeune chasseur est entièrement nu, sa chlamyde enroulée autour du bras gauche qu'il appuie sur ses reins; aux pieds de Vénus, un Satyre étendu, paraissant endormi. — Travail médiocre du XVIe siècle.

Calcédoine à deux couches : translucide et blanche.

Monture en cuivre.

Haut., 32 mill.; larg., 25 mill., monture comprise.

Pl. LI, fig. 477.

BIBL. — Chabouillet, *Catalogue*, n° 437.

478. **Vénus et l'Amour.** La déesse est assise, de profil, à gauche, entièrement nue, sur une draperie qu'elle retient de la main gauche. Penchée en avant, elle saisit de la main droite le bras droit de l'Amour qui, debout devant elle, paraît vouloir se dégager de l'étreinte de sa mère. L'Amour est nu et il a de petites ailes; de la main gauche, il tient un flambeau allumé. — Travail du XVIe siècle.

Agate à deux couches : bleu foncé et blanche.

Monture en or, avec une tige de laurier gravée au revers.

Haut., 30 mill.; larg., 23 mill. Pl. LI, fig. 478.

Ce camée a été acquis par Louis XIV, en 1693.

BIBL. — Chabouillet, *Catalogue*, n° 440.

479. **Vénus et l'Amour.** La déesse est couchée sur une draperie et entièrement nue; ses cheveux sont retenus par un bandeau, et des nattes retombent sur ses épaules; elle est accoudée du bras droit sur un coussin; du bras gauche, elle embrasse l'Amour qui accourt vers elle, les ailes éployées et tenant une draperie de la main gauche. — Bon travail italien du XVIe siècle.

Agate à deux couches : brune et blanche.

Monture en or émaillé.

Haut., 55 mill.; larg., 64 mill., monture comprise.

Pl. LI, fig. 479.

BIBL. — Chabouillet, *Catalogue*, n° 438.

480. **Vénus désarmant l'Amour.** La déesse est debout, tournée vers la gauche; elle est nue, mais sur son bras gauche flotte une ample draperie; de la main droite levée, elle tient une flèche que le jeune Cupidon, nu, debout, cherche à reprendre en saisissant sa mère au poignet.

Sardonyx à trois couches : brune, blanche et jaunâtre.

Monture en cuivre.

Haut., 38 mill.; larg., 26 mill. Pl. LI, fig. 480.

BIBL. — Chabouillet, *Catalogue*, n° 439.

481. **Vénus donnant des ailes à l'Amour.** La déesse est assise, de profil, à droite; ses cheveux sont relevés autour de sa tête, son buste est nu, mais ses jambes sont enveloppées dans une

draperie. L'Amour, nu, est debout devant sa mère qui lui saisit le bras gauche ; de la main gauche élevée au-dessus de la tête de l'Amour, Vénus tient une aile qu'elle s'apprête à fixer à l'une des épaules du jeune dieu. — Travail du XVIe siècle.

Agate à deux couches : bleuâtre et blanche.

Monture en or.

Haut., 33 mill.; larg., 28 mill., monture comprise.

Pl. LI, fig. 481.

Bibl. — Chabouillet, *Catalogue*, n° 441

482. **Les Amours offrant un sacrifice à Vénus.** La statue de la déesse est vue de face, sur un cippe, les pieds enchaînés, les mains liées derrière le dos. Quatre Amours s'empressent autour d'elle ; ils ont déposé au pied de la statue un vase à parfums et un bélier, et ils apportent encore dans leurs mains des offrandes variées. Dans le fond, au second plan, la silhouette du temple de Vénus. — Travail médiocre du XVIe siècle.

Calcédoine à deux couches : translucide et blanche.

Monture en or.

Haut., 20 mill.; larg., 19 mill. Pl. LI, fig. 482.

Bibl. — Chabouillet, *Catalogue*, n° 447

483. **L'Amour captif.** Le jeune dieu est nu, debout, de trois quarts. à droite ; ses ailes sont éployées et il a les deux mains attachées derrière le dos à un cippe contre lequel il est appuyé. Il détourne gracieusement la tête à droite, d'un air de dépit. Psyché, sous la forme d'un papillon, grimpe sur le cippe, à côté de lui, et paraît resserrer ses liens. — Excellent travail italien du XVIe siècle.

Calcédoine à deux couches : translucide et blanche.

Haut., 25 mill.; larg., 17 mill. Pl. LI, fig. 483.

Bibl. — Chabouillet, *Catalogue*, n° 446.

484. **Eros dormant appuyé sur son hoyau.** Il est debout, de profil, à droite, et ses petites ailes sont éployées ; des deux mains il

s'appuie sur le manche de son hoyau posé à terre. — Surmoulage en porcelaine d'une intaille antique.

Haut., 27 mill.; larg., 22 mill.

Comparez un camée antique signé ΑΥΛΟϹ et représentant le même sujet : E. Babelon, *La gravure en pierres fines*, p. 166.

485. **Vénus résistant à l'Amour.** Groupe vu de face. Vénus, nue, les jambes croisées, debout, s'appuyant sur un rocher de la main gauche, la tête penchée en arrière, paraît rêveuse; de la main droite, elle repousse mollement les assauts de l'Amour qui la saisit par le bras et la jambe. Son bras gauche est enveloppé dans une ample draperie. Derrière l'Amour, un carquois rempli de flèches. Le groupe est posé sur un socle en haut relief, sur la tranche duquel on lit la signature de l'artiste : A. DAVID *(Adolphe David)*.

Sardoine laiteuse à deux couches.

Monture en cuivre.

Haut., 100.; larg., 71 mill.

Ce camée a figuré à l'Exposition universelle de 1867.—Donné par l'empereur Napoléon III, en 1869 (cf. ci-dessus, le n° 443).

486 à 491. **Six fragments sur coquille,** provenant de la châsse de sainte Geneviève, et représentant des Amours ou des Anges; le pourtour est orné de denticules et de colonnettes :

486. L'Amour ailé, nu, de profil, à droite, assis sur une guirlande et faisant des bulles de savon. Fragmenté à droite.

487. L'Amour, à cheval sur une guirlande, de profil, à droite. Fragmenté à gauche.

488. L'Amour, à cheval sur une guirlande, vu de trois quarts, à gauche, et détournant la tête.

489. L'Amour, à cheval sur une guirlande, tourné vers la gauche. Fragmenté à droite. Pl. LVII, fig. 489.

490. L'Amour, à cheval sur une guirlande, tourné vers la gauche et jouant de la trompette. Fragmenté aux deux bouts.

491. L'Amour, assis, à droite, sur une guirlande et jouant de la trompette. Fragmenté à droite et à la partie inférieure.

Dimensions de chaque fragment intact : haut., 18 mill.; larg., 33 mill.

Ces camées sur coquilles (nos 486 à 491) faisaient partie de la décoration de la châsse de sainte Geneviève de Paris, détruite en 1793 ; de la Monnaie ils furent transférés au Cabinet des Médailles le 21 décembre 1796.

BIBL. — Chabouillet, *Catalogue*, nos 681 à 686.

492. **Mars et Vénus.** Ils sont assis côte à côte, se donnant la main et paraissant converser. Vénus a le torse entièrement nu; une draperie recouvre ses jambes, et un chien, emblème de la fidélité, s'efforce de grimper sur ses genoux. Mars est barbu, cuirassé, et les plis de sa chlamyde flottent sur ses épaules. — Travail de la Renaissance italienne.

Sardonyx à trois couches : brune, blanche et rousse.

Monture en or émaillé.

Haut., 30 mill.; larg., 28 mill., monture comprise.

Pl. LI, fig. 492.

BIBL. — Chabouillet, *Catalogue*, n° 436.

493. **Le repos d'Hermaphrodite.** Le dieu à double nature est étendu sur une ample draperie posée sur un lit orné d'une tête de lion; l'extrémité de la draperie lui recouvre les jambes. De la main gauche repliée, il paraît soutenir sa tête penchée en avant. A sa gauche, un Amour assis joue de la lyre; à sa droite, un autre Amour, penché vers lui, agite un éventail en forme de feuille de lierre. A ses pieds, un troisième Amour joue de la syrinx. Dans le fond, un arbre au feuillage desséché. — Bon travail italien du XVIe siècle.

Calcédoine à deux couches : translucide et blanche.

Monture en or émaillé, avec six bélières latérales.

Haut., 37 mill.; larg., 48 mill., monture comprise.

Pl. LI, fig 493.

Cette plaque de collier a appartenu à la comtesse du Barry; déposée à la Monnaie en 1793, elle fut transférée au Cabinet des Médailles en 1796.

BIBL. — Chabouillet, *Catalogue*, n° 443 (sous le nom de *Vénus*). — Ce camée est une imitation moderne de ceux qui sont décrits ci-dessus, sous les nos 48 et 49. De nombreux camées, intailles et plaquettes de bronze, de la Renaissance italienne, reproduisent le même sujet: l'un de ces camées se trouvait dans la collection de Fulvio Orsini (P. de Nolhac, *Les collections d'antiquités de Fulvio Orsini,* dans les *Mélanges de l'École française de Rome,* 1884, t. IV, p. 161, n° 163); voyez aussi Chabouillet, *Catalogue,* nos 2326 et 2327; Gori, *Museum Florentinum,* pl. 82, nos 4 et 5; Mariette, *Traité des pierres gravées,* t. II, n° 26; E. Molinier, *Les Plaquettes,* t. I, p. 8; W. Frœhner, *Collection de M. de Montigny, Pierres gravées. Catalogue de vente,* 1887, n° 652, pl. V).

494. **Le repos d'Hermaphrodite.** Le dieu à double nature est étendu sur une ample draperie qui, laissant le torse à nu, recouvre en partie ses jambes. De la main gauche repliée, il soutient sa tête. A sa gauche, un Amour assis joue de la lyre; à sa droite, un autre Amour lui saisit le bras comme pour le soutenir; enfin, à ses pieds, un troisième Amour assis sur un tertre joue de la syrinx. — Travail du XVIe siècle.

Calcédoine à deux couches : translucide et blanche.

Monture en or émaillé.

Haut., 31 mill. ; larg., 32 mill., monture comprise.

Pl. LI, fig. 494.

Ce camee est décrit dans l'Inventaire de 1664, sous le n° 147.

Bibl. — Chabouillet, *Catalogue,* n° 444. — Voyez la note du n° 493.

495. **Hermaphrodite et un Satyre.** Hermaphrodite, nu, vu de trois quarts, à gauche, est assis sur un banc de pierre et paraît sommeiller, la tête appuyée sur sa main gauche; de la main droite, il retient les plis d'une draperie sur son genou. Le Satyre, nu, s'avance vers Hermaphrodite, comme pour surprendre le secret de sa double nature.

Sardoine à deux couches : translucide et blanche.

Monture en cuivre.

Haut., 16 mill.; larg., 15 mill. Pl. LI, fig. 495.

Ce camée est décrit dans l'Inventaire de 1664, sous le n° 67; le sujet est imité de l'antique; peut-être même pourrait-on ranger ce camée dans la série antique.

Bibl. — Chabouillet, *Catalogue,* n° 442.

496. **Le dieu de la Peur** (*Pavor*). Tête de profil, à gauche, d'un

vieillard à figure émaciée; il a une longue barbe et ses cheveux sont relevés et hérissés. — Travail du XVIe siècle.

Agate jaunâtre avec taches rouges, appliquée sur un fond translucide.

Haut., 25 mill.; larg., 20 mill. Pl. LII, fig. 496.

Ce camée est la copie de l'effigie de Pavor sur les deniers de la République romaine frappés par L. Hostilius Saserna.

BIBL. — Chabouillet, *Catalogue*, n° 501. — Cf. E. Babelon, *Monnaies de la République romaine*, t. I, p. 552, n° 2.

497. **Hercule.** Tête de profil, à droite, avec une barbe épaisse et une couronne de feuilles de pommier. — Travail du XVIe siècle.

Sardonyx à trois couches : brune, blanc de nuage et rousse.

Monture en or émaillé.

Haut., 34 mill.; larg., 30 mill. Pl. LII, fig 497.

BIBL. — Chabouillet, *Catalogue*, n° 485.

498. **Hercule.** Il est barbu, entièrement nu, et s'avance au pas vers la droite, en tenant sa massue sur son épaule gauche.

Figure en or, appliquée sur une plaque de jaspe sanguin. Chaton d'une bague d'or.

Haut., 19 mill.; larg., 14 mill. Pl. LI, fig. 498.

BIBL. — Marion du Mersan, *Hist. du Cabinet des Médailles* (1838), p. 123, n° 529; Chabouillet, *Catalogue*, n° 699.

499. **Hercule enchaînant Cerbère.** Hercule, vu de profil, à droite, est entièrement nu; il étreint entre ses jambes les trois têtes de Cerbère qui se débat en vain; des deux mains, le dieu tient le lien qui doit lui servir à enchaîner le chien des Enfers. Derrière Hercule, un cippe sur lequel est posée la peau de lion. — Bon travail italien du XVIe siècle.

Calcédoine à deux couches : translucide et blanche.

Monture en or émaillé.

Haut., 43 mill.; larg., 37 mill., monture comprise.

Pl. LII, fig. 499.

Ce camée a été acheté en 1674, par Louis XIV, du procureur général Achille de Harlay.

BIBL. — Chabouillet, *Catalogue*, n° 486.

500. **Hercule sur le bûcher.** Le dieu est nu, agenouillé à droite, levant la tête. De la main gauche ramenée en arrière, il s'appuie sur un rocher; de la main droite avancée, il paraît saisir une gerbe de flammes. Au second plan, on voit s'élever les flammes qui vont envelopper le dieu. — Excellent travail du XVIe siècle. Le bas du visage d'Hercule est endommagé.

Agate à deux couches : cendrée et blanche, avec taches rouges.

La monture en or émaillé représente des flammes qui se mélangent avec celles de la gemme et complètent la représentation du bûcher; à la partie inférieure, est enchâssé un rubis.

Haut., 31 mill.; larg., 22 mill. Pl. LII, fig. 500.

Ce camée est décrit dans l'Inventaire de 1664, sous le n° 262.

Bibl. — Chabouillet, *Catalogue*, n° 487. — Comparez une plaquette de la Renaissance italienne, décrite dans E. Molinier, *Les Plaquettes*, t. II, p. 202, n° 752.

501. **La lutte d'Hercule et d'Antée.** Les deux combattants sont nus; Hercule, barbu, les cheveux courts et frisés, étreint par le milieu du corps son antagoniste qu'il soulève au-dessus du sol. Antée, imberbe, les cheveux longs, paraît dans l'attitude de la douleur. Un arbre et un rocher complètent la scène. — Travail très médiocre.

Agate vulgaire à deux couches, blanche et rougeâtre.

Monture en cuivre, avec bélière.

Haut., 113 mill.; larg., 117 mill. (plaque rectangulaire).

502. **Sacrifice à Hercule.** La statue du dieu, brandissant sa massue et son arc, est placée sur un cippe, à l'ombre d'un arbre touffu. Un enfant, vu de profil, à gauche, s'avance vers elle en portant des présents; il est suivi d'une femme qui tient une corne d'abondance. Un Amour ailé, agenouillé, immole un bélier.

Calcédoine à deux couches : translucide et blanche.

Monture en or.

Haut., 14 mill.; larg., 17 mill., monture comprise.

Pl. LII, fig. 502.

Bibl. — Chabouillet, *Catalogue*, n° 509.

503. **Hercule et Omphale.** Bustes accolés, de profil, à gauche; Omphale, au premier plan, est coiffée d'une peau de lion dont l'épaisse crinière lui couvre les épaules; Hercule est barbu. On pourrait peut-être retrouver ici les traits de deux personnages de la Renaissance italienne, avec les attributs d'Hercule et Omphale (voyez ci-après les nos 953 et suiv.)

Agate à deux couches, cendrée et blanche.

Haut., 29 mill.; larg., 20 mill.

BIBL. — Chabouillet, *Catalogue*, no 488.

504. **Omphale.** Buste de profil, à gauche, la tête coiffée de la peau de lion qui descend sur les épaules et est nouée sous le cou. La poitrine est drapée. — Travail du XVIIe siècle.

Agate à deux couches : cornée et rougeâtre.

Monture en or émaillé, du XVIIe siècle, avec deux bélières.

Haut., 64 mill.; larg., 42 mill., monture comprise.

Pl. LII, fig. 504.

BIBL. — Chabouillet, *Catalogue*, no 489.

505. **Omphale.** Buste de profil, à droite, la tête coiffée de la peau de lion d'Hercule, nouée sous le cou. Corniche au pourtour, avec tranche en biseau. — Travail du XVIIe siècle.

Sardonyx à trois couches : translucide, bleuâtre et jaunâtre.

Monture en cuivre.

Haut., 42 mill.; larg., 29 mill.

BIBL. — Chabouillet, *Catalogue*, no 490.

506. **Omphale.** Tête de profil, à droite, coiffée de la peau de lion nouée sous le cou. — Travail médiocre.

Sardoine cendrée.

Monture en cuivre, avec bélière.

Haut., 32 mill.; larg., 23 mill.

Donné au roi Louis XIV, par l'évêque de Pamiers, en février 1693.

BIBL. — Chabouillet, *Catalogue*, no 491.

507. **Omphale.** Buste de profil, à droite, la tête diadémée et coiffée de la peau de lion qui descend sur le cou, les épaules drapées. — Travail du XVIe siècle.

Agate à trois couches : noirâtre, blanche et rousse.
Haut., 31 mill. ; larg., 23 mill.

Bibl. — Chabouillet, *Catalogue*, n° 492.

508. **Omphale.** Tête de profil, à droite; elle est coiffée de la dépouille du lion, dont les pattes sont nouées sous le cou. — Travail médiocre.

Agate à deux couches : cornée et rougeâtre.
Haut., 30 mill. ; larg., 25 mill.

Bibl. — Chabouillet, *Catalogue*, n° 493.

509. **Omphale.** Buste de profil, à droite. La tête est coiffée de la peau de lion ramenée sur la poitrine; les oreilles sont ornées de pendants. L'expression du visage permet de supposer qu'il s'agit ici d'un portrait de femme. — Travail du xvie siècle.

Sardonyx à deux couches : brune et blanche.
Monture en or.
Haut., 28 mill.; larg., 22 mill. Pl. LXVII, fig. 509.

Bibl. — Chabouillet, *Catalogue*, n° 494.

510. **Omphale.** Tête de profil, à droite, coiffée de la dépouille du lion dont les pattes sont nouées sous le cou. — Travail du xvie siècle.

Calcédoine à deux couches : cornée et blanche.
Monture en or émaillé, avec quatre petites bélières latérales.
Haut., 34 mill. ; larg., 30 mill. Pl. LII, fig. 510.

Ce camée est décrit dans l'Inventaire de 1664, sous le n° 148.
Bibl. — Chabouillet, *Catalogue*, n° 495.

511. **Omphale.** Elle est assise de profil, à gauche, les cheveux retenus par un bandeau, le torse nu, les jambes enveloppées dans une draperie. De la main droite, elle s'appuie sur la massue d'Hercule; de la main gauche baissée, elle tient une sorte de *torques*. Le rocher sur lequel elle est assise est recouvert de la peau de lion d'Hercule. Devant elle, un cippe carré surmonté d'un vase à deux anses. — Travail italien du xvie siècle.

Sardonyx à deux couches : brune et blanche.

Monture en or.

Haut., 34 mill. ; larg., 25 mill. Pl. LII, fig. 511.

BIBL. — Chabouillet, *Catalogue*, n° 496.

512. **Omphale.** Tabatière de forme ovale, en cornaline, avec une riche monture en or rehaussée de festons et de fleurs en émail bleu. Au centre du couvercle, un médaillon ovale dans lequel est enchâssé un camée représentant le buste d'Omphale de profil, à gauche, la tête et les épaules couvertes de la dépouille du lion. Le camée est en sardonyx à trois couches : blanchâtre, rouge-cornaline et blanc-gris. — Travail très élégant du XVIe siècle.

Dimensions de la tabatière : long., 80 mill. ; larg., 46 mill. ; haut., 30 mill. Pl. LII, fig. 512.

Cette tabatière fut confisquée en 1793, au palais des Tuileries et portée à la Monnaie d'où elle a été transférée au Cabinet des Médailles en 1796.

513. **Bacchus.** Buste imberbe, de face, légèrement tourné vers la droite. Le visage sourit avec volupté ; la tête est ceinte d'une épaisse couronne de lierre ; la poitrine est drapée. — Excellent travail italien du XVIe siècle.

Agate à deux couches : cendrée et blanche.

Élégante monture du XVIe siècle, en or émaillé, enrichie d'une ceinture de petits rubis et de huit perles alternant avec des brillants et des émeraudes. — Enseigne de chaperon.

Haut., 48 mill. ; larg., 40 mill., monture comprise.

Pl. LII, fig. 513.

BIBL. — Chabouillet, *Catalogue*, n° 454 ; Eug. Fontenay, *Les bijoux anciens et modernes*, p. 407 ; E. Babelon, *La gravure en pierres fines*, p. 275, fig. 190.

514. **Le Triomphe de Bacchus.** Le dieu nu, imberbe, est assis dans un char traîné par deux lions qui marchent au pas vers la droite ; une draperie légère est enroulée autour de ses bras, et, de la main gauche, il tient un thyrse. Un Amour vole à sa rencontre et lui présente une couronne ; deux Bacchants

dirigent la marche des lions, l'un jouant des crotales, l'autre soufflant dans une trompe. — Travail du XVIe siècle.

Calcédoine à deux couches : brun translucide et blanche.

Monture en or.

Haut., 14 mill. ; larg., 17 mill. Pl. LII, fig. 514.

BIBL. — Chabouillet, *Catalogue*, n° 467.

515. **Le Triomphe de Bacchus.** Le dieu, couronné de lierre et vêtu d'une longue robe, est assis dans son char traîné par deux chevaux qui s'élancent au galop, à droite ; de la main gauche, Bacchus tient les rênes. Un Satyre à pieds de bouc et jouant des crotales précède les chevaux. — Travail médiocre.

Jaspe jaune-brun.

Élégante monture ajourée, en or émaillé.

Haut., 33 mill. ; larg., 49 mill., monture comprise.

Pl. LII, fig. 515.

Ce camée a été acquis en 1674, par Louis XIV, du procureur général Achille de Harlay.

BIBL. — Chabouillet, *Catalogue*, n° 468.

516. **Le triomphe de Bacchus Pogon.** Le dieu est debout, dans un char traîné par deux lions qui s'avancent au pas, à droite ; il est barbu, vêtu d'une tunique talaire et d'un manteau ; de la main droite, il présente une couronne et, de la main gauche, il tient les rênes. A côté des lions, une Bacchante est debout, le torse nu, tenant un *pedum* de la main droite baissée et, de la main gauche, un fouet qu'elle agite au-dessus de sa tête. — Travail du XVIe siècle.

Calcédoine à deux couches : translucide et blanche. Fêlure à droite.

Monture en or.

Haut., 16 mill. ; larg., 21 mill. Pl. LIII, fig. 516.

BIBL. — Chabouillet, *Catalogue*, n° 469.

517. **Bacchus,** dans un char traîné par deux mules. Le dieu, à demi-nu, est vu de profil, à droite ; de la main gauche levée, il tient un canthare ; une légère draperie flotte sur son dos et est ramenée sur ses jambes.

Sardoine à deux couches : blonde et blanche.
Chaton de bague en cuivre.
Haut. du chaton, 14 mill. ; larg., 19 mill.

Ce camée a fait partie de la collection du duc de Valentinois, confisquée en 1793 et déposée provisoirement à l'hôtel de Liancourt; il fut remis au Cabinet des Médailles par la Commission des Arts, le 29 juillet 1796.

518. **Bacchus Pogon.** Tête de profil, à gauche; la barbe est épaisse, les cheveux sont arrangés en torsade et des mèches descendent sur le cou.
Agate brune appliquée sur une sardoine blonde.
Haut., 23 mill. ; larg., 15 mill.

Bibl. — Chabouillet, *Catalogue*. n° 456.

519. **Satyre.** Masque de face, avec une épaisse chevelure et une longue barbe, le nez épaté, la bouche béante. — Travail du xvie siècle.
Lapis-lazuli. — Monture en or.
Haut., 18 mill. ; larg., 13 mill.

Bibl. — Chabouillet, *Catalogue*, n° 476.

520. **Satyre.** Masque de face, avec une barbe hirsute, le nez épaté, la bouche béante, la tête ceinte d'une torsade — Travail médiocre.
Grenat. — Monture en or.
Haut., 19 mill. ; larg., 13 mill.

Bibl. — Chabouillet, *Catalogue*, n° 474.

521. **Satyre.** Masque de face, barbu, la bouche ouverte laissant paraître de grandes dents, le front surmonté de cornes de bouc et couronné de lierre ; les oreilles sont celles du cheval. — Travail du xvie siècle.
Cornaline pâle.
Haut., 30 mill. ; larg., 24 mill.

Bibl. — Chabouillet, *Catalogue*, n° 473.

522. **Satyre.** Masque de face, avec une longue barbe ondulée, la

bouche ouverte laissant paraître de grandes dents, le front large et chauve. — Travail du XVIe siècle.

Calcédoine à deux couches : bleu-foncé et blanche.

Monture en or, avec bélière.

Haut., 21 mill. ; larg., 16 mill. Pl. LV, fig. 522.

BIBL. — Chabouillet, *Catalogue*, n° 477.

523. **Satyre.** Masque de profil, à gauche, imberbe, la bouche béante. Les cheveux forment un épais bourrelet autour du visage.

Agate à deux couches : blanche et rousse.

Haut., 14 mill. ; larg., 16 mill.

BIBL. — Chabouillet, *Catalogue*, n° 478.

524. **Génie bachique,** ailé, sur un âne, s'avançant à gauche. Le génie tient dans ses mains un canthare. — Travail médiocre.

Calcédoine à deux couches : cendrée et blanche.

Chaton d'une bague en cuivre.

Haut. du chaton, 14 mill. ; larg., 15 mill.

Ce camée a fait partie de la collection du duc de Valentinois, confisquée en 1793 et déposée à l'hôtel de Liancourt transformé en magasin ; il a été transmis au Cabinet des Médailles par la Commission des Arts, le 29 juillet 1796.

525. **Génie bachique dans un bige de boucs.** Un enfant nu, ailé, est assis sur un char traîné par deux boucs qui s'avancent au pas, à droite. Un jeune Bacchant nu saisit les cornes de l'un des boucs pour diriger la marche. Un vieux Satyre barbu présente à boire au Génie, assis dans le char, tandis qu'un autre Satyre porte sur son dos un panier rempli de raisins et souffle dans une trompe. — Travail du XVIe siècle.

Calcédoine à deux couches : bleuâtre et blanche.

Monture en cuivre.

Haut., 13 mill. ; larg., 17 mill. Pl. LIII, fig. 525.

Ce camée est décrit dans l'Inventaire de 1664, sous le n° 70.

BIBL. — Chabouillet, *Catalogue*, n° 470.

526. **Bacchant.** Buste de face, la tête légèrement inclinée à droite,

et couronnée de lierre ; la poitrine est drapée. — Travail du XVIe siècle.

Calcédoine à deux couches : bleuâtre et blanche.

Chaton de bague en or.

Haut., 23 mill. ; larg., 20 mill. Pl. LIII, fig. 526.

BIBL. — Chabouillet, *Catalogue*, n° 466.

527. **Jeune Faune.** Tête de profil, à droite, imberbe, avec des oreilles de cheval. Fragment.

Sardoine à trois couches : translucide, blanche et rouge.

Haut., 12 mill. ; larg., 12 mill.

528. **Bacchant (?).** Buste imberbe d'un homme, de profil, à droite, vu de dos, l'épaule droite nue, l'épaule gauche couverte d'une draperie.

Sardoine à deux couches : cendrée et rouge-carmin.

Haut., 34 mill. ; larg., 27 mill.

529. **Bacchante.** Tête de profil, à droite, ceinte d'une couronne de lierre, les cheveux nattés sur le cou ; sur l'épaule gauche, un thyrse orné de bandelettes. — Travail du XVIe siècle.

Sardonyx à trois couches : translucide, blanche et brune.

Monture en or émaillé.

Diamètre, 42 mill., monture comprise. Pl. LIII, fig. 529.

Ce camée a été acheté en 1674, par Louis XIV, du procureur général Achille de Harlay.

BIBL. — Chabouillet, *Catalogue*, n° 457.

530. **Bacchante.** Buste de profil, à droite, la tête ceinte d'une couronne de lierre, les cheveux nattés sur le cou. Une nébride qui couvre la poitrine est nouée sur l'épaule droite, et, derrière la tête, on aperçoit l'extrémité d'un thyrse appuyé sur l'épaule gauche. — Travail du XVIe siècle.

Sardonyx à trois couches : brune, blanc-bleuâtre et rousse.

Monture en or émaillé du XVIIIe siècle.

Haut., 46 mill. ; larg., 41 mill., monture comprise.

Pl. LIII, fig. 530.

BIBL. — Chabouillet, *Catalogue*, n° 458.

531. **Bacchante.** Tête de profil, à droite, ceinte d'une couronne de lierre, avec une colombe placée sur la tempe. Les cheveux sont nattés sur le cou. — Travail du XVIe siècle.

Sardonyx à trois couches : brune, blanche et roux-foncé. Monture en or émaillé.

Haut., 44 mill.; larg., 37 mill. Pl. LIII, fig. 531.

BIBL. — Chabouillet, *Catalogue*, n° 459.

532. **Bacchante.** Tête de profil, à droite, ceinte d'une couronne de lierre, les cheveux nattés sur le cou. Corniche au pourtour avec tranche en biseau. — Bon travail du XVIe siècle.

Sardonyx à trois couches : brune, bleuâtre et roux-foncé. Monture en or.

Haut., 37 mill. ; larg., 30 mill., monture comprise.

BIBL. — Chabouillet, *Catalogue*, n° 460.

533. **Bacchante.** Buste de profil, à droite, la tête ceinte d'une couronne de lierre, les cheveux arrangés en chignon sur la nuque, des nattes retombant sur le cou. Le dos est couvert d'une nébride nouée sur l'épaule droite. — Travail du XVIe siècle.

Sardonyx à trois couches : roux-foncé, blanchâtre et rousse. Monture en or.

Haut., 32 mill.; larg., 28 mill., monture comprise.

BIBL. — Chabouillet, *Catalogue*, n° 461.

534. **Bacchante.** Tête de profil, à droite, ceinte d'une couronne de lierre, les cheveux nattés retombant sur le cou. — Travail du XVIe siècle.

Sardonyx à quatre couches : cendrée, brune, blanchâtre et roux-foncé (fond brun).

Diamètre, 28 mill.

BIBL. — Chabouillet, *Catalogue*, n° 462.

535. **Bacchante.** Buste de profil, à gauche, la tête ceinte d'une couronne de lierre, les cheveux retombant sur le cou. Dans le champ à droite, la signature de l'artiste : JEUFFROY.

Sardoine à deux couches : translucide et noirâtre.
Chaton de bague en or.
Haut., 25 mill. ; larg., 20 mill. Pl. LXVII, fig. 535.

Camée confisqué en 1793 « chez le nommé Clermont d'Amboise, rue de Montolon », et déposé à la Monnaie, puis transféré au Cabinet des Médailles en 1796.

Bibl. — Chabouillet, *Catalogue*, n° 463. — L'auteur de ce camée, le graveur R. V. Jeuffroy, né à Rouen en 1749, est mort à Saint-Germain-en-Laye (Seine-et-Oise) en septembre 1826.

536. **Bacchante.** Buste de profil, à droite. La tête est ceinte d'une couronne de lierre, et les cheveux sont ramassés en chignon et arrangés en tresses qui retombent sur le cou. L'épaule et le sein droit sont nus; une draperie est nouée sur l'épaule gauche. — Travail du XVIe siècle.
Agate à deux couches : brune et blanche.
Monture en or.
Haut., 35 mill.; larg., 31 mill., monture comprise.
Pl. LV, fig. 536.

Bibl. — Chabouillet, *Catalogue*, n° 464.

537. **Bacchante.** Buste de profil, à droite; la tête est ceinte d'une couronne de lierre; le cou est orné d'un collier; la poitrine est drapée. — Travail du XVIe siècle.
Calcédoine à deux couches : translucide et blanche.
Monture en or.
Haut., 17 mill.; larg., 13 mill.

Bibl. — Chabouillet, *Catalogue*, n° 465.

538. **Bacchante dansant.** Elle est debout, à demi-nue, de face, tenant un flambeau renversé, sa nébride flottant sur son dos. A ses pieds, un canthare.
Calcédoine à deux couches : translucide et blanche.
Haut., 10 mill.; larg., 8 mill. Pl. LVI, fig. 538.

539. **Bacchanale.** Un jeune Faune, nu, assis de profil, à droite, au pied d'un palmier, érige une statue de Bacchus sur un cippe; des deux mains il cherche à consolider le monument. Bacchus est représenté enfant, nu, sauf une nébride nouée sur

son épaule droite. Un Satyre barbu, assis devant la statue du Dieu, lui présente un thyrse. Derrière le Satyre, enfin, on voit un arbre et un génie ailé qui joue de la syrinx. — Bon travail de la Renaissance italienne.

Calcédoine à deux couches : cendrée et blanche.

Monture en cuivre, avec bélière.

Haut., 34 mill.; larg., 32 mill. Pl. LVI, fig. 539.

BIBL. — Chabouillet, *Catalogue*, n° 471.

540. **Bacchanale ou scène de Vendanges.** Un Satyre et une Ménade, accompagnés de trois Amours, d'une chèvre et d'un chien, font la vendange. Aux deux extrémités de la scène sont des troncs d'arbres autour desquels la vigne serpente. La Ménade est assise et reçoit d'un Amour une grappe de raisin qu'elle s'apprête à placer dans un panier que porte la chèvre ; le Satyre porte sur son épaule un panier rempli de raisins et l'un des Amours foule le raisin dans une cuve. — Bon travail de la Renaissance italienne.

Calcédoine à deux couches : bleuâtre et blanche.

Monture en or émaillé du XVIe siècle, avec bélière ; le revers est orné d'élégants festons.

Haut., 23 mill.; larg., 26 mill., monture comprise.

Pl. LIII, fig. 540.

BIBL. — Chabouillet, *Catalogue*, n° 472.

541. **Masque bachique.** Il est imberbe, de face, la bouche béante et grimaçant; sa barbe est arrangée en mèches ondulées; sa tête est ceinte d'une couronne de lierre. — Bon travail de la Renaissance italienne.

Calcédoine à deux couches : cendrée et blanche.

Monture en or.

Haut., 15 mill.; larg., 14 mill. Pl. LV, fig. 541.

BIBL. — Chabouillet, *Catalogue*, n° 475.

542. **Canthare dionysiaque.** Il est décoré de branches de lierre sur tout son pourtour.

Pâte de verre bleue et blanche.

Chaton de bague en cuivre.
Haut. du chaton, 13 mill.; larg., 18 mill.

543. **Neptune dans un bige d'hippocampes.** Le Dieu de la mer est debout, de profil, à droite, dans une conque que traînent deux hippocampes bondissant sur les flots. De la main droite, Neptune brandit son trident, et de la main gauche, il tient les rênes des chevaux marins; sa chlamyde flotte sur son dos.
Coquille blanche.
Haut., 20 mill.; larg., 24 mill. Pl. LIII, fig. 543.

BIBL. — Chabouillet, *Catalogue*, n° 479.

544. **L'Océan entouré de divinités fluviales.** L'Océan est représenté sous l'aspect d'un vieillard barbu, nu, assis à terre, de profil, à gauche; du bras gauche, il est accoudé sur une urne renversée d'où s'échappent des flots. A sa droite, un petit Génie tenant sur son épaule gauche une urne d'où s'écoule une source; il s'appuie de la main droite sur une autre urne renversée d'où sortent aussi des eaux. Plus loin, une Nymphe est debout, nue, regardant l'Océan et tenant des deux bras, sur sa poitrine, une urne renversée d'où s'échappe une source abondante. Un arbre au tronc noueux, une chèvre couchée à ses pieds et un paon, emblèmes de la fertilité, complètent le tableau. Dans le lointain, derrière la Nymphe, la silhouette d'une ville, gravée en creux. — Travail du XVIe siècle.
Calcédoine à deux couches : brune et blanche.
Monture en or, avec deux bélières de suspension; le revers est orné d'élégants rinceaux en émail.
Haut., 32 mill.; larg., 45 mill. Pl. LIII, fig. 544.

BIBL. — Chabouillet, *Catalogue*, n° 481.

545. **Divinités fluviales assises auprès de leur source.** Un jeune Fleuve, nu, est assis sur une grande urne renversée d'où s'échappent des flots en abondance; il lève son bras gauche au-dessus de sa tête. Une Nymphe, assise à côté de lui, vue de dos, les jambes enveloppées dans une draperie, élève au-dessus de sa tête une petite urne d'où s'échappent aussi des

eaux. Dans le lointain, à droite, un tronc d'arbre. — Travail du XVIe siècle.

Calcédoine à deux couches cendrées.

Monture en or.

Diamètre, 17 mill. Pl. LIII, fig. 545.

BIBL. — Chabouillet, *Catalogue*, n° 482.

546. **Triton combattant un monstre marin.** Le Triton s'élance au galop sur les flots, à droite; de la main gauche, il tient son bouclier; de la main droite, il brandit une massue au-dessus de sa tête et cherche à en frapper le monstre ailé qui s'acharne à sa poursuite.

Coquille noire et blanche.

Haut., 11 mill.; larg., 16 mill. Pl. LIII, fig. 546.

BIBL. — Chabouillet, *Catalogue*, n° 480.

547. **Néréide emportée par un hippocampe.** Le cheval marin, vu de profil, à gauche, bondit sur les flots et sa queue anguiforme fait des replis nombreux. La Néréide, couchée sur son dos, est à demi-nue, les jambes enveloppées dans une ample draperie. Au pourtour, un cercle de perles. — La partie inférieure est fragmentée.

Surmoulage en porcelaine du camée antique n° 117, avec sa monture.

Haut., 29 mill. ; larg., 45 mill.

548. **Nymphe.** Tête de profil, à droite, les cheveux courts et frisés dissimulant en partie un large bandeau noué sur la nuque, le cou est drapé. — Travail du XVIe siècle.

Calcédoine à deux couches : noirâtre et blanche.

Monture en or.

Haut., 22 mill. ; larg., 18 mill. Pl. LV, fig. 548.

BIBL. — Chabouillet, *Catalogue*, n° 449.

549. **Nymphe.** Buste de profil, à droite ; une draperie qui se mêle à la chevelure retombe sur les épaules avec des nattes de cheveux ; la poitrine est à demi-nue. — Travail du XVIIe siècle.

Calcédoine enfumée, avec tâches jaunâtres.

Monture en cuivre doré.

Haut., 25 mill. ; larg., 17 mill.

BIBL. — Chabouillet, *Catalogue*, n° 450.

550. **Nymphe.** Buste de profil, à droite, les cheveux relevés sur les tempes et descendant en mèches épaisses sur le cou, la poitrine drapée. — Travail médiocre.

Agate à trois couches : jaune-roux, blanchâtre et jaune.

Monture en or, avec bélière.

Haut., 20 mill.; larg., 12 mill.

BIBL. — Chabouillet, *Catalogue*, n° 451.

551. **Nymphe.** Buste de face, la tête légèrement inclinée à gauche. Les cheveux sont relevés sur les tempes, la poitrine est drapée. — Travail médiocre du XVIe siècle.

Calcédoine à deux couches : translucide et blanche.

Haut., 17 mill. ; larg., 12 mill.

BIBL. — Chabouillet, *Catalogue*, n° 452.

552. **Nymphe.** Buste de profil, à gauche; elle a des cheveux courts et frisés, entremêlés de plantes aquatiques qui forment couronne; sur le cou, une draperie agrafée sur l'épaule gauche. — Travail du XVIe siècle.

Calcédoine à deux couches : translucide et blanche.

Monture en or.

Haut., 26 mill.; larg., 22 mill. Pl. LII, fig. 552.

BIBL. — Chabouillet, *Catalogue*, n° 453.

553. **Esculape.** Il est représenté en pied, de face, détournant la tête à gauche; son torse est à demi-nu; ses jambes et son bras gauche sont enveloppés dans une ample chlamyde; de la main droite, il s'appuie sur un bâton autour duquel est enroulé un serpent. — Travail médiocre.

Silex à trois couches : grise, blanche et grise. Trou de suspension. Les bords sont arrondis.

Haut., 58 mill.; larg., 28 mill.

554. **Esculape.** Tête barbue de profil, à gauche, ceinte d'une double torsade.

Pâte de verre, blanche, appliquée sur une sardoine bleutée.
Haut., 25 mill.; larg., 20 mill.

555. **Cérès.** Buste de profil, à gauche, la tête ceinte d'une couronne d'épis; un voile descend du sommet de la tête sur le cou et les épaules. La poitrine est drapée. — Travail du XVIe siècle.

Sardonyx à trois couches : brune, blanche et brun-roux.
Haut., 22 mill.; larg., 15 mill.

BIBL. — Chabouillet, *Catalogue*, nº 448.

556. **Cérès.** Buste de profil, à droite, la tête ceinte d'une couronne d'épis, les cheveux tressés, les épaules drapées.

Surmoulage en porcelaine d'une intaille antique; large rebord.
Haut., 26 mill.; larg., 27 mill.

557. **Lunus.** Buste de face, légèrement incliné vers la droite; la chevelure abondante est rejetée en arrière; la tête est surmontée d'un croissant; la poitrine est drapée. — Travail du XVIIe siècle.

Jaspe sanguin. — Monture en or, avec bélière.
Haut., 44 mill.; larg., 31 mill. Pl. LV, fig. 557.

BIBL. — Chabouillet, *Catalogue*, nº 414.

558. **Cybèle dans un char traîné par deux lions.** Les lions s'avancent au pas, vers la gauche; la déesse est debout dans le char, retenant ses vêtements de la main gauche et s'appuyant, de la main droite, sur un sceptre fictif. — Travail du XVIe siècle.

Sardoine à deux couches : translucide et blanc-jaunâtre.
Monture en or; au revers, un élégant fleuron émaillé.
Haut., 29 mill.; larg., 31 mill. Pl. LIV, fig. 558.

Ce camée est décrit dans l'Inventaire de 1664, sous le nº 271.
BIBL. — Chabouillet, *Catalogue*, nº 402.

559. **L'Afrique.** Buste de profil, à gauche. La tête est coiffée de la dépouille d'un éléphant; les cheveux de la déesse sont répandus sur son dos; son buste est couvert d'un manteau agrafé sur l'épaule gauche. — Travail du XVIe siècle.

Sardonyx tachetée à trois couches : rougeâtre, blanche et brune.

Monture en or.

Haut., 34 mill. ; larg., 25 mill.

Ce camée est décrit dans l'Inventaire de 1664, sous le n° 211.

Bibl. — Chabouillet, *Catalogue*, n° 512.

560. **L'Abondance.** Buste de face, la tête un peu tournée à droite, et couverte d'un voile qui descend sur les épaules, la poitrine drapée. De la main gauche, la déesse tient une corne d'abondance qui s'élève au-dessus de son épaule. — Travail du XVIIe siècle.

Sardonyx à couches brunes et cendrées.

Monture en or émaillé, du XVIIe siècle.

Haut., 35 mill.; larg., 29 mill., monture comprise.

Pl. LXV, fig. 560.

Bibl. — Chabouillet, *Catalogue*, n° 625.

561. **L'Abondance.** Buste de face, la tête légèrement tournée vers la gauche. Les cheveux sont entremêlés de fleurs et de feuillage ; la robe de la déesse est agrafée sur son épaule droite, et son voile se soulève sur son dos. De la main droite, elle tient, appuyée contre sa poitrine, une corne d'abondance remplie de fruits. — Travail du XVIe siècle.

Agate à deux couches : brune et blanche.

Monture en or émaillé, du XVIIe siècle.

Haut., 34 mill. ; larg., 31 mill., monture comprise.

Pl. LIV, fig. 561.

Bibl. — Chabouillet, *Catalogue*, n° 502.

562. **L'Abondance.** Buste de profil, à droite ; la tête est ceinte d'une couronne d'épis, et les cheveux sont relevés en chignon. Un voile léger, attaché au sommet de la tête, retombe par derrière. La déesse a un collier de perles, et sa robe laisse à nu le sein droit. De la main droite, elle tient, devant sa poitrine, une corne d'abondance remplie de fruits. — Travail du XVIe siècle.

Agate à deux couches : rouge et blanche. Corniche au pourtour, avec tranche en biseau.

Monture en or.

Haut., 22 mill.; larg., 18 mill. Pl. LV, fig. 562.

Bibl. — Chabouillet, *Catalogue*, n° 503.

563. **La Victoire.** Buste de profil, à gauche, la tête ceinte d'une couronne de laurier, les cheveux ramassés en chignon sur la nuque. La poitrine est couverte d'un manteau agrafé sur l'épaule gauche. On voit seulement la partie supérieure des ailes. — Travail du XVIe siècle.

Sardonyx à trois couches : cornée, blanche et roux-cendré.

Monture en or émaillé, du XVIe siècle.

Haut., 35 mill.; larg., 29 mill., monture comprise.

Pl. LIV, fig. 563.

Bibl. — Chabouillet, *Catalogue*, n° 428.

564. **La Victoire.** Buste de profil, à gauche, la tête ceinte d'une couronne de laurier, les cheveux enroulés en torsade sur les tempes et noués sur la nuque; des nattes descendent sur le cou. La poitrine est couverte d'un manteau agrafé sur l'épaule gauche. On voit seulement la partie supérieure des ailes. — Travail du XVIIe siècle.

Sardonyx à trois couches : brune, blanche et rousse.

Monture en or émaillé, du XVIIe siècle.

Diamètre, 40 mill., monture comprise. Pl. LIV, fig. 564.

Bibl. — Chabouillet, *Catalogue*, n° 427.

565. **La Victoire.** Buste de profil, à gauche ; la tête est diadémée ; les cheveux sont calamistrés et la poitrine est drapée. Sur les épaules, on aperçoit la partie supérieure des ailes. — Travail du XVIe siècle.

Sardonyx à trois couches : brun-translucide, blanc-jaunâtre et brune.

Monture en or.

Haut., 32 mill.; larg., 29 mill., monture comprise.

Donné au roi Louis XIV, par l'évêque de Pamiers, en janvier 1693.

Bibl. — Chabouillet, *Catalogue*, n° 429.

566. **Némésis.** Buste à mi-corps, de profil, à gauche. Les cheveux

sont retenus par des bandelettes et ramassés en chignon sur la nuque. La déesse est vêtue d'une tunique sans manches ; de la main droite, elle en soulève le bord supérieur pour découvrir son sein ; de la main gauche, elle tient une branche de laurier.

Sardoine à deux couches : vert-bleuâtre et blanche.

Haut., 42 mill. ; larg., 32 mill. Pl. LV, fig. 566.

567. **Le Temps et une Parque, assis et filant.** Le Temps est représenté sous les traits d'un vieillard barbu et grave ; il est nu et tient sa quenouille devant lui ; la Parque, également nue, a une longue chevelure qui s'étale sur son dos. Entre eux, un Génie ailé qui tient ouvert le livre du Destin. — Travail du XVe siècle.

Agate à deux couches : blanche et brune ; bord en biseau.

Monture en or, avec bélière.

Haut., 22 mill. ; larg., 22 mill. Pl. LV, fig. 567.

Bibl. — Chabouillet, *Catalogue*, n° 483.

568. **La Sibylle.** Buste de femme, de profil, à droite ; les cheveux, rejetés en arrière, retombent en tresses sur le cou et les épaules. La poitrine est nue. — Travail du XVIe siècle.

Sardonyx à trois couches : translucide, blanche et roussâtre.

Haut., 30 mill. ; larg., 19 mill.

Bibl. — Chabouillet, *Catalogue*, n° 504. — Le nom donné à cette figure de femme est celui sous lequel elle est désignée sur une vieille étiquette du XVIIe siècle.

569. **Persée monté sur Pégase.** Le cheval ailé s'élance au galop, à droite ; Persée qui le monte est entièrement nu ; il tient, de la main droite élevée, la tête de la Méduse qu'il vient de couper et qu'il emporte triomphalement. Les plis de sa chlamyde flottent au vent par derrière. — Travail du XVIe siècle.

Calcédoine à deux couches : bleuâtre et blanche.

Monture en cuivre, avec bélière.

Haut., 29 mill. ; larg., 24 mill. Pl. LIV, fig. 569.

Bibl. — Chabouillet, *Catalogue*, n° 497.

570. **Persée délivrant Andromède.** Le cheval de Persée s'élance au galop, à gauche ; derrière lui, un arbre ; devant lui, une grotte d'où sort le monstre ; au-dessus de la grotte, Andromède, qui paraît effrayée à la vue du combat.

Sardoine à deux couches : brune et blanche.

Chaton d'une bague en cuivre.

Haut. du chaton, 15 mill., larg., 22 mill. Pl. LVI, fig. 570.

Ce camée a fait partie de la collection de Valentinois, confisquée en 1793 et déposée provisoirement à l'hôtel de Liancourt ; il fut transmis au Cabinet des Médailles, par la Commission des Arts, le 29 juillet 1796.

571. **Persée tenant la tête de Méduse.** Le héros est représenté imberbe, vu de face, à mi-jambes, détournant le regard pour ne pas voir la tête horrible de la Méduse qu'il porte de la main droite levée ; de la main gauche, il tient son glaive ; son baudrier est à son flanc gauche. — Excellent travail de la Renaissance italienne.

Sardoine à deux couches : brune et blanche.

Monture moderne, en or. Chaton de bague.

Haut. du chaton, 25 mill. ; larg., 22 mill. Pl. LIV, fig. 571.

Acquis en 1896.

572. **Deux jeunes filles contemplant une tête de Méduse.** Bustes accolés de deux jeunes filles, de profil, à gauche ; la tête inclinée en avant, elles fixent une tête de Méduse qu'on voit, de profil, devant elles. Les jeunes filles ont les cheveux relevés en chignon ; leur poitrine est drapée. — Travail du XVIe siècle.

Sardonyx à trois couches : cendrée, blanchâtre et brune.

Monture en or émaillé.

Haut., 21 mill. ; larg., 24 mill.

Ce camée est décrit dans l'Inventaire de 1664, sous le n° 243.
BIBL. — Chabouillet, *Catalogue*, n° 645.

573. **Méduse.** Tête de profil, à gauche, les cheveux relevés autour de la tête et ayant des ailerons aux tempes. — Travail médiocre.

Calcédoine à deux couches : translucide et blanche.

Monture en or.

Haut., 22 mill.; larg., 16 mill.

BIBL. — Chabouillet, *Catalogue*, n° 500.

574. **Méduse.** Tête de face, les cheveux rayonnant autour du visage et entremêlés de serpents dont les queues sont nouées sous le cou, et les têtes nouées et affrontées au-dessus du front. — Travail du XVIe siècle.

Sardoine blond-rougeâtre. — Monture en cuivre.

Haut., 20 mill.; larg., 18 mill.

BIBL. — Chabouillet, *Catalogue*, n° 499.

575. **Méduse.** Tête de face, les cheveux rayonnant autour du visage et entremêlés de serpents dont les queues sont nouées sous le cou, et les têtes nouées et affrontées au-dessus du front. — Travail médiocre.

Jacinthe. — Monture en or.

Haut., 20 mill.; larg., 17 mill.

Ce camée a fait partie de la collection de Valentinois, confisquée en 1793 et déposée provisoirement à l'hôtel de Liancourt; il fut transmis au Cabinet des Médailles par la Commission des Arts, le 11 thermidor an IV (29 juillet 1796).

BIBL. — Chabouillet, *Catalogue*, n° 498.

576. **Pégase,** de profil, à droite, les ailes éployées et bondissant.

Sardoine à deux couches : brun-translucide et blanche.

Haut., 20 mill.; larg., 25 mill.

Ce camée a fait partie de la collection de Valentinois confisquée en 1793 et déposée à l'hôtel de Liancourt; il fut transmis au Cabinet des Médailles, le 11 thermidor an IV (29 juillet 1796).

577. **Cerbère.** Le chien des Enfers est de profil, à droite, accroupi et détournant l'une de ses trois têtes.

Agate à deux couches : translucide et blanche.

Haut., 7 mill.; larg., 10 mill.

BIBL. — Chabouillet, *Catalogue*, n° 484

578. **Thésée et Hercule s'embrassant.** Ils sont de profil, face à face, les bras enlacés et vêtus de costumes de fantaisie; Hercule est imberbe, et Thésée est barbu. Entre eux on lit leurs noms, en relief : ARCVLES THESEVS.

Au pourtour, une bordure en relief; légère cassure à l'angle droit du bas. Travail de la fin du xve siècle.

Camée sur coquille, provenant de la décoration d'un coffret ou d'un reliquaire.

Haut., 32 mill.; larg., 31 mill. Pl. XLVI, fig. 578.

BIBL. — Chabouillet, *Catalogue*, n° 694.

579. **La légende de la dame de Virgile.** Deux hommes, vus à mi-corps, tiennent chacun un flambeau. L'un, barbu, est de face, la tête tournée de trois quarts; il est coiffé d'un chapeau de paille à larges bords, vêtu d'une ample tunique serrée à la taille et d'un manteau noué sur l'épaule gauche. De la main droite baissée, il tient son flambeau appuyé sur son épaule; de la main gauche, il fait un geste indicateur à son compagnon. Ce dernier, un jeune homme, imberbe, est de profil, à gauche; il tient des deux mains un long flambeau et il est vêtu d'une tunique serrée à la taille; il regarde attentivement dans la direction que lui indique le vieillard. Dans le champ, l'inscription suivante :

LE FEV AV CV DE LA DAME DE VIRGILE.

Camée sur coquille, à fond bleuâtre et à figures blanches, de forme triangulaire et bombée; au pourtour, sur deux des côtés, une corniche épaisse. Fragment de la décoration d'un coffret ou reliquaire. — Travail de la fin du xve siècle.

Haut., 48 mill.; larg., 61 mill. Pl. XLVI, fig. 579.

Ce camée sur coquille a fait partie de la décoration du même coffret ou reliquaire que le camée n° 390.

BIBL. — Chabouillet, *Catalogue*, n° 677. — La légende de la femme de Virgile, la fille d'Auguste, était très répandue au moyen âge, qui regardait Virgile comme un grand magicien. Virgile était tombé amoureux de la fille de l'empereur et avait obtenu d'elle qu'elle le hissât jusqu'à sa fenêtre à l'aide d'un panier et d'une poulie. A l'heure convenue, Virgile prend place dans le panier; mais, à mi-chemin de son ascension, la princesse noue la corde pour le laisser exposé à la risée des passants. Le poète-magicien imagina, pour se venger de cette insulte, d'éteindre tous les feux de la ville; puis il mit comme condition à son intervention pour faire cesser cette calamité publique, que la fille d'Auguste fût dépouillée de tous ses vêtements et exposée ainsi sur la grande place de Rome; le tout puissant magicien décida, en outre, que ce serait seulement en touchant la Dame à l'endroit désigné par l'inscription de notre camée, que chaque citoyen pourrait rallumer son flambeau. Cette légende que nous venons de résumer, a servi de thème à nombre de sculpteurs, graveurs et médailleurs du xve siècle. (Voyez à ce sujet : l'article *Virgile,* dans le *Dictionnaire* de Bayle; Le Roux de Lincy, dans la *Revue française,* mai et juin 1839; Comparetti, *Virgilio nel medio evo;* Arturo Graf, *Roma nella memoria e nelle immaginazioni del medio evo,* ch. xv; E. Molinier, *Les Plaquettes,* t. II, p. 195; Eug. Muntz, dans les *Comptes rendus de l'Académie des Inscriptions et Belles-Lettres,* séance du 9 octobre 1896.)

580. **Pyrame et Thisbé.** Thisbé assise de profil, à droite, se perce le cœur avec l'épée de Pyrame; ce dernier, vu à mi-corps, aux pieds de Thisbé, lève la tête et paraît expirant. Dans le champ, l'exclamation poussée par Thisbé : PARAMIDA PERIAMVS. — Travail de la fin du xve siècle.

Fragment sur coquille; au pourtour, un encadrement en relief. Mutilations aux deux angles de gauche.

Haut., 45 mill.; larg., 30 mill. Pl. XLVI, fig. 580.

Bibl. — Chabouillet, *Catalogue,* n° 688. — Les fragments 580, 581 et 582, ont fait partie de la décoration de la châsse de sainte Geneviève, de Paris, qui fut transportée a la Monnaie en 1793 et détruite. Quelques-uns des débris furent envoyés par l'Administration de la Monnaie au Cabinet des Médailles, le 1er nivôse an V (21 décembre 1796). Voyez notre *Introduction* et ci-dessus les n°s 486 à 491.

581. **Bethsabée au bain.** La femme d'Urie est représentée au moment où elle est aperçue par le roi David, à mi-jambes, nue, de trois quarts à gauche, tenant de la main droite un miroir à pied et, de la main gauche, une draperie qui cache en partie sa nudité; les nattes de ses cheveux descendent sur ses épaules. La fontaine où elle se baigne a une margelle ornée d'oves et de festons : cette scène rappelle celles qui représentent *la Vérité sortant d'un puits.* En haut, dans le champ, son nom : BARS.... (initiales de *Barsabée* pour *Bethsabée*). — Travail de la fin du xve siècle.

Fragment sur coquille de la fin du xve siècle ; au pourtour, un encadrement en relief. Mutilations à l'angle droit du haut.

Haut., 46 mill. ; larg., 30 mill. Pl. XLVI, fig. 581.

Ce fragment a fait partie de la décoration de la châsse de sainte Geneviève, ainsi que les nos 580 et 582. (Voyez la note du no 580.)

Bibl. — Chabouillet, *Catalogue*, no 690 (sous le nom de *La Verite sortant d'un puits*). Pour les représentations de la légende de David et Bethsabée, comparez notamment les belles tapisseries du xve siècle conservées au Musée de Cluny (E. du Sommerard, *Catalogue du musée de Cluny*, 1881, nos 6304 à 6313).

582. **Lucrèce se poignardant.** Elle est assise presque de face, sur un trône, les cheveux épars et vêtue d'une longue robe. De la main droite, elle se plonge un poignard dans le cœur. Dans le champ, à gauche, son nom : LVCR....

Fragment sur coquille; au pourtour, un encadrement en relief. Mutilations à la partie supérieure et à l'angle gauche du bas. — Travail de la fin du xve siècle.

Haut., 44 mill.; larg., 30 mill. Pl. XLVI, fig. 582.

Ce fragment a fait partie de la décoration de la châsse de sainte Geneviève, jusqu'en 1793, en même temps que les nos 580 et 581 (voyez la note du 580).

Bibl. — Chabouillet, *Catalogue*, no 689. — Comparez une plaquette de Moderno, dans E. Molinier, *Les Plaquettes*, t. I, *Introd.*, p. xxxi et p. 152, no 213

583. **Diomède enlevant le Palladium.** Diomède est nu, de profil, à droite, descendant de l'autel où il vient de ravir la statue de la déesse, qu'il porte de la main gauche enveloppée; de la main droite, il tient son glaive.

Fragment : il manque la moitié droite de la composition. — Surmoulage en pâte de verre d'une intaille antique.

Haut., 16 mill.; larg., 12 mill.

Comparez le camée antique décrit sous le no 152. — L'*Enlèvement du Palladium* est un des sujets le plus fréquemment traités en bas-reliefs (le plus célèbre est celui de Donatello), camées, intailles et plaquettes de bronze, par les artistes de la Renaissance italienne. (Eug. Müntz. *Les précurseurs de la Renaissance*, planche à la p. 193; Eug. Müntz, *Les collections d'antiquités de Laurent le Magnifique*, dans la *Revue archéologique*, t. II de 1879, p. 247; Em. Molinier, *Les Plaquettes*. t. I, p. 172; Aloiss Heiss, *Les Médailleurs de la Renaissance*, Ve fasc.. *Nicolas de Florence*. etc., p. 14; Bode et von Tschudi, *Beschreibung der Bildwerke der christl. Epoche*, p. 66, no 219 et pl. LIIIb, no 654.

584. **Trois personnages indéterminés (lutteurs ?).** Ils sont entièrement nus ; l'un (peut-être une femme?) s'élance à gauche, comme pour courir ou s'enfuir, portant le bras gauche en avant; celui du milieu, vu de face, lève le bras droit au-dessus de sa tête ; le troisième enfin, est un guerrier (Mars?), vu de face, qui porte son bouclier au bras gauche et s'appuie, de la main droite, sur son carquois posé à terre. — Travail médiocre du XVIIe siècle.

Sardoine à deux couches : cendrée et blanche.

Chaton de bague en cuivre.

Haut. du chaton, 12 mill. ; larg., 18 mill.

Ce camée a fait partie de la collection de Valentinois confisquée en 1793 ; il a été transmis par la Commission des Arts au Cabinet des Médailles, le 29 juillet 1796.

585. **Horatius Coclès sur le pont Sublicius.** Le héros romain est représenté sur un cheval qui s'élance au galop vers la gauche; de son glaive, il s'apprête à frapper un groupe de quatre ennemis debout devant lui. Derrière Horatius Coclès, sont trois Romains armés de pioches qui coupent le pont dont une des arches est déjà brisée. Le pont, en pierres, a cinq arches; les eaux tumultueuses du Tibre entraînent deux cadavres. — Travail italien du XVIe siècle.

Agate à deux couches : cendrée et blanche.

Monture en or émaillé.

Haut., 37 mill.; larg., 46 mill., monture comprise.

Pl. LIV, fig. 585.

Ce camée est décrit dans l'Inventaire de 1664, sous le n° 235.

Bibl. — Marion du Mersan, *Hist. du Cabinet des Médailles*, p. 123, n° 552 ; Chabouillet, *Catalogue*, n° 524. — Comparez une plaquette de bronze de Giovanni delle Corniole, dans E. Molinier, *Les Plaquettes*, t. I, p. 93.

586. **Horatius Coclès sur le pont Sublicius.** Le héros est sur son cheval lancé au galop, à gauche; de son glaive il s'apprête à frapper un groupe d'ennemis qui s'élancent sur lui. Derrière Horatius Coclès, sont trois Romains qui achèvent de couper le pont dont une des arches est déjà brisée. Le pont a cinq arches. — Travail médiocre : imitation du camée précédent.

Sardoine à deux couches : cendrée et bleuâtre.
Chaton de bague en cuivre.
Haut. du chaton, 20 mill.; larg., 25 mill.

Ce camee a fait partie de la collection du duc de Valentinois confisquée en 1793 et déposée à l'hôtel de Liancourt, transformé en magasin national; il fut transmis au Cabinet des Médailles par la Commission des Arts, le 11 thermidor an IV (29 juillet 1796).

587. **Scène de sacrifice.** Quatre femmes sont groupées autour d'un autel entouré de guirlandes. Des deux qui sont à droite, l'une élève au-dessus de l'autel un vase qu'elle tient des deux mains; des deux qui sont à gauche, la première pose le bras sur l'autel. Toutes les quatres sont vêtues de robes talaires. Dans le fond, à gauche, un hermès. — Travail médiocre du XVIe siècle.

Calcédoine à deux couches : bleuâtre et blanche.
Monture en plomb.
Haut., 25 mill.; larg., 35 mill. Pl. LIV, fig. 587.

BIBL. — Chabouillet, *Catalogue*, n° 506.

588. **Scène de sacrifice.** A droite de la composition, on voit un autel placé entre un arbre à demi-desséché et un cippe surmonté d'une statue. Dans le fond, la silhouette d'une forteresse; l'autel est allumé et entouré d'une guirlande. A gauche, s'avancent quatre personnages qui escortent un bélier. On reconnaît le pontife, barbu, coiffé d'une tiare et tenant en main le *lituus;* derrière lui, s'avance un personnage qui porte le *thuribulum,* puis le porte-*flabellum,* et enfin le victimaire avec son grand maillet sur l'épaule gauche. — Travail italien du XVIe siècle.

Calcédoine à deux couches : translucide et blanche.
Très élégante monture en or émaillé, du XVIe siècle.
Haut., 30 mill.; larg., 43 mill., monture comprise.
Pl. LIV, fig. 588.

BIBL. — Chabouillet, *Catalogue*, n° 508.

589. **Le sacrifice d'Iphigénie (?).** Une jeune fille, à demi-nue, qu'on s'apprête à sacrifier (sans doute Iphigénie), est agenouillée

sur un autel et vue de face; une femme voilée, Clytemnestre, sa mère, debout auprès d'elle, paraît la consoler. De l'autre côté de l'autel, deux sacrificateurs, l'un entièrement nu, l'autre vêtu seulement d'une chlamyde agrafée sur sa poitrine. Ils tiennent chacun, de la main droite, une massue appuyée contre leur épaule. Dans le champ, à droite, on aperçoit la tête et une jambe d'un autre personnage (mutilé). Au premier plan, en bas de la scène, la Divinité, sous les traits d'une femme à demi-nue, la tête laurée, est assise sur le sol; elle tient de la main gauche un sceptre, et de la main droite elle paraît accueillir favorablement un porc qu'amène un autre personnage. C'est cet animal, vraisemblablement, qu'on va substituer à la jeune fille pour le sacrifice.

Cette composition fantaisiste rappelle, par certains détails, le sacrifice d'Iphigénie. — Travail médiocre du XVIe siècle.

Coquille blanche. Monture en or (couvercle de boîte).

Haut., 34 mill. ; larg., 40 mill. Pl. LVI, fig. 589.

Ce camée est décrit dans l'Inventaire de 1664, sous le n° 181.
BIBL. — Chabouillet, *Catalogue*, n° 505.

590. **Scène de sacrifice.** On voit un temple à deux colonnes et à fronton triangulaire, dans lequel est la statue d'Hercule (?) nu, debout sur une base. Un taureau se cabre devant la statue ; cinq personnages à demi-nus le domptent et s'apprêtent à le sacrifier ; l'un d'eux tient un maillet. — Travail du XVIe siècle : imitation du revers de monnaies de l'empire romain.

Agate à deux couches : jaunâtre et blanche.

Monture en or émaillé, avec deux bélières.

Haut., 30 mill.; larg., 24 mill. Pl. LVI, fig. 590.

Ce camée est décrit dans l'Inventaire de 1664, sous le n° 275.
BIBL. — Chabouillet *Catalogue*, n° 507.

591. **Enfant sacrifiant.** Il est nu, de profil, à droite, avec un court manteau sur les épaules ; penché en avant, il paraît allumer le feu sur un autel placé devant lui, au pied d'un arbre. — Travail du XVIe siècle (?); peut-être antique.

Calcédoine à deux couches : translucide et blanche.
Haut., 8 mill.; larg., 10 mill. Pl. LVI, fig. 591.

Bibl. — Chabouillet, *Catalogue*, n° 510.

592. **Enfant sacrifiant.** Il est nu, de profil, à gauche; de la main droite levée, il tient un objet incertain qu'il s'apprête à déposer sur un autel allumé devant lui. — Travail du xvie siècle (?); peut-être antique.

Calcédoine à deux couches : blonde et blanche.
Haut., 8 mill.; larg., 11 mill. Pl. LVI, fig. 592.

Bibl. — Chabouillet, *Catalogue*, n° 511.

III. SUJETS ALLÉGORIQUES ET DE FANTAISIE

593. **Roi nègre.** Buste de profil, à gauche, imberbe, avec des pendants d'oreilles, la tête ceinte d'une couronne royale, la poitrine et les épaules recouvertes d'un ample manteau noué sur l'épaule gauche. — Travail du xvie siècle.

Sardoine à couches noirâtres et jaunâtres, le fond brun translucide. — Riche monture en or émaillé, du xviiie siècle.

Haut., 91 mill.; larg., 66 mill., monture comprise.
Pl. LIX, fig. 593.

Bibl. — Chabouillet, *Catalogue*, n° 651.

594. **Roi nègre.** Buste de profil, à droite, imberbe, la tête ceinte d'une couronne de laurier; il est vêtu d'une cotte de mailles ou d'un costume recouvert d'écailles imbriquées. — Travail du xvie siècle.

Sardonyx à trois couches : blanchâtre, cendrée et noire; corniche au pourtour.

Belle monture en or émaillé, du xviie siècle, avec bélière.

Haut., 66 mill.; larg., 36 mill., monture comprise.
Pl. LIX, fig. 594.

Bibl. — Chabouillet, *Catalogue*, n° 650.

595. **Roi nègre.** Buste de profil, à droite, imberbe, la tête ceinte d'une couronne de laurier, la poitrine couverte de la cuirasse et du paludamentum noué sur l'épaule droite ; de la main gauche, il tient un arc ; un carquois rempli de flèches est sur son épaule. — Travail du XVIe siècle.

Agate à deux couches : blanche et brun-foncé.

Très riche monture du XVIe siècle, en or émaillé, enrichie de rubis et de brillants ; à la partie supérieure, une couronne royale radiée. — Enseigne de chaperon.

Haut., 60 mill. ; larg., 60 mill., monture comprise.

Pl. LIX, fig. 595.

Sur ce camée, de même que sur les précédents, il s'agit peut-être de l'un des trois rois Mages.

BIBL. — Chabouillet, *Catalogue*, n° 652 ; Eug. Fontenay, *Les bijoux anciens et modernes*, p. 408 ; E. Babelon, *Le Cabinet des Antiques*, p. 92, vignette.

596. **Nègre ou Maure.** Buste imberbe, de profil, à droite, avec des pendants d'oreilles ; il a des cheveux crépus, et sa bouche est entr'ouverte. Sa poitrine est couverte d'un manteau agrafé sur son épaule droite. Au pourtour, l'inscription italienne suivante, en creux :

* E PER TAL ❧ VARIAR ❧ NATVRA ❧ E BELA

(*même dans de semblables variétés la nature est belle*).

Travail italien du XVIe siècle.

Agate à deux couches : blanche et brun-rougeâtre.

Monture en or émaillé, du XVIIe siècle, avec deux bélières.

Haut., 42 mill. ; larg., 33 mill., monture comprise.

Pl. LX, fig. 596.

BIBL. — Chabouillet, *Catalogue*, n° 653.

597. **Nègre.** Buste imberbe, de profil, à droite, les cheveux crépus, la poitrine drapée. — Travail du XVIe siècle.

Agate à deux couches : enfumée et noire.

Monture en or, avec bélière.

Haut., 29 mill. ; larg., 22 mill. Pl. LIX, fig. 597.

BIBL. — Chabouillet, *Catalogue*, n° 654.

598. **Personnage inconnu (nègre?).** Buste de profil, à droite, imberbe, les mèches des cheveux en désordre ; la poitrine et les épaules sont recouvertes d'une draperie dont les plis sont indiqués par les veines de la gemme. — Travail du XVIe siècle, formé de trois parties distinctes rapprochées et soudées à la colle. La tête et le cou sont gravés dans une agate noire ; la poitrine et la draperie sont en agate veinée avec teintes grises, et le tout est appliqué sur un fond en pâte de verre incolore.

Haut., 30 mill. ; larg., 22 mill. Pl. LXIV, fig. 598.

BIBL. — Chabouillet, *Catalogue*, n° 649.

599. **Tête de nègre,** de trois quarts à droite, imberbe, le cou drapé. — Travail du XVIe siècle.

Monture en or, avec bélière.

Haut., 10 mill. ; larg., 9 mill.

BIBL. — Chabouillet, *Catalogue*, n° 656.

600. **Nègre.** Buste imberbe, de face, la tête tournée de trois quarts à gauche, les cheveux crépus, la poitrine drapée. — Travail du XVIe siècle.

Agate à deux couches : grise et noire ; corniche au pourtour, en partie fragmentée. — Monture en or.

Haut., 31 mill. ; larg., 25 mill., monture comprise.

Pl. LIX, fig. 600.

BIBL. — Chabouillet, *Catalogue*, n° 661.

601. **Buste de nègre.** Il est imberbe et sa poitrine est drapée. Demi-ronde bosse.

Agate brun-translucide.

Chaton d'une bague en or émaillé, d'un travail remarquable ; à droite et à gauche, deux brillants enchâssés.

Haut. du chaton, 19 mill. ; larg., 13 mill. Pl. LIX, fig. 601.

BIBL. — Chabouillet, *Catalogue*, n° 2728 ; Eug. Fontenay, *Les bijoux anciens et modernes*, p. 62.

602. **Nègre et femme blanche.** Bustes accolés, de profil, à droite, Le nègre, au premier plan, paraît avoir été gravé après

coup et d'une autre main ; il est imberbe et a des pendants d'oreilles ; sa poitrine est drapée. Le profil de la femme est élégant ; le derrière de sa tête est couvert d'un voile. — Travail du XVIe siècle.

Sardonyx à trois couches : brune, bleuâtre et noire.

Haut., 31 mill. ; larg., 26 mill.

BIBL. — Chabouillet, *Catalogue*, n° 655.

603. **Nègre et femme blanche.** Bustes accolés, de profil à droite ; le nègre est imberbe, il a des pendants d'oreilles et sa poitrine est drapée ; la femme, au second plan, n'est indiquée que par la silhouette de son visage. — Travail du XVIe siècle.

Sardonyx à trois couches : brune, blanche et noire.

Monture en or, avec bélière.

Haut., 54 mill. ; larg., 41 mill., monture comprise.

Pl. LX, fig. 603.

BIBL. — Chabouillet, *Catalogue*, n° 658.

604. **Nègre et femme blanche.** Bustes accolés ; au premier plan, le nègre, imberbe, la poitrine nue, est représenté de face, tournant la tête de trois quarts vers la droite ; la femme, au second plan, est de profil, à droite. — Travail du XVIe siècle.

Sardonyx a trois couches : brune, bleuâtre et noire ; corniche au pourtour, avec tranche en biseau.

Monture en or émaillé, avec bélière.

Haut., 51 mill. ; larg., 39 mill., monture comprise.

Pl. LIX, fig. 604.

BIBL. — Chabouillet, *Catalogue*, n° 659.

605. **Négresse.** Buste de profil, à gauche, vu à mi-corps ; elle a des pendants d'oreilles et elle est coiffée d'un bonnet muni de longs rubans ; sa robe est ornée de fines broderies. — Travail du XVIe siècle.

Sardonyx à trois couches vues sur tranche : brune, blanche et rousse. Deux cassures transversales.

Monture en or, avec bélière.

Haut., 51 mill. ; larg., 43 mill.

BIBL. — Chabouillet, *Catalogue*, n° 660.

606. **Négresse.** Buste de profil, à gauche, avec un long voile qui couvre la tête et les épaules. — Travail du XVIe siècle.

Agate à trois couches vues sur tranche : jaunâtre, blanche et noire. — Monture en or.

Haut., 20 mill.; larg., 14 mill. Pl. LX, fig. 606.

Bibl. — Chabouillet, *Catalogue*, n° 663.

607. **Négresse.** Buste tourné de trois quarts, à droite; elle a des pendants d'oreilles; les cheveux sont nattés et retenus par un large bandeau; la poitrine est drapée.

Sardonyx à deux couches : blanche et brune. Corniche au pourtour, avec tranche en biseau.

Monture en or.

Haut., 31 mill.; larg., 28 mill., monture comprise.

Pl. LIX, fig. 607.

Bibl. — Chabouillet, *Catalogue*, n° 657.

608. **Négresse.** Buste de face, avec un voile qui forme comme un nimbe autour de la tête et descend sur les épaules. Corniche au pourtour. — Au revers, gravé en creux, un buste de Bacchante, de profil, à gauche, couronnée de lierre, les cheveux épars sur le cou.

Sardonyx à deux couches : bleuâtre et brune. Monture en or.

Haut., 20 mill.; larg., 17 mill. Pl. LX, fig. 608.

Bibl. — Chabouillet, *Catalogue*, n° 662.

609. **Négresse.** Une sorte de capuchon lui couvre le derrière de la tête; la poitrine est drapée. — Buste en ronde bosse.

Agate enfumée. — Manche d'un petit cachet en or : l'intaille formant cachet a disparu. Anneau de suspension.

Haut., 27 mill.

610. **Négresse.** Tête de profil, à gauche; les cheveux sont noués en touffe sur le front et arrangés en bandeau sur les tempes. — Travail médiocre.

Agate à deux couches : cendrée et noire, avec taches jaunâtres. — Monture en or émaillé.

Haut., 32 mill.; larg., 24 mill., monture comprise.

Pl. LIX, fig. 610.

Bibl. — Chabouillet, *Catalogue*, n° 648.

611. **Négresse.** Tête imberbe, de profil, à droite, les cheveux noués sur le front et retenus par un large bandeau. —Travail médiocre.

Sardoine à deux couches : cendrée et noirâtre.

Haut., 27 mill.; larg., 20 mill.

612. **La Fontaine des Sciences.** Une Muse, représentée en canéphore, est debout, de face, costumée à la grecque, au centre d'un grand bassin; des deux mains levées de chaque côté, elle soutient sur sa tête une grande vasque enguirlandée et munie de deux orifices en gueule de lion d'où s'échappent des eaux. Six personnages viennent puiser à la fontaine : l'un d'eux remplit son urne dans le bassin qui est aux pieds de la Muse; un second, debout, cherche à recevoir dans ses mains l'eau qui jaillit de la vasque supérieure; les autres la recueillent dans des urnes ou paraissent boire à longs traits. — Excellent travail italien du XVIe siècle.

Calcédoine à deux couches : cendrée et blanche.

Monture en or émaillé, du XVIIIe siècle.

Haut., 52 mill.; larg., 56 mill., monture comprise.

Pl. LVI, fig. 612.

Bibl. — Marion du Mersan, *Hist. du Cabinet des Médailles* (1838), p. 123, n° 553; Chabouillet, *Catalogue*, n° 639. — Comparez le revers de la médaille de Gianello della Torre (+ 1583) attribuée à Leone Leoni (Eug. Plon, *Leone Leoni et Pompeo Leoni*, p. 274 et pl. fig. 9), et une plaquette d'Antonio Abbondio, dans E. Molinier, *Les Plaquettes*, t. II, p. 20, n° 353.

613. **La Fontaine des Sciences.** Une Muse, représentée en canéphore, est debout, de face, costumée à la grecque, au centre d'un grand bassin ; des deux mains levées de chaque côté, elle soutient sur sa tête une grande vasque enguirlandée, d'où s'échappent, à droite et à gauche, deux sources abondantes (les jets d'eau sont mutilés). Huit personnages vien-

nent puiser à la fontaine; l'un d'eux remplit son urne dans le bassin qui est aux pieds de la Muse; un second, debout, cherche à recevoir dans ses mains l'eau qui jaillit de la vasque supérieure; les autres la recueillent dans des urnes ou paraissent boire à longs traits. — Excellent travail italien du XVIe siècle.

Calcédoine à deux couches : noire et blanche.

Monture en or émaillé.

Haut., 30 mill.; larg., 32 mill., monture comprise.

Pl. LVI, fig. 613.

Ce camée est décrit dans l'Inventaire de 1664, sous le n° 129.

BIBL. — Marion du Mersan, *Hist. du Cabinet des Médailles* (1838), p. 123, n° 554; Chabouillet, *Catalogue*, n° 640.

614. **La Fontaine des Sciences.** Le génie de la Fontaine est représenté sous les traits d'une canéphore grecque, vue de face, et portant sur sa tête une large vasque qu'elle soutient des deux mains et d'où s'échappent, à droite et à gauche, des jets d'eau auxquels la foule vient puiser. Vieillards, jeunes hommes, femmes et enfants ont des outres qu'ils portent devant eux ou sur leurs épaules. — Travail italien du XVIe siècle.

Calcédoine à deux couches: cendrée translucide et blanche.

Monture en or.

Haut., 11 mill.; larg., 13 mill. Pl. LVI, fig. 614.

Ce camée est décrit dans l'Inventaire de 1664, sous le n° 366; le sujet est le même que sur les camées n°s 612 et 613.

BIBL. — Marion du Mersan, *Hist. du Cabinet des Médailles* (1838), p. 123, n° 555; Chabouillet, *Catalogue*, n° 641.

615. **Bague en corail.** Le chaton gravé représente deux chimères ailées, levant les bras, opposées l'une à l'autre par la tête et tournées dos à dos. — Travail du XVIe siècle.

Diamètre extérieur de la bague, 27 mill.

Cette bague est décrite dans l'Inventaire de 1664, sous le n° 428.

BIBL. — Chabouillet, *Catalogue*, n° 2731; Eug. Fontenay, *Les bijoux anciens et modernes*, p. 62.

616. **Deux chimères,** de profil à gauche, côte à côte; elles ont

des têtes et des cornes de cerfs, un corps et des pattes de lion; leurs queues se terminent en têtes de serpents. — Travail du XVIe siècle.

Calcédoine à deux couches : bleuâtre et blanche.

Monture en cuivre.

Haut., 13 mill. ; larg., 15 mill.

BIBL. — Chabouillet, *Catalogue*, no 664.

617. **Le Phénix sur un bûcher.** L'oiseau est représenté de profil, à droite, les ailes éployées; il est posé sur le foyer incandescent qui va le dévorer.

Sardoine à trois couches : jaunâtre, blanche et rouge-feu.

Haut., 29 mill. ; larg., 39 mill. Pl. LVI, fig. 617.

618. **Le Printemps.** Buste d'un adolescent, imberbe, de profil, à droite; les traits rappellent ceux d'Antinoüs. La tête est ceinte d'une couronne de fleurs; sur l'épaule droite, est agrafé un manteau; la poitrine est nue. Dans le champ, à gauche, la signature de l'artiste, gravée en creux : GIROMETTI.

Sardonyx à trois couches : translucide, blanche et brune.

Monture en or, avec anneau de suspension.

Haut., 49 mill.; larg., 40 mill., monture comprise.

Pl. LIV, fig. 618.

L'artiste qui a signé ce camée est Giuseppe Girometti, le père, qui travaillait à Rome au commencement de ce siècle.

Acquis en 1873 de Jean-François Leturcq.

619. **Dragon ou Salamandre.** Le monstre est accroupi et détourne la tête en rugissant ; il a de petites ailes et sa queue anguiforme est enroulée en spirale. Au cou, un collier mobile en or, incrusté de petites turquoises; sur la croupe de l'animal, un anneau de suspension en or émaillé; un autre anneau pareil, qui se trouvait sur la tête, a disparu. — Ronde bosse. Travail du XVIe siècle.

Jaspe rouge et vert-foncé.

Haut., 38 mill. ; long., 58 mill. Pl. LVIII, fig. 619.

Bibl. — Marion du Mersan, *Hist. du Cabinet des Médailles* (1838), p. 124, nº 565 ; Chabouillet, *Catalogue*, nº 2725. — Comparez un pendant de cou exécuté par Jean Collaert, en 1581, dans Eug. Fontenay, *Les bijoux anciens et modernes*, p. 208.

620. **Œil humain.** Agate orbiculaire représentant naturellement l'œil humain. Les paupières sont gravées en relief au pourtour. — Gemme remarquable.

Belle monture en bague d'or émaillé.

Haut. du chaton, 15 mill. ; larg., 17 mill.

Pl. LVIII, fig. 620.

Bibl. — Marion du Mersan, *Hist. du Cabinet des Médailles* (1838), p. 123, nº 528 ; Chabouillet, *Catalogue*, nº 669.

621. **Deux mains jointes.** — Travail médiocre. Calcédoine.

Haut., 10 mill. ; larg., 11 mill.

622. **Le lion batave rasant le Neptune anglais** (sujet allégorique et satirique). Un lion, debout sur ses pattes de derrière, de profil à droite, arrache la barbe et les cheveux à un homme, agenouillé devant lui et nu, sauf une draperie qui lui couvre les reins et flotte sur son dos. La victime, posant la main gauche sur son cœur et la main droite sur son genou, paraît calme à ce point qu'on pourrait se demander si le lion ne la caresse pas de sa griffe, au lieu de la dévorer. Le sol est orné d'un fleuron élégant. Au-dessus du groupe, une banderolle sur laquelle on lit en relief le mot : SVBINTELLIGITVR (*c'est sous-entendu*).

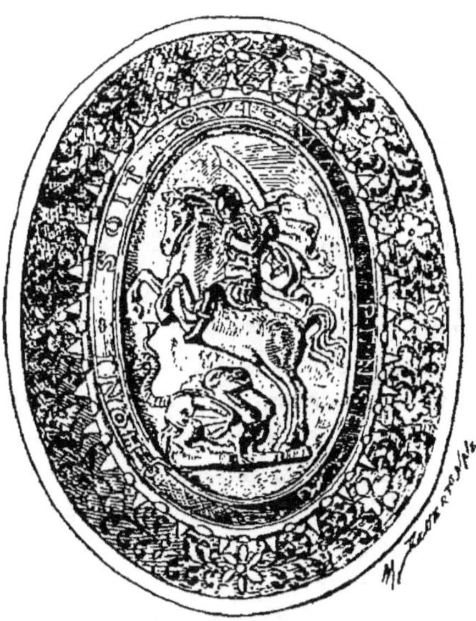

Nº 622, revers.

Corniche au pourtour, avec tranche en biseau.

Le revers de cette gemme représente le symbole de l'ordre de la Jarretière gravé aussi en relief : saint Georges combattant le dragon. Le cavalier s'élance au galop, à gauche, son manteau flottant sur ses épaules ; il brandit son glaive de la main droite ; le dragon ailé, à queue de serpent, dresse la tête.

Corniche au pourtour, avec tranche en biseau. Sur cette tranche, on lit, en relief, la devise de l'ordre de la Jarretière : HONI· SOIT· QUI· MAL· Y· PENSE. — Travail hollandais du XVIIe siècle.

Sardonyx à trois couches : enfumée, bleuâtre et roux-foncé.

Monture en or émaillé, du XVIIIe siècle.

Haut., 77 mill. ; larg., 58 mill., monture comprise.

Pl. LVI, fig. 622.

Bibl. — Millin, dans le *Magasin encyclopédique*, 13e année, 1808, t. I, p. 346 ; Marion du Mersan, *Hist. du Cabinet des Médailles* (1838), p. 123, n° 556 ; Chabouillet, *Catalogue*, n° 613 ; Eug. Fontenay, *Les bijoux anciens et modernes*, p. 228. — Le mot *subintelligitur* est resté une énigme, en dépit des ingénieuses conjectures de Millin. « On pourrait peut-être voir ici, dit à son tour M. Chabouillet, une allusion à la révolution de 1688. Le travail du camée se rapporte bien à cette époque ; si nous étions dans le vrai, le sujet serait *Guillaume d'Orange* ou *le lion batave rasant le roi Jacques II* Dans cette hypothèse, la devise de l'Ordre de la Jarretière, placée au revers, serait une manière ironique de justifier la conduite de Guillaume III à l'égard de son beau-père. »

623. Fiole en verre bleu-foncé, sur le pourtour de laquelle se détachent, en pâte blanche, en relief, les figures suivantes : Une procession de trois femmes s'avançant, à droite ; elles sont vêtues à l'antique de robes légères et flottantes : la première porte, sur sa main gauche, un plateau rempli de fruits ; de la main droite baissée, elle tient les pattes de devant d'un chevreau qui grimpe sur elle. La seconde porte, des deux mains, devant elle, une draperie pleine de fleurs. La troisième enfin a, dans la main gauche, un bouquet de pavots et d'épis. Au dessus, une guirlande de fleurs soutenue par trois bucranes ; dans la zone inférieure, une suite d'enroule-

ments fleuronnés. — Travail élégant de la seconde moitié du XVIIIe siècle, dans le goût pompéien.

Le pied du vase est en émail bleu, avec filet d'or. Le goulot manque ; la panse, brisée en de nombreux fragments, a été restaurée, mais il en manque encore une portion dans la zone supérieure.

Haut., 155 mill. ; diamètre du pied, 32 mill.

Pl. LVIII, fig. 623.

Ce vase que je considère comme moderne, est à l'imitation du vase Portland, de Londres, du vase des Vendanges, de Naples, et des fragments antiques que nous avons décrits sous les n°s 369 et suiv. Les figures se détachant en relief blanc sur fond bleu-foncé, sont d'une grande finesse; malheureusement, les mutilations enlèvent à ce charmant vase la plus grande partie de son intérêt.

624-625. **Une paire de bracelets.** Chacun de ces bracelets est composé de sept camées gravés sur coquilles, dont voici la description :

624. Le premier camée, auquel est adapté le fermoir, est le double des six autres, comme grandeur. Il représente trois chevaux sauvages, dont un est renversé. Sur les autres camées, on voit : un cerf, à droite ; un chien de chasse, à gauche ; un lion bondissant, à droite ; un loup, à gauche ; un taureau frappant le sol de ses cornes, à droite ; un taureau dans la même attitude, à gauche. Il est aisé de remarquer que tous ces animaux sont affrontés et opposés intentionnellement l'un à l'autre. Pl. LVII, fig 624.

625. Le premier camée auquel est adapté le fermoir, est également le double des six autres ; il représente un cheval et une cavale ruant. Sur les autres, on voit un griffon, à gauche ; un sanglier, à droite ; un ours, à gauche ; un cheval se cabrant, à droite ; un cheval ruant, à gauche ; une chimère, à droite, détournant la tête. Pl. LVII, fig. 625.

Chacun des camées est enchâssé dans une monture en or, rehaussée d'émail bleu ; ils sont rattachés les uns aux autres par un double chaînon orné d'une rosace en émail vert. Il manque un chaînon à chacun des bracelets. Les fermoirs, à ressorts, sont placés sous le plus grand des camées et masqués par une plaque sur laquelle on voit, gravés en creux, deux C entrelacés, placés au milieu d'une couronne formée d'une palme et d'une branche de laurier; à chacun des angles, un S barré. La couronne est en émail vert et les S en émail bleu.

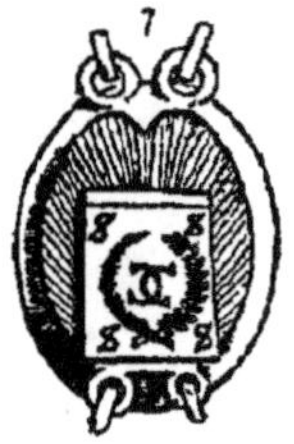

Revers des fermoirs.

Longueur de chacun des bracelets, 170 mill.

Camées des fermoirs : haut., 20 mill.; larg., 25 mill., monture comprise. — Autres camées, haut., 13 mill.; larg., 16 mill.

Ces bracelets ont été acquis par le roi Louis XIV, du procureur général Achille de Harlay, en 1674 (voyez notre *Introduction*, Inventaire de la collection de Harlay, nº 31). Cette origine certaine renverse par la base la tradition suivant laquelle ces bracelets n'auraient jamais quitté la collection royale depuis le temps de Henri II, et auraient appartenu à Diane de Poitiers, puis à Catherine de Médicis ou même à Catherine de Bar, sœur de Henri IV. Nous rapporterons pourtant ici ce qui concerne cette légende désormais controuvée. « Une tradition dont l'origine est inconnue, dit M. Chabouillet, nomme Diane de Poitiers comme ayant possédé ces bracelets. Les deux C gravés sur les deux fermoirs, et qu'on a pu prendre pour des croissants, ont contribué à accréditer cette tradition, si même ils ne l'ont pas fait naître. Du reste, le travail exquis des quatorze camées qui forment ces bracelets n'est certainement pas indigne de l'époque de la Renaissance. On les a attribués à Mathieu del Nassaro, le graveur des monnaies de François Ier. Cette assertion n'est pas prouvée, mais il est permis de dire qu'ils ne dépareraient pas l'œuvre du célèbre artiste. La monture elle-même pourrait dater du XVIe siècle. Ce que dit la tradition n'est donc pas impossible ; mais si ces bracelets ont véritablement appartenu à la duchesse de Valentinois, on ne peut expliquer les deux C qu'en supposant que Catherine de Médicis fit graver son chiffre sur ces précieux bijoux, lorsqu'à la mort de Henri II elle dépouilla sa rivale d'une partie des domaines et même des joyaux qu'elle tenait de la libéralité du Roi. » On voit combien tout cela était déjà incertain. Aussi, Adrien de Longpérier, dont la critique était toujours en éveil, a-t-il proposé de reconnaître plutôt, dans les deux C adossés, les initiales de Catherine de Bar (Catherine de Bourbon), sœur de Henri IV [1]. Ce savant éminent se trompait à son tour, parce qu'il croyait, comme tout le monde, que les bracelets se trouvaient dans le Cabinet du Roi au moins dès le temps de Henri IV.

Nous avons vu plus haut qu'ils n'entrèrent dans la collection royale qu'en 1674, avec le cabinet de Harlay. Mais, la présence de quatre *S barrés* autour des C entrelacés, sur la monture des deux camées principaux, n'en reste pas moins une énigme. Quel est le sens de ce mystérieux emblème qui a provoqué tant de recherches et qu'on rencontre sur toutes sortes de monuments de la Renaissance française : monnaies, jetons, coffrets, reliures, bijoux, motifs d'architecture, etc. ? A. de Longpérier cite, pour expliquer ce symbole, un passage des *Bigarrures* d'Étienne Tabourot, sieur des Accords, dans lequel cet écrivain du commencement du XVIIe siècle dit, en son chapitre des « Rébus de Picardie », que l'S *fermé d'un trait* est un rébus signifiant *fermesse*, dans le sens de *fermeté*. Cette explication est confirmée par un sixain intitulé *La fermesse d'amour*, qu'on a signalé dans les Œuvres du chanoine Loys Papon, sieur de Marsilly, poète forésien du XVIe siècle [2] ; voici ce sixain qui est précédé d'une figure où paraît l'S barré ou fermé d'un trait, entouré de lacs d'amour :

La Fermesse d'amour.

Fermesse dont l'amour peint un chiffre d'honneur,
Commune en l'escriture et rare dans le cueur,
Tes liens en vertus, les fidèles asseurent :
Mais ainsi que ta forme est d'un arc mis en deux,
Le désir inconstant froisse et brise tes nœuds
Cependant que les mains ta fermesse figurent.

M. Chabouillet ajoute les réflexions suivantes : « Ces mots *comme en l'escriture*, nous expliquent la fréquence de ce symbole à côté des signatures de tant de personnages divers. On sait qu'il figure souvent sur les lettres de Henri IV. Ce *rébus de Picardie* était devenu du domaine public; tout le monde l'employait. *Fermesse* pour *fermeté* est un italianisme, comme *bellesse* de *bellezza*, qu'on trouve dans les poètes de la Pléiade et dans Loys Papon [3]. »

On ne saurait contester ces témoignages contemporains et la justesse

1. A. de Longpérier, dans la *Revue numismatique*, 1856, p. 273, n° 7 ; *Œuvres*, publiées par G. Schlumberger, t. IV, pp. 346 et suiv.

2. On trouvera ce sixain dans les *Œuvres du chanoine Loys Papon, s. de Marcilly, poète forésien du XVIe siècle, publiées pour la première fois sur les manuscrits originaux par M. Yemeniz* (Lyon, impr. de Louis Perrin, 1857), p. 81.

3. Chabouillet, *Catalogue*, pp. 623-624.

des observations précédentes; il convient toutefois de remarquer que dans l'écriture gothique du moyen âge, l'*s* est naturellement barré; de plus, cette lettre barrée figure souvent sur les chartes comme abréviation des mots *signum* et *sigillum*, et, plus tard, *signet* ou *seing*. En outre, surtout à partir du XVIe siècle, l'S a continué à être traversé par une barre abréviative plus ou moins ornée, et il a été certainement l'initiale de beaucoup de mots différents et surtout de noms propres, au gré des ornemanistes ou des intéressés. M. A. Blanchet a donné une liste, fort longue déjà, de monuments de toute nature sur lesquel se rencontre l'*S barré* [1]. Plusieurs d'entre eux nous présentent des initiales de noms propres entourés de quatre *S barrés* disposés comme sur nos bracelets. Nous pouvons signaler quelques autres monuments du même genre : sur l'étui d'un livre d'Heures de l'ancienne collection Spitzer [2], attribué à Gabrielle d'Estrées, on voit deux G entrelacés au milieu de quatre S barrés : il semble bien qu'on doive reconnaître ici une allusion au nom de la favorite de Henri IV. Sur une reliure de Diane de France, fille de Henri II, duchesse d'Angoulême, sont deux D adossés entourés d'un couronne accostée de l'S barré et de flammes du Saint-Esprit [3]. Sur la reliure d'un Pontifical de l'Église d'Auxerre ayant appartenu à Dominique Séguier, on voit deux D adossés entourés d'*S barrés* : il s'agit évidemment ici des initiales du possesseur; de même sur une reliure de la collection du baron Pichon, ayant appartenu à Léon de Bouthillier, comte de Chavigny (+1652), deux B adossés sont entourés de quatre *S barrés* [4]. On pourrait citer encore bien d'autres exemples qui permettent de conclure que si, dans certains cas, l'*S barré* a bien un sens symbolique et joue le rôle d'un rébus, dans d'autres cas il paraît n'être que l'initiale d'un nom propre ou même du mot *seing* ou *signum*. Sur les bracelets du Cabinet des Médailles, les deux C adossés sont vraisemblablement les initiales du possesseur, par exemple, une femme de la famille de Harlay dont le prénom avait la lettre C pour initiale; et les quatre S barrés nous paraissent les initiales du mot *seing*, répété quatre fois en manière d'ornement [5].

BIBL. — Marion du Mersan, *Hist. du Cabinet des Médailles* (1838), p. 124, n° 591; *Magasin Pittoresque*, 1838, p. 99, col. 2; Chabouillet,

1. J.-Adrien Blanchet, *Hist. monétaire du Béarn*, pp. 84 et suiv.; voyez aussi : Guilbert, *Descript. hist. des château, bourg et forest de Fontainebleau*, t. I, p. 136.

2. J. Guigard, *Nouvel armorial du bibliophile*, t. I, p. 158.

3. J. Guigard, *op. cit.*, t. I, p. 117.

4. J. Guigard, *op. cit.*, t. II, p. 85.

5. Le plus récent travail sur l'*S barré* est celui de M. Max. Deloche intitulé : *De la signification des mots* PAX *et* HONOR *sur les monnaies béarnaises et du* S BARRÉ *sur des jetons de souverains du Béarn* (1893, in-4°).

Catalogue, n°s 673 et 674 ; A. de Longpérier, *Œuvres*, publiées par G. Schlumberger, t. IV, p. 351 ; J. Adrien Blanchet, *Hist. monétaire du Bearn* (1893), p. 84, n° 3.

626 à 642. **Jeu d'échecs.** Dix-sept pièces d'un jeu d'échecs, en corail, avec ornements en or rehaussés d'émail et de petites perles. Tous les personnages sont figurés à mi-jambes et posés sur une base circulaire. — Travail médiocre du XVIIe siècle.

626. *Le Roi,* sous la figure d'un monarque oriental, vu à mi-jambes, un collier d'or au cou, un sceptre dans la main droite, la main gauche ramenée sur les reins. Il a une longue barbe et sa tiare pointue est surmontée d'une couronne en or émaillé, ornée du croissant.

Haut., 66 mill. Pl. LVIII, fig. 626.

627. *Une tour*. Elle est carrée, à deux étages crénelés, percée d'une porte et d'une fenêtre et surmontée d'un petit dôme et d'un croissant émaillés. A la base, chacun des quatre angles était flanqué d'une petite tourelle surmontée d'une perle ; trois de ces tourelles ont disparu.

Haut., 55 mill.

628. *Une tour*. Elle est carrée et semblable à la précédente; mais la base et les quatre petites tourelles ont disparu.

Haut., 50 mill.

629. *Une tour*. Elle est ronde, à deux étages crénelés, percée d'une porte et surmontée d'un petit dôme en or émaillé et d'une perle. A la base, elle était flanquée de quatre petites tourelles surmontées, chacune, d'un clocheton en or émaillé et d'une perle : l'une des tourelles a disparu.

Haut. 57 mill.

630. *Une tour*. Elle est ronde et semblable à la précédente ; mais la base et l'une des quatre petites tourelles manquent.

Haut., 49 mill.

631. *Soldat turc,* vu à mi-jambes, cuirassé, tenant un drapeau semé de croissants de la main droite; il est coiffé d'un turban surmonté d'un croissant en or émaillé.

Haut., 60 mill.

632. *Soldat turc.* Il est presque semblable au précédent.
Haut., 60 mill.

633. *Soldat chrétien,* vu à mi-jambes, cuirassé et coiffé du morion; de la main droite levée, il porte un drapeau dont il retient les plis de la main gauche. L'aigrette du casque, en or émaillé, a disparu.
Haut., 57 mill.

634. *Soldat chrétien.* Il est presque semblable au précédent; la main gauche est ramenée derrière le dos.
Haut., 54 mill.

635. *Cheval marin.* La croupe relevée se termine en queue de serpent repliée sur elle-même; sur les flancs, de petites ailes; les jambes de devant sont figurées par des enroulements en coquille. La bride et le bridon sont en or; la tête et le cou sont ornés de deux petites perles.
Haut., 52 mill. Pl. LVIII, fig. 635.

636. *Cheval marin,* à peu près semblable au précédent.
Haut., 51 mill.

637. *Cheval marin.* La croupe relevée est articulée et se termine en coquille, comme les jambes de devant. Il est muni d'une bride en or, sans bridon. L'ornement du sommet de la tête a disparu.
Haut., 50 mill.

638. *Cheval marin.* Il est semblable au précédent. L'ornement en or du sommet de la tête est une petite couronne surmontée d'un croissant.
Haut., 51 mill.

639. *Soldat chrétien.* Il est à mi-jambes, cuirassé, coiffé du morion surmonté d'une perle, la visière baissée. Des deux mains il tient devant sa poitrine un petit bouclier rond.
Haut., 39 mill.

640. *Soldat chrétien.* Il est à mi-jambes, cuirassé, coiffé du morion, la visière relevée, tenant un glaive court de la main droite, la main gauche ramenée derrière le dos. Son casque est surmonté d'une petite perle.
Haut., 39 mill.

641. *Soldat turc.* Il est à mi-jambes, cuirassé, coiffé du turban

surmonté d'une perle, tenant de la main droite un glaive court et de la main gauche un bouclier ovale, orné d'un croissant.

Haut., 39 mill.

642. *Soldat turc.* Il est à mi-jambes, cuirassé, coiffé du turban surmonté d'une perle; de la main droite il tient transversalement un glaive court, et son bouclier est passé dans son bras gauche ramené derrière le dos.

Haut., 36 mill. Pl. LVIII, fig. 642.

643. **Une bataille.** Les combattants sont, les uns, costumés à l'antique, avec le casque et la cuirasse, les autres sont nus comme des héros. L'un des chevaux est à terre, expirant; les autres s'élancent au galop, les uns contre les autres. Au centre de la composition, au second plan, on aperçoit un guerrier qui tient un étendard sur lequel est représenté un griffon. — Excellent travail du XVIe siècle.

Camée sur coquille à deux couches : azurée et blanche.

Monture en or guilloché.

Haut., 41 mill.; larg., 56 mill., monture comprise.

Pl. LVII, fig. 643.

Le sujet de ce camée a été imité sur le n° 644, ainsi que sur une intaille qui porte, dans le catalogue de M. Chabouillet, le n° 2482. Il s'agit peut-être de la bataille du pont Milvius en 312, comme sur le camée n° 645 qui est une copie de l'œuvre célèbre de Raphael; ici, nous n'aurions qu'une imitation éloignée et fantaisiste.

Bibl. — Chabouillet, *Catalogue*, n° 671. Pour ce camée et les suivants (n°s 644 et 645) qui représentent des batailles, comparez surtout une enseigne du Cabinet des Médailles (Inventaire n° 5583), qui représente un sujet analogue en or émaillé, d'une merveilleuse beauté. Eug. Fontenay, *Les bijoux anciens et modernes*, p. 405.

644. **Une bataille.** Les combattants sont, les uns costumés à l'antique, avec le casque et la cuirasse, les autres sont nus comme des héros. L'un des chevaux est à terre, expirant; les autres s'élancent au galop, les uns contre les autres. — Excellent travail du XVIe siècle; imitation du camée n° 643.

Camée sur coquille à deux couches : bleuâtre et blanche. Cassure à la partie supérieure.

Monture en argent, le pourtour en forme de cordelette.

Haut., 37 mill.; larg., 44 mill., monture comprise.

Pl. LVII, fig. 644.

BIBL. — Chabouillet, *Catalogue*, n° 670.

645. **Bataille entre Constantin et Maxence, en 312.** Le Tibre est représenté au premier plan, charriant des cadavres, hommes et chevaux. Parmi les combattants qui luttent avec acharnement, on aperçoit les trompettes recourbées et les enseignes légionnaires des Romains. De nombreux cadavres sont à la droite de la composition. — Bon travail du XVIe siècle : copie de la peinture qu'on voit dans la salle du Vatican dite *de Constantin,* et qui fut exécutée par Jules Romain sur les dessins de Raphaël.

Camée sur coquille jaunâtre.

Monture en or guilloché; couvercle de tabatière. A l'intérieur, sur le cercle d'or, on lit l'inscription suivante, en partie dissimulée par la monture : BATAILLE DE CONSTANTIN CONTRE MAXENCE LE 28 OCT. 312.

Haut., 40 mill.; larg., 67 mill., monture comprise.

Pl. LVII, fig. 645.

Ce camée a été confisqué en 1793, dans l'hôtel des familles de Caylus et de Rougé, et déposé à la Monnaie, d'où il fut transféré au Cabinet des Médailles le 1er nivôse an V (21 décembre 1796); c'est ce qu'atteste le procès-verbal de transfert : « Un coquillage dans son médaillon en or, forme ovale, servant de dessus de tabatière en hivoire, sur lequel, suivant l'inscription gravée sur un des cercles, est représenté la bataille de Constantin contre Maxence, le 28 octobre 312 » (voyez notre *Introduction*).

BIBL. — Chabouillet, *Catalogue*, n° 672.

646. **Athlète.** Buste à mi-corps, de profil, à droite. Le personnage est imberbe, la tête ceinte d'une couronne de laurier; il est vêtu d'une ample draperie qui laisse à demi-nu son torse robuste; de la main gauche, il tient une seconde couronne qu'il vient de remporter et qu'il contemple avec satisfaction. — Travail médiocre, du commencement du XIXe siècle.

Sardoine à deux couches : bleuâtre et blanche.
Haut., 42 mill.; larg., 32 mill.

Ce camée forme le pendant de la Némésis décrite sous le n° 566.

647. **Amazone?** Femme montée sur un cheval qui s'élance au galop, à gauche. — Fragment sur coquille blanche.
Haut., 10 mill.; larg., 12 mill.

Bibl. — Chabouillet, *Catalogue*, n° 676.

648. **Hippopotame,** marchant, à droite.
Agate à deux couches : translucide et rouge.
Haut., 15 mill.; larg., 22 mill.

Ce camée est décrit dans l'Inventaire de 1664, sous le n° 359.
Bibl. — Chabouillet, *Catalogue*, n° 666.

649. **Deux éléphants,** marchant côte à côte, de profil, à gauche.
Calcédoine à deux couches : translucide et blanche.
Haut., 10 mill.; larg., 13 mill.

Ce camée a fait partie de la collection de Valentinois confisquée en 1793; de l'hôtel de Liancourt où on l'avait d'abord déposé, il fut transféré au Cabinet des Médailles par la Commission des Arts, le 29 juillet 1796.
Bibl. — Chabouillet, *Catalogue*, n° 667.

650. **Deux lions affrontés,** debout sur leurs pattes de derrière, et s'appuyant sur un pyrée; ils détournent la tête dans des sens opposés. Le pyrée qui les sépare a la forme d'une cuve sur un pied élevé. — Travail du commencement du XIXe siècle.

Calcédoine à deux couches blondes. Chaton d'une bague en or, avec encadrement d'émail rouge et vert.
Haut., 18 mill.; larg., 21 mill.

Légué par Louis-Ch.-Fr. Petit-Radel (1756-1836).
Bibl. — Chabouillet, *Catalogue*, n° 513. — Louis Petit-Radel, à qui a appartenu ce camée et qui le croyait antique, a fait graver au revers de la monture du chaton l'inscription suivante : *Monument relatif à celui de Mycènes*. Les deux lions affrontés rappellent, en effet, le bas-relief célèbre connu sous le nom de *La porte des lions,* de Mycenes; le graveur moderne s'est inspiré de ce monument antique.

651. **Vache** marchant, de profil, à droite.
Coquille blanche. — Monture en or.
Haut., 12 mill.; larg., 15 mill. Pl. LVI, fig. 651.

Ce camée est décrit dans l'Inventaire de 1664, sous le n° 72.
BIBL. — Marion du Mersan, *Hist. du Cabinet des Médailles* (1838), p. 124, n° 690; Chabouillet, *Catalogue*, n° 668.

652. **Louve.** Elle est représentée de profil, à gauche, se grattant la tête avec l'une de ses pattes de derrière.
Sardoine à deux couches : blonde et rouge.
Chaton de bague en cuivre.
Haut. du chaton, 10 mill.; larg., 12 mill.

Ce camée a fait partie de la collection de Valentinois, confisquée en 1793 ; il a été transmis au Cabinet des Médailles par la Commission des Arts, le 29 juillet 1796.

653. **Troupe de cerfs.** Dans le paysage, on voit un grand arbre et des rochers. — Fragment sur coquille; nuance jaunâtre.
Haut., 14 mill.; larg., 24 mill.

BIBL. — Marion du Mersan, *Hist. du Cabinet des Médailles* (1838), p. 124, n° 589; Chabouillet, *Catalogue*, n° 675.

654. **Tête de chien.** Ronde bosse; le museau est un peu mutilé.
Calcédoine blonde.
Long., 30 mill.

655. **Rat.** L'animal est assis sur une base mobile, hémisphérique; de ses deux pattes de devant, il tient un objet qu'il est en train de ronger. Ronde bosse.
Sardoine cendrée. Les yeux sont incrustés d'émail noir; un ornement qui était fixé sur le front a disparu.
Haut., 32 mill.

656. **Aigle.** Il est debout de trois quarts, à gauche, les ailes éployées et détournant la tête; ses griffes sont d'une longueur démesurée. — Travail du XVIe siècle.
Agate à deux couches : blanche et rousse.
Monture en or émaillé.
Diamètre, 26 mill.

BIBL. — Chabouillet, *Catalogue*, n° 405.

657. **Perroquet.** Il est vu de profil, à droite, et perché sur un tronc d'arbre; devant lui, deux arbres touffus sur l'un desquels est perché un petit oiseau.

Agate à deux couches : translucide et rougeâtre.

Monture en cuivre, avec bélière.

Haut., 61 mill.; larg., 52 mill. Pl. LVI, fig. 657.

Ce camée est décrit dans l'Inventaire de 1664, sous le nº 120.

BIBL. — Marion du Mersan, *Hist. du Cabinet des Médailles* (1838), p. 124, nº 563; Chabouillet, *Catalogue*, nº 665.

658. **Arabesques.** Fragment sur coquille; à la base des ornements, une tête de Satyre, de face, de la bouche duquel émergent deux cornes d'abondance. Encadrement en relief, au pourtour; la partie supérieure est fragmentée. — Travail fin et délicat (ornement d'un coffret).

Haut., 31 mill.; larg., 20 mill. Pl. LVII, fig. 658.

Donné par Charles Sauvageot, en 1849.

BIBL. — Chabouillet, *Catalogue*, nº 680; le même, dans la *Revue archéologique*, 1849, t. VI, p. 344.

659. **La naissance du duc de Bourgogne.** Minerve, debout, de profil, à droite, casquée et s'appuyant de la main droite sur sa lance, étend son bouclier pour protéger un enfant nouveau né, couché à ses pieds sur un coussin. En face de Minerve, s'avance la France, la tête ceinte d'une couronne de laurier et étendant les bras pour accueillir et recevoir l'enfant royal. Son écusson fleurdelisé est à ses pieds. Sur le sol, on lit la signature de l'artiste : GUAY. F. A l'exergue, la date : M.DCC.LI. — Corniche au pourtour. Travail remarquable.

Sardonyx à deux couches : rouge-carmin et blanche.

Monture en cuivre.

Haut., 36 mill.; larg., 28 mill., monture comprise.

Pl. LXXV, fig. 659.

Ce camée fut exposé par Jacques Guay au Salon de l'année 1757.

Dans le Recueil de gravures à l'eau-forte et retouchées au burin, qui porte ce titre : *Suite d'estampes gravées par Madame la Marquise de Pompadour, d'après les pierres gravées de Guay, graveur du Roi*, on trouve l'image de presque tous les camées de Guay, qui figurent dans la collection nationale. Le camée qui nous occupe ici porte dans cet ouvrage le nº 53. On lit au bas : *Naissance de Monseigneur le duc de Bourgogne.* Guay grava le camée d'après un dessin exécuté par le peintre Boucher, de même que le camée nº 660, qui, par ses dimensions, la disposition du sujet et la monture, forme le pendant de celui-ci. L'un et l'autre ont fait partie de bracelets portés par Madame de Pompadour qui les légua au Roi en 1764.

Le duc de Bourgogne, né en 1751, mourut en 1761, à l'âge de dix ans.

Bibl. — Marion du Mersan, *Hist. du Cabinet des Médailles*, p. 124, nº 557; J.-J. Guiffrey, *Les livrets des anciennes expositions*, t. XIX, p. 33, nº 157; Chabouillet, *Catalogue*, nº 357; J. Leturcq, *Notice sur Jacques Guay*, pp. 32, 171, 197 et 215, et pl. D, fig. 7.

660. **Alliance de la France et de l'Autriche.** Deux femmes debout, s'avancent l'une vers l'autre et se donnent la main; elles sont vêtues de longues robes à l'antique. Aux pieds de chacune de ces figures allégoriques, l'écusson national qui les caractérise; entre elles, un autel allumé et entouré d'un serpent qui se mord la queue. Sur le sol, une torche brisée et un masque. Au pied de la France, la signature de l'artiste en creux : GUAY. A l'exergue, la date : *1756,* en relief. Corniche au pourtour.

Sardonyx à deux couches : noire et bleuâtre. Tranche en biseau. Monture en or.

Haut., 34 mill.; larg., 28 mill., monture comprise.

Pl. LXXV, fig. 660.

Ce camée a figuré au Salon de l'année 1759. Dans la *Suite d'estampes* gravees par Madame de Pompadour, signalée plus haut, il porte le nº 54. On lit au bas de l'estampe, le titre : *Alliance de l'Autriche et de la France.* Le dessin que Guay a reproduit était l'œuvre de Boucher. Ce camée, avec le nº 659 qui lui fait pendant, a fait partie de la décoration de bracelets de Madame de Pompadour.

Bibl. — Marion du Mersan, *Hist. du Cabinet des Médailles,* p. 124, nº 558; J.-J. Guiffrey, *Les livrets des anciennes Expositions,* t. XX, p. 32, nº 152; Chabouillet, *Catalogue,* nº 359; J. Leturcq, *Notice sur Jacques Guay,* pp. 33, 172, 198 et 215, et pl. D, fig. 9.

661. **Le Génie de la musique.** C'est un enfant, debout, ailé, de profil à gauche, tenant une flûte de la main gauche baissée, et s'apprêtant à saisir de la main droite une couronne sus-

pendue à un arbre. Devant lui, une lyre. A l'exergue, la signature de l'artiste, qui n'est autre que Madame de Pompadour :

POMPADOUR F.
1752.

Corniche au pourtour.

Agate-onyx à deux couches : bleu-foncé et blanche.

Monture en cuivre.

Haut., 19 mill. ; larg., 16 mill., monture comprise.

Pl. LXXV, fig. 661.

Ce camée, dû à Madame de Pompadour, aidée de Jacques Guay, dont elle se fit l'elève, a été gravé par elle-même à l'eau forte dans sa *Suite d'Estampes*, sous le n° 40. Au bas de l'estampe, on lit : *Boucher del.*, et le titre : *Génie de la musique en bas relief.* Comme annotation à l'estampe, Jacques Guay a écrit la note suivante : « Géniee de la musique. Gravé sur une agatonnix de deux couleurs tout ce qui compose ce suget et le sercle du Tour et blanc et le font de la Pierre est noir. Madame de Pompadour a beaucoup travaillé à cette pierre. »

Bibl. — Chabouillet, *Catalogue*, n° 358; le même, dans la revue *Les Lettres et les Arts*, 1886, p. 283 ; J. Leturcq, *Notice sur Jacques Guay*, pp. 145, 215 et 238, et pl. D, fig. 8 ; E. Babelon, *La Gravure en pierres fines*, p. 305, fig. 201.

662. **La France au pied de la statue équestre de Louis XV.** On voit la statue de Louis XV à cheval, sur un large socle ; la figure allégorique de la France, caractérisée par l'écusson fleurdelisé qui est à ses pieds, fixe autour du socle de la statue une guirlande de fleurs. A l'exergue, en creux : *1763.*

Agate-onyx à deux couches : rouge-carmin et blanche.

Élégante monture en or.

Haut., 32 mill. ; larg., 21 mill., monture comprise.

Pl. LXXV, fig. 662.

Ce camée a été gravé par Guay, à l'occasion de l'inauguration d'une statue équestre de Louis XV, exécutée par Bouchardon et achevée par Pigalle, à Paris, sur la place qui porta le nom de ce prince (aujourd'hui place de la Concorde) : la cérémonie eut lieu le 20 juin 1763. La statue fut renversée le 11 août 1792. L'attribution à Jacques Guay de ce camée est rendue certaine par l'existence d'une cire représentant le même sujet, que possédait J.-F. Leturcq, et qui servit de modèle à l'artiste.

Bibl. — Marion du Mersan, *Hist. du Cabinet des Médailles*, p. 124, n° 559; Chabouillet, *Catalogue*, n° 360; J. Leturcq, *Notice sur Jacques Guay*, pp. 34 et 215, et pl. D, fig. 10.

663. **Génie cultivant un laurier.** L'enfant est accroupi, de profil, à droite; de la main droite, il tient sur son épaule une serpe à long manche; la caisse carrée qui contient l'arbuste est décorée d'une des tours du blason de la marquise de Pompadour. A l'exergue, en creux, la signature de l'artiste : GUAY F. — Corniche au pourtour.

Agate-onyx à deux couches : rouge-carmin et blanche.

Monture en cuivre.

Haut., 13 mill.; larg., 15 mill., monture comprise.

Pl. LXXV, fig. 663.

Ce camée, qui a figuré au Salon de l'année 1757, est le n° 58 de la *Suite d'estampes* gravées d'après l'œuvre de Guay, par Madame de Pompadour. Au bas de l'estampe, on lit : *Culture des lauriers. Boucher del. Pompadour sculp.*

Bibl. — Marion du Mersan, *Hist. du Cabinet des Médailles*, p. 124, n° 560; Chabouillet, *Catalogue*, n° 361; J. Leturcq, *Notice sur Jacques Guay*, pp. 177, 197 et 215, et pl. D, fig. 11; J. Guiffrey, *Collection des livrets des anciennes Expositions*, t. XIX, p. 33, n° 157.

664. **La fidèle amitié.** Génie assis, vu de profil, à droite, et jouant avec un chien. A l'exergue, la signature de l'artiste : GUAY F.

Agate-onyx à deux couches : rouge-carmin et blanche.

Monture en cuivre.

Haut., 15 mill.; larg., 12 mill. Pl. LXXV, fig. 664.

Dans la *Suite d'estampes* gravées par Madame de Pompadour, d'après Guay, on trouve, sous le n° 42, non pas ce camée, mais une variante du même sujet : Une femme tenant une guirlande et jouant avec un chien. La signature : *Pompadour fecit*, paraît se rapporter au camée aussi bien qu'à la gravure; le titre est : « La fidelle amitié. »

Bibl. — Chabouillet, *Catalogue*, n° 362; J. Leturcq, *Notice sur Jacques Guay*, pp. 149 et 215, et pl. D, fig. 12. — Voyez ci-après les autres œuvres de Jacques Guay, sous les n°s 926 et suiv.

IV. ICONOGRAPHIE ANTIQUE

665. **Milon de Crotone.** Buste en haut relief, de face, la tête rejetée en arrière et regardant à gauche. L'athlète est barbu, les cheveux frisés et ses traits respirent la douleur; son épaule fait une contorsion vigoureuse comme si le malheureux cherchait à dégager ses mains du tronc de chêne qui les retient prisonnières. — Bon travail de la Renaissance.

Marbre blanc.

Monture en cuivre, avec deux bélières sur les côtés.

Haut., 32 mill.; larg., 29 mill., monture comprise.

Pl. LVII, fig. 665.

BIBL. — Chabouillet, *Catalogue*, n° 514.

666. **Alexandre le Grand.** Buste de profil, à droite, coiffé d'un casque orné de feuillage et d'une grande tête de Satyre, les cheveux retombant en mèches ondulées sur le cou, comme si l'on avait voulu représenter Minerve. — Travail de la Renaissance.

Calcédoine à deux couches : translucide et blanche

Monture en or émaillé, du XVIIe siècle.

Haut., 29 mill.; larg., 25 mill., monture comprise.

Pl. LX, fig. 666.

BIBL. — Chabouillet, *Catalogue*, n° 515.

667. **Alexandre le Grand.** Buste de profil, à droite, coiffé d'un casque à ailerons, orné d'une grande tête de Satyre, le cimier ayant la forme d'une tête de serpent. Une épaisse chevelure ondulée descend sur les épaules comme si l'on avait voulu représenter Minerve. La poitrine est couverte de la cuirasse et de l'égide. Dans le champ, à droite, on lit, gravé en creux, le mot ΑΛΕΞΑΝΔΡΟΣ. — Travail de la Renaissance.

Lapis-lazuli. — Monture en or émaillé, du XVIIe siècle.

Haut., 56 mill.; larg., 46 mill., monture comprise.

Pl. LX, fig. 667.

BIBL. — Chabouillet, *Catalogue*, n° 516.

668. **Alexandre le Grand.** Buste de profil, à gauche; il est coiffé d'un casque orné sur les tempes des cornes de Jupiter Ammon; sa poitrine est couverte d'une chlamyde agrafée sur l'épaule gauche. — Travail médiocre.

Sardonyx à trois couches : brune, blanche et rousse.

Monture en or.

Haut., 34 mill. ; larg., 27 mill., monture comprise.

Pl. LX, fig. 668.

BIBL. — Chabouillet, *Catalogue*, n° 517.

669. **Bérénice (?).** Buste de profil, à gauche, les cheveux retenus par un diadème et nattés, la poitrine couverte d'un manteau agrafé sur l'épaule gauche. — Travail du XVIIe siècle.

Sardonyx à trois couches : brune, bleuâtre et roux-foncé.

Monture en or émaillé, du XVIIe siècle.

Haut., 56 mill. ; larg., 46 mill., monture comprise.

Pl. LX, fig. 669.

BIBL. — Chabouillet, *Catalogue*, n° 518. — L'attribution iconographique de ce camée est de pure fantaisie ; elle repose sur la présence, au revers de la gemme, d'une étiquette du XVIIe ou du XVIIIe siècle sur laquelle est inscrit le nom de *Bérénice*. Il est possible que l'artiste ait voulu graver un type de reine orientale pour représenter la Bérénice de la tragédie de Racine, c'est-à-dire la Bérénice aimée de Titus, et fille du roi juif Agrippa Ier (voyez ci-après le n° 674).

670. **Cléopâtre.** Tête de profil, à droite; elle a des pendants d'oreilles et ses cheveux sont retenus par un diadème. Un grand voile lui couvre le derrière de la tête et forme, en arrière-plan, l'encadrement du visage. Devant le cou, un aspic enroulé.

Sardonyx à trois couches : blanche, rousse et brune. Corniche au pourtour, avec tranche en biseau.

Monture en or émaillé, du XVIIe siècle.

Haut., 41 mill. ; larg., 38 mill., monture comprise.

Pl. LX, fig. 670.

BIBL. — Chabouillet, *Catalogue*, n° 521.

671. **Cléopâtre.** Buste de face; les cheveux, partagés sur le front, recouvrent les tempes; sur la tête, un voile qui revient sur

les épaules et enveloppe les bras. La poitrine est nue; la main droite tient deux aspics dont les queues sont enroulées autour du poignet. — Travail italien du XVIe siècle.

Calcédoine à deux couches : cendrée et blanche.

Haut., 54 mill., larg., 36 mill. Pl. LX, fig. 671.

BIBL. — Chabouillet, *Catalogue*, n° 522. — Comparez les nos 672, 673 et 938; voyez aussi un camée du Musée de Berlin (Furtwaengler, *Beschreibung der geschnittenen Steine im Antiquarium*, n° 11483).

672. **Cléopâtre.** Buste de face, les cheveux relevés autour de la tête, la poitrine couverte d'une robe et d'un manteau noué sur l'épaule droite. Cassure dans le champ, à droite. — Travail italien du XVIe siècle.

Calcédoine à deux couches : translucide et blanche.

Haut., 37 mill. ; larg., 25 mill.

BIBL. — Chabouillet, *Catalogue*, n° 523.

673. **Cléopâtre.** Buste de face, la tête légèrement inclinée, les cheveux noués au-dessus du front, la poitrine à demi-nue et ornée d'un collier ; l'aspic avance la tête sur le sein gauche qu'il s'apprête à mordre. — Travail médiocre.

Sardoine à deux couches : brune et blanche.

Monture en cuivre.

Haut., 24 mill. ; larg., 22 mill. Pl. LIV, fig. 673.

Ce camée a fait partie de la collection de Valentinois, confisquée en 1793 ; déposé d'abord à l'hôtel de Liancourt transformé en magasin national, il a été transmis au Cabinet des Médailles par la Commission des Arts, le 11 thermidor an IV (29 juillet 1796).

674. **Antiochus (?).** Tête imberbe, de profil, à gauche, les cheveux courts et ondulés. — Travail du XVIIe siècle.

Agate à deux couches : blonde et brune. — Monture en or.

Haut., 30 mill.; larg., 28 mill.

BIBL. — Chabouillet, *Catalogue*, n° 519. — L'attribution iconographique de ce camée, toute de fantaisie, repose sur la présence, au revers, d'une vieille étiquette du XVIIe siècle, qui doit remonter au temps où l'on jouait, à la cour du roi Louis XIV, les tragédies de Racine (voyez la note du n° 669, avec le prétendu portrait de Bérénice).

675. **Roi grec incertain.** Buste de profil, à gauche, la tête ceinte d'un diadème, le cou drapé. — Travail du XVIe siècle.

Calcédoine à deux couches blondes. Monture en or émaillé.

Haut., 42 mill.; larg., 32 mill., monture comprise.

Pl. LXIV, fig. 675.

BIBL. — Chabouillet, *Catalogue*, n° 520.

676. **Roi grec incertain.** Buste de profil, à droite, imberbe, la tête ceinte d'un diadème, les cheveux calamistrés sur le cou; la poitrine est drapée.

Marbre. Monture en cuivre, avec bélière.

Haut., 44 mill.; larg., 35 mill.

677. **Roi grec incertain.** Buste imberbe, de profil, à gauche, la tête ceinte d'un double diadème, la poitrine drapée. — Travail médiocre.

Sardoine enfumée, translucide.

Haut., 52 mill.; larg., 35 mill.

678. **Roi grec incertain** (roi d'Égypte ?). Tête diadémée, de profil, à droite, les cheveux calamistrés. — Travail médiocre.

Sardoine à deux couches : blonde et blanche.

Monture en cuivre, avec bélière.

Haut., 43 mill.; larg., 35 mill.

679. **Roi grec incertain.** Tête imberbe, diadémée, de profil, à droite. — Travail médiocre.

Marbre.

Haut., 43 mill.; larg., 33 mill.

680. **Roi grec incertain.** Buste imberbe, de profil à droite, la tête laurée, la poitrine drapée. — Travail médiocre.

Sardoine à deux couches : translucide et blanche.

Haut., 34 mill.; larg., 28 mill.

681. **Personnage romain inconnu.** Tête virile, imberbe, de profil à droite. — Travail du XVIe siècle.

Calcédoine à deux couches : brune et blanc de nuage.

Monture en or émaillé, du XVIIIe siècle.

Haut., 25 mill. ; larg., 23 mill., monture comprise.

Pl. LXIV, fig. 681.

Bibl. — Chabouillet, *Catalogue*, n° 612.

682. **Quintus Arrius Secundus.** Tête de profil, à droite, avec de légers favoris. — Travail du XVIe siècle.

Agate-onyx à deux couches : brune et blanc-bleuâtre.

Large monture en or émaillé, avec fleurs blanches sur fond bleu.

Haut., 37 mill. ; larg., 28 mill., monture comprise.

Pl. LXII, fig. 682.

La tête qui figure sur ce camée est la copie du type du denier d'argent de la République romaine frappé par M. Arrius Secundus, en 43 ou 42 avant J.-C.

Bibl. — Chabouillet, *Catalogue*, n° 525. — Cf. E. Babelon, *Descript. hist. et chron. des monnaies de la République romaine*, t. I, pp. 220-221.

683. **Jules César.** Buste de profil, à gauche, la tête laurée. — Au revers de cette gemme, un taureau, de profil à gauche. — Travail du XVIe siècle.

Agate à trois couches : jaune-brun, blanche et jaune-brun.

Magnifique monture du XVIe siècle en or émaillé, rehaussée de quatre rubis et de quatre brillants (l'un des brillants manque).

Haut., 56 mill. ; larg., 48 mill., monture comprise.

Pl. LXIV, fig. 683.

Bibl. — Chabouillet, *Catalogue*, n° 526.

684. **Jules César.** Buste de profil, à droite, la tête ceinte d'une couronne de laurier, la poitrine couverte du paludamentum agrafé sur l'épaule droite. — Travail du XVIe siècle.

Sardonyx à trois couches : cendrée, blanche et jaunâtre. Corniche au pourtour, avec tranche en biseau.

Élégante monture du XVIe siècle, en or émaillé, rehaussée de quatre rubis.

Haut., 49 mill. ; larg., 47 mill., monture comprise.

Pl. LXIV, fig. 684.

Bibl. — Chabouillet, *Catalogue*, n° 527.

685. **Jules César.** Tête de profil, à gauche; derrière, le *lituus*.
Sardonyx à deux couches : brun-rougeâtre et blanche. Au pourtour, une corniche, avec tranche en biseau.
Monture en or.
Haut., 33 mill.; larg., 26 mill.

BIBL. — Chabouillet, *Catalogue*, n° 528.

686. **Les triumvirs Marc Antoine, Octave et Lépide.** Au centre du camée, tête d'Octave, de profil à gauche; derrière elle, dans le champ, une couronne. Au dessous, les têtes affrontées de Lépide et de Marc Antoine; derrière la tête de Lépide, le *simpulum,* emblème de sa dignité de *summus pontifex*. — Travail du XVIe siècle.
Sardonyx à trois couches : brune, blanche et rousse.
Monture en or.
Haut., 43 mill.; larg., 35 mill., monture comprise.

Ce camée est décrit dans l'Inventaire de 1664, sous le n° 203.
BIBL. — Chabouillet, *Catalogue*, n° 529.

687. **Auguste.** Buste de profil, à droite, la tête ceinte d'une couronne de laurier, la poitrine couverte de la cuirasse et du paludamentum agrafé sur l'épaule droite. — Travail du XVIe siècle.
Sardonyx à trois couches : brune, bleuâtre et brune; au pourtour, une corniche, avec tranche en biseau.
Monture en or émaillé, du XVIIIe siècle.
Haut., 89 mill.; larg., 76 mill., monture comprise.
Pl. LXI, fig. 687.

Ce camée est décrit dans l'Inventaire de 1664, sous le n° 172.
BIBL. — Chabouillet, *Catalogue*, n° 530.

688. **Auguste.** Buste de profil, à gauche, la tête laurée, la poitrine couverte du paludamentum. — Travail du XVIe siècle.
Sardonyx à trois couches : brune, bleuâtre et rousse.
Riche monture ajourée en or émaillé, du XVIe siècle.
Haut., 52 mill.; larg., 45 mill. Pl. LXIV, fig. 688.

BIBL. — Chabouillet, *Catalogue*, n° 531; Eug. Fontenay, *Les bijoux anciens et modernes*, p. 199.

689. **Auguste.** Tête nue, de profil, à gauche. — Travail médiocre du XVIe siècle.

Jaspe noir. — Monture en or, avec bélière.

Haut., 42 mill. ; larg., 28 mill.

Bibl. — Chabouillet, *Catalogue*, n° 532. — Ce camée est le pendant de celui qui est décrit sous le n° 754.

690. **Auguste.** Buste de profil, à droite, la tête laurée, la poitrine couverte de la cuirasse et du paludamentum agrafé sur l'épaule droite. Corniche au pourtour, avec tranche en biseau.

Au revers, *la Sainte Vierge et l'Enfant Jésus.* La Vierge, représentée à mi-corps, de profil à gauche, et couverte d'un long voile, tient l'Enfant Jésus dans ses bras. Le groupe est posé sur un croissant. — Travail médiocre.

Sardonyx à deux couches : blanche et brun-roux.

Monture en or émaillé.

Haut., 49 mill. ; larg., 35 mill. Pl. LXI, fig. 690.

Bibl. — Chabouillet, *Catalogue*, n° 533.

691. **Auguste.** Buste de profil, à gauche, la tête laurée, la poitrine couverte de la cuirasse et du paludamentum agrafé sur l'épaule gauche. — Travail du XVIe siècle.

Calcédoine à deux couches : blonde et jaunâtre.

Monture en or.

Haut., 39 mill. ; larg., 31 mill., monture comprise.

Pl. LXI, fig. 691.

Bibl. — Chabouillet, *Catalogue*, n° 534.

692. **Auguste.** Buste de profil, à gauche, la tête laurée, la poitrine couverte de la cuirasse et du paludamentum agrafé sur l'épaule gauche. — Travail du XVIe siècle.

Calcédoine à deux couches : translucide et blanche.

Monture en cuivre, avec bélière.

Haut., 33 mill. ; larg., 23 mill.

Bibl. — Chabouillet, *Catalogue*, n° 535.

693. **Auguste.** Buste de profil, à gauche, la tête ceinte d'un diadème

rehaussé de pierreries, la poitrine couverte du paludamentum agrafé sur l'épaule gauche. — Travail du XVIe siècle.

Calcédoine à deux couches : bleuâtre et blanche.

Monture en or.

Haut., 27 mill.; larg., 18 mill.

BIBL. — Chabouillet, *Catalogue*, n° 536.

694. **Auguste.** Tête de profil, à gauche, ceinte d'une couronne de feuilles de chêne. — Travail médiocre.

Agate à deux couches : translucide et rouge. — Monture en or.

Haut., 16 mill.; larg., 11 mill.

BIBL. — Chabouillet, *Catalogue*, n° 537.

695. **Auguste.** Tête laurée, de profil, à gauche.

Calcédoine à deux couches : translucide et blanche.

Monture en or.

Haut., 12 mill.; larg., 9 mill.

BIBL. — Chabouillet, *Catalogue*, n° 538.

696. **Auguste et Livie.** Têtes accolées, de profil, à gauche. Livie, au premier plan, a la tête ceinte d'une couronne de laurier, de même qu'Auguste. — Travail médiocre.

Sardonyx à trois couches : cendrée, blanche et rousse.

Monture en or; au revers, des fleurs et festons en émail.

Haut., 35 mill.; larg., 27 mill., monture comprise.

BIBL. — Chabouillet, *Catalogue*, n° 539.

697. **Auguste et Livie.** Têtes accolées, de profil, à gauche; celle d'Auguste, au premier plan, est laurée. — Travail du XVIe siècle.

Agate à deux couches : opalisée et blanche.

Monture en or émaillé.

Haut., 37 mill.; larg., 29 mill. Pl. LXII, fig. 697.

BIBL. — Chabouillet, *Catalogue*, n° 540.

698. **Auguste et Livie.** Bustes accolés, de profil, à gauche. Auguste est au premier plan; sa tête est ceinte d'un diadème orné de

pierreries; des bandelettes retiennent les cheveux de Livie qui sont enroulés en chignon. — Travail du XVIe siècle.

Sardonyx à deux couches : blanche et rousse. Ce camée est appliqué à la colle sur une gemme brune qui est cerclée d'une monture en or émaillé, du XVIIe siècle.

Haut., 29 mill. ; larg., 22 mill., monture comprise.

Pl. LXI, fig. 698.

BIBL. — Chabouillet, *Catalogue*, n° 541.

699. **Auguste et Livie.** Bustes accolés, de profil, à gauche. Livie est au premier plan; sa tête est couverte d'un voile et ses cheveux retombent sur son cou. Un manteau est agrafé sur son épaule gauche. — Travail du XVIe siècle.

Sardonyx à trois couches : brune, blanche et roux-foncé. Monture en or émaillé, avec bélière.

Haut., 42 mill.; larg., 29 mill., monture comprise.

Pl. LXI, fig. 699.

BIBL. — Chabouillet, *Catalogue*, n° 542.

700. **Auguste et Livie.** Têtes accolées, de profil, à droite; au premier plan, la tête d'Auguste est laurée.

Pate de verre noire et blanche, formant le chaton d'une bague en cuivre.

Haut., du chaton, 11 mill.; larg., 9 mill.

701. **Livie.** Buste de profil, à droite ; elle a des pendants d'oreilles et sa tête est ceinte d'une couronne de laurier ; ses cheveux arrangés en bandeau sur les tempes sont nattés sur le cou et sur la nuque. La poitrine est drapée; un manteau est agrafé sur l'épaule droite. — Travail du XVIe siècle.

Sardonyx à deux couches : blanche et brune. Corniche au pourtour, avec tranche en biseau.

Élégante monture en or émaillé, du XVIIe siècle.

Haut., 50 mill. ; larg., 40 mill., monture comprise.

Pl. LXI, fig. 701.

BIBL. — Chabouillet, *Catalogue*, n° 543.

702. **Auguste et sa fille Julie.** Bustes accolés, de profil, à gauche.

Auguste, au premier plan, a la tête ceinte d'une couronne de laurier.

Pâte de verre imitant un camée sur sardoine blonde rayée.

Monture en or.

Haut., 31 mill.; larg., 26 mill.

703. **Caius Cæsar et Lucius Cæsar.** Bustes en regard des deux fils d'Agrippa et de Julie, posés chacun sur une corne d'abondance cannelée. Au dessus, la partie supérieure d'un caducée; entre les cornes d'abondance, une dépression ovoïde. — Travail du XVIe siècle.

Sardonyx à deux couches : cendrée et brun-roux.

Monture en or émaillé, du XVIIe siècle.

Haut., 41 mill. ; larg., 30 mill. Pl. LXII, fig. 703.

BIBL. — Chabouillet, *Catalogue*, n° 544.

704. **Tibère.** Tête laurée, de profil, à droite.

Calcédoine appliquée à la colle sur un fond d'agate enfumée. — Monture en or émaillé, du XVIIe siècle.

Haut., 48 mill.; larg., 35 mill., monture comprise.

Pl. LXI, fig. 704.

BIBL. — Chabouillet, *Catalogue*, n° 545.

705. **Caligula.** Buste de profil, à droite, la tête laurée, la poitrine couverte de la cuirasse et du paludamentum agrafé sur l'épaule droite. — Travail médiocre.

Sardonyx à trois couches : blonde, jaunâtre et rousse.

Monture du XVIIe siècle, en or émaillé, avec bélière.

Haut., 49 mill.; larg., 33 mill. Pl. LXI, fig. 705.

BIBL. — Chabouillet, *Catalogue*, n° 546. — Comparez la monture du n° 723.

706. **Agrippine la Jeune.** Buste de profil, à droite, les cheveux nattés sur le cou, la poitrine drapée. Corniche au pourtour, avec tranche en biseau. — Travail du XVIe siècle.

Au revers de ce camée on voit, gravé en creux, un sujet représentant la Sainte Vierge assise de profil, à gauche, au pied d'un arbre, et tenant l'Enfant Jésus dans ses bras; en légende, au pourtour : O. M. D. MTO. MEI (*O mater Dei, memento mei*).

Sardonyx à trois couches : brune, bleue et brune.

Monture en cuivre, avec bélière.

Haut., 25 mill. ; larg., 23 mill. Pl. LX, fig. 706.

Ce camée a été confisqué pendant la Révolution, dans l'église de Montivilliers (Seine-Inférieure); déposé d'abord à la Monnaie, il fut transféré au Cabinet des Médailles, le 1er nivôse an V (21 décembre 1796).

Bibl. — Chabouillet, *Catalogue*, n° 547.

707. **Agrippine la Jeune.** Buste lauré de profil, à gauche. Si elle n'avait des pendants d'oreilles on la prendrait pour un jeune guerrier, car elle a une chlamyde agrafée sur la poitrine et elle porte le bouclier au bras gauche.

Sardonyx à trois couches : brune, bleuâtre et roux foncé. Corniche au pourtour, avec tranche en biseau.

Monture en or.

Haut., 35 mill. ; larg., 28 mill.

Bibl. — Chabouillet, *Catalogue*, n° 548.

708. **Néron.** Buste de profil, à droite, la tête laurée, la poitrine couverte du paludamentum agrafé sur l'épaule droite. — Travail du XVIe siècle.

Sardonyx à trois couches : brune, bleuâtre et brune.

Très élégante monture du XVIe siècle, ajourée, en or émaillé, rehaussée de brillants et de rubis; manquent deux rubis et trois brillants.

Haut., 58 mill. ; larg., 48 mill., monture comprise.

Pl. LXI, fig. 708.

Bibl. — Chabouillet, *Catalogue*, n° 549; Eug. Fontenay, *Les bijoux anciens et modernes*, p. 198.

709. **Néron.** Tête laurée, de profil, à droite.

Sardonyx à deux couches : blonde et roussâtre. Corniche au pourtour, avec tranche en biseau.

Très élégante monture de fleurs et de feuilles, en or émaillé, du XVIe siècle.

Haut., 55 mill.; larg., 48 mill., monture comprise.

Pl. LXI, fig. 709.

Bibl. — Chabouillet, *Catalogue*, nº 550; Eug. Fontenay, *Les bijoux anciens et modernes*, p. 213.

710. **Néron.** Buste de profil, à droite, la tête ceinte d'une couronne de laurier, la poitrine couverte de l'égide avec la tête de Méduse.

Calcédoine à deux couches : cendrée et blanche.

Monture en cuivre.

Haut., 23 mill.; larg., 17 mill.

Bibl. — Chabouillet, *Catalogue*, nº 551.

711. **Galba.** Buste de profil, à droite, la tête ceinte d'une couronne de laurier, la poitrine drapée.

Sardonyx à trois couches : brune, bleuâtre et rousse. Au pourtour, une corniche avec tranche en biseau.

Monture en or émaillé.

Haut., 50 mill.; larg., 42 mill., monture comprise.

Pl. LXII, fig. 711.

Bibl. — Chabouillet, *Catalogue*, nº 552.

712. **Galba.** Buste de profil, à droite, la tête laurée, la poitrine drapée. — Travail du XVIe siècle.

Calcédoine à deux couches : translucide et blanche.

Haut., 28 mill.; larg., 22 mill.

Bibl. — Chabouillet, *Catalogue*, nº 553.

713. **Galba.** Tête laurée, de profil, à droite. — Travail du XVIe siècle.

Agate à deux couches : translucide et blanche.

Monture en or.

Haut., 31 mill.; larg., 23 mill.

Bibl. — Chabouillet, *Catalogue*, nº 554.

714. **Galba.** Tête laurée, de profil, à gauche. — Travail allemand médiocre, du XVIIe siècle.

Agate d'Allemagne à deux couches : rougeâtre et grise.

Haut., 28 mill.; larg., 21 mill.

Bibl. — Chabouillet, *Catalogue*, nº 555.

715. **Othon.** Tête laurée, imberbe, de profil, à droite.

Au revers de ce camée est gravé en creux un dragon, de profil, à gauche. — Travail du XVIe siècle.

Jaspe sanguin. — Monture en or.

Haut., 41 mill.; larg., 32 mill.

BIBL. — Chabouillet, *Catalogue*, n° 556.

716. **Vitellius.** Buste de profil, à gauche, la tête ceinte d'une couronne de laurier, la poitrine couverte du paludamentum agrafé sur l'épaule gauche. — Travail du XVIe siècle.

Sardonyx à trois couches : brune, blanc-cendré et rousse.

Élégante monture du XVIIe siècle, en or émaillé, avec deux bélières.

Haut., 37 mill.; larg., 33 mill., monture comprise.

Pl. LXII, fig. 716.

BIBL. — Chabouillet, *Catalogue*, n° 557.

717. **Vitellius.** Tête laurée de profil, à droite.

Calcédoine à deux couches : cendrée et blanche.

Monture en or.

Haut., 19 mill.; larg., 15 mill.

BIBL. — Chabouillet, *Catalogue*, n° 558.

718. **Vespasien et Titus.** Têtes accolées et laurées, de profil, à droite. Cassures sur les bords.

Calcédoine à deux couches : translucide et blanc de nuage.

Haut., 28 mill.; larg., 22 mill.

BIBL. — Chabouillet, *Catalogue*, n° 560.

719. **Titus.** Tête laurée de profil, à droite.

Calcédoine à deux couches : brune et blanche.

Monture en or.

Haut., 32 mill.; larg., 27 mill., monture comprise.

BIBL. — Chabouillet, *Catalogue*, n° 559 (sous le nom de *Vitellius*).

720. **Titus.** Buste de profil, à droite, la tête ceinte d'une couronne de laurier, la poitrine couverte du paludamentum noué sous le cou.

Monture en cuivre, avec bélière.
Haut., 30 mill.; larg., 24 mill.

BIBL. — Chabouillet, *Catalogue*, n° 561.

721. **Titus.** Tête laurée de profil, à droite. — Travail médiocre.
Calcédoine à deux couches : jaunâtre, translucide et blanche.
Haut., 19 mill.; larg., 15 mill.

BIBL. — Chabouillet, *Catalogue*, n° 562.

722. **Titus.** Tête laurée de profil, à gauche. — Travail médiocre.
Onyx vulgaire, à deux couches blanches.
Monture en cuivre, avec bélière.
Haut., 46 mill.; larg., 40 mill.

723. **Domitien.** Buste de profil, à droite, la tête laurée, la poitrine couverte d'une cuirasse décorée d'un croissant.
Sardonyx à trois couches : brune, bleuâtre et brune. Corniche au pourtour, avec tranche en biseau.
Monture du XVIIe siècle, en or émaillé, avec bélière.
Haut., 46 mill.; larg., 31 mill., monture comprise.
Pl. LXII, fig. 723.

BIBL. — Chabouillet, *Catalogue*, n° 563. — Comparez la monture du n° 705.

724. **Domitien.** Tête laurée de profil, à gauche.
Agate à deux couches cendrées. Monture en or émaillé.
Haut., 36 mill.; larg., 29 mill., monture comprise.

BIBL. — Chabouillet, *Catalogue*, n° 564.

725 à 736. **Les douze Césars.** Douze petits camées sur coquilles. Fond brun et figures blanches. Monture en or, avec émail bleu au revers.
Haut., 15 mill.; larg., 13 mill.
Ils se décomposent comme il suit :

725. *Jules César.* Tête laurée, de profil, à gauche.
726. *Auguste.* Tête laurée, de profil, à gauche.
727. *Tibère.* Tête nue, de profil, à gauche.
728. *Caligula.* Tête laurée, de profil, à gauche.

729. *Claude.* Tête laurée, de profil, à droite.

730. *Néron.* Tête laurée, de profil, à gauche.

731. *Galba.* Buste lauré, de profil, à droite, le paludamentum sur la poitrine.

732. *Othon.* Tête nue, de profil, à droite.

733. *Vitellius.* Buste lauré, de profil, à droite, le paludamentum sur la poitrine.

734. *Vespasien.* Tête laurée, de profil, à droite.

735. *Titus.* Buste lauré, de profil, à droite, le paludamentum sur la poitrine. Pl. LXII, fig. 735.

736. *Domitien.* Tête laurée, de profil, à gauche.

Pl. LXII, fig. 736.

Ces douze petits camées, d'un travail très fin, ont longtemps passé pour avoir servi de boutons au pourpoint royal de Henri IV ; mais ils sont seulement entrés dans le Cabinet du Roi en 1687, époque où Louis XIV les acheta au sieur Bosc (voyez notre *Introduction*) [1].

BIBL. — Marion du Mersan, *Hist. du Cabinet des Medailles*, p. 124, n° 592 ; Chabouillet, *Catalogue*, n°s 565 à 576.

737. **Trajan.** Tête laurée de profil, à droite.

Sardonyx à deux couches : brune et bleuâtre. — Corniche au pourtour, avec tranche en biseau.

Monture en or émaillé, du XVIIe siècle.

Haut., 40 mill. ; larg., 31 mill., monture comprise.

Pl. LXII, fig. 737.

BIBL. — Chabouillet, *Catalogue*, n° 577.

738. **Trajan.** Tête laurée, de profil, à droite, le coup drapé. Corniche au pourtour.

Sardoine à deux couches : blanche et brun-foncé.

Monture en or.

Haut., 21 mill. ; larg., 19 mill.

BIBL. — Chabouillet, *Catalogue*, n° 578.

739. **Trajan.** Tête laurée, de profil, à droite.

Sardonyx à deux couches : cendrée et blanche.

1. J. Guiffrey, *Comptes des Bâtiments du Roi*, t. II, pp. 1091 et 1143.

Élégante monture du XVIe siècle, en or émaillé, avec bélière.

Haut., 26 mill.; larg., 21 mill., monture comprise.

Pl. LXI, fig. 739.

Bibl. — Chabouillet, *Catalogue*, n° 579.

740. **Trajan et Plotine.** Bustes affrontés de Trajan, de profil, à gauche, et de Plotine, de profil, à droite. Trajan a la tête ceinte d'une couronne de laurier et sa poitrine est couverte de la cuirasse et de l'égide; Plotine est diadémée, et ses cheveux sont nattés sur le cou; sa poitrine est drapée.

Sardonyx à trois couches : brune, bleuâtre et enfumée. Au pourtour, une corniche avec tranche en biseau.

Monture en cuivre, avec bélière.

Haut., 50 mill.; larg., 64 mill.

Ce camée a été donné au roi Louis XIV par l'abbé de Camps, en janvier 1696.

Bibl. — Chabouillet, *Catalogue*, n° 580.

741. **Hadrien.** Buste à mi-corps, de profil, à droite; la tête est ceinte d'une couronne de laurier; le buste est couvert de la cuirasse et du paludamentum. — Travail du XVIe siècle.

Sardonyx à deux couches brunes; corniche au pourtour avec tranche en biseau.

Monture en or émaillé, du XVIIe siècle.

Haut., 85 mill.; larg., 63 mill., monture comprise.

Pl. LXII, fig. 741.

Bibl. — Chabouillet, *Catalogue*, n° 581.

742. **Hadrien.** Tête laurée, de profil, à droite. — Travail du XVIe siècle.

Agate à deux couches : translucide et blanc-crème.

Très élégante monture du XVIe siècle, en or émaillé, rehaussée de quatre rubis.

Haut., 41 mill.; larg., 34 mill. Pl. LXII, fig. 742.

Bibl. — Chabouillet, *Catalogue*, n° 582; Eug. Fontenay, *Les bijoux anciens et modernes*, pp. 198 et 199.

743. **Hadrien.** Buste de profil, à droite, la tête laurée, la poitrine

couverte de l'égide nouée sur l'épaule droite. — Travail du XVIIe siècle.

Sardonyx à trois couches : brune, bleuâtre et roux-clair. Corniche au pourtour et tranche en biseau.

Haut., 40 mill. ; larg., 33 mill.

Légué par Henri Beck, en 1846.

BIBL. — Chabouillet, dans la *Revue archéologique*, 1849, t. VI, pp. 339-340; le même, *Catalogue*, n° 583.

744. **Hadrien.** Tête nue, de profil, à droite. — Travail du XVIe siècle.

Calcédoine blanche appliquée à la colle sur un fond en calcédoine brune, translucide. — Monture en or émaillé.

Haut., 24 mill. ; larg., 21 mill.

BIBL. — Chabouillet, *Catalogue*, n° 584.

745. **Hadrien.** Buste de profil, à droite, barbu, la tête ceinte d'une couronne de laurier, la poitrine couverte du paludamentum agrafé sur l'épaule droite.

Sardonyx à trois couches : brune, bleuâtre et roux-foncé.

Haut., 19 mill. ; larg., 9 mill.

BIBL. — Chabouillet, *Catalogue*, n° 609.

746. **Sabine,** femme d'Hadrien. Buste de profil, à droite, la tête ceinte d'un large bandeau, les cheveux nattés sur le cou, la poitrine drapée. — Travail du XVIe siècle.

Agate à deux couches, blanchâtre et rouge ; au pourtour, une corniche avec tranche en biseau.

Très élégante monture ajourée, du XVIe siècle, en or émaillé.

Haut., 59 mill. ; larg., 49 mill., monture comprise.

Pl. LXII, fig. 746.

BIBL. — Chabouillet, *Catalogue*, n° 585.

747. **Antinous.** Buste de profil, à droite, les cheveux frisés, la poitrine couverte du paludamentum agrafé sur la poitrine.

A l'exergue, l'inscription suivante gravée en creux :

* ΑΝΤΙΝΟΟΣ
· ΗΡΟΣ · (*sic*)

Travail du XVIIe siècle.

Agate à deux couches : blanche et rousse ; au pourtour, une corniche avec tranche en biseau.

Monture en or émaillé, du XVIIe siècle.

Haut., 53 mill. ; larg., 43 mill. Pl. LXIII, fig. 747.

BIBL. — Chabouillet, *Catalogue*, n° 586.

748. **Antinous.** Buste diadémé, de profil, à droite, avec une chlamyde nouée sur l'épaule droite.

Sardoine à deux couches, blanchâtre et rouge, appliquée à la colle sur un fond rougeâtre-translucide.

Haut., 24 mill ; larg., 20 mill.

749. **Antonin le Pieux.** Buste de profil, à droite, la tête laurée, la poitrine couverte du paludamentum agrafé sur l'épaule droite. — Travail du XVIe siècle.

Agate à deux couches : blanche et brun-foncé.

Monture en or.

Haut., 27 mill. ; larg., 24 mill., monture comprise.

BIBL. — Chabouillet, *Catalogue*, n° 587.

750. **Faustine, la mère,** femme d'Antonin le Pieux. Buste de profil, à droite, les cheveux nattés et relevés au sommet de la tête, comme sur les médailles romaines. Elle a des pendants d'oreilles et un collier de perles ; sa poitrine est drapée. — Travail du XVIe siècle.

Agate à deux couches : rougeâtre et blanche. Monture en or.

Haut., 33 mill. ; larg., 21 mill. Pl. LXII, fig. 750.

BIBL. — Chabouillet, *Catalogue*, n° 588.

751. **Marc Aurèle.** Buste de profil, à droite, la tête nue, la poitrine couverte du paludamentum agrafé sur l'épaule droite. — Travail du XVIe siècle.

Calcédoine à deux couches : bleuâtre et cendrée.

Monture ajourée en cuivre, du XVIe siècle.

Haut., 47 mill. ; larg., 35 mill., monture comprise.

Pl. LXIII, fig. 751.

BIBL. — Chabouillet, *Catalogue*, n° 589.

752. **Faustine la Jeune,** femme de Marc Aurèle. Buste de profil, à droite, la tête diadémée, les cheveux ramassés en chignon, la poitrine couverte d'un manteau agrafé sur l'épaule droite. — Travail du XVIIe siècle.

Sardonyx à trois couches : brune, bleuâtre et rousse.

Monture en or émaillé, du XVIIe siècle.

Haut., 57 mill. ; larg., 45 mill., monture comprise.

Pl. LXIII, fig. 752.

BIBL. — Chabouillet, *Catalogue*, n° 590.

753. **Faustine la Jeune.** Buste de profil, à droite, de la femme de Marc Aurèle. Ses cheveux, retenus par un bandeau, sont relevés autour de la tête et descendent sur le cou ; la poitrine est drapée. — Travail du XVIe siècle.

Calcédoine à deux couches : cendrée et blanche.

Chaton d'une bague en or.

Haut., 24 mill. ; larg., 20 mill. Pl. LXIII, fig. 753.

BIBL. — Chabouillet, *Catalogue*, n° 591.

754. **Faustine la Jeune (?).** Buste de profil, à droite, les cheveux ondulés et noués sur le cou, la poitrine drapée. — Travail médiocre du XVIe siècle.

Jaspe noir. — Monture en or, avec bélière.

Haut., 42 mill. ; larg., 28 mill.

BIBL. — Chabouillet, *Catalogue*, n° 592. — Ce camée est le pendant de celui qui est décrit sous le n° 689.

755. **Lucius Verus.** Tête de profil, à droite.

Pâte de verre blanche, appliquée à la colle sur un fond noir opaque; les cheveux sont coloriés en roux.

Haut., 26 mill.; larg., 20 mill.

756. **Lucius Vérus.** Tête de profil, à gauche, ceinte d'une couronne de laurier. — Travail du XVIIe siècle.

Calcédoine opalisée. — Monture en cuivre, avec bélière.

Haut., 32 mill. ; larg., 21 mill., monture comprise.

BIBL. — Chabouillet, *Catalogue*, n° 593.

757. **Lucille.** Buste de profil, à droite, de la femme de Lucius Vérus. Les cheveux descendent en épais bandeaux sur les oreilles et sont relevés sur la nuque; la poitrine est drapée. — Travail du XVIIe siècle.

Calcédoine opalisée. Monture en cuivre, avec bélière.

Haut., 34 mill.: larg., 22 mill., monture comprise.

BIBL. — Chabouillet, *Catalogue*, n° 594. — Ce camée forme le pendant du precédent.

758. **Commode.** Buste imberbe, de profil, à droite, la tête laurée, la poitrine couverte de la cuirasse et du paludamentum. — Travail du XVIe siècle.

Agate à deux couches : brune et blanche. Monture en or.

Haut., 32 mill.; larg., 23 mill., monture comprise.

BIBL. — Chabouillet, *Catalogue*, n° 595.

759. **Commode.** Tête de profil, à droite, barbue et ceinte d'une couronne de laurier. — Travail médiocre.

Calcédoine à deux couches : translucide et blanche.

Haut., 22 mill.; larg., 15 mill.

BIBL. — Chabouillet, *Catalogue*, n° 596.

760. **Commode.** Tête laurée et barbue, de profil, à gauche.

Calcédoine à deux couches : brune et blanche. Chaton d'une bague en or.

Haut. du chaton, 12 mill.; larg., 11 mill.

Donné par M. Müller, en août 1874.

761. **Commode et Marcia.** Bustes conjugués, de profil, à gauche; la tête de Commode est laurée et sa poitrine est couverte du paludamentum et de la cuirasse. — Travail du XVIe siècle.

Sardonyx à trois couches : brune, bleuâtre et enfumée; corniche au pourtour, avec tranche en biseau.

Monture en or émaillé, du XVIe siècle.

Haut., 42 mill.; larg., 34 mill. Pl. LXIII, fig. 761.

Ce camée a été donné au roi Louis XIV, par l'évêque de Pamiers, le 26 août 1690.

BIBL. — Chabouillet, *Catalogue*, n° 597.

762. **Pertinax.** Buste de profil, à droite, la tête laurée, la poitrine couverte du paludamentum. — Travail du XVIe siècle.

Nicolo à deux couches : brune et bleuâtre. Corniche au pourtour, avec tranche en biseau.

Monture en or, avec bélière.

Haut., 46 mill. ; larg., 37 mill., monture comprise.

Légué par Henri Beck, en 1846.

BIBL. — Chabouillet, dans la *Revue archéologique*, 1849, t. VI, p. 340 ; le même, *Catalogue*, n° 598.

763. **Caracalla.** Buste de profil, à droite, la tête ceinte d'une couronne de laurier, la poitrine couverte du paludamentum et de la cuirasse. — Travail du XVIe siècle.

Sardonyx à trois couches : brune, bleuâtre et noire. Au pourtour, une corniche, avec tranche en biseau.

Monture en or émaillé, du XVIIe siècle.

Haut., 95 mill.; larg. 66 mill., monture comprise.

Pl. LXIII, fig. 763.

BIBL. — Chabouillet, *Catalogue*, n° 600.

764. **Géta.** Buste de profil, à gauche, la tête nue, et ayant de légers favoris; la poitrine est couverte du paludamentum agrafé sur l'épaule gauche. — Travail du XVIe siècle.

Sardonyx à trois couches : brune, bleuâtre et brun-roux.

Monture en or émaillé, du XVIIe siècle.

Haut., 65 mill.; larg., 48 mill., monture comprise.

Pl. LXIII, fig. 764.

BIBL. — Chabouillet, *Catalogue*, n° 599.

765. **Élagabale.** Buste de profil, à gauche, la tête ceinte d'une couronne de laurier, la poitrine couverte du paludamentum agrafé sur l'épaule gauche. — Travail du XVIe siècle.

Sardonyx à trois couches : brune, blanche et roussâtre.

Monture en or émaillé, du XVIIIe siècle.

Haut., 73 mill.; larg., 55 mill., monture comprise.

Pl. LXIII, fig. 765.

BIBL. — Chabouillet, *Catalogue*, n° 601.

766. **Empereur romain, incertain.** Buste de profil, à droite, la tête

ceinte d'une couronne de feuilles et de baies de laurier, la poitrine drapée. — Travail du XVIIe siècle.

Sardonyx à six couches alternativement brunes, bleuâtres et rousses. Le pourtour est taillé en biseau.

Monture en or émaillé, du XVIIe siècle.

Haut., 58 mill.; larg., 49 mill., monture comprise.

Pl. LV, fig. 766.

BIBL. — Chabouillet, *Catalogue*, n° 455 (sous le nom de *Bacchus*).

767. **Empereur romain, incertain.** Buste imberbe, de profil, à gauche, la tête laurée, la poitrine couverte de la cuirasse et du paludamentum. — Travail du XVIIe siècle.

Sardonyx à trois couches : cendrée, blanchâtre et rousse. Corniche, au pourtour, avec tranche en biseau.

Monture en or.

Haut., 35 mill.; larg., 30 mill., monture comprise.

Pl. LXIII, fig. 767.

BIBL. — Chabouillet, *Catalogue*, n° 603 (sous le nom d'*Alexandre Sévère*).

768. **Empereur romain, incertain.** Tête laurée, imberbe, de profil, à gauche, avec un bout de draperie sur le cou. — Travail du XVIIe siècle.

Nicolo, à deux couches : noire et bleuâtre. Au pourtour une corniche avec une large tranche en biseau.

Monture en or, du XVIIe siècle.

Haut., 53 mill.; larg., 43 mill. Pl. LXIV, fig. 768.

BIBL. — Chabouillet, *Catalogue*, n° 604.

769. **Empereur romain, incertain.** Tête laurée, imberbe, de profil, à droite. Au revers, une *tête de nègre*, imberbe, de profil, à gauche, aussi en relief. — Travail du XVIe siècle.

Sardonyx à deux couches : brune et azurée. Monture en or.

Haut., 20 mill. ; larg., 16 mill.

BIBL. — Chabouillet, *Catalogue*, n° 605.

770. **Empereur romain, incertain.** Buste de profil, à droite, avec

de légers favoris, la tête ceinte d'une couronne de laurier, la poitrine couverte du paludamentum agrafé sur l'épaule droite. — Travail du XVIe siècle.

Sardonyx à trois couches : brune, bleuâtre et rousse; corniche au pourtour, avec tranche en biseau.

Monture en or émaillé, du XVIIe siècle.

Haut., 26 mill.; larg., 22 mill., monture comprise.

Pl. LXIV, fig. 770.

BIBL. — Chabouillet, *Catalogue*, n° 610.

771. **Empereur romain, incertain.** Tête laurée, imberbe, de profil, à droite (Auguste ?). — Travail médiocre.

Sardoine à deux couches : cendrée et blanche.

Haut., 49 mill.; larg., 35 mill.

772. **Empereur romain, incertain.** Tête laurée, de profil, à droite. La couronne est formée d'une feuille d'or appliquée.

Sardoine à trois couches : brune, bleuâtre et brun-jaunâtre.

Chaton de bague en cuivre.

Haut. du chaton, 31 mill.; larg., 25 mill.

Ce camée a fait partie de la collection de Valentinois confisquée en 1793; il fut déposé au Cabinet des Médailles par la Commission des Arts, le 29 juillet 1796.

773. **Empereur romain, incertain.** Buste de profil, à gauche, barbu, la tête ceinte d'une couronne de laurier, la poitrine couverte du paludamentum. — Travail médiocre.

Sardoine à deux couches : cendrée et blanc d'ivoire.

Monture en cuivre, à rebord.

Haut., 33 mill.; larg., 24 mill., monture comprise.

774. **Empereur romain, incertain.** Buste de profil, à droite, barbu, la tête laurée, la poitrine couverte de la cuirasse et du paludamentum agrafé sur l'épaule droite. — Travail médiocre.

Sardonyx à trois couches : gris-foncé, blanche et brune.

Haut., 74 mill.; larg., 48 mill.

775. **Bague en jaspe vert,** coupée en sifflet, avec des pierres gravées enchâssées sur le pourtour. Le camée enchâssé au chaton représente la tête d'un empereur romain, imberbe et lauré, de profil, à gauche. Sur l'un des côtés, un camée plus petit, est orné de la tête laurée de Néron enfant, de profil, à droite. Sur l'autre côté, un troisième camée nous offre une tête d'impératrice romaine, de profil, à gauche. Au-dessous de l'anneau, enfin, faisant pendant au chaton, se trouve enchâssée une petite intaille sur nicolo, représensentant la tête nue d'Hercule, de profil, à gauche, la peau de lion nouée sous le cou. — Bon travail du XVIe siècle.

Dimensions du camée du chaton : haut., 15 mill. ; larg., 12 mill. Pl. LXIV, fig. 775.

BIBL. — Chabouillet, *Catalogue*, n° 2726 ; Eug. Fontenay, *Les bijoux anciens et modernes*, p. 36.

776. **Romain inconnu.** Tête imberbe, les cheveux courts et frisés, de profil, à droite. Dans le champ, à gauche, Θ‡I.

Pâte vert d'eau. Tranche en biseau. Monture en cuivre.

Haut., 20 mill. ; larg., 17 mill.

Ce camée a fait partie de la collection de Valentinois confisquée en 1793 et déposée à l'hôtel de Liancourt transformé en magasin national; il fut transmis au Cabinet des Médailles par la Commission des Arts, le 29 juillet 1796.

777. **Romain inconnu.** Tête imberbe, de profil, à droite, les cheveux courts et frisés, le cou drapé.

Calcédoine à deux couches : brune et blanc de nuage. Monture en or.

Haut., 29 mill. ; larg., 24 mill., monture comprise.

BIBL. — Chabouillet, *Catalogue*, n° 611.

778. **Femme romaine, en Cérès.** Buste de profil à droite, les cheveux relevés sur les tempes et retenus par un bandeau qu'on voit au-dessus du front ; un grand voile couvre le derrière de la tête et retombe sur le dos ; les épaules sont drapées. — Travail du XVIe siècle.

Sardonyx à trois couches : gris-foncé, blanche et brunroux.

Élégante monture du XVIe siècle, en or émaillé, rehaussée de deux rubis et de six émeraudes.

Haut., 53 mill. ; larg., 42 mill., monture comprise.

Pl. LXV, fig. 778.

BIBL. — Chabouillet, *Catalogue*, n° 606 (sous le nom d'*Impératrice inconnue*).

779. **Femme inconnue.** (*Impératrice romaine?*) Buste, de profil, à gauche, les cheveux arrangés en tresses parallèles et ondulées, la poitrine drapée. — Travail médiocre.

Sardoine à deux couches : grise et blanche.

Monture en cuivre, avec bélière.

Haut., 43 mill. ; larg., 34 mill.

V. ICONOGRAPHIE MODERNE

A. — PERSONNAGES FRANÇAIS

Souverains.

780. **François Ier.** Buste de profil, à gauche, posé sur une couronne royale qui lui sert de base. La tête du roi est nue ; sa cuirasse est ornée d'une tête de Méduse munie de grandes ailes, et placée au-dessus de festons et d'enroulements symétriques. Un manteau, jeté par dessus la cuirasse, est agrafé sur l'épaule, comme le pallium des Romains que l'artiste s'est proposé d'imiter ; des épaulières, formées de bandelettes plates en cuir ouvragé, retombent de chaque côté. Autour du champ, sur une bordure en biseau, on lit, en légende circulaire, en creux :

F · I · GRA · DEI · FRAN · R$_{X}$.

(*Franciscus primus Dei graciâ Francorum rex.*)

Excellent travail de la Renaissance.

Agate-onyx à deux couches cendrées. Forme circulaire. Diamètre, 107 mill. ; monture comprise.

Pl. LXXII, fig. 780.

La forme circulaire de cet important camée et la légende qui l'entoure lui donnent l'aspect d'une grande médaille. De plus, le buste du Roi se voit identique sur des médailles qui portent en légende : FRANCISCVS PRIMVS · F · R · INVICTISSIMVS. Le camée et les médailles sont dus au même artiste qui n'a pas signé; il s'agit vraisemblablement de Matteo del Nassaro, de Vérone, qui vint travailler à la cour de François Ier, et que ce prince nomma graveur de ses monnaies.

Bibl. — Marion du Mersan, *Hist. du Cabinet des Médailles* (1838), p. 121, n° 423; *Trésor de numismatique et de glyptique. Recueil général de bas-reliefs et d'ornements,* p. 9 et pl. XVI, fig. 3; Chabouillet, *Catalogue*, n° 325; E. Babelon, *Le Cabinet des Antiques*, p. 48 et pl. XV, fig. 3; le même, *La Gravure en pierres fines*, p. 273; H. de La Tour, dans la *Revue numismatique*, 1893, pp. 524 et suiv.

781. **Henri IV.** Buste de profil, à gauche, la tête ceinte d'une couronne de laurier, la poitrine couverte de la cuirasse et du manteau royal noué sur l'épaule gauche. — Excellent travail.

Sardonyx à trois couches : brune, bleuâtre et roux foncé. Corniche au pourtour.

Monture en or émaillé.

Haut., 41 mill. ; larg., 33 mill., monture comprise.

Pl. LXXII, fig. 781.

Bibl. — Chabouillet, *Catalogue*, n° 326; E. Babelon, *Le Cabinet des Antiques*, p. 49 et pl. XV, fig. 5; E. Babelon, *La gravure en pierres fines*, p. 277, fig. 193.

782. **Henri IV.** Buste de profil, à gauche, la tête ceinte de la couronne de laurier, la poitrine couverte d'une cuirasse dont les épaulières sont ornées de mufles de lions ; le manteau royal est agrafé sur l'épaule gauche. — Corniche au pourtour. Excellent travail du commencement du XVIIe siècle.

Sardonyx à trois couches : brune, bleuâtre et rousse. Sur la tranche en biseau, deux petits trous destinés à maintenir une monture primitive qui a disparu.

Monture en or émaillé, du XVIIIe siècle.

Haut., 38 mill.; larg., 32 mill., monture comprise.

Pl. LXXII, fig. 782.

BIBL. — Chabouillet, *Catalogue*, n° 327.

783. **Henri IV.** Buste de profil, à gauche, la tête ceinte de la couronne de laurier, la poitrine couverte de la cuirasse et du manteau royal agrafé sur l'épaule gauche. Corniche au pourtour. — Excellent travail.

Sardonyx à trois couches : brune, blanche et roux foncé.

Monture en or.

Haut., 30 mill.; larg., 22 mill., monture comprise.

Pl. LXXII, fig. 783.

Ce camée a été confisqué en 1793 « chez le nommé Clermont d'Amboise, rue de Montolon » et déposé à la Monnaie d'où il a été transféré au Cabinet des Médailles, le 1er nivôse an V (21 décembre 1796).

BIBL. — Chabouillet, *Catalogue*, n° 328.

784. **Henri IV.** Buste de profil, à gauche, la tête laurée, la poitrine couverte de la cuirasse et du manteau royal noué sur l'épaule gauche. — Corniche au pourtour. Bon travail.

Sardonyx à trois couches : brune, bleuâtre et rousse.

Monture en or émaillé.

Haut., 27 mill.; larg., 22 mill., monture comprise.

Pl. LXXIV, fig. 784.

BIBL. — Chabouillet, *Catalogue*, n° 329.

785. **Henri IV.** Buste de profil, à droite, la tête ceinte d'une couronne de laurier, la poitrine couverte de la cuirasse et du manteau royal. — Travail médiocre.

Agate à trois couches jaune grisâtre. Tranche en biseau.

Haut., 33 mill.; larg., 24 mill. Pl. LXXII, fig. 785.

BIBL. — Chabouillet, *Catalogue*, n° 330.

786. **Henri IV en Hercule.** Tête de profil, à droite, coiffée de la peau de lion nouée sous le cou. — Excellent travail.

Calcédoine blonde translucide, à deux couches. Tranche en biseau.

Très élégante monture ajourée, en or émaillé, du temps

de Henri IV. On y remarque un lion, des lacs d'amours entrelacés, quatre trophées d'armes, et elle est surmontée de la couronne royale à laquelle est adapté un anneau de suspension.

Haut., 88 mill.; larg., 66 mill., monture comprise.

Pl. LXXIII, fig. 786.

Ce camée a été donné au roi Louis XIV par le chevalier de Béthune, en janvier 1693.

Bibl. — Chabouillet, *Catalogue*, n° 331; Eug. Fontenay, *Les bijoux anciens et modernes*, p. 214; E. Babelon, *La gravure en pierres fines*, p. 278, fig. 194.

787. **Henri IV.** Buste de profil, à gauche, la tête laurée, la poitrine couverte de son armure. En légende, gravée en creux : HENRICVS · IIII · DEI · GRATIA · FRANCORV · ET · NAV · REX. — Travail médiocre.

Nacre. — Monture en or émaillé, avec deux bélières.

Haut., 32 mill.; larg., 22 mill., monture comprise.

Pl. LXXII, fig. 787.

Bibl. — Chabouillet, *Catalogue*, n° 332.

788. **Henri IV.** Buste de profil, à gauche. La tête est ceinte d'une couronne de laurier; la poitrine est couverte de la cuirasse et du manteau royal agrafé sur l'épaule gauche. Corniche au pourtour. — Excellent travail.

Sardonyx à trois couches : brune, bleuâtre et rousse; tranche en biseau.

La monture de ce camée est très élégante et remonte seulement au temps de Louis XV; elle se compose d'une couronne d'émeraudes arrangées en torsade et reliées par des cordelettes de roses. Cette couronne est maintenue par derrière par quatre attaches en forme de fleurs de lis; en haut et en bas, une armature, percée de onze trous rapprochés, servait à fixer le bracelet dont ce camée était le fermoir.

Haut., 45 mill.; larg., 35 mill., monture comprise.

Pl. LXXII, fig. 788.

Ce bracelet a appartenu à Madame de Pompadour; il fut légué par elle au roi Louis XV, en 1764. Son pendant est le portrait de Louis XV, n° 927. Cet *Henri IV*, tout comme le *Louis XV*, est vraisemblablement l'œuvre de Jacques Guay, ainsi que le fait observer M. J. Leturcq qui établit, au surplus, que le protégé de Madame de Pompadour a sûrement gravé des portraits de Henri IV.

BIBL. — Marion du Mersan, *Hist. du Cabinet des Médailles* (1838), p. 121, n° 431; Chabouillet, *Catalogue*, n° 333; J. Leturcq, *Notice sur Jacques Guay*, pp. 110, 213-214 et 237; Eug. Fontenay, *Les bijoux anciens et modernes*, p. 293.

789. **Henri IV et Marie de Médicis.** Bustes accolés de profil, à droite, et vus à mi-corps. Au premier plan, Henri IV est nu-tête, couvert de son armure, et portant sur la poitrine la croix de l'Ordre du Saint-Esprit.

Sur la tranche du bras droit, on lit la date *1607* (plutôt que *1602*, le dernier chiffre étant mutilé). — Excellent travail.

Camée sur coquille, appliqué à la colle sur une sardoine brune.

Monture en or émaillé.

Haut., 78 mill.; larg., 59 mill., monture comprise.

Pl. LXXIII, fig. 789.

Ce camée a été acquis par le roi Louis XIV, en 1699, pour 200 livres.

BIBL. — Marion du Mersan, *Hist. du Cabinet des Médailles* (1838), p. 121, n° 432; *Trésor de numismatique et de glyptique. Recueil général de bas-reliefs et d'ornements*, p. 9 et pl. XVI, fig. 8; Chabouillet, *Catalogue*, n° 334; Eug. Fontenay, *Les bijoux anciens et modernes*, p. 215.

790. **Marie de Médicis.** Buste de profil, à droite; elle a des pendants d'oreilles et un collier de perles; la poitrine est couverte d'une robe, à l'antique, nouée sur l'épaule droite. — Travail élégant.

Sardonyx à deux couches : brune et blonde.

Jolie monture en or, avec bélière, du XVIIe siècle.

Haut., 48 mill.; larg., 30 mill., monture comprise.

Pl. LXXIII, fig. 790.

Ce camée a été acquis par le roi Louis XIV, en 1698, pour 200 livres.

BIBL. — Chabouillet, *Catalogue*, n° 335.

791. **Louis XIII, enfant.** Buste de face, légèrement incliné à droite; sa robe enfantine est brodée et munie d'une large collerette

rabattue; il porte en sautoir le cordon de l'ordre du Saint-Esprit.

Opale, à reflets dorés.

Jolie monture ajourée, en or émaillé, représentant une couronne formée de cosses de pois.

Haut., 63 mill.; larg., 43 mill., monture comprise.

Pl. LXXIII, fig. 791.

Bibl. — Marion du Mersan, *Hist. du Cabinet des Médailles* (1838), p. 121, n° 434; Chabouillet, *Catalogue*, n° 336; Eug. Fontenay, *Les bijoux anciens et modernes*, p. 226.

792. **Louis XIII.** Buste de face, les cheveux longs, partagés sur le front et retombant sur le cou, la tête ceinte d'une couronne de laurier; la poitrine est couverte de la cuirasse avec des épaulières en forme de gueules de lions. Le manteau royal est agrafé, à l'antique, sur l'épaule droite.

Le principal intérêt de ce monument réside dans sa monture en or émaillé, qui complète le portrait royal, car la tête seule du roi est formée d'une gemme : c'est un grenat oriental d'un effet assez disgracieux. La couronne royale est en émail vert; la cuirasse est en émaux verts, jaunes et blancs et le manteau en émail bleu. Le fond est en or, quadrillé; la bordure, formant cadre, est en émail blanc et vert. Au revers, est gravé un écusson ovale représentant deux L entrelacés et surmontés de la couronne royale. Deux Amours supportent les branches de laurier qui encadrent l'écusson. Au-dessous, une figure allégorique de femme assise, les yeux bandés, tenant de la main droite un sceptre et un glaive, et de la main gauche, une tablette sur laquelle on lit : PIETA | TE · ET | IVSTI | TIA. Aux pieds de la femme, la couronne royale, le sceptre et la main de Justice.

Tous ces attributs se rapportent au triomphe de Louis XIII sur les Huguenots à l'occasion de la prise de La Rochelle en 1628.

Haut., 78 mill.; larg., 63 mill., monture comprise.

Pl. LXXIV, fig. 792.

Bibl. — Chabouillet, *Catalogue*, n° 337.

793. **Louis XIII.** Buste de profil, à droite, la tête nue, les cheveux longs et bouclés sur le cou; les traits sont ceux de l'âge mûr. La poitrine est couverte de la cuirasse et du manteau drapé à l'antique et noué sur l'épaule droite.

Au revers, aussi en relief, la croix de l'Ordre du Saint-Esprit.

Cornaline en forme de cœur. — Monture en or.

Haut., 47 mill.; larg., 39 mill., monture comprise.

Pl. LXXIII, fig. 793.

Ce camée a été acquis par le roi Louis XIV en mars 1699, pour 200 livres.

Bibl. — Chabouillet, *Catalogue*, n° 338.

794. **Louis XIII.** Buste de profil, à gauche; les traits sont ceux du roi dans les dernières années de son règne; sa tête est ceinte d'une couronne de laurier, et une mèche de cheveux descend sur l'épaule. La poitrine est couverte de la cuirasse et du manteau royal noué sur l'épaule gauche. Corniche au pourtour. — Bon travail.

Sardonyx claire à trois couches : translucide, blonde et grisâtre translucide. Forme octogonale.

Monture en or.

Haut., 39 mill.; larg., 34 mill. Pl. LXXIV, fig. 794.

Bibl. — Chabouillet, *Catalogue*, n° 339.

795. **Louis XIII.** Buste de profil, à droite, la tête nue, une mèche de cheveux descendant sur l'épaule; la poitrine est couverte de la cuirasse et du manteau royal agrafé sur l'épaule droite. Corniche au pourtour. — Bon travail.

Sardonyx à trois couches : brune, bleuâtre et rousse. Tranche en biseau. — Monture en or.

Haut., 20 mill.; larg., 17 mill., monture comprise.

Pl. LXXII, fig. 795.

Bibl. — Chabouillet, *Catalogue*, n° 340.

796 à 855. Série de soixante portraits des rois de France, sur coquille. Bustes de profil, les uns tournés à droite, les autres à gauche, des rois suivants : Pharamond, Clodion, Mérovée,

Childéric Ier, Clovis (2 exemplaires), Thierry Ier, Childebert Ier, Clotaire Ier, Childebert II, Caribert Ier, Chilpéric Ier, Clotaire II, Dagobert Ier, Clovis II, Clotaire III, Childéric II, Clovis III, Dagobert II, Chilpéric II, Thierry II, Childéric III; — Pépin le Bref, Charlemagne, Louis le Débonnaire, Charles le Chauve, Louis II le Bègue, Louis III, Louis III et Carloman, Eudes, Charles III le Simple, Raoul, Louis IV d'Outremer, Lothaire, Louis V le Fainéant; — Hugues Capet, Robert, Henri Ier, Philippe Ier, Louis VII, Philippe-Auguste, Louis VIII, saint Louis, Philippe III le Hardi, Philippe IV le Bel, Louis X le Hutin, Philippe V (2 exemplaires), Charles IV le Bel, Charles V, Charles VI, Charles VII, Charles VIII, Louis XII, François Ier, Henri II, François II, Charles IX, Henri III, Henri IV.

Travail médiocre, français, contemporain de Henri IV, le dernier roi de la série.

Médaillons ovales. — Haut., 19 mill.; larg., 15 mill.

Pl. LXXII, fig. 796 (Pharamond) et fig. 855 (Henri IV).

856 à 918. Série de soixante trois portraits des rois de France, sur coquilles. Bustes de profil, à droite, des rois suivants :

Pharamond, Clodion, Mérovée, Childéric Ier, Clovis, Thierry Ier, Childebert Ier, Clotaire Ier, Childebert II, Caribert Ier, Thierry II, Clotaire II, Clovis II, Clotaire III, Childéric II, Thierry III, Clovis III, Dagobert II, Clotaire IV, Chilpéric II, Childéric III ; — Pépin le Bref, Charlemagne, Louis le Débonnaire, Charles le Chauve, Louis II le Bègue, Louis III, Louis III et Carloman, Eudes, Charles III le Simple, Robert, Raoul, Louis IV d'Outremer, Lothaire, Louis V le Fainéant; — Hugues Capet, Robert le Pieux Henri Ier, Philippe Ier, Louis VI le Gros, Louis VII, Philippe-Auguste, Louis VIII, saint Louis, Philippe III le Hardi, Philippe IV le Bel, Louis X, Philippe V, Charles IV le Bel, Philippe VI de Valois, Jean le Bon, Charles V, Charles VI, Charles VII, Louis XJ, Charles VIII, Louis XII, François Ier, Henri II, François II, Charles IX, Henri III, Louis XIII.

Travail contemporain de Louis XIII, le dernier roi de la série.

Médaillons ovales, avec une monture en argent.

Haut., 24 mill.; larg., 19 mill.

Pl. LXXII, fig. 859 (Childéric Ier) et pl. LXXIV, fig. 918 (Louis XIII).

919. **Anne d'Autriche.** Buste de profil, à droite, les cheveux arrangés en chignon, la poitrine drapée. — Bon travail.

Sardoine à deux couches : brune et blanche.

Monture en or émaillé.

Haut., 56 mill.; larg., 40 mill., monture comprise.

Pl. LXXIII, fig. 919.

BIBL. — Chabouillet, *Catalogue*, n° 341.

920. **Anne d'Autriche.** Buste de profil, à droite, avec un léger voile attaché derrière la tête, la poitrine drapée.

Jacinthe. — Monture en cuivre, avec bélière.

Haut., 33 mill.; larg., 28 mill., monture comprise.

Pl. LXXIII, fig. 920.

BIBL. — Chabouillet, *Catalogue*, n° 342.

921. **Anne d'Autriche.** Buste de profil, à gauche, les cheveux arrangés en coquille derrière la tête; elle a un collier de perles et un manteau qui lui couvre les épaules et la poitrine.

Au revers de ce camée, on voit, en relief, un buste d'homme, de profil, à gauche, avec des favoris, la tête ceinte d'une couronne de lierre, la poitrine drapée.

Sardonyx à trois couches : brune, blonde et rousse.

Monture en or émaillé, du XVIIe siècle.

Haut., 35 mill.; larg., 25 mill., monture comprise.

Pl. LXXIV, fig. 921.

BIBL. — Chabouillet, *Catalogue*, n° 343.

922. **Anne d'Autriche.** Buste de profil, à gauche, avec un collier de perles, la poitrine drapée.

Agate à trois couches : translucide, blanche et rousse.

Monture en or.

Haut., 14 mill.; larg., 12 mill., monture comprise.

Pl. LXXIV, fig. 922.

BIBL. — Chabouillet, *Catalogue*, n° 344.

923. **Louis XIV.** Buste de profil, à droite, avec de longs cheveux bouclés flottant sur les épaules. Les traits du Roi sont ceux d'un adolescent, avec moustache naissante. Sa poitrine est couverte de la cuirasse ornée d'une tête de Méduse, et d'un manteau agrafé sur l'épaule droite. Corniche au pourtour. — Excellent travail, à rapprocher des médailles de 1660 environ.

Sardoine à trois couches : laiteuse, bleuâtre et brune. Tranche en biseau. — Monture en or.

Haut., 74 mill.; larg., 63 mill., monture comprise.

Pl. LXXIV, fig. 923.

BIBL. — Chabouillet, *Catalogue*, n° 346.

924. **Louis XIV.** Buste de profil, à droite; les traits du Roi sont ceux d'un adolescent; sa tête est ceinte d'une couronne de laurier, et ses longs cheveux bouclés sont répandus sur ses épaules; sa poitrine est drapée. Corniche au pourtour. — Excellent travail.

Sardonyx à trois couches : brun-cendré, bleuâtre et jaune-gris. — Monture en or émaillé.

Haut., 49 mill.; larg., 45 mill., monture comprise.

Pl. LXXIV, fig. 924.

BIBL. — Chabouillet, *Catalogue*, n° 347.

925. **Louis XIV.** Buste de profil, à droite; ses traits sont ceux que donnent les portraits de la fin du règne du grand Roi. Sa chevelure bouclée retombe sur ses épaules. Il est cuirassé et un manteau drapé à l'antique est agrafé sur l'épaule droite. A l'exergue, une palme. — Bon travail du commencement du XVIIIe siècle.

Sardonyx à trois couches : brune, blanchâtre et jaune-roux. Monture en or ciselé et très ouvragé, avec bélière.

Haut., 72 mill.; larg., 52 mill., monture comprise.

Pl. LXXIV, fig. 925.

Bibl. — Chabouillet, *Catalogue*, n° 348; Eug. Fontenay, *Les bijoux anciens et modernes*, p. 229; E. Babelon, *La gravure en pierres fines*, p. 282, fig. 195.

926. **Louis XV.** Buste de profil, à droite, la tête ceinte de la couronne de laurier, les cheveux noués sur le cou. La poitrine est couverte de la cuirasse dont les épaulières sont ornées de têtes de lions; le manteau royal est agrafé à l'antique sur l'épaule droite. Sous le bras, on lit, gravée en creux, la signature de l'artiste : GUAY. F. 1753. — Corniche au pourtour.

Belle sardonyx à trois couches : brune, bleuâtre et roux foncé. Tranche en biseau.

Monture en or émaillé, du temps de Louis XV.

Haut., 97 mill.; larg., 82 mill., monture comprise.

Pl. LXXV, fig. 926.

Cette œuvre de Jacques Guay est le plus beau camée des temps modernes, aussi bien par la pureté de la gemme que par la perfection du travail. La marquise de Pompadour l'a reproduite, en estampe, d'après un dessin de Guay lui-même, et voici la note de Guay qui accompagne la gravure de Madame de Pompadour : « Louis XV. Cette Pierre est du Cabinet du Roy, elle est de plus considérable par sa grandeur et les belles couleurs. Les Chairs sont blanche, la coifeure et les ajustement sont dun Rous Tinét. ce qui forme le font Et le socle est noir. La bordure qui Entoure la Tette a les deux Couleurs supérieures Et litée orisontalement. Le Graveur a Eu la Vantage de travailer dapre le Roy Et de Graver la Pierre embarelief par son Ordre. » Ce chef-d'œuvre de Guay, achevé en 1753, fut exposé au Salon de 1755 où il « captiva l'admiration de tous les spectateurs », dit le texte qui accompagne l'estampe de Madame de Pompadour; Fréron, qui contempla ce magnifique joyau à l'Exposition de 1755, s'exprime comme il suit à son sujet : « Le portrait du Roi, gravé en bas-relief sur une sardoine onix de trois couleurs de forme ovale, par M. Guay, est quelque chose d'unique dans son genre et par le prix de la pierre et par la vérité de la ressemblance, et par le travail admirable de l'artiste. »

Bibl.—J. Guiffrey, *Collection des livrets des anciennes Expositions*, Salon de 1755, t. XVIII, p. 37, n° 172; Fréron, *Année littéraire*, Année MDCCLV, t. VI, p. 62; Giulianelli (Andrea Pietro), *Memorie degli intagliatori moderni in pietre dure, cammei e gioje, dal secolo XV fino al secolo XVIII* (Livourne, 1753); Masini (Lorenzo), *Conside-*

ragioni sopra alcuni supplimenti en note di un autore fiorentino traduttore del secondo trattato della storia di M. Pietro Mariette (Venise, 1756); La Chau et Le Blond, *Description des pierres gravées du duc d'Orleans*, t. II, p. 197; Ch. Lenormant, *Trésor de numism.*, *Recueil général de bas-reliefs et ornements*, p. 9 et pl. XVI, fig. 12; Chabouillet, *Catalogue*, n° 350; J. Leturcq, *Notice sur Jacques Guay*, pp. 44, 74, 197 et 213, et pl. D, fig. 1. (Première estampe du recueil de Madame de Pompadour.)

927. **Louis XV.** Tête de profil, à gauche, avec une couronne de laurier. A l'exergue, en creux, la signature de l'artiste : GUAY F.

Sardonyx à trois couches : brune, bleuâtre et roux-foncé.

Pl. LXXVI, fig. 927.

La monture forme le pendant de celle du camée n° 788. Elle se compose d'une couronne d'émeraudes arrangées en torsade et reliées par des cordelettes de roses. Par derrière, cette couronne est maintenue par quatre attaches en forme de fleurs de lis. En haut et en bas, une armature, percée de trous rapprochés, servait à fixer le bracelet dont ce camée formait la plaque centrale.

Ce camée et son pendant n° 788 étaient les fermoirs de bracelets de Madame de Pompadour.

Haut., 45 mill.; larg., 35 mill., monture comprise.

Légué au roi Louis XV, par Madame de Pompadour, en 1764.

Bibl. — Chabouillet, *Catalogue*, n° 351; J. Leturcq, *Notice sur Jacques Guay*, pp. 49 et 213, et pl. D, fig. 2.

928. **Louis XV.** Buste de profil, à droite, les cheveux longs, la tête ceinte d'une couronne de laurier, la poitrine couverte de la cuirasse. A l'exergue, la signature de l'artiste : GUAY. Double cercle au pourtour.

Grenat d'Allemagne, hémisphérique. — Monture en or.

Haut., 25 mill.; larg., 23 mill. Pl. LXXVI, fig. 928.

Bibl. — Chabouillet, *Catalogue*, n° 352; J. Leturcq, *Notice sur Jacques Guay*, pp. 49 et 214, et pl. D, fig. 3.

929. **Louis XV.** Tête de profil, à droite, avec les cheveux longs et bouclés; la tête est ceinte d'un diadème noué sur la nuque. Sur la tranche du cou, la signature de l'artiste : GUAY.

Sardonyx à trois couches : verdâtre, blanche et jaunâtre.

Chaton de bague en cuivre; au pourtour, une ceinture de quarante-trois brillants encadrent le camée.

Haut. du chaton, 26 mill.; larg., 21 mill., monture comprise. Pl. LXXV, fig. 929.

Ce camée a été exposé par Jacques Guay au Salon de l'année 1759 et a été gravé en estampe par Madame de Pompadour. Monté en bague, il appartint à Monsieur, depuis le roi Louis XVIII; on trouva cette bague au palais du Luxembourg, dans le secrétaire du prince, après son émigration. Déposée d'abord à la Monnaie, elle fut transférée au Cabinet des Médailles, le 1er nivôse an V (21 décembre 1796).

Bibl. — Marion du Mersan, *Hist. du Cabinet des Médailles* (1838), p. 121, n° 452; J. Guiffrey, *Collection des livrets des anciennes Expositions*, t. XX, p. 32, n° 151; Chabouillet, *Catalogue*, n° 353; J. Leturcq, *Notice sur Jacques Guay*, pp. 49 et 214, et pl. D, fig. 4. (Voyez la note du n° 930.)

930. **Louis XV.** Tête laurée, de profil, à gauche. Sur la tranche du cou, l'initiale du nom de l'artiste, G. (*Guay*).

Sardonyx à deux couches : rouge-carmin et blanche.

Chaton de bague en or; au pourtour, une ceinture de vingt-et-un brillants, encadrant le camée.

Haut. du chaton, 16 mill.; larg., 13 mill., monture comprise. Pl. LXXV, fig. 930.

Bibl. — Chabouillet, *Catalogue*, n° 354; J. Leturcq, *Notice sur Jacques Guay*, pp. 49, 198 et 214, et pl. D, fig. 5; voyez aussi p. 86 (estampe n° 5 de la suite de Madame de Pompadour). Dans les ouvrages que nous venons de citer, cette bague se trouve parfois confondue avec celle qui est décrite sous le n° 929. Le n° 929 est bien la bague ornée de *quarante-trois* brillants, « trouvée chez Stanislas-Xavier, au Petit-Luxembourg. » (Voyez notre *Introduction*.)

931. **Louis XV.** Tête laurée, de profil, à droite. Sur la tranche du cou, la signature de l'artiste, qui n'est autre que Madame de Pompadour : POMPADOUR F.

Sardoine à deux couches : translucide et blanche.

Chaton de bague en or.

Haut. du chaton, 19 mill.; larg., 15 mill., monture comprise. Pl. LXXV, fig. 931.

Acquis en 1873.

On suppose, non sans de bonnes raisons, que Jacques Guay a dû mettre la main à cette œuvre signée de Madame de Pompadour qui s'était faite à la fois la protectrice et l'élève du célèbre graveur.

Bibl. — J.-F. Leturcq, *Notice sur Jacques Guay*, p. 223, n° 40.

932. **Louis XV.** Buste de profil, à droite, la tête ceinte de la couronne de laurier, la poitrine drapée. Sur la tranche, en biseau, on lit, en creux, l'inscription suivante : LUDOVICUS XV· REX· CHRISTIANISSIMUS, et la signature de l'artiste : LUD. CHAPAT F. — Travail médiocre.

Silex à trois couches : grise, blanche et grise. Trou de suspension à la partie supérieure.

Haut., 48 mill. ; larg., 35 mill. Pl. LXXVI, fig. 932.

Bibl. — Chabouillet, *Catalogue*, n° 355.

933. **Louis, dauphin de France, et sa femme Marie-Josèphe de Saxe.** Bustes accolés de profil, à droite, posés sur un dauphin. Il s'agit de Louis, père de Louis XVI, et de sa femme, fille d'Auguste III, roi de Pologne. Le buste du prince est couvert de la cuirasse, et ses cheveux sont noués sur le cou. Dans le champ, en creux, la signature de l'artiste et la date : GUAY. F. 1758. Corniche au pourtour. — Excellent travail.

Sardonyx à trois couches : brune, blanche et rousse. — Tranche en biseau. Jolie monture en or.

Haut., 59 mill. ; larg., 38 mill., monture comprise.

Pl. LXXVI, fig. 933.

Ce beau camée de Jacques Guay a figuré au Salon de 1759, et il a été gravé par Madame de Pompadour dans son Recueil d'Estampes, sous le n° 55.

Bibl. — Marion du Mersan, *Hist. du Cabinet des Médailles* (1838), p. 121, n° 453 ; J. Guiffrey, *Collection des livrets des anciennes Expositions*, t. XX, p. 32, n° 152 ; Chabouillet, *Catalogue*, n° 356 ; J. Leturcq, *Notice sur Jacques Guay*, pp. 49, 173, 198 et 214, et pl. D, fig. 6.

934. **Louis XVI.** Buste de profil, à gauche, les cheveux bouclés, la poitrine drapée.

Sardoine à deux couches : translucide et blanche.

Monture en or.

Haut., 29 mill.; larg., 21 mill., monture comprise.

Pl. LXXVI, fig. 934.

Légué par le vicomte Philippe de Saint-Albin, en janvier 1880.

935. **Napoléon Bonaparte.** Buste de profil, à droite, avec l'habit de premier Consul, orné de broderies. Devant le visage, en creux, BONAPARTE. Sur la tranche du bras, la signature de l'artiste : JEUFFROY. 1801.

Agate-onyx à deux couches : translucide et blanche avec taches brunes.

Haut., 43 mill.; larg., 37 mill. Pl. LXXVI, fig. 935.

Bibl. — Marion du Mersan, *Hist. du Cabinet des Médailles* (1838), p. 121, n° 456; Chabouillet, *Catalogue*, n° 365.

936. **Napoléon Ier.** Tête nue, de profil, à droite. Dans le champ, à gauche, la signature de l'artiste, en creux : A. MASTINI. — Travail italien.

Agate-onyx à deux couches, translucide et blanche.

Monture en cuivre. Couvercle de coffret.

Haut., 30 mill.; larg., 23 mill., monture comprise.

Pl. LXXVI, fig. 936.

Bibl. — Chabouillet, *Catalogue*, n° 366.

937. **Napoléon Ier.** Buste de face, avec le manteau impérial. — Travail médiocre.

Sardoine à deux couches : blonde et brune.

Haut., 21 mill.; larg., 18 mill.

Personnages divers.

938. **Diane de Poitiers.** Buste de face, la tête légèrement tournée vers la droite; ses cheveux retombent sur son cou et son diadème d'or est surmonté du croissant de Diane, rehaussé de brillants. Les seins sont nus; une draperie en argent doré recouvre les épaules et est serrée à la taille par une ceinture ornée d'un brillant; le carquois, fixé sur le dos par une cor-

delette d'or qui traverse la poitrine en sautoir, est aussi orné de brillants. Le champ est en argent doré, et le pourtour est rehaussé d'une ceinture de brillants.

Tout ce travail d'orfèvrerie et de glyptique se trouve enchâssé au centre d'une grande sardonyx ovoïde, à couches noire, bleuâtre et roux-foncé, dont la tranche en biseau forme cadre autour du médaillon central.

Au revers de la sardonyx, est entaillée une petite boîte ovale, munie d'une armature en or, avec un couvercle revêtu d'élégants fleurons en émail noir et blanc sur fond bleu.

Haut., 65 mill.; larg., 50 mill. Pl. LXX, fig. 938.

Le nom de Diane de Poitiers donné à la figure représentée sur ce joli joyau, n'est pas bien certain. — Comparez les camées nos 671, 672 et 673.

BIBL. — Chabouillet, *Catalogue*, n° 399.

939. **Diane de Poitiers.** Elle est représentée de face, les cheveux relevés sur les tempes et arrangés en nattes sur la nuque; la tête est surmontée de la couronne royale avec un anneau de suspension; le buste est couvert d'une robe enrichie de broderies. Au dos, sur le bord de la robe, on lit :

EPHESIORV̄ · ΘEA · MAGNĀ· DIANA·

inscription qui rapproche Diane de Poitiers de la Diane d'Éphèse. — Au pourtour, des festons ajourés.

La tête et la poitrine sont en cristal de roche; les cheveux, les vêtements et tout le reste, sont en or émaillé. — Élégant travail du XVIe siècle.

Haut., 41 mill. ; larg., 32 mill. Pl. LVII, fig. 939.

BIBL. — Chabouillet, *Catalogue*, n° 2722.

940. **Henri de Guise.** Buste de trois quarts, à gauche, de Henri Ier de Lorraine, duc de Guise, le deuxième *Balafré* et le fondateur de la Ligue (1550-1588). Il est représenté dans la force de l'âge, les cheveux et la barbe courts, vêtu d'un justaucorps orné de broderies, dans le goût de la seconde moitié du XVIe siècle. Corniche au pourtour.

Sardonyx à trois couches : brune, blanchâtre et jaunâtre. Tranche en biseau. — Monture en cuivre.

Haut., 23 mill.; larg., 19 mill. Pl. LXXI, fig. 940.

Bibl. — Chabouillet, *Catalogue*, n° 398 (indéterminé).

941. **Le cardinal de Richelieu.** Buste de profil, à droite, avec une croix sur la poitrine. Corniche au pourtour. — Excellent travail.

Agate-onyx à deux couches : brun-rougeâtre et jaune-foncé.

Monture en or émaillé, du xviiie siècle.

Haut., 50 mill. ; larg., 42 mill. Pl. LXXI, fig. 941.

Bibl. — Marion du Mersan, *Hist. du Cabinet des Médailles* (1838), p. 121, n° 443; Chabouillet, *Catalogue*, n° 345.

942. **Le cardinal Mazarin.** Buste de profil, à droite. Corniche au pourtour. — Excellent travail.

Sardonyx à deux couches : nacrée et jaune-enfumé. Sur la tranche en biseau, l'inscription circulaire suivante, gravée en creux : QUI· POSVIT· FINES· SVOS· PACEM·PSAL· 147. Cette inscription prouve que le camée a été gravé à l'occasion de la paix des Pyrénées, signée par Mazarin, en 1659.

Monture du xviie siècle, en or émaillé, représentant un serpent qui se mord la queue.

Diam., 43 mill., monture comprise. Pl. LXXI, fig. 942.

Bibl. — Marion du Mersan, *Hist. du Cabinet des Médailles* (1838), p. 121, n° 444; Chabouillet, *Catalogue*, n° 349.

943. **Montesquieu.** Buste de profil, à droite, la tête chauve, les traits amaigris, la poitrine drapée.

Ivoire appliqué à la colle sur un silex verdâtre, percé d'un trou de suspension.

Haut., 33 mill. ; larg., 26 mill. Pl. LXXVI, fig. 943.

Bibl. — Marion du Mersan, *Hist. du Cabinet des Médailles* (1838), p. 121, n° 455 ; Chabouillet, *Catalogue*, n° 364. — Jacques Guay a gravé un portrait de Montesquieu, mais rien n'autorise à lui attribuer celui-ci qui est d'un travail médiocre (J. Leturcq, *Notice sur Jacques Guay*, p. 54 ; Winckelmann, *Description des pierres gravées de feu le baron de Stosch*, 8e classe, section III, n° 103).

944. **La marquise de Pompadour** (*Cachet de Louis XV*). Tête de Madame de Pompadour, de profil, à gauche, les cheveux nattés et relevés sur le sommet de la tête. Sur la tranche du cou, on lit la signature de l'artiste: GUAY. — Travail d'une finesse remarquable.

Agate-onyx à deux couches : rouge foncé et blanche.

Ce camée se trouve enchâssé dans le manche d'un cachet-breloque, en or émaillé. Ce manche, de forme ovoïde, est muni d'un couvercle à charnière et d'un ressort; c'est en ouvrant ce couvercle qu'on voit le délicieux camée qui se trouve renfermé comme dans une boîte. Des fleurs de laurier en émail ornent la partie extérieure de ce petit écrin qui est muni d'un anneau de suspension. La partie inférieure est évasée en forme de pied, et sous ce pied est enchâssé le cachet proprement dit : c'est une cornaline sur laquelle est gravée en creux la figure d'un Amour ailé, vu de profil ; il tient, d'une main, un bouquet formé d'un lis et d'une rose, les symboles de Louis XV et de Madame de Pompadour; son carquois et ses flèches gisent à terre, à ses pieds. En légende, l'inscription suivante : L'AMOUR LES ASSEMBLE, allusion aux amours du roi et de la marquise. A l'exergue, la signature de l'artiste : GUAY F.

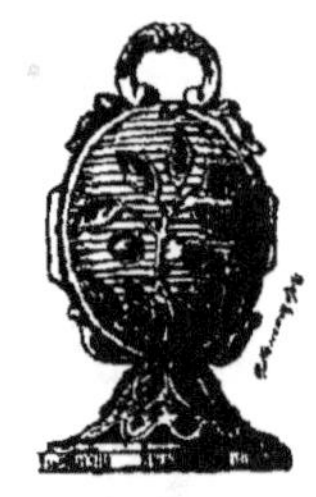

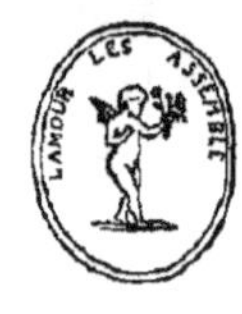

N° 944, cachet de Louis XV.

Hauteur du cachet, 31 mill.; dimensions du pied, 17 mill. sur 15 mill.; dimensions du camée, 15 mill. sur 12 mill. Pl. LXXV, fig. 944.

Après avoir été déposé au Garde-meuble, sous la Révolution, le cachet que nous venons de décrire fut transporté à la Monnaie; de là, il passa au Cabinet des Médailles, le 1er nivôse an V (21 décembre 1796).

BIBL. — Marion du Mersan, *Hist. du Cabinet des Médailles* (1838), p. 121, n° 454 ; Chabouillet, *Catalogue*, n° 363 ; J. Leturcq, *Notice sur Jacques Guay*, pp. 50, 163 et 215, et pl. D, fig. 14 ; Chabouillet, dans la revue intitulée *Les lettres et les arts*, 1886, pp. 281-282 ; E. Babelon, *La gravure en pierres fines*, p. 301, fig. 200.

945. **Necker.** Buste de profil, à droite, les cheveux relevés et frisés sur les tempes, et formant une queue nouée sur le dos. Il est vêtu de l'habit. Sur la tranche du bras, la signature de l'artiste : PA (*Passaglia*).

Sardonyx à trois couches : brune, bleuâtre et enfumée.

Chaton d'une bague en or.

Haut. du chaton, 22 mill. ; larg., 16 mill., monture comprise. Pl. LXXVI, fig. 945.

Acquis en 1873.

946. **Cambacérès.** Buste de profil, à gauche, les cheveux longs bouclés, et formant une longue natte nouée sur le dos. Il porte l'habit de consul de la République française. Sur la tranche du bras, la signature de l'artiste : LELIEVRE.

Pâte blanche appliquée à la colle sur un fond brun, aussi en pâte de verre.

Haut., 34 mill. ; larg., 26 mill. Pl. LXXVI, fig. 946.

Cette empreinte en pâte de verre reproduit un camée représentant le deuxième consul, devenu plus tard archi-chancelier de l'Empire.

Donné par l'auteur, le graveur Lelièvre, en 1807.

Bibl. — Marion du Mersan, *Hist. du Cabinet des Médailles* (1838), p. 121, n° 457 ; Chabouillet, *Catalogue*, n° 3371.

947. **Fourcroy.** Tête nue, imberbe, de profil, à gauche. Au dessous, dans le champ, la signature de l'artiste, en creux : JEUFFROY. F.— Au revers, on lit aussi en creux l'inscription : A.F. FOURCROY. (Il s'agit du chimiste Antoine François, comte de Fourcroy, 1755-1809.)

Agate à deux couches : enfumée et blanche.

Monture en or. Ce camée forme le médaillon central d'un bracelet à cordelettes tissées avec les cheveux du célèbre chimiste.

Haut., 28 mill. ; larg., 24 mill., monture comprise. Longueur du bracelet, 190 mill. Pl. LXXVI, fig. 947.

Légué par la comtesse de Fourcroy, veuve du savant.

Bibl. — Chabouillet, *Catalogue*, n° 367.

B. — PERSONNAGES ÉTRANGERS

948. **Victoria Colonna, marquise de Pescaire.** Buste de profil, à droite. La grande poétesse italienne a la tête ceinte d'une couronne de pampre et elle porte devant elle, de la main gauche, une fleur en métal incrusté sur la gemme ; c'est l'emblème d'un prix remporté dans un tournoi littéraire. Elle est vêtue à l'antique d'un manteau agrafé sur l'épaule droite, et qui laisse le sein gauche à découvert. — Excellent travail italien du commencement du XVIe siècle.

Agate à deux couches : cendrée et blanche.

Monture en or ciselé ; couvercle de coffret.

Haut., 47 mill. ; larg., 30 mill., monture comprise.

Pl. LXVIII, fig. 948.

Victoria Colonna, née en 1490, était fille de Fabrice Colonna, grand connétable du royaume de Naples. A dix-sept ans, elle épousa François d'Avalos, fils du marquis de Pescaire. Ses poésies, surtout celles dans lesquelles elle pleure son mari, mort des suites de ses blessures à la bataille de Pavie, en 1525, l'ont placée au premier rang parmi les imitateurs de Pétrarque.

L'attribution iconographique du camée nous paraît certaine. Il suffit, pour la justifier, de comparer ce buste de Victoria Colonna avec son portrait qui figure sur des médailles de la Renaissance italienne [1]; le médailleur est inconnu tout aussi bien que l'artiste habile qui a gravé le camée [2].

BIBL. — Chabouillet, *Catalogue*, n° 382 ; E. Babelon, *Le Cabinet des Antiques*, p. 49 et pl. XV, fig. 4 ; le même, *La gravure en pierres fines*, p. 252, fig. 180.

949. **Le Pape Léon X** (1513-1522). Tête de profil, à droite, imberbe, coiffée d'un bonnet orné sur le devant d'une enseigne enrichie d'une riche monture ; on voit le col du vêtement. —Travail très remarquable du commencement du XVIe siècle.

1. A. Armand, *Les médailleurs italiens*, 2e édit., t. II, p. 107.

2. Voyez sur les portraits de Victoria Colonna, Léon Lagrange dans la *Gazette des Beaux-Arts*, 1862, t. XII ; Charles Blanc, *Histoire des peintres. École florentine*, p. 87 ; Eug. Müntz, *Histoire de l'art pendant la Renaissance*, t. III, pp. 52 et 248.

Agate à trois couches : cendrée, blanc-jaunâtre et rouge-foncé. — Monture en or.

Haut., 21 mill.; larg., 16 mill., monture comprise.

Pl. LXVIII, fig. 950.

BIBL. — Chabouillet, *Catalogue*, n° 395 (sous le nom de « Frédéric III empereur d'Allemagne, ou son fils Maximilien Ier »).

950. **Le Pape Paul III** (1550-1555). Buste de profil, à gauche, avec une longue barbe, la tête nue et chauve ; ses épaules sont couvertes d'une chape richement brodée et fixée sur la poitrine par une agrafe ornée d'une gemme avec monture cruciforme. — Excellent travail italien du XVIe siècle.

Agate-onyx à deux couches : brune et blanche.

Monture ajourée, en or émaillé.

Haut., 42 mill.; larg., 36 mill., monture comprise.

Pl. LXVIII, fig. 949.

BIBL. — Marion du Mersan, *Hist. du Cabinet des Médailles* (1838), p. 122, n° 458 ; *Trésor de numism. et de glypt., Recueil de bas-reliefs et d'ornements*, p. 9, et pl. XVI, fig. 2 ; Chabouillet, *Catalogue*, n° 368 ; E. Babelon, *Le Cabinet des Antiques*, p. 69, et pl. XXIII, fig. 1 ; le même, *La gravure en pierres fines*, p. 252, fig. 179.

951. **Ludovic Sforza, duc de Milan** (*Louis le More*), ou **Louis II marquis de Saluces.** Buste imberbe, de profil, à droite. Les traits sont ceux d'un vieillard ; il est coiffé du chaperon à la mode du temps de Louis XII, et ses longs cheveux frisés descendent sur son cou ; la poitrine est drapée. — Travail italien des plus remarquables, de la fin du XVe siècle.

Agate-onyx à deux couches : bleuâtre et blanche.

Monture en cuivre.

Haut., 37 mill.; larg., 26 mill., monture comprise.

Pl. LXVIII, fig. 951.

Ce camée, d'un style si admirable, a longtemps passé pour représenter Louis le More, duc de Milan ; la comparaison de cette pierre avec les portraits authentiques de ce personnage célèbre, permet de mettre en doute cette attribution qu'on a vainement essayé, d'ailleurs, de remplacer par une autre mieux justifiée. Les auteurs du *Trésor de numismatique et de glyptique* ont toutefois reconnu une certaine analogie entre le camée et l'effigie monétaire de Louis II, onzième marquis de Saluces, l'allié fidèle de Charles VIII et de Louis XII, et qui, un instant vice-roi de Naples, mourut à Gênes le 27 janvier 1504.

Bibl. — Marion du Mersan, *Hist. du Cabinet des Médailles* (1838), p. 122, n° 461 (sous le nom de *Louis II, marquis de Saluces*) ; *Trésor de numism. et de glypt., Bas-reliefs et ornements*, pl. XVI, n° 1 et p. 9; Chabouillet, *Catalogue*, n° 323; E. Babelon, *Le Cabinet des Antiques*, p. 47, et pl. XV, fig. 2.

952. **Laurent de Médicis (?).** Buste de trois quarts à gauche, d'un homme imberbe, dans lequel on a successivement proposé de reconnaître Louis XII et Charles d'Amboise, seigneur de Chaumont; il nous semble avoir une étroite parenté avec des portraits de Laurent le Magnifique (1448-1492). Il est coiffé d'un chaperon orné d'une enseigne, et ses cheveux sont coupés courts et ramassés sur le cou, suivant la mode du temps de Louis XII. Ses épaules et sa poitrine sont drapées. — Travail italien des plus remarquables, de la fin du xve siècle.

Agate-onyx à deux couches : brune et blanc-nuageux.

Monture en or.

Haut., 33 mill.; larg., 23 mill., monture comprise.

Pl. LXVIII, fig. 952.

Ce beau camée a fait partie, au dernier siècle, de la collection du duc Louis d'Orléans, et il passait alors pour représenter Louis XII. M. Chabouillet propose, avec les plus grandes réserves, de reconnaître ici Charles d'Amboise, seigneur de Chaumont, dont on a un portrait conservé au Département des Estampes de la Bibliothèque nationale. Mais Charles d'Amboise, qui fut gouverneur du Milanais, mourut à trente-huit ans, en 1511, et notre camée reproduit, ce semble, la figure d'un homme beaucoup plus avancé en âge, même en tenant compte de la mode artistique du commencement du xve siècle qui faisait accentuer jusqu'à l'exagération les traits et les rides du visage.

Bibl. — La Chau et Le Blond, *Pierres gravées du duc d'Orléans*, t. II, p. 183; Marion du Mersan, *Hist. du Cabinet des Médailles* (1838), p. 121, n° 422 (sous le nom de *Louis XII*); Chabouillet, *Catalogue*, n° 324; E. Babelon, *Le Cabinet des Antiques*, pp. 47-48, et pl. XV, fig. 1.

953. **Alfonse II, duc de Ferrare, et Lucrèce de Médicis sa femme.** Bustes accolés et vus à mi-corps, de profil, à droite.

Alfonse II, au second plan, a une barbe frisée; Lucrèce de Médicis a la poitrine à demi-nue, le sein droit couvert seulement d'une gaze légère. Tous deux sont, comme Hercule et Omphale, coiffés de peaux de lion qui retombent sur leurs épaules et sont nouées sur leur poitrine. — Travail italien du milieu du XVIe siècle.

Agate à deux couches : cendrée et jaunâtre. Gemme remarquable par ses dimensions, mais d'un effet médiocre.

Haut., 131 mill. ; larg., 90 mill. Pl. LXIX, fig. 953.

Alphonse II d'Este, né en 1533, régna sur Ferrare, Modène et Reggio, de 1559 à 1597; sa premiere femme Lucrèce de Médicis, fille de Côme Ier, qu'il épousa en 1558, mourut le 21 avril 1561. Si l'attribution iconographique de notre camée est fondée, on doit donc en placer la fabrication entre 1558 et 1561, et il faut classer à la même date les camées n°s 954 à 962 qui représentent les mêmes personnages. Mais M. Chabouillet, dont nous avons adopté l'opinion, ne donne lui-même cette attribution que « sous toute réserve ». On s'attendrait, en effet, étant donnés les attributs des personnages, à reconnaître ici un prince du nom d'Hercule; la famille d'Este compte plusieurs membres de ce nom, entre autre Hercule Ier, le frère d'Alfonse II, mais les traits iconiques de nos figures ne sauraient leur convenir. En comparant les camées avec des médailles, j'ai moi-même proposé de reconnaître ici plutôt Camillo Gonzaga, comte de Novellara (1521-1595) et sa femme Barbara Borromeo (née vers 1538, mariée en 1555, morte en 1572); mais l'incertitude de cette nouvelle attribution me porte à retourner à celle de M. Chabouillet, bien qu'elle ne soit pas mieux justifiée.

BIBL. — Chabouillet, *Catalogue*, n° 388 (cf. ci-après les n°s 954 à 962).

954. **Alfonse II, duc de Ferrare, et Lucrèce de Médicis.** Bustes accolés et vus à mi-corps, de profil, à droite. Alfonse II, au second plan, a une barbe frisée; Lucrèce de Médicis a les cheveux nattés sur le derrière de la tête, avec des mèches qui retombent sur les épaules. Sa poitrine est couverte d'une robe et d'un manteau. — Travail italien du milieu du XVIe siècle.

Agate à quatre couches : translucide, carmin-clair, blanche et carmin-clair.

Monture en or émaillé, de l'époque de la Renaissance.

Haut., 60 mill.; larg., 46 mill., monture comprise.

Pl. LXIX, fig. 954.

BIBL. — Chabouillet, *Catalogue*, n° 389. — Voyez ci-dessus la note du n° 953.

955. **Alfonse II, duc de Ferrare, et Lucrèce de Médicis.** Bustes accolés et vus à mi-corps, de profil, à gauche. Alfonse II, au second plan, est barbu et lauré; Lucrèce de Médicis a ses cheveux arrangés en bandeau sur les tempes, nattés et noués sur la nuque; sa poitrine est couverte d'une robe et d'un manteau agrafé sur l'épaule gauche. — Travail italien du milieu du XVIe siècle.

Agate à deux couches : rouge-translucide et blanche. Corniche au pourtour.

Haut., 45 mill.; larg., 34 mill., Pl. LXIX, fig. 955.

BIBL. — Chabouillet, *Catalogue*, n° 390. —Voyez ci-dessus la note du n° 953.

956. **Alphonse II, duc de Ferrare, et Lucrèce de Médicis.** Bustes accolés et vus à mi-corps, de profil, à droite. Alfonse II, au second plan, est nu-tête, et il a une barbe frisée. Lucrèce de Médicis a les cheveux en coquille au-dessus du front, et arrangés en chignon sur la nuque; des nattes épaisses descendent sur son dos. Sa poitrine est couverte d'une robe et d'une tunique agrafée sur l'épaule droite. — Travail italien du milieu du XVIe siècle.

Agate blonde à deux couches : translucide et blanche.

Haut., 35 mill.; larg., 31 mill. Pl. LXIX, fig. 956.

BIBL. — Chabouillet, *Catalogue*, n° 391 ; E. Babelon, *Le Cabinet des Antiques*, p. 69 et pl. XXIII, fig. 2 (sous le nom de *Camillo Gonzaga, comte de Novellara, et Barbara Borromeo*). — Voyez ci-dessus la note du n° 953.

957. **Alphonse II, duc de Ferrare, et Lucrèce de Médicis.** Bustes accolés et vus à mi-corps, de profil, à droite. Alfonse II, au second plan, est barbu, et il est coiffé de la peau de lion; Lucrèce de Médicis a les cheveux relevés sur les tempes, nattés et arrangés en corymbe au sommet de la tête; elle a

des pendants d'oreilles et un collier de perles. Sa poitrine est couverte d'une robe et d'un manteau noué sur l'épaule droite. — Travail italien du milieu du XVIe siècle.

Agate à deux couches : blonde et blanche.

Monture en or, du XIXe siècle, rehaussée d'un cercle de trente-cinq perles et d'une bélière mobile aussi enrichie de quatre petites perles.

Haut., 44 mill. ; larg., 35 mill., monture comprise.

Pl. LXIX, fig. 957.

Donné par M. Jean Rousseau en 1876. — Voyez ci-dessus la note du n° 953.

958. **Alphonse II, duc de Ferrare, et Lucrèce de Médicis.** Bustes accolés et vus à mi-corps, de profil, à droite. Alphonse II, au second plan, est barbu; Lucrèce de Médicis a les épaules couvertes d'une draperie. — Travail italien du XVIe siècle.

Sardonyx à trois couches. — Monture en or.

Haut., 17 mill. ; larg., 13 mill. Pl. LXIX, fig. 958.

BIBL. — Chabouillet, *Catalogue*, n° 392. — Voyez ci-dessus la note du n° 953.

959. **Alphonse II, duc de Ferrare.** Buste de profil, à gauche ; il est barbu et coiffé d'une peau de lion nouée sous le cou. Corniche au pourtour. — Travail italien du milieu du XVIe siècle.

Sardoine rougeâtre et cendrée, translucide.

Monture en or, avec restes de charnière.

Haut., 48 mill. ; larg., 40 mill., monture comprise.

Pl. LXIX, fig. 959.

Ce camée forme le pendant du camée n° 960.

BIBL. — Ch. Lenormant, *Trésor de numismatique et de glyptique. Recueil général de bas-reliefs et d'ornements*, p. 9 et pl. XVI, fig. 5; Chabouillet, *Catalogue*, n° 393. — Voyez ci-dessus la note du n° 953.

960. **Lucrèce de Médicis,** femme d'Alfonse II, duc de Ferrare. Buste de profil, à droite, avec des pendants d'oreilles et des bandelettes qui retiennent ses cheveux nattés. Un voile descend de la nuque sur son dos. La draperie légère qui lui

couvre les épaules et la poitrine laisse à nu le sein gauche. Corniche au pourtour. — Travail italien du milieu du xvie siècle.

Sardoine rouge-brun, translucide.

Monture en or, avec restes de charnière.

Haut., 47 mill.; larg., 38 mill. Pl. LXIX, fig. 960.

Ce camée forme le pendant du n° 959.

Bibl. — *Trésor de numismatique et de glyptique. Recueil général de bas-reliefs et d'ornements*, p. 9 et pl. XVI, fig. 6; Chabouillet, *Catalogue*, n° 394. — Voyez ci-dessus la note du n° 953.

961. **Lucrèce de Médicis,** femme d'Alfonse II, duc de Ferrare. Buste de profil, à droite; les nattes des cheveux sont disposées de distance en distance autour de la tête; un voile retombe de la nuque sur le dos. La draperie légère qui couvre les épaules et la poitrine laisse à nu le sein gauche.— Travail italien du milieu du xvie siècle.

Agate-onyx à deux couches : translucide et blanche.

Très élégante monture formée d'une guirlande de fleurs ajourée, en or émaillé, du xvie siècle.

Haut., 51 mill.; larg., 37 mill., monture comprise.
Pl. LXIX, fig. 961.

Bibl. — Chabouillet, *Catalogue*, n° 387; Eug. Fontenay, *Les Bijoux anciens et modernes*, p. 212; E. Babelon, *Le Cabinet des Antiques*, p. 69 et pl. XXIII, fig. 3 (sous le nom de *Barbara Borromeo*); E. Babelon, *La gravure en pierres fines*, p. 253, fig. 181. — Voyez ci-dessus la note du n° 953.

962. **Lucrèce de Médicis,** femme d'Alphonse II, duc de Ferrare. Buste de profil, à droite, les cheveux retenus dans une résille formant bonnet, les épaules et la poitrine couvertes d'un riche manteau. — Travail italien remarquable, du xvie siècle.

Sardonyx à trois couches : jaune-enfumé, brune et blanchâtre. — Monture en or émaillé, du xviie siècle.

Haut., 32 mill.; larg., 25 mill. Pl. LXIV, fig. 962.

Bibl. — Chabouillet, *Catalogue*, n° 400. — L'attribution iconographique de ce camée est très incertaine. Voyez ci-dessus la note du n° 953.

963. **Princesse italienne inconnue (Barbara Borromeo ?).** Buste de profil, à gauche. Les nattes des cheveux sont relevées autour de la tête et une mèche descend sur le cou. Une élégante draperie couvre les épaules et la poitrine. — Excellent travail italien du milieu du XVIe siècle.

Agate-onyx à trois couches : cendrée, blanche et rose-cendré.

Très élégante monture en or émaillé, du milieu du XVIe siècle. Au revers de cette monture, on voit représenté, en émail, un guerrier debout, armé d'une lance, la main gauche appuyée sur son bouclier posé à terre ; de chaque côté de lui, deux cerfs, bondissant en sens inverse, couverts chacun d'une draperie rouge. Dans les festons qui forment l'entourage, on distingue deux cornes d'abondance, des fleurs, deux satyres se faisant pendant, et un buccane.

Haut., 52 mill. ; larg., 41 mill., monture comprise.

Pl. LXVIII, fig. 963.

D'après les médailles, on pourrait peut-être reconnaître dans ce magnifique portrait, Barbara Borromeo (1538-1572), femme de Camille de Gonzague, comte de Novellara.

BIBL. — Chabouillet, *Catalogue*, n° 618 ; E. Babelon, *Le Cabinet des Antiques*, p. 70 et pl. XXIII, fig. 4.

964. **Personnage inconnu (l'Arétin ?).** Tête nue, de profil, à droite ; il a les cheveux touffus et une longue barbe. Le cou est drapé. — Bon travail italien du milieu du XVIe siècle.

Calcédoine à deux couches : translucide et cendrée.

Monture en or émaillé du XVIIe siècle.

Haut., 25 mill. ; larg., 20 mill. Pl. LXVII, fig. 964.

Pietro Bacci, dit l'Arétin, que nous proposons, sous toutes reserves, de reconnaître ici, né en 1492, mourut en 1557.

BIBL. — Chabouillet, *Catalogue*, n° 630 (indéterminé).

965. **André Doria.** Buste de face, la tête de trois quarts, à gauche ; il a une longue barbe, et il est costumé à l'antique, avec un paludamentum agrafé sur l'épaule droite. — Travail italien du milieu du XVIe siècle.

Lapis-lazuli. — Monture en or émaillé, du XVIe siècle.

Haut., 50 mill. ; larg., 41 mill., monture comprise.
Pl. LXVIII, fig. 965.

André Doria, né en 1468, mourut en 1560.

BIBL. — Marion du Mersan, *Hist. du Cabinet des Médailles* (1838), p. 122, nº 459 ; Chabouillet, *Catalogue*, nº 380.

966. **André Doria.** Il est barbu, assis de face, sur un monceau d'armes, et regardant vers la gauche. Il est vêtu en guerrier romain, avec le casque et la cuirasse, les jambes nues. — Travail italien du milieu du XVIᵉ siècle.

Sardonyx à trois couches : blanche, jaunâtre et brune. Corniche au pourtour, avec le bord en biseau.

Haut., 36 mill., larg., 33 mill. Pl. LXVIII, fig. 966.

BIBL. — Marion du Mersan, *Hist. du Cabinet des Médailles* (1838), p. 122, nº 460 ; Chabouillet, *Catalogue*, nº 381.

967. **Élisabeth, reine d'Angleterre** (1558-1603). Buste de profil, à gauche, avec la couronne royale et un diadème enrichi de perles et de gemmes. Elle est vêtue d'une robe richement brodée et elle porte au cou un collier avec un camée sur lequel est représenté l'emblème de la Jarretière : saint Georges, à cheval, combattant le dragon. Corniche au pourtour. — Excellent travail français de la fin du XVIᵉ siècle.

Sardonyx à trois couches : brune, bleuâtre et rousse. Tranche en biseau. — Monture en or.

Haut., 60 mill.; larg., 46 mill., monture comprise.
Pl. LXXI, fig. 967.

BIBL. — Ch. Lenormant, *Trésor de numism. et de glypt., Recueil de bas-reliefs et d'ornements*, p. 9 et pl. XVI, fig. 9 ; Chabouillet, *Catalogue*, nº 371.

968. **Élisabeth, reine d'Angleterre** (1558-1603). Buste de profil, à gauche, avec la couronne royale et un diadème enrichi de perles et de gemmes. Elle est vêtue d'une robe richement brodée et porte au cou un collier orné d'un pendant. Corniche au pourtour. — Excellent travail français de la fin du XVIᵉ siècle.

Sardonyx à trois couches : brune, bleuâtre et rousse. Tranche en biseau.

Élégante monture en or émaillé, de la fin du XVIe siècle, rehaussée de huit rubis.

Haut., 42 mill.; larg., 24 mill., monture comprise.

Pl. LXXI, fig. 968.

BIBL. — Chabouillet, *Catalogue*, n° 372 ; E. Babelon, *Le Cabinet des Antiques*, p. 70 et pl. XXIII, fig. 5.

969. **Élisabeth, reine d'Angleterre** (1588-1603). Buste de profil, à gauche, avec la couronne royale et un diadème enrichi de perles et de gemmes. Elle est vêtue d'une robe richement brodée et porte au cou un collier orné d'une série de pendants. Corniche au pourtour. — Excellent travail français de la fin du XVIe siècle.

Sardonyx à trois couches : brune, bleuâtre et rousse. Tranche en biseau. — Monture en or.

Haut., 32 mill.; larg., 25 mill. Pl. LXXI, fig. 969.

BIBL. — Chabouillet, *Catalogue*, n° 373.

970. **Olivier Cromwell.** Buste de profil, à gauche, la tête laurée, la poitrine drapée à la manière antique.

Au revers de la gemme, on voit, gravé en creux, un buste satirique de guerrier, tenant d'une main un bâton et de l'autre son casque. On pourrait reconnaître ici le buste de don Quichotte ou plutôt, peut-être, la caricature de Henri IV.

Jaspe sanguin. — Monture en or émaillé.

Haut., 37 mill.; larg., 32 mill., monture comprise.

Pl. LXXI, fig. 970.

BIBL. — Marion du Mersan, *Hist. du Cabinet des Médailles* (1838), p. 122, n° 470; Chabouillet, *Catalogue*, n° 374.

971. **Olivier Cromwell.** Buste de profil, à gauche, la tête laurée, le cou drapé. — Ce buste en relief forme le chaton d'une bague en jaspe sanguin.

Haut du chaton, 22 mill., larg., 17 mill.

Pl. LXXI, fig. 971.

BIBL. — Marion du Mersan, *Hist. du Cabinet des Médailles* (1838), p. 122, n° 471; *Trésor de numism. et de glypt., Recueil de bas-reliefs et d'ornements*, p. 9 et pl. XVI, fig. 11 ; Chabouillet, *Catalogue*, n° 375.

972. **Charles II, roi d'Angleterre.** Buste de profil, à gauche; il est représenté en Hercule, coiffé d'une peau de lion dont la crinière se confond avec sa longue chevelure bouclée. La poitrine est drapée.

Girasol ou agate à trois couches : cornée, blonde et brun-jaunâtre. Monture en cuivre, avec bélière.

Haut., 70 mill.; larg., 57 mill. Pl. LXXI, fig. 972.

Donné au roi Louis XIV, en 1695, « par M. Moreau, premier valet de chambre de Mgr le duc de Bourgogne. »

Bibl. — Marion du Mersan, *Hist. du Cabinet des Médailles* (1838), p. 122, n° 472; Chabouillet, *Catalogue*, n° 376.

973. **Charles II, roi d'Angleterre.** Buste de face, la tête tournée de trois quarts à droite; ses longs cheveux retombent sur ses épaules et sa poitrine est couverte de la cuirasse.

Sardoine à deux couches, blonde et jaune-brun.

Monture en cuivre.

Haut., 26 mill.; larg., 21 mill. Pl. LXXI, fig. 973.

Bibl. — Chabouillet, *Catalogue*, n° 377.

974. **Marie Stuart (?).** Buste de profil, à droite, les cheveux nattés, surmontés d'un riche diadème et entremêlés de rubans; la poitrine et les épaules sont couvertes d'un riche costume enrichi de broderies; au cou, un collier de perles. — Excellent travail du XVIe siècle (vers 1575).

Agate-onyx à deux couches, cendrée et blanche.

Monture en or émaillé, du XVIIe siècle.

Haut., 49 mill.; larg., 40 mill., monture comprise.

Pl. LXVIII, fig. 974.

L'attribution iconographique de ce camée n'est pas certaine.

Bibl. — Marion du Mersan, *Hist. du Cabinet des Médailles* (1838), p. 122, n° 467; Ch. Lenormant, *Trésor de numism. et de glypt., Recueil de bas-reliefs et d'ornements,* p. 9 et pl. XVI, fig. 10 (sous le nom de *Marie Stuart*); Chabouillet, *Catalogue,* n° 385 (sous le nom de *Princesse italienne*).

975. **Marie Stuart (?).** Buste à mi-corps, de profil, à gauche; la tête est diadémée, les cheveux nattés sont entremêlés de

rubans; un long voile descend de la nuque sur le dos. Riche costume rehaussé de fines broderies ; de la main droite, cette femme élégante et gracieuse tient un livre ; de la main gauche, elle retient le bord de son vêtement.

Agate-onyx à deux couches : cendrée et blanche.

Élégante monture en or émaillé, de la fin du XVIe siècle, rehaussée de quatre rubis et deux brillants ; à la partie supérieure, une bélière ; à la partie inférieure, un anneau auquel est suspendue une perle.

Haut., 57 mill. ; larg., 30 mill., monture comprise.

Pl. LXVIII, fig. 975.

L'attribution iconographique de ce camée n'est pas certaine.

BIBL. — Marion du Mersan, *Hist. du Cabinet des Médailles* (1838), p. 122, nº 468 ; Chabouillet, *Catalogue*, nº 386 ; Eug. Fontenay, *Les bijoux anciens et modernes*, p. 199 ; E. Babelon, *La gravure en pierres fines*, p. 276, fig. 191.

976. **Charles-Quint.** Buste de face, la tête tournée à gauche. Il est barbu et lauré ; sa poitrine est couverte d'une armure richement décorée.

Agate-onyx à deux couches, brune et blanche. Monture en or.

Haut., 37 mill. ; larg., 28 mill., monture comprise.

Pl. LXX, fig. 976.

BIBL. — Marion du Mersan, *Hist. du Cabinet des Médailles* (1838), p. 122. nº 462 ; Chabouillet, *Catalogue*, nº 369.

977. **Charles-Quint et Ferdinand Ier.** Bustes accolés de profil, à droite, vus à mi-corps. Ils sont coiffés de la petite toque ; Charles-Quint, au premier plan, porte au cou le collier de la Toison d'or. — Excellent travail du milieu du XVIe siècle.

Sardoine à deux couches, cendrée et blanche.

Belle monture en or émaillé, du milieu du XVIe siècle, avec bélière de suspension ; sur les côtés et à la partie inférieure, trois annelets pour suspendre des perles qui ont disparu.

Haut., 61 mill. ; larg., 53 mill., monture comprise.

Pl. LXX, fig. 977.

Acquis en 1896.

Il faut comparer à ce précieux bijou, celui qui porte le n° 128 au Cabinet impérial de Vienne, et qui représente Charles-Quint, Ferdinand et Maximilien; l'attribution iconographique ne saurait être douteuse, et le nouveau camée du Cabinet des Médailles est en quelque sorte l'abrégé de celui de Vienne (Joseph Arneth, *Die Cinque-Cento Cameen*, etc., p. 84, pl. I, n° 128 et pl. IV).

978. **Charles-Quint et Ferdinand Ier.** Bustes de profil, à gauche; Charles-Quint, au premier plan, a la tête laurée et sa poitrine est drapée à l'antique; il est très reconnaissable à sa longue barbe et à son profil caractéristique; la figure du second plan pourrait être Maximilien Ier aussi bien que Ferdinand.

Calcédoine à deux couches : translucide et blanche.

Haut., 12 mill.; larg., 11 mill. Pl. LXVII, fig. 978.

979. **Philippe II, roi d'Espagne.** Buste de profil, à gauche, la tête nue, la poitrine couverte de la cuirasse et ayant le manteau royal sur les épaules; au cou, le collier de la Toison d'or.

Onyx à deux couches : bleuâtre et blanche.

Monture en cuivre.

Haut., 39 mill.; larg., 29 mill., monture comprise.

Pl. LXX, fig. 979.

BIBL. — Marion du Mersan, *Hist. du Cabinet des Médailles* (1838), p. 122, n° 463; Chabouillet, *Catalogue*, n° 370.

980. **Anne de Brunswick-Hanovre, princesse d'Orange.** Buste de face, la tête légèrement tournée vers la gauche; elle est diadémée et ses cheveux descendent sur son cou. Sa poitrine est vêtue, à l'antique, d'un manteau agrafé sur l'épaule droite.

Sur la tranche, on lit la signature de l'artiste : L· NATTER. FEC. En légende, autour du champ, en lettres dorées : ANNA. ARAVS· ET· NASS· PRINCEPS (*Anna Arausionis et Nassoviæ princeps*). A l'exergue, la date, 1748.

Agate cendrée, à deux couches : translucide et blanche.

Haut., 67 mill.; larg., 47 mill. Pl. LXX, fig. 980.

Cette princesse d'Orange était la fille de Georges II, roi d'Angleterre, et la femme du prince Guillaume Ch. H. Frison de Nassau-Orange-Dietz, stathouder de Hollande.

Rapporté de Hollande en l'an IV, ce camée fut déposé au Cabinet des Médailles le 19 brumaire de la même année (10 novembre 1795).

Bibl. — Marion du Mersan, *Hist. du Cabinet des Médailles* (1838), p. 122, n° 476; Chabouillet, *Catalogue*, n° 379.

981. **Louis de Requesens.** Buste de profil, à droite, barbu, la tête nue, la poitrine couverte de la cuirasse, avec un manteau agrafé sur l'épaule droite. Corniche au pourtour.

Agate rubanée à deux couches: cendrée et jaunâtre. Tranche en biseau.

Haut., 51 mill.; larg., 41 mill. Pl. LXX, fig. 981.

Don Louis de Requesens de Zuniga fut gouverneur des Pays-Bas, de 1573 à 1576.

Bibl. — Marion du Mersan, *Hist. du Cabinet des Médailles* (1838), p. 122, n° 475; Chabouillet, *Catalogue*, n° 384. — Comparez une médaille représentant Louis de Requesens, dans Van Loon, *Histoire métallique des Pays-Bas*, t. I, p. 213.

982. **Frédéric-Guillaume II, roi de Prusse** (1786-1797). Buste de profil, à droite, imberbe, les cheveux relevés et noués sur le cou, suivant la mode de la fin du XVIIIe siècle; il est vêtu de l'habit avec le jabot de dentelles.

Porcelaine.

Haut., 25 mill.; larg., 20 mill.

983. **Le Rhingrave Nicolas Ier, comte de Salm-Neubourg** († 1530). Buste de profil, à droite; il a une très longue barbe et il est costumé en guerrier. Son casque a la forme d'une tête humaine imberbe, le menton allongé, les cheveux rejetés en arrière; le cimier a la forme d'un dragon. Sur sa poitrine, une cuirasse ornée d'épaulières et d'une tête de Méduse. — Travail allemand du XVIe siècle.

Agate-onyx à deux couches : translucide et blonde.

Monture en cuivre.

Haut., 46 mill.; larg., 34 mill. Pl. LXX, fig. 983.

Bibl. — Chabouillet, *Catalogue*, n° 396 (guerrier indeterminé).

984. **Le Rhingrave Nicolas Ier, comte de Salm-Neubourg** († 1530). Buste de profil, à droite; il a une longue barbe et

il est costumé en guerrier. Son casque a la forme d'une tête de vieillard, chauve, avec une mèche de cheveux tressés ; sa cuirasse est ornée d'une tête de Méduse. — Travail allemand.

Agate-onyx à deux couches : translucide et blanche.

Haut., 38 mill. ; larg., 25 mill. Pl. LXX, fig. 984.

BIBL. — Chabouillet, *Catalogue*, n° 397. — Comparez notre n° 983.

985. **Christine, reine de Suède.** Tête de profil, à gauche, ceinte d'une couronne de laurier, les cheveux retenus par des bandeaux.

Sardonyx à trois couches : brune, bleuâtre et roux-clair. Corniche au pourtour, avec tranche en biseau.

Monture en or.

Haut., 31 mill. ; larg., 25 mill. Pl. LXXI, fig. 985.

Ce camée a été acheté par Louis XIV, en 1697.

BIBL. — Marion du Mersan, *Hist. du Cabinet des Médailles* (1838), p. 122, n° 474 ; Chabouillet, *Catalogue*, n° 378. — Des médailles représentent la reine Christine de Suède avec la même coiffure.

986. **Barberousse.** Buste de profil, à gauche, du célèbre corsaire d'Alger ; il a une barbe épaisse et sa tête est enveloppée du turban ; sa poitrine est drapée.

Ce buste en relief forme le chaton d'une bague en agate ; sur un des plats de l'anneau, on lit, en creux, les lettres B. R. qui désignent le nom de *Barberousse*.

Haut. du portrait, 17 mill. ; larg., 11 mill.

Pl. LXX, fig. 986.

BIBL. — Chabouillet, *Catalogue*, n° 383.

987. **Washington (?).** Tête imberbe, de profil, à gauche, les cheveux relevés et noués sur le cou, suivant la mode de la fin du XVIIIe siècle (attribution douteuse). — Pâte cendrée.

Haut., 18 mill. ; larg., 15 mill.

C. — PERSONNAGES INDÉTERMINÉS, FRANÇAIS ET ÉTRANGERS

988. **Personnage inconnu.** Tête imberbe, de face; les cheveux longs, partagés sur le front, descendent sur les tempes, recouvrent les oreilles et sont bouclés sur les joues et sur le cou, à la mode du XIIIe siècle. — Travail du XIIIe siècle.

Sardoine à deux couches : brune et blanc d'ivoire. Cassure sur la joue gauche et sur le cou.

Monture en cuivre paraissant provenir d'une châsse ou d'un reliquaire.

Haut., 37 mill.; larg., 28 mill. Pl. LVIII, fig. 988.

Ce camée est très important pour l'histoire de la glyptique au moyen âge, à cause de l'époque reculée où nous croyons pouvoir le classer : le style de cette tête imberbe et la disposition de la chevelure rappellent les statues du XIIIe siècle.

989. **Femme inconnue.** Tête de face, légèrement inclinée à gauche; la coiffure est en or émaillé. Demi ronde bosse. — Travail du commencement du XVe siècle.

Grenat. — Chaton d'une bague en or émaillé.

Haut. du chaton, 18 mill.; larg., 10 mill.

Pl. LVIII, fig. 989.

BIBL. — Chabouillet, *Catalogue*, n° 2727; Eug. Fontenay, *Les bijoux anciens et modernes*, p. 62.

990. **Guerrier inconnu.** Buste de face, le visage imberbe, la tête coiffée d'un casque ayant la forme d'une tête de lion. La poitrine est couverte d'une cuirasse et d'un manteau noué sur le devant.

Grenat; demi-ronde bosse. La tête et le haut de la poitrine qui représentent les chairs sont seuls en pierre dure; le reste, c'est-à-dire le casque, la cuirasse et le manteau sont en or émaillé. — Travail du XVIe siècle.

Série de trous d'attache au pourtour.

Haut., 40 mill.; larg., 33 mill. Pl. LVII, fig. 990.

991. **Femme inconnue.** Buste de face, en demi-ronde bosse, les seins nus. — Travail du XIVe siècle.

Jacinthe. — Monture en argent, avec bélière.

Haut., 30 mill. ; larg., 23 mill., monture comprise.

Pl. LVIII, fig. 991.

BIBL. — Chabouillet, *Catalogue*, n° 698.

992. **Jeune femme inconnue.** Buste de face, la tête légèrement tournée vers la droite ; les cheveux sont relevés autour du front et nattés ; la poitrine et les épaules sont couvertes d'une élégante et fine draperie. — Excellent travail italien du XVIe siècle.

Agate-onyx à deux couches : translucide et blanche.

Très riche monture de la fin du XVIe siècle, en or émaillé, enrichie de huit émeraudes.

Haut., 40 mill. ; larg., 33 mill., monture comprise.

Pl. LXVI, fig. 992.

BIBL. — Chabouillet, *Catalogue*, n° 621.

993. **Jeune femme inconnue.** Buste de face, inclinant la tête à gauche; les cheveux sont relevés en bandeaux parallèles sur les tempes et élégamment tressés ; une fine draperie agrafée sur l'épaule droite recouvre la poitrine. — Élégant travail italien du XVIe siècle.

Calcédoine à deux couches : translucide et blanche. Monture en or.

Haut., 21 mill. ; larg., 13 mill. Pl. LXVI, fig. 993.

Ce camée represente la même personne que le camée précédent.

BIBL. — Chabouillet, *Catalogue*, n° 638.

994. **Jeune femme inconnue.** Buste de profil, à droite, les cheveux retenus par des rubans sur la nuque et ayant des pendants d'oreilles; une draperie, rejetée sur l'épaule gauche, laisse le sein droit à découvert.

Calcédoine à deux couches : cendrée et blanche.

Haut., 17 mill. ; larg., 12 mill.

BIBL. — Chabouillet, *Catalogue*, n° 647.

995. **Femme inconnue.** Buste de profil, à droite, les cheveux relevés autour du front et noués sur le cou ; elle est costumée à

l'antique d'une tunique sans manches, la main droite ramenée devant la poitrine. — Travail italien du XVIe siècle.

Calcédoine à deux couches : translucide et blanche.

Haut., 15 mill.; larg., 8 mill. Pl. LV, fig. 995.

996. **Une Famille,** composée du père, de la mère et d'un tout jeune enfant. Le père, imberbe, est au second plan ; la mère, vue à mi-corps, de profil, à droite, s'apprête à donner le sein à son enfant emmailloté. — Travail italien du XVIe siècle.

Calcédoine à deux couches : translucide et blanche. Une cassure partage la gemme en deux fragments.

Haut., 32 mill., larg., 26 mill.

997. **Deux femmes inconnues.** Bustes, l'un de profil, à gauche, l'autre, de trois quarts, à droite, en haut relief. Toutes deux ont la tête surmontée de larges diadèmes ; elles ont des colliers au cou et leur poitrine est drapée.

Fragment sur coquille à deux couches : noire et blanche.

Haut., 33 mill.; larg., 20 mill. Pl. LVIII, fig. 997.

BIBL. — Chabouillet, *Catalogue,* n° 679.

998 **Femme inconnue.** Buste de profil, à gauche, la tête ceinte d'un large diadème. Au cou, un collier en or émaillé ; le vêtement qui recouvre la poitrine et les épaules est également en or émaillé, ainsi que le fond au milieu duquel la tête se détache. — Travail du XVIe siècle.

Sardonyx à trois couches : blanche, rousse et brune.

Monture en or.

Diamètre, 35 mill. Pl. LXV, fig. 998.

Ce camée est décrit dans l'Inventaire de 1664, sous le n° 93.

BIBL. — Chabouillet, *Catalogue,* n° 626.

999. **Femme inconnue.** Buste de profil, à gauche, les cheveux retenus par un bandeau et noués sur le cou; de petites nattes descendent sur les tempes. La poitrine est drapée. — Élégant travail du XVIe siècle.

Agate à trois couches : cornée, blanche et rose. Le fond est légèrement fragmenté à droite.

Haut., 31 mill. ; larg., 21 mill. Pl. LXVII, fig. 999.

BIBL. — Chabouillet, *Catalogue*, n° 633.

1000. **Jeune femme inconnue.** Buste de profil, à gauche, les cheveux arrangés en couronne sur la tête et en coquille derrière les oreilles, la poitrine drapée. — Élégant travail du XVIe siècle.

Agate à deux couches : bleu foncé et blanche.

Belle monture en or émaillé, avec bélière ; une perle est suspendue au bas. Au revers, sur la monture, en émail, d'élégants festons autour d'un jongleur jouant avec des serpents.

Haut., 50 mill. ; larg., 29 mill., monture comprise.

Pl. LXVII, fig. 1000.

Ce camée a été acquis par le roi Louis XIV, pour 60 livres, au sieur Beccasse, huissier, en 1693.

BIBL. — Chabouillet, *Catalogue*, n° 620.

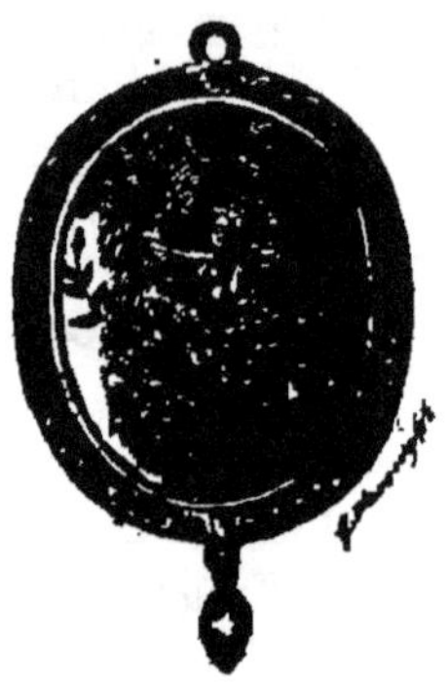

N° 1000, revers.

1001. **Femme inconnue.** Tête de profil, à gauche, les cheveux relevés; un réseau formé de quatre bandes en or émaillé enveloppe la tête.

Sardonyx à trois couches : blanche, jaunâtre et brune, appliquée à la colle sur un fond en sardoine rubanée translucide.

Monture en or émaillé, du XVIIe siècle.

Haut., 41 mill.; larg., 37 mill., monture comprise.

Pl. LXV, fig. 1001.

BIBL. — Chabouillet, *Catalogue*, n° 622.

1002. **Femme inconnue.** Buste de profil, à droite, avec des pendants d'oreilles, les cheveux frisés et retenus par un double bandeau ; la poitrine est drapée. — Travail du XVIe siècle.

Agate à trois couches : brune, blanc-jaunâtre et roux-clair.

Élégante monture ajourée, en or émaillé, de la fin du XVIe siècle. Huit trous, disposés au pourtour, indiquent la place d'ornements qui ont disparu. — Enseigne.

Haut., 54 mill.; larg., 48 mill., monture comprise.

Pl. LXV, fig. 1002.

Bibl. — Chabouillet, *Catalogue*, n° 617; Eug. Fontenay, *Les bijoux anciens et modernes*, p. 408.

1003. **Femme inconnue.** Buste de face, avec un long voile qui lui couvre la tête et descend de chaque côté sur ses épaules. (*une Vestale,* suivant une ancienne étiquette). — Travail du xvie siècle.

Calcédoine blonde, translucide. Riche monture en or émaillé.

Haut., 62 mill.; larg., 47 mill., monture comprise.

Pl. LXVII, fig. 1003.

Ce camée fut confisqué, sous la Révolution, dans l'église de Montivilliers (Seine-Inférieure) et apporté à la Monnaie de Paris, d'où il a été transmis au Cabinet des Médailles, le 1er nivôse an V (21 décembre 1796).

Bibl. — Chabouillet, *Catalogue*, n° 624.

1004. **Personnage inconnu.** Buste de trois quarts, à gauche; la figure et la barbe rappellent les têtes de Christ. La tête est ceinte d'un large diadème noué sur la nuque; un manteau est agrafé sur l'épaule gauche. — Travail médiocre.

Calcédoine blonde.

Haut., 35 mill.; larg., 26 mill. Pl. LVIII, fig. 1004.

Bibl. — Chabouillet, *Catalogue*, n° 629.

1005. **Femme inconnue.** Buste de profil, à gauche, les cheveux nattés autour de la tête et retombant sur le dos; la poitrine et les épaules sont recouvertes d'amples draperies. —Travail du xvie siècle.

Agate à deux couches : cendrée et blanche.

Monture en cuivre, avec bélière.

Haut., 39 mill.; larg., 35 mill., monture comprise.

Pl. LV, fig. 1005.

Bibl. — Chabouillet, *Catalogue*, n° 628.

1006. **Femme inconnue.** Buste de profil, à droite; les cheveux relevés autour de la tête et ramassés en chignon, retombent sur le dos; ils sont retenus par de larges bandeaux; une robe ornée de festons et un manteau recouvrent les épaules. — Travail du XVIIe siècle.

Agate à trois couches : brune, cendrée et rougeâtre.

Haut., 33 mill.; larg., 22 mill.

BIBL. — Chabouillet, *Catalogue*, n° 635.

1007. **Courtisane.** Buste à mi-corps, de profil, à gauche; ses cheveux sont retenus par des bandelettes au sommet de la tête, et des nattes retombent sur le cou; elle a des pendants d'oreilles, et elle est vêtue d'une robe à longues manches et d'un manteau agrafé sur l'épaule gauche. De la main gauche ramenée devant la poitrine elle fait un geste d'appel. — Travail italien du XVIe siècle.

Sardonyx à trois couches : brune, blanche et rousse.

Monture en or, avec bélière.

Haut., 58 mill.; larg., 46 mill., monture comprise.

Pl. LXVII, fig. 1007.

BIBL. — Chabouillet, *Catalogue*, n° 615.

1008. **Femme inconnue.** Buste de profil, à droite, les cheveux retenus par des bandelettes, avec des nattes qui descendent sur les épaules, la poitrine drapée. — Travail du XVIIIe siècle.

Sardonyx à trois couches : blanche, rousse et brune. Corniche au pourtour, avec bord en biseau. — Monture en or.

Haut., 34 mill.; larg., 32 mill., monture comprise.

Pl. LXVII, fig. 1008.

BIBL. — Chabouillet, *Catalogue*, n° 619.

1009. **Femme inconnue.** Buste de face, la tête de trois quarts, à droite, les yeux baissés. La tête est ornée d'un riche diadème et d'un voile qui retombe sur l'épaule gauche; les cheveux nattés descendent sur le dos, le sein gauche est nu, une draperie recouvre le sein droit. Au cou, un collier formé d'un double rang de perles avec un pend-à-col orné d'une riche monture. — Bon travail italien du XVIe siècle.

Lapis-lazuli. — Élégante monture en or émaillé.

Haut., 63 mill.; larg., 46 mill., monture comprise.

Pl. LXV, fig. 1009.

Acquis par Louis XIV, du procureur général de Harlay, en 1674.

Bibl. — Chabouillet, *Catalogue*, n° 614.

1010. **Femme inconnue.** Buste de profil, à gauche, la tête ceinte d'un large diadème enrichi de pierreries, les cheveux noués en chignon sur la nuque, la poitrine drapée.

Calcédoine blanche, appliquée à la colle sur un fond en agate brune, enfumée.

Monture en cuivre, avec bélière.

Haut., 47 mill. ; larg., 38 mill., monture comprise.

Pl. LV, fig. 1010.

Bibl. — Chabouillet, *Catalogue*, n° 623.

1011. **Femme inconnue.** Buste de profil, à gauche. Les cheveux ondulés sont ramassés en chignon sur la nuque; la poitrine est drapée. — Bon travail du XVIe siècle.

Sardonyx à trois couches : brune, blanche et roux-foncé. Corniche au pourtour.

Monture en or émaillé, du XVIIIe siècle.

Haut., 32 mill.; larg., 30 mill., monture comprise.

Pl. LXVI, fig. 1011.

Bibl. — Chabouillet, *Catalogue*, n° 430 (sous le nom de *Vénus*).

1012. **Personnage inconnu.** Tête de profil, à gauche, imberbe, le menton saillant, les cheveux arrangés en bourrelet autour de la tête et noués sur la nuque. — Travail médiocre.

Calcédoine à deux couches : brune et blanche.

Monture en or émaillé.

Haut., 26 mill. ; larg., 21 mill., monture comprise.

Pl. LXVII, fig. 1012.

Bibl. — Chabouillet, *Catalogue*, n° 637.

1013. **Personnage inconnu.** Buste de profil, à gauche, barbu, les cheveux frisés, la tête nue; la poitrine est couverte du pallium romain agrafé sur l'épaule gauche. Corniche au pourtour et tranche en biseau.

Au revers de la gemme, une tête de nègre, imberbe, de profil, à gauche. — Travail du XVIe siècle.

Sardonyx à deux couches : brune et bleuâtre.

Monture en or émaillé, du XVIIIe siècle.

Pl. LXVI, fig. 1013.

BIBL. — Chabouillet, *Catalogue*, n° 607.

1014. **Personnage inconnu.** Buste d'homme, de profil, à droite, la tête nue, les cheveux et la barbe épaisses. La poitrine est couverte de la cuirasse et du paludamentum agrafé sur l'épaule droite. — Travail italien du XVIe siècle.

Calcédoine à deux couches : translucide et blanche.

Monture en or.

Haut., 18 mill. ; larg., 14 mill. Pl. LXV, fig. 1014.

BIBL. — Chabouillet, *Catalogue*, n° 608 (décrit sous le nom d'*Impératrice inconnue*).

1015. **Personnage inconnu.** Buste de profil, à gauche, la tête nue, les cheveux frisés, la barbe courte et frisée, la poitrine couverte du paludamentum. — Travail du XVIe siècle.

Agate à deux couches : roux-foncé et blanche. Chaton d'une bague en or émaillé.

Haut., 16 mill. ; larg., 11 mill. Pl. LXV, fig. 1015.

BIBL. — Chabouillet, *Catalogue*, n° 632.

1016. **Femme inconnue.** Buste de profil, à droite, la tête ceinte d'un diadème, la poitrine drapée. — Travail du XVIe siècle.

Agate à trois couches : translucide, blanchâtre et jaune-roux. — Monture en or émaillé ; couvercle d'un petit coffret formant médaillon.

Haut., 25 mill. ; larg., 20 mill., monture comprise.

Pl. LXVI, fig. 1016.

BIBL — Chabouillet, *Catalogue*, n° 434 (sous le nom de *Vénus*).

1017. **Femme inconnue.** Tête de profil, à droite, les cheveux relevés et retenus par un bandeau.

Nicolo à deux couches : brune et bleuâtre. Monture en or émaillé, avec quatre bélières.

Haut., 16 mill.; larg., 14 mill., monture comprise.

BIBL. — Chabouillet, *Catalogue*, n° 636.

1018. **Femme inconnue.** Buste de profil, à droite, les cheveux retenus dans un bonnet serre-tête, le cou drapé.

Pâte de verre opaque, blanche et rouge, appliquée à la colle, sur un fond brun.

Haut., 26 mill.; larg., 20 mill.

1019. **Homme et femme inconnus.** Bustes accolés, de profil, à gauche; l'homme est au premier plan, imberbe, les cheveux courts, la poitrine drapée. — Travail du XVIIe siècle.

Agate à trois couches : brune, blanche et brune.

Monture en or émaillé.

Haut., 35 mill.; larg., 27 mill., monture comprise.

Pl. LXV, fig. 1019.

BIBL. — Chabouillet, *Catalogue*, n° 627.

1020. **Buste de femme,** en ronde bosse. Les cheveux sont arrangés en chignon; la poitrine est drapée.

Sardoine à trois couches : rougeâtre, blanche et cendrée.

Haut., 17 mill.; larg., 10 mill.

1021. **Six bustes,** superposés, côte à côte, de profil, à gauche. Le premier est celui d'une femme, les quatre suivants sont imberbes; le dernier est barbu. — Travail médiocre.

Agate rubanée, grisâtre.

Monture en or, avec anneau de suspension.

Haut., 20 mill.; larg., 26 mill. Pl. LVIII, fig. 1021.

BIBL. — Chabouillet, *Catalogue*, n° 642.

1022. **Trois bustes superposés.** Le premier, à longs cheveux bouclés, imberbe, paraît être celui d'une femme; les deux autres sont également imberbes. — Travail médiocre.

Calcédoine à deux couches : translucide et cendrée.

Haut., 21 mill.; larg., 20 mill.

BIBL. — Chabouillet, *Catalogue*, n° 643.

1023. **Trois bustes superposés,** de profil, à droite. Celui du premier plan est barbu ; les deux autres paraissent représenter des femmes.

Agate à trois couches : blonde, blanche et rouge-brun. Monture en or. — Haut., 18 mill.

Donné au roi Louis XIV, par Le Pelletier de Souzy, en mai 1693.

BIBL. — Chabouillet, *Catalogue,* n° 644.

1024. **Femme inconnue.** Buste de profil, à gauche, le front orné d'un diadème, les cheveux arrangés en mèches ondulées autour de la tête et retombant sur le cou, la poitrine drapée.

Sardonyx à trois couches : brune, blanche et roussâtre. Haut., 26 mill. ; larg., 20 mill.

BIBL. — Chabouillet, *Catalogue,* n° 634.

1025. **Jeune fille inconnue.** Buste à mi-corps, presque de face, le visage un peu tourné vers la gauche ; les cheveux sont partagés sur le front ; la poitrine n'est couverte que par une draperie nouée sur l'épaule gauche et qui laisse le sein droit à découvert. — Travail du XVIIe siècle.

Grenat. — Monture en or émaillé.

Haut., 29 mill. ; larg., 21 mill. Pl. LXV, fig. 1025.

BIBL. — Chabouillet, *Catalogue,* n° 631.

1026. **Femme inconnue.** Buste de profil, à gauche, avec des pendants d'oreilles, la tête enveloppée dans un bonnet, la poitrine drapée. — Travail italien du XVIe siècle.

Agate rubanée, fond cendré. Monture en cuivre avec bélière.

Diamètre, 22 mill., monture comprise.

Pl. LXVII, fig. 1026.

BIBL. — Chabouillet, *Catalogue,* n° 646.

1027. **Femme inconnue.** Buste de profil, à droite, les cheveux relevés, nattés sur les tempes et arrangés en chignon, la poitrine drapée. — Travail du XVIe siècle.

Agate à deux couches : blanche et jaunâtre appliquée sur

un fond en calcédoine jaunâtre. Monture en or, avec bélière.

Haut., 19 mill.; larg., 14 mill. Pl. LXV, fig. 1027.

BIBL. — Chabouillet, *Catalogue*, n° 616.

1028. **Vieillard.** Tête nue d'un vieillard imberbe, de profil, à droite. Il manque une partie du cou.

Pâte de verre imitant un camée à trois couches : jaune, blanche et rouge-carmin.

Haut., 24 mill.; larg., 19 mill.

1029. **Tête d'enfant,** de trois quarts, à gauche.

Sardoine verdâtre. — Chaton de bague en cuivre.

Haut. du chaton, 18 mill.; larg., 15 mill.

1030. **Personnage inconnu.** Buste de profil, à gauche, imberbe, la tête coiffée d'une sorte de bonnet serre-tête.

Sardoine à deux couches : brune et blanche.

Haut., 25 mill.; larg., 20 mill.

1031. **Personnage inconnu.** Tête de profil, à gauche, imberbe, les cheveux courts.

Pâte de verre blanche opaque, appliquée à la colle sur une calcédoine translucide.

Haut., 25 mill.; larg., 20 mill.

1032. **Personnage inconnu.** Tête de profil, à droite, imberbe, les cheveux courts et frisés.

Pâte blanche appliquée sur une petite plaque porphyre.

Haut., 26 mill.; larg., 20 mill.

Le personnage est le même que celui qui est figuré au n° 1033.

1033. **Personnage inconnu.** Tête de profil, à droite, imberbe, les cheveux courts et frisés (voyez le n° 1032). — Pâte bleue.

Haut., 17 mill.; larg., 12 mill.

1034. **Femme inconnue.** Buste de profil, à droite, les cheveux tressés et retenus par des bandeaux, la poitrine drapée à l'antique.

Biscuit.

Haut., 15 mill.; larg., 13 mill.

1035. **Femme inconnue.** Buste de profil, à gauche, la tête ceinte d'un diadème, les cheveux retenus par un bandeau et arrangés en chignon, la poitrine drapée.

Coquille cendrée, blanche et rose. Chaton de bague en cuivre.

Haut. du chaton. 30 mill. ; larg., 26 mill.

1036. **Personnage inconnu.** Tête barbue et casquée, vue de trois quarts, à droite, les yeux baissés.

Pâte de verre blanche, opaque, appliquée à la colle sur une plaque de lapis-lazuli. Monture en bronze, avec bélière.

Haut., 22 mill. ; larg., 17 mill.

1037. **Femme inconnue.** Tête de profil, à droite, les cheveux bouclés sur la nuque. — Travail médiocre.

Onyx vulgaire.

Haut., 43 mill. ; larg., 33 mill.

1038. **Femme inconnue.** Même type que le camée précédent. Le cou est drapé. — Travail médiocre.

Onyx vulgaire. Monture en cuivre, avec bélière.

Haut., 45 mill. ; larg., 34 mill.

1039. **Personnage inconnu.** Tête imberbe et entièrement chauve, de profil, à gauche.

Pâte de verre blanche.

Haut., 14 mill. ; larg., 11 mill.

1040. **Personnage inconnu.** Buste imberbe, de profil, à gauche, les cheveux relevés et frisés sur les tempes et formant une queue nouée sur le dos. Il est vêtu de l'habit. Dans le champ, à droite, la signature de l'artiste : SANTARELLI F.

Sardoine à deux couches : bleuâtre et blanche.

Chaton de bague en or.

Haut. du chaton, 26 mill. ; larg., 21 mill., monture comprise. Pl. LXXVI, fig. 1040.

Acquis en 1886.

VI. GEMMES SANS SUJET GRAVÉ

1041. **Joyau imitant un camée.** Perle baroque ou nacre de perles figurant naturellement l'image grossière, en relief, d'une tête de femme, de profil, à droite. L'œil est retouché au burin; la tête seule est en nacre; le buste est en cuivre avec des émeraudes et des brillants enchâssés.

Monture en or émaillé.

Haut., 31 mill.; larg. 27 mill., monture comprise.

Pl. LVII, fig. 1041.

Bibl. — Marion du Mersan, *Hist. du Cabinet des Médailles* (1838), p. 124, n° 593; Chabouillet, *Catalogue*, n° 696.

1042. **Joyau imitant un camée.** Perle baroque ou nacre de perles, figurant naturellement l'image grossière, en relief, d'un buste de femme, de profil, à gauche.

Monture en cuivre, avec bélière.

Haut., 25 mill.; larg., 19 mill.

Bibl. — Marion du Mersan, *Hist. du Cabinet des Médailles* (1838), p. 124, n° 594; Chabouillet, *Catalogue*, n° 697.

1043. **Agate herborisée.** Dans la composition naturelle de cette gemme, on voit quatre branches de mousse.

Haut., 42 mill.; larg., 33 mill.

1044. **Agate herborisée.** Dans la composition naturelle de cette gemme, on voit des branches de mousse.

Haut., 24 mill.; larg., 18 mill.

1045. **Agate herborisée.** Dans la composition de cette gemme, on voit des branches de mousse.

Haut., 23 mill.; larg., 19 mill.

1046. **Agate herborisée.** Dans la composition naturelle de cette gemme, on voit un dessin noirâtre ayant la forme d'une montagne.

Monture en or, avec bélière.

Haut., 17 mill.; larg., 27 mill.

1047. **Sardonyx** de forme ovale, polie et préparée pour la gravure. Les bords sont arrondis. Elle a trois couches : brune, bleuâtre et roux-foncé.

Belle monture en or émaillé, du XVIIIe siècle.

Haut., 69 mill.; larg., 90 mill., monture comprise.

BIBL. — Chabouillet, *Catalogue*, n° 147.

1048. **Sardonyx** de forme ovale, polie et préparée pour la gravure. La tranche est taillée en biseau. Elle a quatre couches : grise, blanche, rousse et brune.

Belle monture en or émaillé, du XVIIIe siècle.

Haut., 64 mill.; larg., 76 mill., monture comprise.

BIBL. — Chabouillet, *Catalogue*, n° 148.

1049. **Sardonyx** de forme ovale, polie et préparée pour la gravure. La tranche est taillée en biseau. Elle a trois couches : brune, bleuâtre et roux très foncé.

Monture en or.

Haut., 42 mill.; larg., 57 mill.

BIBL. — Chabouillet, *Catalogue*, n° 149.

1050. **Sardonyx** de forme ovale, polie et préparée pour la gravure. La tranche forme un biseau dont le champ est particulièrement étendu, et les couches sont orbiculaires et au nombre de trois : brune, blanche et roux-brun.

Long., 33 mill.; larg., 27 mill.

FIN DU CATALOGUE

APPENDICE

INVENTAIRE DES PIERRES GRAVÉES
DU CABINET DU ROI
EN 1664 ET EN 1691

En 1660, Gaston, duc d'Orléans, frère de Louis XIII, mourait, léguant au roi Louis XIV, son neveu, toutes ses collections d'antiquités [1]; ce legs fut accepté par le Roi au mois de novembre 1661, et les lettres patentes qui le concernent furent enregistrées au Parlement le 5 juin 1663. Après la prise de possession officielle, les collections de Gaston furent fondues dans celles que le Roi possédait déjà, et on s'occupa immédiatement de faire dresser un Inventaire détaillé de l'ensemble. Ce soin fut confié à l'abbé Bruno, ancien bibliothécaire du duc d'Orléans, devenu garde du Cabinet du roi.

L'abbé Bruno rédigea l'Inventaire des *Camées et des Intailles* de la collection royale, en y annexant les coquillages et quelques autres objets d'histoire naturelle. C'est cet Inventaire que nous publions ci-après, à l'exclusion du chapitre qui concerne les coquillages. Il est daté de 1664, et le texte en est conservé au Département des manuscrits de la Bibliothèque nationale, fonds Baluze, n° 313.

Vers l'an 1685, époque où Louvois fit dresser l'Inventaire des médailles du Cabinet du Roi, par Rainssant et Vaillant, on exécuta en même temps une copie de l'*Estat des pierres gravées* de Bruno : cette copie, conservée également au Département des manuscrits de la Bibliothèque nationale (fonds français, n° 13413), ne diffère de l'original que par des variantes d'orthographe, de rédaction ou des corrections sans importance.

Enfin, en 1691, à l'occasion d'un nouveau récollement, on apporta au texte même de Bruno, en surcharge, des modifications et des corrections d'un réel intérêt, qui équivalent à un autre Inventaire, plus exact, plus scientifique, et susceptibles d'aider à l'identification d'un certain nombre de gemmes. En outre, à chaque description, on a ajouté l'estimation marchande, qu'il n'est pas indifférent de connaître. Ce n'est pas tout : des retranchements permettent de constater qu'entre 1664, date du premier Inventaire, et 1691, époque où furent faites ces corrections et cette estimation, un certain nombre de

1. Voyez ci-dessus, notre *Introduction*, chap. v

gemmes de la collection royale en furent distraites : on en signale l'absence. Il était donc intéressant de relever avec soin ces corrections et cette estimation : ce sont elles que l'on trouvera ci-après *placées entre crochets*, à la suite de chaque description. De sorte que nous donnons, par le fait, à la fois l'Inventaire de 1664 et les additions et corrections de 1691.

ESTAT DES PIERRES GRAVÉES EN CREUX ET DE RELIEF QUI SONT AU CABINET DU ROY TRÈS CHRESTIEN, FAIT EN L'ANNÉE 1664, ET QUI SONT ENTRE LES MAINS DU SIEUR BRUNO, ABBÉ DE SAINT CYPRIEN, INTENDANT ET GARDE DUDIT CABINET[1].

Dix-neuf petites boistes de cuir, avec chacune son couvert, qui peuvent avoir six pouces de long sur quatre de large, dont la première marquée 1, contient :

Première Boiste. — Creux.

(1). Une agathe noire, où est gravée la teste de Juno Sospita. [Un grenat noir où est gravée la teste d'une Déjanire coiffée d'une peau de lyon, garny d'or. 25 tt. [2].]

(2). Une cornaline où est gravée un aigle tenant un lièvre dans ses serres [garnie d'argent doré. 33 tt.].

(3). Une agathe orientalle où est gravée une vache [garnie d'argent dore. 22 tt.].

(4). Une cornaline où est gravé un masque antique [garnie d'argent doré, avec le chaton d'or. 33 tt.].

(5). Une cornaline où est gravée une teste du dieu Terme, antique [garnie d'argent émaillé, avec le chaton d'or. 22 tt.].

(6). Une cornaline rouge et blanche, où est gravé un Apollon jouant de la lyre [un Silène jouant de la lyre; garnie d'argent doré, avec le chaton d'or. 20 tt.].

(7). Une hyacinthe qui nous donne en relief [3] un masque antique [un grenat... garny d'or. 40 tt.].

(8). Une cornaline où est gravé un chariot tiré par quatre chevaux, la déesse Victoire dedans, tenant une couronne et une palme. [Un chariot tiré

1. Bibliothèque nationale, *Département des manuscrits*, *Fonds Baluze*, n° 313.

2. Comme nous l'avons expliqué ci-dessus, les modifications, additions ou corrections placées entre crochets sont celles qui furent faites en 1691, sur l'exemplaire manuscrit de l'Inventaire de 1664. Les renvois à notre *Catalogue* sont, entre parenthèses, à la suite des descriptions que nous avons réussi a identifier.

3. Comparez ci-après le n° 76. On aura plusieurs fois l'occasion de constater, par la suite, que dans les chapitres qui portent pour titre la mention *creux*, il se trouve néanmoins un certain nombre de gemmes gravées *en relief*, c'est-à-dire des camées.

par quatre chevaux, dans lequel est un empereur tenant une couronne et une palme, et devant le chariot est un homme à cheval. Au dessus, sont les lettres CN. FAN. Garnie d'argent doré. 30 tt.]

(9). Une onyx de trois couleurs, qui a pour graveure une petite déité [... où est gravée la teste de la jeune Faustine. 60 tt.].

(10). Une cornaline où sont gravées trois déitez, Hercules, Bacchus et Cérès, avec une figure gisante au pied d'une colonne, sur laquelle le dieu Priape se voit. [Une cornaline où sont gravées quatre figures dont il y en a deux qui semblent planter en terre une espèce de torche devant une colonne sur laquelle est posé le dieu Priape, la troisième figure tient d'une main un flambeau renversé, et de l'autre, un plat de fruits; la dernière tient d'une main une peau de lion, et de l'autre soutient un bassin posé sur sa teste. Garnie d'or. 36 tt.]

(11). Un grenat [une vermeille] où est gravée la teste d'une Pallas, son casque représentant celle du dieu Pan et celle d'un Silène. Antique [garnie d'or. 22 tt.].

(12). Une cornaline où est gravé un gladiateur tenant un poignard en main. Antique [en marge, *manque*].

(13). Un jaspe rouge où est gravé la teste du dieu Pan. [... où sont gravées trois testes jointes ensemble, l'une du dieu Pan, l'autre de Silène, et la dernière d'un sanglier. Garny d'argent doré. 30 tt.]

(14). Une agathe où est gravée une teste d'homme, et quelque instrument de sacrifice [en marge, *manque*.]

(15). Une cornaline où est gravée une teste de Socrate. Antique [garnie d'argent doré. 22 tt.].

(16). Une autre cornaline où est gravée Numa Pompilius. Antique [garnie d'or. 55 tt.].

(17). Une autre cornaline où est gravé un Mars. Antique. [... cornaline rouge où est gravé en creux un jeune homme, debout, tenant d'une main une pique, et, de l'autre, s'appuyant sur un bouclier; garnie d'argent doré. 15 tt.]

(18). Une autre cornaline où sont gravées [en creux] deux testes, l'une du Soleil, et l'autre de Diane, portant le croissant. Antique [garnie d'or. 30 tt.].

(19). Une cornaline qui donne [cornaline rouge où est gravée en creux] la teste de Sérapis. Antique [garnie d'or, 55 tt.].

(20). Une onyx de trois couleurs, où est gravé un jeune Bacchus. [... où est gravée en creux la teste d'un jeune Apollon. Garnye d'or. Antique 50 tt.

(21). Une onyx grise et noire, où est gravée une teste de femme ayant deux mains au dessous [... où est gravée, en creux, une teste de femme entre deux épies et deux pavots; au dessous sont deux mains jointes; garnie d'argent doré. 22 tt.]

(22). Une hyacinthe où est gravée une teste d'empereur [... en creux, la teste de Galba; garnye d'or. 100 tt.]

(23). Une cornaline où est gravée [en creux] un Hercule qui, de sa massue, assomme une figure gisante à ses pieds [garnie d'argent doré, avec le chaton d'or. 20 tt.].

(24). Un œil de chat, sans graveure [garny d'or. 10 tt.].

(25). Une cornaline où est gravé un pied ayant des talaires et le caducée. Antique [en marge, *manque*].

(26). Une agathe d'Orient où sont gravez quatre animaux différents. [... où est gravé en creux un chariot sur lequel est un aigle, et devant l'aigle, Jupiter, assis, tenant un foudre et ayant à ses pieds ledit chariot tiré par deux animaux grotesques. Garnie d'argent doré. 10 tt.]

(27). Une onyx de deux couleurs représentant [où est gravé en creux] un Mercure, avec son caducée et deux mains croisées au bas. Antique [garnie d'or. 30 tt.].

(28). Une onyx de trois couleurs où est gravé un chariot avec un athlète. Antique [... en creux un athlète dans son char. Garnie d'or. 40 tt.]

(29). Une cornaline qui donne une teste d'un philosophe inconnu. Antique. [Cornaline rouge où est gravée, en creux, la teste d'un philosophe inconnu; garnie d'or. 30 tt.]

(30). Un grenat surien où est gravée [en creux] la déesse Roma tenant une Victoire sur sa main [garny d'or. 20 tt.].

(31). Une cornaline [rouge] où sont gravées [en creux] deux testes, l'une sur l'autre, sçavoir de Jupiter et de Junon [garnie d'argent doré. 22 tt.].

(32). Une cornaline [rouge] où est gravé [en creux] un pastre amadouant une chèvre, ayant une petite aigle au dessus. Antique [...un pastre qui trait une chèvre... garnie d'or. 22 tt.].

(33). Une cornaline [rouge] où est gravé [en creux] un pied ayant des talaires et un papillon au dessus [garnie d'argent doré. 15 tt.].

(34). Une hyacinthe où est gravée une femme debout, tenant d'une main un bouclier, et de l'autre un trophée. Antique [... où est gravé, en creux, un jeune empereur ayant une main sur un bouclier, et l'autre main estendue sur un autel. Antique garnie d'or. 30 tt.].

(35). Une cornaline, avec une teste de Sérapis. Antique [Cornaline rouge où est gravée en creux la teste de Jupiter couronnée de laurier; garnie d'argent doré. Antique 15 tt.]

(36). Une cornaline [rouge, oblongue] où est gravée [en creux] une figure de femme debout, tenant une corne d'abondance, d'une main, et de l'autre quelques fruits. Antique [... et de l'autre, seulement sa robbe. Garnie d'argent doré. 20 tt.].

(37). Une cornaline qui représente une figure arrachant quelques branches d'arbres, ayant un vase à ses piedz sur lequel est représenté la teste d'un homme. [Une cornaline rouge où est gravée en creux une figure debout, tenant d'une main une petite couronne, et de l'autre un baston ou un flambeau qu'elle met sur la teste d'un bolide posé sur un pied d'estal, au pied d'un arbre, garnie d'argent doré. 30 tt.]

Seconde boiste de mesme grandeur et largeur, marquée 2, contient :

[Plus, une autre petite boete, cottée II, contenant trente-sept pièces enchâssées en des anneaux, scavoir :]

(38). Une cornaline [rouge] où est gravée [en creux] une teste d'homme avec des serpens autour [garnie d'argent doré, l'anneau estant rompu en trois pièces. Antique. 22 tt.].

(39). Une onyx de trois couleurs, où est gravée une teste de déité. Antique. [... où est gravée en creux une figure de Déité, garnie d'or. 33 tt.]

(40). Une onyx de deux couleurs où est gravée [en creux] la teste du dieu Pan. Antique [garnie d'argent doré. 33 tt.].

(41). Une améthyste où est gravée une teste d'homme. Antique. [... gravée en creux la tête d'un homme inconnu ; garnie d'or. 22 tt.]

(42). Une agathe sardoine, de trois couleurs, où est gravé [en creux] un temple, une déité dedans. Antique [... un temple dans lequel est une déité ; garnie d'or. 15 tt.]

(43). Un onyx de trois couleurs, où est gravé un lézard. Antique. [... où est gravée en creux une écrevice ; garnie d'or. 25 tt.]

(44). Une agathe noire, où est gravée une teste de Jupiter. Antique. [... où est gravée en creux une teste d'homme dont la coiffure fait par derrière un muffle de lion, et la barbe représente un aigle ; vis-à-vis du nez de l'homme est un caducée, et au-dessous de la teste une massue ; garnie d'argent doré. 22 tt.]

(45). Une prime d'esmeraude où est gravé [en creux] un Atlas portant le monde [garnie d'argent doré. 30 tt.].

(46). Une cornaline [rouge] où est gravée [en creux] un combat d'un lion et d'un cerf. Antique [garnie d'argent doré. 20 tt.].

(47). Une onyx de deux couleurs, où sont gravées [en creux] deux testes, l'une de Trajan, l'autre de Matidia. Antique [deux testes, l'une d'Adrien, et l'autre de Sabine, sa femme ; garnie d'or. 44 tt.].

(48). Un grenat surien où sont gravées deux Victoires qui couronnent un trophée. Antique. [Une améthyste où est gravée en creux la figure d'une Victoire, et, devant elle, la figure de la Fortune ; garni d'or. 10 tt.]

(49). Un jaspe verd, où est gravé [en creux] un Jule aveq le litüe. Antique [garny d'argent doré. 30 tt.].

(50). Une prime d'esmeraude où est gravée [en creux] une déesse Victoire tenant un timon de navire, accompagnée d'un aigle qui porte une palme au bec [garnie d'argent émaillé. 20 tt.].

(51). Un onyx de trois couleurs, où est gravée la déesse de la paix. Antique. [... où est gravée en creux la figure de Mercure tenant de la gauche un caducée, et de la droitte une bourse au-dessous de laquelle est un coq. Garnie d'or. 25 tt.]

(52). Une cornaline de trois couleurs, où est gravé un Esculape debout, tenant en sa droite son baston de divinité et en sa gauche un faisceau d'herbes médicinales. [... où est gravé en creux Jupiter nud, tenant d'une main une haste et de l'autre un foudre ; garnie d'or. 30 tt.]

(53). Un saphir violet, où est gravé [en creux] dans le fond, un aigle qui tient dans son bec une couronne de laurier. Antique. [30 tt.].

(54). Une cornaline où est gravée une teste d'homme. Antique. [Une cornaline rouge où est gravée en creux une teste d'homme dont les cheveux par le haut sont liez d'un cordon en forme de couronne ; garnie d'argent doré. 33 tt.]

(55). Un jaspe verd où est représentée [en creux] la déesse Santé, [ayant] la teste voilée, et tenant un vase d'où il sort un serpent. Antique [garnie d'argent doré].

(56). Une cornaline [rouge] où est gravé [en creux] un homme nud, tenant de la main droite un rameau et de l'autre s'appuyant à une colonne. Antique [garnie d'or et rompue par l'anneau où il manque un morceau. 22 tt.].

(57). Un jade où est gravé [en creux] un Jupiter dans un temple, ayant un Cupidon à ses pieds [garni d'argent doré. 20 tt.].

(58). Un améthyste oriental où est gravée [en creux] la teste de Pallas. Antique [garnie d'or. 66 tt.].

(59). Un jaspe rouge et gris, où est gravée [en creux] la teste de Mars [montée d'or, d'argent et d'acier. 44 tt.].

(60). Un œil d'agate de trois couleurs, où est gravée [en creux] la teste de l'Horreur. Antique [... la teste de Mercure avec des aisles ; garnie d'argent doré. 15 tt.]

(61). Une onyx de deux couleurs, où est gravé [en creux] un cheval marin portant un Cupidon [garnie d'argent doré. 33 tt.].

(62). Une cornaline blanche, où est gravé [en creux] un Jupiter assis [garnie d'argent doré. 10 tt.].

(63). Un esmeraude où est gravée [en creux] la teste de Domitien couronné de laurier [garnie d'or émaillé].

(64). Un girasole où est gravé [en creux] la teste de Néron couronné de lauriers [garny d'argent doré. 30 tt.].

(65). Une agathe où [d'un costé] est gravée [en creux] la déesse Isis, debout, tenant de la main droite son sistre, et qui, au revers, porte ces lettres : ΙΑΩ ϹΟΛΟΜΟΝ ϹΑΒΑΘ. Antique [... et au revers sont gravés ces mots : ΙΑΩ ϹΟΛΟΜΟΝ ϹΑΒΑΘ ; garnie d'argent doré. 22 tt.]

Toutes lesdites pierres cy-dessus énoncées sont gravées en creux [1] ; celles qui suivent sont gravées de relief.

1. Voyez ci-dessus la note 3 de la p. 384.

RELIEF.

(66). Une agathe à fond noir qui représente en relief à couleur blanche, un bouc et deux satyres dont le premier porte sur sa teste un panier plein de fruicts et qui est soutenu par l'autre qui le suit. [.... un bouc et deux enfants, de couleur blanche, dont l'un porte sur sa teste un panier plein de fruicts et l'autre le soutient. Garnie d'or. 20 tt.]

(67). Une agathe à fond noir qui représente une Vénus endormie, ayant sa teste appuyée sur son bras gauche ; son bras droit estendu, qui est considérée par une femme debout et nüe. [... qui représente en relief Vénus endormie qui a sa teste appuyée sur son bras gauche, et son bras droit estendu, et qui a auprès d'elle un enfant nud et debout qui la regarde. Garnie d'argent doré. 30 tt.] (*Catalogue*, n° 495.)

(68). Une agathe à fond noir, ayant la teste d'un jeune Commode de couleur blanche. Antique. [... où est représentée en relief la teste d'un jeune Hercule... feslee, garnie d'or. 60 tt.]

(69). [Une agathe sardoine où est gravé un Scipion Afriquain. Antique [1].]

(70). Une agathe ayant le fond noir et le relief blanc, nous donne une [...le relief gris, où est représentée la] figure de Bacchus assis sur un chariot tiré par deux boucs, [et] accompagné de trois autres figures, scavoir, du dieu Silène, d'une [autre figure] chargée d'un pannier de fruicts et d'une troisiesme qui tient un des boucs par les cornes. Antique [garnie d'argent doré. 44 tt.]. (*Catalogue*, n° 525.)

(71). Une agathe de deux couleurs, qui nous donne la teste d'Auguste, avec une couronne de rayons. Antique [en marge, *manque*].

(72). Une porcelaine de deux couleurs, où est gravée une vache [... en relief, une vache; garnie d'or. Antique 10 tt.]. (*Catalogue*, n° 651.)

(73). Une agathe de deux couleurs, où est gravée [en relief] la teste de Lysimachus. Antique [... fendue par le visage; garnie d'or. 44 tt.]. (*Catalogue*, n° 224.)

(74). Une agathe de deux couleurs, où est gravée la teste d'Isis [...en relief, une teste coiffée] à la mode d'Égypte [garnie d'argent doré. 25 tt.].

(75). Une agathe de deux couleurs, où est gravée [en relief] la teste d'un jeune Hadrien [garnie d'or émaillé. 33 tt.]. (*Catalogue*, n° 739.)

(76). Un grenat oriental qui nous représente un masque. Antique [... représentant en relief un masque; garny d'or. 88 tt. [2]].

1. Cet article n'existe que dans le manuscrit fr. 13413.
2. Comparez ci-dessus, le n° 7.

Troisiesme boiste de mesme grandeur et largeur contient quinze anneaux en creux ou de relief :

[Plus une autre petite boette cottée III, contenant ce qui s'ensuit :]

(77). La première est une cornaline [rouge] où est gravé en creux la teste d'un jeune Hercule couronnée de pampres. Antique [une teste d'Hercule... garnie d'argent doré. 25 tt.].

(78). Une autre cornaline [rouge] où est gravée [en creux] une Bacchante. Antique. [... une Bacchante à genoux sur un pied d'estail ; garnie d'argent doré. 20 tt.]

(79). Une autre cornaline [rouge] où est gravée [en creux] Vénus gisante et endormie au pied d'un arbre, accompagnée de deux [...trois] Cupidons. Antique [garnie d'argent doré. 33 tt.].

(80). Une hyacinthe où se voit de [où est représentée en] relief une teste d'enfant. Antique [garnie d'or. 66 tt.]. (*Catalogue*, n° 299.)

(81). Une cornaline où est gravée la teste de Vespasien. Antique [en marge, *manque*].

(82). Une cornaline [rouge] de relief, où est gravée [en relief] une teste de Méduse [garnie d'argent doré. 12 tt.].

(83). Une cornaline [rouge] où est gravé un Commode sous la figure d'un jeune Hercule. Antique [... gravée en creux la teste d'un jeune Commode couronné de laurier; garnie d'argent. 55 tt.]

(84). Une améthyste où est gravée [en creux] une teste de femme voilée. Antique [garnie d'argent doré. 33 tt.].

(85). Une cornaline où est gravée [en creux] une teste de Tybère [... de Germanicus] couronné de laurier. Antique [70 tt.].

(86). Une cornaline [rouge] où est gravée [en creux] une teste de femme. Antique. [... teste de femme voilée ; garnie d'or. Égrisée. 20 tt.]

(87). Une cornaline où est gravée [en creux] une teste de femme, deité romaine. Antique [garnie d'or, cassée en tranches. 10 tt.].

(88). Une cornaline où est gravée une teste de Mercure. Antique [en marge, *manque*].

(89). Un grenat [une hyacinthe] où est gravée de relief une teste d'un vieux Satyre [... un masque. Garnie d'or. 30 tt.]. (*Catalogue*, n°s 109, 520 ou 521.)

(90). Une cornaline [rouge] où est gravée [en creux] la teste de Marc Aurèle. Antique [garnie d'argent doré. 40 tt.].

(91). Une cornaline où est gravée une teste de déité romaine. Antique. [Une hyacinthe où est gravée en creux une teste de femme romaine. Garnie d'or. 33 tt.]

(92). Au milieu desquels anneaux est une grande porcelaine blanche en ovale, qui nous représente de relief un combat des Cymbres et des Teutons. Enchâssée en or ; antique [110 tt.]. (*Catalogue*, n°s 643 ou 644.)

Quatriesme boiste, de mesme grandeur et largeur couverte de maroquin rouge à filets d'or, contient quatorze pierres de différente espèce et grandeur :

[Plus, une autre petite boiste cottée IV, contenant ce qui s'ensuit :]

(93). Dans la première est une agathe sardoine qui nous donne une teste de femme avec un diadème, dont le buste est d'or et garnye de mesme. Antique, relief. [Une agathe cassée et sans fonds où est gravée en relief une teste de femme, ceinte d'un diadème, le buste estant d'or ; garnye d'or. 30 tt.] (*Catalogue*, n° 998.)

(94). Un jaspe rouge où se voit un Vulcain en creux, forgeant les armes d'Achille; Vénus le regarde; garny d'or esmaillé. Antique. [... où est gravé en creux Vulcain qui forge les armes d'Achille et Vénus qui le regarde... 60 tt.]

(95). Une agathe blanche et tanée où est gravée une [en creux, la] teste de Lysimachus. Garnie d'or. Antique [110 tt.].

(96). Une cornaline blanche et rouge [cassée], où est gravée [en relief] la teste d'un jeune Caracalle, garnye d'or, de relief [44 tt.].

(97). Une agathe où est gravée en relief la teste de Mars; garnie d'or. Antique [25 tt.].

(98). Une agathe où est gravée une teste de femme [... en relief la teste d'une] déité romaine; garnye d'or, et de relief. Antique. [44 tt.].

(99). Une agathe blanche et noire [cassée par le milieu], où se voient gravées en relief deux testes, l'une sur l'autre, qui semblent représenter Mars et Vénus, garnie d'or, esmaillée [30 tt.].

(100). Une agathe de deux couleurs [... blanche à fond gris] où est en relief la teste d'un jeune garçon; garnye d'or esmaillé [55 tt.]

(101). Une agathe de deux couleurs [... blanche à fond gris] en ovale, où se voit en relief un jeune Hercule portant sa massue sur l'espaule, avec les dépouilles de lion; garnye d'or. Antique [66]. (*Catalogue*, n° 75.)

(102). Une agathe orientalle de deux couleurs [blanche et tannée, à fond gris], où se voit de relief un masque; garny d'or. Antique [44 tt.]

(103). Une agathe [blanche à fond jaune] où est gravée de relief la teste de Pallas, garnye d'or. Antique [44 tt.].

(104). Une grande agathe sardoine en rond, de trois couleurs, de relief, où est espargné son bord gris sur le bizeau, qui nous donne une femme my-corps. [Une grande agathe ronde, de trois couleurs, où est espargné son bord tanné sur le bizeau, représentant en relief une femme à my-corps. 150 tt.]

(105). Une agate en ovale [à fond gris], où sont gravées [en relief] deux testes l'une sur l'autre, de couleur blanche et noire, dont celle de l'homme est noire et celle de la femme, blanche; garnie d'or esmaillé [120 tt].

(106). Une agathe blanche à fond gris et en ovalle, où est gravé [en relief] un cheval marin, portant une femme nue, de relief; garnie d'or esmaillé [120 tt.]. (*Catalogue*, nº 117.)

(107). Au milieu desquelles pièces est une grande agathe en ovale, le fond sardoine, qui nous fait voir [... où est gravé en relief] Ixion embrassant Junon, sous la figure d'une nue, de relief. Antique [220 tt.]. (*Catalogue*, nº 149.)

Cinquiesme boiste, de mesme que dessus, contenant treize pierres de différente espèce et grandeur, en creux et de relief:

[Plus, une autre petite boete cottée V, contenant ce qui s'ensuit :]

(108). Dont la première est une cornaline [rouge], où est gravée [en creux] une figure d'homme tenant un serpent; taillé en creux; garny d'or, d'espargne. Antique [40 tt.].

(109). Un lapis en ovalle [cassé en deux endroits], où est gravé en creux, dans un paysage, Cacus tirant un taureau par la queue; garny d'or, taille d'espargne. Antique [30 tt.].

(110). Une cornaline [rouge], où est gravée en creux la teste d'un jeune Caracalle; garnie d'or, d'espargne. Antique [36 tt.].

(111). Une cornaline [rouge], où est gravée [en creux] la teste d'une déité; garnie d'or. Antique, de creux [22 tt.].

(112). Une cornaline [rouge], où est gravée en creux la teste de Socrate, garnie d'or et antique [33 tt.].

(113). Une pierre de couleur grise, représentant en relief une teste qui ressemble à Phocion; garnie d'or. Antique [... une teste d'Hercule... 55 tt.]. (*Catalogue*, nº 69.)

(114). Une cornaline [rouge] où est gravée en creux une jeune teste d'homme; garnie d'or, taille d'espargne. [... la teste d'un jeune empereur... 55 tt.]

(115). Une cornaline [rouge], où est gravée [en creux] une teste d'Auguste [couronnée de rayons], garnie d'or. Antique et de creux [22 tt.].

(116). Une cornaline [rouge], où est gravée en creux la teste de la jeune Faustine, garnie d'or. Antique [22 tt.].

(117). Un onyx de deux couleurs où est gravée [en creux] une figure de femme [d'homme] debout, tenant de la droite un plat plein de fruicts, et de la gauche quelque herbe. Antique et de creux. [... et de la gauche deux espys. 33 tt.]

(118). Une cornaline [rouge] où sont gravées [en creux] deux figures, l'une d'Hercule appuyé sur sa massue, ayant à ses pieds un serpent et derrière luy la dépouille du lion pendue à un arbre, et l'autre, Apollon assis sur un rocher, appuyé de sa droite sur ledit rocher, et tenant de la gauche une petite colomne, ayant derrière luy un sphinx représenté de creux; garny d'or, d'espargne. Antique [55 tt.].

(119). Une agathe en ovale, où est gravé en creux un fort beau masque; garny d'or et antique [33 tt.].

(120). Au milieu desquelles pierres est une grande agathe d'Allemagne, à fond gris, où est [représenté] de relief un perroquet jaunastre et tacheté de rouge, posé sur un arbre [un tronc d'arbre], de mesme tache et couleur [80 tt.]. (*Catalogue*, nº 657.)

Sixiesme boiste de pareille longueur et largeur, contient quatorze pierres différentes en forme :

[Plus une autre petite boette cottée VI, contenant ce qui s'ensuit :]

(121). Dont la première est une cornaline en rond, enchâssée en or, qui représente Cupidon, un genouil ployé, avec un marteau à la droite, forgeant quelque chose inconnue; creux, antique. [Une cornaline rouge et ronde dont un morceau est emporté par le bord, sur laquelle est gravé en creux Cupidon ayant un genouil à terre, et forgeant avec un marteau quelque chose inconnue. 16 tt.]

(122). Une cornaline rouge et carrée, représentant en creux Diane debout tenant un chien en lesse [et] appuiée de la gauche sur une base de colomne, sur laquelle Cupidon se voit debout tenant en sa droite un flambeau brulant; ladite pierre, garnie d'or et antique [30 tt.]

(123). Une amethyste où est gravée en creux une [la] figure d'un homme debout qui porte sa main gauche à sa teste, [et] ayant devant luy une Harpie sur une petite colomne; antique et garnie d'or. [... devant luy une figure de Sphinx posée sur des rochers; antique. 15 tt.]

(124). Une agathe de deux couleurs, où est gravée de relief la teste de Germanicus. Antique et garnie d'or [esmaillé. 44 tt.].

(125). Une agathe de deux couleurs, où est gravé de relief un jeune enfant, sur un tronc d'arbre, tenant en sa droite des fruicts et appuyé de sa gauche sur un cygne qui déploye ses aisles; garnie d'or et antique [et garnie d'or emaillé. 24 tt.].

(126). Un jaspe rouge et verd en ovalle [cassé par le bord], où est gravé en creux un homme à genouil, ayant derrière luy un arbre, qui, de la droite, présente deux pavots, et de la gauche un espy de bled à Saturne qui est posé sur une colomne, tenant des deux mains sa faux droite; garny d'or esmaillé. [... un homme à genouil, tenant un epy d'une main et deux de l'autre qu'il présente à Saturne posé sur une colonne; derrière lequel homme est un arbre. Antique. 33 tt.]

(127). Une cornaline [rouge, cassée par le milieu], où est gravée en creux une teste de femme couronnée de laurier, garnie d'or esmaillé et antique [22 tt.]

(128). Une cornaline [rouge], où est gravée [en creux] une teste d'Auguste couronnée de lauriers, ayant un aigle sur la poitrine, ladite pierre en creux, antique et garnie d'or. [... une teste qui semble estre de Demetrius Soter, ceinte d'un diadème. 44 tt.]

(129). Une grande agathe noire et blanche d'Orient [cassée en tranches], au milieu de laquelle est gravée [de relief] une figure de femme [debout, ayant les pieds dans un bassin et] portant sur sa teste un panier plein de fruicts qu'elle soutient des deux mains, ayant d'un costé cinq figures, et de l'autre, trois, pour exercer ce qui regarde la religion, de relief, garny d'or et antique [... des deux mains, aux costez de laquelle sont huit figures, cinq d'un costé et trois de l'autre; garnie d'or émaillé et antique 110 tt.]. (*Catalogue*, n° 613.)

(130). Une cornaline blanche et rouge [où est] gravée de relief la teste d'un masque; antique et garny d'or [33 tt.].

(131). Une cornaline donnant en creux un autel avec du feu, ayant une figure de Bacchus nue, debout, accompagnée de Silène, qui a derrière luy son thyrse exprimé; garnie d'or et antique.[Une cornaline rouge où sont gravées en creux deux figures, l'une de Bacchus nud et debout, versant de l'encens sur un autel, et l'autre, de Silène, ayant derrière lui son thyrse; garnie d'or et antique 26 tt.]

(132). Une cornaline [rouge], où est gravée en creux une femme assise, qui, s'appuyant de la droite sur sa chaise, tient de la gauche une teste, ayant devant elle une figure sur une petite colomne, qui nue, couronnée de rayons et estendant les bras, semble désigner le soleil; garnie d'or. Antique. [... une femme assise tenant d'une main une teste de femme, et ayant devant elle une colomne sur laquelle est posée une figure nue qui étend la main. 26 tt.]

(133). Une agathe de deux couleurs, où est gravée de relief une figure de femme qui, de la gauche, tient deux pavots [un pavot entre] deux espis de bled, et de la droite une guirlande; garnie d'or et antique [50 tt.]. (*Catalogue*, n° 121.)

(134). Au milieu desquelles pierres est une grande agathe d'Allemagne, noire et blanche, où est gravé en relief, presque de ronde bosse, un Maure à my-corps, bandé de blanc, la garniture d'or faitte en rouleau de taille d'espargne, où sont enchâssez deux petits rubis et deux petits diamans [200 tt.].

La septiesme, de mesme largeur et longueur, contient onze pierres, agathes ou cornalines gravées en relief ou en creux :

[Plus une autre petite boette cottée VII, contenant ce qui s'ensuit :]

(135). Dont la première est une petite agathe en ovale, garnie d'or esmaillé, représentant en relief un cheval marin chargé d'une femme à moitié nue [40 tt.].

(136). Une agathe de deux couleurs fort petite qui représente [en relief] un

Cupidon embrassant un cygne, garny d'or esmaillé et antique [15 tt.]. (*Catalogue*, n° 58.)

(137). Une agathe de deux couleurs représentant en relief une Bacchante avec son thyrse, couchée; et un vieux Silène qui la regarde, sur l'épaule duquel Cupidon est appuyé; garnie d'or émailllé. Antique [50 tt.].

(138). [Une] agathe grise et blanche où est gravée de relief une figure de femme debout [tenant un poignard à la main, devant laquelle sont] deux petits Amours au pied d'une colonne, et au dessus, un vase. Antique, garnie d'or émaillé [60 tt.]. (*Catalogue*, n° 146.)

(139). [Une] agathe orientalle de deux couleurs, où est gravée [de relief] un masque d'un vieux Silène couronné de pampres, relief garny d'or [émaillé. 60 tt.].

(140). [Une] agathe orientalle de deux couleurs, où est gravée de relief une teste de consul [dont le nez est un peu gasté]. Antique, garnie d'or émaillé [36 tt.].

(141). [Une] agathe de deux couleurs, où est gravée en relief une teste de l'empereur Hadrien, garnye d'or. Antique. [... la teste d'un jeune homme; garnye d'or émaillé, 44 tt.]

(142). Une agathe d'Orient de deux couleurs, où est gravé de relief la teste de Faustine la mère; garnye d'or [émaillé. Antique. 66 tt.].

(143). Une agathe en ovalle de deux couleurs, le fond gris [... tanné] et les figures blanches, où est gravée de relief une déesse Victoire, ayant un petit autel fumant devant elle et tirant de la main droite une figure de femme accroupie, qui s'appuye sur un masque antique, où l'on voit un petit vase proche son genouil, un Bacchus derrière, tenant [... une figure de femme accroupie, devant laquelle est un masque, et derrière elle un Silène qui tient] un pannier plein de fruits. Antique, garnie d'or [émaillé, 66 tt.]. (*Catalogue*, n° 62.)

(144). [Une] agathe de deux couleurs, où est gravée de relief la teste de Claude empereur, garnie d'or [émaillé]. Antique [110 tt.]. (*Catalogue*, n° 270 ou n° 271 ?)

(145). Une grande cornaline rouge, en forme ronde [rompue sur les bords en trois endroits], où sont gravées de creux quatre figures, qui sont Jupiter, Mercure, Apollon, tenant de sa gauche la dépouille de Marcias, et un Neptune sortant du sein de la mer, tenant son trident en main, les douze signes du Zodiaque autour de la cornaline; garnie d'or esmaillé. Antique. [... quatre figures, scavoir Jupiter assis, ayant à un de ses costez Mars debout, et de l'autre costé Mercure, et sous ses pieds, Neptune à my-corps sortant de l'eau; à l'entour sont les douze signes du Zodiaque... 250 tt.]

La huictiesme boiste, de mesme longueur et largeur, contient onze pierres, agathes, hyacinthes et cornalines :

[Plus une autre petite boëtte cottée VIII, contenant ce qui s'ensuit :]

(146). Dans la première est une agathe d'Orient de deux couleurs [égrisée au fond], où est gravée de relief la teste de M. Agrippa, avec la couronne rostralle; ladicte pierre a pour revers Julia, fille d'Auguste, femme dudit Agrippa, garnie d'or esmaillé et antique [300 tt.]. (*Catalogue*, nº 246.)

(147). Une agathe de deux couleurs [blanche à fond tanné] où est gravée [de relief] une Vénus estendue de son long, et veillée par deux (... accompagnée de trois) Cupidons, le tout de relief et garnye d'or esmaillé [150 tt.]. (*Catalogue*, nº 494 [1].)

(148). Une agathe de deux couleurs et orientale, où est gravée de relief la teste de Déjanire coéffée de la dépouille du lion néméan; garnie d'or esmaillé et antique [130 tt.]. (*Catalogue*, nº 510 ?)

(149). Une agathe orientalle enchâssée d'or émaillé et antique, où est gravé de relief un Cupidon appuié sur une grande urne [garnie d'or esmaillé. 89 tt.].

(150). Une agathe de deux couleurs représente une Bacchante avec son thyrse à la main, garnie d'or esmaillé, relief. [Une agathe blanche à fond tanné où est gravée de relief une Bacchante... 120 tt.]

(151). Une agathe de deux couleurs où est gravée de relief la teste de Caius Caligula, garnie d'or esmaillé [200 tt.].

(152). Une agathe de deux couleurs, garnie d'un fleuronné et esmaillé, où est gravée de relief la teste d'Auguste [... de Tibère] couronné de laurier [garnie d'or émaillé. 330 tt.]. (*Catalogue*, nº 251.)

(153). Une agathe de deux couleurs où est gravée de relief une figure d'homme gisant, appuié sur son coude gauche, et de la droite caressant une jeune lionne [110 tt.].

(154). Une agathe de deux couleurs en ovalle, garnie d'or et émaillée nous représente un cavalier de relief [... où est gravé de relief un cavalier] combattant un lion [garnie d'or émaillé. 100 tt.]. (*Catalogue*, nº 292.)

(155). Une cornaline garnie d'or esmaillé et antique nous représente en creux la teste du dieu Mars. [Une cornaline où est gravée en creux la teste du dieu Mars. Garnie d'or émaillé. 66 tt.]

(156). Au milieu desquelles pièces est une grande hyacinthe en hauteur, où est gravé de relief Moyse tenant les tables de la loy de la main droite et eslevant la main gauche; ladite pierre garnie d'une croix d'or et de deux serpens esmaillez de verd, sur lesquels il y a dix huict diamans fort petits [550 tt.]. (*Catalogue*, nº 396.)

1. Comparez ci-après les camées décrits sous les nºs 266 et 272.

La neuviesme boiste, de mesme largeur et longueur, est garnie de cuir noir avec ouvrage et filets d'or, contenant seize pierres de différente espèce et grandeur, enchâssées dans des anneaux d'or :

[Plus, une autre petite boette cottée IX, contenant ce qui s'ensuit :]

(157). Dans le premier, est une agathe d'Orient de trois couleurs, où est gravée de relief la teste d'un jeune Satyre couronné de pampres. Antique. [110 tt.].

(158). Une agathe de deux couleurs [cassé par un costé] où est gravé de relief un chariot tiré par deux lions, dans lequel est la figure d'un Empereur qui, de la droite tient une couronne de laurier, qu'il montre à la déesse Fortune, et de la gauche conduit les lions. Antique. [... un Empereur tenant d'une main une couronne de laurier, et de l'autre conduisant les lions, à costé desquels est la figure de l'Abondance. 88 tt.]

(159). Une agathe [égrisée], où est gravée [de relief] un petit enfant assis et nud, portant sa main droite à la bouche et de la gauche tenant une corne d'abondance. Antique et de relief [22 tt.]. (*Catalogue*, n° 142.)

(160). Une agathe de deux couleurs, où est gravé de relief un Cupidon debout, tenant une fluste double et précédé d'un petit contreamour. Antique [... d'un autre petit Amour. 44 tt.].

(161). Une agathe blanche où est gravé de relief un masque antique, à gueulle béante [33 tt.].

(162). Une agathe de deux couleurs [cassée par le bord], où est gravé de relief la teste de Marc Aurèle. 60 tt.].

(163). Une agathe de trois couleurs, où est gravé de relief la teste d'un satyre. Antique [45 tt.].

(164). Une agathe d'Orient de trois couleurs, où est gravée en creux une figure d'un jeune homme [d'Apollon] nud et debout, s'appuyant sur une petite colonne [et tenant un arc]. Antique [55 tt.].

(165). Une agathe d'Orient de trois couleurs où sont gravées de relief deux testes l'une sur l'autre, scavoir [celle] d'une femme et [celle] d'un homme [44 tt.].

(166). Une agathe de deux couleurs où est gravée de relief la déesse Abondance tenant la corne d'Amalthée [30 tt.].

(167). Une agathe de deux couleurs [égrisée] où est gravée de relief la teste de Domitien [Tibère] couronné de lauriers. Antique [25 tt.].

(168). Une agathe de trois couleurs où est gravée de relief la teste de l'empereur Hadrien couronné de laurier [80 tt.].

(169). Une agathe de deux couleurs où est gravé de relief un Cupidon, jouant de la lyre, assis. Antique [25 tt.].

(170). Une agathe de deux couleurs où est représenté de relief un Cupidon appuié sur un pic à fouir la terre [tenant un flambeau renversé], et contemplant une teste de mort qui est devant luy. Antique [15 tt.]. (*Catalogue*, n° 60.)

(171). Une onyx [égrisée] de deux couleurs gris et noir, qui nous représente une Victoire en creux, retenant de la droite sa robe et de la gauche tenant une couronne de laurier. [... où est gravée en creux une Victoire tenant d'une main une palme et de l'autre une couronne de lauriers. 20 tt.]

(172). Au milieu desquelles bagues d'or garnies de différentes pièces de relief et en creux, est une grande agathe d'Orient, de trois couleurs, où est gravée de relief la teste de l'empereur Galba [Constantin], couronné de lauriers [1500 tt.]. (*Catalogue*, n° 687.)

Une boiste comme dessus, qui est la dixième, contient onze pierres différentes :

[Plus, une autre petite boette cottée X, contenant ce qui s'ensuit :]

(173). Dont la première est une jaspe verd d'Orient [enchâssée dans une bague d'argent doré où est] gravé de creux, enchâssé dans une bague, représentant une teste de Méduse autour de laquelle sont les douze signes du zodiaque. Antique [20 tt.].

(174). Une agathe de trois couleurs, gravée de relief, qui nous donne trois figures debout, dont celle du milieu, plus grande, a d'un costé et d'autre deux autres figures moindres, que deux Victoires couronnent chacune de laurier et y ayant à la main droite de l'Empereur un autel avec du feu. [Une agathe de trois couleurs, garnie d'argent doré, où sont gravées en relief trois figures debout, dont celle du milieu, représentant l'empereur Sévère, a à ses costez ses deux enfans Caracalla et Geta, que deux Victoires couronnent de lauriers; aux pieds de l'Empereur est un autel, avec cette inscription : ΝΕΙΚΗΝ ΤΩΝ ΚΥΡΙΩΝ . 30 tt.] (*Catalogue*, n° 301.)

(175). Un anneau d'or [... d'argent doré], où est gravé de creux [sur une agathe d'Allemagne], Hercule assis sur une roche, portant un Cupidon sur son espaule droite et élevant de la gauche chargée de la dépouille du lion, sa massue [... tenant de la main gauche sa massue. 15 tt.].

(176). Une cornaline enchâssée d'or [... d'argent doré], où est gravé en creux un Bacchus [... Silène], tenant son thyrse, ayant une petite figure devant lui, d'un homme nu qui tient un vase en main. Antique. [... devant lequel est une petite figure nue qui tient un vase à sa main. 30 tt.]

(177). Une cornaline enchâssée en or [... argent doré], où est gravé de creux un temple [à quatre colonnes], au milieu duquel est une déité de femme, sur une petite baze, ayant à droit une figure de femme debout, et à gauche une d'homme inconnue, et hors du temple, deux figures nues et debout, avec quelques pampres autour des colonnes du temple, au bas du quel se voyent deux palmes croisées. Antique [... une figure posée sur une base, à l'un des costez une figure de femme debout, et à l'autre costé celle d'un homme; hors du temple, deux figures nues et debout. 50 tt.].

(178). Une agathe de deux couleurs [enchâssées en argent doré], où est gravé de relief la déesse Pomone tenant une corne d'abondance [40 tt.].

(179). Une agathe sardoine [blanche à fond tanné] de deux couleurs, garnie d'or avec une pointe où est gravée de relief la teste d'Hadrien. Antique [100 tt.]. (*Catalogue*, n° 291 ?)

(180). Une bague d'or où est enchâssée une pierre de prime d'émeraude, nous donnant en creux une figure nue et debout ; devant sa main droite est un cheval qui se dresse contre ladite figure. [Une pierre de prime d'esmeraude, enchâssée en argent doré, où est gravée en creux une figure nue et debout d'Alexandre domptant Bucéphale, et au bas, ce mot, FIDIAE. 60 tt.]

(181). Une grande coquille [cassée], de deux couleurs, enchâssée en or et à pointes, où sont sept figures gravées de relief, scavoir trois d'hommes et quatre de femmes, dont la principale est à genouil sur un autel, soutenüe à droit par un jeune Hercule et à gauche par une Déité voilée et qui a, à ses pieds, une [une femme aux pieds de laquelle est une] figure de femme gisante, et une autre [derrière elle une autre figure] debout ; le jeune Hercule a derrière luy la figure d'un jeune homme nue et debout, et à costé une figure qui tient un porceau [50 tt.]. (*Catalogue*, n° 589.)

(182). Un anneau d'or où est enchâssé un lapis gravé de creux, représentant [en creux] Faustine l'aisnée [la mère]. Antique [44 tt.].

(183). Au milieu desquelles pierres et bagues est une grande agathe sardoine de trois couleurs, [cassée en trois endroits], où est gravé de relief une Cérès à my-corps, et couronnée d'espies de bled et de fruicts, son bord espargné sur le biseau ; garnye d'or [d'argent doré] et antique [150 tt.].

Onziesme boiste, de mesme grandeur, largeur et cuir que dessus, contient treize pierres de différente espèce et grandeur :

[Plus, une autre petite boette cottée XI, contenant ce qui s'ensuit :]

(184). Dont la première est un anneau d'or qui a pour pierre une cornaline qui représente [où est gravée] en creux la teste de Junon Sospita ou Servatrice. Antique [... la teste d'un jeune Hercule dont il y a un morceau de la teste emporté [25 tt.].

(185). Un onyx en anneau [Un anneau d'argent doré, ayant pour pierre un onyx], de couleur grise et noire, qui représente [où est gravée] en creux une teste antique [d'homme] sur un buste. Antique [30 tt.].

(186). Un anneau [d'or] d'une cornaline où est grave de creux une teste de femme. Antique [cassée par le haut de la teste. 22 tt.].

(187). Une cornaline en anneau, où est gravé en creux un Apollon jouant de sa lyre soutenue d'un tronc d'arbre, ayant derrière luy une petite figure jouant de deux flûtes. [... jouant de sa lyre, à costé duquel est une petite figure jouant de deux flûtes ; garny d'argent doré, avec le chaton d'or. 30 tt.]

(188). Une cornaline en anneau d'or [Un anneau d'une cornaline], où est gravé en creux un Apollon debout, tenant de la droite sa lyre, s'appuyant de la gauche sur un arbre et ayant devant luy un Cupidon [debout ; ledit anneau d'argent doré et le chaton d'or]. Antique [20 tt.].

(189). Une agathe orientalle de deux couleurs, où est gravée [de relief], une femme debout soutenant un voile qui ne luy couvre que les deux espaules, et tenant en sa droite quelque chose inconnue. Antique [montée en or. 30 tt.].

(190). Une agathe de deux couleurs, où est gravée en relief la teste de la déesse Isis voilée, avec la fleur lothos sur sa teste. Antique [garnie d'argent doré. 44 tt.]. (*Catalogue*, n° 229.)

(191). Une cornaline en anneau d'or, où est gravée en creux une figure d'homem assise à terre, ayant au pied d'un arbre [devant lequel est] un vaisseau de sacrifice devant luy. Antique [... un vaisseau de sacrifice au pied d'un arbre. Garnie d'argent doré avec le chaton d'or. 22 tt.].

(192). Un anneau d'or qui a une cornaline [... d'argent doré avec le chaton d'or ayant une cornaline où est] gravée de creux, qui représente Cupidon sur [Cupidon tenant un thyrse et assis dans] un chariot tiré par un lion et par un bouc [15 tt.].

(193). Une cornaline enchâssée en or, avec le dessous, représente [en forme de cachet, où est gravé] en creux une femme assise [un homme assis] sur un pied d'estal, ayant devant elle [luy] une colomne sur laquelle est une teste d'homme; antique [44 tt.].

(194). Une onyx de deux couleurs, où est gravée une teste de Juno Sospita [la teste de Déjanire], coeffée d'une peau de chèvre [de lion]. Antique garni d'or [75 tt.].

(195). Un anneau d'or qui a une cornaline, où est gravée de creux la teste de L. Verus, empereur. Antique [66 tt.].

(196). Au milieu desquelles pierres est une grande agathe sardoine de deux couleurs [egrisée], où est gravée de relief une Néréide jouant d'une fluste double, ayant deux Cupidons devant elle, dont l'un tient une sampogne, siflet ordinaire des Silènes et l'autre semble chanter. Antique ; de laquelle pièce la garniture est carrée et en or, avec son fronton portant [garnie d'or émaillé et de taille d'espargne : la garniture estant quarrée, avec un fronton qui porte] sur ses consolles deux figures de femmes, dont l'une tient une colomne, et l'autre une trompette ; ayant au milieu dudit fronton une devise latine en ces mots : *Rerum tutissima virtus*. Le tout émaillé et de taille d'espargne [220 tt.]. (*Catalogue*, n° 97.)

La douziesme boiste, de mesme largeur et grandeur, contient neuf pierres en creux et de relief, de différente espèce :

[Plus, une autre petite boette cottée XII, contenant ce qui s'ensuit :]

(197). Dans la première, est une grande cornaline [ovale], gravée en creux, représentant une chasse de deux taureaux abboiés de dogues et attaquez par quatre cavaliers avec javelots; au ciel de laquelle pierre se voit une femme estendue, tenant en sa main droite un flambeau ardent, et en l'autre une couronne de laurier; garnie d'or et antique. [... représentant deux taureaux attaquez par un lion et par un ours; au-dessus, sont quatre cavaliers avec des javelots, et dans le ciel, est Jupiter tenant en sa main droite un flambeau ardent et en l'autre une couronne; 110 tt.]

(198). Une agathe orientalle garnie d'or en pointe, où sont gravées de creux cinq figures, dont la première représente le dieu Silène ayant une colomne devant luy, suivy de deux Satyres, et à l'autre costé de la colomne, deux figures d'hommes dont l'un est chargé, et l'autre caresse une panthère. Antique. [... cinq figures et une colomne au milieu; d'un costé est Silène suivy de deux satyres; de l'autre costé, sont deux hommes dont l'un a un fardeau sur ses épaules, et l'autre caresse une panthère. 44 tt.]

(199) Une autre grande cornaline en ovale, où est gravée de creux une chasse de taureaux sauvages suivis de chiens et attaquez par trois cavaliers et un homme de pied avec des javelines; garnie d'or et antique [110 tt.].

(200). Une cornaline [égrisée], garnie d'or [d'argent doré] et en pointe, où sont gravez de creux Marcias attaché à un tronc d'arbre, et Minerve debout suivye de deux petites figures. Antique [44 tt.].

(201). Une cornaline en ovale, cerclée d'or [d'argent doré] et à pointe, représente [où est gravé de relief] un jeune garçon à my corps, ayant un bandeau à la teste, le tout de relief [44 tt.].

(202). Une agathe sardoine, d'une mesme couleur, qui représente Bacchus avec deux Silènes, gravez en creux. Antique. [... garnie d'argent doré, où sont gravez de creux Bacchus et deux Silènes. 55 tt.]

(203). Une grande agathe orientalle, de trois couleurs, où sont gravées de relief les testes d'Auguste, Marc Antoine et Lépide, derrière lequel se voit le *simpulum*, et au-dessus de celle d'Auguste une couronne de laurier; garnie d'or et à pointe [590 tt.]. (*Catalogue*, n° 686.)

(204). Une grande cornaline en ovalle, où est gravé en creux, Marcias attaché à un arbre et Apollon debout tenant sa lyre. Antique, garnie d'or [d'argent doré] et à pointe. [Au costé sont ces lettres, LAVR. MED. 66 tt.]

(205). Une grande agathe en forme presque ovalle, cerclée d'or, avec huict petits grenats rouges ayant [huit rubis, sur lesquelles sont gravées] deux figures d'hommes, dont l'un a le pied droit sur une fontaine et l'autre à genouil semble vouloir boire dans un vase qu'il tient à deux mains; et dans le champ de la pierre, derrière des chevaux est le buste de Terminus [du dieu Terme. 300 tt.]. (*Catalogue*, n° 148.)

La treiziesme boiste, de mesme grandeur et largeur, contient dix pierres différentes qui sont de creux ou de relief.

[Plus, une autre petite boette cottée XIII, contenant ce qui s'ensuit :]

(206). Dont la première est un anneau d'or qui a pour pierre une agathe sardoine de deux [trois] couleurs, gravée de relief, représentant la teste de Lucille. Antique [200 tt.].

(207). Une cornaline enchâssée en or [argent doré] et en pointe, où sont gravées en creux trois figures, deux de satyres, et l'autre vestue de long, dont le premier tient un anneau sur un autel et celui qui est derrière luy, chargé d'une peau de bouc, joue de la flûte. Antique. [... trois figures debout, scavoir celle d'un homme vestu de long, qui tient sur un autel un bouc qu'une autre figure semble égorger, et, derrière elle, une troisiesme figure nue ayant sur une épaule la dépouille d'un lion, et tenant d'une main une flutte et de l'autre un serpent entortillé autour de son bras. 66 tt.]

(208). Une agathe de deux couleurs, garnie d'or, en pointe, où sont gravez de relief deux chevaux tirans un petit chariot conduit par une Victoire. Antique [40 tt.]. (*Catalogue*, n° 129 [1].)

(209). Une agathe rouge [tanée] et blanche, enchâssée en or, où est gravé de relief une teste de femme inconnue. Antique [cassée par le col. 80 tt.].

(210). Une agathe orientalle de trois couleurs [et en ovalle], où est gravé de relief le buste de Pallas ayant le casque en teste, la pierre estant un peu oblongue [220 tt.].

(211). Une agathe orientalle de trois couleurs, où est gravée de relief la teste d'une Amazone, un proboscide d'éléphant dessus [coiffée d'une peau d'éléphant], garnie d'or et antique [200 tt.]. (*Catalogue*, n° 559.)

(212). Un anneau d'or qui a pour pierre une agathe orientalle de deux [trois] couleurs, où est gravé de relief la teste d'Alexandre Sévère, couronnée de laurier. Antique [120 tt.].

(213). Une cornaline garnie d'or esmaillé et en pointe [cassée par le milieu], où est gravé en creux le combat de quatre cavaliers. Antique [40 tt.].

(214). Une agathe de deux couleurs [montée en bague d'or], où est gravée de relief la teste d'un jeune Mercure. Antique [120 tt.].

(215). Dans le milieu desquelles pierres est une grande agathe orientale de deux couleurs, cerclée d'or esmaillé, où est représentée de relief une Vénus nue, qui a un linge sur sa main gauche, et de la droite soutient le pied du mesme costé, se baignant [... et de la droite soutenant son pied

1. Comparez ci-après le n° 263.

gruche. Elle se baigne] dans le bassin d'une fontaine dans laquelle se voit une colomne gravée d'un mufle de lion et un petit bassin sur lequel Cupidon appuiant sa gauche, porte sa droite sur le mufle de lion. [... Une colonne d'où l'eau sort par un mufle de lion et tombe dans un petit bassin ; auprès d'elle est Cupidon qui appuie sa main gauche sur le bassin et porte sa droite sur le mufle de lion. Laquelle agate est cassée par le bas et le bassin dans lequel Vénus se baigne est rapporté. 330 tt.] (*Catalogue*, no 43.)

La quatorzième, de mesme grandeur et largeur, contient neuf pierres différentes et de relief.

[Plus, une autre petite boette cottée XIV, contenant ce qui s'ensuit :]

(216). Dans la première, est une agathe en ovale, de deux couleurs, tanné et blanc, orientalle, où est gravé de relief la teste de la déesse Libera, avec une couronne de pampres, au milieu de laquelle se void un oyseau [220 tt.].

(217). Une hyacinthe appellée la belle, garnie d'or esmaillé et en pointe, représentant la teste d'un jeune garçon, de grand relief [165 tt.]. (*Catalogue*, no 248.)

(218). Une agathe orientalle, de deux couleurs, garnie d'or [d'argent doré] en cachet, representant la teste de Lysimachus en relief. Travail grec. Antique [300 tt.]. (*Catalogue*, no 222.)

(219). Une agathe blanche et noire, cerclée d'or, où est gravée de relief la teste de Méduse tirant la langue et ayant dans ses cheveux quantité de serpenteaux [150 tt.].

(220). Une agathe orientalle de deux [trois] couleurs, tanné et blanc, où se voit [avec le fond noir, où est gravée en relief] la teste de Persée en relief, le casque en teste, avec une couronne de laurier surmontée d'un lion. Antique [330 tt.]. (*Catalogue*, no 221.)

(221). Une agathe de deux couleurs, garnie d'un cercle d'or esmaillé, représentant [en relief] une teste antique [66 tt.].

(222). Une agathe blanche, où est gravée en relief la teste de Mercure ; garnie d'or et antique [... garnie d'argent doré. 110 tt.]. (*Catalogue*, no 112 ? [1].)

(223). Une hyacinthe garnie d'or esmaillé et de grand relief, représentant la teste inconnue d'un philosophe. Antique [250 tt.].

(224). Une agathe romaine garnie d'or [d'argent dore, et en pointe, représentant une teste faicte à la gothique [33 tt.].

1. Voyez ci-après le no 261.

Quinziesme boiste, de mesme grandeur et largeur, contient dix anneaux et trois pierres differentes.

[Plus, une autre petite boette cottée XV, contenant ce qui s'ensuit:]

(225). Dans la première est un anneau d'or, ayant pour pierre un jaspe rouge où est gravé de creux la teste de Néron couronné de laurier. Antique [40 tt.].

(226). Une agathe de deux couleurs, cerclée d'or [esmaillé], blanche et tannée, où est représenté de relief Bacchus assis sur un rocher, tenant à sa main droite un vaisseau à boire, et s'appuiant de la gauche sur le rocher ; à ses pieds est un Silène assis qui tient une tasse en sa main droite. Antique [80 tt.]. (*Catalogue*, n° 89.)

(227). Un anneau d'or qui a pour pierre une cornaline où est gravée en creux la teste d'une femme inconnue. Antique [30 tt.].

(228). Un anneau d'or [d'argent doré, avec le chaton d'or], ayant pour pierre une cornaline où est gravée en creux la teste de Pallas. Antique [30 tt.].

(229). Un anneau d'or ayant une cornaline où est gravée en creux la teste d'Hercule avec la dépouille d'un lion. Antique [33 tt.].

(230). Un anneau d'or [d'argent doré et le cercle d'or], qui a pour pierre une cornaline blanche qui nous donne [cornaline rougeâtre où est gravé] en creux, Hercule debout chargé de la dépouille du lion néméen, et tenant de la droite son arc et de la gauche sa massue [33 tt.].

(231). Un anneau d'or qui a pour pierre une cornaline gravée de creux qui rapporte [ayant pour pierre une hyacinthe où est] la teste d'Hercule chargé des dépouilles de lion. Antique [66 tt.].

(232). Un anneau d'or [d'argent doré] qui a pour pierre un jade représentant en relief la teste de Vespasien couronné de laurier. Antique [22 tt.].

(233). Une bague d'or qui a pour pierre un jade où est gravé de creux une Juno Sospita. Antique [... une Déjanire. 40 tt.].

(234). Une bague d'or qui a pour pierre un onyx de deux couleurs, où est gravée de creux la déesse Cybèle sur un lion, tenant de la main droite son sceptre, et de la main gauche un flambeau ardent. Antique [33 tt.].

(235). Une grande agathe blanche, cerclée d'or esmaillé, représentant de relief Horace à cheval, qui défend le passage du pont aux Samnites, les Romains travaillans derrière luy à la rupture dudit pont. [Cassée. 66 tt.] (*Catalogue*, n° 585.)

(236). Un anneau [d'argent doré] ayant pour pierre un jaspe verd, où est gravé de creux Mercure debout, avec le manteau de divinité, touchant de son caducée la base d'une colonne [où deux branches de laurier sont attachées. Antique. 33 tt.].

(237). Au milieu desquelles bagues et pierres est une grande agathe sardoine oblongue [ovalle] de deux couleurs, blanc et tané, sur laquelle est gravée Diane à my-corps, portant derrière son dos un arc et un carquois. Antique [150 tt.]. (*Catalogue*, n° 31.)

La seiziesme boiste, de mesme grandeur et largeur, contient quatorze pierres différentes.

[Plus, une autre petite boette cottée XVI, contenant ce qui s'ensuit :]

(238). Dont la première enfermée en or, avec queue de cachet, porte un onyx de trois couleurs gravé de relief, représentant une teste d'homme inconnu, et ayant au revers celle d'un Maure. [Une onyx de trois couleurs enchâssée en or, avec une queue de cachet où est gravée en relief, d'un costé, une teste d'homme inconnu et, au revers, celle d'un Maure. 200 tt.]

(239). Un anneau d'or [d'argent doré] portant un onyx de deux couleurs, où est gravée de relief une teste de Satyre couronné de pampres. Antique [66 tt.].

(240). Un anneau d'or ayant dans son chatton une agathe de deux couleurs [cassée en deux endroits], où est gravée de relief la teste d'Antinoüs. Antique [66 tt.].

(241). Un anneau d'or ayant une agathe d'Allemagne de trois couleurs, où est gravée de relief la teste d'Attila [40 tt.].

(242). Un anneau d'or ayant pour pierre une hyacinthe où est gravée en relief, la teste de Méduse [30 tt.].

(243). Une agathe orientalle de deux couleurs, où sont gravées de relief deux femmes à my-corps, qui regardent la teste de Méduse posée devant elles. Antique et garnie d'or, en pointe [15 tt.]. (*Catalogue*, n° 572.)

(244). Un anneau d'or [d'argent doré] qui enferme un jaspe verd, où est gravé en creux un homme nud et à genouil, ayant derrière luy un arbre et exposant au feu allumé sur un petit autel un serpent, de creux [.... et tenant à sa main un serpent proche d'un petit autel. 15 tt.].

(245). Un anneau d'or qui a pour pierre une cornaline blanche et rouge [cassée par le haut], où est gravé de relief une teste de Pallas avec son casque [24].

(246). Une agathe blanche enfermée d'un cercle d'or à pointe, ayant une teste de Méduse gravée de relief. Antique. [... sur laquelle est gravée de relief la teste de Méduse. 12 tt.]

(247). Une agathe orientalle de deux couleurs, enchâssée en or [argent doré], où est gravée de creux une Victoire conduisant un jeune Empereur et luy présentant une palme [... une Victoire tenant une palme et conduisant une autre figure qui porte un trophée sur ses épaules. 8 tt.].

(248). Une cornaline enchâssée en or, en pointe, qui nous donne de creux une teste d'Esculape. Antique. [... en argent doré et en pointe, où est gravée en creux une teste grecque inconnue. 22 tt.]

(249). Un anneau d'or, enfermant une cornaline blanche et rouge qui nous donne un lion de relief. [Une cornaline blanche et rouge enchâssée en argent doré, où est gravé de relief un lion dont trois pieds sont cassez. 25 tt.]

(250). Un anneau d'or [de cuivre doré et le chaton d'or], qui a pour pierre une cornaline où est gravée en creux la teste d'un jeune Commode, au bas de laquelle est la dépouille d'un lion [75 tt.].

(251). Au milieu de la boiste est une grande agathe sardoine en ovale, de deux couleurs, où est gravée, à my-corps, une Pallas de relief, avec son casque en teste et une teste de Méduse sur la poitrine, dans un cercle d'or esmaillé. Antique. [... agathe orientale, blanche et à fond tanné, en ovalle, où est gravée de relief, à my-corps, Pallas, le casque en teste, ayant une teste de Méduse sur sa cuirasse. Garnie d'or esmaillé. 600 tt.] (*Catalogue*, n° 17.)

La dix-septiesme boiste, de mesme grandeur et largeur, contient neuf pierres différentes.

[Plus, une autre petite boette cottée XVII, contenant ce qui s'ensuit :]

(252). Dont la première est une agathe de deux couleurs enfermée dans de l'or, qui a de [cassée par le haut et enchâssée en or, représentant en] relief une femme à my-corps. Antique [44 tt.].

(253). Une grande cornaline en ovalle, enfermée dans un cercle d'or [d'argent doré] à pointe, où est gravé de creux un Empereur assis, ayant un soldat [officier] derrière lui ; lequel empereur donne audience à un prisonnier conduit par six soldats, avec les signes militaires ; le tout en creux et antique [150 tt.].

(254). Une agathe de deux couleurs, enchâssée en argent doré, à deux pointes, représentant en relief une teste de femme [36 tt.].

(255). Une agathe orientalle de deux couleurs, de forme un peu oblongue, enchâssée en or esmaillé, où est gravée de relief une teste de femme, le visage et le col blanc et les cheveux tannés et pendants sur ses épaules. Antique [150 tt.].

(256). Une agathe orientalle de deux couleurs [rompue], où est gravé de relief la teste d'un jeune prince ceinte d'un diadème, et au revers, une teste de femme voilée ; garnie d'or. Antique [44 tt.]. (*Catalogue*, n° 230.)

(257). Une agathe en ovalle, de deux couleurs, où Mars et Vénus sont représentez de relief, assis sur un aqueduc, ayant Cupidon proche d'eux, qui tient son dard, estant au pied d'un arbre, prest à le décocher ; ladite pierre enchâssée en or, en forme de cachet et antique. [Une agate blanche en ovalle, ayant une feuille soubs le fonds, où sont gravées en relief une figure d'homme et une de femme, assis prez une fontaine, Cupidon estant à costé, sous un arbre.... montée en argent doré. 88 tt.] (*Catalogue*, n° 45.)

(258). Une cornaline où est gravé de creux un chariot tiré par deux chevaux, dans lequel est une Victoire dedans, tenant les resnes des chevaux; garnie d'or et antique [26 tt.].

(259). Une agathe de deux couleurs [cassée de haut en bas], où est gravée de relief une Vénus demy-couchée, un Cupidon se jouant à un linge qu'elle a à demi-corps, et une figure de femme debout, appuyée sur une base de colonne, qui la regarde. Antique, garnie d'or, en cachet. [... Vénus à demy-couchée, auprès de laquelle sont deux figures, l'une de Cupidon qui se joue à un linge qu'elle a à demy-corps, et l'autre, d'une femme debout qui la regarde et qui est appuyée sur une base de colonne.... 66 tt.] (*Catalogue*, nº 51.)

(260). Au milieu de la boëtte est une grande agathe en ovalle, orientalle, de deux couleurs, le fond tanné, et les figures d'un blanc de laict [de couleur grise], où est gravé de relief Europe enlevée par Jupiter sous la figure d'un taureau [à demy-poisson]; cinq petits Cupidons se jouent autour d'elle, dont l'un s'attache aux cornes du taureau, l'autre est monté sur un dauphin, un troisiesme est en l'air, et les deux autres s'attachent à la queue du taureau. Antique, garnie d'or [300 tt.]. (*Catalogue*, nº 115.)

La dix-huictiesme boiste, de mesme grandeur et largeur, contient neuf pierres de relief différentes.

[Plus, une autre petite boette, cottée XVIII, contenant ce qui s'ensuit:]

(261). Dans la première est une agathe orientalle de deux couleurs, où est gravée la teste d'un jeune Mercure, garnie d'or. Antique [120 tt.] [1].

(262). Une agathe d'Allemagne où est gravé [en relief], un homme au milieu des flammes, nud, un genouil à terre, garnie d'or esmaillé, avec un grenat au bas [... avec une petite vermaille au bas. 22 tt.]. (*Catalogue*, nº 500.)

(263). Une agathe sardoine, de deux couleurs, fait voir [où est gravé en relief] un petit char tiré par deux chevaux qui sont conduits par la déesse Victoire tenant de la main droite les resnes [des chevaux], et de la gauche un fouet; garnie d'or et antique [66 tt.] [2].

(264). Une petite agathe [cornaline] de deux couleurs, en ovalle, où est gravé [en relief] la déesse Isis; garnie d'or et antique [30 tt.].

(265). Une agathe orientalle, de deux couleurs, garnie d'or et esmaillée par derrière, où est gravé en relief un vieux Silène monté sur un bouc. Antique [33 tt.]. (*Catalogue*, nº 100.)

(266). Une agathe blanche [en ovalle], garnie d'or et en pointe, où est gravée de relief Vénus couchée et estendue, avec laquelle deux Cupidons se

1. Voyez ci-dessus le nº 222.
2. Comparez ci-dessus le nº 208.

jouent. [Les jambes de Vénus sont cassées. 50 tt.] (*Catalogue*, n° 49 [1].)

(267). Une agathe sardoine orientalle, en ovalle, où sont gravées [en relief], quatre figures, scavoir trois petits Cupidons dont celui du milieu estant sur ses espaules, est estendu de son long et soutenu par les pieds du troisième, suivy du dieu Silène qui semble luy donner la fessée. Antique. [... trois petits Cupidons dont le premier porte sur ses espaules le second qu'un troisiesme soutient par les pieds; à costé est une colomne, et derrière est un Silène. Garnie d'or d'espargne. 66 tt.]

(268). Une agathe blanche et rouge, garnie d'or, en cachet, où est gravée [de relief] une teste de femme [66 tt.].

(269). Au milieu de la boette est une grande agathe sardoine de deux couleurs, tanné et blanc, où est gravée [de relief] à my-corps, la déesse Fécondité couronnée de laurier, ayant, de costé et d'autre, deux cornes d'abondance [de chacune desquelles sort] la teste d'un jeune enfant sortant de chacune [la teste d'un de ces enfans estant rapportée et de mastic]. Travail grec; garnie d'or et antique [300 tt.]. (*Catalogue*, n° 277.)

La dix-neufviesme boiste, de mesme grandeur et largeur, contient neuf pierres de relief de différente espèce et grandeur

[Plus, une autre petite boette, cottée XIX, contenant ce qui s'ensuit :]

(270). Dans la première, est une agathe sardoine [orientale], de deux couleurs, représentant [en relief] deux Cupidons, dont l'un, debout, porte sur son espaule une urne qu'il soutient de la gauche, tenant de la droite un petit vaisseau à boire; l'autre, assis sur une roche, s'appuie de la gauche sur icelle, et de la droite tient une bourse, ayant le mesme pied posé sur une coquille turbinée. [... l'un debout, tient de la main droitte un petit vaisseau à boire, et soutient de la gauche une urne appuiée sur son épaule; l'autre, assis sur une roche sur laquelle il est appuié de la main gauche, tient de la droite un vase et a le pied posé sur une coquille. Antique et garnie d'or émaillé. 66 tt.] (*Catalogue*, n° 96.)

(271). Une agathe orientalle de deux couleurs, où est gravée une Cérès [en relief une déesse] dans un petit chariot tiré par deux lions. Antique [garnie d'or. 55 tt.]. (*Catalogue*, n° 558.)

(272). Une petite agathe orientalle, de deux couleurs et en ovalle, où [est gravée de relief] Vénus couchée et trois petits Cupidons autour d'elle; garnie d'or façonné et esmaillé. Antique [44 tt.]. (*Catalogue*, n° 48 [2].)

(273). Une agathe sardoine de deux couleurs, où est gravée la teste de la jeune Agrippine. (Une agathe orientalle de trois couleurs, ayant le biseau

1. Comparez les n°s 147 et 272 du présent Inventaire.
2. Comparez les n°s 147 et 266 du présent Inventaire.

d'onix, où est gravée en relief la teste d'Agrippine la mère. Garnie d'or; antique. 110 tt.]

(274). Une agathe orientalle de deux couleurs, où est gravée [de relief] la figure du dieu Sérapis assis, vestu, ayant un boisseau sur sa teste et portant sur sa main gauche son aigle; sa droite est appuiée sur la teste d'un lion [teste de Cerbère]. Garnie d'or [d'argent doré] et antique [88 tt.]. (*Catalogue*, n° 118.)

(275). Une cornaline rouge et blanche, où sont gravées [de relief] six figures, scavoir : cinq victimaires conduisant un taureau pour estre sacrifié à une idole qui est dans un petit temple; [garnie d'or esmaillé]. Antique [75 tt.]. (*Catalogue*, n° 590.)

(276). Une agathe orientalle, de deux couleurs, où sont gravées [de relief] les trois Grâces, la pierre garnie d'or [émaillé] et antique [66 tt.]. (*Catalogue*, n° 65.)

(277). Une agathe blanche où est gravé [de relief] un homme enthousiacé, sautant et renversant sa teste fort bas en regardant en haut, tenant [... sa teste en arrière. Il tient de sa main gauche] un vaisseau de sacrifice et de sa droite un thyrse; garnie d'or et antique [garnie d'argent doré et à pointes. Antique. 44 tt.]. (*Catalogue*, n° 94.)

(278). Au milieu de la boëtte est une grande agathe ronde, garnie d'or, taille d'espargne, où est gravée la déesse [en relief une] Victoire dans un chariot tiré par quatre chevaux [le pied d'un desquels est cassé]; ladite pierre antique et orientalle [mais égrisée et cassée en croix. 400 tt.].

Différentes pierres du Cabinet du Roy non comprises dans les boistes descrites cy devant.

(279). Un anneau d'or garny de chaque costé de deux diamans, qui a pour pierre une améthyste de deux couleurs, qui nous donne deux poissons de relief; au bas duquel anneau se void un saphir violet dans un chaton, qui nous représente en creux la teste de Claude l'empereur, couronné de lauriers; ayant ledit anneau, au-dessous du chaton de l'améthyste, ces parolles latines gravées : HIC SORS, ARS, NATVRA VALENT. Antique. [Une amétyste hors d'œuvre, où sont représentez en relief deux poissons. 22 tt.] (*Catalogue*, n° 205.)

(280). Un onyx fort petit, dans un cercle d'or à quatre petites boucles; ledit onyx de deux couleurs représente, de relief, une teste de Roy non connu et antique (en marge, *manque*).

(281). Une teste d'une agathe blanche, presque de rond de bosse, qui nous donne à my-corps un homme soufrant. Enchâssé dans un cercle d'argent doré. [Une porcelaine blanche où est gravée en relief, presque de ronde bosse, la figure à demy-corps d'un homme soufrant. 12 tt.]

(282). Une teste de la jeune Faustine, d'agathe antique et de deux couleurs. Antique. [Une agate de deux couleurs, où est gravée en relief la teste de la jeune Faustine. 24 tt.]

(283). Un scarabée égyptien, d'agathe d'Orient. Antique. [Une agate d'Orient où est gravé en relief un scarabée égyptien. 18 tt.]

(284). Un morceau de chrystal qui nous donne la teste de Néron, de rond de bosse. Antique (en marge, *manque*).

Pierres en creux.

(285). Une agathe sardoine en rond, de deux couleurs [tanné et blanc], au milieu de laquelle est gravé [en creux] un temple sur le tanné de ladite pierre qui est entourée d'un cercle de mesme couleur, sur lequel sont gravées ces lettres : VRERE NON ALIVS TALEM QVEAT ARDOR ABESTVM ; et dans le cercle blanc qui achève ladite pierre, les douze signes célestes y sont gravés [... à l'entour sont les douze signes du Zodiaque]. Au revers de laquelle pierre sont gravez les vers suivants :

Astra probant cœlo flammas fluxisse perennes
Circulus esse notat sacer hic, ceu nascitur ignis,
A sole mea sole suum mens traxit amorem. [40 tt.].

(286). Une agathe sardoine en ovalle, de deux couleurs, au milieu de laquelle sont gravez en creux trois visages de porfil, autour desquels les douze premiers Empereurs sont gravez dans de petits ronds [88 tt.].

(287). Une agathe qui représente une Victoire qui semble graver quelque chose sur un bouclier pendu à un tronc d'arbre. Antique (en marge, *manque*).

(288). Une cornaline en ovalle qui représente deux soldats, le casque en teste et chargé de deux boucliers, dont l'un est atterré et l'autre chemine. Antique (en marge, *manque*).

(289). Une petite cornaline en ovalle, où est gravé [en creux] un lion qui deschire un cerf [6 tt.].

(290). Une petite cornaline en ovalle, où est gravé [en creux] Hercule assommant Cacus [6 tt.].

(291). Un jaspe rouge où sont gravées [en creux] les testes d'Hercule, de Juno Sospita et de l'heureux Évènement. Antique [11 tt.].

(292). Une cornaline en ovalle, où est gravée [en creux] une teste de philosophe [22 tt.].

(293). Une petite cornaline en ovalle, où sont gravées trois figures, scavoir deux d'hommes nuds qui joignent les dextres, et une de femme debout derrière eux. Antique (en marge, *manque*).

(294). Une cornaline qui représente un homme assis donnant un sceptre à une figure debout (en marge, *manque*).

(295). Une fort petite cornaline en ovalle, représentant une figure d'homme debout; le bras gauche élevé sur sa teste semble tenir quelque chose d'inconnu; tenant de la droite une espée nue, un bouclier à ses pieds; ayant devant luy une figure sur un pied d'estal, qui tient un dard. Antique (en marge, *manque*).

(296). Une petite cornaline en ovalle, où est gravée en creux le dieu Lunus tenant de la droite une petite roche, et de la gauche, son dard. Antique [10 tt.].

(297). Une fort petite cornaline en ovalle, où est gravée [en creux] la teste du dieu Serapis, sur un grand pied d'homme. Antique [4 tt.].

(298). Une très petite cornaline en ovalle, où sont gravés [en creux] trois chariots à quatre et à deux chevaux courants dans le cirque. Antique [2 tt.].

(299). Une cornaline garnie d'or à quatre boucles, représente la teste de Marcellus, avec le type de la Sicille derrière. Antique (en marge, *manque*).

(300). Un grenat où est gravée [en creux] la teste d'un philosophe inconnu [24 tt.].

(301). Une calcédoine où est gravé [en creux] Apollon debout et vestu de long, jouant de sa lyre [3 tt.].

(302). Une cornaline où est gravée [en creux] la teste d'un philosophe inconnu. Antique [6 tt.].

(303). Une cornaline ronde gravée de [... ovalle, où sont gravées en creux des] lettres arabesques en forme de talisman [2 tt.].

(304). Une petite topaze en ovalle, où est gravé en creux Mars debout, tenant son bouclier de la main droite et sa pique de la gauche. Antique [25 tt.].

(305). Une petite cornaline enchâssée en cuivre, où est gravée en creux une teste d'homme inconnu [3 tt.].

(306). Une agathe orientalle de deux couleurs et ronde, où est gravée [en creux] la teste de quelque prince inconnu [22 tt.].

(307). Une agathe sardoine de deux couleurs, où est gravée la teste de la déesse Libera couronnée de pampre. Antique (en marge, *manque*).

(308). Une fort petite agathe de deux couleurs, en ovalle, où est gravée de relief la lyre d'Apollon [6 tt.]. (*Catalogue*, n° 218.)

Les pierres suivantes, différentes en grandeurs et espèces naturelles ou gravées de creux, sont dans un carton qui se ferme en forme de livre, et sont en nombre de trente.

[Plus, un carton fait en forme de livre, où s'est trouvé ce qui s'ensuit :]

(309). La première desquelles est une agathe en ovalle, blanche, où naturellement sont représentées trois branches d'arbres différentes [6 tt.].

(310). Une agathe orientalle en ovalle et assez grande, où est représenté Saturne debout avec son manteau de divinité, appuyé de la droite sur une colomne et tenant de la gauche sa faux [3 tt.].

(311). Une agathe blanche et ronde, dans laquelle naturellement est représenté un tronc d'arbre et quelques branchages de couleur de bois [6 tt.].

(312). Une agathe blanche en ovalle, où naturellement est représentée une forme de buisson [2 tt.].

(313). [Une cornaline rouge où est gravée en creux une Vénus assise qui élève de sa main gauche un arc, et devant elle, Cupidon qui semble vouloir prendre cet arc. 3 tt.]

(314). Une agathe en forme longue et reserrée par le bas, représentant un soldat debout, teste nue, armé à la romaine, ayant à ses pieds un bouclier, tenant de sa droite une pique, et de sa gauche un casque, avec une estoille un peu au-dessus [3 tt.].

(315). Une agathe médiocre en ovalle, où naturellement sont représentées quelques branches d'arbres, couleur de bois [6 tt.].

(316). Une agathe d'Orient, petite, en ovalle, où est représenté Mercure debout, avec son pétaze et ses talaires, qui tient de sa droite un caducée et semble tendre sa gauche à une figure gisante à ses pieds [6 tt.].

(317). Une petite cornaline en ovalle, où naturellement est représentée une espèce de plante de couleur jaunâtre [1 t.].

(318). Une petite cornaline en ovalle, où naturellement est représentée une espèce de plante de couleur brune [2 tt.].

(319). Une autre cornaline en ovalle, où naturellement est représentée une espèce de plante de couleur tannée [1 t.].

(320). Une agathe en ovalle, où naturellement est représentée une espèce de fleur, de couleur tannée et fort belle [2 tt.].

(321). Une agathe en ovalle, où naturellement sont représentées des plantes de couleur brune [1 t.].

(322). Une petite agathe taillée à pan, où sont aussi représentées naturellement des plantes [1 t.].

(323). Une petite agathe en ovalle, où naturellement est représentée une espèce de plante [2 tt.].

(324). Une agathe représentant une figure gravée, nue et assise, tenant en sa main droite une espèce de coeffe, et en sa gauche un petit trophée [2 tt.].

(325). Une petite agathe en ovalle, où naturellement est représentée une espece de buisson [2 tt.].

(326). Une petite agathe taillée à pans, où naturellement est représentée une branche d'arbre [1 t.].

(327). Une petite agathe carrée où naturellement est représentée une gerbe de bled [2 tt.].

(328). Une petite agathe carrée, où Cupidon et Vénus se voient gravés [... représentant Cupidon et Vénus. 12 tt.].

(329). Une petite agathe en ovalle, où naturellement sont représentées quatre plantes de couleur brune [1 t.].

(330). Une autre agathe en ovalle, où naturellement est représentée une plante [1 t.].

(331). Une fort petite cornaline en ovalle, où Apollon est gravé assis, tenant sa lyre [1 t.].

(332). Une petite cornaline où est gravée une figure nüe, un genouil à terre, devant le buste de Priape [2 tt.].

(333). Une fort petite prime d'esmeraude, où sont gravées deux testes qui se regardent, dont l'une est couronnée de laurier. Antique [6 tt.].

(334). Une fort petite agathe où naturellement est représenté un arbrisseau [1 t.].

(335). Une fort petite cornaline où est gravé un homme nud et debout, élevant sa droite avec un baston menaçant, et tenant de la gauche une espèce de haste [... debout, tenant de sa main droitte un baston haut et de la gauche une espèce de haste. 1 t.].

(336). Une petite cornaline représentant naturellement une espèce de plante [1 t.].

(337). Une petite cornaline en ovalle où naturellement est représenté un jeu de nature [1 t.].

(338). Une fort petite onyx de trois couleurs, où l'on voit gravée une divinité de femme. Antique [3 tt.].

(339). Une petite figure d'or, assise dans une chaire, qui représente la déesse Santé qui est d'or et posée sur un petit pied d'estal d'argent doré, garny de trois pierres, scavoir de deux esmeraudes par les costez et d'un grenat d'Allemagne par devant ; figure antique (en marge, *manque*).

(340). Plus, une petite boiste de bois, longuette et garnie de velours cramoisy, dans laquelle il y a un saphir blanc qui nous représente une Déité égyptienne posée sur un pied d'estal d'or émaillé, qui luy donne la figure d'un terme. Antique [200 tt.].

(341). Un fort grand bassin d'yvoire composé de plusieurs pièces de rapport, orné autour de plusieurs cartouches au nombre de huict, de bas relief représentant quelques histoires grecques et romaines, au milieu duquel se voit représentée la violence que Tarquin fit à Lucrèce (en marge, *inventorié ailleurs*).

(342). Un grand vase dont le corps a plusieurs godrons, et fait d'une paste de corne de cerf, dont l'anse, le bec, bouton, ceinture du milieu et pied sont d'yvoire ouvragée en bas-relief de plusieurs petits enfants et trophées d'armes (en marge, *inventorié ailleurs*).

Pierres modernes et antiques que le chevalier Gualde a donné par testament au Roy, et qui sont dans son Cabinet.

Pierres naturelles et non gravées.

(343). Deux petites agathes-onyx (en marge, *manque*).

(344). Une petite agathe sardoine, en ovale, ayant son filet blanc (en marge, *manque*).

(345). Une petite agathe d'Orient, ayant le fond tanné et le dessus gris-blanc (en marge, *manque*).

(346). Une petite cornaline en ovalle blanche et rouge (en marge, *manque*).

(347). Une petite agathe d'Orient, en ovalle, ayant le fond tanné, entourée d'un double cercle bleu et gris (en marge, *manque*).

(348). Une petite pierre représentant au naturel des plantes (en marge, *manque*).

(349). Trois petites pierres rondes ou en ovalle, ayant leur filet blanc (en marge, *manque*).

[Plus, un grand carton couvert de papier rouge, et percé de 40 trous, contenant ce qui s'ensuit :]

(350). Un grain d'agathe d'Orient, avec un filet blanc au milieu.

(351). Une gyrasole enchâssée en cuivre doré [3 tt.].

(352). Trois petites onyx noires et grises [15 tt.].

Pierres de relief.

(353). Une agathe d'Orient, ayant de l'air de Popea, femme de Néron, à moitié voilée et les cheveux noirs. Antique. [Elle est dans la vingtiesme boete.]

(354). Une agathe d'Orient où sont gravées en relief deux testes joinctes qui semblent estre celles d'Hercule et de Déjanire. Antique [18 tt.].

(355). Une agathe d'Allemagne en ovalle, représentant [en relief] Juno Sospita [12 tt.].

(356). Une agathe d'Allemagne représentant [en relief] Pallas avec un casque en teste [3 tt.].

(357). Une pierre de lapis en carre, où est gravée en relief la teste de Pallas, son casque représentant une teste de vieillard [6 tt.]. (*Catalogue*, nº 450.)

(358). Une petite agathe d'Orient, où est gravée en relief la teste de Pallas avec son casque. Antique [2 tt.].

(359). Une autre petite agathe où est gravé en relief un hippopotame [22 tt.]. (*Catalogue*, nº 648.)

(360). Une autre petite agathe blanche où est gravé en relief un lion. Antique [3 tt.].

(361). Une autre agathe d'Orient où est représentée la teste de la déesse Libera. Antique (en marge, *manque*).

(362). Une petite agathe onyx où est gravée en relief une espèce de masque. Antique [10 tt.].

(363). Une pierre de lapis du dieu Sérapis, avec son boisseau (en marge, *manque*).

(364). Une petite cornaline de trois couleurs représentant en relief une femme inconnue [6 tt.].

(365). Une petite agathe d'Orient où est gravée [en relief] la teste de Méduse [3 tt.].

(366). Un petit camayeu d'agathe où est gravée, en relief, une déesse debout, environnée de six figures qui reçoivent avec des vases la liqueur qui coule de dessus sa teste [5 tt.]. (*Catalogue*, nº 614.)

(367). Une paste où est gravée en relief la teste de Tybère. Antique [1 t.].

(368). Un jade qui a une femme à my-corps jointe à une paate (en marge, *manque*).

Pierres de différentes espèces, gravées de creux.

(369). Un onyx représentant une teste de Déesse (en marge, *manque*).

(370). Une onyx où est gravée en creux la figure de la déesse Santé, avec un serpent en sa main [10 tt.].

(371). Une autre où sont gravées deux mains joinctes [9 tt.].

(372). Une autre [onix fort petite], où est gravée une espèce de dragon [d'escrevisse. 12 tt.].

(373). Une onyx où est gravée une petite teste de Sérapis [9 tt.].

(374). Une onyx de deux couleurs, noir et gris, représentant deux lions et un croissant [6 tt.].

(375). Une autre où est gravée en creux une femme nue ayant deux flustes en main [5 tt.].

(376). Une autre, où est gravée en creux un petit Mercure [5 tt.].

(377). Une onyx sardoine de deux couleurs, où est gravée en creux une teste de consul inconnue [25 tt.].

(378). Une autre, où est gravee en creux une femme nue ayant les bras ouvers et estendus [9 tt.].

(379). Une améthyste où est gravée [en creux] la teste de Claude empereur [ou plus tôt celle de Caracalla. 1 t.]

(380). Une autre, où est gravée en creux une teste d'enfant de front [15 tt.].

(381). Une autre où est gravée en creux un lion cheminant [6 tt.].

(382). Une autre où est gravée en creux une figure d'homme assis [ayant un aigle devant luy. 6 tt.].

(383). Une autre [où est gravée en creux la figure] d'un paysan appuié sur un baston et qui a une chèvre devant luy [1 t.].

(384). Un autre où est gravée une figure d'homme dançant devant une idole posée sur une petite colomne (en marge, *manque*).

(385 à 388). Quatre petites pierres de prime d'esmeraude [gravées en creux], dont la première représente une teste de Pallas avec son casque, la deuxiesme un vieil Bacchus couché; auprès de luy un Cupidon et deux Satyres; la troisiesme, la déesse Abondance, et la quatriesme une teste d'Hercule [60 tt.].

(389). Un jaspe rouge où sont gravées en creux deux testes, scavoir, celle d'Esculape et celle d'Isis [9 tt.].

(390). Une autre jaspe rouge où est gravée la teste du Soleil et de Sérapis (en marge, *manque*).

(391). Un autre jaspe où est gravée en creux une figure assise inconnue [1 t.].

(392). Une autre, d'un Sérapis debout (en marge, *manque*).

(393). Un petit grenat surien où est gravé Harpocrate, dieu du Silence (en marge, *manque*).

(394 à 409). Seize petites cornalines différentes en grandeur et en figure, ayant en creux :

La 1re, [une petite cornaline où est gravée en creux] une teste de Mercure avec son caducée [11 tt.];

La seconde, une teste de Sabine, femme d'Hadrien (en marge, *manque*);

Troisiesme et quatriesme nous donne le dieu Serapis debout avec ses attribus (en marge, *manque*);

La 5e, un Apollon avec Marcias [une autre petite cornaline où est gravée en creux la figure d'Apollon et celle de Marcias; 6 tt.];

La 6e, une teste de femme ayant son bonnet à la phrygienne (en marge, *manque*);

La 7e, une Victoire [une autre petite cornaline où est gravée en creux la figure de la Victoire; 1 tt.];

La 8e, une teste de philosophe inconnu (en marge, *manque*);

La 9e, un homme assis devant une colomne sur laquelle il y a une idole et derrière, une Victoire (en marge, *manque*);

La 10e représente un petit Mercure avec son caducée [Une autre petite cornaline où est gravée en creux une petite figure de Mercure avec son caducée; 1 t.];

L'onziesme, une Vénus demy-nue tenant un casque en main [Une autre petite cornaline où est gravée en creux la figure de Vénus... 1 t.];

La 12e représente Iacinthe (en marge, *manque*);

La 13e, trois vaches paissantes [Une autre petite cornaline où sont gravées en creux trois vaches paissantes, 1 t.];

La 14e, Vénus et Cupidon (en marge, *manque*);

La 15e, une figure d'un homme nud et assis [Une autre petite cornaline où est gravee en creux la figure d'un homme nud et assis; 3 tt.];

La 16e représente deux femmes vestues et debout (en marge, *manque*).

(410 à 414). Cinq petites agathes de différente figure et grandeur [gravées en creux], dont :

La 1re, représentant une teste d'un jeune homme inconnu [3 tt.];

La 2e, une teste d'Apollon [11 tt.];

La 3e, une teste de la déesse Libera (en marge, *manque*);

La 4e représente un sphinx [3 tt.];

Et la 5e, la teste d'un philosophe inconnu (en marge, *manque*).

(415). Une agathe en ovalle, où est gravée la déesse Nature, ayant autour de la teste sept estoilles, à costé la Lune et un croissant avec deux astres dessous, et à ses pieds quatre autres figures nues; sur les testes des deux elle pose ses pieds, les deux autres tenans chacun une palme. Espèce de talisman; antique [3 tt.].

(416). Une agathe où est gravée en creux une teste de femme inconnue [22 tt.].

(417). Une agathe où est gravée en creux une teste de femme ayant ses cheveux espars en derrière [... cheveux liez et pendants par derrière. 3 tt.]

(418). Un chrystal de roche garny d'or esmaillé de noir, qui nous donne un portrait d'homme inconnu [... où est gravé le portrait de Laurent de Médicis. 60 tt.].

(419). Une autre chrystal de roche ayant [Une cornaline blanche où est gravée en creux] une déité égyptienne posée sur un dragon qui a de chaque costé de la teste un cancer [un écrevisse] et quelques figures astronomiques en forme de talisman [4 tt.].

(420). Deux petites cornalines représentant en creux, l'une la teste d'un enfant et l'autre, celle d'une femme [2 tt.].

(421). Une fort petite lyre d'Apollon, de relief sur une agathe d'Orient. Antique (en marge, *manque*) [1].

(422). Une petite cornaline où est gravée en creux une figure assise tenant en sa main une couronne [1 t.].

[*Plus*] *un petit coffret de bois, dans lequel on trouvera :*

(423). Vingt-quatre onyx noires et grises de différentes figures, de peu de valeur [72 tt.].

(424). Plus, quarante anneaux d'or, d'argent et cuivre, enfermans diverses pierres de nulle valeur [lesquels anneaux descris cy-dessous sont estimés ensemble 130 tt.; ladite estimation à faire en détail].

Relief.

(425). Une cornaline blanche et rouge enchâssée en cuivre, où est représentée [en relief] une Deité à my-corps, inconnue [1 t.].

(426). Une autre, blanche et rouge, enfermée en or, représente une femme nue (en marge, *manque*).

(427). Une petite agathe enchâssée en cuivre, où sont représentez en relief deux Cupidons. Antique [1 t.].

(428). Un anneau de corail où est gravée [de relief] une figure qui porte une autre figure sur son espaule [2 tt.]. (*Catalogue*, n° 615.)

(429). Une petite cornaline blanche et rouge, en cachet, nous donne un Cupidon. [Une petite cornaline blanche et rouge, hors d'œuvre, où est grave en relief un Cupidon. 1 t.]

(430). Un petit grenat en or nous donne une teste d'enfant. [Un petit grenat garny d'or, où est gravée en relief une teste d'enfant. 8 tt.]

(431). Une autre grenat nous donne une teste de Chérubin. [Une cornaline rouge et blanche, hors d'œuvre, où est gravée en relief une teste de Chérubin. 2 tt.]

(432 à 434). Trois onix noirs et gris, dont le 1er représente une figure d'homme assis, ayant une chèvre à ses pieds et un autre petit animal inconnu,

1. Cette lyre est cataloguée ci-dessus; voyez le n° 308.

enchâssée en or. [Une onyx noire et grise où est gravée en creux la figure d'un homme assis. 8 tt.]

Le 2e nous donne la figure d'un homme assis; enchâssé en or [en marge, *manque*].

[Une onyx noire et blanche, avec un biseau noir, sans grandeur, montée en or. 30 tt.]

Le 3e, un nom grec inconnu, en or. [Une autre onyx, garnie d'or, où est gravé en creux, ce nom : *Auriola*. 5 tt.]

(435 et 436). Deux autres onix enchâssées en cuivre et grandes, en creux, dont l'une représente un cavalier à cheval, et l'autre, une corne d'abondance surmontée d'un coq qui en bequete les fruicts [prisées ensemble, 3 tt.].

(437). Un anneau d'or où est enfermé une onyx cassée en deux. Antique [9 tt.].

(438 et 439). Deux onix de trois couleurs, l'un sans graveure et l'autre représentant un oiseau qui se bèque le ventre; enchâssé en argent [en marge, *manque*].

[Une onyx de trois couleurs avec un biseau blanc; enchâssée en argent. 11 tt.]

[Un saphyr où est gravée en creux la teste d'un philosophe. Garny d'or. 12 tt.]

(440). Un talisman égyptien enchâssé en argent, où [d'un costé] sont gravées trois deitez [égyptiennes, et au revers sont gravez] un croissant et sept estoilles. 5 tt.

(441 et 442). Deux petits pendans d'oreille, d'or, dont l'un représente de relief quatre petites pommes de Grenade, et l'autre nous donne un petit Priape [en marge, *manquent*].

(443 et 444). Deux petits anneaux d'or, dont l'un enferme une fort petite émeraude, et l'autre une petite agathe. [... dont l'un n'a plus de pierre, et l'autre a une petite agathe blanche et rouge où est gravée en creux une teste de chérubin; estimez ensemble 12 tt.]

(445). Un anneau d'or qui a pour pierre un lapis où est gravée de creux une Léda avec son cygne [8 tt.].

(446). [Un petit anneau d'or sans pierre 3 tt.]

(447 à 465). Dix-neuf autres anneaux de cornaline, agathe, paste et corne, enchâssez en argent et cuivre doré [desquels dix-neuf anneaux il s'en est trouvé trois rompus, et neuf qui n'ont point de pierre; le tout ensemble prisé 9 tt.].

[*Plus, dans une écuelle vernissée ont esté trouvés quantité de pierres de différente nature, figures et grandeur, scavoir :*]

(466). Un paquet de fragmens de vaisseaux et pierres de relief [en marge, *manque*].

(467). Un autre paquet de quelques pierres gravées de creux [en marge, *manque*].

(468 à 472). Cinq petites agathes d'Orient, où sont gravés une lyre de relief, une teste d'Apollon en creux, un jeune Bacchus ayant une couronne de

pampre, un jeune homme inconnu, et la 5e nous donnant une teste de déité [en marge, *manque*].

Toutes lesdictes pierres provenues du Cabinet du Cavalier Gualde, tant de creux que de relief, antiques ou modernes, sont de fort petite valeur, et ne méritent pas grande considération.

(Tout ce qui suit est d'une autre écriture.)

(473). Trente trois pierres de différente espèce, [gravées] tant en relief qu'en creux, choisies parmi plusieurs autres de rebut, et prisées un escu pièce, l'une portant l'autre. 99 tt.

(474). Deux cent quarante-cinq cornalines de nulle valeur [de rebut, mises dans un petit coffre en équerre et] prisées [ensemble. 50 tt.].

(475). Vingt et un morceaux cassez, de différentes pierres, de nulle valeur.

(476). Vingt et un jaspes rouges, de peu de valeur. 11 tt.

(477). Vingt onix de peu de valeur. 30 tt.

(478). Quarante cinq agathes de peu de valeur. 25 tt.

(479). Trente jaspes de différentes couleurs, de peu de valeur, 8 tt.

(480). Vingt et une prime d'émeraude, de nulle [de peu de] valeur. 11 tt.

(481). Vingt cornalines blanches, et cinq christaux, de peu de valeur. 12 tt.

(482). Dix-huict lapis et huict amétystes, de peu de valeur. 6 tt.

(483). Cinquante-trois agates blanches ou coquilles, de nulle valeur.

(484). Seize cornalines, cinq grenats, une crapaudine, une pendore, une pierre estoilée et une turquoise, le tout de nulle valeur.

(485). Un morceau de bois sur lequel est attaché un petit rond d'émail de Limoges, blanc et noir, où est représentée une bataille, du dessein de Jules Romain. 11 tt.

(Fin au folio 56 verso; suit, du folio 63 au folio 69, l'Inventaire de pièces d'histoire naturelle, sous le titre suivant : *Cocquilles contenues dans un Cabinet de cèdre et d'esbeine de pièces de rapport, composé de vingt-deux tiroirs de pareille longueur et largeur, mais de profondeur différente, scavoir onze de chaque costé.*)

FIN DE L'INVENTAIRE DES PIERRES GRAVÉES
DU CABINET DU ROI

ADDITIONS ET CORRECTIONS

P. 10. A la suite de la description du camée nº 7, ajoutez : Provient de la cathédrale du Puy (Haute-Loire), où il fut confisqué en 1793 (voyez notre *Introduction*, p. CLIX, nº 57).

P. 11. A la suite de la description du camée nº 10, ajoutez : Donné au roi Louis XIV par l'abbé François de Camps, le 8 janvier 1699 (voyez notre *Introduction*, p. CXXXII).

P. 18. A la suite de la description du camée nº 26, ajoutez : Pl. IV, fig. 26.

P. 34, ligne 2. Au lieu de *Venus*, lisez *Hermaphrodite*.

P. 37. A la suite de la description du camée nº 56, ajoutez : Provient du Cabinet de Valentinois confisqué en 1793 (voyez notre *Introduction*, p. CLIV, nº 8).

P. 46. A la suite de la description du camée nº 79, ajoutez : Provient des collections du Vatican apportées en 1799 (voyez notre *Introduction*, p. CLXV).

P. 61. A la suite de la description du camée nº 119, ajoutez : Acquis en 1816 (voyez notre *Introduction*, p. CLXXV).

P. 71. A la suite de la description du camée nº 139, ajoutez : Acquis à la vente de la collection Daugny en 1798, et publié par Millin, *Monuments inédits*, t. I, p. 125 (voyez notre *Introduction*, p. CLXVI).

P. 111. A la suite de la description du camée nº 241, ajoutez : Acquis de James Millingen, en 1804 (voyez notre *Introduction*, p. CLXIX).

P. 148. Camée nº 284, au lieu de : *Antonia la Jeune*, lisez : *Agrippine la Jeune*.

P. 354. Camée nº 950 Au lieu de : 1550-1555, lisez : 1534 à 1549.

TABLE ALPHABÉTIQUE

DES MATIÈRES PRINCIPALES

NOTA. — Les chiffres *romains* renvoient aux pages de l'*Introduction*. Les chiffres *arabes* renvoient aux pages du *Catalogue*.

A

B

C

D

E

F

H

I

J

K

L

N

O

P

Q

R

S

T

U

V

TABLE MÉTHODIQUE

DES MATIÈRES CONTENUES DANS LE VOLUME

INTRODUCTION

CATALOGUE

PREMIÈRE PARTIE : CAMÉES ANTIQUES

DEUXIÈME PARTIE : CAMÉES MODERNES

LE PUY-EN-VELAY. — IMPRIMERIE R. MARCHESSOU, BOULEVARD CARNOT, 23.

www.ingramcontent.com/pod-product-compliance
Lightning Source LLC
LaVergne TN
LVHW010516100826
845148LV00001B/20